DICTIONARY OF ROMAN RELIGION
ローマ宗教文化事典

レスリー・アドキンズ／ロイ・A・アドキンズ
Lesley Adkins　　　　*Roy A. Adkins*

前田耕作 監修
Kousaku Maeda

原書房

ローマ宗教文化事典

目次

まえがき　ix

序文　xi

ローマ宗教文化事典　1

〈ア〉……………… 1
〈カ〉…………… 69
〈サ〉……………113
〈タ〉……………151
〈ナ〉……………179
〈ハ〉……………187
〈マ〉……………249
〈ヤ〉……………281
〈ラ〉……………303

用語解説　325

付録　337

　　古代ローマの政治・宗教のしくみ　338

　　ローマ帝国皇帝年表　340

　　古代ローマの市街図（Ⅰ）　344

　　古代ローマの市街図（Ⅱ）　345

参考文献　347

監修者あとがき　357

本書の進むべき道を示して下さった
レン・シルストン氏に捧げる

謝辞

　写真の収録に助力いただいたスティーヴン・ミンニット（サマセット州立博物館）さんにお礼申し上げるとともに、写真にかかわる問題について種々の助言をいただいたジェソップズ、タウントン、サマセットの職員の方々にもお礼申し上げます。

　また、書籍の入手にご支援いただいたギリシア・ローマ協会合同図書館、ブリストル大学およびエクセター大学図書館、サマセット考古学・自然史協会図書館にも、あわせて感謝申し上げます。本書が参照した諸資料のすべての著者たちに多くを負っていることはいうまでもありません。

　最後に、わたしたちの編集者カロリン・サットン、企画編集者ジェフリ・ゴリックの全面的な協力にお礼申し上げます。

まえがき

　ローマは魅惑する。それはローマがピラネージのいうように「芸術を学ぶにふさわしい場所」だからではない。いつもどこかに粗野をかかえこみながら、中心を欠いた人間くさいドラマの痕跡がいたるところにあふれ出ているからである。神々の殿社がひしめくフォロ・ロマーノを歩くたびに感ずるのは、聖なるものと俗なるもののすさまじいばかりの混沌である。カエサルがいなくとも、オクタウィアヌスやネロがいなくとも、国家の火を守るため無垢の生涯をささげたウェスタの聖女らの姿がみかけられなくとも、そこには彼らが生きつづけた人間くささに満ちた奇怪ともいえる風景があり、いくど足を運んでもあきることはない。

　フォロ・ロマーノに、のちカンポ・ヴァッチーノ（雌牛の野）と呼ばれた時代がやってきたというのもうなずける。もともとそこには牧人たちしか住んでいなかったのだから。建国の父ロムルスからして雌狼の乳で育ったという伝説にさえ野性の匂いがたちこめている。遺跡を右往左往し、あちこちで礎石に腰掛ける観光客を眺めていると、おのずと牧場の風景と重なってくるから不思議である。

　蛇行するテベレ川、川辺に広がるフォロ・ボアリウム（屠牛の広場）、ヘルクレスの大祭壇とその地下にうがたれたミスラの神殿、まこと人間と神々がひしめきあうローマ。なかば軽やかな、なかばおごそかなローマは魔法のように人のこころを魅了する。

　建国の初めから戦いながら融合していったローマ人だが、彼らはつねに勝者として融合したのではない。融合された者に支配されもし、融合した者に学びもしたのである。ローマ世界をつなぎ結んだ絆は、多なる神々へのひたすらに強い怖れと深い信仰であった。キケロは「神々を敬う仕方が宗教である」といったが、宗教（religion）とはもともと畏敬すべきものへの人々の結びつきを意味する語であった。エリアーデは「宗教とは聖なる経験のこと」であって、かならずしも「唯一神、多神、聖霊の信仰を意味しているものではない」（『宗教の歴史と意味』）といっている。そうだとすればローマに宗教が存在したことは明らかであり、その多様な信仰の形態が「宗教」という名のもとに語られたとしても不思議ではない。エリアーデが『世界宗教史』（ミルチア・エリアーデ『世界宗教史』、ちくま学芸文庫全8巻）の第21章を「ローマの宗教」にあてたのもきわめて自然であった。

　季節の周期的な循環、天変地異、怪奇現象にこれほど畏怖の念をいだいた国民も多くはない。この「具体的、個別的、直接的なものに対する熱烈な関心」こそローマ人の特異な宗教性をつちかう土壌であった。動物や植物の多様多彩な微妙な息づきに聞き耳をそばだて、まなこをこらし、そこに神の気配を感じとり、その効能に想いをめぐらせ、家族や氏族、郷土と地域という室（むろ）のなかで絆としてのピエタス（敬虔）を醸成していったのである。「他人との関係を何よりも重要視するローマ宗教の社会的性格」というエリアーデの指摘も、ローマ人が既知の、そして未知の神々とどのような手さばきで結びあったのか、どんな儀式や祝祭で交歓をなしとげたのか、それらをそっくりならべてみて初めて理解されるものとなろう。

　ウェルギリウスが『農耕詩』（ゲオルギカ）の第四歌で、天界（ユピテル）の贈り物を人間にとどける蜜蜂に託して歌い上げた歌章ほど、神と人間とのかかわりをローマ人がどう考えていたかを見事に映し出しているものはない。

　本書『ローマ宗教文化事典』（Lesley Adkins & Roy A. Adkins, *Dictionary of Roman Religion*, Oxford, New York, 1996）

は、ローマ人と神々との繋がりの全貌を解き明かすに不可欠な神名・尊称・添え名・神殿・聖域・聖所・祝祭・祭事・神官・祭司・雑司の集成である。

わたしたちが『ローマ宗教文化事典』を訳すという思いに突き動かされたのは、ローマ人の神々に対する深い畏敬の念とともに、まことにおおらかな交歓とおごそかな儀式の実行が、どこかわたしたちが保持する祭事と似ているところがあると感じたからである。多神との、やおよろずの神や神性と共住するやすらぎを感じ取ったからでもある。「神も人間と同じ」で、「ともかく歩けなくなるほど食べさせることが、神をおふるまいする最大の条件だ」（「地方文化の幸福の為に」）といい放った折口信夫の言葉もふと思い出され、哄笑しながら訳稿を眺めたこともいまは懐かしい思い出となった。

訳者のひとりひとりが、それぞれ異なった興趣にひたりながら、ロムルスやヌマ、ローマとラテン、そしてエトルスクの神々を追いつつ、やがて帝国の広がりに応じ、ブリタニア、ガリア、ゲルマニア、パンノニアなどその属州の神々と融合し変身する神の姿を追い求める作業に従事した。その間、ラティウムにローマの母胎アルバ・ロンガを訪ねる旅をしたことも忘れえぬ思い出となった。本書が「ローマの宗教」にかんする最初のまとまった記述の集成の出版になるという誇りをちょっぴりそれぞれにいだいて二季にわたる猛暑にたえた。

この本の出版にあたっては、訳文作成の段階から出版にいたるまで、助言・助力をたまわった原書房の寿田英洋さんに深く感謝申し上げます。

訳者　安倍雅史／暮田愛／外池明江／
　　　西山伸一／日景啓子

監修　前田耕作

2019年（令和元年）7月

序文

神話

　ローマ宗教は、きわめて複雑である。古典宗教を扱った書籍も辞書も大半が神話をたっぷりふくんだギリシア宗教に的がしぼられており、ローマ宗教の多様さにはほとんど関心がはらわれていない。みずから独自の神話を有するローマの神はごくまれである。またローマ神話といってもギリシア神話からとられたものか、詩人たちや著述家たちによって創作されたものがほとんどである。こういうわけで、神話的要素に乏しいローマ宗教はともすれば見過ごされる傾向があったが、だからこそあらためてとりあげるに価する魅惑的な主題だともいえよう。

神々の数と機能

　ローマ世界の神々の数は、ゆうに千をはるかにこえていた。それなのに、1柱の神が存在した唯一の証拠は、その神あるいは女神の名がただ1度だけしか現れないという場合もある。その神がどのような立ち居ふるまいをし、どのような役割を果たしたのか、それを解き明かす手がかりすらないのである。ほとんどローマ人には知られていない1柱の神がいる。たとえば彼らはこの問題をうまくのがれるため「場の守り神」（Genius locis）に寄進をおこなったりするというわけだ。ほかの例もある。ほんとうの名は秘められるか、神々が別名で口の端にのぼるか、まったく口にされないかである。たとえば、2世紀の初め頃、シリアのパルミラでは多くの神々が「バアル」（「主」という意味）とよばれ、何百という祭壇が1柱の無名の神、「永遠に祝福される御名の方」という定句をともなうこの神に献納されたのである。神名が崇拝者によって隠される場合もあれば、さまざまな理由から祭式者によって秘される場合もある。たとえば神の御名が特別な力をもつ場合、御

名は祭儀のなかでのみ口に出されるにとどめられ、けっして文字に表わされることはない。ガリアの場合、神の名は500以上知られているが、その4分の3以上はたった一度だけ現われるにすぎない。しかもその70パーセントから80パーセントが水の神か水にかかわる神なのである。なかには、この神が男神なのか女神なのか判別のつかない場合もある。ローマ時代においてすら、その役割が忘れ去られたにもかかわらず、崇拝だけが続いていた神々が幾柱もあった。こうした状況がローマ時代に大きな問題を引き起こすこととなった。とりわけ当時のかなり混沌とした宗教になんらかの秩序をもたらそうとしていた哲学者や歴史家にとってこれは喫緊の課題であった。彼らは忘れられた神の特性を神名の語源から抽出しようとした。こうして疑似神話がときとして神に付されることとなり、その神はあたえられた役割をその神力とすることになったのである。不幸にして、歴史家も哲学者もときおり語源の解釈を誤り、さらには正しい語源であってもかならずしもその神の働きを映し出してはいなかった。こうした事情が少なからずローマ宗教史に混乱をまねくことになったのであろう。

神々の創出

　以上のような混乱にくわえて、ローマ人は場合に応じ新しい神を創出することがきらいではなかった。こうした例のひとつに1630年にコローニュ（現在のケルン）で発見された祭壇がある。この祭壇には後3世紀の日付があり、廃墟になっていたプラエトリウム（陣営司令部）がクイントゥス・タルキリウス・カトゥルスによって再建されたことを記録に留めている。この祭壇自体は、このような建物の復旧といった特別の事態に合わせ産み出された「保存神」（ディス・コンセル

ウァトリブス）にささげられたものであった。もう1柱の神ルペルクスもまた、あきらかにある事態に合わせ創案された神で、ルペルカリアの祭りのために産み出されたのであろう。その他あれこれの神々が創出されたといえるのは、その神々が特殊な祭儀なり祝祭に結びついているからである。この特殊な祭儀や祝祭は、先の祭儀や祝祭に勧請される神々が最初に言あげされたときよりはるかに早く（ときには数百年も前のこともある）記録にとどめられている。

ある祝祭がすでに忘れ去られた神を言祝ぐ（ことほぐ）ものであったり、また祝祭のためにあとで産み出された神があったことも明らかである。

英雄（半神）と形容辞

ローマ宗教では、ギリシア宗教と変わらず人間と神とのへだたりはのちの信仰に比べ小さいといえる。神々はいずれも不死であるが、その権能と能力は神によって異なっていた。生ける英雄（半神）、死せる英雄を神として扱うことはままあることである。本事典では、英雄と神とはわかつことなく扱われている。また神々（gods）という場合は、女神もふくんだものとして使われている。さらに神格（deity）という場合もまた男神・女神の双方をさす語として使われている。いずれにせよ広義に使われていることを理解いただきたい。

ローマ人はさまざまな神格のカテゴリーを有していた。ヌメン（神霊）もそのひとつだが、神々とその称号、形容辞のあいだには等しいものだったり、つながりあったりするものもまた数多い。この結果、名称の過剰が生じている。多種多様なつづり、したがってそれぞれの名称がなにを意味しているのかはっきりわからなくなるか、まったく不明となるかである。たとえば、あるローマ人がユピテル・コンセルウァトル（保護神）に祈りをささげたとしよう。しかしこの人がこのユピテル神をユピテル・フルグル（稲妻神）と区別していたかどうか、さらにいえば、彼ら（男あるいは女）がこのユピテル神をただ1柱の神とみなしていたかどうか、はっきりと言い

あてることは不可能である。崇拝者の求めにしたがい、それにふさわしい称号、祭儀、神殿を選び近づかなければならなかったとすればなおさらである。

というわけで、ユピテル・フルグル（稲妻のユピテル）はユピテル神の一側面であるやもしれないし、またまったく別な神格であるかもしれないのである。たいていは、神に付される形容辞は、その神の一「特性」を表すとみてよい。ある時代には、神の名称が別の神の名称とつなげられていることもあった（たとえばユピテル・ドリケネス神）。またある時には、1柱の神が他の文化の神と重ねられ同一視されることもあった。ユピテルとゼウスの場合がその例である。

神々と東方ギリシア

ローマ帝国の東半分の地域ではラテン語よりギリシア語の方がゆきわたった言語であった。したがってこの地域出土の大半の奉献銘はギリシア語によるものであった。しかしこれらの銘文の日付を確定することはむずかしいことから、銘文中に触れられている神が、ローマ時代に崇拝された神なのか、それ以前に崇拝されていた神なのかは定かではない。もしあきらかにローマ風に崇拝されていたとすれば、たとえギリシアの神といえども本事典に収録した。ローマの神と同一視された主だったギリシアの神々は、対応するローマの神々とともに記載した。多くの場合、これらの神々に奉献された碑文は、はっきり日付が分かる場合でも、「ギリシア」の祭式にかかわるものなのか、「ローマ」の祭式にかかわるものなのか、それを判別することはむずかしい。さらに言えば、こんな識別がローマ帝国のギリシア語圏で意味があるのかどうかさえ曖昧なのである。

さらなる読み深め

項目記述の末尾には、さらなる読み深めのための道しるべとなる情報を付しておいた。可能なかぎり、参考にすべきアクセス可能な書籍のほか雑誌掲載の論文名を記載した。か

ならずしも「鍵」となる参照文献ではないとしても、読者がそのテーマをさらに追求する手助けとなる主題と書誌の適切に要約された手引きとはなるであろう。

神殿

ローマ市に集中する格別な神殿は記載した。たとえば考古学的にも歴史的にも資料によってはっきりと裏付けられる神殿がそれである。これらの神殿は、しばしば祭儀の発展のうえで主導的な役割をはたしてきたのである。ローマ市外のいくつかの重要な神殿もまた個々に記載した。だが一方でローマ世界中の膨大な数の神殿は、たとえばロマノ・ケルト様式とか古典様式といった神殿の一般的な類型でくくり記載した。

外来の神々の受容

ローマ人は最初期から、他民族の神々をみずからの宗教へすすんで合体させてきたように思われる。多くの場合、とりわけ多くの神々がすでにローマ人によって崇拝されていた時期には、外来の異神といえども既存のローマの神とまま同一視されたようだ。たとえばギリシアの最高神ゼウスはローマの最高神ユピテルと重ねてとらえられたし、ゼウスをめぐるギリシア神話の大部分がローマ人にそのまま受け継がれ、ユピテルへ適用された。この経緯はローマ的解釈（interpretatio Romana）という言葉で知られている。

多様なつづり

ローマの神々の研究にはさまざまなむずかしさがつきまとっている。碑文にみられる神名でさえそのつづりがきわめて多様であることからも明らかである。そのうえ多くの碑文が省略形でしるされているため、その解読がむずかしく、学者間の意見がかならずしも一致しないこともある。たとえばシルウァヌス・シンクアスSilvanus Sinquasの場合がそうだが、銘文はたった二つしかないのに、つづりには三様（Sinquas, Sinquatis, Sinquates）あるという具合である。このよ

うなよく知られていない神々の場合には、神名が正しく記録されてきたと言い切ることは絶対にできない。

神格の起源

ローマ人によって初期にとりいれられた神格の起源を正確に記述することもまたむずかしい。学者によっては、現在イタリアに住んでいる非ローマ民族の神格からローマ人がとりいれた神格でも、「イタリアの」という用語を使う人もいる。この事典では、その民族が非ローマであることがわかっていれば、その神の起源もそのようにしるされる。しかしそれが判らなければ、その神格は「ローマの」とするし、のちにケルトやゲルマンからとりいれられる神格と区別した。初期ローマの神々の想定される起源をさらに深く探究したいと思われる読者があるとすれば、それぞれ神についての記述の末尾に付されている参考書目のページをひもとかれることをお奨めする。

ケルトやゲルマンといった他民族の神々をローマ人はとりいれたが、それらの神々については一般にラテン語で刻文された奉献銘によって知られている。帝国の東方ではギリシア語でしるされている場合もある。奉献銘を通じてわかることは、これらの神々の礼拝が多かれ少なかれローマ化しているということである。また別の言語、たとえばペルシア語などによる奉献銘もローマ世界では知られている。しかしこれらの神々は、どんな形であれローマ的だと考えられる明確な証拠がないかぎりこれまでは扱われてこなかったが、ここではローマ時代ローマ世界で崇拝された神々としてとりあげ、記載している。

神々の融合（シンクレティズム）

ローマ人によってとりいれられ、既存のローマの神と同化・融合した神がどれほどあったのかについてはまだ不分明なところが多い。あるケルトの神の名がローマの神の名と結ばれたり、重ねられたりする例は多くあるが、当のケルトの神が明確な神格であった

かどうかといえば、かならずしもそうとはいえない。ローマの神にあたえられたケルトの神名がこの2柱の神の合体から生まれたものではなく、ローマの神がケルトの神の有する特性へすりよったという場合もあろう。いずれにしても結果としてケルト型の神格が生まれるということになる。とはいえ、ケルトの神名がたしかに独立した神格を表していることを裏づける明確な碑文などが存在しない場合には、実際そこになにが起こっているのかは明らかにするすべはない。

本事典では、ケルト的要素は、全体の記載との相互参照に必要なかぎりで最小限とりいれられている。というのも、今日の研究者たちは神名をフルネームで記載する場合、そのケルト名に言及する傾向が高まっているからである。たとえば、たんに碑文だけで知られているメルキリウス・ゲブリニウス（Mercirius Gebrinius）のゲブリニウスの場合がそうである。

こうした事例は、他民族によってとりいれられた神々の場合にもあてはまる。ゲルマン人やフェニキア人の場合などがそうである。たとえば、民族なり、部族なりにとりいれられた神格が知られていなかったり、不明であったりすることがある。このような場合、現在の研究者の幾人かはとりいれられた神を地理的な呼称、たとえば、スペインとポルトガルなら「イベリアの」とか、シリアのローマ属州なら「シリアの」という具合に、地域名を付すことで措定している。こうした扱い方は本事典でも踏襲されているが、読者には、これからの研究によってこれらの神々の起源が将来より精確になってゆくかもしれないことを念頭においていただきたい。

国家宗教

ローマ世界ではさまざまに異なった宗教が共存していた。しかしローマ国民がこれこそ自分たち固有の宗教だと自認していた一群の中心的な信仰と祭儀というものもあったのである。これこそいわゆる「国家宗教」とよばれるものにほかならない。なぜならそれらこそ都市国家の持続と繁栄を保障するものと考えられたからである。この国家宗教はもともとは初期の農民家族によってとりおこなわれてきた祭儀から生まれ出たものなのである。農業共同体が大きくなるにつれ、これまで個別に家族によって良い日に恵まれるよう、良き収穫がえられるよう、強盗泥棒に会わぬよう、幸を引きよせようと求められてきた神々が、しだいに共同体全体の保護を求められるようになっていった。このような求めに応じ、本来は王によってなされるべき神々への祭儀と供犠が祭司（神官）と役人によってなされるべきよう位階ももうけられた。

この宗教の根源をなすものは、神々と精霊は遍在し、それらがすべての自然現象をつかさどるという信仰であった。

ヌミナ、すなわち神霊あるいは神力は自然力や抽象的な諸力を表象するものと考えられていた。神々と神霊は適切な供物と祭礼によってなだめられるべきものであった。神々と神霊はいついかなるときも、どこにでも存在しているので、供犠と宗教儀礼は日常生活の一部となっていた。こうした事情もあって国家宗教をはっきりと定義することはむずかしい。また多くの神々が国家宗教に包摂されていたかどうかを裏づける明証も伝えられていないとすればなおさらである。

初期ローマの共同体が国家組織へと統合されてゆくにつれ、宗教もまた政治・社会と密接な関係をもつことになる。そしてついには宗教があらゆる政治活動を支配することになった。というのもすべての国事をおこなう前に神の意志を確かめることが政治を主導する者にとって必須となったからである。ときに宗教が党派的目的のために操作されることもあった。

当初は王がそのまま祭司であった。王政が廃止（前509）されても、祭祀王 rex sacrorum という称号だけは残った。祭司（神官）たちは国の役人となり、神殿の建立や宗教祭儀はしばしば国費でまかなわれた。

国家宗教は固まることなく、ローマ社会に寄り添い、他文化、とくにエトルリアとイタ

リアのギリシア（マグナ・グラエキア）植民都市の神々を吸収しながら発展した。おそらく最大の変化は、人間の姿をし、発達した神話体系を有するギリシアの神々の影響から生じたものであろう。それらは初期ローマのいささか抽象的なヌミナといちじるしく対蹠的な神々であった。国家が介入してはマグナ・マテル崇拝といったような新しい国家祭儀を導入させることもあった。前204年のことである。さらには前186年にはバッコス祭を禁止するということもあった。共和政が終焉を迎える前までに、国家宗教は初期ローマのそれとは本質的に異なったものとなっていた。他文化の神々の吸収がその最たる原因であっただろう。

　ユリウス・カエサルがルビコン川を渡ったのち起こった内戦と大変革は、やがてこの国家宗教の否定へとつながることになる。秩序が回復すると、アウグストゥスは神殿を建立し、儀式を復活させ、アポロン祭のような祭礼を再生し、国民が宗教儀式に参加することを奨励して国家宗教を蘇らせることに力をそそいだ。それからの3世紀は、国家宗教は大きな力をもちつづけた。しかしその時代でもローマ人は他の祭儀をとりいれ、またとりいれられた祭儀が人気をはくすようになった。帝国が拡大しそれにともない治世の領域が広がると、膨大な数の兵士や商人たちが帝国に吸収された人びとの宗教にふれる機会も増大した。多くの祭礼が既存のローマの祭礼と類似するものと認められた。このことがローマの神々と異教の神々との同化をもたらすこととなる。しかし、この宗教習合の過程は合理的なものでも、体系的なものでもなかった。したがってある異教の神がローマのそれぞれ異なった神々と合体することもあったし、

ローマの神が帝国のさまざまな地域の異教の神々と合体することもあったのである。オリエントの宗教もまた帝国に衝撃をあたえることがあった。それはオリエントの宗教が信徒のより多くの求めに応じ、より多くのものを供したからである。ミスラ教、イシス崇拝、キリスト教のようなオリエントの宗教が次第に人びとの心をとらえていった。

　帝国内では、東西間の対照がまたきわだっていた。西方ではローマのパンテオン（万神）が浸透し、土着の祭儀（ケルトの祭儀）と融合するいっぽう、東方ではすでにギリシアの神々が確固とした地位を有し、地方の神々とも結びつき断然たる優位をたもちつづけていたのである。

　この序論については、次のような諸書を参照していただきたい［原題は巻末の「参考文献」参照］。

アドキンス『古代ローマの生活案内』（1994年）

ブルノー『ケルト・ガリア——神・祭儀・神域』（1988年）

デュメジル『古ローマ宗教』（1970年）

ファーガソン『ローマ帝国の宗教』（1970年）

ヘニグ『古代ローマ時代ブリタンニアの宗教』（1984年）

ラン・フォックス『異教徒とキリスト教徒』（1988年）

リーベショイツ『ローマ宗教の持続と変化』（1979年）

オジルヴィ『アウグストゥス時代のローマ人とその神々』（1969年）

ウェブスター『ブリティッシュ・ケルトとローマ治下のかれらの宗教』（1986年）

ア行

アイウス・ロクティウス Aius Locutius
（告知するアイウス神）

前392年、平民（プレブス）のマルクス・カエディキウスは、ガリア人がローマに近づいていることを護民官たちに伝えるようにと警告する神の声を聞いた。この神にあたえられた名前が、アイウス・ロクティウスである。しかしこの警告をだれも真剣に受けとめなかったため、ローマは前390年にガリア人によって略奪される。ガリア人を撃退したのち、独裁官であったカミッルスは、この神のために祭壇を建立するよう命じた。この神の聖なる場（テンプルム）と聖所（サケッルム）は、カエディキウスが神の声を聞いた場所、ローマのノウァ・ウィア（新道）にある**ウェスタ**の聖所近くに献納された。
参考文献：Grimal 1986, 27; Hammond & Scullard (eds.) 1970, 33; Richardson 1992, 5.

アイギス aegis

ギリシア世界では、アイギスは、**ゼウス**と**アテナ**を象徴するしるしであり、山羊皮のように表現されている。アイギスは雷雨をもたらし、敵をうちはらい、味方を守るためにもちいられた。それは芸術作品のなかでは短いマントとして両肩にかけた姿で描かれているが、ゼウスとアテナは肩盾のように左腕に装着していることもある。しだいに、アイギスは、**ユピテル**と**ミネルウァ**（図106）を表す象徴ともなっていった。
参考文献：Hammond & Scullard (eds.) 1970, 13.

アイデス Aides

ハデスの別表記。**ディス**と同じ神とされた。

アウェタ Aveta

ケルトの女神。ゲルマニアのアウグスタ・トレウェロルム（現在のドイツ、トリーア）にあった聖所で崇拝された。ここからは、アウェタと思われる小さな母神像が数多く発見されている。母神像のなかには、養育する女神デア・ヌトリクスとして表現されたものもある。アウェタは、多産豊穣と繁栄をつかさどる女神であったと思われる。この母神像は、果物の入った籠を持っていたり、子犬をひざにのせたり布にくるまれた赤ん坊をかかえた姿で描かれることもある。この女神はまた、治癒と再生をつかさどる女神でもあったと思われる。
参考文献：Green, M. J. 1992a, 36.

アウェルヌス Avernus

① あまり知られていないローマの神。この名称も確かではない。（→**ヘレルヌス**）
② イタリアのプテオリ近郊にある深い火口湖。**地下世界**への入り口と信じられていた。
参考文献：Hammond & Scullard (eds.) 1970, 155-156.

アウグスタレス augustales

帝政期に、いくつかの神官職あるいは名誉職にあたえられた名称。それらは皇帝崇拝に身をささげた自由民（解放奴隷）からなる集団であったが、彼ら自由民は、通常権威ある神官職や公職につくことが認められていなかった。ローマ帝国の西方では一般的であったが、東方では、ローマ植民市をのぞいては、ほとんど存在しなかった。ティベリウス帝が、神格化されたアウグストゥス帝と彼の一族を崇拝するために、ソダレス・アウグスタレス（アウグストゥス同志会）とよばれる神官団を組織したことが知られている。この組合は、すでに存在していたティティエス族［ローマ3始原種族のひとつ］同志会（ソダレス・ティティイ sodales Titii）をモデルに組織された。また、ほかの皇帝が没したときにも、皇帝を崇拝するためにあらたに神官が任命されたことが知られている。イタリアの多くの町やいくつかの属州の諸都市では、「ローマ

アウクステ

女神とアウグストゥス」崇拝を管轄するために、6人からなる委員会(セウィリあるいはセウィリ・アウグスタリスとよばれた)が組織された(→ソダレス、フラメン・アウグスタリス)。
参考文献:Price 1984, 114.

アウグスティヌス Aurelius Augustinus
　アウレリウス・アウグスティヌス。ヒッポの聖アウグスティヌスともよばれる。354-430。キリスト教の神学者であり、数多くの著作を残している。カルタゴで教育を受け、その後カルタゴ、タガステ、ローマで修辞学を教える(383)。384年にはミラノでも修辞学を教えるようになる。このミラノの地においてアンブロシウス司教に出会い、キリスト教に改宗する。387年には洗礼を受け、388年にアフリカに帰郷する。395年にはヒッポの地で司教となり、430年ヴァンダル族がこの町を包囲しているさなか、この地で死亡。アウグスティヌスは多くの著作を残しており、93巻もの著作、大量の書簡と教訓を執筆した。彼の著作は、中世に入っても西洋神学に多大な影響力をもっていた。『告白』(Confessiones)(397頃-400)など、彼の著作の多くが現存している。『告白』は13巻からなり、そのなかで自身の生涯についての記述と心情および行動について自己分析をおこなっている。『キリスト教の教えについて』(De Doctrina Christiana)(397頃-426)は教育法にかんする著作で全4巻からなる。『神の国』(De Civitate Dei)は、410年にローマが西ゴート族の王アラリックの手に落ちたのち、413年から426年にかけて書かれた著作であり、全22巻からなる。この書巻では、アウグスティヌスの歴史哲学が披瀝され、キリスト教を擁護し、多神教を批判する内容となっている。
参考文献:Hammond & Scullard (eds.) 1970, 148.

アウグステウム Augusteum (複数形 Augustea ギリシア語でセバステイオン Sebasteion)
　神格化されたアウグストゥス帝を祀る神殿。

アウグストゥス神殿(図1、35)
　ディウス・アウグストゥス神殿(テンプルム・ディウィ・アウグスティ templum divi Angusti)はまた、テンプルム・アウグスティ、テンプルム・ノウム(新神殿)ともよばれた。カピトリウム丘とパラティウム丘のあいだにあるフォルム・ロマヌムにあった。アウグストゥス帝が亡くなったのち、ティベリウス帝とアウグストゥス帝皇妃リウィアによって建立が開始された。この神殿の正確な位置はわかっていない。37年には、まだ完成していなかったが、おそらく同年10月5日にガイウス帝(カリグラ)によって献納された。また、この神殿はパラティウム丘とカピトリウム丘をむすぶ木製の橋(カリグラ橋)の土台としてカリグラによって利用された可能性が高い。79年以前に、この神殿は火事により破壊されたが、ドミティアヌス帝によって修復された。その後も大規模な修復工事がアントニヌス・ピウス帝によって145年から161年にかけておこなわれている。この神殿はアントニヌス・ピウス帝のコインの

図1　アントニヌス・ピウス銀貨。140-145年。大規模な修復を終えたアウグストゥス神殿が、8本の柱とともに表されている。コインには、TEMPLVM DIV AVG REST COS III(執政官としての第3任期のあいだに、神殿の修復をおこなった)としるされている。
サマセット州立博物館

図柄としてしばしば採用されており、コリント式の柱頭とふたつの影像がある八柱式神殿が描かれている。この神殿には、宝物が多数おさめられ、まだティベリウス帝によって建てられた図書館も付随していた。298年の軍事文書に登場したこの神殿にかんする記述を最後に、文献から姿を消した。

参考文献：Nash 1962a, 164-165; Richardson 1992, 45-46.

アウグストゥス霊廟 Mausoleum Augustis

　アウグステウムの名で知られるこの霊廟は、アウグストゥス帝の命により、彼と彼の一族のために前28年に建造された。彼の一族の多くは死後、神格化されている。霊廟は巨大で、直径は87-89メートル、高さは約44メートルもあった。アウグストゥス霊廟は、ティベリス川とフラミニア街道のあいだにあり、**マルスの野**のすぐ外側に建っていたと思われる。廟の外側はローマ時代以降に建造された数々の建物によって、外からは一時期みえなくなっていた。その後霊廟はさまざまに利用され、1907年にはコンサートホールが加設されたが、この建物は1934年から1938年のあいだに撤去された。廟の設計は共和政期後半の墳墓の設計を踏襲しており、公園も付設されていた。霊廟には遺灰の入った骨壺を納める甕があった。この廟に埋葬された最後の皇帝は、ネルウァ帝であった。

参考文献：Nash 1962b, 38; Richardson 1992, 247-249.

アウグラクルム Auguraculum

　アウグル（卜鳥官）のための観察所。ヌマ・ポンピリウスが、第2代ローマ王（在位前715-前673）に任命されたと思われる場所に建てられた。アウグラクルムは、簡素な藁ぶきの小屋であったが、この小屋は定期的に建て替えられたらしい。アウグラクルムは、**カピトリウム丘**の北側の頂き（アルクス）にあった。ここで、卜鳥官は毎月、次の月のために吉兆を占った。カピトリウム丘のアルクス全体がアウグラクルムとよばれていた可能

性もある。

参考文献：Richardson 1992, 45, 69.

アウグラトリウム Auguratorium

　ロムルスが、ローマという新しい町のために吉兆を占ったとされる建物。おそらくそれはのちにドミティアヌス帝の競技場が建ち、さらに時代がくだって聖カエサリウス教会が建てられた場所であろうと思われる。そこはかつては**マグナ・マテル**神殿に隣接した建物の土台であったと思われてきた場所、すなわちクリア・サリオルム（**サリイ**の集会所）があったと思われていた場所である。また、ハドリアヌス帝によって修復されたことを示す碑文もみつかっている。

参考文献：Richardson 1992, 45.

アウグル augur（複数形augures、卜鳥官）

　吉兆を占う公的な神官。卜鳥官のみが、**アウスピキア**とよばれる前兆を解釈することが許された。神々が示した兆候を読みとり、解釈することを**アウスピキウム**とよんだ。卜鳥官の役職は、ヌマ・ポンピリウス王（在位前715-前673）［王政ローマ第2代の王］によって創設されたといわれる。前509年には、部族ごとにひとりずつ、合計3人の卜鳥官がいたことが知られている。卜鳥官の人数はしだいにふえ、前300年には9人、スッラの時代（前81前後）には15人、ユリウス・カエサルの時代には16人にまで増加していた。卜鳥官は祭司団（コッレギウム）を形成しており、数ある祭司団のなかでも上から2番目に位置づけられていた。卜鳥官は、もともと男性貴族（パトリキ）から選出されていたが、前300年以降は自由民として生まれた平民（プレブス）からも選出されるようになる。卜鳥官はやがて神官自身の互選によって選ばれることになったが、前104年以後は、一部分は民衆によって選出されるようになる。卜鳥官は、たとえ有罪判決が下され追放されたとしても、その官職を生涯失うことはなかった。卜鳥官は直接神々と人間のあいだをとりもち、軍事的行動や政治的行動が神によって認めら

アウスヒキ

れるものかどうかを占い、元老院や政務官に助言をおこなった。また、聖域（テンプルム）を定めることのできる唯一の官職であった。リトゥウス lituus（先端がまがった柄つきの杖）が卜鳥官を示す象徴であった。
参考文献：Hammond & Scullard（eds.）1970, 147.

アウスピキア auspicia

神々から示される前兆、合図のことで、鳥占いによって読み解かれる。

アウスピキウム auspicium

アウグリウム augurium と同義で、鳥占いによる予知のこと。**アウスピキア**（またはア**ウグリア** auguria）ともよばれ、神々からの予兆を読みとり、解釈すること。占いの重要な形式のひとつであり、本来は、鳥の飛び方や鳴き声、餌の食べ方から吉凶を占うものであった。アウスピキウム（鳥占い）は、純粋に未来を占うのではなく、これからおこなおうとする行動を神々が認める（ファス fas）か否（ネファス nefas）かを見きわめるものであった。アウスピキアを読み解く方法には厳密な規則があった。卜鳥官と政務官のみが、アウスピキアを解釈することを許されていた。前1世紀には、アウスピキアを解釈する多くの方法がすでに衰退し、いっぽうで**エクスティスピキウム** extispicium（腸卜）が優勢になっていた。前1世紀までには、軍事行動にかんするアウスピキウムはおこなわれなくなっていた。これは、前1世紀には、ほとんどの司令官自身が政務官の位を兼職しなくなったため、司令官にはアウスピキウムをおこなう権利が認められなくなっていたからである。このため軍事行動をおこなうにさいしては、犠牲獣を供して未来を占うようになっていった。

神々からの予兆は、稲妻であったり、ときに怪異なことが唐突に現れた。しかし、通常、予兆はさまざまな方法で細心の注意をはらって観察された。元来は、野鳥の飛び方を観察して占っていたが、鶏など聖なる鳥を飼育し、その餌の食べ方によって占うようになる。プッラリウス pullarius（ひよこの番人）という資格をもった人間が、聖なる鶏を飼育したことが知られている。また航海や戦争、元老院の会合の前などにも、アウスピキウムがおこなわれた。戦闘の前に鶏がどのようにあたえられた餌を食べるかを見て占うために、わざわざ鶏が軍隊とともに戦場へつれていかれたこともあった。前249年［第1次ポエニ戦争16年目］リリュバエウム［シチリア、現在のマルサラ］包囲のさいのドレパナ［同、現在のトラパニ］海戦の前にもアウスピキウムがおこなわれている。しかしこのとき、司令官であったプブリウス・クラウディウス・プルケルは、先立つ鳥占いの結果を軽んじたようである。聖なる鶏がなにも食べようとせず吉兆を示さなかったことに腹を立て、「こいつらに水を飲ませろ」と怒鳴りながら鶏を水に沈めたと伝えられている。結局、彼はその瀆神のゆえに敗北し、123隻のうち93隻もの軍船を失っている。信心深い人間たちは、この敗北はプブリウスがアウスピキアを軽んじたためであったと考えた。
参考文献：North 1990; Scullard 1981, 26-27.

アウファニアエ Aufaniae

マトロナエ・アウファニアエの名でも知られるケルトの母神たち。

アウレリアヌス Lucius Domitius Aurelianus

ルキウス・ドミティウス・アウレリアヌス帝。270年から没する275年まで帝位についた。**ソル・インウィクトゥス**（不敗の太陽神）崇拝を274年に制定し、唯一の国家宗教にしようとした。死のまぎわにさえ、彼はあらたなキリスト教徒迫害をはかっていた。
参考文献：Hammond & Scullard（eds.）1970, 151-152.

アウロラ Aurora

ローマの女神。バラ色の夜明けをつかさどる。ギリシアではエーオス（曙の女神）にあたる。

アエギアムンニアエグス Aegiamunniaegus

イベリアの神。この神にささげられた青銅製の奉納板碑文に登場する。この奉納板は、スペイン北西部のヴィアナ・デル・ボッロで発見された。
参考文献：Tranoy 1981, 296.

アエクイタス Aequitas

ローマの女神。アエケティア Aecetia の名でも知られる。公平さ、公平な取引をつかさどる女神である。ローマ帝政期、この女神はアエクイタス・アウグスティ Aequitas Augusti という名前で、「皇帝の公平さ」を象徴する女神として信仰されることもあった。

アエスクラピウス Aesculapius

ギリシアの神**アスクレピオス**のラテン語名。アスクレピオスは治癒の神アポロンと、ギリシアの王プレギュアスの娘コロニスとの息子である。ギリシアのエピダウロスは、アスクレピオスを祀るもっとも有名な祭儀の中心地であった。のちに、小規模ではあるが、アテナイ（前420）またローマ（前292）にも、この神を祀る小さな聖所がいくつか設けられた。またローマには、アエスクラピウスと関連のある神殿や聖所が多数あり、その多くがアスクレピエイア（治癒の神域）として利用された。アエスクラピウスは、フェニキアの神エシュムンと同一の神と考えられることもあった。1月1日には、アエスクラピウスのための祝祭がおこなわれた。（→**アエスクラピウス神殿、アスクレピエイウム**）
参考文献：Jackson 1988, 138–147.

アエスクラピウス神殿 Aesculapium
（アエスクラピウム）（図2）

前293年、深刻な疫病がローマをおそったとき、「シビュラの書」にしたがい、前292年にアエスクラピウス神殿をローマに建立することが誓約される。ローマは、アスクレピオス信仰をもちかえるために、ギリシアのエピダウロスに使節を送る。そして、ギリシアからローマに巨大な蛇が船によって送りとど

図2　アントニヌス・ピウス帝のコイン。143年。ローマにアエスクラピウス（神）が到着した様子を描いている。アエスクラピウス（神）はエピダウロスからやってきた聖なる蛇として描かれ、岸まで泳ごうとしている。また、ティベリヌス神が手をあげて歓迎している。

けられると、この蛇は泳いでローマのティベリス島（ラテン名はティベリナ島 Insula Tiberina）へ渡ったという。この出来事は神のお告げと考えられ、アエスクラピウス神殿が、この島に建立されることになる。神殿が前291年1月1日に献納されると、たちまち疫病がおさまったという。神殿は**アスクレピエイウム**としても使われ、奇跡的な病気回復の事例が報告されている。この神殿は、前1世紀の中頃に建て直されたと思われる。ここでは、アエスクラピウスの娘である**ヒュゲア**（ギリシア名ヒュゲイア「健康の意」）も一緒に祀られていた。ヒュゲアは、のちにイタリアの女神**サルス**と同一視されていく。今日ではティベリス島にあるサン・バルトロメオ教会の場所に、この神殿があったと考えられている。また、病気が治癒したことをアエスクラピウスに感謝する碑文が多く伝わっている。
参考文献：Richardson 1992, 3–4, 210.

アエディクラ aedicula（複数形 aediculae）

神殿（アエデス）のなかにある小さな聖所を意味するラテン語。アエディクラは基壇の

上に建ち、周囲に円柱、上に切妻型の壁をもつことが多かった。

アエディトゥウス aedituus（古ラテン語でアエディトゥムヌス aeditumnus）

アエディトゥウスは、聖なる住まい（アエデス・サクラ）の管理人で、神殿の維持管理をおこなった。アエディトゥウスは、おそらく神殿や聖所のすぐとなりに住んでいたと思われる。また、アエディトゥウスという用語は、実際に神殿の清掃や維持管理業務をおこなった召使（たいていは奴隷）をさすこともあった。

アエディリス aedilis

ローマには、アエディリス（造営官）とよばれる政務官職が存在した。この政務官職には、平民（プレブス）出身の2名が就任した。アエディリスという名称は、彼らが管理したケレス神殿（アエデス）に由来する。時がたつにつれ、アエディリスの人数は増加した。神殿の管理や競技会の監督などが、その職務であった（アウグストゥス帝の時代まで）。
参考文献：Hammond & Scullard (eds.) 1970, 11–12.

アエデス aedes（またはアエディス aedis、複数形 aedes）

「住居」を意味するラテン語だが、神が住まう家または場所をさす。一般に神殿建造物あるいは聖所をさす言葉としてももちいられた。アエデスはときにアエデス・サクラ（聖なる住まい）ともよばれた。アエデスは、通常、テンプルムのなかに建立された。（→神殿、テンプルム）

アエテル Aether

「天空」を擬人化した神。もともとはギリシアの神であった。ローマでは、アエテルはユピテルとカエルスの父親とされることもあった。
参考文献：Grimal 1986, 22–23.

アエリクラ Aericura

ケルト・ゲルマンの女神。母神として表現されることもあったが、おもに地下世界の女神と考えられていた。この女神は、おそらくヘレクラと同じ神であったと思われる。現在の南ドイツとバルカン諸国では、アエリクラは、ディス・パテルとともに崇拝されていた。アエリクラとディス・パテルはおそらく地下世界の神であり、死後の世界に住む人間を守ってくれる存在と考えられていた。イギリスのノーサンバーランドのコーブリッジで発見された碑文に登場するケルトの神アエリクルス Aericurus は、おそらく、アエリクラと同等の男神であったと思われる。
参考文献：Green, M. J. 1992a. 26.

アエルヌス Aernus

ポルトガル北部のブラガンカ地方から出土した3基の祭壇の碑文に登場するイベリアの神。この神の役割にかんしては正確なことはあきらかでないが、この地方の住民の守り神であった可能性がある。
参考文献：Tranoy 1981, 296.

アキス Acis

シチリア、エトナ山のアキス川の河神。アキスは、ローマの神ファウヌスとニンフのシュマエティスとの子どもであった。アキスは、海のニンフガラテアをめぐって、キュクロプスのポリュペモスたちとあい争う関係にあった。ポリュペモスたちは岩でアキスを押しつぶそうとしたが、アキスは川に姿を変え難をのがれた。
参考文献：Grimal 1986, 282.

アクティウム競技会（ラテン語で Actia）

ギリシアの神アポロンをたたえて、ギリシアのアクティウムで開催された競技会。この競技会は、アウグストゥス帝によって、5年に1度開催される祭典となる。祭典はオリュンピアの競技会を模範としたものであった。この5年祭はのちにほかのギリシア諸都市にも広がっていった。

参考文献：Hammond & Scullard（eds.）1970,
7.

アグディスティス Agdistis

プリュギアの母神。小アジアのペッシヌス
に、この女神を祀る主神殿があった。アグ
ディスティスの祭儀は、まずアナトリアに広
がり、そののちエジプト、前5世紀までには
ギリシアにまで広がった。ローマ時代には、
この女神はキュベレあるいは**マグナ・マテル**
の名で知られた。
参考文献：Hammond & Scullard（eds.）1970,
25-26.

アクラガス Acragas

シチリアのアグリジェントで崇拝された在
地の水神。
参考文献：Wilson 1990, 282.

アグリボル Aglibol

シリアの月神。**ベル**、**イアルヒボル**ととも
に三神一組として、シリアのパルミラで崇拝
された。また、太陽神**マラクベル**や最高神**バ
アル・シャミン**と関連づけられることもあっ
た。2世紀の終わりまで、パルミラにはアグ
リボルとマラクベルを祀る神殿があった。
参考文献：Drijvers 1976; Teixidor 1969, 1-11,
34-52.

アケロン Acheron

ギリシア神話に登場する地下世界の川のひ
とつ。ラテン語の詩歌では、地下世界そのも
のを意味する。
参考文献：Hammond & Scullard（eds.）1970, 7.

アゴナリア Agonalia（ディエス・アゴナレ
ス dies agonales、アゴニア Agonia、アゴニ
ウム Agonium ともよばれた）

1月9日、3月17日、5月21日そして12
月11日に、おそらく**ヤヌス**のために開催さ
れた祝祭であろう。しかし、ローマ人自身は
どの神のための祝祭なのか理解していなかっ
たと思われる。祝祭のたびに、レクス・サク

ロルム（祭祀王）がローマのレギア（王宮）
で雄羊をささげたことはわかっているが、そ
れ以外にかんしては不明である。また、祝祭
のたびに、ヤヌス、リベル・パテル（**→リベ
ル**）、そしておそらくは**ウェディオウィス**と
ソル・インディゲスという神々のなかからそ
のつど異なった1柱の神が祀られたと思われ
る。
参考文献：Palmer 1974, 144-145; Richardson
1992, 4-5; Scullard 1981, 60-61, 92, 203.

足形

足（くるぶし以下）および足形の表現は、
地中海世界、とくに北アフリカとエジプトで
さまざまな状況のもとでみられる。たとえば
モザイク、石板などに、場合によっては2組
の両足形が、描かれている（1柱あるいはそ
れ以上の神々に奉納されたものもある）。聖
域でみられることもある。足形は神の顕現を、
さもなければ礼拝者自身を表しているのかも
しれない。あきらかに足形は聖なる、あるい
は儀礼的な機能を有している。足、とくに履
物の表示は世俗的な状況でもみられるが、そ
の場合の意味はそれほどあきらかではない。
履物は**土葬**あるいは**火葬**された死者の近くに
おかれることがよくあった。おそらく故人の
地下世界での旅を助けるためと思われる。
参考文献：Dunbabin 1990.

アスクレピエイウム Asclepieium（ギリシ
ア語では**アスクレピエイオン** Asklepieion、
複数形 Asclepieia または Asklepieia）
（図3、85）

ローマの医神**アエスクラピウス**の治癒の聖
域の名。アスクレピエイウムはまずギリシア
世界に広がった。この聖域には神殿やさまざ
まな建物がふくまれていた。もっとも有名な
アスクレピエイオンの所在地としては、エピ
ダウロスやコス、またペルガモンの名前をあ
げることができる。多くのアスクレピエイウ
ムは、エピダウロスのアスクレピエイオンの
流れをくむ。エピダウロスのアスクレピエイ
オンはアウグストゥス帝時代にローマ人に

アスクレピ

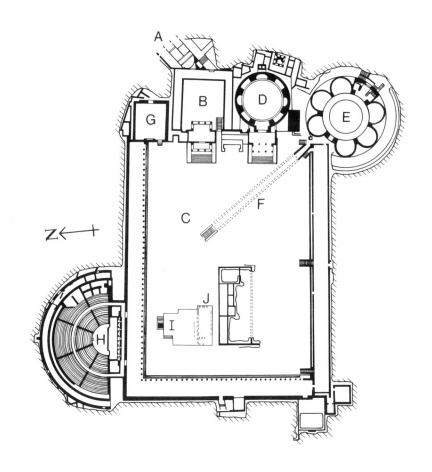

図3 トルコ、ペルガモンのアスクレピエイウムのプラン（おもにローマ時代の遺構を示している）。A＝ウィア・テクタ（列柱道路） B＝前庭あるいはプロピュロン（2世紀中頃） C＝中庭 D＝ゼウス・アスクレピオス神殿（150年頃、パンテオンを模している。アスクレピオスはゼウスと同じ神と考えられていた） E＝治療所 F＝ヴォールト天井の地下通路 G＝図書館 H＝劇場 I＝聖なる泉の源 J＝3つの小神殿。

よって再建され、ユリアヌス帝（在位361-363）時代まで存続したが、最後はキリスト教徒によって破壊されたと思われる。ローマでは、ティベリス島にアスクレピエイウムがあったことが知られている［前292年にローマに勧請され、ティベリス川の中州（イゾラ・ティベリス）に安置された］。

新しい聖所が建立されるたび、エピダウロスの神殿から神の象徴として聖なる蛇がつれてこられた。聖なる蛇と神殿の犬は治療にも役に立った。治療を受けるものはアエスクラピウス神に、犠牲獣や菓子や金銭、花綱、貴金属製の杯や皿などを奉納した。また、身体の病んだ部分、とくに眼や耳、四肢といった人体模型も奉納された。奉納された金属板や石板、石柱には、奉納した人物の病状と回復にかんする記述が残されている。それらは聖域内に展示されていた。キリスト教会の多くが、アスクレピエイウムの跡地に建設されたことはよく知られている。たとえば、エピダウロスやコリントス、ローマやアテナイなどである（ローマとアテナイでは治療にあたった聖人たちをしのんでささげられた）。
（→アエスクラピウス神殿）
参考文献：Hammond & Scullard（eds.）1970, 129-130; Jackson 1988, 142-157, 167-169.

アスクレピオス Asklepios
（Asclepiusともつづる）

ギリシアの治癒の神。ローマでは、**アエスクラピウス**の名で知られた。

アスタルテ Astarte

フェニキアの女神**タニト**の別称。**アッラト**と同じ神とされた。

アタエキナ Ataecina

地下世界をつかさどるイベリアの女神。ア　タエギナ Ataegina の名前でも知られる。この女神は、ローマの女神**プロセルピナ**と重ねあわされることもあった。スペインの中西部またポルトガル南部を中心に崇拝された。スペインのメリダでデフィクシオ（呪咀板）が発見されているが、そこには6枚の上着と2枚の外着と下着を盗んだ盗人を罰するため、アタエキナを勧請するという内容が書かれていた。
参考文献：Alarcão 1988, 93; Curchin 1991, 159; Keay 1988, 161.

アダムクリッシ Adamklissi

ルーマニア（かつてのローマ属州ダキア）のドブルジャ平原のアダムクリッシには、ローマの記念碑がふたつ残されている。ひとつは戦争犠牲者をとむらう祭壇である。85年のドミティアヌス帝によるダキア戦争のさい、オッピウス・サビヌスひきいるローマ軍が敗北をきっしたがそののち、ドミティアヌス帝がみずから出陣し勝利したとき建立したものである。この祭壇には、少なくとも3000人のローマ人の犠牲者の名前が刻まれている。もうひとつは、ダキア人に勝利したことを記念して、109年にトラヤヌス帝が**マルス・ウルトル**のために建立した戦勝記念碑である。この記念碑は「トラヤヌス帝の戦勝記念碑」の名でも知られている。
参考文献：Hammond & Scullard（eds.）1970, 8.

アタルガティス Atargatis

大地と植物をつかさどるシリアの女神。デ　ア・シリア（シリアの女神）ともよばれた。アタルガティス崇拝は、ギリシアに普及し、またローマ帝国西部の属州にもある程度広がっていた。この女神は、シリアのなかで最大かつもっとも神聖とされたヒエラポリスの神殿で、豊穣の女神として祀られていた。アタルガティスの配偶神は、ドゥシャラ Dushara あるいはドゥサレス Dusares とよばれていた。ドゥシャラは、アタルガティスに従属する神であり、もともとは人間の王であったが、1度死に、そののち、生きかえったと考えられた。そのため、ドゥシャラは死後の生活と関連が深いとされた。多くの他の神々と異なりドゥシャラを人間の姿に似せた神像は知られておらず、四角い玄武岩の石塊がドゥシャラとし

て崇拝された。ギリシアの影響を受け、ドゥシャラは、**ディオニュソス**と重ねあわされて考えられるようになっていった。

アタルガティスには、のちにはほかに**ハダド**とよばれる配偶神がいた。この神は稲妻をつかさどるシリアの神で、**バアル・シャミン**としても知られていた。やがてハダドは、**ゼウス**とも重ねあわされるようになるが、それでもアタルガティスに従属する神であると考えられた。アタルガティスは玉座の両側にライオンをはべらせ、ハダドは雄牛をはべらす姿で表現されている。魚と鳩はアタルガティスを象徴する動物であり、イスラエルのアスカロンではアタルガティスは、上半身は女性、下半身は魚の姿で描かれていた。アタルガティスは、麦の茎、葡萄の木、アカンサスとともに描かれていることが多い。アタルガティスの祭儀は、前3世紀にはエジプトに、前2世紀には、ギリシア諸都市にも広がっていった。しかし、ローマ帝国の西部属州にはそれほど根づかなかったようである。ドゥラ・エウロポスでは、アタルガティスはエペソスの**アルテミス**と重ねあわされている。ネロ帝もアタルガティスの祭儀はひととき大切にした。アタルガティスへの数々の奉納物が、イタリア、イギリス、ドナウ河流域の属州で発見されている。

参考文献：Hammond & Scullard（eds.）1970, 136; Ferguson 1970, 16-20; Teixidor 1969, 71-76（evidence from Palmyra）.

アッカ・ラレンティア Acca Larentia

ラレンティナともよばれたローマの女神。12月23日には、この女神を祀るラレンタリア祭がおこなわれた。この女神の起源にかんしては、はっきりとわかっていない。しかし、この女神はローマの建国と深い関係があったようである。ある伝承では、**ヘルクレス神殿**の管理人が**ヘルクレス**を「さいころ」を使うゲームに誘ったという。そのゲームの賞品が、豪華なご馳走と美しい少女アッカ・ラレンティアであった。ヘルクレスはゲームに勝利してラレンティアをえたものの、のちに彼女

を手放し、ラレンティアは裕福なエトルリア人であるタルティウスと結婚する。ところがタルティウスは、ローマ近郊の広大な所有地をラレンティアに残し亡くなってしまう。ラレンティアはこの広大な所有地を、死ぬまぎわに、ローマの人びとに譲渡する。この伝承は、あきらかにローマの土地所有権を正当化するために創作されたものと思われる。別の物語では、アッカ・ラレンティアは、牧夫ファウストゥルスの妻として登場する。ファウストゥルスは、狼といるロムルスとレムスをみつけた人物である。12人からなる**アルウァレス祭司団**は彼女の12人の子ども（ロムルスとレムスは養子のためふくまれない）をしのんで、組織されたといわれている。

参考文献：Grimal 1986, 3; Hammond and Scullard（eds.）1970, 2.

アッザナトコナ Azzanathcona

シリアの女神。ときには**アルテミス**と同一視された。

アッティス Attis

アテュス Atys の名称でも知られるアナトリアの神。キュベレ（**マグナ・マテル**）の配偶神である。プリュギアの神話では、アッティスはナナの息子とされる。ナナは、小アジアのサンガリオス川の河神の娘である。ナナは1本のアーモンドの木から実や花を集めていて、アッティスを妊娠したという。このアーモンドの木は、**アグディスティス**の切断された男根から生えたものだという。アグディスティスは両性具有の神として生まれ、神々によって去勢された神である。去勢されたアグディスティスは、完全に女神となり、やがてアッティスを愛することになる。しかし、アッティスがほかの女性との結婚を望んだため、アグディスティスは嫉妬に狂い、アッティスの正気を失わせる。アッティスは、みずからの手で自分の性器を切り落とし、松の木の下で息絶える。それを知ったアグディスティスがひどく落胆したため、ほかの神々がアッティスの遺体が腐らないように処理を

ほどこした。

　別の神話では、**ゼウス**がむりやりキュベレに結婚をせまり、岩にしたたりおちたゼウスの精液から両性具有のアグディスティスが生まれたという。そして、ディオニュソス（バッコス）がアグディスティスの性器を切り落とし、その血からザクロの木が生える。ナナがこの木の果実を子宮に挿入したところ妊娠し、アッティスを出産する。しかし、河神サンガリオスの望みにしたがい、アッティスは捨てられるが、そばをとおりかかった人間に育てられることになる。アッティスは美少年へと成長し、やがてペッシヌスのミダス王がアッティスと自分の娘のひとりとの結婚を望むようになる。しかし、アグディスティスとキュベレが議論するなか、アッティスと彼の従者たちは激高し、アッティスは松の木の下で、みずから性器を切り落とし死にいたる。キュベレがアッティスの遺体を埋葬し、ミダスの娘は悲しみのあまり自害する。やがて、アッティスとミダスの娘の血がしたたりおちた場所からは菫（スミレ）の花が咲き、ミダスの娘の墓からは１本のアーモンドの木が生え育ったという。ゼウスは、アグディスティスにアッティスの遺体が腐らないようにすることを認めたため、アッティスの遺体の髪は伸びつづけ、小指も動きつづけたという。伝説によると、アグディスティスは祭司団を組織し、アッティスをたたえる祝祭をペッシヌスでおこなうようにしたという。

　詩人**オウィディウス**は伝説を異なった見解で伝えている。アッティスはブリュギアの森に暮らす少年であり、とても美少年であったため、キュベレの寵愛を受けるようになる。キュベレは、アッティスが童貞を守ることを条件に、キュベレの神殿の番人にしたいと思った。しかし、アッティスは**ニンフ**サガリティスの愛をこばむことができなかった。激怒したキュベレは、このニンフの生命がむすびついていた木を切り倒してしまった。正気を失ったアッティスは、性器をみずから切断する。しかし、最終的には、アッティスは、ふたたびキュベレに仕えるためにつれもどさ

れる。

　もともとアッティスはキュベレ信仰の一部にすぎず、アッティスは死すべきもの、あるいは植物の生長をつかさどる神というように多様な受けとめかたをされていた。しかしクラウディウス帝の時代（41-54）になると、アッティスの身分が公認される。150年以降は、アッティスはキュベレと対等の地位をえる。ローマ帝政期の後半になると、アッティスはこのうえなく力の強い太陽神とみなされるようになり、アッティスを崇拝するものには不死が約束されるとみなされるようになっていく。アッティスは、通常、ブリュギア帽とブリュギア・ズボンをはいた若者として表現される。アッティスは、デンドロポロイ（木枝を奉持する者たち）のあいだでとくに崇拝された。また、神話ではアッティスは埋葬されたあとによみがえったため、木枝奉持者たちは葬儀屋としても活動した。アッティスを祀る祝祭は**ヒラリア祭**とよばれた。

参考文献：Gasparro 1985; Grimal 1986, 26-27（under Agdistis）, 70; Hammond & Scullard（eds.）1970, 146-147; Vermaseren 1977.

アッティス・メノテュランヌス
Attis Menotyrannus

　神アッティスとむすびついたブリュギアの神メンにあたえられた名称。アッティス・メノテュランヌスに言及した碑文がローマとイタリアのオスティアで多く知られている。

参考文献：Hammond & Scullard（eds.）1970, 669.

アッピアス Appias

　水の**ニンフ**。ローマ、**ウェヌス・ゲネトリクス**神殿の近くフォルム・カエサリアにあるアッピアの泉のニンフであった。

アッラト Allat

　シリアの女神。ローマ時代にパルミラ周辺で崇拝された。パルミラでは、ほかの土着の神々と同等の神と考えられていた。**アスタル**

テと同一の神とみなされていたのかもしれない。2世紀までには、アッラトはアテナと同一視されるようになり、兜、**アイギス**、槍、盾とともに表現されるようになる。
参考文献：Texidor 1969, 53-62.

アッレクト Allecto
アレクトの別表記。復讐の女神たち**フリアエ**の1柱である。

アデオナ Adeona
家に帰る子どもの足はこびを導くローマの女神。
参考文献：Grimal 1986, 231 (under Indigetes).

アテナ Athena
ギリシア、アテナイの守護女神。ローマの女神**ミネルウァ**と同じ神とされた。

アテポマルス Atepomarus
ケルトの神。**アポロ**とむすびつき、**アポロ・アテポマルス**として崇拝された。

アテュス Atys
プリュギアの神**アッティス**の別名。

アドラスタ Adrasta
アドラスタはギリシアの女神ネメシスの別称と一般に考えられている。しかし、アドラスタとネメシスとは別個の神とみなされることもあった。アドラステア Adrastea、アドラスティア Adrastiaという名称は、アドラスタの変異形と考えられている。(→**フリアエ**)

アドラノス Adranos
シチリア土着の神。エトナ火山の南西斜面にあったアドラノの町周辺で崇拝された。アドラノスは、ギリシアの神ヘパイストス（火と鍛冶の神）と同一の神と考えられていた。また、アドラノスは戦争の神でもあった。アドラノスを双子の土着神パリキの父親とする伝承も存在する。

参考文献：Wilson 1990, 279.

アトリウム・ウェスタエ atrium Vestae
ローマの**フォルム・ロマヌム**の東にあった**ウェスタの聖女たちの館**（図77F）。広い神域や**ウェスタ**の円形神殿、ウェスタの聖女たちが暮らす居住区から構成された。今日では、アトリウム・ウェスタエという用語は、とくにウェスタの聖女たちが暮らしていた居住区をさす言葉としてもちいられている。居住区から神殿へは階段で、神殿区域には回廊で往来することができた。アトリウム・ウェスタエは、非常に巨大な建物で、建物内にはウェスタの聖女たちが使う公的な部屋や各自の部屋があった。
参考文献：Richardson 1992, 42-44; Steinby (ed.) 1993, 138-142.

アドレンダ Adolenda（火口^{はぐち}）
アルウァレス祭司団が、**デア・ディア**の聖所から1本のじゃまなイチジクの木をとりのぞくために勧請したローマの神。

アナンケ Ananke
「絶対的な掟」を擬人化したギリシアの女神。この女神は、しだいに、神々でさえしたがわざるをえない究極的な運命の力とみなされるようになっていった。ローマでは、女神**ネケッシタス**と重ねあわされた。
参考文献：Grimal 1986, 40.

アヌ Anu
シリアの神。もともとはバビロニア人の主神であった。アヌ崇拝は、ローマ時代にメソポタミアとシリアに広がった。

アヌビス Anubis
ジャッカルの頭をもつエジプトの神で死者をつかさどる。ローマでは、ジャッカルのかわりに犬の頭をもつ神として描かれている。また、甲冑をつけた戦士として描かれることもあった。イシスなどほかのエジプトの神々とともに、アヌビス崇拝は、帝政期にローマ

に伝わった。
参考文献：Grenier 1977; Hammond & Scullard (eds.) 1970, 78.

アノキティクス Anociticus
ケルトの神。ハドリアヌス長城のベンウェル要塞にある神殿から知られることとなった。（→アンテノキティクス）

アパデウア Apadeva
ケルトの水の女神。ドイツのケルンで発見された祭壇の奉納碑文に登場する。
参考文献：Elbe 1975, 215.

アバンディヌス Abandinus
イギリスのゴッドマンチェスターで発掘されたロマノ・ブリタンニア神殿の奉納板碑文に唯一登場するケルトの神。アバンディヌスという名前は、ケルトのアボナ川あるいはアフォン川からの由来が考えられ、水神であったかもしれない。ゴッドマンチェスターの遺跡では、３つの神殿が連続して建設されたことが確認されている。この遺跡はウーズ川河畔にあり、ウーズ川の古名はアバンといった。ひとつの神殿から貯水槽と井戸が発掘されたことから、水神が祀られていたことがわかる。しかし、奉納板碑文は断片的であり、この神の名前をマバンドと読むこともできる。したがって、**マポヌス** Maponus（神の申し子）と関係があったとも考えられる。
参考文献：Green, H. J. M. 1986; Green, M. J. 1992a, 26.

アピス Apis
エジプトのメンピスで崇拝された聖なる雄牛。メンピスの最高位の神プタハの生まれ変わりと信じられていた。プトレマイオス朝時代とローマ時代にアピスの祭儀は広がり、アピスの儀式と祝祭は公認されていった。聖牛はアピス自身の神殿のなかで飼育され、豪華な食物があたえられた。聖牛は、オソラピスとよばれるようにもなる。毎日、決まった時間に神殿内の中庭に放牧され、この牛の動き方から未来が予言された。たとえばゲルマニクス（ティベリウスの養子）が亡くなったそのとき、この聖牛は、ゲルマニクスから奉納された供物を食べることをこばんだといわれている。聖牛は死ぬとミイラにされ、神殿の地下室に埋葬された。聖牛が死ぬと、70日間の断食がおこなわれ、その後に別の牛が後継に選ばれた。
ローマ時代、アピスの祭儀は、**セラピス**の祭儀にとってもっとも重要であった。なぜならセラピス信仰は、メンピスの神殿内に埋葬され、**オシリス**神に化体した聖牛への崇拝に由来するからである。オシリスに化体したこの牛は**地下世界**でよみがえり、オシリスとともに地下世界に君臨すると考えられていたのである。
参考文献：Hammond & Scullard (eds) 1970, 81; Kater-Sibbes & Vermanseren 1975a, 1975b & 1977.

アビルス Abilus
現在のフランスのブルゴーニュ地方のコート・ドール県のアルネ・ル・デュクで信仰されていたケルトの神。ケルトの女神**ダモナ**（雌牛）と関係が深い。
参考文献：Green, M. J. 1992a, 76.

アブナ Abna
現在のポルトガル北部サント・ティルソで発見された碑文に登場するイベリアの神。
参考文献：Tranoy 1981, 268.

アブノバ Abnoba
狩猟と森をつかさどるケルトの女神。ゲルマニアの「黒い森」地帯（シュヴァルツヴァルト）で崇拝された。アブノバはおそらく豊穣・多産をつかさどる母神でもあった。ローマの女神ディアナと関係が深く、この２女神は同一視されることもあった。タキトゥスは『ゲルマニア』の冒頭で「アブノバ山」にふれている。
参考文献：Green, M. J. 1992a, 26.

アプロディテ Aphrodite

ギリシアの愛と美と多産の女神。ローマのウェヌスと同一の神と考えられた。

アブンダンティア Abundantia

「繁栄」を擬人化したローマの神。

アベオナ Abeona

子どもが家を離れるさいに、子どもの親から離れるときの第一歩をつかさどるとともに、旅人を守るローマの女神である。
参考文献：Grimal 1986, 231 (under Indigetes).

アペクス apex（複数形apices）（図4、81）

フラメンたちや他の神官たちが外出のさいにかぶった、ぴったりとした帽子。「アペクス」という用語は、帽子全体をさすこともあったが、厳密には、ウィルガ virga（接ぎ木）とよばれるオリーブの木の若枝でつくられた帽子のてっぺんの部分をさす言葉であった。帽子のおもな部分は、ガレルス galerus（毛皮の帽子）とよばれる毛皮製のふちなし帽であった。アペクスのてっぺんには、円盤状の飾りがついており、また、ときにはその円盤の直径の幅いっぱいにもう一本の若枝がとりつけられることもあった。アペクスは神官に威厳をもたせるものであったが、帝政期になると小型化していく。**フラメン・ディアリス**のアペクスは、白色であった。このアペクスは、**ユピ**テルにささげた白色の犠牲獣の皮から作られており、アルボガレルス albogalerus（白帽）ともよばれた。
参考文献：Hammond & Sucllard (eds.) 1970, 80.

アポロ Apollo（ギリシアではアポロン）（図5）

ゼウスと**レト**との子で、**アルテミス**の兄にあたるギリシアの神アポロンは、ローマではローマの神と個別的に重ねあわされることはなかった。はじめローマには治癒の神として伝えられ、その後、予言、狩猟、音楽、詩の神となった。イタリア、クマエの**シビュラ**は、アポロンを祀る女性祭司であった。ギリシア人のあいだでは、アポロンに対し、さまざまなよび名や形容辞がそえられたが、古代ローマでは、ラテン文学のなかでごくわずかなよび名がみられるだけである。アポロのよび名には、アポロ・アルティケネンス Apollo Articenens（弓をたずさえるアポロ）やアポロ・アウェッルンクス Apollo Averruncus（邪悪なものをふせぐアポロ）、アポロ・コエリスペクス Apollo Coelispex（天空を見はるアポロ）、アポロ・クリカリウス Apollo Culicarius（虫を追い払うアポロ）などがあった。ローマ人にとって、アポロは詩の神であり、カスタリアの水を飲むと詩歌の霊感を授かるとされていた。カスタリアとは、ギリシア神話に登場するニンフで、アポロンに追われ、デルポイに近いパルナッソス山の泉に飛びこんだとされる。

アポロンは、また形容辞および称号とは別にポイボス・アポロン Phoebus Apollo（輝けるアポロン）という名で太陽神としても崇拝された。ローマではアポロは、サビニ人の神である**ソラヌス**と同一の神とされることもあった。アポロンは、しだいに、**オルペウス教**と**新ピュタゴラス主義**ともむすびついていき、**オルペウス**とピュタゴラスの父であると考えられることもあった。石棺にアポロン神話の場面が彫刻されたのは、オルペウス教と新ピュタゴラス主義とに関連していたためで

図4　1世紀後半の神官。アペクスとよばれる円錐形の帽子をかぶっている。帽子のてっぺんには、とがった棒と円盤状の飾りがついている。

アポロクノ

図5　竪琴を演奏するアポロン。2世紀。小アジアのミレトス出土。アポロンはミレトスの守護神であった。

あろう。アウグストゥス帝は、アポロを彼自身の個人神と考えており、パラティウム丘の私邸の横にアポロ・パラティヌス神殿を建立した。ローマでは、毎年7月にアポロのために競技会がおこなわれ、アポロのための祭典が9月23日におこなわれた。雄牛が供犠される神が3柱存在したが、アポロはその1柱である（ほかは、**マルス**と**ネプトゥヌス**）。
参考文献：Hammond & Scullard (eds.) 1970, 81–82; Room 1983, 323–326 (for titles/epithets of Apollo); Simon 1990, 27–34.

アポロ・アテポマルス Apollo Atepomarus
　ケルトの神アテポマルスとギリシアの神アポロン（→**アポロ**）が重ねあわされた神。フランス、アンドル県のモーヴィエルで発見された碑文による。アテポマルスは、よく「偉大なる騎手」あるいは「偉大なる馬の所有者」と訳される。ガリアの他の地域にある複数の癒しの聖所からは、アポロに奉納されたいくつかの馬の小像を持つアポロ像が出土している。アポロが本来太陽神でありながら馬とむすびつくのは、ケルト世界では太陽崇拝と馬との関連が深かったことに由来するのかもしれない。
参考文献：Green, M. J. 1992a, 30.

アポロ・ウィロトゥティス Apollo Virotutis
　ケルトの神ウィロトゥティスとギリシアの神アポロン（→**アポロ**）がむすびつけられた神。ウィロトゥティスとは、「人類に恩恵をほどこす者」を意味すると思われる。アポロ・ウィロトゥティスはガリア地方で崇拝された。
参考文献：Green, M. J. 1992a, 32.

アポロ・ウィンドンヌス Apollo Vindonnus
　ケルトの神ウィンドンヌスとギリシアの神アポロン（→**アポロ**）がむすびつけられた神。太陽神そして治癒の神とされ、フランス、シャティロン・シュル・セーヌ近郊のエサロワに神殿があった。「ウィンドンヌス」は、「鮮やかな光」を意味する。アポロ・ウィンドンヌスへの奉納品の多くが眼を描く青銅板であることから、この神殿の参拝者の多くは、眼病治癒のために参拝していたと思われる。また、ほかの病苦に悩まされていると思われる眼以外の人体部位の模型や、果実や菓子を持った人の手の形をした奉納品も出土している。
参考文献：Green, M. J. 1992a, 32.

アポロ・クノマグルス Apollo Cunomaglus
　ギリシアの神アポロン（→**アポロ**）と重ねあわされたケルトの神。アポロ・クノマグルスは、イギリス、ウィルトシャーのネトルトン・シュラブにある聖所から知られることとなった。この聖所は、治癒の聖所として利用されたと思われる。神殿にはディアナとシルウァヌスも祀られていたことから、クノマグルス（「追跡する神」の意味）は狩猟の神でもあったと考えられる。狩猟と治癒の祭儀は

15

しばしばむすびつくことがあった。
参考文献：Green, M. J. 1992a, 31-32.

アポロ・グランヌス　Apollo Grannus

　ケルトの神**グランヌス**とギリシア神アポロン（→**アポロ**）がむすびついた神。アポロ・グランヌスは治癒の神であり、ローマやヨーロッパのほぼ全土で崇拝された。アポロ・グランヌスと配偶神であるケルトの女神**シロナ**への奉納碑文がいくつか知られている。アポロ・グランヌスは薬湯に関連づけられることも多く、また太陽神としても崇拝された。ローマの歴史家ディオ・カッシウスの著作のなかでは、治癒の神として登場する。アポロ・グランヌスは、スコットランドのマッセルバラで発見された碑文のなかで勧請されているアポロ・グランノス Apollo Grannos と同じ神であると思われる。
参考文献：Green, M. J. Apollo 1992a, 32; Ross 1974, 473.

アポロ・グランヌス・モゴウヌス

Apollo Grannus Mogounus

　ケルトの神々**グランヌス**と**モゴウヌス**、またギリシアの神アポロン（→**アポロ**）が合体した神。ドイツのホルブルクで発見された碑文に登場する。

アポロ神殿

　疫病がはやったため、前433年に、ローマにアポロ神殿を建立することが誓願される。このローマ最古のアポロ神殿はおそらく前431年7月13日に執政官ガイウス・イウリウスによって献納された。アポロの祭儀は外来のものであったため、この神殿は**ポメリウム**（市壁にそった聖域）の外側、**マルスの野**の**フラミニウス競技場**とフォルム・ホリトリウムのあいだ、**ベッロナ神殿**のとなりに建立された（図31N）。この神殿は元老院によって、とくに外国からの特使との会合や凱旋式について検討をおこなう場として利用された。現在のカンピテッリのサンタ・マリア修道院は、この神殿の基壇の上に建っている。1940年

には、神殿の3本の柱が再建されている。この神殿は、前28年にパラティウム丘に別のアポロ神殿が建立されるまで、ローマにある唯一のアポロ神殿であった。前32年の執政官ガイウス・ソシウスが再建した神殿は、このアポロ神殿であったと思われる。もともとこの神殿はアポロ・メディクス（治癒のアポロ）神殿として知られていたが、のちにアポロ・ソシアヌス神殿の名前で知られるようになる。ソシウスがさまざまな美術品でこの神殿を飾ったためである。また、古くは前353年にも1度、この神殿の修復あるいは再建がおこなわれた可能性があり、そのさいの献納日は9月23日であった。

　いっぽう、パラティウム丘のアポロ神殿は、アポロ・パラティヌス、またラテン語でアエデス、テンプルム、デブルムともよばれた。この神殿は、オクタウィアヌス（のちのアウグストゥス帝）がもともと、居館を建てようと計画していた土地に建立された。前36年、セクストゥス・ポンペイウスとともにおこなった遠征中に稲妻がこの土地を直撃、このことが契機となり、アウグストゥスは神殿の建立を誓願したという。この神殿はアウグストゥスの私邸のすぐ横に建立され、前28年の10月9日に完成し献納されている。前12年またはそれ以前に、「シビュラの書」がこの神殿に移されたことが知られている。363年の3月18日に神殿は焼け落ちるが、「シビュラの書」は無事神殿から救いだされている。この神殿は非常に豪華であり、ポルティコ（柱廊）や多くの影像が立てられ、図書館もあったことが知られている（この図書館で元老院の会合がしばしばおこなわれた）。この神殿の正確な位置はわかっていないが、それは**ユピテル・ウィクトル**ともよばれていた神殿であった可能性がある。
参考文献：Nash 1962a, 28-31; Richardson 1992, 12-14; Scullard 1981, 164, 188.

アポロ・トウティオリクス Apollo Toutiorix

　ケルトの神**トウティオリクス**とギリシアの神アポロン（→**アポロ**）がむすびついた神。

この神は、ドイツのヴィースバーデンで発見された碑文により知られる。トウティオリクスは**テウタテス**と同じ神であったと思われる。

アポロ・ベレヌス Apollo Belenus

　ケルトの神**ベレヌス**とギリシアの神アポロン（→**アポロ**）が重ねあわされた神。アポロ・ベレヌスは、太陽神であり治癒の神であった。この神は、とくに北イタリアのガリアやノリクム［古代ローマの属州で現在のオーストリアのドナウ河以南の地域］で人気があった。この神の名は、多くの碑文に登場している。
参考文献：Green, M. J. 1992a, 30-31.

アポロ・メディクス Apollo Medicus

　治癒をつかさどるローマの神。ローマ市内、おそらくは**ベッロナ神殿**のとなりに、アポロ・メディクスの神殿があったと思われる。（→**アポロ神殿**）

アポロ・モリタスグス Apollo Moritasgus

　ケルトの神**モリタスグス**とギリシアの神アポロン（→**アポロ**）がむすびついた神。ガリア、アレシア［現在のフランス、アリーズ・サント・レーヌ］の神殿と治癒の聖所からこの神にささげられた奉納碑文がみつかっている。このことから、この神は治癒をつかさどる神であったと考えられる。この奉納碑文には、この神の配偶者である**ダモナ**の名もしるされている。アレシアのこの複合神殿は、浴場と前廊つきの多角形プランの神殿およびポルティコからなっているが、後者はおそらく神を迎えるお籠り（**インクバティオ**）のためのものであったろう。奉納碑文のなかには、病人が入浴した聖なる浴場にかんする記述もみられる。人体部位模型奉納品も、この遺跡から多く出土している。また外科手術用の道具類も発掘されていることから、古代の治療が神頼みだけではなかったことがわかる。
参考文献：Green, M.. J. 1992a, 32.

アモン Amon

　エジプトの主神の1柱。アンモン Ammon、アモウン Amoun、アムン Amun としても知られる。もともとは、エジプトのテーベの神であったが、アモン崇拝はしだいにエジプト全土に広がっていった。エジプトでは、アモンは、羽毛のついた頭飾りをつけ、顔は雄羊として表現された。アモンは、多産の神であり、命をあたえ、生命を持続させる神とされた。前7世紀に、アモン崇拝はギリシアに伝わり、羊の巻き角をはやしたゼウス神として表現されるようになる。ギリシア経由でアモン崇拝はローマ世界にも伝わったが、ほかのエジプト系の神々のように、流行することはなかった。ギリシアでゼウス神と同一視されたことから、やがてアモンはローマの**ユピテル**に重ねあわされるようになった。
参考文献：Hammond & Scullard（eds.）1970, 52-53.

アライシアガエ Alaisiagae（図6、102）

　ゲルマニアの女神たち。イギリスのハドリアヌス長城ハウスステッズ要塞に残された碑文では、**マルス**と**マルス・ティンクスス**と関連の深い女神たちとして登場する。別の碑文では、「2柱のアライシアガエ女神、ベダ Beda とフィンミレナ Fimmilena」として登場し、ほかの碑文では、「バウディヒッリア Baudihillia とフリアガビス Friagabis」として登場する。この女神たちがマルスと関係が深いこと、またハドリアヌス長城に駐留していたゲルマン人の軍隊が碑文を残していることから、アライシアガエは戦いの女神たちであったと推定される。この女神たちはおそらく、戦いのなかで死すべき者を決定するワルキアリ（ワルキューレ）と同一の神々であったと思われる。またワルキアリは殺された人間の魂を**死後の世界**に導いた。
参考文献：Burn 1969, 113-114.

アラウイナ Alauina

　ケルトの母神。ドイツのマンダーシャイトで発見された碑文によって知られることと

アラウシオ

図6 アライシアガエとマルスのための祭壇。ハドリアヌス長城のハウスステッズで発見された。碑文には DEO MARTI ET DVABVS ALAISIAGIS ET N AVG GER CIVES TVIHANTI CVNEI FRISIORVM VER SER ALEXANDRIANI VOTVM SOLVERVNT LIBENT[ES] M[ERITO](マルスと2柱のアライシアガエ、また皇帝陛下の神聖なる御霊にささげる。セウェルス・アレクサンデル帝のウェルコウィキウムのフリジア人部隊のトゥイハンティスのゲルマン部族の男たちがこの祭壇を献納いたしますことを心よりすすんで誓います)。N AVGとはヌメン・アウグスティの略であり、トゥイハンティスはオランダのトウェンテであると思われる。祭壇の左側面にはナイフと斧、右側面にはパテラ[ギリシアのフィアレに似た平皿]と水差しの図像が彫りこまれている。

なった。
参考文献：Wightman 1970, 226.

アラウシオ Arausio
ケルトの神格。ガリアのアラウシオの町(現在フランスのオランジュ)の名祖となった精霊。

参考文献：Green, M. J. 1992a, 33.

アラ・ウビオルム Ara Ubiorum
ウビィ族の祭壇。現在のケルンの町の近くにあった。おそらくそこは、ルグドゥヌムにあった神域と類似したところであったと思われる。この祭壇は、おそらく前12年から前9年までのあいだに、アウグストゥス帝によって建立された。ローマ領の町、コロニア・クラウディア・アラ・アグリッペンシス(現在のケルン)の名前のなかの「アラ」は、この祭壇(アラ)に由来する。ここでおこなわれた祭儀は、女神ローマとアウグストゥス帝に関連したものであったと考えられる。この祭壇は、この地をローマ領ゲルマニアの宗教的・政治的中心地にするためのものであったのであろう。しかし後9年、ゲルマニア諸族連合にウァルス将軍ひきいる3箇軍団が敗れたことによって、この地を宗教的・政治的中心地とする夢も消えはてた。この祭壇はあとかたもなく、いかなる痕跡もとどめていない。
参考文献：Fishwick 1987, 137–139.

アラエ・インケンディイ・ネロニス
Arae Incendii Neronis
64年のネロの大火を後世に伝えるため、ドミティアヌス帝がローマに建立したいくつかの祭壇。大火の被害を受けた地区に建立されたものと思われる。異なった場所から3基の祭壇が発見されている。そのひとつは、クイリナーレ通り30番地の地下から発見された。これらの祭壇では、年に1度ウォルカナリア祭のおりに、犠牲獣が奉納された。
参考文献：Nash 1962a, 60–61; Richardson 1992, 21.

アラエ・フラウィアエ Arae Flaviae
おそらくフラウィウス家のドミティアヌス帝が新たに征服したアグリ・デクマテス[ゲルマニアのシュヴァルツヴァルトに隣接するライン河、ドナウ河、マイン川の上流地域をふくむ三角形の地域]の地に建設した祭儀の

中心地で、現在はロットヴァイルの名称で知られ、ドイツのネッカー川ぞいに位置している。ルグドゥルム（現在フランスのリヨン）にあった**祭壇**のように、巨大な祭壇がこの地にあったと推定される。このラテン語の名称は複数形である。「フラウィウス家の祭壇」（アラエ・フラウィアエ）とよばれたこの聖所では、神格化されたウェスパシアヌス帝と彼の息子ティトゥス帝が祀られていたと考えられるが、このことを証明する碑文はいまだみつかっていない。
参考文献：Fishwick 1987, 298-299.

アラトル Alator

ケルトの神。**マルス・アラトル**としてローマの神**マルス**とむすびつけられた。［イギリスのハーフォードシャー州パークウェイで発見された銀製奉献板には、盾と槍と兜とともに戦士の姿で表されている。］

アラ・パキス Ara Pacis（Ara Pacis Augustae アウグストゥス帝の平和の祭壇）（図7）

アウグストゥス帝が57年にわたる彼自身の公的生活を回顧した記録『業績録』（*Res Gestae*）によって知られる祭壇。この祭壇は、ローマ市の**ポメリウム**の外側1.6キロメートル、**マルスの野**の端にあった。この祭壇は、前13年にアウグストゥスが、ガリア遠征とヒスパニア遠征から勝利のうちに無事ローマに帰還したことを祝い、元老院の命によって建立された。前13年の7月4日に起工式がおこなわれ、前9年の1月30日に献納された。奉納までこれほどの時間がかかったのは、おそらく細かい作業に時間をとられたためであろう。

マルスの野で巨大な**祭壇**が発掘され、異論は少々あるものの、この祭壇こそがアラ・パキスであると考えられている。実際のところ、何かほかの記念建造物である可能性もある。この祭壇は、かつてマルスの野の一部であった低地部ルキナの通りにあるパラッツォ・フィアノ（フィアノ宮）の地下に眠っていた。まず1568年、パラッツォ・ペレッティ（現

図7　ネロ帝（在位54-68）の銅貨に描かれたアラ・パキス。この銅貨は、フランスのリヨンで鋳造されたものである。

在のフィアノ）が建設されているさなか、数枚の彫刻がほどこされた石板が発見された。また1859年にも別の石板が何枚も発見された。1903年にこの祭壇の最初の発掘は開始されたが、技術的にむずかしかったため同年中断された（祭壇は地下9.14メートルに眠っていたため、発掘中に地下水が湧き出した）。1937年から1938年にかけて、ふたたび発掘がおこなわれた。この発掘では、水分の多い土壌を凍らせるという手法が導入された。出土した彫刻品の大半と数々の複製品はともに、テベレ河岸の近代的なガラス張りの建物のなかに移され、復元された。この建物は、パラッツォ・フィアノから少し離れており、アウグストゥス霊廟の向いにある。この記念すべき祭壇とその展示館は、1938年の9月23日に、アウグストゥス帝生誕2000年記念事業をしめくくる式典のなかで、ムッソリーニの手によって開場式を迎えた。祭壇は元来、東を向いていたが、移築するにあたり南北軸にそって復元された。

発掘された祭壇は大理石製でU字形をしている。祭壇は、本来、壁に囲まれた域内に建っていた。その広さは10.5メートル×11.6メートル、壁の高さは7メートルであった。

この区域を囲う壁の内外それぞれの面には、数多くの彫刻がほどこされていた。この祭壇と区域は、低い基壇の上に設置され、出入口は東西2カ所あった。正面入口には階段がつけられ、この祭壇の後ろ側の少し高くなったところにも、犠牲獣をともなう参列者用の別の入口があった。神域内の壁の浮彫には、アウグストゥスが一族の前で犠牲獣を供する儀式の様子と、元老院議員たちと神官たちが行列する様子が浮彫で描かれている。おそらく、前13年7月4日におこなわれた起工式を描いたものと思われる。祭壇のまわりにほどこされた浮彫（3分の1も残っていないが）には、犠牲獣と**ウェスタの聖女たち**そしてポンティフェクス・マクシムス（大神祇官）の姿が彫られ、**スオウェタウリリア**（豚・羊・雄牛の3獣の犠牲）の儀式の様子が表されている。前9年の献納式を表現したものと思われる。神域内の壁の右手前面のパネルには、シチリアから到着したアエネアスがラヌウィウムで1匹の雌豚と30匹の子豚を犠牲に供する様子が表されている。おそらくは、アウグストゥスが外地から無事帰還したことを表現したのであろう。左手のパネルには、ロムルスとレムスの姿が描かれている。

参考文献：Billows 1993; Conlin 1992; Fishwick 1972, 171–176; Fishwick 1987, 203–210; Koeppel 1992; Patterson 1992; Richardson 1992, 287–289; Simon 1968（in German）; Toynbee 1961.

アラ・マクシマ Ara Maxima（至高祭壇）

　アラ・マクシマは、ラテン語では本来、アラ・マクシマ・ヘルクリス・インウィクティ Ara Maxima Herculis Invicti（不敗のヘルクレスの祭壇）と表記された。この**祭壇**は、ローマのティベリス川河畔、**大競技場**とプリミゲニア門とのあいだの**フォルム・ボアリウム**にあった。また、この祭壇は、**ヘルクレス・ウィクトル**神殿と大競技場のあいだにあった可能性が高い。コスメディンのサンタ・マリア教会の地下から発見された巨大な基壇が、アラ・マクシマであったという説があるが、この仮説に対しては異論もある。ア

ラ・マクシマのマクシマ（「最大」の意）とは、祭壇の大きさではなく、その重要性を意味している。そこは、ローマではじめて**ヘルクレス**のために作られた祭儀の中心地である。この祭壇のあった敷地は伝説の**カクス**をヘルクレスが殺害したのち、ギリシアの英雄**ヘラクレス**あるいはエウアンデル（**エウアンドロス**）が奉納したと思われていた。

　ヘルクレス・インウィクトゥス、またはヘルクレス・ウィクトルの神殿は、そののち、アラ・マクシマの近くに建立された。前312年には、アッピウス・クラウディウス・カエクスの改革の一環として、この祭壇での祭儀は国家によって公認される。おそらく、そののち、この祭壇はヘルクレス・インウィクティ（不敗のヘルクレス）とよばれるようになったと思われる。祭壇がどのような形状をしていたかは不明である。64年のネロの大火のさいに損壊したとも思われる。しかし、その後、修復がなされている。ヘルクレスはとくに商人のあいだで人気が高く、戦利品や商業的な利益の10分の1がこの祭壇に奉納され、ここではしばしば誓約がなされたり、商取引がおこなわれた。商人にとって、商業活動の利潤の10分の1をヘルクレスに奉納することは慣習のひとつであった。この祭壇では、若い雌牛が犠牲に供された。

参考文献：Palmer 1990; Richardson 1992, 186–187; Scullard 1981, 171–173.

アリウス Arius

　リビア生まれの有名な初期キリスト教の異端者（260頃–336）。キリストの人性を重視する彼の考え方が、**アリウス主義**に発展した。

アリウス主義

　アリウス派による異端信仰。4世紀の異端的な**キリスト**教の教理。アリウス主義という名称は、開祖である**アリウス**に由来する。アリウスはおそらくリビア人で、エジプトのアレクサンドリアで主席司教となる。319年（323年かもしれない）に、アリウスとその支持者たちがキリストの神性を否定するよう

になり、キリスト（神の子）は神（父なる神）に劣る存在だと主張する。それに対して正統的な解釈では神とキリストは一体であると考えられていた。325年のニカイアの公会議でアリウスは糾弾される。335年には名誉を回復したが、そののちすぐに死亡。アリウスの没後も、この異端信仰は存続した。しかし、359年に正統派との和解が成立すると、アリウス派は急速に人気を失う（ゴート族はのぞく）。そして、381年に第2回コンスタンティノポリス公会議がハギア・エイレネ教会（図32）で実施され、正統派の正当性が再確認された。
参考文献：Hammond & Scullard（eds.）1970, 119.

アリサノス Alisanos
　岩の神霊としてガリア地域で崇拝されたケルトの神。現在のフランスのブルゴーニュ地方では、アレシアの町の守護神アリソヌスAlisonusとして崇拝された可能性が高い。言語学的にもアリソヌスとアリサノスは関係があり、同じ神であったとも考えられている。
参考文献：Green, M. J. 1992a, 28.

アリスティデス Aristides
　ププリウス・アエリウス・アリスティデス・テオドロス。彼には持病があったため、彼が残した著作から**アエスクラピウス**治癒施設にかんして多くのことがわかる。アリスティデスは、118年の1月27日ミュシア［小アジア北西部の一地方の古名］で誕生（180年頃死亡）、そののち、ペルガモン、アテナイで教育を受ける。ギリシア人の修辞学者として人生の大半の時間を演説についやしたが、26歳のときローマで再発した病気に倒れる。そののち、彼は民衆の前に姿をあらわすことをやめ、2年の歳月をスミュルナ（現在のイズミール）とペルガモンにあったアエスクラピウス神殿ですごすことになる。そののち彼は多くの土地を旅しながら、ときあるごとにペルガモンとエピダウロスの聖域を訪問している。彼は6巻からなる『ヒエロイ・ロゴ

イ』（*Hieroi Logoi*『聖なる教え』）の著者で、病気治癒を求めて訪問したペルガモンの**アエスクラピウス神殿（アスクレピエイウム）**で経験した夢や幻にかんして記述している。これらの書物は当時、神殿でおこなわれていた治療にかんする貴重な記録であり、また当時の多神教徒の宗教的経験についてのもっとも豊富な記録となっている。
参考文献：Hammond & Scullard（eds.）1970, 110.

アルウァレス祭司団
　アルウァレス兄弟団（フラトレス・アルウァレス fratres arvales）ともよばれる。この祭司団の起源は古く共和政時代以前にさかのぼり、ローマ最古の歴史を誇る。共和政時代のアルウァレス祭司団にかんする唯一の記録はウァッロによるものである。この祭司団は共和政時代の後半に1度姿を消すが、前21年までにアウグストゥス帝によって再結成され、それ以後は12人の神官で構成されることとなった。これらの神官は、最高位の元老院議員の家系から推挙されていた。皇帝もまた、アルウァレス神官団の一員であった。アルウァレス神官団の役職にひとたび就任すると、たとえ有罪判決を受け追放されたとしても、一生涯その職にとどまった。アルウァレス神官団の団長（マギステル magister）は年に1度の投票によって選出された。また、**フラメン**とよばれる（団長の）補佐役も投票によって選出された。農地（アルウム arvum＝耕された畑）の豊穣を祈り犠牲獣をささげること、**デア・ディア**の祭儀をおこなうこと、また女神デア・ディアの聖なる森を管理することがアルウァレス神官団の職務であった。デア・ディアのもっとも重要な祭儀は、5月に聖なる森のなかでこの女神をたたえておこなわれる祝祭であった。アウグストゥス帝が神格化されたのちは、皇帝崇拝のある部分をになうこともアルウァレス神官団の重要な職務のひとつとなった。
　デア・ディアの聖なる森は、ローマの南7キロメートル、ポルトゥエンシス門を過ぎた

アルウエル

カンパニア街道ぞい、第5里程標石の外側、ティベリス川右岸の現在名ラ・マグリアナにあった。ここはアルウァレス神官団の宗教的中心地でもあり、浴場の建物や円形神殿などの遺構が出土している。また奉納碑文も多数発見されている。この浴場は、祝祭のさいにアルウァレス神官団が使用するためのものであったと思われる。

アルウァレス神官団にかんしては、彼ら自身が多くの記録『アルウァレス兄弟団録』（アクタ・フラトリウム・アルウァリウム *Acta Fratrium Arvalium*）を書き残している（多くは碑文資料）。碑文のいくつかはローマ市内でも発見されているが、大半は聖なる森で発見された。218年の碑文には賛歌（**カルメン・アルウァレ**）が記録されている。現存する記録で最古のものは前21年のもの、新しいものは241年のものである。しかし、神官団の活動は、304年まで存続していたことがわかっている。

参考文献：Beard & North（eds.）1990; De Laine 1990; Hammond & Scullard（eds.）1970, 447; Paladino 1988; Porte 1989, 111–115; Sheid 1975; Syme 1980.

アルウェルヌス Arvernus

ケルトの神。ローマの神メルクリウスとむすびつけられて、**メルクリウス・アルウェルヌス**として崇拝された。

アルゲイ argei

繭草をたばねて作った人形の総称。この人形は儀式にもちいられたり、人身御供のかわりに川に投げいれられたと考えられている。実際、19世紀になっても、毎年すくなくともひとりは川にささげなければならないと信じていた社会的集団もいくつかあった。また1年の厄災を払うため、繭草人形を悪霊とみたて、川に繭草人形を流した可能性もある。

3月16日、17日には、アルゲイをかついで行進し、ローマ市内のレギオネス・クアットゥオル regiones quattuor に分布する27の聖所（サクラリウム）を詣でることがおこなわれた。 レギオネス・クアットゥオルとは、セルウィウス・トゥッリウス（王政ローマ第6代の王）によって4つに区分されたとされる地域のことで、ローマのなかでもっとも古い市街地である。聖所でどのような祭祀がおこなわれたかははっきりとしない。27の聖所のうち、13の聖所が確認されており、4つの古い地区に均等に分布している。このことから、1地区に本来は7つずつの聖所があり、聖所は全部で28あった可能性がある。厄災や凶兆などの理由により、聖所のうちひとつが使用されなくなったと思われる。また、聖所は全部で27しかなかった可能性も高い。「27」という数字は、3×9であり、呪術的に意味のある数字である。この聖所は、神殿とはむすびついていなかった。

5月14日（イドゥス）にも、アルゲイをかつぎ、27の聖所をめぐる行進がおこなわれたが、この日は、3月とは反対まわりに行進がおこなわれたと思われる。この行進には、**フラメン・ディアリス**やフラミニカ（ある特定の神官の妻）、**ウェスタの聖女たち**や都市法務官（プラエトル・ウルバヌス praetor urbanus）が参加した。行進はティベリス川で最高潮に達し、そののち、スブリキウス橋からウェスタの聖女たちの手によって、30（おそらく27）体の繭草人形が川へと放りこまれた。ローマ市民たちは、この行進がアルゲイもふくめ、いったいどの神のためにおこなわれていたのか理解していなかった。

参考文献：Richardson 1992, 37–39; Scullard 1981, 120–121.

アルタイオス Artaios

ケルトの神。ローマの神メルクリウスとむすびつけられ、**メルクリウス・アルタイオス**として崇拝された。

アルティオ Artio

森の動物をつかさどるケルトの女神。とくに熊とのむすびつきが深い（アルティオとは「熊」を意味する）。豊かさ、狩猟、豊穣の女神でもあった。熊をつれたアルティオ像が知

られている。またスイス、ベルン近くのムリ、ドイツのトリーア、ボレンドルフの人里離れた谷で発見された奉納碑文に登場する。
参考文献：Green, M. J. 1992a, 34-35.

アルテミス Artemis（図8）

ギリシアの女神。もともとは、多産と野生をつかさどる母神であった。しかし、ギリシア神話のなかで、しだいに処女の女狩人へと変貌していく。アルテミスは、ローマの女神**ディアナ**またエペソス（現在イズミールの南）で崇拝された女神と同じ神であるとされていた。エペソスで崇拝されたアルテミスは、ヘレニズムの女神とアナトリア土着の地母神がむすびついたもので、この女神本来の役割をはたすべくたくさんの乳房をもった女神として表現されている。しかしこの乳房は、熟したナツメヤシの実、あるいは雄牛の陰嚢、あるいは聖なる蜂の卵を表しているといわれている。アルテミスにつかえる巫女は「蜂」、去勢された神官は「雄蜂」とよばれていた。アルテミス崇拝は、トルコ西部のほかの町、たとえばマグネシアやペルゲでも盛んであった。アルテミスは、東地中海地域やローマ帝国の諸都市でも崇拝された。ローマ時代、エペソスの**アルテミス神殿**は、「世界の七不思議」のひとつに数えられた。
参考文献：Ferguson 1970, 21-22.

アルテミス神殿

トルコ、エペソスの**アルテミス大神殿**（アルテミシオン Artemisium）は前6世紀に建立され、前356年に全焼している。そののち、120年をかけて再建された。前344年に東方遠征中のアレクサンドロス大王がエペソスを通過しているが、そのときまだ再建工事はつづいていた。アレクサンドロス大王は、再建費用にと金銭を奉納している。新しい神殿は全周を列柱に囲まれ、幅78.5メートル、奥行131メートルの高い基壇の上に建っていた。列柱はイオニア式で、高さが20メートルにも達した。この新神殿はアテナイのパルテノン神殿の3倍もの大きさであった。最初期から多くの巡礼者や旅人たちがこの神殿を訪れている。この神殿はローマ時代を通じて存続し、エペソスのディアナ神殿と識別される図柄が、ローマのコインにみられる。この神殿は、キュレネのカッリマコス（前305頃-前240頃）によって「世界の七不思議」のひとつに数えられていた。カッリマコスは、エジプトのアレクサンドリアの図書館で役職についていた人物である。また、前2世紀後半のシドンのアンティパトロスの詩にもうたわれている。この新神殿は東ゴート族によって262年に破壊された。17世紀頃になると神殿の場所すらも忘れさられてしまうが、1860年代に神殿は発掘により再発見されることになる。
参考文献：Trell 1988.

アルドゥインナ Arduinna

ケルトの女神。アルデンネスの森の猪の女神である。アルドゥインナは、ここの土着の神であり、狩猟の女神であると同時に、動物とくに猪を守る女神であった。この地域からこの女神の神像が発見されているが、この女神は右手に短剣を持ち、猪にまたがる姿で表現されている。ローマの**ディアナ**と同一視されることもあった。
参考文献：Green, M. J. 1992a, 33-34.

アルトル Altor
（土地を肥やす者、支援する者）

ローマの農業神。ローマの女神**テッルス**と関係が深い。

アルネメティア Arnemetia

アクア・アルネメティアエ（アルネメティアの鉱泉水、現在のイギリスのバクストン）で存在が確かめられているケルトの女神。この女神は、おそらくはこの薬泉の女神であった。「アルネメティア」という名称には、ケルト語の「ネメトン nemeton」（「聖なる森」を意味する）という語がふくまれており、「アルネメティア」とは、「聖なる森の近くに住む女性」を意味していたと考えられている。

図8　ヒエラポリス（現在のトルコ、パムッカレ）の劇場の浮彫に描かれたアルテミス（右から4番目）。乳房が多数表現されている。この浮彫は損傷しているが、アルテミス神殿に関連する儀式の様子を表現している。

参考文献：Green, M. J. 1992a, 34.

アルノビウス Arnobius

キリスト教の神学者。235年頃に北アフリカに生まれる。もともとはヌミディアで修辞学を教えていたが、295年頃にキリスト教に入信する。7巻におよぶ『異端論駁』(Adversus Nationes) を執筆した。この著作は、多神数（異教）信仰や大迫害以前の**キリスト教**にかんする重要な資料となっている。
参考文献：Hammond & Scullard (eds.) 1970, 122.

アルビオリクス Albiorix

ケルトの神。**マルス**とむすびつけられて、**マルス・アルビオリクス**とよばれた。アルビオン（世界・国土）という地理的名称と同意で「国土の王」、「世界の王」が原義であったと思われる。

アルブネア Albunea

イタリア、ティヴォリのアルブラエ・アクアエという硫黄泉をつかさどる水のニンフ。この硫黄泉は滝になっており、アニオ川にそそぎこむ。この場所のすぐそばに、夢告の**神託所**があった。アルブネアは、シビュラとよばれることもあった。アルブネアを**メフィティス**と同一の神と考えた古代著述家たちもいれば、**レウコテア**と同一の神と考えた著述家もいく人かいた。
参考文献：Hammond & Scullard (eds.) 1970, 35.

アルミルストリウム Armilustrium

マルスをたたえておこなわれた武器を浄める祝祭。戦争の季節が終わる10月19日に、アウェンティヌス丘の上にあったアルミルストリウムの広場で開催された。この広場には祭壇があったと思われる。祝祭では、武器を浄めるために、**アンキレ**（聖なる盾）を持った**サリイ**が歌い踊った。祝祭のあと、聖なる盾と武器は、翌年の軍事行動が開始される時期まで収納された。
参考文献：Richardson 1992, 39–40; Scullard 1981, 195.

アルモ Almo

ローマの河神。イタリア、ラティウムを流れるアルモ川の神である。アルモは、ニンフのララの父親にあたる。

アレア・カピトリナ Area Capitolina

ローマの**ユピテル・オプティムス・マクシムス**の神殿区（図31）。（→**カピトリウム丘**）

アレア・サクラ・ディ・サントモボノ Area Sacra di Sant' Omobono

フォルム・ロマヌムと**フォルム・ボアリウム**のあいだ、分水嶺となっている**カピトリウム丘**の麓にあった神殿（図31K）。**フォルトゥナ**と**マテル・マトゥタ**のそれぞれを祀る1対の神殿が存在した。
参考文献：Richardson 1992, 35-37.

アレア・サクラ・ディ・ラルゴ・アルゲンティナ Area Sacra di Largo Argentina

ローマの**マルスの野**の南側にあった地区。現在のヴィットリオ・エマヌエレ大通りとフロリダ通りのあいだにあたる。1926年から1929年にかけて発掘がおこなわれ、矩形プランをもつ3つの神殿（神殿A、C、D）とひとつの円形プランをもつ神殿（神殿B）が1列に配置されたひとつの神域が発見された。これらの神殿は共和政期のものであった。また、これら以外にもいくつかの神殿がこの線上にそってはるか彼方にまでも広がっていた可能性もある。この場所は、おそらくは凱旋行進の出発点にあたり、発見されたこれらの神殿は、勝利をおさめた将軍たちが寄進したものと思われる。発掘がおこなわれる以前から、実は、矩形神殿のひとつと円形神殿がこにあることは知られていた。神殿Aはおそらくは前3世紀のものだが、この神殿は、サン・ニコラ・ア・ケサリニ教会へと造りなおされている。神殿Cは神殿Aとほぼ同時期、神殿Bは前2世紀中頃、神殿Dは前1世紀に年代づけられている。それぞれの神殿の帰属についてはいまだ決着をみていないが、神殿Bはおそらくルタティウス・カトゥルスが建立した**フォルトゥナ・フイウスケ・ディエイ神殿**、神殿Dは**ユピテル・フルグル神殿**、神殿AもしくはCが**ユノ・クリティス神殿**であったと思われる。この地区は、80年に起きたティトゥスの大火のさいに焼け落ち、そ

の後ドミティアヌス帝によって再建されている。
参考文献：Nash 1962a, 136-139; Patterson 1992, 192-197; Richardson 1992, 33-35, 214.

アレクト Alecto
（**アッレクト** Allecto としても知られる）

フリアエ（ギリシアのエリニュエスのローマ名）の1柱として知られるローマの復讐の女神。

アレクリウス Arecurius

ケルトの**地下世界**の神と思われ、**アエリクラ**女神と対になる男神であろう。イギリスのコーブリッジで発見された神像に刻まれていた碑文によって知られることとなった。
参考文献：Phillips 1977, 24.

アレス Ares

ローマの神**マルス**と同一視されたギリシアの戦争の神。

アレトゥーサ Arethusa

シチリア東海岸シラクーザにある淡水の泉を擬人化した水のニンフ。
参考文献：Wilson 1990, 281.

アレモナ Alemona

まだ生まれてこない子ども（胎児）の世話をするローマの女神。
参考文献：Ferguson 1988a, 853.

アンカスタ Ancasta

ケルトの母神。イギリス、ハンプシャーのビターンで発見された碑文に登場する。
参考文献：Ross 1974, 268.

アンカムナ Ancamna

ガリアの女神。ゲルマニアのトレウェリ族の領域から発見された碑文に登場する。ほかの聖所では、**マルス・レヌス**あるいは**マルス・スメルトリウス**との配偶神として描かれている。トレウェリ族固有の女神だったと思

われる。マルス・レヌスは治癒の神であり、またこの神と関係が深いことから、この女神もまた治癒神であったと思われる。しかし、マルス・スメルトリウスの配偶神としてアンカムナが描かれていた聖所からは、母神をかたどった土製の小立像も出土しており、アンカムナが母神としても崇拝されていたことがうかがえる。
参考文献：Green, M. J. 1992a, 28.

アンギティア Angitia（複数形 Angitiae）

マルシ族の女神。治癒の女神であったと思われる。マルシ族は、イタリア中部のフキヌス湖周辺に住んでいた部族で、同盟市戦争（前91−前80）のさいに、ローマ市民権をあたえられている。アンギティアはこのマルシ族のあいだで、非常に人気があった。アンギティアはメデアとキルケの姉妹で、複数形でアンギティアエとしるされることもある。このアンギティアエは、ときに複数の女神たちの集合をさす言葉としてもちいられていた。
参考文献：Hammond & Scullard（eds.）1970, 65.

アンキレ ancile（複数形 ancilia、聖盾）

中央がくびれ、8の字形をした古代の小型の盾。サリイの祭司たちが歌を歌い踊りながら行進するさいに持っていた12帖の**マルス**の聖盾は、このような形状をしており、ローマのレギアに保管されていた。伝承によれば、空から降ってきた聖盾を模倣して、鍛冶職人マムリウス・ウェトゥリウスがほかの11帖の聖なる盾を造ったという。
参考文献：Warde Fowler 1899, 38−39, 42; York 1986, 74.［ギボン『ローマ帝国衰亡史』（第1巻）261頁、ちくま学芸文庫］

アンゲロナ Angerona

ディウァ・アンゲロナともよばれる。秘密を守るローマの女神で、苦痛と不安をとりのぞく女神と信じられていた。この女神は、沈黙をたもつようにと、固く閉ざした口に指をあてる姿で表現されるのがつねであった。この女神を祀る祝祭がアンゲロナリアである。
参考文献：Hammond & Scullard（eds.）1970, 64.

アンゲロナリア Angeronalia

（ディウァリア Divalia あるいはディウァリア・アンゲロナエ Divalia Angcronae）

女神アンゲロナをたたえて12月21日に開催された祝祭。その詳細にかんしては、ほとんどわかっていない。ローマのクリア・アックレイアで、アンゲロナのために犠牲獣がささげられ、**ウォルピア**の聖所では祭司によって神儀がとりおこなわれた。そこでは、祭壇上にアンゲロナの神像が置かれていたことが知られている。この神像の口は、固くゆわえられ封じられていた。クリア・アックレイアは、おそらく卜鳥官が神々からの予兆を観察したアウグラクルムのような屋根のない囲い地だったと思われる。ウォルピアの聖所は、パラティウム丘の麓、おそらくクリア・アックレイアのなか、あるいはその近隣にあったものと思われる。この祝祭は冬至とは関係がない。ユリウス暦が導入される以前の12月21日は、冬至にあたらないからである。
参考文献：Hammond & Scullard（eds.）1970, 64; Richardson 1992, 101−102; Scullard 1981, 209−210.

アンダテ Andate

アンドラステ女神の別称。

アンダルテ Andarte

ガリアのウォコンティ族が崇拝したケルトの女神。アンダルタ Andarta、アウグスタ・アンダルタ Augusta Andarta（皇帝のアンダルタ）の名でも知られる。この女神は、デア・アウグスタ・アンダルタの名で、南フランスのドローム谷で発見された碑文に登場する。またローマ領の町デア・アウグスタ（現在のディエ）で発見された碑文にも、この女神の名がみえる。そのほかの地方でデア・アウグスタに奉納された碑文は、アンダルテに奉納したものであると思われる。この地域か

ら出土した複数の碑文には、**タウロボリウム**の儀式に言及したものがあることから、アンダルテは最終的に**マグナ・マテル**（キュベレ）に重ねあわされるようになっていたのだろう。アンダルテは**アンドラステ**と同一の女神と思われる。
参考文献：Green, M. J. 1992a, 28（under Andraste）.

アンディヌス Andinus
ローマの属州上モエシアで発見されたひとつの祭壇の碑文によって知られるケルトの神。地神の1柱と考えられる。アンディアやアンディオといったこの地方によくある人名は、おそらくこの神の名に由来するのであろう。この事実は、この神の祭儀がこのただひとつの碑文にしるされているということ以上に、上モエシアでは広く民間に流布していたことを暗示していると思われる。
参考文献：Mócsy 1974, 254.

アンティノウス Antinous（図9）
ハドリアヌス帝の寵愛を受けた男性。130年の10月に、ナイル河でおぼれ、不可解な死をとげている。アンティノウスはローマ帝国と皇帝を守るため、みずからを生け贄として川に身を投じたともいわれている。彼の死後、ハドリアヌス帝によってアンティノウスは神格化され、神として崇拝された。ハドリアヌス帝はエジプトにアンティノポリスを建設し、この都市の守護神を**オシリスアンティノウス**（アンティノウスを**オシリス**と同等とした神）とさだめた。ここでは、陶酔的な祭礼や競技会が催され、**神託**もふくむ祭儀がおこなわれた。アンティノウスは、**パン**、**ヘルメス**、**シルウァヌス**、**ディオニュソス・ザグレウス**と同じ神とされることもあった。また、アンティノウスは救いの神とも考えられていた。アンティノウス崇拝は、ローマ帝国東部に普及した。
参考文献：Hammond & Scullard（eds.）1970, 71; Henig 1986, 159-160.

図9　エジプトのアレクサンドリアのコイン。アンティノウスが描かれている。頭の上に蓮の花が表現され、ギリシア文字で「英雄アンティノウス」と書かれている。裏面には、カドゥケウス杖を持った騎乗のアンティノウスの姿が表されている。ギリシア文字が2文字書かれており、ハドリアヌス帝の治世19年目であったことがわかる。

アンテノキ

アンテノキティクス Antenociticus
(図10a、b)

ハドリアヌス長城のベンウェル要塞にあった神殿にその名をみることができるケルトの神。この神殿からは、等身大の神像1体の残骸と祭壇が2基出土している。祭壇は、ひとつがアンテノキティクスに、ひとつがアノキティクスに奉納されたものであった。これらふたつの名は、同じ神の別名あるいは別表記であった可能性もある。この神は、またアントキディクスという名前で、ハドリアヌス長城のチェスターズ要塞で発見された奉納碑文のなかで勧請されている神でもあろう。
参考文献：Green, M. J. 1992a, 30: Ross 1974, 472-473.

アントキディクス Antocidicus

ハドリアヌス長城のチェスターズ要塞出土の奉納碑文のなかで勧請されているケルトの神。おそらくアンテノキティクスと同一の神と思われる。
参考文献：Ross 1974, 472-473.

アントニヌス・ピウスとファウスティナ神殿
Templum Divi Antonini et Divae Faustinae

フォルム・ロマヌム (図77) のサクラ・ウィア (聖道) の北側に、アントニヌス・ピ

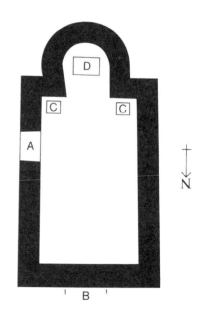

図10b イギリス、ハドリアヌス長城のベンウェル要塞にあるアンテノキティクス神殿のプラン。A＝入口 B＝入口の痕跡 C＝祭壇 D＝神像の推定位置。

図10a イギリス、ハドリアヌス長城のベンウェル要塞の外側で発見されたアンテノキディクス神殿の遺構。

ウスが、神格化した妻ファウスティナ（141年没）（図40）をたたえて建設した神殿がある。161年にアントニヌス・ピウス帝が没し神格化されると、元老院布告によってこの神殿はアントニヌスとファウスティナを合祀する神殿へとあらためられた。この神殿は高い基壇の上に建てられた六柱式の神殿であった。この神殿のケッラは、12世紀以前に、ミランダのサン・ロレンゾ教会へとつくりかえられた。
参考文献：Nash 1962a, 26-27; Richardson 1992, 11-12.

アンドラステ Andraste

　古代の著述家によれば、アンドラステはケルトの勝利の女神であった。ブリタンニアのイケニ族によって崇拝されていた。ディオ・カッシウス［155?-230?。ローマの政治家・歴史家。著書『ローマ史』］は、ブリタンニアで60年に起きたイケニ族の女王ボウディッカによる反乱の記録を残しているが、そのなかで、アンドラステのために、ある林やそのほか複数の場所で人身御供がおこなわれていたと記述している。この女神は、**アンダテ**とよばれることもあった。**アンダルテ**と同一の神であろう。
参考文献：Green, M. J. 1992a, 28.

アンナとその子どもたち

　シチリア土着の神々。現在のシチリアのブシェミ近郊に聖所があったことが知られている。しかし、この神々にかんしては、ほとんどわかっていない。この神々への奉納碑文をささげた崇拝者のなかにローマ人の名前がみられるものの、いずれもギリシア語でしるされている。
参考文献：Wilson 1990, 280.

アンナ・ペレンナ Anna Perenna

　ローマの女神。この女神のための祝祭が、新年（古いローマ暦では、新年は3月1日に始まった）の最初の満月の日（3月15日）におこなわれた。このことから、この女神は「一年」を擬人化した女神だと考えられてい

る。この日には、公私を問わず犠牲獣がこの女神にささげられた。女神の名称は、「一年を無事すごせますようにut annare perennaresque commode liceat」という祈祷文から派生したと考えられている。この女神は、ローマのフラミニア街道ぞいの聖なる森で崇拝された。

　オウィディウスが、アンナ・ペレンナにかんする話をふたつ記録しているが、両方とも彼の創作であった可能性がある。最初の物語では、ローマの民衆（プレブス）が貴族（パトリキ）との対立抗争のすえ、都を去りモンス・サケルMons Sacer（聖山）に立てこもったときに食糧が不足し、そのさいに、老婆であったアンナ・ペレンナが麺麭（パン）を作り、民衆に売りさばくことで、民衆を飢餓から救ったと書かれている。もうひとつの物語では、アンナ・ペレンナは、ディド［カルタゴを創建したテュロス（フェニキア）の女王。アエネアスと恋仲となり、のちに捨てられ自殺した］の妹アンナと同一視されている。ディドが自殺したのち、アンナはカルタゴから追われてラティウムに逃れてくる。この地でアエネアスと出会い、アエネアスの妻ラウィニアの意に反して、アエネアスの家に迎えいれられるが、ラウィニアの敵意に気がつき、アンナは逃亡する。そして近くを流れる小川の神であったヌミクスNumicusにつれさられる。アンナは、水のニンフとなり、あらたに「永遠」を意味するペレンナという名前をえる。アエネアスは、アンナを探すよう召使いたちを派遣する。召使いたちは、アンナの足跡をたどって川辺へとたどりつく。すると、川から幻が立ちあがり、アンナは水のニンフになったと伝えられる。このことを喜び、召使いたちは、お祝いをしてその日をすごした。そののち、このお祝いはアンナ・ペレンナ祭として年に1度祝祭がおこなわれるようになった。

　マルスは、アンナに**ミネルウァ**との仲を取りもってほしいと頼んだともされている。しかし、アンナはミネルウァがマルスに従順でありえないとよく知っていたため、ミネルウァと入れ替わる。マルスは花嫁の部屋に

入ったとたんに、ミネルウァとアンナが入れ替わっていることに気がつき、憤慨したという。アンナ・ベレンナ祭で卑猥な歌が歌われるのはこのためである。

参考文献：Grimal 1986, 43; Hammond & Scullard (eds.) 1970, 65; York 1986, 66-67.

アンバルウァリア Ambarvalia

そのつど日どりを決める布告祭日（フェリアエ・コンケプティウァエ）のひとつで、おそらく5月の終わり頃（5月29日前後）におこなわれた祝祭。もともとはローマの耕地（アゲル・ロマヌスager Romanus）のまわりをねり歩く浄めの儀式であった。この祝祭では、第一に悪霊を追い出すために耕地の境界をたたいてまわったり、穀物を浄める儀式がおこなわれる祭りであった。そのため、この祭礼では、農業神であるケレスやバッコス、マルスやユピテル、ヤヌスが祀られた。この祭礼は、私的な行事としても、また公的な行事としてもおこなわれていた。犠牲獣（豚、羊、牛―スオウェタウリリア）を引きつれ耕地の境界をねり歩き、耕地の境界およびローマの古い境界にある特定の場所で犠牲に供した。この日は、すべての農作業が休みとなり、農民によって祝賀会がおこなわれた。この祝祭によって、境界内は危害からまぬがれることができると考えられていた。この土地のまわりをねり歩く伝統は、キリスト教の祈祷節の儀式として、また、英国国教会が昇天日の前におこなう境界をたたいてまわる儀式としていまなお残っている。いっぽうで同じような祝祭アンブルビウムは、ローマの町そのものを浄める祝祭であった。

参考文献：Scullard 1981, 124-125.

アンビエイケル Ambieicer

イベリアの神。ポルトガル北部のブラガ［前3世紀にカルタゴ人によって建設された］で発見された碑文に登場する。

参考文献：Tranoy 1981, 269.

アンブルビウム Amburbium

ローマの町を浄めるためにおこなわれた儀式（これに対してアンバルウァリア祭はローマの耕地を浄めるためにおこなわれた儀式）。儀式のなかでは、祭司が犠牲獣を引きつれ、町のまわりをねり歩き、祈祷と犠牲をささげたことが知られているが、儀式の詳細にかんしては、ほとんどわかっていない。この儀式が、271年までおこなわれていたことは知られている。この儀式は、フェリアエ・コンケプティウァエ（布告祭日）のひとつで、年によっておこなわれる日が異なっていたが、当時の暦にはこの名前は登場していない。儀式はおそらくは2月におこなわれ、やがてキリスト教の聖燭節［聖母マリア御浄めの祝日］になったものと思われる。

参考文献：Hammound & Scullard (eds.) 1970, 51; Sucllard 1981, 82-83.

アンブロシウス、聖 Sanctus Ambrosius

アウレリウス・アンブロシウス、339/340頃-397。初期キリスト教の司教にして神学者。数多くの著作を執筆している。もともとは洗礼を受けておらず、聖職者の地位にもついていなかったが、一般民衆の圧倒的な支持を集め、374年にミラノの司教に選出された。彼は、アリウス主義などの異端信仰やユダヤ教、多神教などの根絶に多大な影響をおよぼした人物である。彼に出会い回心した人物のなかで、もっとも有名な人物はアウグスティヌスである。聖アンブロシウスは、しだいにグラティアヌス帝やウァレンティニアヌス2世、テオドシウス1世といった歴代皇帝にも影響力を強めていった。384年に、シュンマクスやほかの貴族たちが、元老院議事堂に、女神ウィクトリアの祭壇（ゆえに多神教）を再設置しようと試みたが、聖アンブロシウスはウァレンティニアヌス2世を説得してこの再設置案に反対させている。また、390年には、テオドシウス1世が、ブテリク将軍が殺されたことへの報復として、テッサロニカで7000（3000？）人の民衆を虐殺したとき、聖アンブロシウスは、テオドシウス1世みず

からその罪を告解するまで彼との交流を断
わった。また、391年には、テオドシウス1
世を説得し、多神教（異教）信仰を禁止させ、
多神教（異教）の神殿を閉鎖させたことでも
知られている。彼は、司祭の職務手引き書『聖
職について』（De Officiis Ministrorum）（386年）
をふくむ多数の論文、説話、葬儀のさいの頌徳
文、聖歌などを書き残している。そのなか、『聖
アンブロシウスの生涯』は彼の秘書パウリヌス
によって著された。
参考文献：Hammond & Scullard（eds.）1970,
51.

イアッコス Iacchus
　ローマの神**リベル**と同一視されたギリシア
の神。デメテルの息子、**ペルセポネ**の息子、
またはディオニュソスとニンフのアウラとの
息子などといわれた。ときにデメテルの配偶
神ともされ、また似かよった名前から、**バッ
コス**つまりディオニュソスと同一視されるこ
ともしばしばあった。
参考文献：Hammond & Scullard（eds.）
1970, 537.

イアナ Iana
　ローマの女神**ディアナ**の別名。

イアヌアリア Ianuaria
　フランス、ブルゴーニュ、コート・ドール
県のベール・ル・シャテルの聖所で発見され
たケルトの女神。その石像は、ひだの入った
厚手のコートを着てパンの笛をもつ、巻き毛
の若い女性像である。癒しの泉のそばに建つ
この聖所には**アポロ**（治癒の神）、3本角の
雄牛、鳩の像もいくつかあった。これらのこ
とからこの女神は音楽と治癒の、またはどち
らかの女神であったと思われるが、それ以外
はなにもわからない。
参考文献：Green, M. J. 1992a, 125.

イアヌス Ianus
　ローマの神**ヤヌス**のラテン語名。

イアヌス ianus（複数形iani）
　両端とも門戸で閉じられるようになってい
る通路。もともとは橋あるいはポメリウムの
横断路、または「卜鳥」など正式な手続きを
ふんで常設されたテンプルムを意味していた。
やがて聖域への道および入口を表すように
なったが、すべてのイアヌスが神聖とみなさ
れたかどうかはわからない。ローマには次の
3つの重要なイアヌスがあった。イアヌス・
プリムス、イアヌス・メディクス、イアヌ
ス・ゲミヌスである。イアヌス・ゲミヌスは
ヤヌス・ゲミヌス神殿のことである。
参考文献：Richardson 1992, 205-206; York
1986, 82.

イアルヒボル Iarhibol
（またはヤルヒボル Yarhibol）
　シリアのパルミラで、**アグリボル**、**ベル**と
ともに三神一組の神として崇拝された。また
パルミラで、イアルヒボルはエフカの泉の守
護神であり、パルミラ人にとって国家神で
あった。おそらく太陽神で、正義の神、予言
の神の性質もそなえていたと思われる。
参考文献：Teixidor 1969, 1-11, 29-34.

イアロナ Ialona
　ケルトの神**イアロヌス**に等しい女神。フラ
ンス、ニームで崇拝された。
参考文献：Green, M. J. 1992a, 124.

イアロヌス Ialonus
　ケルトの神。「大地」を擬人化した神。こ
の神の明確な特性は、その名称の解釈がはっ
きりしないためよくわからない。大地の開墾、
耕作をつかさどる神の可能性があるが、ある
いは森林地帯の空き地の神かもしれない。イ
アロヌスに相当するケルトの女神**イアロナ**は
フランス、ニームで知られるところとなった。
参考文献：Green, M. J. 1992a, 124.

イアロヌス

イアロヌス・コントレビス
Ialonus Contrebis

　ケルトの神**コントレビス**と同一視されたケルトの神**イアロヌス**のこと。イアロヌス・コントレビス（われわれのあいだに住まうイアロヌス）はイギリス、ランカスターで発見された碑文のなかで、その加護が請願されている。
参考文献：Green, M. J. 1992a, 124; Ross 1974, 472.

イアンブリコス Iamblichus

　生年については265年とする説と240年とする説がある。シリアのカルキスに生まれ、ポルピュリオスに学び、魔術に深い関心をもつ新プラトン派の哲学者。ローマかシチリアで学んだあと、シリアのアパメイアで開学した。著書（ギリシア語）が現存するが、なかでも、儀式的な魔術を擁護する『秘儀について』（De Mysteriis）は4世紀の迷信に関する有用な情報源である。エウナピオスが『哲学者と知識人の列伝』のなかで、イアンブリコスの活動の一端を伝えている。
参考文献：Hammond & Scullard（eds.）1970, 538.

イウウェンタス Iuventas
（または**イウウェンタ** Iuventa）

　ローマの女神**ユウェンタス**のラテン語名。

イウスティティア Iustitia

　「正義」が擬人化されてローマの女神イウスティティアとなった。ギリシアの女神ディケ Dike およびアストライア Astraia（「星乙女」の意）と同一視され、ときに碑文でイウスティティア・アウグスタ（皇帝の正義）として言及される。伝承によれば、イウスティティアは人間として幸福に暮らしていたが、人間の悪行が彼女に逃避を強いた。イウスティティアは天空にのがれ乙女座となったという。
参考文献：Hammond & Scullard（eds.）1970, 560.

イウッピテル Iuppiter
（またはまれに**イウピテル** Iupiter）

　ローマの神**ユピテル**のラテン語名。

イウトゥルナ Iuturna

　ローマの女神**ユトゥルナ**のラテン語名。

イウノ Iuno

　ローマの女神**ユノ**のラテン語名。またすべての女性がもっていると信じられていた守り神。男性の**ゲニウス**にあたる名称でもある。

イウノネス Iunones

　女神ユノが三重に翻案されて、このケルトの三神一組の母神の名前となった。ガリアのトレウェリ族［モーゼル川流域に居住したガリア人。ゲルマン人との混交が強かった］の領地で崇拝された。
参考文献：Green M. J. 1992a, 126.

イエイウニウム・ケレリス ieiunium Cereris（ケレスの断食）

　ケレスをたたえて、ローマでおこなわれた。前191年、「シビュラの書」によって実施が指示され、5年ごとに、またアウグストゥス帝の時代には毎年10月4日におこなわれた。「シビュラの書」にみちびかれたということは、断食がギリシア起源であることを示す（ローマ時代、断食はまれであった）。（→**断食**）
参考文献：Scullard 1981, 190-191.

イエス・キリスト（ラテン語名**イエスス・クリストゥス** Iesus Christus、英語名**ジーザス・クライスト** Jesus Christ）

　あるいは預言者、あるいは政治的扇動者とみなされたユダヤ人で、のちに神（「神の子」）と考えられ、キリスト教は彼の生涯と教えについての記述にもとづくものである。イエスについての史料の大半は新約聖書の四福音書によっている。四福音書は彼の死後に書かれ、のちに、歴史的内容というよりは、それぞれイエスを救い主と信じる信仰の見地

から校訂編纂されたものである。四福音書には事実にもとづく認識の不一致があるし、また歴史的証拠については、明白で議論の余地がないといえるものはほとんどない。福音書中に収められた史料は、イエスの生涯のうち合計50日にすぎないと見積もられている。イエスの正確な生年月日は知られておらず、通常、紀元1世紀の開始前後と推定され、一般的に紀元4年と6年とが算出されている。

イエスの生涯の多くの時期はまったく不明であるが、ローマ属州ユダエアの町々を訪れて教えを説き、奇跡をおこなったようである。彼の教えはユダヤ教に深く根ざしていたが、宗教的支配者層にとっては好ましくないものであった。彼はイエルサレムで生涯の晩年をすごし、ユダヤ教権威筋によってまず裁判にかけられ、死刑の判決を受け、ついでポンティウス・ピラトゥス（26–36、属州ユダエア長官）の前にひきだされ、反乱者として裁判を受けた。イエスはローマ市民ではなくユダヤ人であったため、ポンティウス・ピラトゥスによる裁判は、もとの死刑判決をただ追認するだけでよく、ローマ側にとって政治的には好都合な法の執行であった。その結果、30年頃にイエスは十字架にかけられた（通常、奴隷にくだされる刑罰）。彼は岩をくり抜いた洞窟の墓に埋葬され、信奉者たちの言によると3日後によみがえった。信奉者たちは、イエスは旧約聖書の多くの記述に預言されているメシアまたはキリスト（どちらも「油をそそがれた者」、「救い主」の意）であると主張した。旧約聖書の多くの預言は、ユダヤの民をすべての受難から解き放ってくれるメシアの到来を約束していたからである。パウロと彼につづく伝道者たちによる**キリスト教**の布教によって、イエス・キリストの生涯と事績の歴史的証拠はほぼ完全に消し去られてしまった。

参考文献：Wilson 1992.

イエルサレム神殿（図11）

イエルサレムにあるユダヤ教徒の神殿。ペルシア王キュロス（在位前559–前530）がユ

図11　この碑文は、ユダヤ教徒以外のすべての人びとに、違反者は死罪に科するという罰則付きで、イエルサレム神殿構内への立ち入りを禁じたものである。碑文は異邦人が理解できるようにギリシア語で書かれている。前1世紀の終り頃のもので、1871年に発見された。57×85センチメートルの大きさで、黄味がかった白色の石灰岩に彫られている。文字は赤く塗られていた。「異邦人はなんぴとたりとも神殿の周囲の格子と垣を越えてはならぬ。越え、捕えられし者は、それにより科されたる死刑に対し、みずから責任をおうべし」としるされている。

ダヤ人をバビロンの捕因から解放し、イエルサレムへの帰還を赦したとき、ユダヤ人たちはイエルサレムに第2のユダヤ教神殿を建立した［第1神殿はソロモンが建立］。この神殿は前516年に献納され、ユダヤ教はこの神殿をよりどころとし、神殿の大祭司と祭司たちがユダヤの地を統治し、税を徴収した。**ディアスポラ**（離散したユダヤ人たち）はこの神殿に税を支払った。前167年、アンティオコス4世の治世（セレウコス朝シリア王、在位前175–前163）に、この神殿はオリュンポスの神ゼウスに再献納されたが、マカバイオスの反乱［マカバイ家のユダがひきいた、シリア統治に対するユダヤ人の蜂起、神殿を奪還］ののち、前164年にあらためてヤハウェ［イスラエル固有の神］に献じられた。ヘロデ大王（在位前37–前4）は、この小さな神殿を壮大な第3神殿に造りかえるための建設工事を前19年に開始し、前9年までに

ほぼ完成した。両側にそって列柱をそなえた広大な前庭があり、そこへはだれでも立ち入ることができた。前庭の中ほどには神殿をとり囲む低い塀または垣があり、ギリシア語とラテン語による警告がかかげられていて、ユダヤ教徒以外はだれも立ち入ることを禁じていた。神殿は、前廊、外陣（拝殿）、内陣（本殿、別名「至聖所」）からなり、奥行50メートルであった。第1次ユダヤの反乱時（66-70）には、この神殿は要塞となった。70年8月までにイエルサレムは神殿をのぞくすべてがローマ軍の手中に落ちた。神殿は同年ティトゥス（のちに皇帝）によって破壊され、荒廃するがままに放置された。神殿の再建はついにおこなわれず、今日では、1段高くなっている土台と周囲の壁の一部が残っているのみである。

参考文献：Smallwood 1976.

イオウァントゥカルス Iovantucarus

ケルトの神**レヌス**に等しいとされるケルトの神。トリール（現在のドイツ、トリーア）で若者の守護者として崇拝されてきたと思われる。ローマの神**メルクリウス**とも同一視される神として知られる。

参考文献：Green M. J. 1992a, 126.

イオム IOM

「もっとも良き、もっとも偉大なユピテル（よ）」を意味するユピテル・オプティムス・マクシムス Jupiter Optimus Maximus（主格）またはイオウィ・オプティモ・マクシモ Iovi Optimo Maximo（呼格）の省略形。

異教信仰 paganismus

キリスト教以前には異教信仰という概念は存在しなかった。なぜならば崇拝にかんしては地方特有の伝統が維持されていたからである。パガヌス paganus すなわち「村人」という語はローマ帝国後期になると、キリスト教の信徒、あるいはユダヤ教徒たちとは異なり、この2教を受け入れず、数多くの神々をもち、偶像を崇拝し供犠をおこなった人びとに対す

る卑語となったように思われる。

参考文献：Dowden 1992, 46; Hammond & Scullard（eds.）1970, 767（under paganus）.

イコウェッラウナ Icovellauna

東ガリアで崇拝されたケルトの女神。フランス北東部のメス（ドイツ語メッツ）、ドイツのトリーアで、この女神への献納碑文が数多く発見された。治癒の泉の女神と思われる。

参考文献：Green, M. J. 1992a, 125.

イシス Isis（図12a、b）

エジプトの母神。息子の**ホルス**（ローマ世界では**ハルポクラテス**とよばれた）は父オシリス（ローマ人には**セラピス**または**サラピス**として知られた）の仇を討った英傑。オシリスは妻のイシスによってよみがえった。ヘロドトスはイシスを**デメテル**と同一視しているが、初期ヘレニズム時代には**アプロディテ**と同一視された。イシス崇拝は入信式が求められる秘教で、前1世紀初期にローマに入ってきた。1世紀初めまでにイシス崇拝は帝国をつうじて盛んになった。ふつうセラピス、**アヌビス**、ハルポクラテスとともに崇拝され、また**ベス**のような、神にふさわしい侍女たちもいた。イシス、ハルポクラテス、オシリスの三神一組は「創造力」を象徴した。

豊穣と結婚の女神イシスは、個々の嘆願者に対して、愛と憐れみを体現するものであった。まだ赤子のホルスをあやす愛情の深い母として、しばしば描かれた。その姿はキリスト教教会にみられる聖母マリア像に似ている。また、聖なるナイルの水（宗教的に重要な要素）を汲むための儀式用手桶（**シトゥラ**）とガラガラ（**シストゥルム**、図46）を持った姿で描かれる。いずれもイシス崇拝に使用される祭器である。イシスの衣装のひだは、ときにヒエログリフのアンク ankh（エジプトの、「生命」の象徴）の形にむすばれているようにみえ、頭飾りには三日月、また雌牛の角で縁どられた日輪がついている。イシスの祭儀には入信式、水による浄め、奉仕がふくまれ、そして最後の救済が約束された。専属

のエジプト人神官がいた。イシス神殿または聖所は**イセウム**とよばれた。ローマにはイシスの主神殿が**マルスの野**にあり、さらに市内にはイシス神殿がすくなくとももうひとつあった。イシスまたはイシスとセラピスにささげられた聖所は市内のさまざまな場所にあった。

参考文献：Ferguson 1970, 23-26; Heyob 1975 (women in the cult); Leclant & Clerc 1972, 1974, 1985, 1991 (contains a comprehensive bibliography); Turcan 1989, 77-127; Wild 1981 (includes discussion of the use of Nile water in the cult); Witt 1971.

イシス神殿 （図12a、b）

ローマでは**イシス**の主神殿は**マルスの野**（カンプス・マルティウス）にあり、しばしばイシス・カンペンシスとよばれた。それは**セラピス神殿**に隣接していたため、これらふたつは一緒にされてイセウム・エト・セラペウム Iseum et Serapeum として知られた。おそらく前43年に建てられ、ティベリウス帝（在位14-37）によって破壊されたとされる。新しい神殿がカリグラ帝のもとで建てられ、80年のティトゥスの大火で焼失したと思われる。ドミティアヌス帝が再建し、セウェルス・アレクサンデル帝（在位222-235）が修復、影像で飾った。エジプトの彫刻、オベリスクをふくむ膨大な美術工芸品が近隣で発見された。（→**イセウム**）

参考文献：Nash 1962a, 510; Richardson 1992, 211-212.

イシュタル Ishtal

インニンとしても知られるこのシリアの神は、もともとはバビロニアの神（「金星」の擬人化）であった。ローマ時代、この神の祭儀はシリアとメソポタミアで普及した。

医術 medicina

ローマの医術はギリシアの医術から多くを取りこんでいる。科学的な部分は主としてギリシア人から、魔術的・宗教的な部分はロー

図12a イタリア、ポンペイのイシス神殿の柱廊の柱。南側の神殿をみると、建物はポディウム（基壇）の上に建ち、階段であがるようになっている。

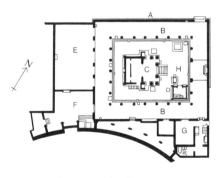

図12b ポンペイのイシス神殿プラン。複合建造物は高い壁（A）で囲まれ、入口がひとつしかないことから、儀式は衆目のもとではおこなわれなかったことがわかる。B＝回廊　C＝神殿　D＝主祭壇　E＝集会場　F＝入信儀式の間　G＝祭司の室　H＝中庭。

イセウム

マ人から取りいれたローマ医術は、施術と技量の点ではいささか奇妙な寄せ集めになってしまった。すべてとはいえないが、ほとんどのローマの神々は治癒の力を有しているとされたが、ある神にはとくに抜きんでた施療力があるとみなされた。神の治癒力は**祈祷**と**奉納物**と**インクバティオ**によって求められた。病は、人びとが神々の仲介、調停を必要とするような罪を犯していることに対する罰であるとみなされることもしばしばあった。護符と呪文は病除けや回復祈願に広くもちいられた。（→**人体部位模型奉納品**）
参考文献：Bourgeois 1991; Jackson 1988; Jackson 1990（contains detailed bibliography）.

イセウム iseum（複数形isea）
イシス崇拝のための神殿または聖所の名称。イシスにくわえてほかの神々（**セラピス**など）もここで崇拝されたが、イシスがつねに主神であった。イタリア、ポンペイにもっとも保存状態のよい古代ローマ様式のイセウムがある。（→**イシス神殿**）
参考文献：Wild 1981.

イドゥス Idus
大の月（3、5、7、10月）の15日。その他の月の13日。満月の日で、**ユピテル**にささげられる**フェリアエ・ププリカエ**がおこなわれた。ローマの**ユピテル・オプティムス・マクシムス**神殿では、フラメン・ディアリスがユピテルに羊を供犠、ほかのユピテル神殿でも儀式がおこなわれた。
参考文献：York 1986, 2.

犬 canis
ヨーロッパにおけるローマ時代以前の慣習で、ときに犠牲獣とされた動物。イギリスやヨーロッパ大陸で、深い穴、野営用便所、井戸、儀式用の立杭穴から犬の全身の骨がみつかっている。おそらく**地下世界**への供犠と思われる。犬と狩りとの関連から、死者すなわち地下世界とのつながりがみちびき出されたのかもしれない。**ルペルカリア祭**、**ロビガリ**

ア祭のさいにも供犠にふされた。また忠誠、保護、その唾液にふくまれる治癒の要素とも関連づけられる。しばしば**アエスクラピウス**や他の治癒の神々のつきそいとして描かれた。神殿には、なめることによって傷や痛み、盲目の人を治療する神殿専属の犬もいた。**シルウァヌス**のような神々と関連のある猟犬もいた。
参考文献：Green, M. J. 1992b, 111-113, 197-203; Merrifield 1987, 46-48.

イヌウス Inuus
古代ローマの神。おそらく豊穣あるいは交合の神。その名は「交わること」を意味する「**イニレ inire**」という言葉とむすびつくと考える人もいる。もともとは**ルペルカリア祭**で崇拝された神としてリウィウスがその名をあげている。ローマの神**ファウヌス**と同一視されることもあった。
参考文献：Hammond & Scullard（eds.）1970, 432（under Faunus）.

イノ Ino
ギリシアの伝承によれば、ギリシアの女神**ヘラ**の怒りを招いた人間。イノは**ヘラ**によって狂わされ、海に身を投げた。しかし彼女は海の女神に変身した。イノはギリシアの女神**レウコテア**、またローマの女神**マトゥタ**と同一視される。
参考文献：Grimal 1986, 259.

イマギネス imagines
先祖の顔をかたどった顔型（マスク）。ローマには先祖のイマギネスを保持する習慣があった。前2世紀の終りまでは蝋で作られたがそののちほかの素材ももちいられた。また大理石製の胸像も作られたが、それらのうちにそれぞれ故人の個性の記憶がいきいきと留めおかれた。ローマ人にとって生（命）の中枢は心臓よりも頭部にあったので、先祖の胸像は装飾的意味あい以上のものであった。残存する、より質の高い影像や肖像をみても、それがたんに美術工芸品なのか、あるいは宗

教的な意味をもつ先祖の肖像であるのかを判断するのはむずかしい。イマギネスは葬儀で使われたが、ふだんはアトリウム atrium（開口部付き中央大広間）におかれた。神格化された皇帝は、天に運ばれることによって死をまぬがれたと考えられていたので、そのイマギネスは葬儀のさいに運ばれることはなかった。

参考文献：Hammond & Scullard（eds.）1970, 542.

イルンヌス Ilunnus

ケルトの神。ローマの神**ヘルクレス**とむすびつけられて**ヘルクレス・イルンヌス**となる。

イレネ Irene

ギリシアの平和の女神。ローマの女神**パクス**と同一視された。

インキオナ Inciona

ケルトの女神。ケルトの神**ウェラウディヌス**の伴侶として崇拝された。ルクセンブルクのヴィッデンベルクで発見された碑文からのみ、この１対の神はあきらかとなった。その地方独自の神であったと思われる。

参考文献：Green, M. J. 1992a, 125-126.

インクバティオ incubatio

人為によらない事象にもとづく**ディウィナティオ**（占い）の一般的な実践形態。病人が治癒の神（ふつう**アエスクラピウス**）の神殿で横になり眠りにつく［incubo インクボ］と、神が夢に現れて病人に治療法を教え、あるいは効果ある治療を直接ほどこす。病人は、はじめの３日間禊をつづけ、ついで金銭の寄付、菓子を供えるなどさまざまな供物をささげた。病人はふつう、月桂冠をかぶって神域内にある部屋で眠り、神の姿を夢みることを願った。神はまた、失った財産を探し当てる助けとなるなど、ほかの目的のためにもこの方法で現れた。

参考文献：Bourgeois 1991, 242-246; Hammond & Scullard（eds.）1970, 543-554;

Jackson 1988, 145-147.

インシトル Insitor

接ぎ木によって木をふやすローマの神。前３世紀末の著述家ファビウス・ピクトルによれば、**ケレス**の祭司によって勧請された。

参考文献：Ferguson 1988a, 853; York 1986, 60.

インタラブス Intarabus

ドイツ、トリーアで発見されたふたつの碑文からあきらかになったケルトの森の神。碑文のひとつでは、インタラブスはローマの**マルス**神と同一視されている。**エンタラブス**と同一の神と思われる。

参考文献：Wightman 1970, 214, 215, 226.

インディゲテス Indigetes
（または**インディギテス** Indigites）

ディ・インディゲテスは、一団のローマの神々を集合的に表すためにローマ人がもちいた用語。いずれの神々がこの一団に属しているのかはまったく不明で、この用語の意味についても多くの議論がある。一説に、インディゲテスは、役割がきわめて制限された（ふつう、ただひとつのささいな役割）下位の神々で、花嫁の飾り帯に気を配る**キンクシア**女神、子どもの食事の世話をする**エドゥサ**女神などであったとある。こうしたひとつだけの仕事をする神々は、毎日の生活にみられる数々の心配ごとの反映である。たとえば子どもが親の手を離れてはじめて歩き始めるときに、けがをしないかという恐れは、**アベオナ**女神への供犠をうながすだろう。このように、下位の神々はかぎられた役割しかもたないのでその数は膨大となり、神とみなされるよりは実際のところヌミナ（→**ヌメン**）であった。しかしながらひとつ以上の役割をもつ神々もなかにはいて（たとえば**プロセルピナ**）、その神々はギリシア神話の影響のもと、さらに発展した特質を獲得した。その結果、ある神または女神が、もともとはインディゲテスであったかどうかを判断するのは、きわ

インテルキ

めて困難なこととなった。

インディゲテスが、下位にあってただひとつの役割しかもっていない神々とする説は、そのまま受け入れられているわけではない。より重要な神々、たとえば**アポロ**がこの集合的な用語にふくまれている。一方、この名称は外からもちこまれた神々に対して、インディゲナ indigena つまり土着の神々を意味するとする説である。しかしこの見解も一般的に受け入れられているとはいえない。
参考文献：Grimal 1986, 231; Hammond & Scullard（eds.）1970, 544.

インテルキドナ Intercidona
新生児をローマの神シルウァヌスや悪霊のたくらみから守るローマの3柱の女神のうちの1柱。（→**デウェッラ**）

インテルプレタティオ・ロマナ interpretatio Romana（文字どおりには「ローマ風解釈」）
歴史家タキトゥスが、1柱以上の土着の神々をローマの神と同一視して表すとき、また同等のローマの神と組み合わせて（たとえば**スリス**を**ミネルウァ**と）表すときに使用した用語（『ゲルマニア』Germania 43）。この融合（シンクレティズム）作用は、ローマ人が、伝統的な信仰にこだわることなく、土着の神々を受け入れようとして生じたものである。多くの場合、土着の神々はそれぞれの地でかなり伝統的な方法で崇拝されつづけ、ローマの影響はかぎられていた。ふつう土着の神々は、ギリシア・ローマの主な神々のうちの1柱と合体させられ、しばしば**スリス・ミネルウァ、アポロ・クノマグルス**というように、二重の名前をもった。この重ねあわせはおもに西方の属州でおこなわれた。このことによって、合体した土着の神とローマの神が、すべての点で同じと考えられたわけではない。何千もの名も知れぬ土着の神々がローマの神々に吸収された。ローマの神々がケルトの特徴をおびることもあったが、この逆転過程はインテルプレタティオ・ケルティカ interpretatio Celtica（ケルト風解釈）として

知られる。
参考文献：Ferguson 1988a, 856.

インニン Innin
シリアの神**イシュタル**の別名。

インポルキトル Imporcitor
土地をならしたり、鋤で耕したりすることに関係のあるローマの神。**ケレス**の祭司によって勧請された、と前3世紀末にファビウス・ピクトルが述べている。
参考文献：Ferguson 1988a, 853; York 1986, 60.

ウァエリクス Vaelicus
スペイン中央部ポストロボソで発見されたひとつの碑文から知られるようになったイベリアの神。この神は同地域で崇拝されていたイベリアの神ウェリクスとおそらく同一の神である。
参考文献：Knapp 1992, 97.

ウァカッリネハエ Vacallinehae
ケルトの母神たちで、**マトロナエ・ウァカッリネハエ**ともよばれる。

ウァギタヌス Vagitanus
新生児にうぶ声をあげさせるローマの神。
参考文献：Ferguson 1988a, 853.

ウァグダウェルクスティス Vagdavercustis
ドイツのケルンで発見された祭壇に刻まれた碑文から知られるようになった土着の女神。祭壇の側面のパネルには樹木の装飾彫刻がほどこされており、正面の浮彫には通常のローマの儀式作法にしたがって犠牲をささげている人物が描写されている。この祭壇は法務官権限付属州長官であったティトゥス・フラウィウス・コンスタンス［浮彫の人物］が献納したものであった。この高名なローマ人が土着の女神にこのようなみはずれて立派な奉納をしたのは、彼がケルン［コロニア・アグリッピネンシス。ライン河ぞいのローマ属州下ゲルマニアの首都］へ派遣されたときの

ことにちがいない。ウァグダウェルクスティスはケルト・ゲルマン人の母神であったと思われ、樹木や森につながりがあったのかもしれない。

参考文献：Elbe 1975, 214; Green, M. J. 1992a, 218.

ウァクナ Vacuna

もとは古代のサビニ人の女神であったローマの女神。詩人ホラティウス（前65–前8）の時代にはこの女神の役割はすでに忘れさられていた。いくたの時代をへて、この女神は**ベッロナ、ディアナ、ウェヌス、ミネルウァ**、そして**ウィクトリア**に重ねあわされてきた。ウァクナにはイタリアのレアテ（現在のリエティ）およびラクス・ウェリヌス（同地域にある湖）の湖畔に聖なる森（**ルクス**）があり、またイタリアのリケンザ川の岸辺、ホラティウスの屋敷の近くには聖域があった。

参考文献：Grimal 1986, 464; Hammond & Scullard (eds.) 1970, 1104; van Buren 1916.

ウァゴドンナエグス Vagodonnaegus

スペイン北部、アストルガに近いラ・ミッラ・デル・リオで発見された1枚の奉納の小飾り板に刻まれた碑文から知られるようになったイベリアの神。この碑文は「アストゥリカ・アウグスタの市民」（レス・ブプリカ・アストゥリカ・アウグスタ Res Publica Asturica Augusta）によるこの神への公式の奉納で、市民代表として同市政務官（裁判権をもつ）2名によってささげられたものであった。

参考文献：Tranoy 1981, 299.

ウァシオ Vasio

フランスにあったローマ領の町ヴェゾン・ラ・ロメンの土着の精霊を擬人化したケルトの神。「場所」を擬人化する多くの例にもれず、ウァシオもおそらくこの町と住民の守護者とみなされていたのであろう。ウァシオについてこれ以外にはほとんどなにもわからない。

参考文献：Green, M. J. 1992a, 218.

ウァッロ Marcus TerentiusVarro

マルクス・テレンティウス・ウァッロ（前116–前27）、イタリア、サビニのレアテ生まれ。古代のもっとも多作な著述家のひとりで、広汎な主題について620巻もの作品を著した。『宗教について』（Res Divinae）または『人間と神の古誌』（Antiquitates Rerum Humanarum et Divinarum）は全41巻からなるローマの歴史と宗教について編纂した大作で、前47/46年に公表され、のちに聖**アウグスティヌス**をふくむキリスト教徒の著述家たちにより論評がなされたために、かなりの量の断章が残っている。聖アウグスティヌスは自著『神の国』の4巻–7巻にウァッロから広範囲にわたる引用をしている。ウァッロは41巻のうち最後の16巻を『宗教について』にあてた。序章が1巻、おもな3祭司団について3巻（実質的にはなにも残っていない）、聖所、神殿、聖地について3巻、祝祭と競技会について3巻、公私の祭儀について3巻をしるし、最終の3巻では神々について論じた。

参考文献：Gordon 1990a; Hammond & Scullard (eds.) 1970, 1107–1108.

ウァッロニア Vallonia

ウァッリナ Vallina としても知られたローマの、谷間の女神。

ウァテス vates

本来、「占い師」または「予言者」を意味する語で、のちに「霊感をうけた詩人」の意味に使われるようになった。

ウィカ・ポタ Vica Pota

古代ローマの勝利の女神で、おそらく**ウィクトリア**と同一視されていたが、後代にはウィクトリアにとって代わられた。ウィカ・ポタにはローマの**ウェリア**丘の斜面に聖所があった。1月5日にはこの聖所の奉献記念日が祝われた。

参考文献：Richardson 1992, 420; Scullard 1981, 60.

ウイクテイ

ウィクティマリウス victimarius
（複数形 victimarii）

供犠のさいの助手で、動物の屠殺をおこなった（図52）。帝政期には、ウィクティマリイはコッレギウム（団体）として組織されていた。彼らは卜腸官が内臓を念入りに調べることができるよう動物の解剖も担当した（→ハルスペクス）。「ポパ popa」（複数形 popae）とは実際に動物の屠殺を担当するウィクティマリウスをさした。

参考文献：Hammond & Scullard (eds.) 1970, 1120.

ウィクトリア Victoria（図13）

ローマの勝利の女神。ギリシアの女神ニケに等しいとされ、一般に有翼の姿で表現される。ローマのパラティウム丘に神殿があった。カピトリウム丘にあるユピテル・オプティムス・マクシムス神殿には黄金のウィクトリア像が立っていた。この彫像は、シュラクサイ（現在のシラクーザ）のヒエロン2世が、前217年、トラシメヌス湖畔の戦いでハンニバル軍に敗れたローマ人たちを励ますために贈ったものであった。アウグストゥス帝は、前29年、元老院議事堂のなかにこの女神の祭壇を建立し、のちにウィクトリア・アウグスタ（皇帝のウィクトリア）の祭儀を創設した。ウィクトリアはローマ人たちにとって重要な神であり、前3世紀後半以降のコインに定期的に描かれてきた。ウィクトリアは帝国の守護神と考えられるようになり、女神の祭壇は多神教（異教信仰、パガニスムス）の象徴となった。ウィクトリアには7月17日と8月1日に祝祭があり、また7月20日と10月26日の競技会のさいにも礼拝された。

参考文献：Hammond & Scullard (eds.) 1970, 1120: Hölscher 1976 (in German); Simon 1990, 240-247.

ウィクトリア・アウグスタ Victoria Augusta（皇帝のウィクトリア）

ウィクトリア・アウグスティ Victoria Augusti としても知られる。この名称のローマの女神ウィクトリアはアウグストゥス帝の治世に登場した。この女神が記録に最初にみえるのは、おそらく紀元後最初の10年以前のことであったと考えられる。ウィクトリアは「皇帝の敵に対する勝利」（この敵とは帝国内の反逆者というより帝国外の敵である）という抽象的な考えの擬人化であったと思われる。

参考文献：Fishwick 1987, 116.

ウィクトリア・ウィルゴ Victoria Virgo

ローマの女神ウィクトリアのもつ特性のひとつで、名称は「処女ウィクトリア」を意味する。ウィクトリア・ウィルゴの聖所がローマのパラティウム丘のウィクトリア神殿の近くにあった。

参考文献：Scullard 1981, 170.

ウィクトリア祭壇

女神ウィクトリアの祭壇はローマのクリア・イウリア Curia Iulia（元老院議事堂）にあった。この祭壇は前44年にユリウス・カエサルによって建設が開始され、前29年オクタウィアヌス（のちのアウグストゥス帝）

図13 ネロ帝治世（37-68）のアス青銅貨の裏面。SPQR（Senatus Populusque Romanus 元老院およびローマ人民）の銘文がしるされた盾を持つ有翼のウィクトリア女神とSC（Senatus Consulto 元老院の議決によって）の略字が刻されている。　　　　　　　　サマセット州立博物館

によって献納された。このとき彼はウィクトリアの影像も献納し、この祭壇の脇に立てた。クリア、祭壇、および影像は同じ日に献納されたと考えられる（前29年8月28日）。影像はイタリアのタレントゥム（現在のタラント）から運ばれたもので、片方の足のつま先を球体の上においた立ち姿で表現されていた。アウグストゥスの善行（クルペウス・ウィルトゥティスclupeus virtutis）が刻まれた黄金の盾もクリア・イウリア内のウィクトリア像近くに前27年におかれた。この盾は前26年に献納され、以来、女神はこの盾を持った姿でよく表現されるようになった。祭壇は、**キリスト教**との闘争のなかで、多神教（異教）の宗教勢力を象徴するものとなった。祭壇はコンスタンティウス2世によって357年に撤去されたものの、おそらくユリアヌス帝（在位360-363）によってもとに戻されたようである。384年には**シュンマクス**と貴族階級の人びとが、祭壇（したがって異教）をもとに戻すよう懇願したが、ウァレンティニアヌス2世に阻止された。祭壇は同じ場所にフラウィウス・エウゲニウス帝によって戻されたりしたが、最終的にはグラティアヌス帝によってこの祭壇の使用は廃止された。

参考文献：Fishwick 1987, 111, 115-116; Rehak 1990; Richardson 1992, 420-421.

ウィクトリア神殿

ルキウス・ポストゥミウス・メギッルスによって建立された神殿で、彼が執政官の職にあった前294年8月1日に献納された。パラティウム丘に建てられたが、エウアンデル（**エウアンドロス**）による建立と伝統的に信じられてきた。**マグナ・マテル**神殿のすぐ東、パラティウム丘の南西部で発見された神殿がそれであるとされている。マグナ・マテルの化身とされる黒石は、前204年にローマに運ばれたさい、この神殿に一時的に保管されていた。この神殿はアウグストゥス帝によって修復された最初期の神殿のひとつであった。

参考文献：Patterson 1992, 204-205; Richardson 1992, 420; Wiseman 1981.

ウィスキア Visucia

ケルトの神ウィスキウスの対神であるケルトの女神。この女神は、ガリア出土の**マルス・ウィスキウス**とウィスキアとの夫婦神への献辞と、ドイツのシュツットガルトから出土した**メルクリウス・ウィスキウス**とウィスキアとの夫婦神への献辞から知られるところとなった。

参考文献：Espérandieu 1931, no. 595; Green, M. J. 1992a, 220 (under Visucius).

ウィスキウス Visucius

ガリアとゲルマニアにおけるローマ帝国の国境地域でおもに崇拝されていたケルトの神。ウィスキウスの対神はケルトの女神**ウィスキア**であった。ウィスキウスは、ドイツのシュツットガルト出土の碑文にみられるように、通常ローマの神**メルクリウス**と等しいとされていた。しかし、**マルス・ウィスキウス**とウィスキアとからなる夫妻神がガリアの奉納碑文にしるされている。

参考文献：Espérandieu 1931, no. 595; Green, M. J. 1992a, 220.

ウィスナ Visuna

ゲルマニアの女神で、ドイツのバーデン・バーデンで発見された祭壇に刻まれた銘文から知られる。

参考文献：Espérandieu 1931, no. 449.

ウィダスス Vidasus

イリュリア人［バルカン半島西部からイタリア半島沿岸南東部に居住した民族］の地で崇拝されていた神。この神はクロアチアのトプスコで発見された碑文にしるされている。同じ遺跡で、イリュリア人の神**タナ**への奉納物や、ローマの神**シルウァヌス**にささげられた12基の祭壇が発見されている。これはウィダススがシルウァヌスに等しいとされていたことを示しているが、それを裏づける証拠はほとんどみあたらない。

参考文献：Dorcey 1992, 72.

ウィツロラ

ウィッロラ・ウィリアエグス
Virrora Viliaegus

スペイン北西部のルゴ地方で発見された碑文から知られるイベリアの神。これは同じ地方から発見された碑文中で**ウェロラ**や**ウェロカ**の名で知られる神と同じ神をさしていると思われる。

参考文献：Tranoy 1981, 294.

ウィティリス Vitiris（図14）

おそらくフウィティリス Hvitiris、ウェトゥス Vetus、ウィトリス Vitris、ウェテリス Veteris、フウェテリス Hveteris、フウィトリス Hvitris、ウヘテリス Vheteris、ウィティレス Vitires、ウェテレス Veteresともよばれたケルトの神もしくは神々。これらの名称のうち複数形を示すものがあるのか否かは不明。この神はローマ時代にブリタンニア北部、ハドリアヌス長城の中央部や東端部において崇拝されていた。この神の信奉者の大半は男性であったと思われる。また3世紀には、この神は軍隊の下級兵士たちにとくに人気があった。しかしハドリアヌス長城のグレート・チェスターズの要塞で発見された碑文には、少なくともひとりの女性信徒が記録されている。またハドリアヌス長城のカーヴォランの要塞はウィティリス崇拝の中心地であったのかもしれない。ここでは複数の献呈の辞が発見されていて、ウィティリスの名称が異なるつづりで複数刻まれていた。この神については54点の碑文が知られている。奉納物のなかには、この神の複数の異形、おそらく三神一組の形を暗示しているものもある。ある碑文では、**モゴンス**をウィティリスにむすびつけている。祭壇のなかには、蛇と猪の装飾がほどこされているものがある。ローマの古典的神々とはけっしてむすびつくことがなかったように思われるこの神の特性または役割については、ほとんどなにもわかっていない。

参考文献：Green, M. J. 1992a, 220; Jones and Mattingly 1990, 276; Ross 1974, 468-470.

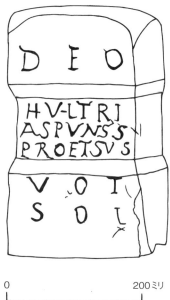

図14 ウィティリス（フイトリス Huitris）に献納された祭壇。ハドリアヌス長城のハウスステッズの要塞で発見された。銘文は DEO HVITRI ASPVNIS PRO ET SVIS VOT SOL（ウィティリス神にささげる。アスプニスは彼自身と神のための誓願を果たす）とある。

ウィトゥムヌス Vitumnus

新生児に生命をあたえるとされたローマの神。

ウィトゥラ Vitula

歓喜と喜びをつかさどるローマの女神。

ウィナリア・プリオラ Vinalia Priora

ローマで開催されたふたつの農業祭のうちのひとつ。葡萄酒の製造と関連していた。祭りは4月23日におこなわれた。「ウィナリア」は「ウィヌム vinum（葡萄酒）」に由来している。もともと**ユピテル**のためにおこなわれた祝祭であり、のちに**ウェヌス**にもむす

びつけられた。前年の秋に詰められた葡萄酒樽が開かれ、この新酒の葡萄酒の最初の1杯はユピテルへの灌奠用にささげられた。前181年4月23日、ローマのコッリナ門外にひとつの神殿がウェヌス・エリュキナに献納された。そしてウィナリア・プリオラ祭はまたローマの娼婦たちがこの神殿でウェヌスへの奉納物をささげる日ともなった。

参考文献：Scullard 1981, 106-108.

ウィナリア・ルスティカ Vinalia Rustica

　農業祭のひとつ。ことによると葡萄の収穫開始を祝うものであったかもしれない。最初に実った葡萄がフラメン・ディアリスによって木から摘みとられた。8月は葡萄の収穫にはまだ早すぎるが（一般に葡萄の収穫は9月末におこなわれた）、この祭りは8月19日におこなわれた。それゆえこの祭りは葡萄の木を保護するための儀式であったのかもしれない。この祭りは、まずユピテルと、のちにはウェヌスとむすびついておこなわれたようである。また、「ルスティカRustica（田舎の）」という言葉にみられるように、都市よりは田園地帯で多く祝われたように思える。

参考文献：Scullard 1981, 177.

ウィノトヌス Vinotonus

　ケルトの神で、イギリス、ノース・ヨークシャーのボウズにあるローマ時代の要塞近くで発見された複数の祭壇に刻まれた4つの碑文から知られることとなった。祭壇のうちふたつはウィノトヌスに奉納されたもので、ふたつはシルウァヌス・ウィノトヌスにささげられていた。この神の役割については不明である。複数の専門家たちは「ウィノトヌス」の名称からこの神を葡萄栽培とむすびつけているし、他の専門家たちは地元の小川を擬人化したものと考えている。しかし、どちらの解釈も広く一般には受け入れられていない。

参考文献：Dorcey 1992, 55; Jones & Mattingly 1990, 275-276.

ウィラデクティス Viradecthis

　ゲルマニアの女神で、スコットランドのビレンズで発見された祭壇に刻まれた碑文から知られることとなった。ビレンズ駐屯軍の兵士として従軍していたパグス・コンドルスティスPagus Condrustis出身の男たちによって奉納された。このパグス・コンドルスティスは、ドイツのラインラント〔ライン河中・下流域の歴史的呼称〕にあり、そこではほかにもウィラデクティスにささげられた複数の奉納物が発見されている。

参考文献：Keppie & Arnold 1984, 9.

ウィリディオス Viridios

　イギリス、アンカスターで発見された碑文から知られるケルトの神。「ウィリディオス」は「男盛り」あるいは「男らしい」という意味と考えられる。

参考文献：Ross 1974, 486.

ウィリプラカ Viriplaca

　夫婦喧嘩のあと、妻が夫の関心をとり戻すようにと助けたローマの女神。ウィリプラカにはローマのパラティウム丘に聖所があった。そこに夫婦が夫婦喧嘩の問題をもちこみ、嘆願したという。するとその後、夫婦は仲良く家に帰るとされていた。

参考文献：Richardson 1992, 107.

ウィルゴ・カエレスティス Virgo Caelestis

　カルタゴの女神タニトの別名。（→ユノ・カエレスティス）

ウィルトゥス Virtus （図15）

　ローマの「美徳」の神で、「身体的、道徳的に優れている」の意味である。しばしばホノスとむすびつけられた。ホノスとウィルトゥス神殿はローマのカペナ門の近くにあった。また聖所はおそらくカピトリウム丘の斜面にあったと思われる。ウィルトゥスの祝祭は7月17日にとりおこなわれた。

参考文献：Richardson 1992, 431; Weinstock 1971, 230-233.

ウイルヒウ

図15　ガルバ帝(在位68-69)のコインで、ホノス(右)が武装した男性の姿で、ウィルトゥス(左)が掛け布をゆったりと身にまとい、豊穣の角(コルヌコピア)を持った女性の姿で描かれている。

図16　ユリア・ママエア(セウェルス・アレクサンデル帝[在位222-235]の母)によって発行された女神ウェスタが描かれたコイン。サマセット州立博物館

ウィルビウス Virbius

ローマの森林の神。のちにはギリシアの神**ヒッポリュトス**に重ねあわされた。この神は、イタリア、アリキアの近郊ネミにある森(**ディアナ・ネモレンシス**の聖域)でディアナ、エゲリアとともに礼拝された。
参考文献：Room 1983, 306-307.

ウィロトゥティス Virotutis(おそらく「人類に恩恵をほどこす者」の意味)

アポロ・ウィロトゥティスとしてアポロとむすびつけられたケルトの神。

ウィンドンヌス Vindonnus(明るい光)

ケルトの神で、アポロ・ウィンドンヌスとしてギリシアの神アポロン(→**アポロ**)にむすびつけられた。

ウェイオウィス Veiovis

ローマの神ウェディオウィスの別名。

ウェスタ Vesta(図16)

炉の火床をつかさどるローマの女神。ギリシアの炉の女神**ヘスティア**と同一視されてい

た。初期のローマでは、各所帯ごとに、1日に1度、炉のまわりに家族が集まり、ウェスタへの供犠をおこなったとされる。ローマの**フォルム・ロマヌム**には、ウェスタにささげられた小さな円形の神殿があった(図42、77G)。そこでは、女神の祭壇の炎が**ウェスタの聖女**たちによって注意ぶかく保持されていた。この永遠の炎は、女神そのものを象徴し、神殿のなかに女神の影像などはなかった。しかし、アウグストゥス帝は、前12年にパラティウム丘にあった自邸の一角にウェスタの祭壇と影像を奉納している。ウェスタ神殿の炎は、毎年3月1日の儀式において、2本の枝をこすりあわせておこした火によって炎を新たにした。ウェスタの祝祭は6月9日にとりおこなわれた。5月14日には、**アルゲイ**がウェスタの聖女たちによってスブリキウス橋からティベリス川へ投げ込まれた。
参考文献：Hammond & Scullard (eds.) 1970, 1116; Simon 1990, 229-239.

ウェスタ神殿(図42、77G)

ローマで知られている唯一の**ウェスタ**神殿は、**フォルム・ロマヌム**にあった小さな円形

の神殿である。この神殿はパラティウム丘の麓、**アトリウム・ウェスタエ**として知られている区域にあった。神殿内のウェスタの祭壇の炎は、**ウェスタの聖女たち**によって絶えることなく燃やされつづけた。男性はこの神殿内に入ることを禁じられていた。この神殿の建物は、形態的には住居（アエデス）であり、神殿ではなかった。その形は伝統にのっとり最初の建物の構造をたもっていた。つまりローマ初期の草［カヤ、わら］葺き屋根をもつ円形小屋の形であった。伝承によると、この建物はヌマ・ポンピリウス（王政ローマ第2代王）、さもなくばさらに以前のロムルス（初代王）の時代に建てられたという。内部の聖所、または貯蔵庫（ペヌスpenus）には、**パッラディウム**と2体の**ペナテス**（貯蔵庫の守り神）の小像が安置されていたと考えられる。後者の像はおそらくサモトラケ島からその他の神聖なる品々とともに渡来したとされる。しかし、ウェスタの聖女たちがこの神殿の内部、あるいはアトリウム・ウェスタエのどこかで、すべての儀式を実際にとりおこなったかは不明である。神殿は何度も火災によって失われ、再建されている。火災にあうたびに神聖なる品々は救出されたという。神殿は394年に**テオドシウス1世**によって閉鎖された。神殿は1899-1900年に集中的に発掘され、その一部が復元されている。

参考文献：Richardson 1992, 412-413; Scullard 1981, 149; Steinby（ed.）1993, 141-142.

ウェスタの聖女たち virgines Vestales
（図17、42）

ローマの聖なる炉床を守る女性神官職。最初はふたりであったようだが、やがて4人になり、のちにさらに6人へと増加した。ウェスタの聖女たちは、両親が健在であり、健全な身体をもつ6歳から10歳の処女の志願者たちのなかからポンティフェクス・マクシムス（大神祇官）がいく人かの候補者をえりぬき、さらにそのなかから「くじ」で選出された少女たちであった。彼女たちは元来貴族（パト

リキ）であったとされ、公式には30年間務めることが求められたが、通常、この職務を生涯にわたってつづけた。彼女たちはローマの**フォルム・ロマヌム**にある聖女たちの館（アトリウム・ウェスタエ）に居住していた。彼女たちの生活は公費によってまかなわれ、大神祇官によって監督されていた。また数多くの社会的・法的な特権をもっていた。彼女たちは独特の衣装を身につけ、セクス・クリネスsex crines（6つの髪の房）という特徴的な髪型をしていた。この髪型は花嫁が婚礼のさいにのみ結う髪型であった。純潔は彼女たちのもっとも重要な事項であり、不貞をはたらいたことがあきらかになった場合には処罰された（生き埋めの刑といったような）。たとえば83年、ドミティアヌス帝は、3名のウェスタの聖女たちを不貞をはたらいたかどで処刑したし、また90年、同帝は聖女たちの長、コルネリアを生き埋めの刑に処するよう宣告した。ウェスタの聖女たちは人びとからおおいなる尊敬を受け、困難に直面している人びとを救済するさいに強い影響力をもっていた。

ウェスタの聖女たちの神職は、共和政期以前にその起源があり、最初のウェスタの聖女たちは、王宮の炉床を管理した王女たちの後継者であったのかもしれない。彼女たちは、ローマのウェスタ神殿にあった国家の聖なる炉床をみまもり、仕える責務をになっていた。3月1日には、炉の火は2本の枝をこすりあわせるという儀式的な方法で再点火された。もし火が消えてしまったときには、同じ方法で点火しなくてはならなかった。彼女たちはそのほかの儀式においても責務をおっていた。たとえば、**ウェスタリア祭、フォルディキディア祭**、および**コンスス**の儀式などである。彼女たちは、ウェスタリア祭、**エプルム・イオウィス**、および**ルペルカリア祭**で使用された塩のはいった聖なる焼き菓子（**モラ・サルサ**）を作り、**パッラディウム**などの神聖なる品々の管理をおこなった。聖なる焼き菓子を作るためには、聖なる泉から水を汲んでくる必要があった。カペナ門外のカメナの泉から

ウエスタリ

図17 ウェスタの聖女フラウィア・ププリカの像。ウェスタの聖女たちの館(アトリウム・ウェスタエ)で1883年に発見された。彼女は3世紀半ば頃のウェスタの聖女であった。

聖水を汲み、戻るとき、水の入った容器を途中で地面におろしてはならなかった。塩は特別にととのえられ、小麦粉と混ぜあわされた。
参考文献：Beard & North (eds.) 1990; Porte 1989, 85-88, 121; Scullard 1981, 148-150.

ウェスタリア Vestalia

6月9日におこなわれた女神ウェスタの祝祭。祝祭前後の日々もまたウェスタにささげられた神聖な日々であった。6月7日にはローマにあった神殿内部の聖所は女性たちに開放されたが、6月15日には再び閉鎖された。ウェスタリア祭は、麺麭屋や粉屋の休日となり、粉ひきに使われる石臼や石臼をまわすロバは、菫(スミレ)の花輪で飾られ、小さな麺麭がつりさげられた。この祝祭の公的な行事についてはほとんどなにも知られていない。6月15日にはウェスタ神殿からごみが**カピトリウム丘**へ向かう小道を半分ほど上った所の小路に掃き出され、そこからティベリス川へと運ばれた。
参考文献：Scullard 1981, 148-150.

ウェスティウス・アロニエクス Vestius Aloniecus

スペイン北西部沿岸にあるポンテベドラ近郊で発見されたふたつの碑文と1体の彫像から知られるイベリアの神。彫像は、太陽の象徴をともなった、角のある神として表現されている。この神はケルトの有角の神**ケルヌンノス**の異形かもしれない。ウェスティウス・アロニエクスは、おそらく太陽の力とむすびついた再生の神であると考えられたのであろう。
参考文献：Tranoy 1981, 290-291.

ウェッラウヌス Vellaunus

2点の碑文からのみ知られているケルトの神。1点はウェールズのカイルウェントにある彫像の台座の碑文にみられるもので、この地でウェッラウヌスはオケロス・ウェッラウヌスとしてケルトの神**オケロス**と同一視されていたことがわかる。献辞のなかで「神マルス・レヌスまたはオケロス・ウェッラウヌス」とよびかけられている。他の1点はガリア地方南部からのもので、ウェッラウヌスはローマの神**メルクリウス**に重ねあわされている。
参考文献：Green, M. J. 1992a, 218-219.

ウェディウス Vedius
ローマの神ウェディオウィスの別名。

ウェディオウィス Vediovis
ローマの神**ユピテル**に密接にむすびついたローマの神で、ウェディウス、ウェイオウィス、またはウェンディウスとしても知られている。しかしローマ人はこの神を「ユピテルと正反対の（すなわち害悪をもたらす）神」で、**地下世界**とむすびついていると考えていたようである。元来、湿地と火山活動の神で、のちに**アポロ**に重ねあわされた。ローマのタブラリウム（文書保管庫）の背後にこの神にささげられた神殿がひとつあり（図18、31E）、さらにもうひとつティベリス島にあった。ウェディオウィスの祭壇はローマの南東にあたるボウィッラエに建立された。この神への犠牲のささげものは、リトゥ・フマノ ritu humano によりほふられた雌山羊であったと思われるが、そもそも「リトゥ・フマノ」が「死者にかわって」を意味するのか、または「人間の生け贄のかわりに」を意味するのかさだかではない。この神の祝祭は1月1日、3月7日、および5月21日であった。ローマ以外ではこの神はほとんど知られていない。

参考文献：Grimal 1986, 464; Hammond & Scullard (eds.) 1970, 1110; Scullard 1981, 56-58; Simon 1990, 210-212; York 1986, 86-87.

ウェディオウィス神殿（図18a、b）
ウェディオウィス神殿のひとつは、ティベリス島にあり、前200年、法務官ルキウス・フリウス・プルプリオがクレモナの戦い（対ガリア人）のときに建立の誓願をたてた。神殿は前194年1月1日（同島にある**アエスクラピウス**神殿が前291年に献納された日と同じ）に献納された。もうひとつの神殿は同じくルキウス・フリウス・プルプリオによって、前198年、このときは執政官として、建立の誓願がなされ、前192年3月7日にクイントゥス・マルキウス・ラッラにより献納された。こちらの神殿はローマの**カピトリウム**丘にあ

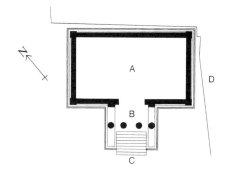

図18a　ローマのカピトリウム丘にあったウェディオウィス神殿のプラン。A＝横長のケッラ　B＝プロナオス　C＝階段　D＝タブラリウム。

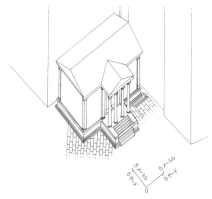

図18b　ローマのカピトリウム丘にあったウェディオウィス神殿の復元図。

り（図31E）、ローマ時代にはインテル・ドゥオス・ルコス inter duos lucos（ふたつの森のあいだ）またはインテル・アルケム・エト・カピトリウム inter Arcem et Capitorium（ふたつの頂きアルクスとカピトリウムとのあいだ）にあるといわれていた。この神殿のプランは矩形で、**四柱式**の奥行の浅い前室（プロナオス）にくらべ、奥行の深い、横長のケッ

ラをそなえており、南西に面していた。この神殿は小型で、かなり高い基壇の上に建っていた。この神殿は前78年頃に再建されたが、それはおそらくタブラリウム（文書保管庫）が建てられたのちのことであろう。1939年にタブラリウムの南西のかど地で神殿址が発見された。最初に建てられた神殿の土台部分の方位は、後代に再建された神殿とは異なっていた。**アポロ像**に似たウェディオウィス神の巨大で堂々たる礼拝像も発見された。この神像はもともと前5世紀にギリシアで作られたものを前1世紀にローマで複製されたものと思われる。
参考文献：Nash 1962b, 490; Richardson 1992, 406; Scullard 1981, 56-58.

ウェテレス Veteres

ケルトの神（または神々）ウィティリスの別名であろう。この名称が単数形なのか複数形なのかは不明である。ウェテレスにささげられた祭壇はハドリアヌス長城周辺の複数の要塞から発見されている。
参考文献：Birley 1973, 111-112.

ウェニリア Venilia

このローマの女神がもつ本来の特性と役割ははっきりしない。ウェニリアは**ネプトゥヌス**と関連していると著述家ウァッロ（前116-前27）は暗示しており、さらに一部の人びとからは沿岸水域の神とみなされるようになった。
参考文献：Hammond & Scullard (eds.) 1970, 1112.

ウェヌス Venus

ローマの愛と美と高級娼婦の女神で、ローマの神マルスの配偶神。この女神はおそらく、もとは菜園、果実，花々の豊穣をつかさどっていた。ウェヌスは早い時期にギリシアの**アプロディテ**に重ねあわされ、アプロディテの神話をみずからのものとしていた。ローマの伝説では、アエネアス（ローマ建国の伝説上の創始者で、トロイア戦争の指導者のひと

り）は、アンキセス（トロイアの王子）とウェヌスとの息子であった。そのほかの多くの神話と伝説においてもウェヌスは大々的にとりあげられていた。

ウェヌスはユリウス家［ユリウス・カエサルの養子アウグストゥス帝の没後、姻戚のクラウディウス家とともに4人の皇帝を輩出］と密接にむすびついていたが、ウェヌスをコインの図柄としておもに使用したのは、ティトゥス帝をはじめとするフラウィウス朝とその後の歴代皇帝たちであった。ウェヌスは（**ウェヌス・ウィクトリクス、ウェヌス・ゲネトリクス、あるいはウェヌス・フェリクス**として）しばしば皇帝たちの妻、姉妹、娘として、コインにその姿をみせている。ウェヌスは下記のように非常に多くの敬称または形容辞・添え名をともなっていた。すなわちウェヌス・アミカ Amica（友なるウェヌス）、ウェヌス・アルマタ Armata（武装するウェヌス）、ウェヌス・アウレア Aurea（黄金のウェヌス）、ウェヌス・カエレスティス Caelestis（天空のウェヌス）、**ウェヌス・クロアキナ**（浄めのウェヌス）、**ウェヌス・エリュキナ**（シチリアのエリュクスから来たウェヌス）、**ウェヌス・フェリクス**（幸多きウェヌス）、ウェヌス・ゲネトリクス（万人の母なるウェヌス）、**ウェヌス・リビティナ**（おそらく「情熱のウェヌス」の意）、**ウェヌス・オブセクエンス**（寛容のウェヌス）、**ウェヌス・ウェルティコルデイア**（気まぐれウェヌス）、**ウェヌス・ウィクトリクス**（勝利のウェヌス）などである。

ウェヌスはまた4月におこなわれた**ウィナリア・プリオラ**の祝祭とかかわりがあった。古典様式のウェヌス像に似せた白色粘土（パイプクレー）製の**小立像**（「擬似ウェヌス」像とよばれることもある）は、ウェヌス崇拝というよりは、むしろロマノ・ケルト土着の多産信仰につながっているのだろう。
参考文献：Lloyd-Morgan 1986; Room 1983, 319-322 (for titles/epithets of Venus); Schilling 1982 (includes titles of Venus); Simon 1990, 213-228.

ウェヌス・ウィクトリクス Venusu Victrix
（勝利のウェヌス）（図19）

ローマの女神ウェヌスのもつこの特性にささげられる神殿がひとつ、前55年、ポンペイウスによってローマの**マルスの野**にあるポンペイウス劇場の最上部に建立され、献納された（図20）。またこの女神の聖所（おそらく祭壇）が**カピトリウム丘**にあった。ウェヌス・ウィクトリクスの祝祭は8月12日と10月9日に開催され、女神への供犠は10月9日におこなわれた。

ウェヌス・ウィクトリクス神殿（図20）

前55年、ポンペイウスがローマの**マルスの野**に最初の恒久的な石造劇場を建設した。そのさい、階段状の観客席（カウェア cavea）よりさらに上の最上部に**ウェヌス・ウィクトリクス神殿**を建てた結果、観客席は神殿の階段に酷似するところとなった。それゆえ建造物全体は、劇場ではなく神殿として献納することができたと伝えられている。これは恒久的な娯楽施設を建設したという批判をかわすためのポンペイウスの策であったのかもしれない。ユリウス・カエサルは元老院議会に出席中、この劇場のポルティコ（柱廊式玄関）につづく広間で暗殺された（前44年3月15日）。（元老院議会は**テンプルム**で開かなければならないとされていたが、この建造物はテンプルムであったので、元老院が会議を開催することは可能であった。）前52年までこの神殿は完成しておらず、献納されていなかった。観客席の最上部には周囲にそって、他の神々にささげられた一連の小聖所がならんでいた。以後このように神殿とむすびついた劇場が多数建設されるようになった。

参考文献：Barton 1989, 79; Hanson 1959, 43-55; Richardson 1992, 411; Scullard 1981, 173.

ウェヌス・ウェルティコルディア
Venus Verticordia（気まぐれウェヌス）

ローマの女神ウェヌスには、4月1日に**ウェネラリア**とよばれる祭りがあった。不貞をはたらいた3人の**ウェスタの聖女**の罪の

図19　デナリウス銀貨の裏面。盾を持つウェヌス・ウィクトリクスの立像が描かれている。表面はプラウティッラ（カラカラ帝［在位211-217］の妃）像。　　　サマセット州立博物館

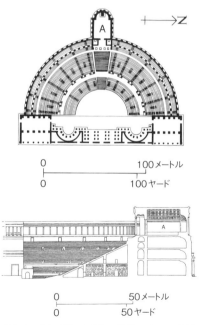

図20上・下　ポンペイウス劇場のプラン（上）と断面図（下）。観客席の上の最上部にあるウェヌス・ウィクトリクス神殿（A）。

贖いについて、「シビュラの書」を調べ、その結果にしたがい、前114年にウェヌス・ウェルティコルディア神殿がローマに建立された。献納日は4月1日であった。この神殿の所在地は不明であるが、**大競技場**のうしろ側、ムルキア谷のおそらくアウェンティヌス丘側の斜面に位置していたのであろう。
参考文献：Champeaux 1982, 378–395; Richardson 1992, 411; Scullard 1981, 97.

ウェヌス・エリュキナ Venus Erycina
（エリュクスから来たウェヌス）
　ウェヌス・エルキナ Erucina ともつづる。この女神崇拝はシチリア島西部にあるエリュクス山の聖域からローマに伝えられた。ローマでは**カピトリウム丘**とコッリナ門の外側とにそれぞれウェヌス・エリュキナ神殿があった。
参考文献：Hammond & Scullard (eds.) 1970, 1113; Scullard 1981, 107.

ウェヌス・エリュキナ神殿
　ローマの**カピトリウム丘**のおそらくアレア・カピトリナに**ウェヌス・エリュキナ**神殿があった。この神殿は、独裁官クイントゥス・ファビウス・マクシムスが、前217年のトラシメヌス湖畔の戦いで大敗［第2次ポエニ戦争中、ハンニバル軍に敗れた］をきっしたのちに、「シビュラの書」を調べ、その結果、建立の誓願をたてた。前215年、神殿は彼自身によって献納された。この神殿は1対の神殿のひとつで、他のひとつはおそらくメンスにささげられていたと思われる。神殿はのちにアエデス・カピトリナ・ウェネリス Aedes Capitolina Veneris とよばれた。ローマにあったもうひとつの神殿は、前184年にルキウス・ポルキウス・リキニウスにより建立の誓願がなされ、前181年4月23日、**ウィナリア・プリオラ**祭の日にリキニウス自身によってコッリナ門の外側に献納された。この神殿はシチリア島のエリュクス山にあった神殿を再現したと推測され、娼婦たちがしばしば訪れていたらしい。ウィナリア・プリオラ

祭のあいだ、ローマの娼婦たちからのウェヌスへの奉納品はこの神殿で受けとることとなった。
参考文献：Richardson 1992, 408; Scullard 1981, 107.

ウェヌス・エルキナ Venus Erucina
　ウェヌス・エリュキナの別つづり。

ウェヌス・オブセクエンス神殿
（寛容なまたは慈悲深いウェヌス）
　女神ウェヌスのもつこの特性にささげられた神殿は、第3次サムニウム戦争［前298–290。以前同盟関係にあったサムニウム人の部族連合を破って、ローマがイタリアの中南部を手中におさめた］のとき、クイントス・ファビウス・マクシムス・グルゲスにより献納の誓願がなされた。神殿建設は前295年に開始、戦後献納された。ローマにおける最古のウェヌス神殿で、**大競技場**に隣接し、おそらくアウェンティヌス丘の麓にあった。献納日は8月19日で、**ウィナリア・ルスティカ**祭の日であった。この神殿の建設費用には、姦通の有罪判決を受けた女性たちから徴収した罰金が充当された。
参考文献：Richardson 1992, 409.

ウェヌス・クロアキナ Venus Cloacina
（浄めのウェヌス）
　ローマの女神ウェヌスのもつ特性のひとつを引き受けるもので、ウェヌス・クルアキナ Cluacina としても知られている。対サビニ戦［新興都市ローマに移り住んだ男たちの妻にするために、ローマの北東に住むサビニ人の娘たちをローマ人が略奪したことが発端となり勃発］終結後、この女神像の近くでおこなわれた、ローマ人たちによるみずからを浄める行為からこの女神は派生したと考えられていたが、クロアキナは元来ウェヌスに重ねあわされるようになった水の神格であったと思われる。ローマにあるウェヌス・クロアキナ像は、サビニ人とローマ人が和平の締結をした地点に立てられた。この女神の聖所は、

ローマの**フォルム・ロマヌム**にあるバシリカ・アエミリアのポルティコ（柱廊式玄関）の階段とならんでいて、クロアカ・マクシマ（大排水溝）の近くにあった。この聖所は前39年に発行されたコインに描かれている。

参考文献：Nash 1962a, 262-263; Richardson 1992, 92.

ウェヌス・ゲネトリクス Venus Genetrix
（万人の母なるウェヌス）

　ローマ人の先祖としての役割をになうローマの女神**ウェヌス**。祝祭は9月26日。この女神はユリウス・カエサルが属したユリウス氏族（ゲンス gens）の母とみなされていた。カエサルはローマに神殿をひとつ建て、ウェヌス・ゲネトリクスにささげた。

参考文献：Weinstock 1971, 80-90.

ウェヌス・ゲネトリクス神殿

　前50年、パルサロスの戦い［前48年のポンペイウスとカエサルとの対決。この戦いの前後、ローマの内戦はローマの東西属州に飛び火していた］の直前に、カエサルは**ウェヌス・ウィクトリクス**に神殿をささげる誓願をたてたが、のちに**ウェヌス・ゲネトリクス**にささげることにした。というのは彼が属する氏族（ゲンス gens）は伝えられたところによると**ウェヌス**の子孫であり、ウェヌスを深く崇拝していたからである。フォルム（広場）と神殿は、前46年9月26日、ユリウス・カエサルがポンペイウス派に大勝した戦いの最終日に、彼により献納された。神殿は**八柱式**、総大理石造りで、列柱のあるユリウスのフォルム（フォルム・カエサリスまたはフォルム・イウリウム）の北の端、高い基壇上に建設され、実際には、神殿とフォルムはアウグストゥス帝により完成した。この神殿は80年の大火（ティトゥス帝の時代）で大被害にあったいくつかの建造物のひとつであったのかもしれない。神殿はドミティアヌス帝により、もとの基壇上に再建され、113年5月12日に、トラヤヌス帝によりあらためてウェヌス・ゲネトリクスに献納された。

ケッラにすえるためにウェヌス・ゲネトリクスの礼拝像をアルケシラスが彫刻し、またユリウス・カエサルは神殿内の美術工芸品を多数奉納していた。

参考文献：Nash 1962a, 424; Richardson 1992, 165-167.

ウェヌス・フェリクス Venus Ferix
（幸多きウェヌス）

　ローマのエスクイリヌス丘にウェヌス・フェリクス神殿があった。さらにハドリアヌス帝（在位117-138）が**サクラ・ウィア**（聖道）の北側、ウェリア丘に**ウェヌス・フェリクスとローマ・アエテルナ神殿**を建立し、献納した。

参考文献：Richardson 1992, 408.

ウェヌス・フェリクスとローマ・アエテルナ神殿（図21）

　ハドリアヌス帝によりローマに建立された2室からなる神殿で、コロッセウムをみおろしていた。**サクラ・ウィア**（聖道）の北側、**ウェリア**丘にあり（図77L）、ハドリアヌス帝が**ソル**の巨像（以前のネロの巨像）を移動させ、取り壊したドムス・アウレア（ネロの黄金宮殿）の入口の間にあたる場所に建てられた。神殿の建設は121年4月21日（パリリア祭）に開始され、135年、おそらくアントニヌス・ピウス（のちに皇帝）によって完成、献納された。神殿は**ウェヌス・フェリクス**と**ローマ・アエテルナ**（不滅のローマ女神）にささげられた。神殿と柱廊は縦145メートル、横100メートルの巨大な壇上に建っており、神殿は階段のある低いギリシア式基壇の上に建ち、コンクリートにれんがを張り、その表面を大理石の化粧張りでおおう造りで、コリント様式の**十柱式**建築であった。両女神にひとつずつ、計ふたつのケッラが背中合わせにあり、ローマ女神は西に面し、ウェヌスは東に面していた。307年に火災による損傷を受け、マクセンティウス帝（在位306-312）により再建された。9世紀に地震でこの神殿は倒壊したらしく、847-855年には、その廃墟

ウエヌスリ

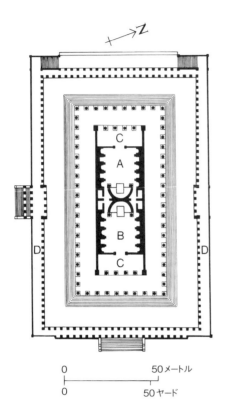

図21　ローマのウェヌス・フェリクスとローマ・アエテルナの2室からなる神殿。A=ローマ・アエテルナ女神のケッラ　B=ウェヌス・フェリクス女神のケッラ　C=プロナオス　D=柱廊。

にサンタ・マリア・ノヴァ教会が建てられた。1612年、この教会はサンタ・フランチェスカ・ロマナ教会として再度建てなおされた。
参考文献：Nash 1962b, 496; Richardson 1992, 410.

ウェヌス・リビティナ Venus Libitina
　ウェヌス・リベンティナ、ウェヌス・ルベンティナ Lubentina、ウェヌス・ルベンティニ Lubentini、そしてウェヌス・ルベンティア Lubentia としても知られている。ローマの死と葬儀の女神リビティナがローマの女神ウェヌスに重ねあわされるようになった。これは「ルベンティナ」（おそらく「愉快な」または「情熱的な」を意味する敬称）と「リビティナ」とをとりちがえたために生じた誤りと考えられている。ウェヌス・リビティナにささげられた神殿がローマのエスクイリヌス丘にあった。
参考文献：Richardson 1992, 409.

ウェヌス・リベルティナ Venus Libertina
（解放女奴隷であるウェヌス）
　ローマの女神ウェヌスのもつこの特性は、ウェヌス・ルベンティナとするべきところ、「ルベンティナ Lubentina」（おそらく「愉快な」または「情熱的な」を意味する敬称）と「リベルティナ Libertina」（奴隷の身分から解放された女子自由民）とをとりちがえたために生まれたのであろう。ウェヌス・リベルティナはウェヌス・リビティナと同一の女神とみなされていたと思われる。

ウェヌス・リベンティア Venus Libentia
　ウェヌス・リビティナの別名。

ウェヌス・リベンティナ Venus Libentina
　ウェヌス・リビティナの別名。

ウェネラリア Veneralia
　ウェヌス・ウェルティコルディアの祝祭のことで、4月1日（カレンダエ）におこなわれた。女神フォルトゥナ・ウィリリスもまたこの祝祭の一部として礼拝されたようである。
参考文献：Scullard 1981, 96-97.

ウェラウディヌス Veraudinus
　ケルトの女神インキオナの配偶神であるケルトの神。これら2柱の神々は夫婦神として1対で礼拝されたが、ルクセンブルクのヴィッデンベルクからの事例によってのみ知られている。この地方固有の神らしい。
参考文献：Green, M. J. 1992a, 125-126.

ウェリア Velia

ローマのパラティウム丘とオッピオ丘との あいだにあり、**サクラ・ウィア**（聖道）の先 端にある高く急峻な丘。共和政期、この丘の 頂きには**ペナテス神殿**があった。ハドリアヌ ス帝の時代以降、**ウェヌス・フェリクスと ローマ・アエテルナ神殿**がそびえ立ち、この 丘をみおろしていた。この丘はさまざまな儀 式の舞台となっていて、**セプティモンティア** の供犠のひとつも、諸聖所でおこなわれてい た**アルゲイ**の儀式のひとつもここでおこなわ れた。
参考文献：Richardson 1992, 407-408.

ウェリクス Velicus

ウァエリクスとおそらく同一の神であるイ ベリアの神。この神はスペインで発見された 複数の碑文によって知られている。スペイン 中央部ポストロボソにこの神にささげられた 聖所があった。
参考文献：Knapp 1992, 86-93.

ウェルウァクトル Vervactor

耕地への最初の犁入れにかかわるローマの 神。前3世紀後期の著述家ファビウス・ピク トルによれば、**ケレス**の祭司によって勧請さ れたという。
参考文献：Ferguson 1988a, 853; York 1986, 60.

ウェルカナ Vercana

ドイツのバート・ベルトリヒにある複数 の鉱泉にむすびついているケルトの女神。こ れらの鉱泉はのちに治療用の設備などのある 温泉施設となったので、ウェルカナは治癒の 女神であったのかもしれない。
参考文献：Wightman 1970, 138, 226.

ウェル・サクルム ver sacrum

重大な危機に直面したとき、ウェル・サク ルム（聖なる春）の儀式がとりおこなわれ、 その年の春に生まれたすべてのものを神に、 通常**ユピテル**に、ささげた。動物が犠牲とし てほふられ、そして子どもたちは20歳に達 すると、新しい共同体をつくりだすため生ま れ故郷から追い出された。この儀式は、遠い 古代の儀式で途絶えていたが、第2次ポエニ 戦争中の前217年（ローマ軍がトラシメヌス 湖畔でハンニバル軍に大敗した年）に復活し、 ローマでふたたびとりおこなわれるように なった。そのさい、子どもたちを追放するこ とは除外された。

ウェルトゥムヌス Vertumnus

ウォルトゥムヌス Vortumnus ともよばれ ることのあるローマの神。もとはエトルリア の神で、前264年にローマ人に攻め落とされた イタリアのウォルシニイ（現在のボルセナ） で崇拝されていた。ウェルトゥムヌスは「変 化」を擬人化して生まれた神らしく、季節の 変化をつかさどるとみなされていたと思われ る。ある人びとからは果実の女神**ポモナ**の配 偶神ともみなされ、その結果、果樹・果樹園 と果実の神として、さらに豊穣の神とみなさ れるようになった。ローマの地区ウィクス・ トゥスクスの**フォルム・ロマヌム**への入口の ところにウェルトゥムヌスの彫像があり、こ の神への奉納品はここでささげられた。この 神にはまたローマのアウェンティヌス丘に神 殿があった。祝祭日は8月13日。
参考文献：Grimal 1986, 465; Hammond & Scullard（eds.）1970, 1114.

ウェルトゥムヌス神殿

ローマのアウェンティヌス丘のウィクス・ ロレティ・マイオリス（地区）にあった。こ とによるとマルクス・フルウィウス・フラッ クスが、前264年、イタリアのウォルシニイ （現在のボルセナ）の攻略に成功したのち、 勝利のささげものとして、ウェルトゥムヌス 神殿を建立したのかもしれない。エトルリア の神**ウェルトゥムヌス**はもともとウォルシニ イの町の神であったが、ローマ側が**エウォカ ティオ**（招神）の手順をふんだのち、ローマ の人びとの地に迎えられたものと思われる。 凱旋式のいでたちのフラックスの姿が神殿の

ウェルノス

壁に描かれていた。神殿の献納日は8月13日。
参考文献：Richardson 1992, 433.

ウェルノストヌス Vernostonus

「榛(はん)の木」を擬人化したケルトの神（この神の名称自体が「ハンノキ」の意）。ハドリアヌス長城に近いエブチェスター［長城の南、ローマ軍の道路にそった後衛の要塞があった］で発見された**コキディウス・ウェルノストヌス**にささげられたひとつの碑文によりこの神の存在がわかった。
参考文献：Green, M. J. 1992a, 219.

ウェルベイア Verbeia

イギリス北部のウォーフ川が擬人化されて生まれたケルトの女神。この女神にささげられた祭壇については、ノース・ヨークシャーのイルクリーの作例がわかっており、また同地出土の彫像1体はこの女神を表現しているのかもしれない。この像は過度に大きな頭部をもち、鬢(ひだ)をたたんだ衣装をまとった女性として表現されている。両手はそれぞれ、おそらく大きな蛇を表していると思われる幾何学的なジグザグ形のものをにぎっている。
参考文献：Green, M. J. 1992a, 219; Ross 1974, 295.

ウェルベナ Verbena officinalis
（ヴァーベナ、クマツヅラ）

クマツヅラ科の薬用植物で、さまざまな症状に効能がある。大プリニウス（23または24-79）著『博物誌』(Naturalis Historia)全37巻の「植物篇」によると、ウェルベナはギリシア語で「ヒエラ・ボタネ（神聖なる植物）」とよばれ、ローマでは「アリステレオン」または「ウェルベナカ verbenaca」として広く知られていた（「ウェルベナ」は「祭儀にもちいられた芳香木の小枝の束」が語源）。ローマにおいて国家の危機のさいもちいられた**サグミナ**と同じように、使節派遣のさい、カピトリウム丘のアルクスから抜き取られて、土のついたままの草を束にしてもちいられた。敵に賠償を請求（奪われたものの返還を求める）するさいの使節のなかには、とくに「ウェルベナリス（ウェルベナを運ぶ者）」とよばれる者がいた。**ユピテル**の祭日には、ウェルベナカの束でユピテルの食卓がはかれ、また家も掃除され、浄められた。
参考文献：大槻真一郎 責任編集『プリニウス博物誌 植物篇』同『植物薬剤篇』（八坂書房、1994、新装版2009)、「植物薬剤篇」、Ⅲ-5、Ⅵ-105など)。

ウェルミヌス Verminus（図22）

家畜を病気から保護するローマの神で、**インディゲテス**（ローマの神々の一団）の1柱であったかもしれない。ドゥオウィル（二人委員のひとり)、アウルス・ポストゥミウス・アルビヌスによってこの神に献納された祭壇がひとつ1876年に発見された。
参考文献：Richardson 1992, 411.

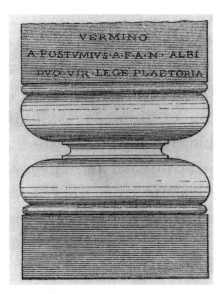

図22 ローマで発見された前175年頃の砂時計形祭壇。当時家畜を襲っていた病気を防ぐためにウェルミヌスにささげられた。高さ1.15メートル。

ウェロカ Veroca

スペイン北西部ルゴ地方で発見されたひとつの碑文によってその存在がわかったイベリアの神。この神は、同地域で出土した複数の碑文中にウェロラおよびウィッロラ・ウィリアエグスとして言及されている神と同一の可能性がある。

参考文献：Tranoy 1981, 294.

ウェロラ Verora

スペイン北西部ルゴ地方で発見された複数の碑文によってその存在がわかったイベリアの神。この神は、同地域から出土した複数の碑文中にウィッロラ・ウィリアエグスおよびウェロカとして言及されている神と同一の可能性がある。

参考文献：Tranoy 1981, 294.

ウェンディウス Vendius

ローマの神ウェディオウィスの別名。

ウォセグス Vosegus

ガリア東部、ウォセグス山脈（現在のヴォージュ山脈）で崇拝されていたケルトの神。ウォセグスは「山の精霊」を擬人化したものであり、おそらく狩猟の神でもあり、ウォセグスの森に住んでいた住民の守り神であった。土着の神を表した複数の像は、ウォセグスを表現したものと思われる。これらの神像のなかのいくつかは、狼の皮を肩にかけ、片手を雄鹿の上におき、槍、狩猟用ナイフ、なた、そしてどんぐり、ナッツ類、松の実（松カサ）などの森の食べ物が入った口の開いた袋をたずさえている。他のいくつかの肖像では、厚手のガリア風マントを身につけ、子豚を小脇にかかえた姿をとる場合もある。

参考文献：Green, M. J. 1992a, 220-221.

ウォルカナリア Volcanalia

8月23日に開催されたウルカヌスの祝祭。ときには、ウルカヌスの配偶者たちと考えられていたマイアとホラの祝祭もこの日におこなわれた。オプスとニンフたちも礼拝された

が、彼女たちとウルカヌスとの関係は不明である。この祝祭についてこれ以外はほとんどなにもわかっていない。

参考文献：Scullard 1981, 178-180; York 1986, 160-163.

ウォルカヌス Volcanus

ウルカヌス神のラテン語の別名。

ウォルカヌス・クイエトゥス Volcanus Quietus（休息するウォルカヌス）

ローマの火の神ウルカヌスの1形態。火事を防ぐためにこの神の機嫌をとっていたようである。この神は火事が広がるのを防ぐ役割をになうローマの女神スタタ・マテルにむすびつけられていた。

参考文献：Hammond & Scullard（eds.）1970, 1130-1131.

ウォルティナ Volutina

穂を折り重ねたときにでる穀物の殻にかかわる女神。

ウォルトゥムヌス Vortumnus

ウェルトゥムヌス神の別名。

ウォルトゥルナリア Volturnalia

8月27日に開催されたウォルトゥルヌス神の祝祭。

ウォルトゥルヌス Volturnus

この神の起源は未詳である。ウォルトゥルヌスは、おそらくエトルリアに起源をもつ川の神、あるいは風の神であったと考えられる。この神の祭儀は、共和政晩期には衰えていったようである。ウォルトゥルヌスには専属のフラメン、フラメン・ウォルトゥルナリスがいた。水の神格ユトゥルナの父親であるとみなされたり、南東風の神エウロスであるという説もある。この神にはウォルトゥルナリアという祝祭があった。

参考文献：Scullard 1981, 181-182.

ウォルヒア

ウォルピア Volupia

ローマの愉悦の女神。ローマのロマナ門近くにこの女神に献納された祭壇をそなえた聖所（サケッルム・ウォルピアエ）があった。ここではウォルピアは秘密を守るローマの女神**アンゲロナ**にむすびつけられ、祭壇の上にはアンゲロナの彫像がひとつあった。両女神は、同一の神がもつふたつの異なる特性を表現したものといわれている。

参考文献：Richardson 1992, 433.

ウォルムナ Volumna

子ども時代をつかさどるローマの女神。この女神はおそらくエトルリアの神格に起源があったと考えられる。女神には**ウォルムヌス**とよばれる配偶神がいた。

ウォルムヌス Volumnus

ウォルムナの配偶神であるローマの神。

ウォロキウス Vorocius

マルス・ウォロキウスとして**マルス**とむすびついているケルトの治癒の神。

ウクエティス Ucuetis

ケルトの女神ベルグシアの対神であるケルトの神。アレシアのオソワ山で奉献碑文がみつかっている。

ウクセッリヌス Uxellinus

ケルトの神。ローマの神**ユピテル**と同一視されて**ユピテル・ウクセッリヌス**ともよばれた。

ウストリヌム ustrinum（複数形ustrina）

死者の**火葬場**。ローマでは、重要人物の火葬場にはしばしば記念となる標識が設置された。**フォルム・ロマヌム**にある、ユリウス・カエサルが火葬にふされた場所に祭壇がもうけられたのはその一例である。（→**ディウス・ユリウス**）

参考文献：Patterson 1992, 198, 199.

ウニ Uni

古代エトルリアの女神。ローマの女神**ユノ**にあたる。

ウラノス Uranus

ギリシアの天空の神。ローマの神**カエルス**にあたる。

ウルカヌス Vulcanus（図23）

ウォルカヌスともよばれる初期ローマの火の神で、おそらく鍛冶の神でもあった。この神はムルキベル Mulciber（金属の製錬者）の通り名でよばれることもあった。この神には専属の**フラメン**、フラメン・ウォルカナリスがいた。ウルカヌスはのちにはギリシアの神ヘパイストスと同一視されるようになった。ウルカヌスは火を吐く怪物カクスの父親であった。またこの神を守護神とするオスティ

図23 パリ出土の、ガリアのウォルカヌスを描いた祭壇。碑文にVOLCANUSの文字があるのでウォルカヌス（ウルカヌス）であることがわかる。右手に金槌、左手に「やっとこ」を持っている。

アでは重要な祭儀がとりおこなわれた。ウォルカヌスの祝祭は 5 月 23 日（**トゥビルストリウム**）と 8 月 23 日（**ウォルカナリア**）に開催された。ローマの**マルスの野**にウルカヌス神殿があり、ロムルスがささげたとされていた。（→**ウォルカヌス・クイエトゥス**）
参考文献：Hammond & Scullard (eds.) 1970, 1130-1031; Richardson 1992, 432-433; Simon 1990, 248-255; York 1986, 87-90.

ウンクシア Unxia
　結婚の神。花嫁がまちがえずに花婿の家の戸口に塗油する（正式に花婿に選ぶ）かどうかに心を配った。

英雄 heros（男）herois（女）
　実像であれ虚像であれ、超人的な生涯を送った死者（男女とも）に対する崇拝は、ギリシア世界でありふれたことであったが、ローマ宗教ではそれほど広まらなかった。ローマ人に神として崇拝されたギリシアの英雄は多少はいたが（たとえば**ヘラクレス**）、彼らはしばしばローマのパンテオン（万神殿）の他の神々と同一視された。
参考文献：Hammond & Scullard (eds.) 1970, 505-506.

エイレイテュイア Eileithyia
　ギリシアの出産の女神。しばしばその複数形（エイレイテュイアイ Eileithyiae）で表される。ローマの女神**ルキナ**と同一視される。

エウアンドロス Euandros
（ラテン語でエウアンデル Euander）
　ギリシアの神パンに関係のあるギリシアの神。この 2 神はもともとギリシアのアルカディア［ペロポネソス半島中央部の高原地帯］で崇拝されていた。ローマの最初の定住者とされるエウアンドロスは、ローマの神**ファウヌス**（パンと同一視される）崇拝と関連がある。伝承によればエウアンドロスはパッランティウム Pallantium（またはパッランテウム Pallanteum）とよばれる定住地を

ローマのパラティウム丘に創設した。彼の母はローマでは女神**カルメンタ**として崇拝されたが、古代の著述家は彼の母をテミス、ニコストラテ、テュブルティスなどさまざまな名でよぶ。アルカディアを去り、ローマに定住した理由もまたいろいろ取り沙汰されるが、父または母を殺したため、ともいわれる。パラティウム丘に定住したとき、彼はファウヌスに歓迎された。エウアンドロスは善政をしき、文字、音楽をふくむさまざまな技術や学芸を教え、**ケレス、ネプトゥヌス、パン**崇拝をもたらしたと考えられた。**アラ・マクシマ**での**ヘルクレス**崇拝を確立したともいわれる。ローマのアウェンティヌス丘の麓、トリゲミナ門の近くにはエウアンドロスにささげられた祭壇があり、毎年供犠がおこなわれた。
参考文献：Grimal 1986, 161; Hammond & Scullard (eds.) 1970, 425-426.

エウォカティオ evocatio（招神）
　ローマの支配下となった地域の神々のローマへの移動をいう。町あるいは地域が征服されると、その地の神々も征服されたとみなされた。それは神々がローマではさらに良い待遇を受けることを約束する招神（エウォカティオ）というかたちをとった。またエウォカティオによって神々（とくにその町の守護神）が町を去るよう説得されると、その町は征服されたと考えられた。**ユノ・レギナ**がエウォカティオによってイタリアのウェイイから去ったことをリウィウスが記録している。
参考文献：Hammond & Scullard (eds.) 1970, 426.

エウセビオス Eusebius
　カエサレアのエウセビオス。260 年から 340 年頃の初期キリスト教徒の著述家、神学者。パレスティナ生まれ。ディオクレティアヌス帝のキリスト教徒迫害をのがれ、314 年頃カエサレア［パレスティナの港町。前 1 世紀末ヘロデ大王が建設。現在イスラエルのキサルヤ］の司教に指名された。46 巻のキリスト教神学の著書（ギリシア語）があり、そ

のうち15巻が現存、他の作品も断片および翻訳が残っている。現存する彼の作品のうち、キリスト教会のその始まりから4世紀初頭までの発展を記述した『教会史』(*Historia ecclesiastica*) によって、彼は「教会史の父」といわれた。『教会史』は10巻からなり、東方におけるキリスト教会の、最初期から324年までの発展の貴重な資料となっている。ほかの作品のなかにはディオクレティアヌス帝によるキリスト教徒迫害の目撃証言である『パレスティナの殉教者』(*De Martyibus Palestinae*) がある。

参考文献：Hammond & Scullard (eds.) 1970, 423-424.

エウメニデス Eumenides

文字どおりにいえば「親切な者たち」。ローマ人には**フリアエ**（復讐の女神たち）として知られるギリシアの精霊たちである**エリニュエス**を婉曲的に表した名称。

エクイッリア Equirria

マルスに敬意を表して2月27日におこなわれた競馬大会。ロムルスが創設したといわれる。ローマの**マルスの野**、あるいはそこが浸水している場合は、カエリウス丘の麓のカンプス・マルティアリスとよばれた場所でおこなわれた。3月14日におこなわれた同じような祭りは**マムラリア**とよばれたようであるが、祭りは通常その月の奇数日におこなわれた（→**フェリアエ**）。エクイッリアで戦車競技がおこなわれたかどうかははっきりしない。

参考文献：Scullard 1981, 82, 89.

エクサウグラティオ exauguratio

ある特定の場所の神（既知か未知かにかかわらず）の機嫌が、新参の神の導入によってそこなわれないことを確実にするため卜鳥官（アウグル）がおこなう儀礼。ある聖所に祀られた神が、いずれか別の、同等あるいは上等の聖所を約束されて移動することにともなって起きる、聖所の脱聖化もふくまれる。

エウォカティオとは異なる。

エクスティスピキウム extispicium（図24）

犠牲獣の内臓（エクスタ exta、とくに肝臓）が示すしるしが意味するところを解釈することをいう。**ディウィナティオ**（占い）の一形態。ローマの内外でおこなわれた公の供犠で、卜腸官（**ハルスペクス**）によっておこなわれた。肝臓と胆嚢の色、斑紋、形によって解釈されたが、肝臓の模型が卜腸官の訓練に使われた証拠がある。1877年、肝臓と胆嚢の青銅製模型がイタリアのピアチェンツァで発見された。それは、刻線で天空のそれぞれの部分に適合する区画に分けられ、それぞれの区画に、そこを支配する神の名称がエトルリア語でしるされていた。

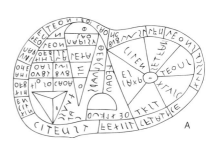

図24　イタリア、ピアチェンツァで発見された羊の肝臓の青銅製模型。A＝平面図、B＝縮小斜め投影図。前3世紀のエトルリア製。犠牲獣の新鮮な肝臓を観察して善悪の予兆をみきわめる卜腸官で、卜腸官の参考とされた。エトルリア語で神名が刻印されているが、その42の区画はおそらく天空の神の領域と関係があるのだろう。

参考文献：North 1990.

エクセクラティオ ex(s)ecratio
（複数形 ex-(s)ecrationis）
　呪いの言葉をとなえること。呪文を刻んだ板（一般によく知られているデフィクシオ）のことをいうこともある。

エゲリア Egeria
　ローマの水の女神または水のニンフ。伝承によれば、王政ローマ第2代の王ヌマ・ポンピリウスの配偶者にして助言者。宗教儀式、呪文、祈りの言葉をさだめ、ヌマ・ポンピリウスはそれにしたがった。ヌマが死去すると、絶望のあまり嘆き悲しんで泉となった。イタリアのアリキアに近いネミの森（ディアナ・ネモレンシスの聖地）で、ローマの神ディアナとウィルビウスとともに崇拝された。またローマのカペナ門の外にある小森で、カメナエとして知られる、もともとは水のニンフと思われるローマの女神たちとともに崇拝され、妊婦は安産を願ってエゲリアに犠牲をささげた。
参考文献：Grimal 1986, 144; Hammond & Scullard (eds.) 1970, 373.

エシュモウン Eshmoun（または Eshmun）
　フェニキアの「健康」の神。もとは植物の生長と、再生の神であり、やがてギリシアの神アスクレピオス（ラテン語名はアエスクラピウス）と同一視されるようになった。とくにレバノンのシドン（現在のサイダ）で崇拝された。

エスス Esus（主、王）
　前1世紀の出来事についてしるしている、1世紀のローマの詩人ルカヌスの著作から知られるケルトの神（『ファルサリア』Pharsalia〈副題「内乱」〉第1巻444-446行）。エススはフランスのパリと、ドイツのトリーアで発見されたふたつの碑文からも知られる。ルカヌスによれば、エススは人間の犠牲を求める。柳の木ととくに関係が深く、木を伐ったり刈

りこんだりする木こりとして表される。パリの、「Esus」の文字が刻まれた石碑の別の面には「Tarvostrigaranus」（タルウォストリガラヌス）という表現がみられる。後世（おそらく9世紀、スイスのベルンで）加えられた『ファルサリア』の注解では、エススはマルスとメルクリウスに等しい神としてあつかわれている。エススについてはそれほど知られていないし、この神をケルトの重要な神とするルカヌスの推論も考古学上の証拠はない。（→タルウォストリガラヌス）
参考文献：Green, M. J. 1992a, 93-94.

エドウィウス Edovius
　スペイン北西部のカルダス・デ・レージェスで発見された碑文からわかったイベリアの神。この碑文はある浴場の壁のなかから発見されたので、温泉に関係のある神と思われる。
参考文献：Tranoy 1981, 289.

エドゥサ Edusa
　食事中の子どもを見守るローマの女神。
参考文献：Ferguson 1988a, 853.

エニュオ Enyo
　ローマの女神ベッロナと同一視されるギリシアの戦いの女神。

エピクロス主義
　前300年頃活躍した、アテナイ人のエピクロスによって体系化された哲学。ルクレティウス［前94頃-前51/50。ローマの詩人、エピクロス派哲学者。その生涯については不詳で、『物の本性について』（De rerum natura）が残存］の著作からこの哲学について多くのことがわかる。エピクロスは、神々は不死の楽園に存在するが、死せるものに対して褒美をあたえることも罰することもしない、と考えた。霊魂は死すべきものであり、善は達成され、悪にはたえうるとした。神々に対して畏れることはなにもなく、死を悩むこともない。彼の哲学が期するところは、幸せな生涯を確保することであり、それゆえ道徳的要素

がたいへん重要であった。エピクロス主義者
の共同体は大きく成長し、彼らは都市での雑
事から離れて魂の平静を求める、きわめて質
素な生活を送った。それゆえこの哲学が信奉
者にあたえた影響は、なんらかの宗教的崇拝
があたえる影響と同じといってよかった。キ
リスト教の高まりにつれて、エピクロス主義
者は無神論者として糾弾された。彼らはすす
んで唯一神の存在を受け入れようとしたが、
神が人間の営為に介入するとは考えなかった
し、**死後の世界を信じてもいなかったのであ
る**。

参考文献：Ferguson 1970, 190-193;
Hammond & Scullard (eds.) 1970, 390-392
(under Epicurus).

エピダウロスのアスクレピエイオン

　アスクレピオス（ラテン語で**アエスクラピ
ウス**）崇拝においてもっとも有名なギリシア
の治癒の中心地。ここをもととして、規模の
より小さい神殿が、たとえばアテナイに（前
420）、そしてローマに（前292）建てられた。
新しいアスクレピオス神殿が建てられるたび、
それぞれにエピダウロスの神殿から聖なる蛇
（アスクレピオス神の象徴）がもたらされた。
巡礼者はエピダウロスの町から、13キロメー
トルの聖道をたどってアスクレピエイオンに
近づいた。建設作業の多くはローマ時代にお
こなわれたのだが、そこにはおびただしい祭
儀用の建物、神殿、競技場、体育場、劇場、
宿泊所があった。150年、パウサニアス［『ギ
リシア案内記』（*Periēgēsis tēs Hellaados*）
の著者］がエピダウロスの聖地をおとずれ、
多くの事例史を刻んで奉納された6本の柱に
ついて記録している。うち4本が発掘された
が（うち2本はほぼ無傷）、さまざまな驚く
べき治療法がそこにしるされている。

参考文献：Hammond & Scullard (eds.) 1970,
392; Jackson 1988, 143-150.

エプルム・イオウィス epulum Iovis

　ユピテル・オプティムス・マクシムスの祝
祭の犠牲式のあと、元老院議員たちのために
開かれた祝宴。**エプロネス**によって組織され
た。ひとつは9月13日、**ルディ・ロマニ**の
終わりに開かれ、もうひとつは11月13日、
ルディ・プレベイイの一部としておこなわれ
た。高官、元老院議員が出席し、祝宴はおそ
らく若い未経産の白い雌牛の供犠で始まり、
儀式用の菓子（チラ・サルサ）が供された。
エプルム・イオウィスは**ユノ**と**ミネルウァ**を
祝しておこなわれた可能性もある。

参考文献：Scullard 1981, 186-187, 197.

エプロネス epulones（聖餐神官）

　ポンティフェクスたちから引き継いで、宗
教的祭礼を組織した貴族（パトリキ）と平民
（プレブス）からなる男性神官の集団。前
196年に定められた。はじめは3人の神官
（トレスウィリ・エプロネス tresviri
epulones）だったが、おそらくスッラの時代
に7人にふえた。ユリウス・カエサルのもと
では10人になったが、ただし名称はセプテ
ムウィリ・エプロネス（7人の神官
septemviri epulones）のままであった。彼
らはほかの祭りや競技会のさいの公の祝宴と
同じように、エプルム・イオウィス（**ユピテ
ル**の公の祝宴）を組織した。彼らは通常終身
制で、任命によったが、前104年以降は人民
の選挙で選ばれることもあった。

参考文献：Beard & Nash (eds.) 1990; Porte
1989, 127-130; Scullard 1981, 186-187.

エペソスのアントニヌス祭壇

　トルコのエペソスで発掘されたみごとな彫
刻がほどこされた巨大な記念祭壇。断片から
なる不完全な状態で出土した。祭壇の前には
巨大な囲い壁が存在し、その外側を飾る浮彫
にはルキウス・ウェルス帝の生涯が描かれて
いた。169年に没したこの皇帝は、マルク
ス・アウレリウス帝と共同で統治をおこなっ
た。浮彫には、ルキウス・ウェルスがアント
ニヌス・ピウス帝の養子となった光景や、家
族全員が集合した様子、またルキウス・ウェ
ルスがおこなった対パルティア戦争の様子が
活写されている。祭壇への入口の片側には、

神格化されたルキウス・ウェルスの姿、反対
側にはアルテミスが描かれている。
参考文献：Price 1984, 158-159.

エポナ Epona
　ケルトの馬の女神。この名前は大陸ケルト
語の馬［ech, epo］に由来する。東ガリアと
ゲルマニア辺境地帯でその崇拝はさかんで
あった。ブリタンニア、ダルマティア、北ア
フリカそしてローマでも崇拝された。ローマ
では12月18日にエポナ祭がおこなわれたが、
それはローマでおこなわれたガリアの神のた
めの唯一の祭礼であった。フランス、ブル
ゴーニュのアントラン（ニエーブル県）にこ
の女神の聖所があった。つねに馬上の姿で、
あるいは馬とともに描かれた。穀物でいっぱ
いのパテラ、麦の穂、果物の籠、犬、鍵など
とともに描かれることもある。マッパ（競馬
で、発走の合図に振られる布）を持つ姿もあ
る。ローマ世界のいたるところで馬は輸送に
きわめて重要であった。またそれほどではな
いとしても、なんらかの機械仕掛けを動かす
原動力でもあった。このことは、広範囲に広
がったエポナ崇拝の篤さにも反映している。
馬との関連を別にして、この女神の象徴は、
水との関連を示唆し、またエポナが豊穣、癒
し、死と再生などの生活の局面をつかさどっ
ていたことを示す。エポナはケルトの母神た
ちにもむすびつけられ、母神がしばしば三神
一組で表される。ゲルマニアのアンゴンダン
ジュ［現在はフランス、モーゼル県］では、
そのうちの１柱として描かれている。
参考文献：Deyts 1992, 51-57; Green, M. J.
1984, 145-146; Green, M. J. 1992a, 90-92;
Green, M. J. 1992b, 204-207.

エラガバルス Elagabalus
　ローマ皇帝。在位218-222年。エメサ生ま
れのシリア人。彼がその祭司長をつとめたシ
リア、フェニキアの太陽神エメサのソル・イ
ンウィクトゥス・エル・ガバルにちなんでこ
の名を称した（→エル・ガバル、ソル・イン
ウィクトゥス）。皇帝に在位しているあいだ、

彼は宗教上の責務にほぼ完全に心を奪われて
いた。この太陽神をローマの主神とした。
参考文献：Halsberghe 1972.

エリニュエス Erinyes
　家族や一族のあいだでなされた悪事、とく
に殺人の加害者に対して復讐するギリシアの
精霊たち。神々への罪を犯した者にも報復す
る。ローマ人にはフリアエとして知られた。

エル・ガバル El Gabal （またはエラガバル
Elagabal、ソル・インウィクトゥス・エル・
ガバル Sol Invictus El Gabal）
　シリアの太陽神。その崇拝はローマで、エ
ラガバルス帝によってさかんに奨励された。
（→ソル・インウィクトゥス）

エレウシスの秘儀
　ギリシアの秘教。崇拝者は秘儀のすべての
段階に参加し終える前に奥義を伝授された。
入信式はアテナイのアクロポリスの下にある
神殿エレウシニオンでおこなわれた。アテナ
イのエレウシニオンからエレウシスまでの行
進のあと、エレウシスの入信式場または秘儀
式場（テレステリオン telesterion）で祭司が
入信者に聖具を示し、秘儀がとりおこなわれ
た。儀式および聖具のほとんどが宗教上の秘
密とされ、実際のところそれらについてはな
にもわからない。一般的にはペルセポネとデ
メテルの神話に関係があり、死と再生にかか
わるものであったとされる。帝国時代、ロー
マではたいへん人気があり、幾人かの皇帝
（とくに注目すべきはマルクス・アウレリウ
スとコンモドゥス）が入信した。ネロ帝が秘
儀の伝授を拒否されたことは注目に値する。
ローマ時代、エレウシスには多くの建造物が
建てられたが、395年以降聖地は消滅した。
参考文献：Ferguson 1970, 99-101.

エレルヌス Elernus
　あまりよく知られていないローマの神。そ
の名称は不確実である。（→ヘレルヌス）

エロス

ギリシアの愛と豊穣の神。ローマの神**クピド**と同一視された。

エンタラブス Entarabus

現在のベルギーのバストーニュの近くで発見された碑文から知られたケルトの神。おそらく**インタラブス**と同一の神であろう。
参考文献：Wightman 1970, 126.

エンドウェッリクス Endovellicus

スペインとポルトガル南部で崇拝されたイベリアの神。多くの献納品が、この神は治癒の神であったことを示唆している。しかし名称の意味は「漆黒」で、**地下世界**の神であったと思われる。それぞれの場所で、おそらく両方の役割を発揮したということは十分ありうる。
参考文献：Curchin 1991, 157; Keay 1988, 161.

エンドテルキスス endotercisus

朝と夕は**ネファストゥス**（政治的活動、司法執務が許されない）、そのあいだの昼間は**ファストゥス**（政治的活動、司法執務が許される）とされる1日のこと。暦には、その日はENとしるされた。（→**暦**）

エンパンダ Empanda

古代の著述家に言及されているローマの女神だが、この女神についてはなにもわからない。

オウィディウス Ovidius

ププリウス・オウィディウス・ナゾ、前43–後17/18。ローマ年にかんする詩人特有の暦『祭暦』*Fasti*［エレゲイア詩。ローマの祭礼の縁起を説き、伝説を集成したもの］すなわち宗教的祭事の**暦**についての注釈を書いたローマの詩人。これは最初の6巻（1月–6月）のみ残存し、ローマの宗教にとっては重要な情報源である。おそらく彼以前にウェリウス・フラックスが散文体で書いた注釈書を土台にしたものであろう。オウィディ

ウスは、愛の詩［『愛の技術』『変身物語』］などの詩篇でさらによく知られている。［アウグストゥス帝に追放され、黒海沿岸の町トミス（現在のコンスタンツァ）で客死。］
参考文献：Hammond & Scullard (eds.) 1970, 764.

狼 *Canis lupus*

ローマ時代には、ごくありふれた肉食獣で、**マルス**神に献じられた。

オカエラ Ocaera

ポルトガル北部、ブラガの北東サン・ホアオ・ド・カンポで発見されたある祭壇に刻みこまれていた碑文から知られることとなったイベリアの神性。
参考文献：Tranoy 1981, 277.

オグミオス Ogmios

2世紀にガリアを旅したギリシアの著述家ルキアノスが述べているケルトの神。彼はガリア・ナルボネンシスでオグミオスの祭儀に遭遇した。見たところオグミオスは日焼けした禿げ頭の老人として表されており、その背後には一団の人びとがいて彼らの耳とオグミオスの舌が細い1本の金の鎖でつながっている形で表現されていた。これによりこの神が能弁をつかさどる神であったことを象徴しているとみなされている。オグミオスはその外見にもかかわらず**ヘルクレス**と同一視されているが、ケルト人たちのあいだではヘルクレスの強さは能弁とむすびつけられていることをルキアノスは聞かされたという。オグミオスについてはまたオーストリアのブレゲンツで発見された2枚の呪詛の鉛板からも知られている。
参考文献：Green, M. J. 1992a, 165.

オケアノス Oceanus（図25）

海洋（陸地のまわりを取りかこんでいる大きな河とみなされていた）をつかさどるギリシアの神で、ローマ人にも崇拝されていた。この神の姉妹であり配偶神でもある**テテュス**

図25 大理石の円盤。直径1.52メートル。そもそもこれはローマで排水口の蓋として作られたものであるが、その表面にオケアノスが浮彫された。これが中世の教会（サンタ・マリア・イン・コスメディン）の壁にうめこまれ、現在では「真実の口」Bocca della Veritaとして知られている。

はギリシアの海の女神であり、ローマ人にも崇拝された。
参考文献：Hammond & Scullard (eds.) 1970, 744.

オケロス Ocelos

オケルスという名でも知られるケルトの神。イギリスで発見された3つの碑文に記録されている。その碑文のうちふたつはウエールズ南部のカイルウェントからであり、そのひとつのなかでオケロスは、「神マルス・レヌスあるいはオケロス・ウェッラウヌス」への献詞のなかでケルトの神ウェッラウヌスと重ねあわされている。イギリスのカーライルから発見された碑文にある第3の献詞では、この神はマルス・オケロスとして勧請されている。
参考文献：Green M. J. 1992a, 164, Ross 1974, 471–472.

オシリス Osiris

ローマ以前のエジプトの宗教では、オシリスは新しい生命をえて地下世界を治めている死せるファラオを象徴し、彼は地下世界の神で豊穣とも関連していた。ヘロドトスはオシリスをギリシアの神ディオニュソスと重ねあわせていた。エジプト人たちは男性と聖なる動物たちは新しい生命をえてオシリスになる（オシリスと同一視される）と信じていた。セラピスはオシリスと聖なる雄牛アピスとの合体であり、この神はヘレニズム時代およびローマ時代にはますます広範囲にゆきわたった。ヘレニズム時代以降、オシリスは他のエジプト神、すなわちセラピス、イシス、アヌビス、ハルポクラテスとともに崇拝されていた。これらの神々のまわりにはイシスを中心に手のこんだ秘儀が作り上げられていたようである。またオシリスは悪魔神セイトに殺害され寸断されたがイシスが彼を復活させたと考えられた。一方、ローマ時代のエジプトではオシリスは、まずもって地下世界の神として変わることなく存続した。
参考文献：Hammond & Scullard (eds.) 1970, 760.

オシリスアンティノウス Osirisantinous

アンティノウスを追悼してハドリアヌス帝がエジプトに建設した新都市、アンティノポリスの守護をつかさどる神。オシリスアンティノウスとはアンティノウスをオシリスと同等としたものである。

オッカトル Occator

ケレスの祭司によって勧請されていたと前3世紀後期にファビウス・ピクトルが語っている農地開拓をつかさどるローマの神。
参考文献：Ferguson 1988a, 853: York 1986, 60.

オックポ Occupo

ご都合主義をつかさどるローマの神。

オッロウディウス Olloudius

ブリタンニアとガリアで崇拝されたケルトの神。豊穣、豊富、治癒、平和の維持をつかさどる神。ときには軍事の神マルスと同一視されることもあった。（→マルス・オッロウディウス）
参考文献：Green, M. J. 1992a, 166.

オバラトル Obarator

野を耕すことをつかさどるローマの神。この神については前3世紀末にケレスの祭司によって勧請されていたことがあるとファビウス・ピクトルが語っている。
参考文献：Ferguson 1988a, 853: York 1986, 60.

オパリア Opalia

12月19日におこなわれる**オプス**の2番目に大きな祭事。**サトゥルヌス**の祭事といくつかの共通点がみられる。
参考文献：Hammond & Scullard (eds.) 1970, 753.

オピコンシウィア Opiconsivia

8月25日におこなわれる**オプス**の祭事。これもまた神**コンスス**となんらかのつながりがあるように思われる。
参考文献：Hammond & Scullard (eds.) 1970, 753.

オプス Ops （図26）

コンシウァ（「種蒔きをする者」あるいは「植え付ける者」）そしてオピフェラ Opifera「助けを運ぶ者」という称号をもつ潤沢をつかさどるローマの女神。一般的にこの女神はローマの神**サトゥルヌス**とむすびつけられていた。サトゥルヌスはギリシアの神**クロノス**と重ねあわされ、オプスはクロノスの配偶神の大女神レアと重ねあわされていたからである。女神**ユノ**はユノ・オピゲナとしてオプスとつながっていた。ローマではオプス・コンシウァに奉献された小さな聖所がレギア（王宮）にあり、その後ローマの**カピトリウム丘**

図26 オプスの肖像は、アントニヌス・ピウス帝とペルティナクスのコインによってのみ知ることができる。このペルティナクスのコインではオプスは玉座に坐り麦の穂を手にしている姿で表現されている。その銘には OPI DIVIN TR P COS II SC（神聖なるオプスに、護民官の権限をもって、ペルティナクスの第2次執政官時に、元老院の命により）とある。

に神殿が奉献された（図31G）。オプスはもともとサビニ人の女神であったと考えられた。オプスの祭は8月25日（**オプコンシウィア**祭）と12月19日（**オパリア**祭）におこなわれ、8月23日の**ウォルカナリア**祭の日に礼拝された。
参考文献：Grimal 1986, 328; Hammond & Scullard (eds.) 1970, 753; Richardson 1992, 277.

オブセクエンス Obsequens

ユリウス・オブセクエンス。おそらく4世紀頃、彼は前249年から前12年までの期間に起きた怪異な現象についての一覧表『驚異の書』（*Liber Prodigiorum*）［超常現象、日食や流星などについての］を編集した。それはやがて怪異な現象にかんする重要な情報源となった。そのうち前190-前12年の一覧表は残存している。キリスト教が勢力を増大しつつあった時代において、この書は後期ローマにおける多神教（異教）の祭式を正当化するための代弁者的存在であった可能性がある。

参考文献：Hammond & Scullard（eds.）1970, 744; MacBain 1987, 7-24.

オリエントの宗教

　東方の属州を起源とする宗教の信仰で、おもに個人を対象に直接人びとの心に働きかけたことにより、ローマおよびイタリアでは共和政後期までには、相当数の信者をえた。このオリエントの宗教は、特殊な信条やおこないについての掟を個人に求めず、また個人の啓蒙、幸せ、あるいは死後の生活を約束するものでもなかった他の信仰とは対照的であった。ローマの信仰のほとんどは、信者たちに神々の恩恵を授けるのに対して、オリエントの信仰はそれ以上のものを多く提供した。数多くの宗教は**秘教**と考えられその多くは純粋に個人的な崇拝として始まった。とくに西方では、オリエントの信仰は最初のうちは解放奴隷たちによって信奉されたが、そのうちの多くの信仰は豊かになり、帝国内の自治都市の宗教生活のなかに吸収されていったことを裏づける証拠が残っている。吸収されていったオリエントの信仰には、**アッティス、マグナ・マテル（キュベレ）、イシス、セラピス、ミスラ**がふくまれている。

　ローマ帝国が拡大するにつれオリエントの信仰も大きな力をもって増大していった。しかしローマ人たちは、このような信仰に加入したのちもこれらの宗教とそれまで信奉してきた宗教のあいだには矛盾がないことを知り、国家本来の宗教を見捨てることはなかった。しかしオリエントの宗教のうち２宗教だけにかんしては状況が異なっていた。**キリスト教**と**ユダヤ教**である。のちにキリスト教は後継の皇帝たちによってもっとも有力な地位をうることとなるが、一方これらの２宗教はけっして多神教（異教）つまりローマの宗教に吸収されることはなかった。キリスト教およびユダヤ教は改宗者たちに他のすべての宗教とのかかわりを絶つことを強要したのである。このことがやがてローマ時代後期になると国家との対立を招く主な原因となった。ユダヤ教徒およびキリスト教徒は**皇帝崇拝**の祭儀に

供犠をすることはなく、国家に対する背信行為として非難された。

参考文献：Garsia Y Bellido 1967（cults in Spain）; Tacheva-Hitovan1983（cults in Moesia Inferior and Thrace）.

オリンポスの神々

　ローマの主要な神々は、しばしばひとかたまりで考えられた。そのなかでも、もっともよく知られているのはオリンポスの神々である。その神々とは**ユピテル（ゼウス）、ユノ（ヘラ）、マルス（アレス）、ウェヌス（アプロディテ）、アポロ（アポロン）、ディアナ（アルテミス）、ケレス（デメテル）、バッコス（ディオニュソス）、メルクリウス（ヘルメス）、ネプテュヌス（ポセイドン）、ミネルウァ（アテナ）、ウルカヌス（ヘパイストス）**である。これらの神々はギリシアのオリュンポスの12神（括弧内）と酷似している。

オルギア orgia

　バッコスに関連する独特な秘儀または神秘に包まれた夜の騒宴。

オルクス Orcus

　死と**地下世界**をつかさどるローマの神。ローマの神ディスと重ねあわされるようになった。エトルリアの墓では毛深く顎髭のある巨人の姿で描かれている。ローマのパラティヌス丘［現在のパラティウム丘。ローマ７つの丘の中心をなす丘で、ローマ皇帝が最初に宮殿を築いた地］にはオルクスの神殿址と思われるものが残存する。

参考文献：Grimal 1986, 328; Richardson 1992, 277-278.

オルペウス Orpheus

　神話上のトラキア出身のギリシア人の詩人であり英雄（半神）。ギリシアの神ディオニュソスの秘儀につながる神秘宗教であるオルペウス教の創始者（→**オルペウス教**）。伝説によればオルペウスは、ホメロス以前のギリシアの詩人であり優れた竪琴奏者でもあっ

オルヘウス

たという。彼は、自分の妻エウリュディケを とりもどそうとして**地下世界**にくだった。彼 女をともなって地下世界を去るにあたって**ペ ルセポネ**（地下世界のギリシア女神）に、う しろをふり返ってはならないという条件を課 されたが、それにしたがわなかったためエウ リュディケを永遠に失うこととなった。別の 神話では彼がどのようにしてトラキアの女た ち、あるいは**マイナデス**（ディオニュソスの 女信者）たちによって八つ裂きにされたのか について語っている。彼の神話体系は混成さ れたものであり多様であるが、これらすべて の神話に共通する主題は彼の死からの復帰で ある。オルペウスは芸術家たちのあいだで人 気のある主題となり、音楽をかなで動物たち をあやつる姿で描かれた。

参考文献：Hammond & Scullard（eds.）1970, 758.

オルペウス教

オルペウスと関連するギリシアの秘教。前 6世紀、あるいはおそらくそれ以前からオル ペウスに関連する神秘的宗派についての複数 の指摘がある。しかしオルペウス教とよぶこ とのできる統合された宗教がかつて存在した か否かは疑わしい。これはギリシアでは創始 者を有する初めての宗教であり、南部イタリ アまで伝播した。ギリシアで発見された前4 世紀後期に著された古代の書物『デルウェ ニ・パピュルス』（*Derveni papyrus*）は、オ ルペウスの宗教詩にかんする注釈を伝えてい る。それは、人間の本質の善悪が**ディオニュ ソス・ザグレウス**の神話（死と復活、悪魔に よる罰もふくむ）によって説明されていると いうことを指摘している。人びとは、ディオ ニュソス・ザグレウスの死の罪を負う者であ るとされ、死したるのち、より高い次元の存 在をうる前に**ペルセポネ**に対してその料を 払わなければならないとみなされた。このギ リシア神話は主要な教義として、人びとが死 後**地下世界**において受ける罰を定めている。 オルペウスの宗教はまた死後の輪廻説を認め ていた。オルペウスの教義によってあきらか

にされているように3度にわたる高潔な生涯 ののちは、それぞれの人びとは祝福された島 に永遠に住めると信じられていた。肉体は悪 であり、魂は人間の神聖な部分であるとみな された。動物殺傷および肉食への禁欲は、オ ルペウス教の特徴のひとつであった。ギリシ アにおけるいく人かのオルペウス信奉者たち の気高い倫理的気風と禁欲的な行動もやがて 腐敗し、人びとのあざ笑うものとなった。そ こでこの宗教は衰退したかのようにみえたが 帝政時代には復活した。

オルペウス教のある部分は死後の生活への 信仰のようにみられ、イギリスで発見された ローマ時代のモザイクのいくつかにみられる 楽の音で動物を手なずけるオルペウスの肖像 画は、救済の希望をもたせる象徴として作ら れたものであると解釈されてきた。詩やロー マのモザイクの主題としてしばしばもちいら れてきた伝説についての見解や変化の度合は 個々さまざまである。

参考文献：Black, 1986, 150-157（hope of salvation symbolized in Romano-British mosaics）; Hammond & Scullard（eds.）1970, 759-760.

オルボナ Orbona

死亡した子どもたち、あるいは死の危険に さらされた子どもたちの両親が加護を求めて 崇拝したローマの女神。凶の特性をもった女 神で、女神フェブリスやフォルトゥナ・マラ と関連があった。ローマのサクラ・ウィア （聖道）の終着点にオルボナに献上された聖 所あるいは祭壇があったように思われる。

参考文献：Richardson 1992, 277-278.

オロシウス Orosius

パウルス・オロシウス、380頃-420頃、キ リスト教徒の歴史家。おそらくヒスパニアの ブラカラ・アウグスタ出身と思われる。414 年、彼の母国へのヴァンダル族の侵入にとも ない、聖**アウグスティヌス**とともに北アフリ カに避難。417年『異教徒に抗する歴史』 （*Historiae adversum Paganos*）計7巻を著 した。それはひとりのキリスト教徒の視線で

書かれた、彼自身が生きた時代までの世界の歴史である。中世にはこれが古代世界にかんする歴史の規範となった。

参考文献：Hammond & Scullard（eds.）1970, 758.

雄鶏（ラテン語でガッルス gallus）

　メルクリウスと関係が深い鳥。しばしば芸術作品にメルクリウスとともに描かれる。なぜ雄鶏が重要視されたのかははっきりしないが、鶏は一日の始まりや農作業の季節（春）など、「始まり」を象徴する鳥であったからだと思われる。メルクリウスは神々のお触れ役であり、鶏も一日の始まりを告げる役だったため、鶏はメルクリウスと関係が深いとされたのかもしれない。また、雄鶏は、ケルトの神々とも関係が深かった。

参考文献：Green, M. J. 1992a, 62-63.

オンパロス Omphalos

　ギリシアのデルポイに卵を半分にした形の石があり、それはピュート（ギリシア神話でアポロン（→アポロ）の敵である怪物すなわち竜）の墓石、あるいはこの怪物の卵とみなされていたが、それはまた世界の臍ともみなされた。後世の神話のなかでの混乱からピュトがアポロンの協力者すなわち（敵ではなく）従者とされ、デルポイの神託をおこなうアポロンの巫女（ピュティア）の名前であろうという説明がされることとなった。このオンパロスはその後、しばしば崇拝の対象物としてとくに石で複製品がつくられたし、また境界石やしるしとしてももちいられた。

参考文献：Hammond & Scullard（eds.）1970, 752; Kereny 1951, 135-137.

カ行

カイウァ Caiva
　ケルトの女神。ドイツのペルムで発見された碑文により知られる。碑文の日付は、124年10月5日で、この女神のためにマルクス・ウィクトリウス・ポッレンティウスが神殿を献納、10万セステルスを神殿管理のために寄付したことがしるされている。カイウァは母神であったと思われる。
参考文献：Cüppers (ed.) 1990, 520; Elbe 1975, 416.

凱旋式 triumphus
　遠征から勝利して帰還した王、将軍によっておこなわれる行進。政治的、宗教的威儀の両面をもっていた。そもそもの目的は将軍とその兵士のけがれをはらい、戦利品を**ユピテル・オプティムス・マクシムス**神殿に奉納することであったと思われる。ローマでの行進は、**マルスの野**を出発してパラティウム丘をめぐり、**サクラ・ウィア**（聖道）を進んで**カピトリウム丘**で終わった。
参考文献：Scullard 1981, 213-218; Versnel 1970.

カウテス Cautes（図27）
　ミスラ教でよく表現される松明持ちのひとり。ペルシア風の衣装を身にまとい、松明を上向きに持った姿で表現されている。この松明の持ち方は、昼あるいは明るさを暗示している。

カウトパテス Cautopates
　ミスラ教でよく表現される松明持ちのひとり。ペルシア風の衣装を身にまとい松明を下方に向けて持っている姿で表現されている。この松明の持ち方は、夜あるいは暗闇を暗示している。

図27　カウテスを表した方形の浮彫。ローマのエスクイリヌス丘で発見された。ひざまずき、プリュギア帽をかぶり、左手に松明を、右手にナイフを持っている。高さ27センチメートル。

カエサレウム Caesareum（複数形 Caesarea、ギリシア語でカイサレイオン Kaisareion）
　もともとは、ユリウス・カエサルを祀るために奉献された最高権威の聖域。西方地域よりも東方地域により多くのカエサレウムがあった。
参考文献：Price 1984, 134.

カエルス Caelus
　「空」を擬人化した神。ラテン語で空のことをカエルム caelum という。カエルスは、ギリシアの神ウラノスと同等とみなされていた。しかし、ローマの宗教におけるカエルスより、ギリシアの宗教と神話におけるウラノスが果たす役割の方がはるかに大きい。
参考文献：Grimal 1986, 83-84.

カカ Caca
　ローマの女神。**カクス**と兄妹であり、おそらく火をつかさどる女神であった。ローマ神話では、カカは兄カクスを裏切り、カクスが盗んだ牛の隠し場所を**ヘルクレス**に教えたと

されている。その見返りに、カカのために聖所が建てられ、不滅の火がたかれるようになった。カカを祀る聖所では、**ウェスタの聖女たち**が仕えていた。
参考文献：Grimal 1986, 81; Hammond & Scullard (eds.) 1970, 186; Richardson 1992, 61.

カクス Cacus

ローマの神。**カカ**と兄妹であり、おそらく火をつかさどる神であった。ウェルギリウスによると、カクスは、ローマのパラティウム丘に住む恐ろしい火を吐く化け物であり、ウルカヌスの息子であり、丘の周辺に住む人びとを恐怖におとしいれていた。ある日、カクスはヘルクレスから牛を盗みだす。妹のカカがカクスを裏切り、ヘルクレスはカクスを殺害する。カカとカクスは本来火の神であったと考えられている。しかし、この神話のほとんどは、ウェルギリウスによる創作であるという。カクスは本来エトルリア神話に登場する神で、その神話によりカクスは、パラティウム丘に住む占い師であったと考える学者もいる。
参考文献：Grimal 1986, 81-82; Hammond & Scullard (eds.) 1970, 186; Howatson (ed.) 1989, 105; Small 1982.

カストル Castor（図28）

ディオスクリの1柱で、**ポッルクス**の兄弟である。カストルとポッルクスは、もともとはギリシアの神々で、カストルとポリュデウケスといった。この2柱の神は、ローマでも早くから崇拝されていた。カストルとポッルクスは合わせてディオスクリとよばれた。また、2柱合わせてカストレスとよばれることもあった。カストルの方がいつも人気があったこともあり、ローマのフォルム・ロマヌムにあったこの2柱の神殿（図77D）は、通常カストル神殿とよばれていた（→**カストル神殿**）。この兄弟神はとくにエクイテス equites とよばれた騎士階級に人気があった。ラテン語の誓いの言葉であるメカストル mecastor（またはエカストル ecastor）「たしかに」と、

図28　ゲタ帝のデナリウス銀貨（200-202）に描かれたカストルと馬。CASTORの文字がみえる。サマセット州立博物館

エデポル edepol「誓って」はこの2柱の神の名に由来する。

ディオスクリは、**ディ・ペナテス**ときには**カビリ**と同一の神とされることもあった。カビリは東方起源の神、おそらくはプリュギア起源の神であった。カビリは豊穣をつかさどり、船乗りを守護する神でもあった。カストルとポッルクスはしだいに救済者とみなされるようになっていった。神話によると、カストルとポッルクスは拳闘士としてまた騎士としても名をはせた。そのため、この2柱の神は、運動競技者と競技会の守護神であるとされた。また、この2柱の神はローマ騎兵の守護神でもあり、さらにカビリと同一視されたため、海の嵐から船乗りを守護する神でもあった。ローマでは、**フォルム・ロマヌム**にカストル神殿、**フラミニウス競技場**にカストルとポッルクスを祀る神殿があった。この神々のための祝祭は1月27日と8月13日に開催された。
参考文献：Hammond & Scullard (eds.) 1970, 213; Scullard 1981, 65-66; Simon 1990, 35-42.

カストル神殿

ローマの**フォルム・ロマヌム**にあった神殿（図77D）。カストルとポッルクス神殿の名で

言及されることもあった。公式には、アエデス・カストリスaedes Castorisあるいはテンプルム・カストリスtemplum Castorisとよばれた。またときには、アエデス・カストルムaedes Castorumやアエデス・カストリス・エト・ポッルキスaedes Castoris et Pollucisとよばれることもあった。伝説によれば、前499年か前496年のレギッルス湖畔での戦いのさなかに独裁官であったポストゥミウスによってこの神殿の建立が誓願され、その後しばらくしてふたたびギリシアの英雄カストルとポリュデウケス（ポッルクス）がローマの**ユトゥルナの泉（ラクス・イウトゥルナエ）**で馬に水を飲ませている姿が目撃されたという。この神殿は泉のすぐ北西側に建設され、ポストゥミウスの息子の手によって前484年に献納される（多くの資料は1月27日としているが、リウィウスは勝利の日であった7月15日だと記述している）。前117年には、ルキウス・カエキリウス・メテッルスによって神殿が再建され、床の高さは3メートルも高くなった。前74年には、ウェッレスが神殿の修復の任についたが、この人物はキケロによって汚職の罪に問われてしまう。この神殿は、おそらく前14年あるいは前9年の大火のさいに焼失している。ティベリウス（のちに皇帝）は、この神殿を完全に復元し、高さを1メートル高くした。この神殿はティベリウスとその弟であったドルススの名前で後6年に献納された。カリグラ帝は、パラティウム丘、この神殿の背後にあった彼の宮殿の立派な前庭のなかにこの神殿をとりこんでしまった。このさい、ディオスクリの2体の像を、門衛として門の両側にすえた。しかし、クラウディウス帝によって、この建物はふたたび神殿として利用されるようになる。神殿はドミティアヌス帝によって修復され、カストルとミネルウァ神殿へと名前を変える。

この神殿は、フォルム・ロマヌムのなかでもっとも見事な神殿のひとつであった。少なくとも前160年頃には、この神殿は、宗教的な利用だけではなく、政治的な会合（元老院による会合など）にも利用されるようになっ

た。また、ローマ帝国の宝物庫としてまた個個の人びとの保管庫としても利用されるようになっていた。キケロ（前106-前43）の時代には、度量衡の基準器がこの神殿内に保管された。神殿の前には法廷がおかれ、前1世紀の政治的混乱期には、この神殿は非常に傑出した存在となっていた。しかし、帝政期になると、法廷はほとんど使用されなくなった。

ティベリウスによって再建された神殿は、コリント式の柱頭をそなえた八柱式で、基壇はサクラ・ウィア（聖道）より7メートルも高いものであった。この神殿は4世紀にはまだ建っていた。しかし、15世紀には、巨大な基壇の上に、わずか3本のコリント式の柱とその柱頭に載るエンタブラチュア（3層からなる梁）しか残っていなかった。1871年に発掘がおこなわれたが、1871年から1890年のあいだに正面の階段が壊されてしまった。また19世紀になると、しばしば**ユピテル・スタトル神殿**と混同された。

参考文献：Scullard 1981, 65-68; Richardson 1992, 74-75; Steinby 1993, 242-245.

カストルとポッルクス神殿

ローマにあったこの神殿は**フラミニウス競技場**に位置し、前100年頃に建立された。この神殿が献納されたのは8月13日であった。3本の柱が縦にならぶ**プロナオス**をそなえた六柱式の神殿へは階段を昇り、近づく。ケッラは横長であった。3世紀に作られた大理石製のローマ市街図（フォルマ・ウルビス・ロマエForma Urbis Romae）に描かれている神殿の前にある円形の構築物は、おそらく祭壇と思われる。

参考文献：Richardson 1992, 75-76.

火葬 crematio

死者を燃やしてその遺体を処理する方法。ローマ人は、遺体を薪の山の上にのせ火葬にした。ローマ皇帝を火葬にする場合は、薪を4層に組み立て、ローマの灯台のような形に積みあげた。皇帝や皇妃を神格化したことを示す記念コインの裏面に、この薪の山をみる

ことができる。このコインには、かならず、CONSECRATIO（→**コンセクラティオ**）の文字が刻まれていた（図55）。火葬は、共同墓地内にある専用の特別な地区（**ウストリヌム**）でおこなわれた。また、遺骨を埋葬することになる**ブストゥム**とよばれるすでに掘りあがっている墓穴の上でも、火葬がおこなわれることがあった。故人の所有物や故人への贈り物が一緒に燃やされることもあった。遺灰と遺骨は、容器に納められた。容器には、布製の袋や土器、ガラス容器や金属容器、装飾がほどこされた金製小箱や大理石製の大型で頑丈な収納箱などさまざまな形の物がもちいられた。容器は、副葬品とともに埋められるか（図78）**コルンバリウム**内に安置された。

ローマやイタリアでは、1、2世紀には、火葬に代わり**土葬**が一般的な埋葬方法となっていく（とくに富裕層のあいだで土葬は一般的になる）。さらに、3世紀中頃までには、土葬のしきたりはローマ帝国各地に普及する。これはおそらくは**死後の世界**に対する考え方が変わり、火葬では、霊魂は生きつづけることができないと考えられるようになったためであろう。しかし、皇帝にかんしては、火葬による埋葬が存続した。ユダヤ教徒とキリスト教徒が火葬を拒絶したため、火葬は5世紀までに姿を消すことになる。（→**死者の埋葬**）

参考文献：Toynbee 1971.

カタコンベ catacumbas（図29）

死者を埋葬するために、やわらかい岩をくりぬいて作った地下通路網。岩をくりぬき、壮大な正面をもつヨルダンのペトラの岩窟墓をはじめ、ローマとその属州の地下墓（ヒュポゲウム hypogeum）をふくむ岩窟墓が多数ローマ帝国中に分布している。地下墓には多くの壁龕（へきがん）があり、それぞれの壁龕に単体あるいは複数の埋葬がなされた。地下墓は、異教徒にもキリスト教徒にも使用された（図90、91）。地下墓が私的な家族墓であった一方、カタコンベは地下に築かれた公共的な共同墓地であった。カタコンベはときに非常に広大であり、複数の階をもつ場合もあった。キリ

スト教徒とユダヤ教徒のカタコンベが知られており、3世紀から4世紀に年代づけられている。ローマとイタリアのほかの諸都市およびシチリア、マルタ、北アフリカでもカタコンベが知られている。カタコンベには埋葬用の多数の壁龕（ロクルス loclus）があり、壁には宗教画（多神教とキリスト教の主題による）が描かれることが一般的であった。キリスト教の殉教者の多くがカタコンベに埋葬されていて、そこに描かれた壁画のほとんどがキリスト教徒迫害の時代のものであった。（→**共同墓地、死者の埋葬**）

参考文献：Stevenson 1978; Toynbee 1971, 188-244.

カッシオドルス Flavius Magnus Aurelius Cassiodorus

フラウィウス・マグヌス・アウレリウス・カッシオドルス、490頃-583頃。ふたつのキリスト教修道院の創設者であり、修道院の生活にかんする著作を残している。東ゴート族の王テオドリックスの法務長官の息子として南イタリアに生まれる。カッシオドルスは公職につき、元老院の議員でもあった。530年代後半に引退すると、学問とキリスト教徒としての生活に身をささげるようになる。540年にはビザンツ帝国軍の捕虜となり、コンスタンティノポリスに送られた。しかしこの地で、カッシオドルスは非常に影響力のある人物となっていく。550年代にイタリアに戻ると、ふたつの修道院を創設する。ひとつはウィウァリウム Vivarium といい、ブルッティウムにあった。この修道院は7世紀まで存続したことが知られている。彼は、ウィウァリウムで隠遁生活を送りながら、『インスティトゥティオネス』（Institutiones）（手引き書）を編纂する。これは、手書き文書をどのように筆写するかなど、修道士の宗教教育と世俗教育にかんする案内書であった。この著作は、ベネディクト修道会の会則にとくに大きな影響をおよぼした。

参考文献：Hammond & Scullard（eds.）1970, 211.

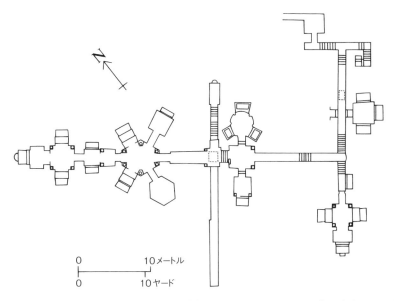

図29　ローマ、ラティナ街道のキリスト教徒の彩色カタコンベのプラン。1956年に発見された。通路と壁に壁龕（ロクリ loculi）を有する部屋から構成される。小室（クビクラ cubicula）は部屋の中心に向けて開口している。また、アーチ状の収納部（アルコソリア arcosolia）も知られている。彩色は非常に精巧で、旧約聖書と福音書の話を素材にしている。4世紀後半のものとされている。また多神教徒のためにヘルクレスの図像も描かれていた。

カッリリウス Callirius

ケルトの神。ローマの神**シルウァヌス**とむすびつき、**シルウァヌス・カッリリウス**として勧請された。

ガッルス gallus（複数形 galli）

マグナ・マテル（キュベレ）の神官。宦官である。ガッルスという名称の由来は、ガラティア（現在のトルコの一部）の原初キュベレ神殿近くを流れるガッルス川に、またはガッルス王に、または宦官がみずからの象徴とした若い雄鶏（ガッルス）にあるとされた。儀式のあいだ、彼らは粗野な装いでみずからを鞭打ち、また3月24日の血の日（ディエス・サングイニス dies sanguinis）にも儀式の一部としてみずからを鞭で打った。彼らは**アッティス**をみならって、おそらく火打ち石や陶片などの原始的な道具を使ってみずからを去勢したと思われる。ロンドンのテムズ川で発見された入念に修理され、キュベレの乳房で飾られた去勢用鉗子は神官が儀式で使ったものと思われる。彼らがよろこんで去勢したという事実はローマの著述家にとって信じがたいことであった。ローマ市民はクラウディウス帝の時代になってはじめて神官として奉職することを許されたが、ドミティアヌス帝は、ローマ市民が去勢すること（エウィラティオ eviratio）を法令で禁止した。

キュベレ女神の大神官（アルキガッルス archigallus）はガッリのなかの上位神官で終身官であった。どの聖域にも、とくに属州には専属の大神官がいたわけではない。女性の補佐（ミニストラエ ministrae）や女性神官（サケルドテス sacerdotes）がいたこともわかっている。女性神官は供犠の儀式と行進にもくわわり、女性のために神への特別な奉仕

をおこなった。ガッリおよび女性神官の選出はクインデキムウィリ・サクリス・ファキウンディス（「シビュラの書」を管理する15人の神官団）によって認可されなければならなかった。
参考文献：Vermaseren 1977, 96-101, 107-110.

カドゥケウス caduceus

伝令・先導者が持つ杖。柄の先端は2匹の蛇がまきついた形をしている。また、音叉形など別の形をしたカドゥケウスも知られており、カドゥケウスは、平和と繁栄をあらわす帝国の象徴となっていく。メルクリウス神は、カドゥケウス杖を持った姿で描かれていることが多い（図107）。

カトゥリクス Caturix

ケルトの神。マルス・カトゥリクスとしてローマの神マルスとむすびつけられた。

カネンス Canens

ローマの女神。ヤヌスの娘と考えられていた。もともとはラティウムのニンフであった。伝説によると、カネンスは、ラウレントゥムを支配した初期ラティウムの王ピクスと結婚した。ラウレントゥムは、ティベリス川の河口の東方にあった町である。しかし、キルケ（強い魔力をもつギリシアの女神）がピクスに恋をし、ピクスが狩りをしているときに、ピクスをほかの狩猟人たちから引きはなし捕えるためピクスの姿を猪に変えてしまった。キルケはカネンスとはなればなれにされて悲しむピクスに恋心をうちあける。ピクスがこれを拒んだので、キルケはピクスを啄木鳥に変えてしまう。カネンスは、6昼夜、ピクスを探しさまよった。しかし、みつけられずついにカネンスは絶望のあまりティベリス川の河岸で倒れこみ、今生の別れの歌を歌って姿を消した。［ラテン語で「ピクス picus」は「啄木鳥」の意。］
参考文献：Grimal 1986, 87-88.

カピテ・ウェラト capite velato

犠牲獣をささげるなどの儀式にのぞむさいに祭司はトガを頭にかぶった。このトガで隠された祭司の頭部をさす言葉（図35）。トガをかぶることにより、目で見、耳から聞く災いから身を守ることができた。これで災いを感知して儀式をやりなおす必要がなくなった。早い時期のギリシアでは、儀式をおこなうさいに頭をおおう習慣はなかった。

カピトリウム Capitolium（複数形Capitolia）（図30、112）

カピトリウムの三神一組の神を祀る神殿はいずれもカピトリウムとよばれたが、とくにローマのカピトリウム丘にあった神殿をさす名である（図31F、カピトリウム、あるいはアエデス・イオウィス・オプティミ・マクシミ・カピトリニすなわちカピトリウム丘のユピテル・オプティムス・マクシムス神殿とよばれた）。カピトリウムは、とくにアウグストゥス帝とユリウス・クラウディウス朝の時代に、イタリアあるいは属州の多くの都市で丘の上や見晴らしのよい場所に多数建立された。ほとんどの神殿には通常3つのケッラがあった。イタリア以外の地での最初期のカピトリウムは、ヒスパニアのエンポリオンに建立された。
参考文献：Blagg 1990, 426-427; Fishwick 1987, 253-254.

カピトリウム・ウェトゥス Capitolium Vetus（古カピトリウム）

ローマ、クイリナリス丘にあった聖所（サケッルム sacellum）。ユピテル、ユノ・レギナ、ミネルウァの3神が祀られていた。この聖所はユピテル・オプティムス・マクシムス神殿よりも古いと思われていた。マルティアリス（ローマの風刺詩人）の時代（1世紀後半）になっても、きわだった存在であった。
参考文献：Richardson 1992, 70.

カピトリウム丘 Capitorium（図31）

ローマ七丘のなかでもっとも小さい丘。丘全体は、カピトリウムやモンス・カピトリヌス、コッリス・カピトリヌス、モンス・タルペイウスなどさまざまな名称で知られていた。丘にはカピトリウムとアルクスのふたつの頂きがあった。「アルクス」は「城塞」を意味し、実際に全域が城壁によって囲まれていた。現在アルクスとして知られるこの地区は、**アウグラクルム**とよばれていた。北側の頂部（アルクス、またはアルクス・カピトリウム）には、**ユノ・モネタ神殿**、**アウグラクルム**（卜鳥官のための観察所。アルクス周辺全体がアウグラクルムとよばれていた可能性がある）、**コンコルディア神殿**があった。一方、南側の頂部カピトリウム（もともとはサトゥルニウス・モンスときにはタルペイウス・モンスとよばれていた）には、**カピトリウムの三神一組の神の神殿（カピトリウム）**があった。カピトリウムは、国家宗教の中心地となっていった。カピトリウムの三神一組の神の神殿をとり囲むカピトリウム地区は、ユピテル・オプティムス・マクシムスのための神域であり不定形な形をしていた。この神域への主要な入口は南東側、クリウス・カピトリヌス Clivus Capitolinus（カピトリウムの坂）とよばれた通りの末端にあった。この神域は壁によって囲まれており、夜は、神殿係が世話をする犬によって警備された。また、ユノ女神の聖鳥である鵞鳥（ガチョウ）がこの神域内で飼育されていた。

カピトリウム丘にはほかにも、フィデス神殿やユピテル・フェレトリウス神殿、ユピテル・クストス神殿、ユピテル・トナンス神殿、オプス神殿、メンス神殿、ウェヌス・エリュキナ神殿、またおそらくマルス・ウルトル神殿、フォルトゥナ・プリミゲニア神殿などさまざまな建物が建っていた。神殿と神域のなかには、**ユピテル**にささげられた大祭壇をはじめ多くの祭壇や神像がおかれていた。しかしカピトリウム丘の神殿群は、80年に起きた大火によって焼失する。ふたつの頂きのあいだには、**ウェディオウィス神殿**があった。
参考文献：Hammond & Scullard (eds.) 1970, 202–203; Richardson 1992, 31–32, 40, 68–70, 378.

カピトリウム競技会 Ludi Capitolini（ルディ・カピトリニ）

ユピテルをたたえ、10月15日に開催された競技会。公式の競技会ではなかったためローマの暦には記載されていない。この競技会は、ローマの**ユピテル・カピトリヌス**を祀る祭司集団であったカピトリウム団によって催された。この競技会の起源にかんしては、はっきりとしないが、おそらくはローマ北方

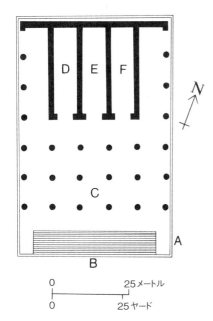

図30　ユピテル、ユノ、ミネルウァのカピトリウムの三神一組の神を祀る神殿。カピトリウムとよばれた。3柱のため、それぞれにケッラがもうけられている。この図は、通常はユピテル・オプティムス・マクシムス・カピトリヌス神殿とよばれた、ローマのカピトリウムのプランである。
A＝ポディウム　B＝階段　C＝プロナオス　D＝ユノ・レギナのケッラ　E＝ユピテル・オプティムス・マクシムスのケッラ　F＝ミネルウァのケッラ

カピトリウ

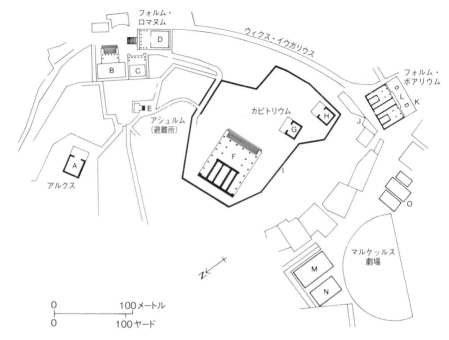

図31 ローマ、カピトリウム丘とその周辺。主要な宗教施設の位置を示している。施設の時代はさまざまである。
A＝ユノ・モネタ神殿　B＝コンコルディア神殿　C＝ウェスパシアヌス神殿　D＝サトゥルヌス神殿　E＝ウェディオウィス神殿　F＝カピトリウム三神一組神神殿　G＝オプス神殿　H＝フィデス神殿　I＝カピトリウム地区　J＝カルメンティスの聖所　K＝サクラ・ディ・サントムボノ地区　L＝フォルトゥナとマテル・マトゥタ神殿　M＝ベッロナ神殿　N＝アポロ・メディクス神殿　O＝フォルム・ホリトリウムの神殿群（スペス、ユノ・ソスピタ、ピエタスを祀る各神殿）。

のウェイイを征服したことを記念して、あるいはガリア人からカピトリウムを守りぬいたことを記念して開始されたと思われる。**ユピテル・フェレトゥリウス**をたたえるもので、起源は共和政時代より前の時代にさかのぼる可能性もある。この競技会の詳細にかんしては不明である。
参考文献：Scullard 1981, 194-195.

カピトリウムの三神一組の神

　ローマの宗教が発展してゆく途上で、ローマの**カピトリウム丘**に、ひとつの神殿を共有する3柱の神が祀られるようになった。これらの神々はカピトリウムの三神一組の神として知られるようになる。この三神一組の神とは、元来**ユピテル、マルス**そして**クイリヌス**であったが、のちエトルリアの影響を受け、ユピテル、**ユノ・レギナ、ミネルウァ**にかわった。この後者の三神一組の神のことを、通常、カピトリウムの三神一組の神とよぶ。
参考文献：Dumézil 1970, 283-310.

カビリ Cabiri（カベイリ Cabeiri の名でも知られる）

　豊穣をつかさどり、船乗りを守るとされたギリシアの神々。ギリシアのサモトラケ島を

中心に信仰された。もとはプリュギアの神々であったと思われる。伝承によってカビリの数は異なる。ある伝承ではカビリ神は４柱であったとされ、名前はそれぞれアクシエロス Axierus、アクシオケルサ Axiocersa、アクシオケルソス Axiocersus、カドミロス Cadmilus であった。カビリの祭儀は秘密裏におこなわれたため、カビリ神の個別の名前が登場することは少なく、カビリ神をまとめて「大神さま」とよぶことが一般的であった。ヘレニズム時代、カビリ信仰はギリシア世界全体に広がり、ローマ人、とくにサモトラケ島にいたローマ人にも信仰されるようになっていく。ヘレニズム時代以降、カビリは**ディオスクリ**と混同されるようになっていく。ディオスクリもまた、船乗りの守護神であったためである。カビリは、最初、芸術作品のなかでは１対の神、髭をたくわえた横臥する老人と立ち姿の若者の１組として描かれていたが、やがてふたりの若者として描かれるようになる。このふたりの若者が、ほとんどディオスクリと判別がつかなかったことも、さらなる混乱を生む原因となった。

参考文献：Ferguson 1970, 122-123; Hammond & Scullard (eds.) 1970, 186.

カミッルス camillus

祭司に随行した少年。供犠やそのほかの式典で祭司の手助けをした。

カムルス Camulus

ケルトの戦いの神。ブリタンニアおよびガリアで崇拝された。碑文のなかでは、しばしばローマの神**マルス**とむすびつき**マルス・カムルス**とされている。カムルスの名前は、カムロドゥヌム Camulodunum（「カムルスの砦」を意味し、コルチェスターのローマ名）など、ブリテン島の地名として今でも残っている。ブリテン島では、鉄器時代からローマ時代をつうじて、カムルスの祭儀は重要なものであった。

参考文献：Green, M. J. 1992a, 141; Ross 1974, 234.

カメナエ Camenae

ローマの女神たち。もともとはローマの泉をつかさどる水のニンフであった。カメナエは、やがてギリシアの**ムーサイ**と同一視されるようになる。ローマのカペナ門外に、カメナエを祀る小さな聖所と泉と木立があったことが知られている。ここで毎日、**ウェスタの聖女たち**が儀式のための水を汲み、その水を**ウェスタ**神殿にまいていた。カメナエの聖所は青銅でできていたため、雷に打たれた。そのため、最終的に聖所は**ムサエのヘルクレス神殿**に移される。聖所のかわりに神殿が建てられたのであろう。このカメナエの聖所では、**エゲリア**がカメナエとともに祀られていた。カメナエには乳と水による<ruby>灌奠<rt>かんてん</rt></ruby>がなされた。カメナエを祀る祝祭は、８月13日におこなわれた。

参考文献：Hammond & Scullard (eds.) 1970, 198; Richardson 1992, 63-64.

カライキア Calaicia

イベリアの神。ポルトガル北部、ポルト近郊ソブレイラで発見された２基の祭壇に刻まれた碑文により知られる。カライキアは、その地方に住むカッラエキ族の守り神であったと思われる。

参考文献：Alarcão 1988, 94; Tranoy 1981, 271.

カラエディクス Calaedicus

ケルトの神。ローマの神**シルウァヌス**とむすびつき、**シルウァヌス・カラエディクス**として崇拝された。

カラエドゥディウス Caraedudius

イベリアの神。スペイン北部のアストルガで発見された碑文に登場する。この神の役割は不明である。

参考文献：Tranoy 1981, 297.

カリスティア Caristia

親族の祝祭。カラ・コグナティオ cara cognatio（大事な血縁関係）ともよばれた。カリスティア祭は家族の絆をあらたにし、け

んか状態にある家族が仲なおりする日であった。家族が食事をともにし、家の守り神ラレス（→ラル）に供物がささげられた。この祭りは、祖霊祭（パレンタリア）（2月13日から21日）のあと、2月22日におこなわれた。カリスティアはキリスト教時代になっても継続され、やがて聖ペトロの祝日にかわってゆき、すくなくとも12世紀までつづき、2月22日におこなわれていた。

参考文献：Scullard 1981, 75-76.

カルス Carus

イベリアの神。ポルトガル最北西部のアルコス・デ・ヴァルデヴェズ近郊で発見された祭壇の碑文により知られる。

参考文献：Tranoy 1981, 271.

カルデア Cardea

ローマの女神。カルダCardaの名称でも知られる。扉の蝶つがい、象徴的には家族の生活をつかさどる女神であった。

参考文献：Grimal 1986, 231（under indigetes）; York 1986, 80.

カルナ Carna

扉の蝶つがい、そしてさらに象徴的な意味で家庭の生活をつかさどる古代ローマの女神（カルデアと類似している）。カルナはまた、時代とともに人びとの健康をつかさどる女神となっていく。この女神は、ティベリス川の川岸にあるヘレルヌスの森とよばれる聖なる森に住んでいたとされた。この森で、神官たちの手によってカルナへ犠牲獣が供えられていた。オウィディウスによれば、カルナは、もともとはクラネCraneとよばれていたという。カルナは処女でいることを誓った。しかし、彼女が狩猟をしているさなか、彼女に求婚する者があらわれる。カルナは、この男に自分を追って森のなかにくるよう約束させる。しかし、森のなかに入ると、カルナは姿を消し、男は彼女をみつけることはできなかった。今度は、ヤヌスが彼女をみそめる。彼女は隠れようとするが、ヤヌスはカルナをみつけだ

し力づくで犯す。ヤヌスは自分がしたことを反省し、カルナに門扉の蝶つがいをつかさどる力をあたえた。また、カルナは、家のもろもろの開口部から災いを追いはらう魔力をもつ花咲く山査子の枝を管理することになった。またカルナは、吸血鬼から新生児を守るともされていた。吸血鬼は半分人間の姿をした鳥で、新生児をゆりかごのなかにひとりにしておくと、そのあいだに新生児の血を吸いとるといわれた。カルナを祀る聖所は、ローマのカエリウス丘にあった。カルナの礼拝は6月1日におこなわれた。

参考文献：Grimal 1986, 89; Richardson 1992, 107; York 1986, 80-81.

カルパントゥス Carpantus

ケルトの神。フランスのオート・ガロンヌ地方およびフレジュス近郊で発見された複数の碑文により知られる。同地域から発見された奉納碑文にカルペントゥスCarpentusという神の名がみえるが、おそらくカルパントゥスと同じ神と思われる。南フランスのカルペントラテ（現在のカルペントラス）というローマ領の町と名前が似ていることから、この町に関連があった神と推測される。

参考文献：Gascou & Janon 1985, 136.

ガルマンガビス Garmangabis

イギリス、ランチェスターで発見された祭壇の碑文にみられるゲルマニアの女神。祭壇は、この地に駐屯したゲルマニア分遣隊によって「ガルマンガビス女神」および「神のごとき力をもつわがゴルディアヌス帝」に献納された。

カルメン carmen

呪文や祈祷、賛歌、誓い、神託、追悼など、厳粛な言い習わしや決まり文句。厳密な韻文というのではなく、律動的な散文であった。前1世紀の韻文では、詩語としてもちいられるようになった。

参考文献：Hammond and Scullard（eds.）1970, 205.

カルメン・アルウァレ carmen arvale

アルウァレス祭司団の賛歌。ラテン語の詩歌として現存する最古のものである。218年にアルウァレス祭司団が残した記録（アクタ Acta）のなかにみられる。この賛歌の起源は、前5世紀あるいは前6世紀にまでさかのぼると思われる。

参考文献：Hammond & Scullard（eds.）1970, 205-206.

カルメン・サリアレ carmen saliare

サリイの賛歌。断片的だが、現存している。共和政時代には、すでに古い時代の賛歌は、祭司たちにとってもその内容を理解することがむずかしくなっていた。共和政後期に、ルキウス・アエリウス・スティロ・プラエコヌスが、賛歌にかんする注釈を書いている。これは宗教的な事例をあつかった書物として最古のものである。

参考文献：Hammond & Scullard（eds.）1970, 206.

カルメンタ Carmenta

カルメンティス女神の別称。

カルメンタリア Carmentalia

女神カルメンティスのために1月11日と15日におこなわれた祝祭。11日と15日のあいだに3日間の空白期間があるが、その理由はわかっていない。祝祭は奇数日におこなわれる傾向があったが、その場合は、1月13日が2日目の祭日になるはずである。この祝祭は出産と関係が深かったと考えられている。ローマでは、4月に結婚することがもっとも好まれていたため、翌年の1月は出産の多い月であった。

参考文献：Scullard 1981, 62-64.

カルメンティス Carmentis

予知能力をもち、安産をつかさどるローマの女神。カルメンタとよばれることもあった。水のニンフであり、またラドン川の娘といわれていることから、水の女神でもあったと思われる。ローマの神話では、カルメンティスは、エウアンドロス（ローマ最初の住人）の母親であるとされている。しかし、ギリシア神話では、エウアンドロスの母親はニコストラテであるとされている。それゆえカルメンティスはニコストラテと称されることもある。予知能力をもつため、ローマではカルメンタとよばれていた（「カルメン」には、「予知」または「神託」の意味があった）。カルメンティスはこの予知能力を使い、息子エウアンドロスのためにローマのなかで最良の地をみつけることができたという。カルメンティスは110歳まで生き、カピトリウム丘の麓、カルメンタリス門近くに埋葬された。もうひとつの伝説では、カルメンティスは、エウアンドロスの妻とされている。ヘルクレスは、至高祭壇（アラ・マクシマ）でおこなわれる供犠の儀式にカルメンティスを招待するが、カルメンティスはこの招待を断った。以後、この儀式に女性が参加することはヘルクレスによって禁止されるようになる（この儀式が女人禁制となった別の説については、ボナ・デアの項目を参照のこと）。

カルメンティスに仕える下位の祭司フラメンはフラメン・カルメンタリスとよばれ、この女神の祝祭は、カルメンタリア祭とよばれた。カルメンティスはふたつの名で勧請された。ポストウェルタ Postverta とプロルサ Prorsa（またはポッリマ Porrima）である。ポストウェルタは「足が最初」、プロルサとは「頭が最初」を意味し、子宮内の胎児の向きを表していたと思われる。また、ポストウェルタとプロルサは、カルメンティスの姉妹であったとする説もある。カピトリウム丘の麓にあったカルメンタリス門は、この女神の名に由来している。またこの近くに、カルメンティスを祀る聖所があったことも知られている（図31J）。

参考文献：Grimal 1986, 89; Hammond & Scullard（eds.）1970, 206; Richardson 1992, 72.

カレンダエ Kalendae

各月の最初の日で、**ユノ**にささげられた。とくに３月の第１日をさす。下位のポンティフェクス（神官）がひとり、**レクス・サクロルム**（祭祀王）とともに新月が空に上ったあと、犠牲をささげ、そののちノナエの日を公表した。

参考文献：Scullard 1981, 126; York 1986, 2.

カンディエド Candiedo

イベリアの神。ローマの神**ユピテル**と関係が深い。スペイン北西部で発見された祭壇碑文に登場する。

参考文献：Tranoy 1981, 305.

カンディダ Candida（きらきらと輝く白いもの）

ケルトの女神。唯一ドイツ、フランクフルト近郊で発見された碑文に登場する。その碑文には、与格 Deae Candiae Reginae（女王カンディダ女神へ）としるされている。カンディダの図像はローマの女神**フォルトゥナ**が通常描かれる姿に似ているため、フォルトゥナと同じような役割をになった女神であったと思われる。

参考文献：Elbe 1975, 129.

カンデベロニウス・カエドゥラディウス Candeberonius Caeduradius

イベリアの神。ポルトガル北部のブラガで発見された碑文によって知られる。

参考文献：Tranoy 1981, 271.

カンデリフェラ Candelifera（点火用の細い灯心を持つ者）

ローマの女神。出産時に女性を助けるとされた。この女神のためにその象徴として細い点火用の灯心またはロウソクがともされた。

灌奠 libatio

地面や祭壇に液体をそそいで、神にその液体を供犠すること（図36）。もっとも一般的にもちいられた液体は、希釈していない葡萄酒であったが、ほかの液体、たとえば乳、蜂蜜、さらに水も使用された。灌奠は葬式のさいに死者にもおこなわれ、つづく墓前での儀式においてもおこなわれ、そのさいには墓のなかにそそがれることが多かった。

カンノポルス cannophorus（複数形 cannophoroi）

葦（アシ）の運搬業者。キュベレ崇拝と関係が深かった。葦の運搬業者は、ときに葬儀費用をたがいに扶助し合う組合を作った。この組合には女性も入ることができた。キュベレ祭の１週間前には、葦の運搬業者による行進がおこなわれた。

参考文献：Vermaseren 1977, 114-115.

カンペストレス Campestres

ローマの女神。軍隊の野営地、練兵場の守護神である。イギリスやドイツで発見された祭壇碑文によって知られる。騎兵、あるいは騎兵に関連が深い兵士による奉納が大半をしめている。騎乗訓練が非常に危険であったため、カンペストレスに祈願したと思われる。

参考文献：Elbe 1975, 383, 385; Espérandieu 1931, no. 533; Phillips 1977, 86.

寛容令

キリスト教徒に信仰の自由を許し、彼らに対する弾圧を終わらせた。311年４月、死に瀕したガレリウス帝がコンスタンティヌス帝、リキニウス帝とともに発布した。しかしこれはすぐにマクシミヌス２世によって撤回された。

儀式 ritus

宗教的結果を成就するためにおこなわれる行為、あるいはより一般にはそのためにおこなわれる特定の連続した行為をさす。儀式は、聖水（霊的清浄をえるために使われる）でひたすら沐浴するという簡単なものから、大人数での行列にまでわたる。後者では、何千人もの人びとが舞踊をしたり、犠牲をささげたり、その他神々に敬意を表すさまざまな行為

がふくまれる。ローマの宗教は、他の異質な儀式を吸収するほど柔軟性のあるものであったが、その一方で高度に儀式化されたものでもあった。儀式には、強力な呪術的要素が存在し、儀式は注意深く見守られた。所作（たとえば供犠においての）の最小の過ちは、儀式を無効にしてしまうとされた。多くの儀式は、変化することなく世代をへて伝わってきたが、やがてその意味は忘れ去られてしまった。つまり、のちの時代にはこれらの儀式のほとんどが理解不能なものになってしまったのである。儀式はときにはその性格や特性が忘れ去られ、ただ名称のみが残った神々を崇拝するためにおこなわれることもあった。

　ローマ人たちは礼拝の方法以外に聖典とよばれるものはもっていなかった。だからこそ彼らは教義に縛られることはなかった。少なくとも儀式さえ正しくおこなわれているならば、神々にどのようなことを求め、考え、信じるかは自分たちの自由であるとした。とはいえ、神々が望まれているのは、愛国心、家族への献身、義務の感覚などの、ローマ人の生活の原則であると人びとは考えていた。だからこそ、これらの美徳と神々は深くむすびついていたのである。

参考文献：North 1988a.

儀式用容器 vasis ritualis

　パテラエ（単数形は**パテラ**）と呼称されたフラゴン（取っ手付の注口容器）や浅鉢は、供犠の祭儀で頻繁に使用された。宗教的清浄や、灌奠のための液体を入れておくための容器であった。これらの容器は銀、しろめ（錫と鉛の合金）、青銅、土器などのさまざまな材料で作られた。ときには、これらの容器には、それらを特定の神々にささげるとした銘文が刻まれていた。

　銀や青銅で作られた漉し器も、宗教目的で使用された。それはおもに葡萄酒から不純物を取り除くために使われたが、一方で葡萄酒に香草や麻薬をしみこませるために使用された可能性もある。ナイフ、スプーン、皿は、儀式上の饗宴をおこなうために使用されたと考えられ、神殿趾などでみつかっている。ときには特定の神々にささげられた旨の銘文を刻んだものもあった。宗教儀式用の皿、とくに銀製のものは、キリスト教の教会によく奉納されていた。これらの皿はおそらく儀式に使用されたものであろう。イギリスのウォーター・ニュートンで発見された銀製皿の宝蔵は、儀式に使用された皿のすぐれた事例である。

参考文献：Henig 1984, 131-35.

擬人化

　神として象徴される美徳および抽象的な特性。多くのローマの神々はローマの美徳、すなわち国家と関係があるか、あるいは皇帝たちと関係があるか、そのいずれかの美徳が擬人化されたものである。皇帝の存命中には、皇帝を崇拝するよりむしろ、その皇帝の顕著な特性である美徳を崇拝することが通常であった。これら擬人化されたものの多くは神とみなされ、これらの神々への信仰と認識できるものが存在した。このように擬人化された美徳には次のようなものがあった。アブンダンティア（豊かさ）、アエクイタス（公正）、アエテルニタス（永遠）、アンノナ（生産）、ベアティトゥッド（至福）、ボヌス・エウェントゥス（上出来の収入）、カリタス（親愛の情）、クラリタス（明快）、クレメンティア（寛容）、コンコルディア（調和）、ディスキプリナ（規律）、フェクンディタス（多産）、フェリキタス（幸運）、フィデス（誠実・信頼）、フォルトゥーナ（運命）、ゲニウス（魂[生命の原動力]）、ヒラリタス（陽気）、ホノス（名誉）、ウマニタス（人間性）、インドゥルゲンティア（慈悲）、イウスティティア（正義）、イウウェントゥス（若さ）、ラエティティア（喜び）、リベラリタス（寛大）、リベルタス（自由）、モネタ（造幣）、ムニフィケンティア（気前の良さ）、ノビリタス（高貴）、オプス（豊富）、パティエンティア（忍耐）、パクス（平和）、ペルペトゥイタス（持続）、ピエタス（忠義）、プロウィデンティア（予見）、プディキティア（純潔）、ク

イエス・レクイエス（平和）、レリギオ（畏敬の念）、サルス（満足すべき生活状態）、セクリタス（安全）、スペス（希望）、トゥランクイッリタス（平穏）、トゥテラ（保護・防護）、ウベルタス（潤沢）、ウティリタス（有益）、ウィクトリア（勝利）、ウィルトゥス（徳・道徳的な生き方）がある。

参考文献：Henig 1984, 76-79; Vermeule 1987.

奇跡 miraclum

神威を示す驚異の出来事をさす。キリスト教会はその精神的権威をみえるかたちで示す必要にせまられていた。それには奇跡を起こしてみせる以外によい方策はなかった。奇跡こそ聖性の証拠にほかならないからである。奇跡をおこなう聖者は神と人との仲介の役割をになう人のことであった。聖者が肉体をもつ存在であればなお効果的であった。その結果、聖者の遺物もまたキリスト教徒にとっては重要な核心にふれるものとなったのである。

生存している聖者と死後の聖者によって起こされる奇跡は、初期キリスト教に信者を取りこんでゆくうえで強い推力となった。奇跡はさらに殉教者記念顕彰堂の建設と巡礼の実践の唱導へとつながっていった。奇跡はなにもキリスト教にかぎられたものではなかった。多くの多神教（異教）の神々もまた奇跡をおこなうと信じられた。もっともよく知られているのが、アエスクラピウスのような治癒の神々がその例である。ローマの神ではウェスタ女神が多くの奇跡をおこなったとされている。奇跡を通観してみれば、オリエントの神々、イシスやセラピスといった神々がおこなう奇跡の方が多いように思われる。

参考文献：Hammond & Scullard（eds.）1970, 694; Lane Fox 1988, 570-571.

北アフリカの神殿

神殿建築の1形態が北アフリカでみいだせるが、その分布はかぎられている。きわだつ特徴は、囲い地つまり中庭のひとつの側面のほとんど、あるいはすべてが1列にならんだ3つの小部屋でしめられていることである。北アフリカで古典ローマ様式の神殿が建てられることはよくあったが、その一般的な特徴である高い基壇とあの印象的な正面性に欠けていた。おそらくローマ建築とカルタゴ建築の伝統が融合したのであろう。よい事例がチュニジアのトゥッガにある。（→神殿）

参考文献：Charles-Picard 1954.

キッソニア Cissonia

ケルトの女神。この女神にかんする碑文はドイツで発見されている。おそらく、ケルトの神キッソニウスと関係があると思われる。

キッソニウス Cissonius

ケルトの神。通常ローマの神メルクリウスとむすびついて、メルクリウス・キッソニウスとして崇拝された。キッソニウスは、おもにドイツで崇拝され、キッソニウスのみにささげられた奉納碑文がフランスのメスで発見されている。

参考文献：Green, M. J. 1992a, 149.

祈祷 puecatus

ローマの宗教においては公式、非公式を問わず祈祷することはごく当たり前のことであったし、それはしばしば供犠といった別の宗教上の祭儀とむすびついていた。祈祷はローマ人たちにとっては唯一の聖典であった。ローマ人たちの祈祷は神との合法的な取り決めの形でおこなわれた。すなわち「わたしはこのことを神のためにおこないます（または、わたしはこれを神にささげます）、ですからどうぞわたしにこのことをして下さい」といった具合である。このような祈祷の一例が、大カトーの著書『農業について』（De Agricultura 139）にしるされている。「この森が奉納された神様が、男神様か女神様かわかりませんがいずれにせよ、この聖なる森をなお小さくしたくこの目的を達成できますようにとここに豚の生け贄をおささげいたします。それをお受けになる権利をおもちの神様、どうぞわたしやわたしの意のままになる者が

首尾良くこの目的を遂行できますように神様のお許しを願いたてまつります。この目的のために今ここにこの豚を生け贄としてささげ、畏れおおくも神様がわたしに、わたしの家と家族に、そしてまたわたしの子どもたちに慈悲深く、哀れみ深くあらせられますようにと願いたてまつります。そのためにここにささげましたこの豚を失礼でございますがお受け取り下さいますようもったいなくもお願い申し上げます」。この祈祷の根本原理には農民たちが、いく本かの樹木を伐採する前に、自分たちの罪を贖（あがな）うためと森の神の怒りをしずめるべく贈り物をするということである。神々に対する古代ローマ人たちの姿勢を示す法にかなっているこの口調は次のように要約することができる。すなわち「豚の供犠という代償をはらって、わたしはいく本かの樹木を伐採する許しを手に入れる」ということである。またこのほかの儀式の要素としては、起こりうるあらゆる事態に適応されるよう言葉を選んで表現された祈祷文があった。

ローマ人の祈祷の姿勢は、天に向かって顔を上げ、彼らの禊（みそぎ）を示す棕櫚（シュロ）の葉を高く掲げ、両腕を左右に大きく広げて両手の平を天にかざすというものであった。この姿勢は多神教徒（異教徒）、キリスト教徒のいずれにももちいられていた。しかしキリスト教徒たちは異教徒たちのそれとはっきり識別されるように両腕、両手を天に向けてあげるというよりむしろ水平にさしだすこともあった。

参考文献：Hammond & Scullard（eds.）1970, 875; Ogilvie 1969, 24-40.

騎馬神（あるいは騎馬狩猟神）

前1000年頃から騎馬の狩猟者、あるいは騎乗する人物として表現された神々や英雄たちへの幅広い信仰があった。たとえば**ディオスクロイ**（**カストルとポルックス**）、**ドナウの騎馬神**などがある。トラキアとその周辺地域の主神は、「騎馬神」であった（別名トラキアの騎手）。この神はローマ時代に広域にわたって信仰されていた。名称はなかったようで、碑文ではただ「英雄」とのみしるされ

ている。しかし、この騎馬神は、**ドナウの騎馬神**とはまったく関係がなかった。

参考文献：Hammond & Scullard（eds.）1970, 924; Hampartumian 1979.

キュアネ Cyane

ローマの、水のニンフ。シチリアのシュラクサイ（現在のシラクーザ）近郊の小川をつかさどるニンフであった。キュアネは、もともとはギリシアの神であった。伝説によると、キュアネは**ハデス**が**ペルセポネ**を誘拐するのをさまたげたので、激怒したハデスは、濃い青色の水をたたえた池へとキュアネの姿を変えたという。

参考文献：Grimal 1986, 111.

キュプリアヌス、聖 Sanctus Cyprianus

タスキウス・カエキリウス・キュプリアヌス、200頃-258。初期キリスト教の聖職者にして神学書の著述家。多神教を信仰するカルタゴの裕福な家に生まれ、修辞学を学ぶ。246年頃に**キリスト教**に改宗する。248年にカルダゴの司教に任命される。そののちデキウス帝とウァレリアヌス帝によって迫害され、258年に処刑される。聖キュプリアヌスは多作の著述家で、主として宗教に関する小論文類と書簡を多数残している。これらは、初期キリスト教史を研究するうえで非常に貴重な資料である。また、デキウス帝によるキリスト教徒弾圧にかんしても主要な資料となっている。助祭であったポンティウスによる聖キュプリアヌスの『生涯』は、現存する最古のキリスト教徒の伝記である。

参考文献：Hammond & Scullard（eds.）1970, 305-306.

キュベベ Kybebe

アナトリアの女神キュベレ Cybele（**マグナ・マテル＝大母神**）のリュディアにおけるギリシア語の別名。

キュヘレ

図32 トルコ、イスタンブールのハギア・エイレネ（平和の女神または聖イレネ）教会。この教会は、ビザンティウム最古のキリスト教教会のひとつである。この教会は、コンスタンティヌス大帝あるいは息子のコンスタンティウスによって、再建、拡張されている。アリウス主義者とニカイア信条の支持者が論争した場所であり、346年の宗教暴動のさいには、中庭で3000人もの人間が殺害されている。381年には第2公会議がこの教会でおこなわれ、ニカイア信条が正しいとふたたび結論が出されている。この教会は、532年のニカの暴動［ユスティニアヌス帝に対する市民の反乱。「ニカ」は「勝利」を意味するギリシア語で、反乱を起こした市民のあいだのかけ声であった］のさいに焼失したが、その後、ユスティニアヌス帝によって再建された。

キュベレ Kybele

アナトリアの女神キュベレ Cybele（**マグナ・マテル**＝大母神）のギリシア語表記。

教会（図32）

キリスト教では、最初の数世紀のあいだ、礼拝のためのみに使われる特別の建物（教会）を建設するような動きはなかったようである。当時のキリスト教徒は、個人の住居や屋外など、礼拝に便利な場所で、あるいは弾圧時には、ひそかに隠れ屋で、共同礼拝をおこなっていた。最初の教会は、住居や邸宅など既存の建物を部分的あるいは全面的に礼拝用に改造したものであったろう。4世紀に入りキリスト教が組織化し発展しても、教会が建設された証拠は少ない。おそらく建設を依頼する資金がたりなかったためと思われる。キリスト教がさらに影響力をもつようになり、富が蓄積されると、ようやく教会が建設されるようになる。初期の教会のデザインは、必然的にローマ建築の伝統に根ざしていた。回廊が身廊を囲み、一端にアプス（後陣）をもつバシリカ様式が、初期の教会建築に強い影響をおよぼした。また、多くの多神教神殿がキリスト教教会へと改造された。そのさい、多くの多神教の神像が壊され秘匿されることになった。また、多神教の神殿を解体し、その部材を近くのキリスト教教会建設に再利用することもおこなわれた。

初期の教会が多数現存している地域もある。ローマやイスタンブール（コンスタンティノポリス）である。しかし、現存していない場

合、発掘調査によって、キリスト教の教会を
みわけることはむずかしい。キリスト教教会
の場合、一般的に教会堂は建物の軸方向を東
西にとり、祭壇を東西のいずれかにもうけた。
教会は、都市の住民が共同で礼拝できるよう
に、都市の内部に建設される場合も（フラン
スのトゥールやブールジュ）、郊外の広大な
敷地に造られる場合もあった。郊外の場合、
屋敷のそばに教会が造られることもあれば、
屋敷の既存の部屋を改造して教会とする場合
もあった（イギリスのラリングストンの屋
敷）。また教会は、都市の城壁外にある大き
な**共同墓地**近くにも建設された。埋葬地法に
よって、都市内にある教会に共同墓地を作る
ことは禁止されていた。墓地に付随する教会
は、殉教者や聖人を祀る聖堂や廟に起源をも
つものが多い。イギリスのウェルラミウム
（現在のセント・オールバンズ）の市壁の外
側にあった墓地の教会は、聖アルバヌス［イ
ギリス最初の殉教者］の**マルティリウム**（殉
教者廟）の場所にあったと思われる。同様の
事例は、ドイツのトリーアやマインツ、フラ
ンスのアルルでも知られている。

参考文献：Macdonald 1968; Thomas 1980;
Thomas 1981; Woodward 1992, 98-109.

教会の部材をのせた沈没船

　シチリア沖で発見された沈没船。バシリカ
式教会の内部建築用の組立て部材をのせてい
た。6世紀の早い時期、初期ビザンツ時代に
年代づけられている。当時ユスティニアヌス
帝は、ローマ帝国全土に教会を建築する事業
にのりだしていた。この部材は、おそらくコ
ンスタンティノポリスから北アフリカに運ば
れるものであったと考えられている。

共同墓地（図33）

　火葬、土葬を問わず、死者は共同墓地に埋
葬されることが一般的であった。宗教的けが
れをさけるため、法律によって共同墓地は都
市の**ポメリウム**の外側に作ることが定められ
ていた。共同墓地は、城門の外側、街道ぞい
にあることが多く、多くの墓地は数千の遺体

図33　テーブル状の構造物の上に安置された石
棺。トルコのヒエラポリス（現在のパムッカレ）
［小アジアの中西部プリュギアにあった古代都
市。初期キリスト教活動の中心地］の広大な共同
墓地。ヘレニズム時代からビザンツ時代のものと
されている。この共同墓地は、城壁の外側、街道
ぞいの丘の斜面の高みにあった。1000以上の墓
が確認されている。

を埋葬しなければならなかった。また郊外に
も墓地があった。共同墓地は聖域ではなく、
神殿に付随するものでもなかった（ただし、
地方ではロマノ・ケルト様式の神殿のそばか
ら共同墓地がみつかった例がいくつか知られ
ている）。土葬墓の場合、墓は列状にならん
でいることが多く、墓にはすべて木や石でつ
くられた墓標があった。イタリアや東方では、
埋葬庭園も**死者の埋葬**によくもちいられた。
少しあとの時代になると、ローマ時代のキリ
スト教徒の共同墓地に、礼拝堂が造られるよ
うになる。共同墓地に埋葬された殉教者のた
めの聖所や廟が礼拝堂に発展した例も知られ
ている。一年をつうじて、さまざまな祭礼の
おりに（たとえば**パレンタリア**祭や**ロサリア**

キリシアノ

など）、死者の墓で宗教儀式がおこなわれた。
（→火葬）
参考文献：Toynbee 1971; Woodward 1992,
81-97, 107.

ギリシアの祝祭
　ギリシアの諸地方では都市の主催による多
くの祭典が定期的におこなわれていた。それ
らはローマによるギリシア征服後もつづき、
多くは**皇帝崇拝**に同化した。また都市では、
ふつう4年ごとに、**ロマイア**、セバステイア、
カエサレア、ハドリアネアなどの祭典がおこ
なわれた。（→祝祭）
参考文献：Price 1984, 101-114, 126-132.

キリスト教
　イエス・キリスト（イエスス・クリストゥ
ス）の生涯、教え、復活を基礎にすえた一神
教。1世紀以降に発展する。キリスト教は、
まずパレスティナの外縁部に散在したユダヤ
人共同体のあいだに急速に広がった。当初、
キリスト教は、完全にユダヤ人の宗教であっ
た。初期のキリスト教徒たちは自分たちのこ
とをユダヤ人［イスラエルの神を信仰する
者］と認識していたし、**シナゴーグ**（会堂）
で説教をおこなうこともあった。もし使徒パ
ウロや彼につづいた伝道者たちが日々増大す
るユダヤ教徒たちの敵対から身を守り、ユダ
ヤ教徒以外の人びとにキリスト教を意図的に
普及させなければ、キリスト教はユダヤ教の
一分派にすぎなかったかもしれない。パウロ
はユダヤ教徒であり、当初はキリスト教徒を
迫害していた。しかし、ダマスカスに向かう
途中で天啓を受ける。彼は、ユダヤ教徒以外
の人びとにキリスト教を広めることがみずか
らの使命であると信じ、この目的のために残
りの生涯をささげた。これを発端に以降、キ
リスト教は広がり発展しつづけた。
　当初、キリスト教の信奉者たちはイエスは
生きており、メシア（救い主）として栄光の
うちにすぐにもどってくると信じていた。そ
のため、キリスト教徒の組織化に配慮される
ことはほとんどなかった。しかし、イエスの

再来の可能性が消え去ると、キリスト教の組
織と制度を整える動きが出てくる。キリスト
教徒は、当初ひとりの指導者あるいは年長者
集団によって統制されていたが、やがてこの
役割をエピスコプスepiscopus（監督）とよ
ばれる司教がになうようになる。また初期の
教会とその組織は当初、オブラティオネス
oblationesとよばれた献金によって運営され
ていたが、しだいに裕福なキリスト教徒によ
る贈与や後援により財源を確保するようにな
る。やがて、税金特権も認められ、教会はま
すます豊かになる。教会の富を支配する司教
の地位を、多くの人が望むようになり、司教
の地位をめぐり争いが起きることもあった。
　キリスト教は、最初からほかの宗教や行政
当局と対立した。まず、モーセの十戒はもは
や妥当ではないとするキリスト教の一解釈が
提示されたことから、ユダヤ教徒はキリスト
教をきびしく非難した。また、普遍的な教義
を追い求めるあまり、キリスト教徒のあいだ
で、キリスト教の教義にかんする解釈をめ
ぐって対立が生じ、さまざまな宗派、分派が
生み出され、それは今日までつづいている。
　64年、ローマの大半を焼きつくした大火
のさい、ネロはキリスト教徒が都合のよいス
ケープゴート（犠牲の山羊）になることに気
がつく。しかし、ネロによるキリスト教徒に
対する迫害は、帝国のほかの地域におよぶこ
とはなく、その後2世紀のあいだは、ローマ
帝国はユダヤ教徒とキリスト教徒に対して寛
容であった。しかし2世紀の終わり頃、キリ
スト教は信徒たちに全面的な信奉を強く求め
た結果、他の宗教に対して不寛容となり、キ
リスト教は国家の安泰を揺るがす脅威である
と考えられるようになっていく。
　2世紀の後半、キリスト教の教義がわかり
やすく筋のとおったものにまとめられたため、
キリスト教の信者以外の人びとにもキリスト
教は簡単に理解できるものとなった。200年
までにキリスト教は、ローマ帝国で主要な宗
教のひとつになっていた。3世紀には、多神
教の諸神のなかにキリスト教の神をくわえよ
うとする試みがおこなわれている。アレクサ

86

ンデル・セウェルス帝（在位222-235）は、私的な礼拝堂に、**オルペウス**、アブラハム、キリスト、テュアナのアポッロニウスの像をならべていたという。アレクサンデル・セウェルスの治世が終わると、キリスト教への寛容な政策も終焉をむかえる。デキウス帝（在位249-251）は、キリスト教徒に対して組織的な迫害をおこなった最初の皇帝である。以後、後続の何人もの皇帝がキリスト教徒の弾圧をおこなう。しかしこのときにはすでに、キリスト教は多くの共同体に広がっていた。3世紀後半までには、住居を改造しただけの教会堂ではなく、公共の教会堂も建設されるようになっていた。

西方では305年のディオクレティアヌス帝の退位をもってキリスト教徒たちの弾圧は終焉をむかえる。東方では、311年にガレリウス帝がキリスト教徒に宗教的な自由を許可している。313年に、コンスタンティヌスとリキニウスの両帝がキリスト教徒に一定の恩典をあたえる**ミラノ勅令**を発し、公式にキリスト教徒に対する弾圧が終焉する。ニカイア公会議ののち、325年にはキリスト教はローマ帝国の国教として認められる。ユリアヌス帝（在位361-363）は、一時的に多神教の復活を試みているが、391年にはふたたびテオドシウス1世が、すべての多神教の神々の崇拝を禁止し、すべての神殿を閉鎖し、多神教の神殿への国庫からの助成を撤廃した。これによって、キリスト教を**国家宗教**とする手続きが完了した。（→奇跡、教会、キリストの象徴、キーロー、聖人、迫害、マルティリウム）
参考文献：Brown 1972; Hammond & Scullard (eds.) 1970, 231-234; Johnson 1980; Koester & Limberis 1988; Lane Fox 1988; Potter 1988 (review article of Lane Fox 1988); Soffe 1986; Sordi 1983 (gives a history of Christianity under each emperor); Thomas 1981 (wide-ranging treatment of Christianity, not just confined to Roman Britain as its title implies).

キリストの象徴

もっとも一般的なキリストの象徴は、**キーロー**である（図34）。しかし、ほかにも植物や動物（葡萄、ヤシ、魚、イルカ、ザクロ、クジャク、ハト）、カンタロス（杯または聖杯）などの図像も知られている。また、いくつかの**語方陣・回文**もキリスト教にとって重要な象徴であったようである。これらの象徴が重要とされた理由はさまざまである。たとえば、葡萄の場合は、ヨハネによる福音書15章1節に「わたしはまことのぶどうの木」、15章5節に「わたしはぶどうの木、あなたがたはその枝」と書かれているためである。魚は、キリスト教の洗礼の水のなかで人は精神的に再生するという考え方に関連するとされた。また、ギリシア語で魚のことをicthus（イクトス）というが、これは「*Iesous Christos Theo Uios Soter*（イエス・キリスト、神の子、救世主）」という言葉とむすびついている。これらの象徴は、壁画などの美術作品にとどまらず、持ち運びできる、できないにかかわらずさまざまなものにひっかいたり、刻みこむ方法で描かれた。
参考文献：Thomas 1981, 91-93, fig. 8.

キーロー chi-rho（または Chi-rho）（図34a、b）
もっとも広く使われたキリストの象徴。コンスタンティヌス大帝（在位324-337）の象徴、このモノグラム（組み合わせ文字）で飾られた十字架、クリストグラム christgram（キリストを象徴する文字）、クリスモン chrismon（聖油を塗ること）、ラバルム labarum［後期ローマ帝国の軍旗とくにコンスタンティヌス大帝の、文字キーローのしるしのある軍旗］などとしても知られる。初期の標識は、ギリシア語のChiキー（Xに相当）とRhoロー（Pに相当）の合字であった。キーとローは、ギリシア語のKristos（ラテン語のChristus、「油をそそがれた者」を意味する）の最初の2文字にあたる。この象徴は312年以前から使用されていた。しかし、コンスタンティヌス大帝が312年のミルウィウス橋の戦い（対マクセンティウス帝）でこ

図34a ローマ人の棺の側面にアルファとオメガの文字とともに表現されているXとPを組み合わせたキーローとよばれる象徴。

図34b 十字型の銀のペンダントに押し抜き具で穴をあけ、描きだされた象徴のキーロー。突起部のひとつは環になっていて、下げられるようになっている。中央の円形部分は、ローマのコインを再利用したものである。長さ42ミリメートル。イギリスのシェプトン・マレットのローマ人の墓から出土した。5世紀に年代づけられている。サマセット州立博物館

の象徴を軍旗の標識として使用したことから、非常に有名となる。(コンスタンティヌスの夢のなかに、この象徴があらわれ、神から「このしるしをもって征服せよ In hoc signo vince」というお告げがあったという。) キーローはさまざまに描かれる。1本の線で描かれることもあれば2本の線で描かれることもあった。また、円や花輪のなかにキーローが描かれることもあった。

キーローと一緒にギリシア文字のアルファとオメガが大文字または小文字で書かれることもある。アルファとオメガは、ギリシア文字の最初と最後のアルファベットである。ヨハネの黙示録 (1章8節、21章6節) によって、キリスト教徒には、この文字は「初め」と「終わり」を意味するものであることが知られていた。西方の属州では、キーローとアルファ、オメガはギリシア文字としてではなく、あくまでもキリストの象徴として理解されていた。食器や奉納板、鉛製の水槽など持ち運びできる、できないにかかわらずさまざまな物にキーローが描かれた。初期のキーローは、やがてローの字とまっすぐな十字架だけを組み合わせたものに、さらに十字架だけを描いたものにとってかわられていく。おそらく、これはコンスタンティヌス帝が磔刑を禁止したこと、あるいはコンスタンティヌスの母親であるヘレナがキリストが磔にされた十字架を発見したことに由来すると思われる。600年以降、単純な十字架が象徴として使用されるようになっていった。

参考文献：Thomas 1981, 86–91, figs. 3–7; Watts 1988.

キンクシア Cinxia

結婚をつかさどるローマの神。花嫁が正しく飾り帯をつけているかに気を配る神。

参考文献：Ferguson 1970, 68; Hammond & Scullard (eds.) 1970, 545 (under Indigetes).

クアドルウィアエ Quadruviae

ケルトの、辻をつかさどる女神。クアドリウィアエ、デアエ・クアドルウィアエあるい

はデアエ・クアドリウィアエとしても知られる。ドイツではこれらの神々への数点の奉献物、たとえばシュツットガルトからは、230年12月29日にセレニウス・アッティクスが奉献した祭壇が発見されている。ケルン近郊で発見された碑文には、「quadriviis, trivis, viis, semitis」（辻、分かれ道、道、そして小道の女神たちへ）としるされている。
参考文献：Elbe 1975, 208; Espérandieu 1931, no. 557.

クイエース Quies
「平静、休息、平和」を意味する抽象名詞クィエースを神格化した神。クィエース神殿はラティウムのラピキ街道ぞいにあった。

クイリナリア Quirinalia
パレンタリア祭（祖霊の祭儀）のあいだおよびフォルナカリアの最後の日、2月17日におこなわれていたクイリヌスの祭りであるが、詳しいことはほとんどなにも知られていない。またこの祭りは愚者のための祝宴（「阿呆の祭日」stultorum feriae）としても知られていた。［フォルナカリア祭に参加しそこなった人びとのためにこの日があてられたことに由来するという。］
参考文献：Scullard 1981, 78-79.

クイリヌス Quirinus
最初のカピトリウムの三神一組の神のなかの1柱であるローマの神であった。起源はサビニ人の神（おそらく戦いの神）で、ローマの建国以前にクイリナリス丘に祀られていた。のち国家宗教のなかに吸収されていった。ホラという名の妻がいた。祝祭は2月17日にとりおこなわれた。フラメン・クイリナリスがつかえていた。クイリナリス丘には早い時期から聖所があったがその後、前293年に神殿が献納された。
参考文献：Dumézil 1970, 246-272；Hammon & Scullard（eds.）1970, 908.

クイリヌス神殿
ローマ最古の神殿のひとつで、前6世紀の中頃ロムルスが現れ、ユリウス・プロクルスにこのような聖所をこの場所に建てるよう命じたという伝承が信じられている。この神殿建立にかんする最初期の記録は、前293年にルキウス・パピリウス・クルソルが奉献したとしている。おそらくそれ以前の神殿を取りかえたものと思われる。この神殿は前206年に落雷の直撃を受け、前49年には焼失している。その後、前16年にアウグストゥス帝が再建し、6月29日に奉献した。最初の神殿の奉献日は2月17日（クイリナリア祭の日）であった。この神殿は、8本のドーリス式柱を有する八柱式のローマの神殿のなかでも、もっとも大きなもののひとつであった。前45年元老院によってユリウス・カエサルの像がこの神殿に設置された。神殿はアルタ・セミタの北西側、のちのパラッツォ・デル・クイリナーレという館の庭園に少なくとも4世紀までは建っていた。クイリヌスに奉献された聖所はクイリナリス門の脇に建っていたのではないかと思われる。
参考文献：Richardson 1992, 326-327.

クインクアトルス Quinquatrus
3月19日、3月のイドゥスの日から数えて5日目（当日を1日目とするローマの算入計算による）。大クインクアトルスという名前を勘違いし（5日目ではなく5日間を意味すると信じ）クインクアトルスは、ローマにおける5日間の祝祭および休日の始まりとみなされるようになった。この祭儀は女神ミネルウァのもっとも重要な祭りで、1日目はミネルウァ女神の誕生日と考えられ、残りの4日間は競技場でおこなわれるさまざまな競技の日とされた。この祭儀がおこなわれたのはアウェンティヌス丘上にあったミネルウァ神殿とカエリウス丘上のミネルウァ・カプタ神殿であったと思われる。
参考文献：Scullard 1981, 92-94.

クインデキ

クインデキムウィリ・サクリス・ファキウンディス quindecimviri sacris faciundis
（これに代わるラテン語表記は、XVviri sacris faciundis, XVviri s.f.）

「シビュラの書」にかんして責任をもつ15人からなる祭事執行官団（コッレギウム）。最初「シビュラの書」は2人の祭事執行官（duoviri）によって管理されていた。前367年にはデキムウリ・サクリス・ファキウンディスとして知られている祭事執行官は10人に増加された。スッラの時代には15人に、カエサルのもとでは16人に増加されたが「15」という名称はそのままであった。祭事執行官は、当初は貴族（パトリキ）出身の男性にかぎられていたが、前367年から平民（プレブス）がふくまれるようになった。元来彼らは委員会などから選出していた。しかし前104年からはそのうちの何人かは一般民衆によって選出されることとなった。やがて彼らは「シビュラの書」の管理から離れ、外国の（特にギリシアおよび東方の）祭儀、たとえば**マグナ・マテル**の祭儀などを監督することとなった。彼らはこれらの祭儀の祭司ではなかったが、公的な国の宗教儀式がおこなわれるさいにはこれら外国の祭儀の代表を務めた。これらの祭儀の新しい祭司および女性祭司の指名、推薦はこの祭事執行官団がおこなうことになっていた。

参考文献：Beard and North (eds.) 1990; Porte 1989, 144-149.

供犠 sacrificium（図35、36）

字義どおり聖なる行為をすること。神々、半神（英雄）、皇帝、死者たちへ贈り物をすることである。供犠は、今日この語が意味するような、動物の儀礼的殺害（流血供犠）とは無関係であった。公私の供犠はともども神との関係を喜ばしいものとし、その関係を保持するためにおこなわれたのである。供犠は多様な仕方でささげられた。たとえば食物の供物などは神にたてまつる宴会で神と人とのあいだでたがいに分かち合うものと考えられ、また食物がみな焼かれるときにはすべて神に

図35　ガイウス帝（カリグラ）のセステルティウス貨。ガイウス帝がディウス・アウグストゥス神殿の前で雄牛を供犠する場面を表す。ガイウス帝は頭をトガでおおった姿（カピテ・ウェラト）で、近くに祭壇、左右には雄牛と2人の助祭、背後には六柱式神殿が表されている。銘文はDIVO AVG SC（元老院の命により神聖なるアウグストゥスに）としるされている。コインの年代は40/41年と算定される。

図36　火の燃える円形祭壇に神にささげる献酒（無血供犠）をおこなっている人物を表す浮彫。供犠を受けるのは、左手に豊穣の角（コルヌコピア）を持つ坐像のトゥテラ女神。銘文はTVTELE SANCTE（聖なるトゥテラに）としるされている。

クキ

ささげられたと思われる。供犠のささげもの
は、献納の動機にしたがって種々の部類（恩
恵を授かろうとしてなされる献納など）に分
けられる。供犠をおこなう動機を裏づける証
拠の多くは祭壇に刻まれた銘文に由来する。
祭壇はそれ自体がひとつの供犠物なのである。
いくつかの供犠は神々の教唆でなされる。
神々は夢や他の暗示で供犠の必要をひそかに
伝えたのであろう。また別の供犠は神託にし
たがってなされる場合もあった（→**神託**）。
供犠はローマ建国記念日（伝統的に４月21
日とされている）など種々の祝祭日あるいは
種々の記念日にもおこなわれたのである。

供物にはさまざまなものがあった。菓子、
葡萄酒、香、油、蜜などが供えられた。種々
の動物の屠殺をふくんだ流血供犠もあった。
供犠のもっとも一般的な形式は、誓願成就を
祈念してなされる奉納（願掛け奉納物＝ex
voto）である。人びとはもし神が特別の働き
をお示し下されば供犠することを約束してい
たからである。人身供犠（→**人身御供**）をお
こなった証拠はごくまれにしかない。それも
ごく例外的な状況のもとでおこなわれたもの
であった。

動物の屠殺とその消尽が供犠のもっとも一
般的な形態である。動物は特定された神にふ
さわしいものでなければならなかった。男神
には雄、女神には雌、いずれも汚れなく、適
切な色（**地下世界**の神々には黒）というよう
に。ある供犠ではかならずしも人間が食する
には適切でない動物、たとえば**ヘカテ**に供犠
される犬、といったものもあった。供犠を願
う人は当の神殿の管理人（アエディトゥウス
aedituus）と準備の打ち合わせをし、動物を
殺し犠牲をとりしきる下位祭司（**ウィクティ
マリウス** victimarius）を雇うのがしきたり
であった。またときには竪笛吹き（ティビケ
ン tibicen）を雇うこともあった。供犠で楽
の音が必要とされたのは、不吉な音が耳に入
るのを防ぐためであった。不吉な音が聞かれ
れば供犠は始めからやり直しとなる。祭司は
ずっと頭をトガでおおったまま（**カピテ・
ウェラト**）不吉なものの出現や音を見張りつ

づけたのである。

供犠のため動物を殺す方法も的確であるこ
が重要視されたようである。犠牲獣の頭には、
屠殺の前に葡萄酒と聖菓（モラ・サルサ
mola sarsa）がふりかけられる。ついで柄つ
き斧で気絶させられ、つぎに供犠用短剣でつ
き刺される。流れ出る血は碗に受けられ、祭
壇にふり注がれる。つぎに犠牲獣は皮を剥が
れ、切り分けられる。内臓は卜腸官（→**ハル
スペクス**）によって調べられ、そのあと内臓
は祭壇の火の上で焼かれ、それらはまず重要
な参列者にふるまわれる。骨と脂身も祭壇の
火で焼かれるが、これらは葡萄酒や菓子など
その他の供物とともに神々へのささげもので
ある。犠牲獣の他の部分はすべて饗宴に参加
した者たちのために料理される。

供犠獣のすべてを神々にささげる流血供犠
は、いつも戦争の直前といった危機のときに
おこなわれるが、浄化や贖いの儀式、**死者の
埋葬**のおりにもなされる。ホロコースト（全
燔祭）は獣を丸焼きにする供犠のことであっ
た。豚・雄羊・雄牛を組み合わせてともに供
犠する**スオウェタウリリア**もたびたびおこな
われた（図52）。供犠はそのあとでふるま
れる良き食事、あるいは饗宴の口実として役
立つという傾向もあったが、その饗宴こそ祝
典の中心をなすものであった。

ユダヤ人たちは、彼らの以前の支配者たち
にとって代わった支配者、すなわち皇帝に供
犠をおこなうことに同意した。しかし**ユダヤ
の反乱**（66-70）により終わりをつげること
となった。**キリスト教**だけはこの供犠を拒否
した。キリスト教徒が皇帝への供犠をしよう
としなかったのは、この宗教的儀式が皇帝を
神として扱おうとするものであったからであ
る。４世紀になると、コンスタンティヌス１
世からテオドシウス帝にいたる皇帝たちに
よって供犠の禁止令があいついで出された。
しかし動物供犠は消え去ることなく、キリス
ト教徒によってさえ実行されつづけたのであ
る。

参考文献：Hassal 1980; Price 1984, 207-233.

91

クスルシギアエ Xulsigiae

ドイツのトリーア（トレウェリ族の首都で、ローマ時代のアウグスタ・トレウェロルム）にある聖所から知られることとなったケルトの神々。この聖所は**マルス・レヌス**に献納された聖域のひとつとむすびついていた。神々は、聖なる泉とむすびついた、豊穣と母神たちの三神一組の神々であったのかもしれない。**ゲニウス・ククッラトゥス**とよばれる粘土製の像が1体この聖所のなかで発見されている。またゲニウス・ククッラトゥスたちはしばしば母神たちとむすびついていた。

参考文献：Green, M. J. 1992a, 228.

クダ Cuda

ケルトの女神。イギリスのサイレンセスターから、刻文のあるこの女神の彫像が出土している。**母神**として表現され、頭巾をかぶった3人の**ゲニウス・ククッラトゥス**たちをともなっている。女神は膝の上になにかをかかえ（おそらくは卵か麺麭）、坐っている姿で表現されている。いっぽう、頭巾をかぶったゲニウス・ククッラトゥスたちは立ち姿で表現されている。女神のいちばん近くにいるゲニウス・ククッラトゥスは、女神になにかを渡そうと、あるいは女神からなにかを受けとろうとしているようにみえる。「クダ」という名称は、「繁栄」を意味する。

参考文献：Green, M. J. 1992a, 72.

クニナ Cunina

ゆりかごのなかの子どもを世話するローマの女神。

参考文献：Hammond & Scullard (eds.) 1970, 545（under Indigetes）.

グノーシス派
（グノーシス gnosis「知識」より）

贖いの秘儀を根本思想とする複合的宗教運動つまりグノーシス主義運動の1派。おそらく西暦紀元前に始まり、多神教、**ユダヤ教**、**キリスト教**の諸見解の融合によって発展したのであろう。2世紀にはキリスト教と多神教（異教）双方の枠組のなかでグノーシス派は顕著となったが、それは主としてエジプトのアレクサンドリアに住むウァレンティヌスとバシレイデス［ともにグノーシス派有数の人物］の著作をつうじてであった。ほかの著述家もグノーシス信仰に貢献し、ローマ帝国全土、さらに彼方の中国にまでもグノーシス派の運動は広がった。グノーシス派は異なる教派を内包し、1派または2派のグノーシス派が今日も存続している。

グノーシス派の根本原理は、遠く離れていて不可知の神と、その神から降った下位の神性つまり「デミウルゴス Demiurgus」との識別にある。デミウルゴスはこの世界の不完全な創造者であり支配者である（この世は不完全な神性に創られたがゆえに、不完全である）。しかしながらある種の人間は神の実体のひらめきを有していると信じられ、その人は死後、神のみもとにもどることを望みえた。ひととき人間の身体に仮に宿り、グノーシス（知識・霊知）をもたらすこの神性がひとりの贖い主（おそらくキリスト。あるいは来たるべき贖い主）をつかわされた。

参考文献：Ferguson 1970, 128-131; McManners (ed.) 1990, 26-28.

クノマグルス Cunomaglus

ケルトの神。ローマの神**アポロ**とむすびつき、アポロ・クノマグルスとして崇拝された。

クバ Cuba

ローマの女神。ベッドのなかの赤児を保護した。

クピド Cupid

ローマの愛の少年神。ローマの女神**ウェヌス**とローマの神**ウルカヌス**との息子。クピドは、ギリシアの神**エロス**にあたり、エロスのように翼、弓、矢筒とともに表現される。クピドは、死後の世界の象徴としてさまざまな棺に描かれている。この象徴的表現は、キリスト教にも引きつがれ、キリスト教ではクピドは有翼のケルビム［知識をつかさどる天使。

9天使の第2位にあたる]へと姿を変えている。

参考文献：Jones 1990（on coins）.

クプラ Cupra

ローマの女神。イタリア、クプラ（現在のグロッタンマレの近くにあった町）の神。ローマの女神ボナ・デアと同じ神と考えられていたと思われる。

クラウディウス神殿

イギリスのコルチェスターにあったクラウディウス帝を祀る神殿。ローマの植民市に建立されたほかの神殿よりはるかに巨大であり、広大な神域のなかにあった。クラウディウス帝の存命中は、おそらく皇帝崇拝は、**ローマ女神**とアウグストゥス帝のための祭壇に祈る形でおこなわれていたと思われる。ゆえに神殿の建立と献納はおそらくクラウディウス帝の没後であり、献納は神格化された皇帝ディウス・クラウディウスに対しておこなわれたと思われる。しかし、このクラウディウス神殿が建立された時期にかんしては論争がつづいており、この神殿はクラウディウス帝の存命中に建立された、したがって西方では、存命中の皇帝が崇拝されていたことの証拠であると主張する学者もいる。この神殿の遺構は、現存するノルマン大聖堂の下に眠っている。

参考文献：Drury 1984; Fishwick 1972, 1987, 195-218; Fishwick 1991; Simpson 1993.

グラティアヌス Gratianus

フラウィウス・グラティアヌス。ローマ皇帝、在位367-383。聖アンブロシウスの多大な影響を受けたキリスト教徒。みずからの肩書きから**ポンテフェクス・マクシムス**の称号をはずした最初の皇帝。シュンマクスの抵抗にもかかわらず、ローマ元老院議事堂のウィクトリアの祭壇の撤去を命じた。

参考文献：Grant 1985, 266-268; Hammond & Scullard (eds.) 1970, 476.

グラニス Glanis（図37）

フランス、グラヌム（現在のサンレミ）の名祖となったケルトの守護神。このグラニスと、グラヌムにあるいくつかの癒しの泉に関係のある三神一組の母神グラニカエGlanicaeのための祭壇がグラヌムにおかれた。

参考文献：Green, M. J. 1992a, 105.

クラルス Crarus

イベリアの神。スペイン北西部のヴィラブリノに近いサン・ミゲル・デ・ラキアナでみつかったひとつの祭壇碑文に登場する。この神の役割は不明である。

図37　南フランス、グラヌム（サンレミ）で発見されたグラニス、グラニカエ、フォルトゥナ・レドゥクスにささげられた祭壇。グラニスとグラニカエの聖地で発見された。第21ラパクス軍団の退役軍人が献納した。

参考文献：Tranoy 1981, 297.

グランヌス Grannus

　ケルトの神。アポロ・グランヌスとしてアポロとむすびつけられた。古代の著述家であるディオ・カッシウスが、癒しの神としてグランヌスに言及している。グランノス Grannos はおそらく別名である。

クリア・カラブラ Curia Calabra

　本来は、ローマのアレア・カピトリナにあった新月を観察するための囲い地または聖域（テンプルム）であったと思われる。**アウグラクルム**の小屋に似た、鳥占いのための簡素な小屋の前にあった。
参考文献：Richardson 1992, 102.

クリウィコラ Clivicola

　斜面と坂道をつかさどる神。
参考文献：Grimal 1986, 231 (under Indigetes).

クリオボリウム criobolium

　キュベレと**アッティス**を祀るための儀式。**タウロボリウム**の儀式に類似している。この儀式では、雄牛ではなく雄羊が供犠された。
参考文献：Vermaseren 1977, 101–107.

グリセリカエ Griselicae

　マトレス・グリセリカエとしても知られるケルトの母神たち。

クリトゥムヌス Clitumnus

　イタリアのトレビアエ（現在のウンブリア州のフォリーニョ）近郊を流れるクリトゥムヌス川を擬人化したローマの神。クリトゥムヌス川はティニア川に流れこみ、ティニア川はティベリス川に流れこんでいる。クリトゥムヌス川の水を飲んだ牛は、毛の色が白くなると信じられていた。クリトゥムヌス川の水源に、この神を祀る聖所がいくつかあった。
参考文献：Hammond & Scullard (eds.) 1970, 253.

クリミスス Crimisus

　ローマの河神。クリミソス Krimisos、クリニスス Crinisus、クリメッスス Crimessus、クリミッスス Crimissus といった名でも知られる。シチリア島西部を流れるクリミスス川は、現在、カルタベッロッタ川の名で知られている。
参考文献：Wilson 1990, 282.

グリュコン Glycon

　アスクレピオス（アエスクラピウス）神の化身といわれる聖なる蛇。ふさふさとした頭髪、人間の耳をもっていた。黒海南岸のアボノテイコスで、予言者アレクサンデルがこの蛇を発見した。彼はアボノテイコスで、150年頃から死去するまで30年以上にわたってこの蛇を使って**神託**をくだした。そののち、ある呪医がこの聖所をまかされた。託宣のとき、蛇は請願者の問いに答えるために現れた。この聖所で秘儀は発展し、神託をつたえる者たちは秘儀に没頭して奥義をきわめた。グリュコン崇拝は東方およびローマの上流階級に広く流行した。マルクス・アウレリウス帝も信者のひとりであった。アレクサンデルと同時代の、2世紀のギリシアの詩人・風刺作家ルキアノスの著書から、このグリュコン崇拝の概要がわかる。彼はアレクサンデルを詐欺師、神託は捏造したものとして痛罵している。しかし他の神託や秘儀と比べて、グリュコン崇拝がそれほど欺まん的であったとはいえないであろう。
参考文献：Hening 1986, 160; Lane Fox 1988, 241–250; Tacheva-Hitova 1983, 276.

クルトゥス cultus

　神々をうやまい、尊崇すること。また、宗教的な義務を順守すること。ローマの宗教は、ピエタスではなく、むしろクルトゥスに分類できる。ピエタスとは、忠純で尊崇の念と行動をともなう態度をとることである。ローマ人にとっては、儀式を正確にとりおこなうことの方がより重要であった。神々は、正確に儀式の形式を守り、神々が好意的にその気に

なってくださるよう遵奉することによってあがめられた。崇拝者の倫理や道徳などは問題ではなかった。神々は、適切に手順がととのえられた儀式と神の力の大きさを認めることを崇拝者に求めていると考えられた。なぜなら、神々は自然の諸力の霊魂にほかならないからである。それゆえ儀式と祭典は、自然の力をやさしい状態にたもつことを目的とし、神々との平和と調和をたもつためにとりおこなわれた。(→パクス・デオルム)

クレト Creto
碑文にあるケルトの神グレトの名の別の読み方。

グレト Greto (またはおそらくクレトCreto)
ドイツのシュトゥンプフェル・トゥルムにある先端が平らな円塔で発見された碑文から名前がわかったケルトの神。
参考文献:Wightman 1970, 222.

クレメンティア Clementia (寛容の女神)
カエサルは大ポンペイウスとその一党を倒したあと、この神のための神殿を建立することを決議させた。

クロアキナ Cloacina
ローマの水の神。ウェヌスと同一視され、ウェヌス・クロアキナとして崇拝された。

クロディウス Clodius
ププリウス・クロディウス・プルケル(前92頃-前52)、ローマの政治家。神を冒涜したとして2度告発されている。1度目は前62年12月に、ユリウス・カエサルの自宅でとりおこなわれたボナ・デアの祝祭に女装して忍びこんでいる。前61年5月に、キケロはクロディウスが神を冒涜したとして証拠を提出するが、かろうじて無罪となる。2度目は前55年に、奴隷の一団を引きつれメガレンシア競技会に乱入している。この競技会には、ローマ自由市民(外国人でも奴隷でもない人びと)のみが参加可能だったため、クロ

ディウスら一団のいちじるしい無法行為に群衆は暴徒化した。造営官としてこの競技会の責任者であったキケロは、ふたたび、クロディウスの行為は神への冒涜だと非難する。クロディウスは前52年、イタリア、ボウィッラエのボナ・デアの聖域で暗殺される。当時、ボナ・デアがクロディウスに復讐したのではないかとうわさされた。
参考文献:Brouwer 1989, 363-370; Hammond & Scullard (eds.) 1970, 254; Vermaseren 1977, 125.

クロノス Cronus
Cronos、Kronosとしても知られる。オリュンポスの神々に先んじた古代ギリシアの神々ティタンのうちの1柱。ローマの神サトゥルヌスと同一視されていた。

軍旗
それぞれの軍の単位を示す表象としてもちいられた、高い柱の上につけられた、他との区別の目安となる表象(のちに旗がもちいられるのと同じ方法で)。この軍旗はそれぞれの軍の単一隊の幸運や力を象徴するものとして非常に重要なものであった。いくたの祭儀の象徴と同じように1年をとおして崇拝された。テルトゥッリアヌス(キリスト教徒の著述家)が兵士たちはすべての神々以上に軍旗をあがめていたと述べている。それぞれの常設の軍単位(とくにレギオン)は第一歩兵隊[古代ローマの歩兵隊。レギオンを10に分けた1隊で300-600人]によって管理される聖所をもっていた。そこには神々や皇帝の像および軍旗が保管されていた。古代ローマ軍団の要塞ではプリンキピア principia(軍団本営の建物)にある聖所に軍旗は保管されていたが、もし軍事行動中に軍旗を紛失した場合、軍旗紛失という受難にあった隊は解散されることもあったようである。軍旗は祝宴の日に取り出されるが、しかし少なくとも各軍団(レギオン)が所有する鷲の表象(aquila[すなわち軍旗])にささげられた祭壇だけはつねにそこにおかれていた。軍旗に敬意を表して

ケツコン

とりおこなわれる1年でもっとも重要な祝祭はロサリアエ・シグノルム Rosaliae Signorum（軍旗の頂戴式）として知られるものである。この祝祭はドゥラ・エウロポス暦（**フェリアエ・ドゥラヌム**）のなかにしるされ、そのさい軍旗にはかならずバラの花輪がつけられていたようである。軍旗にかんする奉納碑文は比較的少ない。ハドリアヌス長城の北、ハイ・ロチェスター要塞から発見された祭壇は、ウァルドゥッリ（ヒスパニアから移動して来たローマ人兵士たちの1隊）の第一歩兵大隊が「守護神および彼らの軍旗」に奉納したものであった。この場合「ゲニウス」すなわち「守護神」はこの隊の守護神であったのか、あるいは皇帝の守護神（**ゲニウス**）といった他の守護神であったのかはさだかでない。

参考文献：Burn 1969, 148-149; Hammond & Scullard（eds.）1970, 937（under Rosalia）, 1011; Henig 1984, 90-91; Phillips 1977, 62.

結婚

　ローマの結婚は宗教儀式ではなかった。あくまでも私的行為であっていかなる儀礼的なきまり文句も、成文化された誓約もなかった。結婚にかんする最古の形式は**コンファッレアティオ**（宗教的な結婚契約。麵麭共用式婚姻）であった。結婚日は慎重に選定されねばならなかった。3月、5月および6月前半の結婚は縁起が悪いとされた。（ただし6月15日以降は良いとされる。これらの日にウェスタ神殿の年間の塵芥がティベリス川にすてられるからである）。またローマ古暦の月初め（**カレンダエ**＝朔日）、3、5、7、10月の第7日、および他の月の第5日（**ノナエ**）、小の月の13日と大の月の15日（**イドゥス**）とそれらにつづく日、すなわち忌み日と祭日の結婚もまた縁起が悪いとされた。ただ寡婦たちは祭日に再婚できた。彼女たちには招待客がほとんどいなかったからかもしれない。

　将来の縁起を探り、記録することが義務づけられていたので、元来卜鳥官（**アウグル**）が結婚式にのぞんだ。しかしキケロの時代（前1世紀）になると卜鳥官の肩書き権

（auspex）をもつ家族の友人が出席した。このことは夫婦の友人の承認が求められたことを意味している。結婚にあたっては、腸の供犠と腸卜がおこなわれたが、供犠がいかなる神にささげられたのかはさだかではない。大地の女神**テッルス**にささげられることもあれば、穀物の女神**ケレス**にささげられることもあった。花嫁の家で始められる婚儀のあと、祝宴は花婿の家へと移される。そのとき花婿は花嫁が敷居で不吉なつまずきをしないよう自分の家へと導きいれる。新居への花嫁の入居をしるす儀式をおこない、夫婦は初めて床をともにする。

　離婚についてはいかなる宗教的な取り決めもない。**キリスト教**では、結婚はひとつの秘跡であると神学的な決定がなされているにもかかわらず離婚にかんしての宗教的おきてはなかった。

参考文献：Dixon 1992, 61-97; Treggiari 1991.

ゲニウス genius（複数形 genii、文字どおりには「子をなす者、とくに父親」）

　男性が子の親となれるようにする守り神。ゲニウスに対応する女性の守り神は**イウノ**（**ユノ**）である。一家のゲニウス（**ゲニウス・パテルファミリアス**）は男性の家長（パテルファミリアス）に内在していると考えられ、家長の誕生日に家族によって礼拝された。ゲニウスの象徴は蛇であり、ローマ美術においてしばしばその姿で描かれた（図84）。ゲニウスは**ラララリウム**で**ラル**とともに崇拝されることが多かった。

　ゲニウスという概念は広くゆきわたり、たとえばそれぞれのローマ人集団、さらにローマ市というようなそれぞれ特定の場所、属州ノリクム地域でも、それぞれ独自のゲニウスをもつにいたった。

参考文献：Alcock 1986, 113-115.

ゲニウス・アウグスティ Genius Augusti（皇帝の守護神）

　皇帝の**ゲニウス**であるローマの神格。元老院の命で公的、私的にかかわらず、儀礼的な

晩餐会ではつねにこの神に神酒の灌奠をおこなわなければならなかった。
参考文献：Alcock 1986, 114.

ゲニウス・ククッラトゥス genius cucullatus
（複数形 genii cucullati）

　通常、一連の石の浮彫で、フードをかぶった姿で表現される神格の名称。ククルスcucullus とはフード付きマントのフードのこと。オーストリア、ワベルスドルフのロマノ・ケルト様式の聖所で発見された碑文に、ゲニオ・ククッラト genio cucullato（与格形「ゲニウス・ククッラトゥスへ」）という呼称について述べられている。ヨーロッパでは通常、単独の巨人または小人として表されるが、イギリスではそれは２、３の例があるだけで、通常同じ姿の３人の小人で表現されている。ゲニウス・ククッラトゥスはしばしば卵、あるいは金袋、ときには巻物をたずさえている。そして母神とともに表現されていることもある。象徴的な男根崇拝とも関連する。ときには燭台の取りつけ器具の差しこみの部分が神の男根をかたどったものもある。ゲニウス・ククッラトゥスは、ケルトの豊穣と繁栄の神、またおそらく復興と再生の神に関連すると思われる。
参考文献：Green, M. J. 1992a, 104–105.

ゲニウス・パテルファミリアス Genius Paterfamilias

　「家長の守り神」である神格。（→ゲニウス）

ゲニウス・パトリアエ Genius Patriae

　「祖国の守り神」である神格。

ゲニウス・ププリクス・ポプリ・ロマニ Genius Publicus Populi Romani
（ローマ国民公衆の守り神）

　ゲニウス・ププリクスまたはゲニウス・ポプリ・ロマニともいう。美術でははじめ、この神格はヒマティオン（ギリシア式の袖なし外套・マント）をまとい、コルヌコピア（豊穣の角）を手にする男性で表された。祭壇に

パテラを持つ姿で描かれていることもある。しかし前１世紀になると、髭をはやした顔貌で、球体［完全・永遠の象徴］、王冠、笏、コルヌコピアをともなった姿で描かれた。のちのウェスパシアヌスのコインでは、コルヌコピアを持つ、髭をきれいにそった若者となっている。ローマのフォルム・ロマヌムにあるコンコルディア神殿の近くに聖所があった。毎年10月９日に犠牲がささげられた。
参考文献：Alcock 1986, 114; Richardson 1992, 181.

ゲニウス・ロキ Genius loci
（特定の場所の守り神、地神）（図38）

　嘆願者が献納するさい、犠牲をささげるべき神の名が不確かなときに使う常套句。

ゲブリニウス Gebrinius

　ケルトの神。メルクリウス・ゲブリニウスとして、ローマの神メルクリウスとむすびつけられた。

ケラ Cela

　ローマの女神。詳細は不明だが、古代の著作物に登場する。

ケリアリア Cerialia

　ケレスをたたえておこなわれた農耕祭。メガレンシア祭の直後、４月12日から19日にかけて開催された。この祝祭の起源は、前202年よりも古い。もともとは特別なときにのみ、この祝祭はおこなわれたが、その後は１年に１度の例祭となる。この祝祭は平民造営官が担当した。祭りの最終日にはローマの大競技場で競技会がおこなわれた。また、この日、同じく大競技場で、尻尾に燃えさかる松明をくくりつけた狐をはなつという祭儀もおこなわれた。フォルディキディア祭は、ケリアリアのあいだにおこなわれた。
参考文献：Richardson 1992, 80–81; Scullard 1981, 101, 102–103.

ケルヌンノ

図38　ゲニウス・ロキにささげられた祭壇に刻まれた荒削りの碑文。碑文はGENIO HVVS LOCI TEXAND ET SVVE VEX COHOR II NERVIORVM（ネルウィアヌス第2歩兵隊分遣隊のテクサンドリアと［？］スウェウァの兵士が「この場所の守り神」のためにこれをもうけし）とよめる。HVVSはHVIVS（this）であるべきである。この祭壇はハドリアヌス長城のキャラウバーグで発見された。

ケルヌンノス Cernunnos

ケルトの神。豊穣、豊かさ、再生、野生動物をつかさどる神であった。ローマ時代広く崇拝されたが、それより前から崇拝されていたことがローマ時代以前の遺跡によって知られている。おそらく**ケルネヌス**と同一の神と思われる。「ケルヌンノス」とは、「とがったもの」「角の生えたもの」を意味する。ケルヌンノスの名前が刻まれた像が知られているが、この像はティベリウス帝の治世（14-37）に、パリシイ族［現在のパリを中心に住んでいた一種族］の船乗りによって建てられたものである。この像では、ケルヌンノスは人間の耳とともに雄鹿の耳をもつ頭の禿げた老人として表現されている。頭には鹿の角をつけ、それぞれの角から首輪（トルクtorques）がぶら下がっている。この像は、名前がしるされれていたことからケルヌンノスであることがわかった。ほかにも、名はしるされていないがケルヌンノスを表現した肖像が知られている。またケルヌンノスはしばしば配偶神や枝角が生えた女神たちとむすびつけられることも知られているが、おそらくそれらの女神たちはケルヌンノスに相当する女神であったと思われる。

ケルヌンノスの肖像には、よく羊の角を生やした蛇が登場するが、これは多産、活力、再生の象徴であると思われる。角のない蛇も登場するが、これもまた多産と再生の象徴である。また、像によっては、角がとりはずしできるようケルヌンノスの頭に差しこみ口がついている場合もある。おそらく成長と再生の儀式、すなわち鹿の角の生えかわりを反映した儀式がおこなわれたさいに、鹿の角のはめはずしがおこなわれたものと思われる。コインや穀物でいっぱいになった袋や椀、また豊穣の角（コルヌコピア）や果実もまた、ケルヌンノスと一緒によく描ける。これらは、「豊かさ」を象徴していると思われる。ケルヌンノスの図像の分布から、この神がガリアやブリタンニアで崇拝されていたことがわかる。

参考文献：Green, M. J. 1992a, 59-61; Ross 1974, 172-220.

ケルネヌス Cernenus

ケルトの神。ローマの神**ユピテル**とむすびつけられた。**ケルヌンノス**と同じ神と思われる。

参考文献：Ross 1974, 181-182.

ケレス Ceres

　穀類をつかさどるローマの女神。自然の再生力を象徴する存在であった。ギリシアの女神デメテルと同一視され、ローマの大地の女神テッルスと関係が深い女神であった。前499年あるいは前496年に飢饉が起き、「シビュラの書」に神託をうかがった。そのさい、デメテル、イアッコス、コレ（エレウシスの秘儀と関係のあるギリシアの神々）をローマの神々ケレス、リベル、リベラと同一の神として崇拝せよとの勧告があったという。ローマのアウェンティヌス丘には、これら3神をともに祀った神殿がひとつあった。ケレスには、専属のフラメン（フラメン・ケリアリス flamen Cerialis）がいた。この女神の祝祭はケリアリアといった。ケレスは、セメンティウァエ祭（おそらくパガナリア祭）のあいだ礼拝され、祝祭の2日目にスペルト小麦（粒子のこまかい粉になる小麦の1種）で作った菓子と孕んだ豚が供犠された。さらにアンバルウァリア祭のあいだにも礼拝された。また大地の女神として、葬儀ののち、死者の出た家を浄化するためケレスに犠牲獣が供えられた。ケレスは地下世界と関係が深いと考えられた。ケレス神のための断食（イエイウニウム・ケレリス）が10月4日におこなわれていた（ローマ人が、断食をおこなうことはめずらしかった）。
参考文献：Hammond & Scullard (eds.) 1970, 223-224; Grimal 1986; Simon 1990, 43-50.

ケレス神殿

　ローマでもっとも有名なケレスの神殿は、アウェンティヌス丘の斜面の低い方にあった。ここでは、ケレスは、リベルとリベラとともに祀られていた。これらの3神は、ギリシアのデメテル、イアッコス、コレのエレウシスの神々に相当する（→エレウシスの秘儀）。この神殿は、単にケレス神殿とよばれた。前499年あるいは前496年にローマに飢饉が発生し、「シビュラの書」にしたがって独裁官アウルス・ポストゥミウス・アルブスは、この神殿を建立することを誓願、前493年に執

政官スプリウス・カッシウスによって献納された。神殿は、規模は小さいがカピトリウム神殿に類似しており、3神それぞれのためにケッラがあったと思われる。ギリシアの芸術家ゴルガソスとダモピロスが壁面の装飾を手掛けた。しかし、この神殿が再建されたとき、彼らの制作した絵画と浮彫は切りとられ、額に入れられてしまう。神殿は非常に裕福で多くの芸術作品が所蔵されていた。
　この神殿は、平民（プレブス）の活動の中心となり、平民造営官 aediles Cereris の拠点がここにおかれ、彼らにはこのケレス神殿を監督する任務があった。また、元老院議事録 senatus consulta やのちには民会議事録 plebiscita の写本など、さまざまな文書がここに保管されていた。神殿はさらに、貧民への食糧配給所、また治外法権を有する避難所としても利用された。それはケリアリア祭のおりにとくに顕著であった。神殿には女性の祭司たちがいたが、この女性祭司たちはかならず南イタリア出身者であった。祈祷はかならずギリシア語でおこなわれた。前206年と前84年にこの神殿に雷が落ち、さらに、前31年の大火によってこの神殿は焼失したが、アウグストゥス帝の手によって再建され、新神殿は17年にティベリウス帝によって献納されている。4世紀までこの神殿は建っていたことが知られている。現在その廃墟は、フォルム・ボアリウムにあるサンタ・マリア・イン・コスメディン教会の下に埋もれている。
参考文献：Scullard 1981, 102-103.

コインクエンダ Coinquenda

　木の伐採をつかさどるローマの女神。

コウェンティナ Coventina （図39）

　ケルトの女神。ハドリアヌス長城のキャラウバーグにある湧き水をつかさどった女神。小さな泉は聖所となっている池または井戸に水を満たしていた。この湧き水は薬泉ではないが、コウェンティナは水だけではなく治癒をつかさどる女神としても信仰された。この女神は高位の女神らしく、碑文のなかでは、

コウテイス

図39 ウィノマトゥスが、コウェンティナのために立てた祭壇。ハドリアヌス長城のキャラウバーグ要塞で発見された。D[E]AE COVEN[TINAE] VINOMATHVS V[OTUM] S[OLVIT] L[IBENS] M[ERITO]（コウェンティナ女神のために、ウィノマトゥスは心より正当に誓願を果たしました）。高さ24センチメートル。

「アウグスタ」や「サンクタ」という敬称をみることができる。発掘された聖所からは、この女神への数多くの奉納品が出土している。碑文のなかでは、コンウェンティナConventina、コッウェンティナCovventina、コウォンティナCovontina、コウェトナCovetnaとさまざまな名称で登場している。人間の頭蓋骨も、奉納品としてこの女神にささげられていた。人の頭蓋骨はときには池や井戸のなかにおかれていた。おそらく頭蓋骨を池や井戸におくことによって、その人間は**死後の世界**へすみやかに行くことができる、あるいは来世で生まれ変わることができると信じられていたためと思われる。（霊魂は、心臓ではなく頭に宿ると考えられていたのである。）

コウェンティナは通常、水のニンフとして描かれる。ひとつの石製の浮彫では、彼女は、半身裸体で、打ち寄せる波に寄りかかり、逆さにした水壺の上で憩う姿で描かれている。

また、手には睡蓮の葉をにぎっていた。ほかの浮彫では、3女神の1柱として、取っ手と口のついた水壺から水をそそぐ姿で描かれている。コウェンティナは、ロマノ・ブリタンニアの女神と考えられているが、フランスのナルボンヌ、スペイン北西部からもこの女神にかんする資料がみつかっている。スペイン北西部では、コウェテナCohvetenaとおそらくクウェテナCuhvetenaへの奉納碑文もみつかっている。

参考文献：Allason-Jones & McKay 1985; Green, M. J. 1986b, 154, 155, 157; Green, M. J. 1992a, 67-68: Tranoy 1981, 289（for Spanish evidence）.

皇帝崇拝 cultus imperatorius（図40、41）

　皇帝、その家族および祖先、そして逝去した皇帝に対する崇拝は皇帝崇拝または統治者崇拝とよばれた。帝国をつうじてきわめて広範囲に実践されたが、小アジアにおいてとくに顕著であった。西方では、逝去したのち神格化された皇帝は**ローマ女神**崇拝と密接に関係した。東方（ヘレニズム）の属州では、皇帝崇拝以前に、ローマからの統治者に対する統治者崇拝がすでにおこなわれていた。共和

図40 神格化されたアントニヌス・ピウス妃ファウスティナ1世のデナリウス銀貨。銘はDIVA FAUSTINAとよめる。　　サマセット州立博物館

図41 トルコ、エペソスの修復されたハドリアヌス神殿。主道に面した正面の特徴のあるアーチ。もともとは、おそらくアルテミス女神に献納されたものだろう。礼拝される像もアルテミスであった。のちに皇帝崇拝の一環となりハドリアヌス帝にささげられた。

政末期における統治権の拡大によってローマは東方のヘレニズム国家を支配するようになったが、そこでは人民が支配者を神としてあがめる慣習があり、そのためローマからの統治者を崇拝する素地がすでにあった。ローマの高官にはじめて適用された統治者崇拝はガイウス・マルケッルスに対してであって、彼がカルタゴからシチリアのシュラクサイを奪った(前212)のち、彼をたたえる祝祭(マルケッリア Marcellia)がシュラクサイで制定されたときであった。この祝祭はのちにウェッレス[前115頃-前43。シチリア総督(前73-前71)。それ以前からも激しい賄賂政治をおこない、前70年ローマでキケロに告発され亡命。最後はマルクス・アントニウスの命令で暗殺された]によって廃止され、彼はみずからの競技会を創始した。東方で、最初に永続的な崇拝を受けたローマ人は、ギリシア人をマケドニア王国から解放(前196)したティトゥス・クインクティウス・フラミニヌスである。ギリシアでは300年ものあいだ、すくなくとも2世紀まで彼をあがめる祭儀は持続した。共和政末期には、ほかにも多くの存命中の統治者が神官によって、また敬虔におこなわれる競技会によってあがめられた。しかしながらキケロ[小アジアのキリキア属州総督(前51-前49)をつとめた]は、小アジアで彼に提案された像、聖所、神殿建立の申し出を丁重に辞退している。ポンペイウス、ユリウス・カエサル、マルクス・アントニウスなどの将軍もまた崇拝された。

ユリウス・カエサルは、おそらく生前に元老院によって神格化を許された最初の指導者であった(→ディウス・ユリウス)。その後、帝政ローマでは、皇帝が死後神格化され、ディウスまたはときにデウスとされるようになった。ギリシア世界では存命中の統治者に重きがおかれ、彼は終生テオス theos(神)とよばれた。ローマで最初に神格化された皇帝はアウグストゥスであるが、彼の後継者

コウテイス

ティベリウス帝は神格化されなかった。

ひとたび恒久的なローマの統治者（皇帝アウグストゥスをはじめとして）が存在するようになると、東方の属州ではもはや個々の統治者崇拝は必要とされず、崇拝の対象は皇帝およびその家族となった。アウグストゥスは、ときの統治者を神として崇拝することが西方で促進されると、それは政治的問題になりうると考えた。理論上では彼は共和政を復活させたといえる。したがって彼の君主としての存在はおろか、神としての存在もまたありえなかった。しかし、東方では祭儀の実施を根絶しえなかった。そこで、アウグストゥスは、ローマ以外の諸属州にはローマ女神崇拝を同時におこなえば存命中の皇帝崇拝をよしとする決定を下した。前29年、属州アジアの諸都市はひとつまたはそれ以上の神殿をアウグストゥスに奉納する許可を懇請したが、アウグストゥスはエペソスとニカイアにはそこに住むローマ市民のためにローマ女神とディウス・イウリウス神殿を、ペルガモンとニコメディアにはそこに住む非ローマ市民のためにローマ女神とアウグストゥス神殿を建設することのみを許可した。

アウグストゥスは14年に神格化された。彼の後継者ティベリウスは、皇帝崇拝として神君アウグストゥス崇拝を奨励したが、統治者としてのみずからは、ローマ女神とともに崇拝されることは避けた。ティベリウスの方針にはいくつかの例外があった。たとえば26年には、彼自身とアウグストゥス帝の未亡人リウィアと擬人化されたスミュルナの元老院のための神殿建設は許可している（それは東方属州においてのみ可能であった）。リウィアは42年に神格化され、クラウディウス帝（在位41-54）が次に神格化された。これがディウィ（神格化された皇帝たち）崇拝につながったのである。

実際のところ、存命中の皇帝は崇拝されていたようだが、皇帝たちは崇拝されるべきは存命中の皇帝自身ではなく、**ゲニウス**または**ヌメン**（皇帝に体現される霊的力。ふつう神々にむすびつけられる）であることを明確

にしようとした。碑文からわかることは、皇帝に帰せられる徳、健康、勝利、安全、秩序、運命などのさまざまな特性が、擬人化され崇拝されていたことである。たとえば、皇帝の運命または幸運を意味するフォルトゥナ・アウグスタにささげられた祭壇がいくつかある（「アウグストゥス」は「崇高なる者」を意味し、元来、初代皇帝にあたえられた称号であったが、のちに、在位中の皇帝をさすようになった。これに相当するギリシア語はセバストス Sebastos。アウグスティ Augusti またはセバストイ Sebastoi は存命中の皇帝をもふくんだ集合的意味合いをもつ）。ウェスパシアヌス帝は、彼が鋳造させたコインで自身がもつ多くの抽象的特性をとくに強調した。アウグストゥスという添え名によって、いずれほとんどの神々が皇帝にむすびつけられるようになる。

ネロ帝はローマにおいてさえ、みずからが神として、とくに神像の形で表現されることに熱中した（死後、それら大量の像は破壊された）。彼はみずからをしばしば金の細い帯状の髪飾り（ディアデマ）をつけた**アポロ**神または**ヘリオス**神として表現した。ローマの黄金宮殿（ドムス・アウレア Domus Aurea）はまさに太陽の宮殿であり、ネロ・ヘリオス（またはネロ）の巨像がその入口におかれた。多くの皇帝が神格化されたにもかかわらず、ネロが正式に神格化されることは金輪際なかった。（死後、業績が公式に非難された皇帝は神格化されなかった）。皇帝のみならず、その家族、関係者も神格化された（図40）。たとえばリウィアはクラウディウスの時代に神格化され、**ウェスタの聖女たち**が生け贄をささげた。スエトニウス［70頃-122以後。ローマの著述家。主著は『ローマ皇帝伝』(Vita Caesarum)］は、死の床のウェスパシアヌスが「Vae puto deus fio おお、私は神になりつつあるようだ」と言ったと、上記主著中の「神君ウェスパシアヌス」にしるしている（23・4）。もっともこれは、神格化についてのスエトニウスのひやかしかもしれない。

神格化された皇帝たちは国家宗教の規範お

よび典礼の構成要素となり、皇帝崇拝はローマへの忠誠心の試金石となった。その結果、皇帝を尊崇することによって臣下はそれぞれにみずから好む神を崇拝する自由を与えられた。アウグストゥスの時代の暦の断片から、在位中の皇帝およびその家族にささげられた祝祭、または祝典は1カ月に2回おこなわれていたことがわかる。皇帝崇拝がローマ人に受け入れられるほどに祭儀の中心は皇帝となり、ローマ女神との関連づけは不用となっていった。実際、とくに東方属州ではローマ女神は皇帝崇拝から消え去るか、またはそれに吸収されてしまった。西方では、皇帝崇拝に関係のある神殿は、ひとりまたは複数の神格化された皇帝の祭儀をおこなうことが一般的となった。

　皇帝崇拝に関連した神殿、聖域、祭壇、像はかなり多く存在したが、それらは一般的に町のなかでもきわだって目につく一等地に位置していた。東方では皇帝が、別の神々に献納された神殿や聖域であがめられることがよくあった（図41）。皇帝崇拝に関連する抽象的象徴であるオークの葉でつくった市民の栄冠（すなわち樫の輪冠）、月桂樹、徳の盾（クルペウス・ウィルトゥティスclupeus virtutis）が、ざまざまな歴史的遺物の表面、とくに祭壇で発見された。皇帝崇拝は1世紀と2世紀にとくに盛んとなり、3世紀半ばまでつづいた。

参考文献：Etienne 1958（imperial cult in Iberian peninsula）; Fears 1988; Fishwick 1987 （concentrates on the west）; Friesen 1993 （imperial cult in Asia）; Mellor 1975（cult of Roma associated with imperial cult）; Neverov 1986; Price 1984（emphasis on Asia Minor）.

降霊術 necromantia

　通例はディウィナティオ（占い）を意図して、生者の求めに応じて死者の亡霊をよび出すこと。降霊術は呪術または妖術とみなされる。ローマ人は概してこれを非難か敵愾心をもってみつめた。関係者たちは秘密主義に徹していたので彼らみずからのふるまいにかん

して、その真偽を明かす証拠をほとんど残さなかった。死者の霊魂はどうやら未来を予言し、神託を伝えるらしいということから、このことがおそらく降霊術の主要な動機となっていたのであろう。またその段取り、進行は魔術的能力を有すると信じられていた人びとによってとりおこなわれていたと思われる。ホラティウスは詩の1篇に、自分たちの問いに対して神託であるような答えをえようとして死者をよび起こすためさまざまな儀式をとりおこなっているふたりの呪術者の様子を記述している。

参考文献：Ferguson, 1970, 159.

コキディウス Cocidius

　ケルトの神。崇拝されたのは、イギリスのカンブリア北部と西部、またハドリアヌス長城近辺にかぎられていたようである。コキディウスは、森林と狩猟の神であったようで、森のなかで狩りをしている姿で示されることもあった。また、コキディウスは、ケルト人にとっては軍神でもあった。ハドリアヌス長城の北にあるビューカスルで発見されたふたつの銀の飾り板には、槍と盾を手にするコキディウスの姿が表されている。エブチェスターでは、コキディウス・ウェルノストヌス（ケルトの神。その名は榛の木を意味する）にささげられた碑文がみつかっている。コキディウスは、ローマの森の神シルウァヌスと、そしてまた、軍神マルスと同一視されることもあった。ファヌム・コキディ Fanum Cocidi（コキディウス神の聖域）という名称が、『ラウェンナ・コスモグラフィア』 （*Ravennatis Anonymi Cosmographia*）［8世紀の初期、ラヴェンナの無名の著者の手になる世界地理書］に登場する。おそらく、この聖域はハドリアヌス長城に近いアーシング川が流れる谷にあったものと思われる。

参考文献：Fairless 1984, 228-235; Green, M. J. 1992a, 62; Ross 1974, 249-250, 467-468.

コスス Cosus

イベリアの神。スペイン北西部で崇拝された。コススまたコスス・カラエウニウス、コスス・ダウィニアグス、コスス・エソアエクス、コスス・オエナエクスに奉納した祭壇5基がスペイン北西部で発見されている。コススにつづく名称の詳細は不明であるが、おそらくは地方の部族か土地の名、あるいはほかの神の名称だと思われる。この地方からは、コイウス・デウス、コシウス・ウィアスカンヌス、コッスア・ネドレディウス、コッスア・セギディアエクスに奉納された祭壇もみつかっている。おそらく、これらも、コススと同じ神である可能性がある。**コスネア女神**は、コススと対をなす女神であると思われる。
参考文献：Tranoy 1981, 292-293, 297.

コスネア Cosunea

イベリアの女神。ポルトガル北部のブラガの南、キタニア・デ・サンフィンスで発見された碑文により知られる。露出した花崗岩の2面に問題をふくむ碑文が刻まれている。この碑文をふたつ合わせると「ここに善意をもってフィドゥエネアエFidueneaeの女神、コスネアに誓った約束は実現される」という意味にかろうじて読みとれる。碑文のなかのフィドゥエネアエとはだれなのか、なにであるかはまったく不明である。コスネアと**コスス**の名前が類似しているため、男神コススと対をなす女神がコスネアではないかと考えられている。
参考文献：Alarcão 1988, 97; Tranoy 1981, 273.

国家宗教

ローマ世界ではいたるところに多種多様な宗教が存在した。しかしローマにはローマ市民が他とは異なる彼ら特有の宗教であると考えていた信念および儀式の蓄積があった。これらが一般的に「国家宗教」として知られるものであった。なぜならばそのことがこの都市国家の維持と繁栄を確かなものにすると考えられたからである。(→**序文**、xiv-xv頁)

コッラティナ Collatina

ローマの「丘（コッリスcollis）」の女神。コッリナCollinaの名でも知られる。

コテュス Cotys

トラキアの女神。キュベレ（**マグナ・マテル**）と関係が深い。コテュトCotytoあるいはコテュットCotyttoの名でも知られる。前5世紀、アテナイでコテュスは熱狂的な祭儀をともなって崇拝された。その後、コテュスの秘儀は、ギリシア、イタリアへと広がっていく。コテュスを祀る祭儀は、コテュッテアCotytteaとよばれた。
参考文献：Hammond & Scullard (eds.) 1970, 294.

古典様式の神殿（図30、42、73、112）

ある特定の様式に適合したギリシア、ローマの神殿。通常その様式のプランは矩形で、周囲に柱をめぐらせるか、一部に柱を建てる。初期ローマのこの様式の神殿はエトルリアの伝統にもとづくものである。基壇（ポディウ

図42　ユリア・ドムナ（セウェルス帝［在位193-211］妃）のメダイヨン（円形の浮彫肖像）。6人のウェスタの聖女たちが、円形のウェスタ神殿の前で供犠をおこなっている。神殿は皇妃が再建したばかりである。

ム podium）の上に建てられ、正面にのみ幅のある短い階段がつけられた。基壇の下に、少ない建材で作ったヴォールト式の地下室をもうける神殿もあり、そこはこの神殿建設に使用された資材の残りの置き場として、また宗教儀式がおこなわれることもあった。階段を昇りきると列柱の立つ正面となる（通常**六柱式、八柱式**）。列柱の上部には神殿の主である神の名と、おそらく神殿を建立したと思われる人物の名前の銘がある。銘はしばしば青銅製である。正面の背後は奥行の深い、神殿のほとんど半分をしめる前室（**プロナオス**）となる。この前室にケッラがつづき、そこには神像が安置され、香をたく小さな祭壇がもうけられることもある。ケッラの側面と背面は堅固な壁となっている。

　ギリシアの古典様式神殿は建物の周囲に低い数段の階段をめぐらせ、どの角度からもみられるように設計されている（図21）。ローマの神殿は正面に重きがおかれ（図95）、神殿の周囲に、一巡できる余地はない。この基本的なプランは共和政時代になって徐々に発展した。正面性を強調するこの神殿様式は東方のヘレニズム世界で、ヘレニズム建築様式を維持しながらも、より広く受け入れられていった。アーチ、ヴォールト、丸天井を使ってローマ人もまた独自の様式を発展させ、**ウェスタ神殿**（図42）のような円形神殿を建てるにいたった。一般的に神殿の外側、階段のすぐ前に供犠のための祭壇がおかれた。

　プランや細部の意匠の大幅な変化にもかかわらず、古典様式の神殿と認められうる神殿は、帝国のいたるところでその存在が知られているが、ケルト族の諸属州において、とくに町の外では、**ロマノ・ケルト様式の神殿**の方が広くゆきわたっていた。とはいえ属州の、主な都市のいずれにも、少なくともひとつは古典様式の神殿があったといってよいだろう。（→神殿）

参考文献：Barton 1989; Blagg 1990.

コピア Copia

　ローマの女神。「豊かさ」を擬人化した女神。コルヌ・コピアエ cornu Copiae（コピアの角）は、これを持つ者の望みをすべてかなえる魔力をもつ角である。ほかの多くの女神たちも、コルヌコピア cornucopia を持つ姿で描かれている。

護符 amuletum

　護符は、悪霊から身を守るために、また幸運を招くために身につけたものである。迷信的な信仰と宗教との境があいまいでローマ人の護符に対する受けとめかたはしばしば不明瞭であった。護符の多くは、個人の身を守るものとして、神殿や聖所で販売されていたが奉納品として使用されることはなかった。護符の形は指輪やペンダント形のものが一般的で、護符そのものに、あるいは護符にはめこまれた貴石に、文字や呪術的な図柄が彫り込まれていた。宗教的な目的のために使われた神々の図像と、迷信的な信仰のために使われる神々の図像の線引きはきわめてあいまいである。神々の図像が刻まれた貴石の多くは、神々への奉納品ではなく、護符であった可能性がある。**ヘルクレス**の棍棒や、**ゴルゴンの頭**といった図柄も、護符に好まれて使用された。複数の人の頭部が結合したり、人の頭部と動物の頭部が結合した図像が描かれた貴石も、護符として利用された。男根（ファロス）と人の頭部が結合した図柄、あるいは男根とマノ・フィコの手でつくるしるしが結合した図柄など、ふたつあるいは複数の魔除けの象徴が結合した図柄の護符も知られている。護符は、キリスト教が普及した時代になっても利用されつづけた。また建物にも、男根像などの魔除けの象徴が装飾としても使用された。護符をさすラテン語には、アムレトゥムamuletum のほかブッラ bulla、クレプンディア crepundia、ファスキヌム fascinum などがある。

参考文献：Hammond & Scullard（eds.）1970, 56.

語方陣・回文（または魔法陣）

文字や数字を縦横両方向に同じ数だけならべてつくる四角形。その意義と目的は未詳である。また現代の語方陣にかんする解釈も議論百出である。もっとも有名なものは回文ROTAS OPERA TENET AREPO SATORで、この回文のいくつかの事例がみつかっている。

```
R O T A S
O P E R A
T E N E T
A R E P O
S A T O R
```

翻訳するとこの意味は「種まき人アレポは努力をもって車輪をつかむ」となる。これは一般にキリスト教に起源をもつとされる。この回文は、十字架形にならべかえると、PATERNOSTER（われらの父）が、文字Nを共有して2回くり返され、AとO（アルファとオメガ）が2文字ずつ残ることになる。すべての事例がキリスト教とのつながりで発見されたわけではない。またいくつかの事例は非常に古い年代にさかのぼるものである。おそらく語方陣・回文は、キリスト教起源ではなく、後代になってキリスト教徒が採用したものであろう。（→キリストの象徴）
参考文献：Merrifield 1987, 142–147; Thomas 1981, 101–102.

コメドウァエ Comedovae

ケルトの三神一組の母神。マルテス・コメドウァエともよばれる。

暦 calendarium

ローマの公式の暦は神官たちポンティフェクスによって作成された。暦は板状で、宗教的祝祭や競技会の日付が書かれていた。暦にはほかにも、主要な神殿の場所や設立された日付（ディエス・ナタレスdies natales）、神殿に祀られている神名、ある祝祭の意義にかんする注解、祭司・神官やもろもろの官職の名簿、および凱旋式一覧といった実用的な情報も記載されていた。暦に言及している資料と同様に、ローマの暦の断片も多く現存している。暦にかんする注釈書も当時つくられた。オウィディウスが執筆した『祭暦』（*Fasti*）やウァッロの『人界故事大全』（*Antiquitates*）、スエトニウスの『ローマ暦』（*De Anno Romanorum*）などである。現存する暦には、当然のこと暦ごとに情報の相違はある。

暦の日付はさまざまな文字でしるされていた。Fはファストゥス、つまり祝祭がおこなわれない日を示し、Nはネファストゥス、つまり祝祭の日を示していた。また、祝祭の日にNPと表示することもあった。ほかにもCはコミティアリスComitialis、つまり民会が開かれる日をさし、ENはエンドテルキススあるいはインテルキススintercisus、つまり朝と夕方には祝祭があるが、その中間には祝祭がないことを示していた。Q ST D Fはクアンド・ステルクス・デラトゥム・ファスquando stercus delatum fas、つまりウェスタの聖所が浄められる日の6月15日を意味していた。Q R C Fはクアンド・レクス・コミティアウィト・ファスquando rex comitiavit fas、つまりレクス・サクロルムが公的な宗教行事をおこなう3月24日と5月24日をさしていた。
参考文献：Gordon 1990a; Porte 1989, 132–138; Scullard 1981, 41–49, 258–266; Warde Fowler 1899; York 1986.

コリュバンテス Corybantes

おもにキュベレ（マグナ・マテル）の祭儀にたずさわった祭司団。ほかにも、恍惚となり熱狂的な祭儀をともなう神々の崇拝にも関係していた。コリュバンテスは、踊り狂いそして激しい音楽をかなでながらキュベレ神に随行していたことが知られている。このコリュバンテスは、レア（神々の母、クロノスの妻）の従者であるクレタ島のクレテス［赤子のゼウスの守護をレアに託された精たち。槍で盾を打ちならし、ゼウスの泣き声がクロノスに聞こえないようにした］としばしば混同された。

ゴルゴンの頭

　ひとつの表象。その顔をみたものすべてを石に変える。悪の力を引きつけ、それを保持することで、悪の力をほかの標的からそらす力があると考えられた。その結果、ゴルゴンの顔や仮面は魔除けとしてもちいられ、建物、墓石、棺にもみられるようになった。ゴルゴン（またはゴルゴ。つまりメデューサ）はギリシア神話に登場するおそろしい怪物である。
参考文献：Hammond & Scullard (eds.) 1970, 472.

コルンバリウム columbarium
（複数形 columbaria）

　「鳩小屋」を意味する巨大な集合的な埋葬墓。火葬にした遺灰を納めた地下式あるいは半地下式の墓。それらはとりわけコッレギア collegia とよばれる埋葬組合によってもちいられたし、またローマの裕福な家庭に仕えた奴隷や解放奴隷を埋葬するためにももちいられた。ローマではコルンバリウムが多数発見されている。壁にはとなりあって無数の半円形あるいは矩形の壁龕があり、遺灰が納められた。その壁龕つまりニドゥス nidus（鳩小屋内の仕切られた巣箱）に、遺灰を納めた骨壺あるいは骨箱がひとつずつおかれていた。アウグストゥス帝妃リウィアに仕えた奴隷と解放奴隷のコルンバリウムが1726年にローマで発見されている。このコルンバリウムには3000もの骨壺が納められていた。

　コルンバリウムは最初、ローマの地価が上昇したさいに、埋葬組合によって作られるようになる。やがて奴隷や解放奴隷を多くかかえる裕福な家庭も、この墓葬を採用するようになる。一般の墓葬にくらべ、コルンバリウムははるかに安価で、かつほかの多葬墓とは異なり、ひとりひとりの遺骨を個別にしっかりと安置することができた。埋葬組合は、守護神の神殿を中心に活動することが一般的であった。ローマに近いラヌウィウムの埋葬組合の規約が現存している。この規約によれば、この埋葬組合は、ディアナとアンティノウスの庇護下にあったという。（→死者の埋葬）

参考文献：Hopkins 1983, 211-217; Toynbee 1971, 113-116.

コレ Kore

　ギリシアの女神ペルセポネのギリシア語による別名。

コロティアクス Corotiacus

　ケルトの神。ローマの神マルスとむすびつきマルス・コロティアクスとして崇拝された。イギリスのサフォークのマートルシャム出土の碑文にのみ登場する神である。

コロヌス Coronus

　イベリアの神。ポルトガル北部のグイマラエスで発見された唯一の碑文に登場する。その土地の女神ナビア・コロナの配偶神であった可能性がある。
参考文献：Alarcão 1988, 93; Tranoy 1981, 273.

コンウェクトル Convector

　ローマの神。麦藁をたばねることと関連のある神。前3世紀後半の著述家ファビウス・ピクトルによれば、ケレスの祭司がこの神を勧請したという。
参考文献：Ferguson 1988a, 853; York 1986, 60.

コンコルディア Concordia（図43）

　ローマの女神。国家の構成員のあいだで、またはある町の組合員や住民のような、国家内のそれぞれの集団の構成員同士のあいだで、意見、感情などの一致があると感知されている「合意」を擬人化した女神。コンコルディアはときとしてホモノイアと同一視された。ホモノイアはギリシアの女神で、同じく「調和」を擬人化した女神である。早くも前304年には、ローマにコンコルディア女神を祀る青銅製の聖所が建立されていた。ほかにもフォルム・ロマヌムとカピトリウム丘のアルクスにもこの女神を祀る神殿（図31B）があったことが知られている。フォルム・ロマヌムのコンコルディア神殿は、コンコルディ

コンコルテ

図43　ウェスパシアヌスの銀貨（デナリウス貨）(69-70)。左側を向き、腰掛けるコンコルディアの姿が描かれている。左手には、コルヌコピア、右手には麦穂とケシの花を手にしている。CONCORDIA AVGの文字がきざまれている。

ア・アウグスタの神殿としてティベリウス帝によって修復されている。それ以降、コンコルディア・アウグスタは文献資料に頻繁に登場する。このコンコルディア・アウグスタはおそらく帝室内の合意を意味するものであったのであろう。コンコルディア女神のための祝祭は、7月22日におこなわれた。
参考文献：Freyburger 1986, 312-317; Hammond & Scullard (eds.) 1970, 277; Scullard 1981, 167-168; Richardson 1992, 98-100.

コンコルディア・アウグスタ
Concordia Augusta
　帝政期に帝室内の調和あるいは合意に言及するさいに、もちいられたローマの女神コンコルディアの別名。
参考文献：Hammond & Scullard (eds.) 1970, 277.

コンコルディア神殿
　もっとも古く、また主要な**コンコルディア神殿**は**カピトリウム丘**の麓、フォルム・ロマヌムの北西側にあった（図31B、77B）。もと

もとこの神殿は貴族（パトリキ）と平民（プレブス）との争いが終結したことを記念して、前367年に独裁官マルクス・フリウス・カミッルスによって誓願されたと思われる。しかし、この神殿は建設されなかった可能性もある。ガイウス・グラックスの死と、グラックス派による圧政が終わったことを記念して、前121年にルキウス・オピミウスが、この神殿を修復、あるいは新しい神殿を建立し、7月22日に献納したと思われる。カピトリウム丘の麓のせまい敷地に建設されたため、神殿のプランはめずらしいもので、六柱式のポルチコ（34メートル×14メートル）より幅が広くはみだした形のケッラ（45メートル×24メートル）を有していた。前2世紀後期以降は、市民の無秩序にかんしての議論が必要となったさいなどに、元老院がこの神殿で会合を開くようになっていた。また**アルウァレス祭司団**の会合場所にももちいられた。現存する遺構は、7年にアウグストゥス帝の治政下ティベリウスによって豪華に修復されたものである（10年もしくは12年に**コンコルディア・アウグスタ**神殿として、ティベリウスと彼の亡くなった弟ドルスス［前9没］の名のもと、献納された）。またティベリウス帝（在位14-37）のもと、この神殿は博物館としても利用され、さまざまな芸術作品が神殿内におかれた。4世紀までこの神殿は建っていたが、おそらく教皇ハドリアヌス1世（在位772-795）の頃に崩壊したと思われる。

　コンコルディアを祀るもうひとつの神殿が、カピトリウム丘のアルクスにあった。前218年、ルキウス・マンリウスがガリアの法務官であったとき、この神殿の建立を誓願した。神殿建設は前217年に始まり、前216年2月5日に献納されている。また神殿のそばには、造営官であったグナエウス・フラウィウスが前304年に建立した青銅の聖所もあったことが知られている。しかし、この聖所はのちに破壊されたものと思われる。**オウィディウス**によれば、アウグストゥス帝妃リウィアも、コンコルディアを祀る神殿を建立したという。

また前44年に、ユリウス・カエサルのために、コンコルディア・ノウァ神殿の建立が元老院によって決議されるが、おそらく神殿が建設されることはなかったと思われる。
参考文献：Nash 1962a, 292; Richardson 1992, 98–100; Scullard 1981, 167–168.

コンスアリア Consualia

　8月21日と12月15日におこなわれたコンスス神のための祝祭。おそらく収穫の終わり（8月）と秋の種まきの終わり（12月）を祝うために実施されたと思われる。祝祭では犠牲獣が供され、初物の果物が奉納され、競馬や戦車競技が**大競技場**でおこなわれた。馬とロバは花輪で飾られ、休息があたえられた。コンスス神のための祭壇は、ローマの大競技場にあったが、ふだんは地下に保管されており、7月7日と8月21日に取り出される。7月7日には、サケルドテス・プブリキ sacerdotes publici（国家神官）の手によって、8月21日には**ウェスタの聖女たち**も出席し、**フラメン・クイリナリス**の手によって、焼かれた犠牲獣が祭壇にささげられた。8月21日の供犠は、コンスアリア祭の一部としておこなわれた。祭壇は、12月15日のコンスアリア祭のさいにも取り出されたと思われる。
参考文献：Richardson 1992, 100; Scullard 1981, 177–178, 205.

コンスス Consus

　穀物倉をつかさどる古代ローマの神。収穫と秋の種まきに関係があった神と思われる。もともとは地下に貯蔵された穀類をつかさどる神であった。コンススを祀るための地下式の穀物庫と祭壇が、ローマの**大競技場**にあったことが知られている。この地下式の穀物庫と祭壇は、コンススを祀る祝祭の日のみ、人びとの前に姿を現した。また、コンススを祀る神殿が、アウェンティヌス丘にあったことが知られている。この神には、最初に収穫された果実が奉納された。コンススを祀る祝祭は年2回おこなわれ、コンスアリア祭と12月12日のコンススの祭りであった。7月7

日には地下の祭壇で犠牲獣が供された。コンススは馬と関係が深く、ギリシアの馬の神であるポセイドン・ヒッピオスやローマの神ネプトゥヌスと重ねあわされた。
参考文献：Grimal 1986, 109–110; Hammond & Scullard（eds.）1970, 286.

コンスス神殿

　おそらくローマが南ガリアで勝利した前272年に、ルキウス・パピリウス・クルソルによってアウェンティヌス丘に建立の誓願がなされたか、または献納された神殿。神殿の壁には、凱旋式用の衣装を身につけたルキウスの姿が描かれていた。この神殿は8月21日に献納された。（あるいは12月21日。しかし、12月21日はアウグストゥス帝が修復をおこなった日付かもしれない。）
参考文献：Scullard 1981, 178, 204.

コンスティトゥティオ constitutio

　祭壇や神殿などの記念建造物の工事開始を示す定礎を意味する。アラ・パキス（平和の祭壇）の囲い壁のフリーズには、浮彫でこの祭壇のコンスティトゥティオの式典の様子が描かれている。
参考文献：Fishwick 1972.

コンセウィウス Consevius

　「受胎」をつかさどるローマの神。コンシウィウス Consivius の名でも知られる。
参考文献：Grimal 1986, 231（under Indigetes）.

コンセクラティオ consecratio

　祭壇や神殿など記念建造物を浄め神聖化すること。それらを聖なるものとするためのコンセクラティオは、それらが献納されたのちにおこなわれ、重要記念物はレス・サクラ res sacra（聖なるもの）に、神殿はアエデス・サクラ aedes sacra（聖なる建造物）にされた。（→デディカティオ）
参考文献：Hammond & Scullard（eds.）1970, 278.

コンダティス Condatis

川の合流点（コンダテ condate）を守護するケルトの神。イギリスのタイン川とティーズ川流域で崇拝された。水とおそらく治癒の神でもあったが、しばしば**マルス**と相等とみなされた。

参考文献：Fairless 1984, 235-242; Green, M. J. 1992a, 66.

ゴンティア Gontia

ドイツのグンツブルク（ローマ時代のグンティア）で発見された碑文から知られるケルト・ゲルマニアの女神。その名前から、入植地グンツブルクの守護神またはグンツ川の河神と考えられる。

参考文献：Elbe 1975, 142.

コンディトル Conditor

収穫物の保管をつかさどるローマの神。前3世紀後半の著述家ファビウス・ピクトルが伝えたところによると、**ケレス**の祭司によって勧請された神だという。

参考文献：Ferguson 1988a, 853; York 1986, 60.

コントレビス Contrebis

ケルトの神。イギリスのランカシャー、オーバーバラで発見された碑文にその名がみえる。「コントレビス」とは、「われわれのあいだに住むもの」を意味する。イギリスのランカスターで発見された別の碑文には、ケルトの神イアロヌスと重ねあわされ、**イアロヌス・コントレビス**となっている。

参考文献：Ross 1974, 472.

コンピタリア Compitalia

12月17日から1月5日のあいだのいずれかにおこなわれた農村部の祝祭（毎年、開催日は異なる。通常は1月3日から5日頃に実施された）。ローマでは、コンピタリアの日取りは、法務官によって公表された。農地の神であったラレス（→ラル）を祀る祝祭であり、一年の農作業の終わりを示すものであった。ラレス（または**ラレス・コンピタレス**）

の聖所は、3ヵ所、または4ヵ所の農地に通じる路が交差する場所（コンピタ compita）に作られた。この聖所はラレスをいずれの農地からも訪れることができるよう、四方に向かって扉が開かれていた。そして壊れた鋤の刃が聖所にぶら下げられた（一年の農作業が終わったことを意味する）。また、所帯のなかの解放奴隷ひとりひとりのために木製の人形が、奴隷ひとりひとりのために紡毛で作られた玉が聖所にぶら下げられた。この紡毛製の玉と人形の意味はわかっていない。各農地の脇には、犠牲獣を供えるための祭壇がもうけられ、その後、宴会が催された。アウグストゥス帝は、この祭礼の改革をおこない、公的な祭礼とした。こうしてこの祭礼は個々人ではなく、ローマ人民を代表して国家の神官によって、祭儀がとりおこなわれ、犠牲獣が供えられるようになった。そしてコンピタリアは、農村部だけでなく都市部でもおこなわれる祝祭となった。

参考文献：Alcock 1986, 115; Scullard 1981, 58-60.

コンファッレアティオ confarreatio

もっとも古く格式ばった結婚形式。それゆえに非常に複雑な儀式（ディッファレアティオ diffarreatio）をおこなわないかぎり、離婚は認められなかった。結婚式の詳細にかんしてはほとんどわかっていない。結婚式には、**フラメン・ディアリス**と**ポンティフェクス・マクシムス**（大神祇官）が同席し（おそらく証人として、あるいは犠牲獣を供えるため）、ヴェールでそれぞれの頭部をおおった花婿と花嫁は、羊の皮でおおわれつなぎ合わされた席に坐らされた。儀式のなかではファル far（スペルト小麦［穀粉となる小麦の一種］）で作られた菓子が重要な意味をもち、ユピテル・ファッレウス Jupiter Farreus［Farreus は「穀物の」の意］のために儀式がとりおこなわれた。結婚のためには少なくとも10人の証人が必要であった。ただ、この結婚形式は、貴族階級（パトリキ）に限定されたものであった。3人の大フラメン（フ

ラミネス・マイオレス flamines maiores）や**レクス・サクロルム**といった特定の神官たちは、かならずこの形式で結婚しなければならなかった。これらの神官たちは結婚すること自体には規制はなかったが、神官職を手に入れる条件として、この結婚形式をとってむすばれた夫婦の子どもであることが必要であった。（→**結婚**）

参考文献：Hammond & Scullard (eds.) 1970, 278.

コンメタクルム commetaculum

　フラメンが道を歩くさいに、群衆を追いはらうのにもちいた聖杖。**アラ・パキス**（平和の祭壇）に唯一この杖が描かれている。

参考文献：Gordon 1990b, 221-222.

コンモレンダ Commolenda（破砕する者）

　デア・ディアの神殿にあったじゃまな無花果の木を取りのぞくため、**アルウァレス祭司団**が勧請した神。

サイシ

サ行

祭儀 cultus

正しい祭儀と式典をもって、神や女神あるいは英雄を崇拝すること。ローマ人にとって信仰とは、ひたむきに崇拝したり、道徳的な行為をおこなったり、高い精神性を身につけることよりもむしろ、儀式や式典を正確におこなうことに注意をはらうことであった。通常、もっとも重要な儀式は、「わたしが貴神に奉じるように、貴神もわたしにしかるべきものをお授けください」と祈りながら、神に犠牲獣や神酒、奉納品を供することであった。時代がたつにつれ、儀式の形式は固定化し、儀式ばらせ、もし、わずかでもまちがえれば無効となり、祭儀を最初からやりなおさなければならなくなっていった。

祭司（神官）

家族が神々と良好な関係を保持するために、家族を代表して儀式をとりおこなう「家長」パテルファミリアス paterfamilias に対して、一方祭司たちは宗教的祭祀をあつかう官公吏であり、国家およびその民を代表して神々との良好な関係を保持するために儀式をとりおこない、神々と国家とのあいだを仲介する者である。彼らはこの地上においては神々の代弁者ではないが、元老院とともに宗教的なあらゆる事柄にかんしての主要な決定をおこない、宗教についての助言をあたえる。彼らは道徳についての指導者ではなくまた人びとの精神的安寧にかかわる者でもなかった。祭司たちはそもそも市民法（ローマ法）を読み解いていたが、やがてこの役目も法学者に奪われた。帝政時代になると祭司たちの任務は重要性を減ずることとなったが、それでも祭司の職務をえて重要な位置にとどまった。年に1度の祝祭に参加していたルペルキ luperci のような祭司にとって任務は厳しくないものであったが、一方その他の祭司たち、とくにポンティフィケス pontifices のような神祇官の任務はわずらわしいものであった。

祭司の資格はそれぞれの祭司ごとに、そしてまた年月の経過とともに変化していった。共和政時代にはほとんどの祭司は貴族階級から選出された。彼らは祭司であると同時に他の職務（政治的なものもふくむ）にも日常的に従事した。祭司たちは高位神官でさえも非常勤に留まり、常勤の職務を果たしたのは**ウェスタの聖女たち**だけであった。神官たちは（行政官としての職務をもっていたが）行政官ではなかった。しかし宗教的儀式にかんする職務をとりおこなうさいには高位行政官とまったく同じトガ・プラエテクスタ toga praetexta を着用した。古代ローマの元老院議員たちはただひとつの神官職をもつことができたが、この規則はユリウス・カエサルによって破られた。カエサルは、**ポンティフェクス・マクシムス**（大神祇官）を前63年から務め、前47年には**アウグル**（卜鳥官）およびクインデケムウィル quindecemvir［「シビュラの書」の管理にあたる15人委員会。上位元老院議員で構成された］に選ばれた。このような傾向は、のちに彼の後継者であり数種の神官職を獲得したオクタウィアヌス（のちのアウグストゥス帝）およびその後継者たちによって受け継がれていくことになる。実際には、古代ローマの平民たちは解放奴隷もふくめ、貴族階級であることが要求されていた主要な神官職、**サリイ**や**レクス・サクロルム**をのぞくほとんどの祭司職につくことができた。

特定の祭司職にかんしてはそれぞれに異なった方法で採用がおこなわれた。彼らは、神官たちの筆頭、ポンティフェクス・マクシムスによって、あるいは他の神官たちによる互選、あるいは一般民衆の選挙によって選出された。たいてい彼らはいくつかの例外（たとえば**サリアエ・ウィルギネス**のような）をのぞき生涯にわたってその職が保障された。共和政時代には選出された祭司が、費用のかかる公共の娯楽や同僚たちのために宴会を準

113

備することが通例となっていた。また帝政時代には支払い（最高位の名誉表彰の贈り物summum honorarium）が義務的なものとなったようである。ローマの祭司職には位階制があり、多くは一定の権限、資格、目的などをもつ団体あるいは集団（コッレギウム）によって組織されていた。そのなかでも主な団体は次のふたつである。ひとつは卜鳥官の、もうひとつは神祇官たちの団体（コッレギウム・ポンティフィクム collegium pontificum）で、後者には神官たち、ウェスタの聖女たちおよびレクス・サクロルムもふくまれていた。それ以下の団体は「シビュラの書」を管理する祭司たちクインデキムウィリ・サクリス・ファキウンデスとエプロネスのそれであった。下位の祭司たちはいくつかの団体や組（ソダレス sodales）に分割され、そのなかには戦争の開始や終結を宣する従軍祭官（フェティアレス fetiales）、アルウァレス祭司団［毎年農地の肥沃を願って生け贄をささげた12人の祭司］、サリイおよびルペルキの祭司たちがふくまれていた。数多くの祭司たちは明確な肩書き、すなわち大神祇官といったような肩書きをもっていたが、その一方で15人委員会神官（クインデキムウィリ・サクリス・ファキウンディス）というような不明確な肩書きをもっている祭司もいた。

　ほとんどの神官は男性であったが、祭司のなかには巫女（未婚の女性）が仕えるもの（たいていは女神の信仰）もあった。もっともよく知られているのはウェスタの聖女たちである。ローマ以外の地では未婚とはかぎらず既婚女性の祭司も何人かいた。たとえば、ユピテル・アモンの祭司団（サケルドテス sacerdotes）、およびカルタゴのバルバルス・シルウァヌスの祭司団には2人の女性がふくまれていた。また、イシス、ミスラおよびマグナ・マテルの祭儀に関連するもののなかには男性と女性の祭司たちがいた。それらの祭司たちの役割はキリスト教の司祭が礼拝時に会衆の世話にかかわるようなものであった。男性祭司たちおよび女性祭司たちはローマの国家宗教以外でも知られていたし、またロー

マ式の祭司職はローマのはるかかなたまで広くゆきわたっていた。たとえば、東方のローマ属州ではローマ女神の祭儀に仕える男性祭司や女性祭司についての碑銘による証拠が現存する。それら多くの属州では、祭司職はしばしばローマで行政官を勤めた古参と同格の地方で最高位にまで登りつめた専門職者というようなごく少数の富裕者に限定されていた。　ブリタンニア、ガリア、およびゲルマニアのケルト族の属州といった地域にあった神殿にも祭司がいたようであるが、彼らについては祭司の記章がいくつか発見されていることを除いてはほとんどなにも知られていない。しかしながら公的な信仰にかんしては、これら西部ガリアの3属州（ルグドゥヌム祭壇および神殿を中心に）では他のいかなる西部属州よりよく知られている。というのはおよそ40人の地方祭司たち（サケルドテス）の存在が数々の碑文のなかであきらかにされているからである。

　このほかにも、祭司の職務にはたずさわることなく、もっぱら神殿の掃除を受けもつというような職員たちもいた。

参考文献：Beard 1988；Beard & North（eds.）1990；Fishwick 1987, 317-350（priests of the three Gauls）；Friesen 1993, 76-113（priests of imperial cult in Asia）；Mellor 1975（includes priesthood of Roma in eastern provinces）；Porte 1989；Scullard 1981, 27-31.

サイタダ Saitada

　ケルトの女神。イギリスのタイン渓谷で発見された銘文にその名がみえる。サイタダという名称は「悲しみの女神」という意味にもとれる。

参考文献：Ross 1974, 474.

祭壇 ara（複数形 arae）（図44）

　小さなテーブル状の構造物で、神にささげものをするために使用された。神々を祀る儀式では、通常、祭壇は不可欠の存在であった（地下世界の神は例外で、奉納物は土坑に埋納された）。ほとんどの宗教行為では犠牲獣

図44 イタリア、ローマ近郊のオスティアで発見された大理石製の祭壇。豪華な浮彫の装飾がほどこされている。

がささげられたため、祭壇は宗教的行為の中心的存在であった。神殿が登場する以前から祭壇が使用されていたことが知られている。ローマでもっとも古い祭壇は、**アラ・マクシマ**であると考えられている。神殿が建てられるようになると、神殿の外側、主扉の正面に祭壇がもうけられるようになる。個人の邸宅にも祭壇がもうけられ、祭壇がない場合は、炉が祭壇の代わりとされた。さらに、流血をともなわない供犠のためのものであり、また、香をたくための小型の祭壇も存在した。祭壇は人びとの避難所でもあったので、懇願者は特定の神の保護を求めてその神の祭壇にやってきた。また、旅の安全を祈願して、祭壇をもうけたり、あるいは祭壇を奉納すると誓約することもあった。旅は困難かつ危険であったため、街道ぞいには道中でも供物ができる聖所も存在した。

さまざまな形の、さまざまな大きさの祭壇が知られている。初期の祭壇としてU字形のものが知られており、この形の祭壇の基礎部分が発見されている。イタリアのラウィニウムでは、この形の祭壇が13基1列にならんで発見されている。この祭壇は、前6世紀-前4世紀頃のものとされている。前2世紀には、砂時計形の祭壇が登場する（図22）。この形の祭壇は、帝政期前半まで使用された。前3世紀以降には、幅より高さのある垂直体長方形の角材使用の祭壇が好まれるようになる。この祭壇には側面のひとつないし複数面に彫刻がほどこされ、頂部がふくらみを呈することもあった。この形の祭壇は、帝政期後半まで存続し、とくに葬礼用の祭壇としてもちいられた。実際、葬礼用以外の祭壇で現存するものは少ない。また、丸い祭壇も少ないが存在した。祭壇の下にはときに基壇がもうけられ、階段を昇って祭壇に近づく形状のものもあった。また、青銅製の鼎（かなえ）が祭壇として利用されることもあった。

祭壇の上面が、ときにくぼんでいるものもある。このくぼみは、菓子類など小さな奉納物を燃やすための火をたく場所であった。祭壇には、この祭壇がささげられた神の名と、祭壇を寄進した人物の名前が刻まれている。

参考文献：Hassall 1980; Richardson 1992, 19-20.

サエゴン Saegon

ケルトの神で、**ヘルクレス・サエゴン**としてローマの神**ヘルクレス**とむすびつけられた。サエゴンという名称は「勝利の」を意味するセゴモという語と関係があるのであろう。（→セゴモ）

サグミナ sagumina

カピトリウム聖域址（アルクス）にはえる草で、聖性のあかしとして外国使節団に贈られたという。刃物を使わず根こそぎするのがしきたりであった。

サクラ・ウィア Sacra Via（聖道）

ローマにおいてもっとも古くもっともよく知られた道で、いつの時代にも大きな重要性を有していた。形容詞「サクラ」（Sacra）はほとんどいつも「ウィア」（Via 道）の前に付される。他のローマの道路名はウィア・アウレリア Via Aurelia やウィア・アッピア Via Appia のように「ウィア」が先にくるのが通例だが、聖道のみは異なっている。サク

サクラリウ

ラ・ウィアはパラティウム丘から**フォルム・ロマヌム**（現在のフォロ・ロマーノ）へと下る主道のことであったが、時代とともに道筋も高低も激しく変わっていった。道路脇には店や民家が多く立ちならんでいた。サクラ・ウィアの住民、すなわち高級住宅街に住む人びととスブラ地区、すなわち下町に住む人びとは、10月15日になると「十月の馬」の首を奪い合った。（→十月の馬の供犠）
参考文献：Richardson 1992, 338-340.

サクラリウム sacrarium（複数 sacraria）
　聖具や聖なる物品が保管されている聖所や聖域をいう。**レギア**（王宮）にある**テンプルム**であったにちがいないオプス・コンシウァの古い聖所（サクラリウム）では供犠がおこなわれていた。（→オプス）
参考文献：Richardson 1992, 2.

サケッルム sacellum（複数形 sacella）
　神々にささげられた祭壇をともなう野天の聖所。こうした聖所は神殿の建物とはつながってはいない。「サケッルム」という語は、「軍事施設のなかにある地下室、あるいは半地下の部屋」をさすものとして使われ、宗教的機能を果たすと同時に軍旗も保管されていた。
参考文献：Richardson 1992, 2.

サケル sacer
　神的なもの、あるいは**サクラ・ウィア**（聖なる道）のように聖化されたものにささげられたことを意味するラテン語の形容詞。「sacra」は女性形、「sacrum」は中性形である。
参考文献：Warde Fowler 1911.

サケルドス sacerdos（複数形 sacerdotes）
　祭司あるいは宗務官［宗教行事にたずさわる役人］。このラテン語は共和政時代にはほとんど使われず、また使われた場合にも異国の宗務官（特にギリシアや東方祭儀の神官）をさす場合が多かった。サケルドスは個別の

神々の祭司（とりわけ女性祭司）をさす場合にも使われたが、のちにローマの神官をさす言葉となった。**皇帝崇拝**を取り仕切る属州神官たちがサケルドテスであったのであろう。その抽象名詞がサケルドティウム sacerdotium（神官職）であった。
参考文献：Beard & North（eds.）1990.

サッタダ Sattada
　女神サッタダ（サイイアダ Saiiada かもしれない）は、ハドリアヌス長城に近いベルティンガムで発見された祭壇に刻まれた銘文に記録されている。この銘文が問題なのは、ケルト族名とは認められていないテクストウェルディ族の集会によって祭壇が献納されたことをしるしているからである。テクストウェルディ族はおそらくこの地域に住む土着の部族で、サッタダもまた土着の女神であったと考えられる。
参考文献：Burn 1969, 126; River & Smith 1979, 470-471.

サッリトル Sarritor
　ローマの鍬入れ・雑草掻きの神で、前3世紀後期、**ケレス**の祭司によって勧請されたとクイントゥス・ファビウス・ピクトル［前3世紀後期の歴史家］は言っている。
参考文献：Ferguson 1988a, 853; York 1986, 60.

サテュルス satyrs
　ギリシア名はサテュロス。元来は**ディオニュソス**の祭儀に加わっていたギリシアの森林山野の精であった。サテュルスはギリシアの牧神パンと混同されたりするが、ローマ人はローマの森の神々、ファウヌスと同一視してきた。サテュルスは上半身は人間、下半身は動物であると考えられ、一般に上半身が人、下半身が山羊の姿で表された。サテュルスは人間の動物的側面を表すものととらえられることもあった。彼らは好色であると考えられ、しばしば巨根をもち、女性（女神・人間・動物）を追いかける姿で描かれている。（→シ

レヌス）

参考文献：Johns 1982, 82.

サトゥルナリア Saturnalia

　サトゥルヌスの祝祭は元来12月17日におこなわれた。共和政の後期になると、祭日は3日間から7日間に変更され、12月17日から23日までとなった。祭りそのものは冬至の祭りで、播種の神サトゥルヌスをことほぐものであった。祝祭はローマのサトゥルヌス神殿でおこなわれる大供犠で幕があき、すべての人に開放される民衆の祭りがそれにつづく。すべての務めは休業し、国をあげての休日となり、一年をとおしてこの特定の期間中のみ公然と賭博が認められた。誰もが少しおしゃれな服装で、フェルトの頭巾（ピッレウス pilleus）をかぶり、奴隷たちは仕事から解放され、ときにはその主人たちからの奉仕を受けることもあった。家族ごとに祭りを取り仕切る「にせ」の王を選ぶのがならわしであった。祭りの最終日にはシギッラリア（Sigillaria 小像を売るローマの工芸品市）が開催された。

　サトゥルナリア祭はローマの祝祭のうちでもっとも人気のある祭りであった。サトゥルナリア祭の多くの祭りの要素やしきたりがキリストの聖誕祭（クリスマス）に取り入れられている。ともに喜びのときであることに変わりはないし、他の共通の要素としては、こころはずみ、善意に満たされ、ろうそくに灯をともし、友人・家族こぞっての宴会、贈り物の交換などをすることができる。また紙の帽子をかぶったりするのはピッレウスの代りなのであろう。サトゥルナリア祭は12月25日、それは元来ソル・インウィクトゥス（不敗の太陽神）を祝う日であったが、のちにクリスマスの祝祭にとって代られることとなる。キリスト教が初めてクリスマスをおこなった年は336年である。

参考文献：Scullard 1981, 205-207.

サトゥルヌス Saturnus

　ローマ往古の神で、植物を枯らすベト病をふせぐ神であり、また播種の神でもあったらしいが、一般には播種の神で、冬至に祝祭（サトゥルナリア）がおこなわれる神として知られている。一説では、サトゥルヌスはローマの潤沢の女神オプスの配偶神で、同じくローマの神ピクスの父とみなされている。ルア・マテルはときとしてサトゥルヌスの祭儀のさいの対神と思われてきた。サトゥルヌスはまたギリシアの神クロノスとも同一視されたので、その息子のゼウスもまたユピテルと重ねられた。また別の伝承によれば、サトゥルヌスは息子ユピテルに王座を奪われ、オリュンポス山の頂きから追放されたのでギリシアを離れ、イタリアへきたのだという。そしてローマのカピトリウム丘上に防御工事をほどこした村をつくったという。人よんでサトゥルニアといった。サトゥルヌスの治世は、ヤヌスの治世とひとしく繁栄の黄金時代とよばれた。サトゥルヌスは人びとに大地の耕作法を教えたとされている。またラティウムの王ヤヌスに農業を教えたという説もある。サトゥルヌスの神殿はローマのカピトリウム丘の麓にあった。（図31D、77C）。

参考文献：Grimal 1986, 412; Hammond & Scullard (eds.) 1970, 955-956; Simon 1990, 193-199.

サトゥルヌス神殿

　サトゥルヌス神殿はローマのカピトリウム丘の麓にあるフォルム・ロマヌム（フォロ・ロマーノ）に位置していた（図31D、77C）。12月17日（サトゥルナリア祭）に献納された。神殿がいつ、誰によって建立されたかについてはローマ人のなかでも意見はさまざまであった。建立は、共和政の初期、前501年、498年か497年、あるいは493年のいずれかの年の執政官によるものとされている。再建は前42年にルキウス・ムナティウス・プランクスによるものであることはわかっている。さらに4世紀の後半に、おそらく大火のあと再建されている。使用された円柱、柱礎、軒

蛇腹（コーニス）からその事実が判明している。共和政の時代から神殿は、国家の主要な宝庫（ローマ人民国庫またはサトゥルヌス国庫）として役立てられていた。ここには現金（主として銅貨〈アエス aes〉、それゆえ国庫〈アエラリウム aerarium〉の名もこれに由来する）とローマの公文書が保管されていた。公文書には財政記録、法律、国民決議（プレビスキタ plebiscita）や元老院布告（セナトゥス・コンスルタ senatus consulta）などがふくまれていた。これらは前78年以降に文書保管庫（タブラリウム）へと移管された。

いまに残存する基壇（ポディウム）はプランクスによる再建時のもので、幅22.5メートル×奥行約40メートルあり、**六柱式**神殿であった。国庫は階段の下にあったにちがいない。神殿の前にすえられている**サトゥルヌス**の祭壇はこれよりはるかに古いものであった。伝説によれば、この祭壇はトロイア戦争のときに創建されたとも、**ヘラクレス（ヘルクレス）**によって建設されたものともいう。その古さはまた、礼拝時頭にかぶりものをしないギリシア式の儀礼（**カピテ・ウェラト**ではない）にのっとっておこなわれたという事実からも裏づけられる。

参考文献：Hammond & Scullard（eds.）1970, 16; Nash 1962b, 294; Richardson 1992, 343-344; Scullard 1981, 206.

サトリアナ Satriana

ローマの女神だが、ローマで発見されたひとつの碑文でのみ知られるにすぎず、この碑文は16世紀の記録に残されていたが現在は残存してはいない。この女神はサトリア氏族の氏神であったと考えられているが、その他のことは不明である。

参考文献：Richardson 1992, 107.

サバジウス Sabazius

サバジオス Sabazios という名でも知られているこの神はもともとプリュギアかトラキアの植生、とりわけ大麦と小麦の育成をつかさどる神であった。この神の信仰は帝政時代

にイタリアに広がり、**マグナ・マテル**の信仰とむすびついていったと考えられる。またローマの神**ユピテル**、ギリシアの神**ゼウス**や**ディオニュソス**神とも重ねあわされ、その特性もおびることとなった。サバジウスが、ゼウスとむすびつく象徴である雷霆や鷲とともに表わされるのもそのためである。サバジウスはプリュギアの衣装を身につけて表現される場合もある。しかしサバジウスの主たる特性のひとつは蛇である。この神の祭儀の特徴のひとつは、呪術的な象徴や表象でおおわれた手が供物として奉献されることにある。手の指はキリスト教の典礼で現在もみられるように祝福の象徴となっている。

参考文献：Hammond & Scullard（eds.）1970, 941; Turcan 1989, 313-322.

サラキア Salacia

ローマの海の女神で、「塩水」を擬人化したものであった。女神はローマの神**ネプトゥヌス**ともむすびつけられた。ネプトゥヌスは元来新鮮な水（淡水）の神であったからサラキアもまた、もとは泉に湧く水の精であったのであろう。

参考文献：Grimal 1986, 410; Hammond & Scullard（eds.）1970, 945.

サラナ Sarana

ケルトの女神。ハンガリーのツォニイの神殿でみつかった証拠品によって知られるところとなった。この神はおそらくケルトの女神**シロナ**と同一の神であろう。

参考文献：Green, M. J. 1992a, 192.

サラピス Sarapis

ラテン語名**セラピス**で知られているエジプトの神。

サリアエ・ウィルギネス saliae virgines（サリイの聖女）

おそらく祭事にかかわる自由民としての生まれではなかったと思われる女性たちのことで、毎年マルスの至聖所（サクラリウム・マ

ルティス sacrarium Martis）でおこなわれる
供犠でポンティフェクス・マクシムス（大神
祇官）に付き従う女性祭司として雇われた。
彼女たちは年ごとにごく短期間雇われたにす
ぎず、サリイの衣装をまとって供犠にのぞん
だという。

参考文献：Beard & North（eds.）1990; Dumézil
1970, 173; Porte 1989, 104.

サリイ salii

　マルスの祭司団で「神々への供犠のなかで
もっとも重要なものをつかさどる」（ポリュ
ビオス）。祭司団はそれぞれ12人で構成され
る2つの組（ソダレス sodales）、パラティ
ニ組とコッリニ（またはアゴネンセス）組に
分けられていた。彼らはマルスの「飛び跳ね
る」、「踊る」祭司であった。「サリレ salire」
とは「踊る」という意味である。彼らは祭り
のあいだ行列をなし、踊ったのである。パラ
ティニ組はマルス・グラウィドゥスにもっぱ
ら仕える集団であり、コッリニ組はもともと
クイリナリス丘のクイリヌス神に仕えた集団
であった。サリイは下位の祭司団のひとつを
形成するもので、その起源は共和政期以前に
さかのぼる。彼らは選抜時に両親がまだ健在
な貴族（パトリキ）から選ばれた。選抜され
たあとは終生にわたって祭司職が保証された
が、彼らが重要な行政官職につくとか、祭司
職につくときには離任が許された。彼らの本
部はパラティウム丘にあるサリイの集会所
（クリア・サリオルム Curia Saliorum）で
あった。そこには至聖所（サクラリウム）が
あり、ロムルスの柄の曲がった杖（リトゥウ
ス Lituus）が納められていた。クイリナリ
ス丘にもサリイの集会所があり、そこにはサ
リイ・コッリニが彼らの聖具を納めていた。
サリイにかんする記録もここで保管されてき
たのであろう。サリイはレギア（王宮）にあ
るマルスの至聖所（sacrarium Martis）に納
められているアンキリア ancriia とよばれる
聖なる盾を預かっていた。

　サリイの主務は、3月と10月（戦争の開
始と終結の季節）の数日を儀礼の歌を歌いな

がらローマ中を踊りぬけることであった。ク
インクァトルスとアルミルストリウム祭もそ
のなかにふくまれる。彼らは古風な武具に身
を固め、盾と槍をもち、行列して進み、とこ
ろどころで立ち止まって儀礼の踊り（トゥリ
プディウムをふくむ）を披露し、サリイ聖歌
（カルメン・サリアエ）を歌う。イタリアに
はサリイが住んでいた町がほかにもいくつか
あったことが実証されている。ティブル（現
在のティボリ）ではサリイはヘルクレスに仕
えていた。

参考文献：Beard & North（eds.）1990; Porte
1989, 102−107; Richardson 1992, 2, 104−105;
Scullard 1981, 85−86.

サルス Salus

　古いローマの女神で元来は農耕・豊穣をつ
かさどる神であったようだが、やがて「健康
と予防」を擬人化した女神として知られるよ
うになった。そしてギリシアの健康の女神
ヒュギエイア（ラテン語名ヒュゲア）と同一
視されるようになり、またローマの女神セモ
ニアとも同一視されることもあった。帝政期
にはサルスはサルス・ププリカ・ポプリ・ロ
マニ（Salus Publica Populi Romani「ローマ
国民公衆の健康・安寧」）を守る神とさえよ
ばれた。ローマのクイリナリス丘上に神殿が
あったため、その場所はサルスの丘（コッリ
ス・サルタリス Collis Salutaris）とよばれた。
おそらくそこで初期にサルスの祭儀がおこな
われていたのであろう。サルスはしばしばコ
イン上に、右手に持つパテラから聖なる蛇に
餌をあたえ、左手に王笏を持つ姿で描かれて
いる（図45）。ヒュゲアもまたしばしば同じ
ように表されるが、初期のコインでは穀物の
穂とともに表されている。サルスの祭日は8
月5日であった。

参考文献：Grimal 1986, 411; Hammond &
Scullard（eds.）1970, 948; Marwood 1988;
Scullard 1981, 55, 170.

サルス・アウグスタ Salus Augusta（または サルス・アウグスティ Salus Augusti）（図45）

皇帝の「健康・安泰」だけではなく「美徳」をも擬人化したものである。神格化されるのは皇帝の救済と護持の力であった。

参考文献：Hammond & Scullard (eds.) 1970, 948；Marwood 1988.

サルス神殿

この女神の重要性にもかかわらず、この女神の神殿についてはあまり知られていない。神殿は第2次サムニウム戦争のさなか、おそらく前311年に執政官ガイウス・ユニウス・ブブルクス・ブルトゥスによって誓願された。彼が独裁官となった前302年8月ノナエの日（5日）に献納された。前276年と前206年および前166年の3度にわたって落雷に見舞われたが、いずれのときも大きな損傷をうけなかったという。クラウディウス帝の時代には大火にあい焼損したが復旧されたにちがいない。4世紀にはなお神殿は建っていたと伝えられているからである。その位置はコッリス・サルタリスの名で知られるクイリナリス丘の一部であったという。おそらく先にサルスの古い祭壇か聖所があり、その名がついていた場所に神殿は建立されたのであろう。またそこは、くり返し落雷することでもきわだった場所であったにちがいない。神殿は17世紀まで残っていた可能性もある。そうだとすれば、この神殿はカラカラ帝（在位211-217）によって建立された**セラピス神殿**と同一のものであった可能性もあるし、あるいはアウレリアヌス帝（在位270-275）によって建てられた**ソル神殿**と重なるものであったかもしれない。

参考文献：Richardson 1992, 341-342.

サルス・ププリカ・ポプリ・ロマニ Salus Publica Populi Romani

ローマの女神**サルス**のもつ特性のひとつで、この名の意味は、「ローマ国民公衆の健康・安寧」であり、帝政期に使われた。

図45 マクシミヌス1世のデナリウス銀貨。パテラを蛇に差し出すサルス・アウグスティ。サマセット州立博物館

サルモクシス Salmoxis

地下世界の神ザルモクシスの別名。

ザルモクシス Zalmoxis

サルモクシス Salmoxis としても知られていた**地下世界**の神。現在のルーマニアとブルガリアにあたる地域で崇拝されていた。ザルモクシスは、もともと前4世紀までにはドナウ河下流域に定住していたトラキアの一部族であるゲタイ人によって崇拝されていた。[ヘロドトス（『歴史』IV・94-96）によればゲタイ人（トラキア地方に起こった古代の民族、ドナウ河下流域を中心に北は南ロシアまで勢力を伸ばしていた）は自分たちが死滅するとは考えず、死亡した者は神霊ザルモクシスのもとへ行くものと信じていたという。]

参考文献：Hammond & Scullard (eds.) 1970, 1144.

サンクタ・ソフィア大聖堂 Sancta Sophia（ハギア・ソフィア、アヤ・ソフィア）

343年の初頭、コンスタンティノポリス（現在のイスタンブール）に建設が着手された初期キリスト教の教会。最初の教会は360年に完成をみ、キリストの属性でもある「聖なる叡智」を意味するサンクタ・ソフィア

シコノセカ

（ハギア・ソフィア）に献納された。「大聖堂」とよばれるこの建造物は規模において、かつての遺構の上にそびえ立つ今日の建物に匹敵するものであったにちがいない。最初の聖堂は、皇后エウドクシア［東ローマ皇帝アルカディウス（在位383-408）の妃］によってその司教座を追われた総大司教聖ヨハネス・クリュソストモスの支持者らによって引き起こされた反乱のさなか、404年6月9日に焼け落ちた。聖堂はテオドシウス2世によって再建されたが、532年1月15日、ニカの反乱［ビザンツ帝国の首都コンスタンティノポリスの市民がユスティニアヌス1世に対して起こした反乱。「ニカ」はギリシア語で「勝利」を意味し、反乱を起こした市民の掛け言葉であった］の初日にまたもや火災によって焼失した。ユスティニアヌス帝がこれを再建させ、537年12月27日、総主教メナスによる献堂式がおこなわれた。たびたびの地震による被害、その後の放置にもかかわらずこの建造物は今日まで生きのびたのである。大聖堂は、1453年コンスタティノポリスがトルコ人によって陥落すると、イスラームのモスクへと変えられ、今日では博物館となっている。

参考文献：Mainstone 1988; Mark & Çakmak 1992.

死後の世界（来世）

　ローマ世界では、死後の世界に対する考え方は多様であった。さまざまな宗教があったため、この問題は非常に複雑である。死後の世界をまったく認めない考え方もあれば、人びとの霊魂が死後まとまって存在しつづける、あるいは個別の霊魂として生きつづけ、ときをおいて別の人間に宿るまでのあいだ、霊魂は、**地下世界**で休息するという考え方も存在した。しかし、死者の世界というものが存在し、そこで親族の霊魂に再会することができるという考え方が、ときがたつにつれて、より一般的になった。

　死者の霊魂は墓のなかで生きつづけ、生者の生活になんらかの影響をおよぼすという考え方が、長いあいだに広く普及していった。そして、死者の魂をなだめるために、定期的に墓にお供えをすることがおこなわれるようになった。墓に供物がささげられ、死者のために灌奠がなされた。墓に穴をあけ、さらに筒を埋め石棺あるいは石室に直接、葡萄酒と食べ物をささげることができるよう工夫された墓も知られている（→**埋葬の筒**）。さらには、墓で酒食をおこなうことも、死者の霊魂をなだめる行為と考えられていた。また、死後の世界を信ずるあまり、迷信的な行為もおこなわれた。たとえば、死者が迷いでるのをふせぐために、遺体の上におもしがおかれた例も知られている。また、なんらかの理由で、遺体の頭部が切断された例もある（図62）。もし、霊魂をなだめることに失敗した場合、霊魂は**レムレス**のような悪霊になると信じられていた。

　死者が墓のなかで生きつづけるという考え方とともに、死者の霊魂は地下世界に下り、**マネス**や**レムレス**になるという考え方も存在した。死者の霊魂は、毎年**レムリア**（浮遊霊払い）祭という特定の時期に戻ってくると考えられていたし、死後の世界の神々によって拒絶された死者の霊魂は、永久にさまようとされていた。天国と地獄のような概念はなく、死者は死後、地下世界の神々とのみまじわると考えられていた。

　3世紀の中頃になると帝国各地の埋葬儀礼が大きく変容し、火葬ではなく土葬が普及していく。理由はさだかではないが、おそらく**オリエントの宗教**と**新プラトン主義**（最終的に**キリスト教**）の影響によって、死後の世界に対する期待感が高まったためと思われる。考え方はそれぞれ異なるものの、キリスト教をふくむこれらの神秘宗教では、幸福な死後の暮らしと復活が約束されていた。そのため、霊魂は生きつづけるという信仰が発達した（霊魂にかんしては、プラトンやのちの哲学者が議論をおこなっている）。キリスト教にとっては、死は地上世界のわずらわしさからの解放であり、キリスト教徒の多くの墓石の碑銘には安息を意味する RIP（requiescit in

121

pace、安らかに眠れ）の文字が刻まれている。
（→ストア主義）

参考文献：Hammond & Scullard（eds.）1970, 23-24; Hopkins 1983, 226-235; Jackson Knight 1970; Lattimore 1962; North 1988b; Prieur 1986; Toynbee 1971, 33-39.

死者の埋葬

　ローマ人は、死者を**土葬**あるいは**火葬**にした。また、ときに遺体に防腐処置をほどこすこともあった。1世紀から2世紀までは、イタリアとローマでは（そして帝国のほかの地域では3世紀中頃まで）、おもに火葬が優先的にとりおこなわれたが、やがて土葬が一般的となった。しかし、土葬と火葬の両方がどの時期においてもおこなわれていた。埋葬にさいしては、葬儀がおこなわれた。土葬、火葬の仕方は多様で、墓穴または地面のくぼみに埋葬することもあれば墳丘を盛ることもあり、また墓におかれることもあった。死者が天上の神々とこれ以上かかわり合いをもつことのないように、天上の神々の眼から死者を避けるために、死者は地下の墓穴や納骨所に埋葬された。地下に埋葬することによって、神々を不快にさせたり、祭壇をけがすことを避けた。地下に埋葬されたことによって、死者はよりたやすく**地下世界**へおもむくことができた。

　宗教的けがれを避けるために、ローマ時代遺体は、町の**ポメリウム**の外側に埋葬されなければならなかった（この決まりは十二表法［前450年頃編纂されたローマ法最古の法典］にまでさかのぼる）。しかし、田舎では、集落のすぐそばに遺体が埋葬されることもあった。新生児にかんしては例外で、集落内に埋葬されることもあった。帝政期後半まで、遺体は市門を出た町の外側、街道ぞいにある墓地に埋葬されるのが一般的であった。ローマなどの大都市では遺体を埋葬する場所をみつけることはむずかしく、都市の貧民街に住む人びとは町の外側に掘られたプティクリ puticuli［ウァッロはプテスケレ putescere ＝「腐る」の意と関連づけた］とよばれる合葬

用の墓穴に死体を投げ入れていた。実際、このような墓穴が発掘されている。また、伝染病が蔓延すると、火葬用の薪の値段が高騰し、その結果おそらくこのような合葬方法がとられることになることもたびたびあったろう。埋葬法を統制するのは、神官団の義務であった。遺体が埋葬される場所は、神の法にしたがう場、宗教的聖苑 locus religiosus であったのである。（→コルンバリウム、墓所）

参考文献：Crook 1967, 133-138（tomb law）; Hopkins 1983, 201-207; Lattimore 1962（view of death reflected in epitaphs）; Reece（ed.）1977; Toynbee 1971; Woodward 1992, 81-97.

シストルム sistrum
（複数形 sistra、楽器ガラガラ）（図46）

　イシスの崇拝に一般的にもちいられた用具の一種で音を出すもの。これはエジプト起源の楽器で、イシス崇拝でもっともよく知られている象徴のひとつである。これは金属製の環状の枠に、振るとチリンチリンという音をだす細い棒がその枠を横切るかたちで取りつけられている。なかにはとりわけ柄に美しい装飾をほどこしたシストルムもいくつかある。普通シストルムは青銅製であるが銀製のものも知られ、また金製のものさえ使用されていた。大きさはおよそ19-25センチメートルである。シストラは信者たちによって持ち運ばれ、イシスの基本的な儀式の一部として悪魔祓いのためか、歓喜あるいは悲歎、哀悼の表現として振り鳴らされた。

四柱式

　正面に4本の柱がある神殿様式。

シトゥラ situla（複数形 situlae）

　儀式用の手桶。一般的に**イシス**は信者たちを浄めるためにまく聖なるナイル河の水を満たしたシトゥラを持った姿で表現されている。それはこの女神の祭儀では大切な構成要素のひとつであったからである。シトゥラは他の祭儀でももちいられていた。

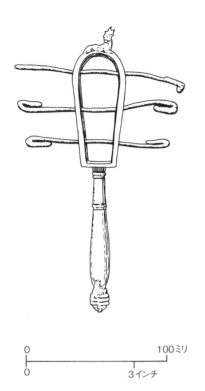

図46 フランスのニームでイシスの祭司の墓から発見されたシストルム。振ると音をたてる3本の細い青銅製の棒が取りつけられている。

シナゴーグ（ユダヤ教会堂）（文字どおりには、祈祷および学問研究のための集会）

イエルサレムにある神殿から遠く離れた地域に散在するユダヤ人共同体による祈祷および崇拝のための集会所。シナゴーグという用語は本来（礼拝所として知られていた）建物そのものよりもむしろ組織された集団を意味するものであった。礼拝のためのこのような家屋が出現した時期は、エジプトでは少なくとも前3世紀にまでさかのぼる。それは多神教の神々の神殿の模倣を極力避ける意図的な試みであったことがありありとみてとれるものであった。

多神教の神殿と初期のシナゴーグの根本的な違いは、神殿は神々の家とみなされ、その神々の礼拝者たちは神殿の外に留まっているのに対し、一方シナゴーグは祈祷、崇拝、研究、教育、議論、安息日の集会のため、あるいはまたシナゴーグ営繕のための基金および神殿税を集める場でもあった［帝国内各地に居住していたユダヤ人たちは、70年にイエルサレム神殿が破壊されるまで税を納めていた］。この機能上の相違によってシナゴーグは、小会議室や法律関係の職務用の部屋などをもつギリシアおよびローマの集会場をもとにして造られた。その結果、初期シナゴーグを特徴づけるような建築様式も設計もみあたらない。

1世紀までには、最多数とはいわないまでも、散在している非常に多くのユダヤ人共同体（それをローマ人たちは「コレギア」として分類していた）はそれぞれにシナゴーグをもっていた。ユダヤ人共同体が帝国中いたるところに広がるとともにシナゴーグの数もふえていった。ローマには13のシナゴーグがあったこと、そしてまた70年にイエルサレムの第二神殿が破壊される以前でさえ、イエルサレムだけでも非常に多くのシナゴーグがあったこともよく知られている。ローマの属州アシアには数多くのシナゴーグが存在したことは明らかであり、またアレクサンドリアのそれは5本の大きな側廊（身廊をふくむ）巨大なバシリカであったことを示す証拠が残っている。

参考文献：Smallwood 1976.

シビュラ Sibylla

さまざまな予言をおこなう女性・巫女たちにあたえられた名称であるが、個別の名を有する巫女たちもいた。イタリアのクマエ［イタリア南西部ナポリの西に前9-前8世紀に建設された古代ギリシアの植民市］のシビュラがなかでももっとも有名であった。このシビュラこそ「**シビュラの書**」の原本を作った巫女であると信じられていた。彼女は東方からやってきて、他のシビュラたちとは違い、クマエの洞窟に住んだという。ほかにも異

なった時代に異なった場所に住んでいたシビュラたちもいた。彼女たちは忘我の状態で予言をし、アポロン（→**アポロ**）の支配をうけ、アポロンの神託を告げたと思われている。**アルブネア**がときとしてシビュラとみなされた。アルブネアはイタリアのティブル（現在のティボリ）で祭儀をおこない、その神託の詩句がローマで「シビュラの書」とともに保管されていた。のちキリスト教がシビュラの神託に手を入れ改変したため、シビュラたちは旧約聖書の預言者たちと等しき者とされた。そのことはキリスト教美術にも文学にもうかがわれる。（→**神託**）

参考文献：Hammond & Scullard（eds.）1970, 984; Parke 1988; Potter 1990（review article of Parke1988）.

シビュラの書 livri Sibyllini（図47）

ギリシア語でしるされた詩句の集成で、ローマに危機が迫ったとき**神託**をえようとしてひも解かれた。最初の集成は、シビュラとよばれたひとりの女予言者によって作られたものだという。彼女はこの書の何巻かをタルクイニウス王（伝説的な王政ローマの第7代かつ最後の王）に売った。しかし王は全巻の買取りを拒否したため、彼女は残りを燃してしまった。「シビュラの書」は、ローマの至高至善の神**ユピテル・オプティムス・マクシムス神殿**の下にしつらえられた石の箱に収められた。しかし前83年に神殿と石の容器は火災によって灰燼に帰したが、前76年までにはいろいろな場所にあった異なる写本から神託の新しい集成が作られた。この新しい「シビュラの書」は、アウグストゥス帝によって前12年、あるいはもっと早くにパラティウム丘上のアポロ神殿へと移管された。1世紀の中頃までには、「シビュラの書」が共和政時代のように諮問にもちいられることはなくなった。「シビュラの書」は**クインデキムウィリ・サクリス・ファキウンディス**によって管理された。書には数々の改ざんがなされ、ユダヤ教徒やキリスト教徒による改変もあった。14巻にのぼる種々雑多な神託書

図47 前54年の日付のあるルキウス・マンリウス・トルクアトゥスの共和政時代のコイン。表面にシビュラの右向きの頭部が刻まれており、裏面には鼎とふたつの星が表されている。このコインは「シビュラの書」による占いがきわめて盛んだった時代に鋳造されたものであろう。

がいまなお残存している。

この書が最初にひも解かれたのは前496年の飢饉のときであった。予言書に問うたところ、書は神殿の建立や祝祭の導入、新たな祭儀（**マグナ・マテル**の祭儀など）の導入というような個々の状況に応じてさまざまな行為を求めたという。

参考文献：Dowden 1992, 32-37; Hammond & Scullard（eds.）1970, 984; Parke 1988; Potter 1990（review article of Parke 1988）.

シャドラパ Shadrapa

北アフリカの神でカルタゴ人によって崇拝され、ローマの神**リベル**と等しい神とみなされることもあった。「シャドラパ」とは「シェドが癒す」という意味である。シェドはかつてカナン（パレスティナ地域の古名）人の古神で、しばしばエジプトの神**ホルス**と同一視された。シャドラパはまたホルス神とむすびつけられ

ることもあったが、ギリシアの**ディオニュソス**神と重ねられることの方が多かった。

参考文献：Picard & Picard 1987, 178.

車輪の図柄

　輻（や）のある車輪のしるしは、元来ケルトの太陽神に関連した太陽の象徴であったのかもしれない。ロマノ・ケルト世界では、200近くの石造記念物にさまざまな神々とともにこの図柄が描かれている。またこのほかにもさまざまな描出、すなわち肖像、絵画、彫像などにも、とくに、ロマノ・ケルト世界の天空神（名称はない）とむすびつけられて表現されていることが多い。車輪はまた神々の肖像をともなわない形でも存在する。たとえば、縮小模型（ミニチュア）の車輪といったものがその例である。スワスティカ svastika 卍（まんじ）は、車輪と類似した象徴性を共有していると考えられ、車輪とおきかえて相互に使用することができたようである。

参考文献：Green, M. J. 1984 (includes a gazetteer of examples); Green, M. J. 1986.

十月の馬の供犠 equus October

　10月15日にはローマの**マルスの野**（カンプス・マルティウス）で戦車競技がおこなわれた。勝利したチームの最右翼に位置する馬が、豊作の確保を祈って**フラメン・マルティアリス**によって**マルス**の祭壇に供犠された。この馬の頭部は切り落とされ、いくつもの麵麭（パン）をつないで作られた綱で飾られた。サクラウィエンセス Sacravienses とスブラネンセス Suburanenses（聖道サクラ・ウィアの住民と下町スブラ［古代ローマのカエリウスとエスクイリヌス丘のあいだの貧民街］の住民）は、供犠のあとこの馬の頭を争って奪い合った。もしサクラウィエンセスが奪い取ればそれはレギア（王宮）の壁に釘づけされ、スブラネンセスが奪えばマッミリウスの塔［この塔は帝政時代貧民街の中心にあった。マッミリスはローマの一氏族名］にむすびつけられた。この馬の頭からしたたり落ちる血は集められ、4月21日まで保存され、**ウェ**スタの聖女たちによってこれより6日前**フォルディキディア**祭で供犠された牛の胎児の血と、この日すなわち4月21日（パリリア祭の日）に混ぜ合わされた。

参考文献：Frazer 1913, part V vol.II, 42-44; Richardson 1992, 340; York 1986, 178-179.

宗教的行列にもちいられる物品

　ポンパ（宗教的行列）で運ばれるさまざまな物品、たとえば標識の旗および笏。動物や他の象徴物をともなった神々を描いた手のこんだ旗が知られているが、単純な職杖［儀式のさいにもちいる象徴としての杖］あるいは笏はさらによく知れわたっている。これらの上にはしばしば神の、ときには皇帝の胸像または頭部像がのせられ、それらは木製、鉄製または青銅製であった。これら以外、供犠用具一式、お祓い（はらい）にもちいられる儀式用の容器、そして香炉というような宗教的目的にもちいられる数々の物品も運ばれた。これらの神々に芳香と快い光景をささげるために花輪や花束が運ばれ、香も焚かれた。軍隊による宗教的儀式においては、軍団旗とのぼりが軍隊によって行列をなして運ばれた。

周柱式 peripteros

　すべての面に柱を配した神殿。ペリプテラル・シネ・ポスティカ peripteral sine postica［sine はラテン語で「無しの」、postica は「裏口」を意味する］式神殿には、長いふたつの側面およびもっとも重要な正面に柱が配されているが背面は隙間のない壁になっていたものがある。これはローマ時代の神殿に共通してみられる特徴である。

修道生活

　神を瞑想し、信仰に集中するため、個人あるいは集団（普通は単性集団であるがかならずしもというわけではない）が日常生活から隠棲することである。4世紀の後半にいたる頃になると、組織化されたキリスト教教会は目立って豊かになり、**聖ヒエロニムス**（347頃-420）やトゥールの司教マルティヌスの

ような指導的立場の思索家たちは教会の価値について疑問をもち始めた。こうしたことが修道運動に推力をあたえることになった。この運動は早くも4世紀にはエジプトの砂漠に孤独を求めたひとつの苦行者集団によって始まった。人びとは都市を離れエジプト、シリア、パレスティナの砂漠へと身をひそめ、そして孤独が守られ共同生活もできるといった小さな居住地を築き始めた。最初のうちは多くの僧たちはほどこしにより生活し、野草や草の根を集めて生きのびた。やがて組織化された共同体が生まれ、僧たちはそれぞれの特技を生かし、あらゆる種類の物品を生産し、販売して生活するようになった。司教たちはこうした修道運動のなかで生まれつつあったエネルギーや才知を活用するのに手をこまねいてはいなかった。いくつかの修道共同体は都市にもつくられ始めた。やがて修道生活のための家屋は、将来の司教たち、ときには貴族階級の子弟たちの修練の場にもなった。4世紀、5世紀にかけて修道生活は西方へと広まり、ついにヨーロッパへといたりつく。6世紀にはアイルランドに修道僧がいた証拠がみつかっている。

参考文献：Johnson 1980, 139-144.

祝祭（日）festum（またはディエス・フェストゥス dies festus、複数形 dies festi）

　神をうやまうための祭日、ご馳走の日または式典の日など、つまり「祝祭の日」。さまざまな公的競技会（ルディ）はフェリアエではなくディエス・フェスティとみなされ、ほとんどが政務官の管轄下にあった。フェリアエは別の形式の祝祭で、宗教的祝祭日であるばかりでなく仕事を休む聖なる休日であった。ルディがしばしば式典に組みこまれ、祭司の指揮のもとにおこなわれた。

呪術 magice

　直接的な行為と儀式によってさまざまな出来事を制御しようとする試み。呪術はローマの宗教と起源を同じくし、人びとの生活を支配する超自然の力の存在を信じるところから生まれた。宗教儀式（なにが起きるのかを問う）と呪術的儀式（そのことをじかに生じさせる試み）とを分かつ境界は多くの場合きわめて微妙である。ローマ宗教の場合は呪術的要素が強くふくまれているといえる。呪術は公式には認められてはいなかったが、それぞれ私的には広くおこなわれていたようにみえる。ローマ文学に魔女の記述があるのもその証拠のひとつであろう。有害な呪術も私的にはおこなわれていたにちがいない。ローマ法がそれを禁じていることからもわかる。その一方で、無害な呪術は宗教儀礼に吸収されるか、あるいはまた、それとは区別しがたいものとなった。降神術（デフィクシオネス）のようなことがおこなわれる場合、浄め（ルストラティオ）の儀式がおこなわれる場合、また死者供養の場合などに呪術がもちいられたのである。有害な呪術は違法とされ、抑圧されたのは、不信からではなく、そこから起こりうる結果への怖れがあったからである。初期キリスト教の教父たちもまた、呪術を欺瞞というより不信心なものとして非難した。

参考文献：Gordon 1990c, 252-255; Hammond & Scullard (eds.) 1970, 637-638; Liebescheutz 1979, 126-139; Luck 1985, 30-131; Merrifield 1987.

十柱式

　正面に10本の柱がある神殿様式。ローマにおけるこの神殿の唯一の例に、ハドリアヌス帝が建立したウェヌス・フェリクスとローマ・アエテルナ神殿がある。

シュマエティス Symaethis

　ローマの水の精、すなわちニンフ。ローマの河神シュマエトゥスとローマの河神アキスの母との娘。

参考文献：Grimal 1986, 8 (under Acis).

シュマエトゥス Symaethus

　シチリア、カタナ近くを流れるシュマエトゥス川のローマの河神。

シュンマクス Symmachus

クイントゥス・アウレリウス・シュンマクス、340頃-402。裕福なローマ貴族、著名な雄弁家、国家の宗教である多神教の熱烈な支持者であり、同時代のもっとも強力な**キリスト教**の反対者。公表を目的に書かれた書簡900通以上をふくむ著述10巻が残存する。最初の9巻は友人たちにあてた書簡であるが、第10巻は公的に交わされた往復書簡集で、そのなかには結果は不成功に終わったが、元老院議事堂のなかにあった勝利の女神ウィクトリアの祭壇の復旧、すなわち多神教の再生を願って382年ヴァレンティニアス2世あてに書いた書簡もふくむ49通の詳細な陳述書簡も収められている。この祭壇はそののちエウゲニウスによりもとの場所へもどされた。
参考文献：Hammond & Scullard (eds.) 1970, 1027-1028.

巡礼者

ローマ時代後期からキリスト教徒たちは聖地を訪ねようと動き始めた。聖地を訪ね歩く人びとは巡礼者とよばれた。はじめのうちは巡礼の旅の主要な目的地は聖地であったが、なかでもとりわけイエルサレムがきわだっていた。しかし次第に聖地の数がふえ、中世の終わりまでにはヨーロッパのほとんどの所に巡礼地があった。巡礼の真意は、特定の聖地で祈ること、あるいは特別な聖なる対象物の前で祈ること、またときには治癒をうるため、罪の赦しを願うためなど明確な神の恩恵をこうむるためであった。その他の動機としては特定の場所（ヨルダン川のようなところ）で洗礼を受ける、あるいは懺悔、誓願成就のためなどといったものもふくまれていた。巡礼の順路をしるした旅程表もあった。

小クインクアトルス Quinquatrus

宗教式典のさい、重要な役割を演じた竪笛吹き（ティビケン）の組合（ギルド）の祝祭日。この祝祭は6月13日から15日にかけて開催され、竪笛吹きたちは仮面をつけ、長衣を着て、音楽を奏しながらローマの街々を広範囲にねり歩いたらしい。

小立像（図48、86、99、106、107）

小さな神像。**奉納物**とされた。ローマ時代には金属（とくに青銅）、焼き粘土などで作

図48 イギリス、ラミアット・ビーコンで発見されたメルクリウスの銅製小像。有翼の帽子と靴を身につけている。そして上衣（クラミス chlamys）を着ている。クラミスとは古代ギリシアの男子が着た肩でとめる袖なしの短い外套のことである。お金の入った袋を右手に持っている。左手にはカドゥケウス杖を持っていたと思われる（現在は紛失）。高さ10.8センチメートル。
サマセット州立博物館

シリアノメ

られた。木製も多かったと思われるがほとんど残っていない。銘文があるものはまれである。ヘレニズム時代になるとテラコッタまたは陶器の小立像の人気は非常に高まり、ローマ世界全域にちらばる製作所で、この小立像の製造がつづけられた。テラコッタあるいは陶製の小立像は型枠を使って作られた。多くはヘレニズム期の型を踏襲したが、土着の女神と関係づけられることもしばしばあった。2世紀初頭より小立像の製造は、中央ガリアのアリエ渓谷、ついでラインラントの重要な産業となった。小立像は白粘土（パイプクレー）で作られ、とくに、いわゆるウェヌス像、母神像が広く輸出されるようになった。小立像は主として献納品として使われ、神殿や邸宅内の聖所での礼拝像となった。テラコッタ製造業は4世紀から衰え始めたが、それはおそらく**キリスト教**台頭の影響であろう。（→ **ウェヌス**）

参考文献：Jenkins 1978.

シリアの女神

女神**アタルガティス**の別名。

シルウァナエ Silvanae

ローマの女神たちでローマの男神**シルウァヌス**と対をなす。これらの女神たちは主としてローマの属州パンノニアで崇拝された。ところが帝国西方のほとんどの地で発見された碑文からもその名を認めることができる。女神たちは一般にシルウァヌスとむすびつけられるニンフと似ているようにもみえる。シルウァナエの数はまちまちだが、三神一組で表されることが多い。この姿は**マトレス**のようなケルトの三神一組の女神たちに似ているからといって、シルウァナエがローマ起源の神ではないという決定的な証拠はみあたらない。一般的にはシルウァナエは**ニンフ**のひとつの特殊な型と解されている。

参考文献：Dorcey 1992, 42-48.

シルウァヌス Silvanus（図49）

未開の荒地、森林、農耕、狩猟、土地の境界にかかわるローマの神。この神の祭儀は、少なくとも紀元前39年という早い時期から後339年にわたる1100をゆうに超える碑文から知られるところである。くわえてシルウァヌスは彫像から（宝石の）原石に刻まれたものにいたるまでのさまざまな芸術作品のなかで、多様な姿をとって表されてきた。シルウァヌスの祭儀がおこなわれたのはイタリアに集中している。この神にささげられた既知の奉献銘文の大半がイタリアで発見されていることからもそれがわかる。ところがこれとは対照

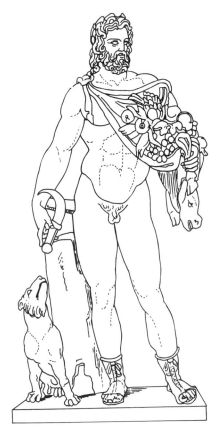

図49　シルウァヌス神の像。

シルウアヌ

的に、ラテン文学ではほとんどこの神の名は
登場しない。理由はこの神が公的な宗教の神
というよりもむしろ大衆に人気のある神で
あったことにある。したがってシルウァヌス
には国家的な神殿もなければ、国が定める祝
祭も聖日もなかった。いっぽうシルウァヌス
はおびただしい数の称号や添え名を有してい
た。というのもシルウァヌスの影響がおよぶ
領域はローマの森の神ファウヌスのそれと重
なりあい、この2柱の神を分かつ明確な仕切
りがかならずしもあるわけではなかったから
でもある。
　シルウァヌスにささげられた聖所は、ロー
マ帝国のいたるところに数多くあったが、い
ずれも簡素なものばかりであった。シルウァ
ヌスはニンフ（精）とむすびついて崇拝され
ることが多かった。とりわけローマの属州パ
ンノニアにおいては、シルウァナエとともに
崇拝された。またシルウァヌスはときとして
ギリシアの神シレノスやサテュロスと同一視
されたが、ギリシアの神パンと重ねられるこ
との方が多かった。シルウァヌスはまたマル
スと同一視されたり、ガリア・ナルボネンシ
スではケルトの槌の神とむすびつけられたり
した。ブリタンニアでは、ハドリアヌス長城
周辺で信仰を集めた狩猟の神コキディウスの
ような地方のざまざまな神々ともむすびつけ
られた。イギリスのリドニー・パークではノ
デンス（ノドンス）といった神ともむすびつ
いた。
参考文献：Dorcey 1992 (full discussion of
Silvanus with list of epithets and identification
with other deities); Green, M. J. 1992a, 190–
191.

シルウァヌス・ウィノトヌス
Silvanus Vinotonus
　ケルトの神ウィノトヌスとむすびつけられ
ているローマの神シルウァヌス。

シルウァヌス・カッリリウス
Silvanus Callirius
　ケルトの神カッリリウスはローマの神シル
ウァヌスとつながりがある。イギリスの南東
部コルチェスターで発見された奉献碑文に
よってその名が知られることとなった。銘文
は青銅板に刻まれていた。青銅板は方形の聖
所の近くの小穴に埋められていた。この穴か
らは小さな青銅製の雄鹿の小立像もみつかっ
た。それはこの神が雄鹿（森林の獲物）と雄
鹿の狩猟者の守護神とみなされていたことを
暗示しているのであろう。カッリリウスは土
着の森林の神であり、この神名は「森林の王」、
「榛の森の神」を意味しているという。
参考文献：Green, M. J. 1992a, 191.

シルウァヌス・カラエディクス
Silvanus Calaedicus
　ローマの神シルウァヌスとむすびつけられ
るケルトの神。この神名はスペインのロング
ローニョの近くで発見された祭壇に刻まれた
碑文のみで知られている。神名カラエディク
スが別の神をさしているのか、それともこの
祭壇を献納した人物ティトゥッルスの別名な
のかは議論のあるところである。いっぽうカ
ラエディクスはこれまで「岩石で造られた避
難所の燃える神」の意と解されてきた。この
解釈ならカラエディクスをシルウァヌスとむ
すびつけやすくなる。シルウァヌスの有する
多様な役割のひとつは石を切り出す人びとの
守護にあった（石を切り出すために一般的に
とられる手段としては、まず石を割るために
火が使用された）からである。
参考文献：Dorcey 1992, 62–63.

シルウァヌス・コキディウス
Silvanus Cocidius（図50）
　ローマの神シルウァヌスとむすびつけられ
ているケルトの神。この神名は、ハドリアヌ
ス長城にあるハウスステッズ要塞と長城の北
方にあるライジングハム要塞で発見されたふ
たつの碑文によって知られている。ライジン
グハムの碑文には、神が短いテュニック［古

129

シルウァヌ

図50 ハドリアヌス長城にあるハウスステッズ要塞で発見された、シルウァヌス・コキディウスにささげられた祭壇。碑文にはDEO SILVANO COCIDIO QV FLO RIVS MATERNVS PRAEF COH I TVNG VSLM（神シルウァヌス・コキディウスに、トゥングリア第1歩兵隊司令官クイントゥス・フロリウス・マテルヌス、ここに心より正当に彼の誓いを果すものなり）とある。

代ギリシア・ローマでもちいた2枚の布で肩と脇を縫い合わせたひざ丈の着衣］を身につけ、弓矢をたずさえ、1頭の雄鹿と1匹の犬を引きつれた姿が浮彫で表されている。
参考文献：Dorcey 1992, 54-55.

シルウァヌス・シンクアス
Silvanus Sinquas

ローマの神**シルウァヌス**と同一視されたケルトの神。ローマの属州ベルギカで発見された碑文によって知られることとなった。
参考文献：Dorcey 1992, 61.

シルウァヌス・ポイニウス Silvanus Poinius

ローマの神**シルウァヌス**と同一視されているケルトの地方神、あるいはおそらくトラキア［バルカン半島南東部の古代の地域名］の神であろうと考えられる。この神はブルガリアのトゥルノヴォで発見された碑文によって知られている。ポイニウスはケルトの神**ポエニヌス**と同じ神である可能性がある。
参考文献：Dorcey 1992, 75.

シルウァヌス・マグラエ Silvanus Maglae

シルウァヌス・マグラエ（あるいはマグラエヌスの可能性もある）にささげられた一碑文が上パンノニアで発見されたことは知られている。マグラエはローマの神**シルウァヌス**と同一視されているケルト土着の神であると考えられた。しかしこの神についてはそのほかなにも知られていない。ゆえに「マグラエ」はたんにシルウァヌスの一地方における記述呼称にすぎないという可能性もある。
参考文献：Dorcey 1992, 72.

シレノス Silenus

ギリシアの神だが、ときとしてローマの神**シルウァヌス**と同一視された。シレノスは野生の神であり、美術では半人半獣の姿で表現されている。**ファウニ**が神**ファウヌス**に淵源するように、シレノスもまた複数形シレニSileniとして考えられた。そしてシレニは**サテュロス**ともギリシアの神**パン**とも混同された。美術に表現されたシレニとサテュロスとを識別できないことがしばしば生ずるが、概してサテュロスの方が若い姿で表現されるのに対し、シレニはたいてい老人の姿をしている。
参考文献：Howatson（ed.）1989, 523; Johns

1982, 82, 84.

シロナ Sirona

　治癒、豊穣、再生をつかさどるケルトの女神で、薬効のある泉としばしばむすびつけられる。シロナは**サラナ**および**トシロナ**とおそらく同じ神であろう。また**アポロ（アポロ・グランヌス）**の配偶神として崇拝され、ガリアのトレウェリ族の地域ではとりわけ篤い崇拝をうけた。シロナとアポロの両神にささげられた重要な**聖所**が、ドイツのトリーアとマインツのあいだに位置するホッホシャイドにあった。ここにあるのはローマ的な神殿の複合だが、それらは非ローマ的なケルトの聖所を継承したものである。ホッホシャイドでみつかったシロナの像は、ディアデム冠をかぶり、３個の卵を持った姿をしている。３個の卵が豊穣の象徴であることはあきらかである。１匹の蛇が女神の腕に巻きついている。他の場所でみつかったシロナは、穀草と果物をたずさえた姿をしている。トレウェリ族の地域外でも、シロナ女神の信仰はフランス西部からハンガリーにわたる広い範囲に浸透していた。

参考文献：Green, M. J. 1992a, 191-192; Green M. J. 1992b, 224-226.

神格化 deificatio

　人間が神の位にのぼること。皇帝あるいは皇帝の家族にのみ神格化が認められた。皇帝の神格化（彼らを神の位に上げること）は皇帝の死後、元老院の命によっておこなわれた。神格化された個人はふつうディウス（皇帝の家族の女性たちはディウァ）とよばれた。（→皇帝崇拝）

シンクアス Sinquas

　ローマの属州ベルギカから発見されたふたつの碑文によって知られるケルトの神。ひとつの碑文のなかでシンクアスはローマの神**シルウァヌス**と同一視されている。またこれらの碑文のなかにしるされている短縮形の名前の判読の違いからシンクアティス Sinquatis およびシンクアテス Sinquates としても知ら

れている。
参考文献：Dorcey 1992, 61.

人体部位模型奉納品 ex-voto

　人間の体の一部分を模した奉納品。現存するものは一般にテラコッタ製品であるが、木製や石製のものも存在する。木製のものがおそらくもっとも広くいきわたっていたと思われるが、現存するものはきわめて少ない。病気になった人間は、体のなかの悪い部分の模型をつくり、治癒の神を祀る聖所や神殿に奉納した。悪くなった部位の模型を神に奉納することで、患部治癒を祈願した（それゆえ患部が治癒したことを感謝し奉納するのではなく、むしろ患部治癒を願って奉納したものと思われる）。人体部位模型奉納品をささげることは、ローマ時代にはごく一般的におこなわれた治療行為であり、人体のすべての部位の模型奉納品が知られている。

　テラコッタ製の人体部位模型奉納品は、イタリアではローマ共和政期に普及し、アエスクラピウスの聖域からいくつかのテラコッタ製のものが出土しているが、そのほか数多くの場所、そこにはいかなる治癒の神が祀られていたのか確認できないところ（たとえばポンテ・ディ・ノナなど）からも出土している。また、ティベリス島からも多く出土しており、おそらくはローマのティベリス島にあったアエスクラピウスの聖域に由来するものと思われる。テラコッタ製の人体部位模型奉納品は、おそらく聖域のそばの窯で焼成され、参拝者に販売されていたと考えられる。共和政期のポンテ・ディ・ノナの治癒の聖所からは、8000 を超す人体部位模型奉納品が出土しており、多くが手や足の形をしている。イタリアでは、人体部位模型奉納品は前１世紀には姿を消すが、ガリアやブリタンニアでは、その後も数世紀のあいだ、使用されつづけた。金属や蝋製の人体部位模型奉納品はキリスト教時代にも使用されつづけており、イタリアやギリシア、地中海諸国の教会から出土している。

参考文献：Jackson 1988, 157-164, 169.

シンタク

神託 oraculum（図51）

　信者から寄せられる質問に対して神が答えるディウィナティオ（神のお告げ）の一形式。「神託」という語は、（たとえば「シビュラの書」のような答えを授ける）神々と信者とのあいだの媒介をする者が神のお告げを伝えるための場所、つまり神託が伝えられる場所あるいは聖所を意味した。そしてまた神託そのものを示すのにも使用された。神々が伝える神の言葉は、通常神官あるいは巫女によって、不明瞭で、いかようにも解釈できるような言葉で伝えられた。ギリシア世界でもっとも有名な神託所はポキスのデルポイにあったアポロンの神託所で、そこでは巫女（ピュティア。この名の起源については→オンパロス）がシビュラと同じ方法で神のお告げを伝えた。このデルポイの神託所は長く存続し、ローマ時代においてもさまざまな立場から神託が求められた。記録によればローマ人が最初に神託を受けたのは前216年であるが、前1世紀には衰退した。その後ハドリアヌス帝の治下、復活したにもかかわらず4世紀中頃までには事実上放棄されるにいたった。

　アポロンと同じように予言をおこなっていた神々がファウヌスとカルメンティスのほかにも数柱あったとみられる。インクバティオ（お籠り）はイタリアのティボリにあるファウヌスの神殿で実際におこなわれていた。そこでは羊が殺され、神託を求める者がその皮にくるまって寝た。イタリアにはギリシアの神託所に匹敵するようなものはない。共和政時代には、神託といえば国家が「シビュラの書」をもとに告げるもののみであったように思われる。イタリアのプラエネステ（現在のパレストリーナ）［古代イタリアのラティウム地方の都市。前7世紀にエトルリア文化が栄え、ラテン都市とともにローマと戦ったが破れ、前90年自治都市となった］にあるフォルトゥナ・プリミゲニア神殿では神託が授けられ、ここであたえられる神託は有名なものになった。これらの予言すなわち神のお告げはソルテス（sortes 運命）とよばれる樫材で

図51　ギリシアのデルポイにある有名なアポロンの神託所。円形劇場の下方に位置する。

できた何枚もの板に書かれ、それらの板をひとりの少年が混ぜ合わせ、その後そのなかから彼が随意に1枚選び誰彼問わず神託を求める人に手渡した。

帝政時代にはギリシアやオリエントの神々の崇拝がふえ、それとともに神託への関心も増大した。神託にかんする書物も多く出まわり、混乱が生じたとき、アウグストゥス帝はこの事態をしずめようとして予言にかんする書物2000巻を没収し焼き払った。
参考文献：Ferguson 1988c; Hammond & Scullard（eds.）1970, 322-323（for Delphi in the Greek period）; Lane Fox 1988, 168-261; Parke 1988.

神殿

神にささげられた建物。神像のための住まいであり、献納品の宝蔵でもあった。礼拝者の集会のための場所として提供する意図はなかった。莫大な財宝が蓄積され、初期キリスト教時代にその多くが略奪された。神殿はまた安全な保管場所としても使われた。その目的のための一例が**サトゥルヌス神殿**である。

多くの神殿では、まず前面に神の祭壇や聖所がもうけられた。最初期のローマの神殿はおそらく外側が飾り板やテラコッタ製の像で飾られた木造建築であったと思われるが、のちにもっと堅固な石造りに建てかえられた。ローマにある大神殿の多くは、戦いで勝利をおさめた将軍によって、その功績のしるしとして建てられたが、その戦いの戦利品（デ・マヌビイス de manubiis）が費用にあてられた。それ以外の神殿は、共和政時代は元老院の権限で、のちには皇帝の命令で、国費をもって建てられた。アウグストゥス、おそらくもっとも多くの神殿を建立したとされるこの皇帝は、前28年には82の神殿を修復し、12の神殿を建立もしくは再建したと『業績録』（Res Gestae）にしるされている。ローマ市外の町では、神殿の建立には国費が使われるか、指導的市民の負担で建てられたようである。

ギリシアの神殿では通常入口の扉は東端にもうけられ、神像はケッラの西側の壁の前に

おかれたが、ローマの神殿では方位にかんして規定はなかったようである。神殿の軸線の決定は、しばしば町の建設状況また計画によって制限されたらしい。もともとの方位は卜鳥官（**アウグル**）が前兆（**アウスピキア**）をえようと試みた空域によって決められたようである。さまざまな様式があるが、多くの場所でその土地固有の建築方法がとられた。たとえばケルト地方では**ロマノ・ケルト様式の神殿**が建てられ、東方属州では伝統的な崇拝のやり方がつづいていることをうかがわせる混合様式がとられた。

神官を別にして、神殿には書記、安全を守る門番、日常の雑事をおこなう奴隷や下働き、行列や式典のさいの助手などの要員がいた。訪問者の世話をする案内人や通訳者がいることもあった。キリスト教会に転用された神殿もわずかにあったとはいえ、多くがキリスト教時代にいたる前にすでに破壊されていた。（→北アフリカの神殿、古典様式の神殿）
参考文献：Barton 1989; Lyttelton 1987（temples in Asia Minor）; Price 1984,133-169,249-274（imperial temples in Asia Minor, including a gazetteer）; Ramage & Ramage 1991（includes numerous examples with illustrations）; Richardson 1992, 1-2.

新ピュタゴラス主義

前1世紀にローマとアレクサンドリアで起こったピュタゴラス学派の思想の復活をいう。それは主として神学的思索と秘数の象徴性の考察に重きをおいた。キリスト教徒およびユダヤ教徒の思想に影響をあたえ、**新プラトン主義**に融合していった。（→**キリスト教、ユダヤ教**）
参考文献：Hammond & Scullard（eds.）1970, 728.

新プラトン主義
（プラトン主義とよばれることもある）

さまざまな哲学者たちにより何世紀にもわたって個々に進化した哲学の総称。3世紀に最終的な形式がプロティノスおよび彼の弟子

シンメンツ

たちによって示された。プロティノスとその弟子たちはプラトン［前427?−前347。ソクラテスの弟子、アカデミアを開きイデア論を説いた古代ギリシアの哲学者］の哲学をピュタゴラス［前580頃−前500頃。ギリシアの哲学者・数学者］、アリストテレス［前384−前322。古代ギリシアの哲学者、プラトンの弟子、アレクサンドロス大王の教師］、およびストア派哲学者たちの哲学の基本要素とむすびつけた。それは個々の魂がいかにして神に近づけるかを示す包括的な多神教哲学の試みでもあった。プロティノスはただ1柱の異教の神を認め、その神に由来する事物、すなわち善悪の両者をふくめたあらゆる事物を認めた。彼は善と悪のあいだの葛藤を信じなかったし、究極の目標は神への魂の上昇だと考えた。このことは愛の純粋な形をより高くへと導く物質的でまた実体的な美しさをもつ愛によって成就されるとした。このように新プラトン主義は多神教徒たちにキリスト教および神秘宗教（→秘教）と比較しうる「救済」への道を示し、キリスト教信者たちの思考になみなみならぬ影響をおよぼした。新プラトン主義は3世紀中頃から、529年にユスティニアヌス［フラウィウス・ユスティニアヌス、ビザンツ帝国の皇帝（在位527−565）］によって哲学の諸学派が（キリスト教信仰に対する反発のうちに）閉鎖されるまでのもっとも権威ある多神教の哲学であった。
参考文献：Ferguson 1970, 206−210（under Plotinus）; Jackson Knight 1970, 159−172.

人面壺

　表面に様式化された人面の装飾がほどこされた壺。西方、とくにラインラント［ライン河にそうドイツ西部地域］で発見され、人面壺（フェイスポット）という用語が特定された。壺全体が人間の頭部の形をしている人頭壺（ヘッドポット）に似ているが、人頭壺が発見されたのはイギリスにおいてのみである。ともに儀礼的要素を有しているものと思われる。墓から発見されたものもある。
参考文献：Braithwaite 1984.

スオウェタウリリア suovetaurilia（図52）

　農業用の動物のうちの主要な3種、すなわち去勢していない雄豚sus、去勢していない雄羊ovis、去勢していない雄牛taurusをひとまとめにしておこなう供犠。この形式の供犠がおこなわれるのはある種の農業祭においてであるが、このほかにも軍事行動の終結時や戸口調査（ケンスス）のおりにもとりおこなわれた。これらの動物はとくに厳粛にとりおこなわれるお祓いの儀式において使われたが、生け贄としてささげられる前に、お祓いに使用される品々のまわりを行列行進した。

スケッルス Sucellus（幸運の打者）

　ケルトの槌の神で、つねに象徴である長い柄がついた槌を持ち、髭をつけた成人の男神として表現されている。この神はふつう長い旗棹の先に家の模型をのせて持ち歩く女神ナントスエルタ（蛇行して流れる川あるいは小川）とともにしばしば現れる。この1対の神々にささげられた数々の碑文がガリアから出土していることは知られている。このほかにもこれらの神々とよく似た神々の姿が刻みこまれている奉献石がいくつかみつかっているが、そこには碑文はない。しかし一般的にこれらはスケッルスとナントスエルタへのものであろうとされている。このようによく似た姿で表現されたものはガリア、ゲルマニア、ブリタンニアで知られている。スケッルスとナントスエルタはしばしばこれら2神の象徴である樽、壺、犬、大鴉をともなっている。それはこれらの神々が恩恵、家庭、そして繁栄とむすびつけられていた由縁であろう。槌はおそらく雷霆、雨、豊穣を象徴するのであろう。
参考文献：Green, M. J. 1984, 142−144; Green, M. J. 1992a, 157−158, 200.

スタタヌス Statanus

　ローマの神スタトゥリヌスの別名。

ステイムラ

図52 犠牲としてマルスにささげられる前におこなわれる儀式の行列で、角笛やラッパの奏者にともなわれ、軍団陣営のまわりを、犠牲を準備する係の下位祭司たち（ウィクティマリイ）に引きまわされる動物たち、すなわち豚、羊、牛。この場面はローマのトラヤヌス帝のフォルムに立つ「トラヤヌスの円柱」に描かれているもの。

スタタ・マテル Stata Mater

スタタとしても知られるローマの女神で、火よけをつかさどるため**ウォルカヌス・クイエトゥス**とむすびつけられている。
参考文献：Hammond & Scullard (eds.) 1970, 1131 (under Volcanus); Richardson 1992, 168.

スタトゥリヌス Statulinus

スタタヌス Statanus あるいはスタティリヌス Statilinus としても知られるローマの神で、子どもがはじめて立ち上がろうとする試みをつかさどった。
参考文献：Ferguson 1988a, 853.

スタンナ Stanna

フランスのペリグーで発見された3つの碑文によって知られるケルトの女神。この女神はこの地でケルトの女神**テロ**とともに勧請されている。
参考文献：Green, M. J. 1992a, 208.

スティムラ Stimula

ローマの女神。その役割は知られていないが聖アウグスティヌスの時代まではその名前は認知されていた。この女神は森をひとつ有し、そこではバッコスの信奉者たちが（前186年、すなわち元老院によって**バッカナリア**が廃止されたときまで）会合をもっていた。

135

ステルクリ

スティムラはそれゆえにギリシアの**ディオニュソス**（バッコスと同一視されている）の伝説上の母と混同されることもあった。

参考文献：Hammond & Scullard（eds.）1970, 1014; Richardson 1992, 326.

ステルクリヌス Sterculinus

畑にまく堆肥［藁、塵、落葉、排泄物などを積み重ね、自然に発酵・腐熟させて作った有機肥料］をつかさどっていたローマの神で、ステルクトゥス Stercutus またはステルクルス Sterclus という名でも知られていた。この神は堆肥を使って土を肥沃にする方法を考えだし実施したとも思われていた。この神はときにはローマの神**ピクス**の父とみなされることもあった。このことから（同じくピクスの父とみなされていた）**サトゥルヌス**と重ねあわされた。

参考文献：Ferguson 1988a, 853.

ストア主義

前300年頃ゼノン［前335頃–前263。キュプロスのキティオン出身］によって創始され、その後前3世紀の末から前2世紀初頭にかけてギリシア人によって発達した哲学。ゼノンの学説はまことの善のみが道徳的廉潔であり、まことの悪のみが道徳的弱点であると断言している。これ以外のこと、たとえば貧困、苦痛、そして死のようなことはすべて重要視されなかった。幸福は道徳的廉潔を保持する賢者によってのみ達成されるとした。ローマの国家政策は次第にストア主義哲学を支持する方向に変わっていった。その支持者として有名なのは、小セネカとマルクス・アウレリウス帝であった。ストア派の哲学者および支持者たちは汎神論者［多神教、自然崇拝すなわち神は超絶した実在であり、物質的宇宙や人間は神の顕示にほかならないとする教義。神を自然と同一視する傾向をもつ］と決定論者［すべての事実、出来事は自然法則で解釈できるとし、人間の自由を認めない立場をとる］であった。彼らは、天与の計画において人間の肝要な部分はすでに決定されているか

ら、人間はただその肝要な部分のなかで自分の役割を勤める範囲内にかぎり自由がある、しかし自分がどの部分で役割を果たすのかは選べないと信じていた。その結果として必然的にストア派の人びとは良き、悪しきにかかわらず自分にあたえられた人生がいかなるものであろうと受け入れることを主張したのである。また彼らは、人間の霊魂は死後肉体から離れ、やがて森羅万象の偉大な霊魂のなかへと溶けこんでゆくまでは大気のなかにとどまると信じていた。この哲学が人びとの宗教および**死後の世界**についての見方にどれほど顕著な影響をおよぼしたかは墓標に刻みまれた多くの碑文が物語っている。

参考文献：Ferguson 1970, 193–194; Hammond & Scullard（eds.）1970, 1145（under Zeno）.

ストレニア Strenia

健康と活力のローマの女神。この女神はローマに森をもっており、その森から若い小枝が採取され新年の贈り物として互いに取り交わされた。ストレナエ strenae とよばれる若い小枝は幸運をもたらすと考えられていたからであろう。

参考文献：Hammond & Scullard（eds.）1970, 1019（under Strenae）.

スピニエンシス Spiniensis

いばら［とげのある低木］の掘り起こしをつかさどり、畑をいばらから守るローマの神。

参考文献：Ferguson 1988a, 853.

スブルンキナトル Subruncinator

畑の除草をつかさどるローマの神。前3世紀末のファビウス・ピクトルによれば、この神は**ケレス**の祭司によって勧請されたことがあるとのことである。

参考文献：Ferguson 1988a, 853; York 1986, 60.

スペス Spes

「希望」を擬人化したローマの女神。この女神は**フォルム・ホリトリウム**（図310）に

第一次ポエニ戦争中に奉献された神殿をもっていたし、またエスクイリヌス丘上にスペス・ウェトゥス（いにしえの希望）に奉献されたもうひとつの神殿をもっていた。この女神はときにはスペス・ポプリ・ロマニ（『ローマ人民の希望』）あるいはスペス・アウグスタ（皇帝の家族をとおしてもたらされる帝国の希望）として言及された。この女神はしばしば開きかけた花をかかえスカートの裾を持ちあげて今にも急ぎ走りだしそうな姿で表現された。祝祭は8月1日におこなわれた。
参考文献：Hammond & Scullard（eds.）1970, 1009; Richardson 1992, 365.

スペラクム spelacum
（またはスペルクム spelcum）
　「洞窟」あるいは「小さな洞穴」を意味する用語であるが、しばしばこの用語はミスラエウムという語よりもむしろ（小さな洞穴を模倣して造られた）ミスラ神殿を表すのにもちいられた。

スメルトリウス Smertrius
　主としてガリアで発見された碑文により知られる豊かさをつかさどるケルトの神。スメルトリウスという名は「家族を養う者」という意味を表しているように思われる。この神はときによりローマの神マルスとむすびつきマルス・スメルトリウスとして崇拝されることがあった。ドイツのトリーアに近いメーンには1対の神々、マルス・スメルトリウスとケルトの女神アンカムナに奉献されたひとつの聖所があった。
参考文献：Green, M. J. 1992a, 193.

スリス・ミネルウァ Sulis Minerva
　ローマの女神ミネルウァとむすびつけられているケルトの治癒の女神。イギリスのバースにある聖なる温泉で崇拝されていた。ここはローマ時代以前からあった聖所であるが、1世紀末に造り変えられた宗教的複合施設であった。ここの複数の温泉には囲いがあり、装飾をほどこした大きなプール、神殿、立派

な温泉施設がその近くに付設されていた。この集合的複合施設では、スレウィアエをふくむ多くのケルトやローマの他の神々が崇拝されていた。献納の数々はスリスとして、あるいはスリス・ミネルウァとしてのこの女神に願いがかなえられるよう献上されたものであった。ケルト名がつねにローマ名に先行しているスリスはこの温泉の、長期にわたって不動の地位にあった神であることを表している。
参考文献：Cunliffe（ed.）1988; Cunliffe & Davenport 1985a & 1985b; Green M. J. 1992a, 200-202.

スレウィアエ Suleviae
　ガリア、ブリタンニア、ゲルマニア、パンノニアおよびローマにおいても崇拝されていた三神一組のケルトの母神。ガリアではこれらの母神たちは、ときにはマトレス・スレウィアエとよばれていたし、あるいはスレウィアエ・イウノネスなどさまざまな形でユノの複数形と重ねあわされていた。イギリスのバースではスレウィアエに奉献された祭壇がスリス・ミネルウァの宗教的複合施設の一部となっていた。スレウィアエは豊穣、治癒、再生、したがってまた母性にまでもつながりをもっていた。それこそこの女神の信仰が広まった理由であろう。
参考文献：Green, M. J. 1992a, 200.

スンマヌス Summanus
　ユピテルと非常に近い関係にあるローマの神。ユピテルから分離した神というよりも、むしろもともとユピテルと同じような特性をもっていた神というべきであろう。ユピテルは日中に雷霆を行使するが、この神は夜間に雷霆を行使する。ローマの大競技場の近くに神殿があった。ここに祀られている神には、去勢された2歳くらいの黒い雄山羊（スンマナリア summanalia とよばれた）の供犠がなされ、車輪形の菓子が供えられた。スンマヌスの祝祭は6月20日におこなわれた。
参考文献：Grimal 1986, 428; Scullard 1981,

153-155; York 1986, 134.

スンマヌス神殿

　ピュロス王［古代ギリシアのエペイロスの王、ローマ軍を破ったが多大の犠牲をはらった］との戦い（前280-前275）のあいだに創建された神殿。それはおそらく**ユピテル・オプティムス・マクシムス神殿**の破風［ギリシア建築の建物の正面列柱から上の切妻の壁］上に作られていた**スンマヌス**の彫像が落雷にあい、その頭部がティベリス川に落下したあとのことであろうと思われる。この出来事はスンマヌスが自分の神殿を要求しているしるしであると解釈された。神殿は**大競技場**の西側に建設されたようだが、前197年にそれもまた落雷にあったようである。神殿奉献は6月20日であった。この神殿は4世紀までは建っていたように思われるが、今では跡形もない。

セイア Seia

　ローマの女神で、まかれた種が地中にあるとき、それらを守護する神であった。この女神の像がローマの**大競技場**にあった。女神はおそらく**インディゲテス**の神々のなかの1柱であったと思われる。
参考文献：Hammond & Scullard（eds.）1970, 970.

聖域 sanctum

　「聖なる場所」のことであるが、どこか田園の風情が漂うのが通例である。聖域は、1柱あるいは複数の神々にささげられた聖所および神殿などからなっている。聖域が聖なる森（ネムス、ルクス）にある場合もある。たとえばイタリアにおいては**ディアナ・ネモレンシス**の聖域がそれである。多くの場合、聖なる泉のほとりが聖域となった。聖所や神殿とは別の建物も存在するのが普通である。多くの聖域が巡礼の場となったことであろう。供物に、巡礼共通の特徴がみられるからである。聖域の多くには病者が訪れていたと思われる。あちらこちらの遺跡から**人体部位模型**

奉納品がみつかっているからである。
（→**アスクレピエイウム、聖所、聖なる泉、聖なる森**）
参考文献：Bourgeois 1991, 1992（sanctuaries in Gaul）.

誓願 votum（複数形 vota）

　神と交わされる契約、あるいは約束。もし神に願いが聞きいれられた場合には、嘆願者は約束したことを返礼として実行しなければならない。ふつう**祈祷**では祈祷に応えられたか否かには関係なく神には進物をした。しかし、誓願では神は嘆願者の願いがかなえられた場合にのみ進物を受けとった。国家による公的な誓願の場合には、願いがかなえられたとき、神々に特別の犠牲をささげる約束をした。多くの場合、切迫した災害から国を守ってもらうことに対する誓願であった。こうした誓願は文書に記録され、神祇官たち（ポンティフェクス）によって保管された。個人の誓願は、ときにより奉納板に記録され、神殿に奉納された。このような奉納板は多数発見されている。たとえばイギリス、ユーリにあった**メルクリウス神殿**では、ほとんどの誓願が鉛の薄板に刻まれ、多くがいわゆる呪い（デフィクシオ）とよばれるタイプのものであった。**呪い**もときにも誓願の形をとることがあった。

　皇帝にかわって、毎年、神々への誓願がなされ、そのおりに**供犠**がとりおこなわれた。この行事はローマをはじめ諸属州で確認されている。

　いったん神が契約［誓願に示された神がおこなうべき役割］を履行すると、嘆願者は誓願の遂行を義務づけられた。最初の誓願はヌンクパティオ nuncupatio（複数形 nuncupationes）、誓言とよばれた。また、その成就はソルティオ soltio（寄進）といった。誓願の成就は、一般に**奉納物**の形でおこなわれ、聖所や神殿への寄進物として備蓄されていった。一般的にいって、神への誓願は**祭壇**を建立する約束であり、これらの祭壇には、誓願を成就したという定型の銘文が「エクス・ウォト ex voto」（誓願どおりに）、あるいは「ウォトゥム・ソルウィト・ラエトゥス・リベンス・メリト votum solvit laetus libens merito」（彼の誓願を喜びをもって、すすんで、正当に果たした）と刻まれた。後者は通常略字のVSLLMでしるされた。多くの祭壇に刻まれた数々の銘文は、嘆願者が誓願どおりに約束を履行したということよりもむしろ、嘆願が神により十分にかなえられたことへの感謝によって祭壇が建立されたことをあきらかにしている。一方、他の祭壇は願いがかなえられることをみこして建立された。この場合、多くは名前があげられた人物の「プロ・サルテ pro salute」（それがしの健康のために）と刻まれた。

参考文献：Hammond & Scullard (eds.) 1970, 1133; Hassall 1980.

聖所（図53）

礼拝のための簡素で、どちらかといえば小さくもろい建物をさす。「聖所」という語が建造物のない礼拝所（**サケッルム**）と区別して使われることもあるが、「聖所」という語は祭儀がとりおこなわれる広範囲な場所にも転用され、一般的な用語として広義に使われてきた。神殿と同じように、田園地域ではとりわけ地域の神々にささげられたあまたの聖所があったにちがいない。それらは**祭壇**やもろい建物以上のものではなかったであろう。したがって認知できる形で残っているものが比較的少なく、聖所であるのか神殿なのかを考古学的証拠によって判別することがむずかしい場合もある。いくつかの聖所は森や泉、聖池や川といった自然のままの場所と深くむすびついていた。これまで神殿と考えられてきた比較的小さな長方形、円形、あるいは多角形のロマノ・ケルト様式の構造体のいくつかは実際には聖所であったことが判明してきている。神殿内の聖所は**アエディクラ**である。さらには行列や儀式のさいに持ち運ばれる軽便な聖所もあった。（→聖域）

参考文献：Bourgeois 1992; Drury 1980; Woodward & Leach 1993.

図53 ポンペイ［イタリア中南部カンパーニア地方の古代都市。79年ウェスウィウス山の噴火で埋没］の壁画にみられるもので、軽便な聖所が行進する人びとにかつがれ運ばれている。ここに描かれている聖所は神殿に似た形をしている。

聖人 sanctus

キリスト教において神に身をささげた人たちのこと。初期の聖人はキリスト教徒が迫害されたときに殺害された殉教者のことであった。マルティル（殉教者）とは「証人」という意味でもあった。これら初期の聖人たちは**キリスト教**の布教にとって重要な存在であった。なぜなら聖人たちはキリスト教を放棄するよりも死を受容したことが人びとの心を強く打ったからである。聖性をかちえたもうひとつの側面は奇跡をおこなったことにある。聖人たちは彼らの死後、数々の奇跡をおこすと信じられた。聖人たちの遺物（形ある遺骸・遺物のすべて）が重要となるのはそのためである。そしてこれらの遺物が保全されているすべての場所がキリスト教信仰と巡礼の中心となっていったのである。聖人の遺物が重要度を増してゆくと、偽物もまた多く作られるようになった。同様に聖人への希求が強まるとともに、多くの多神教（異教）の神々もまた教会に吸収されてゆき、聖人として

「浄化＝聖人化」されたのである。たとえばもともとはブリガンテス族［古代ローマの属州ブリタンニアの北部エボラクム（現在のヨーク）に居住していたケルト系の一部族］の神であった聖ブリギットがそうである。同じように多神教（異教）の遺跡もキリスト教徒によって彼らの使用目的にそうものに転換されていったのである。（→奇跡、巡礼、マルティリウム）

聖数

　宗教的、神秘的、あるいは魔術的な意味をもつ数、すなわち数詞のことで、そのなかのいくつかの数はローマ人にとって特別重要性をもっていたように思われる。「3」という数は、三神一組のいくつかの組、あるいは、広く知られている、ただ1柱の神が有する3つの姿形（トリプリズム triplism として知られている過程）によってとくに意味深い。「4」もまた重要な数で、祈祷文が4回繰り返される例もあった。このほかの神聖なる数にはギリシアからとりいれられたようにみえる数もある。たとえば、「7」（伝来の惑星の数）や「12」（黄道帯 zodiac の宮の数）である［黄道帯は太陽の軌道である黄道を中心に南北に各幅8度または9度で広がっている想像上の球帯。この帯内を太陽、月、主な惑星が運行する。古来この球帯を12等分して、それにひとつずつの星座を配し、これを黄道12宮とよんだ］。奇数は幸運と考えられ、奇数日は幸運の日とされた。偶数日はあまり幸運ではない日あるいは不運な日とさえ考えられた。したがってほとんどの祝祭日やフェリアエは奇数日であった。
参考文献：Hammond & Scullard（eds.）1970, 742.

聖なる泉

　ローマ人たちは泉、池、そして川はいずれも聖なるものであると信じていた。そこで数多くの聖所はそれらとむすびついたものであった。たとえばガリアでは水の神あるいはまた水とかかわりのある神が400以上知られている。フランスのセーヌ川の水源地帯に

あった女神セクアナの聖所やイギリスのバースにあった温泉、スリス・ミネルウァの巨大な治癒の聖所など、とりわけよく知られた聖所がいくつもあった。ローマではラクス・ユトゥルナエ（ユトゥルナの泉とむすびついている聖所）が宗教儀式の重要な役割を演じていた。（→ニンフ、フォンス、フォンティナリア）
参考文献：Bourgeois 1991 & 1992; Cunliffe（ed.）1988（finds from the sacred spring at Bath）; Hammond & Scullard（eds.）1970, 1010.

聖なる動物

　聖牛アピスの崇拝のように動物を神として祀る伝統をもつエジプトをのぞき、ローマ時代には、化身した動物が神として崇拝されることはなかった。しかし、多くの動物（鳥をふくむ）は、特定の神と深いかかわりがあるとされた。たとえば、啄木鳥（キツツキ）と狼はマルスと、雄羊と雄鶏（ガチョウ）と亀はメルクリウスと、鷲鳥はユノ・モネタと関係が深いとされた。また、蛇は多くの神々と関係があると考えられていた。しかし、動物そのものが崇拝の対象となったことを裏づける証拠はない。
参考文献：Green, M. J. 1992b; Hammond & Scullard（eds.）1970, 65; Toynbee 1973.

聖なる森 lucus（またはネムス nemus）

　祭儀がとりおこなわれた最古の場所と考えられている。多くが祭壇と神殿をそなえていた。シチリア、イタリア、ローマでは美術・工芸品がおそらく献納品として聖なる森に供えられていたことがわかっている。ブリタンニア、ガリア、ゲルマニアには膨大な数の聖なる森があり、そこでおこなわれていた祭儀は水と関連するものが多かった。（→ルクス）
参考文献：Beard 1993; de Cazanvoe 1993; Scheid 1993.

ゼウス Zeus

　ギリシアのパンテオン（万神殿）を代表する神。ローマの神ユピテルと同等の神とされた。

セクアナ Sequana

　ケルトの水と治癒の女神で、フランス、ディジョンの西北部にあるセーヌ川の水源を擬人化した神である。水源はシャイオン台地の渓谷にある。そこにはセクアナ女神に献納された治癒の聖域があった。女神はディアデム冠〔東方諸国の王・女王が頭に巻いた小環〕をかぶり、鵞鳥（ガチョウ）のような形をした舟に立つ姿で描かれている。遺跡から出土した供物類は治癒の女神としての役割を反映するものである。

参考文献：Green, M. J. 1992a, 188-189.

セクアナの聖域

　フランス、ディジョンの西北35キロメートルにあるセーヌ川の水源には**セクアナ**女神にささげられた治癒の聖域、あるいは聖所（セクアナの泉 Fontes Sequanae として知られている）があった。聖域はケルト族によって創建されたものであるが、のちローマ人がこの遺址の泉と池のほとりにふたつの神殿と祭儀のための建物を造った。神域内にもいくつも建物が造られ、しだいに壮麗さを増していった。数百におよぶ木彫品が聖域の溜め池から出土した。それらは埋められたか、あるいは境内の建物につり下げられていたのであろう。ほとんどが治癒の女神としてのセクアナに奉納されたものであった。多くが人体の各部位をモデルにして作られた**人体部位模型奉納品**であった。

参考文献：Jackson 1988, 163-164.

セクリタス Securitas

　「公的・政治的な安全」を擬人化したローマの女神。この女神は、国家に差し迫った脅威が生じたときにしばしば勧請された。一般には円柱によりかかる姿で表される。

参考文献：Hammond & Scullard (eds.) 1970, 970.

セゲティア Segetia

　別名セゲスタ Segesta ともいう。このローマの女神は大地に実る穀物の神である。ロー

マの**大競技場**にセゲティアの像があった。

参考文献：Grimal 1986, 231.

セゴモ Segomo

　おそらく**マルス・セゴモ**として**マルス**と同一視されたケルトの神であろう。「セゴモ」とは「勝利の」という意味である。**ヘルクレス**にときにより付された称号**サエゴン**と関係があるのかもしれない。「セゴモ」は名称というより称号であるとすれば、類別されていたケルトの神の称号というよりも**マルス**にこそふさわしい添え名であろう。マルス・セゴモはガリアのセクアニ族〔セーヌ川源流地方に住んだ古代ガリアのケルト人〕によって礼拝された。

参考文献：Green, M. J. 1992a, 188.

セト Seth

　Set のつづりでも知られるエジプトの神。ギリシア人はこの神をテュポンとよんでいる。セトは上エジプトの神で、**オシリス**を殺したのはこの神であると信じられている。セトとは「力を奪う者」の意だとプルタルコスはしるしている。

参考文献：Hammond & Scullard (eds.) 1970, 982.

セトロケニア Setlocenia

　ケルトの女神で、イギリスのマリーポートで発見された奉献碑文によってこの名が知られた。「セトロケニア」とはおそらく「長命の女性」という意味であろう。

参考文献：Ross 1974, 276.

セナイクス Senaicus

　イベリアの神で、ポルトガル北部ブラガ出土の碑文でその名が知られる。

参考文献：Tranoy 1981, 147.

セプティモンティア Septimontia（またはセプティモンティウム Septimontium）

　七つの丘祭り（七つの丘＝septem montes に由来）は12月11日におこなわれた。この

祭りはローマにめぐらされたセルウィウス王の城壁の内側にある七つの丘に住む人びと、モンタニMontani（ローマの異名で山民の意）によって、これらの丘を祝してとりおこなわれた祝祭であった。「七つの丘」という呼称は「囲まれた丘saepti montes」に起源するのかもしれない。したがってこの呼称はもっぱらローマの最古の地域、すなわちパラティウム、ウェリア、カエリウス、エスクイリヌスをさすのであろうと思われる。供犠がそれぞれの丘でとりおこなわれた。この祝祭は少なくともテルトゥッリアヌス［カルタゴ生まれの初期キリスト教神学者（160頃または170頃～230）］の時代まで継続した。この祭りの起源と祝祭がおこなわれた場所についての古い史料にはいくつかの混乱が認められる。

参考文献：Richardson 1992, 349-350; Scullard 1981, 203-204.

セプルクルム sepulcrum

遺体あるいはその遺灰埋葬のための場所をさす語であって、形や儀式には関係がない。［また、祭壇下にある聖遺物入れ、聖体安置所も意味する。］

参考文献：Richardson 1992, 351.

セプルクレトゥム sepulcretum

共同墓地あるいは墓地。この語は1度だけラテン作家カトゥッルス［前84頃～前54、ローマの叙情詩人］によってのみ使用されている。

参考文献：Richardson 1992, 351.

セメレ Semele

ギリシアの女神で、ディオニュソスの母。ときおりローマの女神スティムラと同一視されている。

セメンティウアエ Sementivae
（またはセメンティナエ Sementinae）

開催日が固定されていない祭日で、1月24日から26日頃におこなわれた。また祭り

がひとつなのかふたつなのかもさだかではない。というのも祭りは2日間おこなわれるが、初日の祭りと次の祭りとのあいだに7日の間隔がおかれるからである。この祭りは春の播種祭であったようにも思われるが、前年の秋にまかれた種の保護を願う祭りなのか、あるいはその両方を祈願する祭りであったのかもわからない。初日、供物はテッルス（大地の女神）に、次の日の供物はケレス（豊穣の女神）に、いずれも「実りの母」である女神にささげられた。供物にはスペルト小麦で作った菓子と孕み牛［オウィディウスによれば豚］がささげられる。大地を鋤で耕す雄牛は花綱で飾りたてられる。オスキッラ（仮面や人形 oscilla）が樹につるされることもあった。オウィディウスはこの祭りをパガナリア（村祭）と同じものととらえている。［『祭暦』1月2日、パガナリアとは村（パグス pagus）の祭りのことである。］

参考文献：Scullard 1981, 68; Warde Fowler 1899, 294-296.

セモ・サンクス Semo Sancus

ローマの誓約と条約の神。サンクス Sancus、サンクトゥス Sanctus、セモ・サンクス・ディウス・フィディウス Semo Sancus Dius Fidius という別名もある。このなかのサンクトゥスはつづりの誤りであろう。セモ・サンクスは古い神で、この神の崇拝はサビニの人びとによって導入されたといわれ、ときにはサビニ族の名祖となった英雄サブスの父祖であるとも思われてきた。またもともとは播種の神であったかもしれないと思わせるむきもある。セモ・サンクスはディウス・フィディウスと重ねあわされたり、さらにはヘルクレスと同一視されたりするようになる。ローマにはクイリナリス丘上にセモに献納された神殿がひとつあった。それはビデンタルの祭司団によって造られたものである。ビデンタルというのは稲妻に打たれた場所のことである。それはセモ・サンクスが雷とも関係があったことを示唆している。この神の神殿はクイリナリス丘にあったほかティベリス島にもあった。

さらにもうひとつの神殿がイタリアのウェリトラエ（現在のヴェッレトリ［イタリア、ラティウム州の町。紀元前イタリア南部にいたウンブリア族系種族である古代ウォルスキ族の都市］）にあったことが知られている。
参考文献：Grimal 1986, 411; Hammond & Scullard（eds.）1970, 972-973; Richardson 1992, 347-348（temples）; Scullard 1981, 147.

セモニア Semonia

ローマの女神で古い農業の神であろう。ときによりサルスと同一視されることもある。この女神について他にはほとんどなにも知られていない。

セラピス Serapis

一般にラテン語名セラピス、あるいはサラピス Sarapis としても知られるエジプトの神。セラピスはオシリス神と聖牛アピスを融合した神であった。セラピス祭儀はエジプトのメンピスで始まったと考えられている。メンピスの神殿には聖牛アピスが飼養されていたからである。伝承されるところでは、王（プトレマイオス 1 世）が自分の権力行使にふさわしい新しい祭儀を必要とし、この神を創出したという。この王はアレクサンドリアにこの祭儀を定着させた。セラピスはまた地下世界の神であると同時に天空の神であり、治癒の神であり、運命を超越する神ともみなされた。この神は奇跡も演じ、ディオニュソス、ユピテル、アエスクラピウス、ヘリオスといった多くの神々と同一視された。この神に称号あるいは形容辞は付されなかったが、碑文のなかには、この神をサラピス・ポリエウス（Sarapis Polieus 都市のセラピス）と敬称を付してしるしたものがあった。

セラピスはエジプトの神々の祭儀のなかでは中心的な役割を果たしたが、ローマ帝国においてはつねにイシスの祭儀とむすびつけられ、いささか影が薄かった。セラピス神はつねに慈悲深い、髭のある顔貌で、頭上にモディウス（modius 豊穣のシンボルである升形冠）をいただく姿で表された。坐像で表されるときには、右の膝もとにケルベロス（ハデスを守護する 3 つの頭をもつ犬）をはべらせ、左手に杖か王笏を持つ姿をとった。
参考文献：Ferguson 1970, 36-37; Hammond & Scullard（eds.）1970, 951.

セラペウム Serapeum（図54）

セラピスの神殿はセラペウムの呼称でも知られてきた。ローマではセラピス神殿はイシス神殿の南、隣接したところにあった。このふたつの神殿はイセウム・エト・セラペウムとひとまとめにして周知されていた。両神殿は前 43 年に建立されたものと思われる。両神殿はそれぞれ離れて建てられているが、それぞれに方形の野天の広場とおそらく装飾がほどこされていたと思われる複数の入口があった。その近くで何本かのエジプト将来のオベリスクと他の彫刻類が多数発見されている。有名なエジプトのセラピス神殿はアレクサンドリアの西部地区（ラコティス）にあった。この神殿はプトレマイオス 3 世エウエルゲテスによって巨大な人工の丘の上に建てられたものであった。ローマ時代にはさらに規模が拡大された。391 年には破壊されたが、

図54　2世紀後期にイギリスのヨークにあったセラペウムに奉納された碑文。銘文には DEO SANCTO SERAPI TEMPLVM A SOLO FECIT CL HIERONYMIANVS LEG LEG VI VIC（クラウディウス・ヒエロニュミアヌス、第 6 ウィクトリクス軍団司令官、ここに神殿を創建し、すべてを聖なる神セラピスにささぐものなり）とある。

発掘された遺跡はアレクサンドリアのこの神殿だけである。

参考文献：Nash 1962a, 510; Richardson 1992, 211-212; Wild 1981.

セレネ Selene

ギリシアの月の女神でローマの女神**ルナ**と同一視された。

占星術 astrologia

古代の占星術の目的は、天体がどのように人間の運命に影響をおよぼすかを調べることにあった。イタリアでは、前2世紀には、占星術は確固とした地位を築いていた。占星術と宗教はたがいに共存できると考えられていた。星が未来を暗示することは神々が意図されたことに違いないと考えられたからである。帝政期前半には、占星術はおおいに流行した。しかし、占星術は、ほかの占いとは異なり、詩人など占星術を信じない人びとから嘲笑の的にされることもあった。また、占星術に使用される記号類は、お守りや護符にもとりいれられていった。1世紀には、キリスト教徒とユダヤ教徒をふくむほぼすべての人間が、運命は予測することが可能で、惑星が大きく運命に影響をおよぼしていると信じるようになっていた。ほかの占いとは異なり占星術は、ローマ皇帝の死や帝位の簒奪者の出現など具体的な出来事を正確に予言したため、ローマはとくに政治にかかわる占星術に対し敏感となっていた。ローマ皇帝たちは、占星術師が皇帝の死を予測したことに鼓舞され、政敵が皇帝の殺害を実行することを極端におそれた。また国難のさいには、ローマとイタリアから占星術師が追放されることもあった（ただし他の属州から追放されることはなかった）。しかし、占星術の禁止は一時的なもので、皇帝の多くは常習的に占星術をたのみとした。占星術が公式に禁止されるのは、4世紀に聖**アウグスティヌス**が占星術批判をおこない、4世紀、5世紀にキリスト教徒の皇帝たちによる宗規が宣せられてからのことである。しかし、占星術は、秘密裡におこなわれつづけ

た。357年にはコンスタンティウス2世が、占星術をふくむ占いすべてについて、おこなった者は死刑に処するとして禁止した。そののち、373年と409年にも占星術を禁止する法令がくりかえし出されている。

参考文献：Liebescheutz 1979, 119-126; Luck 1985, 309-358.

前柱廊式 prostylos

建物の主要なファサード（正面）のみに列柱があり、側面には列柱がまったくない神殿。

センティヌス Sentinus

新生児に意識をあたえるローマの神。

セントナ Sentona

ローマの属州のひとつであったダルマティア、タルサティカ地方（現在のクロアチアのリエカに近いトルサトにあたる）で崇拝された土着の女神。

参考文献：Wilkes 1969, 196.

全燔祭の供物 holocaustum

犠牲獣を完全に焼き尽くす血の供犠。ホロコースト。

洗礼堂 baptisterium

洗礼に使われた教会堂内の部屋あるいは教会に付随する建物で、もっぱらキリスト教徒の洗礼式に使用された。4世紀にはすでに洗礼式は複雑な儀式となっていた。洗礼式では、受洗者の全身、あるいは体を部分的に水に浸すかまたは、頭部に水をふりかける、あるいは水をそそぐことがおこなわれた。この儀式は洗礼堂でおこなわれることが多かった。4世紀、5世紀頃の洗礼堂が西ヨーロッパでみつかっているが、洗礼堂は多様で、矩形や円形プランのものもあれば、六角形や八角形プランのものも存在した。また、灌水のための貯水槽が付随した洗礼堂もみつかっている。帝国の西部では、灌水の方が浸礼よりも一般的であった。浸礼は、おそらくは自然の湖や河川を利用しておこなわれていたと思われる。

簡素な小屋があっただけだが、灌水用の水槽や頭に水をふりかけるための洗礼盤がみつかったことで洗礼堂であったと判明した例も多い。これらはもろい建造物であったのであろう。(→鉛製の水槽)
参考文献：Thomas 1981, 202-227; Woodward 1992, 103-105.

葬儀　funus（図55）

　死の瞬間から埋葬のあとの儀式までの**死者の埋葬**にかんする葬式。古代ローマの私的な埋葬の慣習についての記述は残っていないが、全体的な手順としては、肉体から離れた魂の**死後の世界**での存続を確かなものとするため、死者はそれにふさわしい儀式をとおして墓に埋葬されるか安置される。死はけがれをもたらすと考えられ、浄めと贖罪の行為も必要であった。
　葬儀は専門の請負人たち（リビティナリイ libitinarii）によって準備された。彼らは泣き女、楽師、ときには踊り手や物まね師までとのえた。多くの葬儀はかなり質素であったが、上流階級、とくに死者が有名人であった場合の葬儀はしばしば入念におこなわれた。そのような人物（通常男性）は自宅の広間の葬儀用寝台（レクトゥス・フネブリス lectus funebris）に正装の姿で足を扉に向けて安置された。葬儀はおもな通りを市外に向かって行進（ポンパ）することから始まった。葬列は弔辞を受ける儀式（ラウダティオ laudatio）のためにフォルム（広場）で一時休止した。その儀式のあいだ、移動式棺台で運ばれてきた死者は誰もがみえるように垂直に立てられ、弔辞（ラウダティオ・フネブリス laudatio funebris）が読みあげられた。
　共和政期および帝政初期の重要人物の葬儀では、死者の一族が祖先の装いをし、祖先の顔型（イマギネス）をつけて葬列に参加した。祖先を代表する者たちは戦車に乗ったが、それは葬列の重要な部分であった。祖先の姿を公に誇示する権利は、高位の官職についたことのある一族のみがもっていた。
　葬列は、フォルム（広場）から市外の埋葬

図55　アントニヌス・ピウス帝を記念してマルクス・アウレリウス帝（在位161-180）が鋳造したデナリウス銀貨の裏面に描かれた4層の積み薪。表の銘はDIVVS M ANTONIN-VS PIVS、裏の銘はCONSECRATIO。全体の意味は「神君アントニヌス・ピウスを記念して」。
サマセット州立博物館

地または火葬用の積み薪のもうけられた場所に向かった。これに対して、下層の人びとの葬儀は死後ただちにおこなわれ、死者は最短距離の道をわずかな会葬者の列とともに、あるいはまったく会葬者もないまま市外に運ばれた。貧者は葬儀組合（コッレギア・フネラティキア collegia funeraticia）に属することが可能で、組合が葬儀費用を支払った（→**コルンバリウム**）。墓地または火葬場では、参列者のための食事（シリケニウム silicernium）がふるまわれ、死者には食事と飲み物が供されるなど、さまざまな儀式がとりおこなわれた。その9日後の喪があける日には、墓に神酒がそそがれ、新たな食事（ケナ・ノウェンディアリス cena novendialis）が供された。死者は1年間、おりにふれ、とくに**パレンタリア祭**と**レムリア祭**のとき思いおこされ祈りがささげられた。厳格な葬儀と埋葬儀式は家族の信仰、地域の慣習によって非常に変化に富んでいた。
　死者の出た家は不浄（フネスタ funesta）

と考えられ、そのことを表すために糸杉か、やに松が家の外につるされた。葬儀のあと、その家の跡継ぎは、特別な箒（ほうき）で死者の魂のけがれを外にはきだして、家を浄化しなければならなかった。

参考文献：Hopkins 1983, 217-226; Prieur 1986; Scullard 1981, 218-221.

ソウコンナ Souconna

ケルトの神性で、フランスのシャロン・シュール・ソーヌを流れるソーヌ川を擬人化した神。

参考文献：Green M. J. 1992a, 196.

ゾシモス Zosimus

多神教（異教）徒のギリシア人（5世紀後半）の歴史家。彼は多神教の神々を拒否したことがローマ帝国衰退の原因となったとした。彼は『新しい歴史』（*Historia Nuova*）（ギリシア語）の著者であり、アウグストゥス帝の時代から410年（ローマ略奪［西ゴート王アラリックによる3日間にわたったローマ市略奪]）までのローマ帝国をめぐる4巻の著作を残した。自身は多神教の信者であり、**背教者ユリアヌス**の賛同者であり、コンスタンティヌス帝や**テオドシウス1世**には敵意をいだいていた。

参考文献：Hammond & Scullard (eds.) 1970, 1150.

ソダレス sodales

下位祭司団の構成員。彼らのなかにはフェティアレス（→フェティアリス）、**アルウァレス祭司団**、**サリイ**および**ルペルキ**がふくまれる。彼らの順位はコレッギア以下の階位に位置した。ソダレス・ティティエス sodales Tities（あるいはティティエンセス Titienses [ロムルスによって最初に登録されたエトルスクの3種族ルケレス Luceres、ラムネス Ramnes およびティティエンセスのひとつ]）は、そもそも共和政以前の祭司たちでその起源についてはほとんど知られていない。他のソダリスたちは後世になって祭司に指名され

た人びとである。たとえばアウグストゥス帝の祭儀にかんして責任をもつ祭司たち、すなわちソダレス・アウグスタレス sodales Augustales として、あるいはまたハドリアヌス帝の祭儀にかんして責任をもつ祭司たちはソダレス・ハドリアナレス sodales Hadrianales としてといった具合である。

参考文献：Hammond & Scullard (eds.) 1970, 998-999.

ソムニウム・スキピオニス Somnium Scipionis （スキピオの夢）

「スキピオの夢」はキケロの『国家について』（*De Republica*）の結びとして書かれた、**死後の世界**にかんする夢想である。『国家について』はスキピオ、ラエリウス、その他の人びとのあいだで交わされた対談および最善の政体についての議論である。「夢」は不滅の魂の運命を描き、つづいてキリスト教的な是認にゆきつく。スキピオは夢でつぎのような言葉を聞いたという。「祖国を愛し、守り、その発展に貢献し、繁栄させる者には、天上に確たる場所が用意されている。そこで彼らは不死となり、永遠につづく至福の時を楽しむだろう」（『国家について』6・13）。キケロは中世にはほとんど忘れ去られていたが、「スキピオの夢」だけは読みつがれていた。

参考文献：Hammond & Scullard (eds.) 1970, 237.

ソラヌス Soranus

しばしば**アポロ**（アポロ・ソラヌスとして）そしてときには**ディス・パテル**と同一視されたサビニの太陽神。アポロ・ソラヌスはローマ北方41.8キロメートルに位置するソラクテ山の頂上においてヒルピ Hirpi（「狼たち」の意）がとりおこなう宗教的儀式によってあがめられていた。ヒルピはこの信仰の祭司たちで、彼らは宗教的儀式のあいだ焚き火の上で素足のまま踊りつづけた。伝説によればこれらの祭司職は**ディス・パテル**にささげた供物の一部をくわえて逃げ去った狼に由来するという。これらの狼たちは、とある小さ

な洞穴に身を隠したが、この洞穴には有毒な煙霧が満ちあふれていた。それにより狼を追ってきた人びとは命をうばわれ、麓の田園地帯に病気が広がった。そこで人びとはひとりの占い師に相談したところ、彼は神々をしずめるためには、まず狼のようにふるまい、奪い取る者にならなければならないと言ったという。

参考文献：Grimal 1986, 217; Hammond & Scullard（eds.）1970, 1003,（under Soracte）.

ソル Sol

ローマの太陽神。ローマは最初期の時代から、のちにギリシアの神**ヘリオス**と同一視される太陽の神性を崇拝していたと思われる。前1世紀からこの太陽神ソルの信仰は重要性を増していったが、**ソル・インディゲス**はソルと同じ神であろうと思われる。ローマの**大競技場**の南西側にソルと**ルナ**の神殿（一般的にはソルの神殿といわれる）があったがこれはおそらく前1世紀に建立されたものであろうと思われる。ここでは8月28日に祝祭がとりおこなわれた。東方の祭儀の崇拝対象として何世紀にもわたって太陽が神としてあがめられていた。しかしこのソルの崇拝はこの段階では東方のそれではなかった。ソルおよびルナについての碑文は数多く残存するが、ローマおよびイタリアをのぞく地域ではあまり発見されていない。2世紀以降東方の太陽崇拝がローマに影響をあたえ始めるとローマでは古来のソル崇拝は衰退していった。

参考文献：Fergason 1970, 49-56；Halsberghe 1972, 26-44; Hammond & Scullard（eds.）1970, 999.

ソル・インウィクトゥス Sol Invictus
（不敗の太陽神）（図56）

ソル・インウィクトゥス・エル・ガバル Sol Invictus El Gabal、ソル・インウィクトゥス・エラガバル Sol Invictus Elagabal、エル・ガバル El Gabal、あるいはエラガバルス Elagabalus ともよばれる。ソル・インウィクトゥスはシリアの太陽神であり、その祭儀は

図56　裏面に太陽神ソル・インウィクトゥスを刻印したコンスタンティヌス大帝のフォリス［500年頃の東ローマ帝国の銅貨］、刻印された銘には SOLI IMVICTO COMITI（ソル・インウィクトゥスにつながるものへ）とある。
サマセット州立博物館

2世紀には帝国の全域に広がり、それにともなってローマおよびイタリアでは**ソル**の伝統的祭儀は衰退していった。この祭儀は一般的にはただソル・インウィクトゥスという名で知られ**ミスラス教**とむすびつけられた。その添え名エラガバルは**エラガバルス帝**（在位218-222）の時代まではほとんど使われなかった。シリアではこの太陽神はエル・ガバル（あるいはエラガバル）として知られる**バアル神**にあたる。エラガバルス帝はシリアのエメサ［古代名ヒムス、シリア西部オロンテス河畔の市、ローマ時代はエメサ］でこの神に仕える少年祭司であったし、また帝自身、自分はこの神の生まれ変わりであると自認していたらしい。彼は即位すると積極的にこの神の崇拝をすすめ、その神の聖石なるものをローマにもたらした。エラガバルス帝はソル・インウィクトゥス・エラガバルをローマの最高神とすることをくわだてこの神のためふたつの神殿を、そのひとつはパラティウム丘上に、他のひとつはローマのはずれに建立した。しかしながらその過度な宗規と彼が暗殺されたこともあり、この太陽神崇拝が広ま

147

ソルインウ

る速度は微々たるものであった。

　この太陽神は（デウス・ソル・インウィク
トゥス Deus Sol Invictus として）3世紀末
アウレリアヌス帝によってローマの最高神と
された。274年アウレリアヌスは、ソル・イ
ンウィクトゥスのための神殿をローマに建立
し、元老員議員からなる関係団体をポンティ
フィケス・デイ・ソリス ponfices dei Solis
（太陽神の神祇官たち）として立ち上げた。
とりわけアウレリアヌスのもとで帝国の力は
太陽神の祭儀と密接にむすびつけられていっ
た。そしてこの時代のコインには SOL
DOMINVS IMPERI ROMANI（ローマ帝国
の太陽神なる君主）の銘をもつものがいくつ
かある。その後の皇帝たちもこのむすびつき
を受け継いでいった。コンスタンティヌス帝
のコインにも、皇帝に「つながるもの」ソ
ル・イン ウィクトゥス SOL INVICTO
COMITI の刻印をもつものがいくつかある。

　この太陽神の祭儀は死者たちの埋葬のさい
の東西の方向定位［足を東向きに死体を葬る
こと］に影響をあたえたことを暗示している。
方向定位にしたがえば死者は復活する日に太
陽が昇る方向に向かって立ち上がることにな
るのである。ソル・インウィクトゥスの生誕
日（12月25日、ユリウス暦にある冬半ば頃
の「至」にあたる日［太陽が天球からもっと
も離れるときで12月22日頃すなわち冬至を
意味する］）の祝祭をキリスト教が廃止する
ことなどとてもできなかったのはなによりも
あきらかである。その結果としてキリスト教
は4世紀（354-360年のあいだ）にはこの祝
祭日をキリスト生誕日の祝典につくり変えた。
（これより以前は1月6日、顕現日［東方の
三博士がキリスト生誕の地ベツレヘムを訪ね、
イエス・キリストを礼拝したことが象徴する、
異邦人に対して神が姿を現したことを意味す
る日］にキリストの生誕日の祝典はおこなわ
れていた）。12月17日-23日および太陽神の
生誕日直前の前日にとりおこなわれていたサ
トゥルナリア祭の祝祭や催し物もまたキリス
ト教徒によるクリスマスの祝祭のなかに取り
こまれていった。それと同じく321年にはそ

もそも太陽神をあがめるために制定されてい
た安息の日、すなわち日曜日の制定宣言もま
た然りであった。
参考文献：Fergason, 1970, 52-53;
Halsberghe 1972; Hammond & Scullard
(eds.) 1970, 999 (under Sol); Richardson
1992, 142 (the temples).

ソル・インウィクトゥス神殿

　東方での勝利ののち、273年にアウレリア
ヌス帝によって創建された神殿。これはテン
プルム・ソリス・アウレリアニ Templum
Solis Aureliani（アウレリアヌスの太陽神神
殿）の名で知られていた。その神殿の規模も
形も知られていないが、東洋風の装飾が惜し
みなくほどこされていたことが評判になって
いた。パッラディオ［1508-1580、イタリア
ルネサンス期の代表的建築家］によって記録
されている巨大な建造物は、コルソ通り Via
del Corso［現在のローマ市の中心街を南北
に走る通りで両側に16-17世紀の建物や教会
が立ちならぶ。コルソの名は昔ここで競馬が
おこなわれたことに由来する］の東、サン・
シルヴェストロ教会の西に位置しているが、
おそらくこの神殿をさしているのであろう。
参考文献：Halsberghe 1972, 142-144;
Richardson 1992, 363-364.

ソル・インディゲス Sol Indiges
（「土着の太陽」神を意味する可能性あり）

　おそらくソルと同じローマ初期の太陽神。
ソル・インディゲスの祝祭は8月9日にとり
おこなわれ、12月11日のアゴナリア祭にお
いて崇拝されたようである。ローマのクイリ
ナリス丘上に8月9日に奉献された神殿が
あった。
参考文献：Halsberghe 1972, 33; Hammond
& Scullard (eds.) 1970, 999; Scullard 1981, 203.

ソルテス・ウェルギリアナエ sortes
Vergilianae（ウェルギリウスの「くじ」）

　未来を予言するためにウェルギリウスの詩
の適当な数行を選択し、それらを解釈する行

為。詩人ウェルギリウスの死後彼の名声は高
まり、迷信的ともいえるほど崇敬されるまで
になった。未来を予言するために彼の詩集を
開き、目に触れるがままそのひとくだりを読

む試みがいく度もなされた。この試みはハド
リアヌス帝の時代から広くゆきわたりおこな
われるようになった。

タ行

大競技場 Circus Maximus
（キルクス・マクシムス）

ローマでもっとも古い競技場、円形（キルクス）ではなくU字形の競技場。戦車競技や競馬がおこなわれた。またコンスアリア祭の競馬もここでおこなわれた。ここでおこなわれたもっとも重要な競技会は**ルディ・ロマニ**と**ルディ・プレベイイ**であった。大競技場の内外にはいくつかの聖所や神殿があったことが知られている。これらの聖所や神殿は、競技の勝者が建立した勝利の記念碑に由来するものと思われる。大競技場の南西側には**ソル**（太陽神）と**ルナ**（月神）の神殿があった。
参考文献：Richardson 1992, 84-87.

大クインクアトルス Quinquatrus majores

3月19日-23日の5日間にわたる祭り。休日となった。3月19日は**クインクアトルス**（「5番目」の意。3月19日は**イドゥス**15日から数えて5日目になる）とよばれ、**マルス**に敬意を表するこの祭りの最初の日とみなされるようになった。大クインクアトルスはやがてクインクアトリア Quinquatria とよばれるようになる。
参考文献：Scullard 1981, 92-94.

タウロクトニ tauroctony（図57）

ミスラ教で、洞窟のなかでの**ミスラ**による宗教儀式的な雄牛殺しをいう。殺害はミスラ神殿の浮彫にしばしば描かれた。雄牛殺しは、聖牛（アフラ・マズダー［ゾロアスター教の最高神］の最初の創造物）を捕え殺すために、ミスラがアフラ・マズダーによって派遣されたことを象徴している。そしてこの屠られた牛から、すべての生命あるものが生み出た。
参考文献：Cumont 1896 (numerous illustrations).

図57　1877年頃ローマのエスクイリヌス丘から発見された、雄牛を殺すミスラの浮彫。高さ1.25メートル。

タウロボリウム taurobolium
（複数形taurobolia）（図58）

雄牛殺しをともなう**マグナ・マテル**（キュベレ）と**アッティス**のための宗教儀式。その起源は小アジアにある。西方でこの儀式が最初におこなわれた場所はイタリアのプテオリ［現在のポッツォリ。ナポリの西方ポッツォリ湾にのぞむ］で、ウェヌス・カエレスティスの祭儀においてであった（碑文による）。2世紀の第2四半期から西方諸属州、とくにガリアに広まりさらに盛んとなり、160年頃マグナ・マテル崇拝に吸収された。もともとは**供犠**の一形態で、アルキガッルス（キュベレの大祭司）が穴のなかに立っておこなったものである。子羊を殺す同じような儀式はクリオボリウムとして知られていた。

儀式は4月と5月のマグナ・マテルとアッ

ティスの祭りには関係なく、通年でおこなわれた。碑文によれば225年頃から、ウィレス vires（おそらく雄牛の血か睾丸）をケルヌス cernus（5、6個のコップがそえられた供犠用の鉢）で受けとめるようになったという。300年頃からはタウロボリウムは、血による洗礼式へと変様し、供犠という要素は忘れ去られた。礼拝者は穴か溝に立ち、頭上にわたされた割れ板の床からしたたる殺された雄牛の血をあびた。タウロボリウムまたはクリオボリウムをたたえる多くの祭壇が、ほとんどすべてのローマの属州、とくにアフリカ、イタリア、ガリアで発見されている。

図58　タウロボリウム。フランス、ペリグーで発見された祭壇。タウロボリウムを表現したなかでもっとも高度に装飾された祭壇のひとつ。図版にみえる面には雄牛の頭と供犠に使用される道具と水差しが彫刻されている。側面には松の木の前にアッティスの半身像、雄牛、プリュギア帽子、もうひとつの側面には子羊の頭とシンバル、裏面には献辞が刻まれている。

参考文献：Duthoy, 1969; Gasparro 1985, 107-118; Vermaseren 1977, 101-107.

タッラコに建立された神殿

15年にディウス・アウグストゥス（とくにアエテルニタス「永遠の」・アウグストゥス）にささげる神殿の建設許可が、ローマで元老院によってヒスパニアのタッラコ（タラゴナ）にあたえられた。属州ではじめて**皇帝崇拝**に献納される神殿であった。イオニア式とコリント式との混合様式の柱頭をいただく**八柱式神殿**であったことが、コインからわかる。この神殿はタッラコネンシス属州で崇拝の中心となったと思われる。ティベリウス帝の治世後期に建設が始まり、ウェスパシアヌス帝の治世が始まると同時に完成をみた。ハドリアヌス帝は自費で改修した。中世になるとタラゴナに大聖堂を建設するため、神殿の石はその建材として利用された。この神殿址を明白に示すものはこの石材をのぞいてほとんどみあたらないといってよい。

タッラコに祭壇があったことはわかっているが、それは神殿の近くか、その下方のフォルム（広場）にあったのだろう。設置の時期はおそらく前26年頃のことと思われるが断定はできない。**ローマ女神**とアウグストゥス帝にささげるために、おそらく自治都市（属州ではなく）が設置した祭壇であったと思われる。

参考文献：Fishwick 1987, 150-154, 171-179.

タナ Thana

クロアチア、トプスコで発見された碑文からわかったイリュリア［バルカン半島北西部に位置した。前3世紀末頃よりローマと戦うが、前2世紀半ば敗れてイリュリクムとよばれるようになる。前35年オクタウィアヌス（のちのアウグストゥス帝）に征服された］土着の神。同じ場所からイリュリアの神**ウィダッス**への献納品1点と、ローマの神**シルウァヌス**にささげられた12基の祭壇がみつかった。このことから、イリュリアの女神タナは**ディアナ**にあたるのではないかと思われ

るが、それを裏づける証拠はほとんどない。
参考文献：Dorcey 1992, 72.

タナルス Tanarus
イギリス、チェスターで発見された碑文からわかったケルトの雷神。**ユピテル・オプティムス・マクシムス・タナルス**としてローマの神**ユピテル**と同一視された。フランス、オルゴンで発見された碑文からもタナルスは知られたが、**タラニス**と同一の神と考えられている。
参考文献：Green, M. J. 1986, 65-67.

タニト Tanit
カルタゴの月の女神。もともとはフェニキアの女神で、**アスタルテ**の名で知られる。ローマ時代に母神および豊穣の女神として、ローマ人には**デア・カエレスティス、ユノ・カエレスティス**または**ウィルゴ・カエレスティス**として知られた。ローマの**カピトリウム**丘にはウィルゴ・カエレスティスに奉納された聖所があった。
参考文献：Ferguson 1970, 215-216.

ダヌウィウス Danuvius （図59）
ドナウ河を擬人化したローマの神。この神への献納はドナウ河流域のローマの属州でみいだされている。

タメオブリグス Tameobrigus
イベリアのドウロ川とタメガ川の合流点で崇拝された神。
参考文献：Tranoy 1981, 277.

ダモナ Damona
フランスのブルゴーニュで崇拝されたケルトの女神。豊穣と治癒の女神であったと思われる。ときには**アポロ・モリタスグス、アビルス、ボルモ**、そのほか治癒の泉の水神とむすびつきがあるとされる。ブルゴーニュのアルネ・ル・デュクではとくにアビルスと関係が深い。ブルボンヌ・ランシーのある碑文では、ダモナを**インクバティオ**の慣習にむすびつけている。巡礼者は、治療をほどこしてくれるこの女神の夢や啓示をえるため、女神の癒しの聖所で眠った。ダモナとは「偉大な（または聖なる）雌牛」を意味する。
参考文献：Green, M. J. 1992a, 75-76.

タラッシウス Talassius
ローマの結婚の神。タラッスス Talassus、タラシウス Talasius、タラッシス Talassis、タラッシウス Thalassius としても知られる。花嫁が付きそいとともに花婿の家におもむくさいに、「タラッシオ！」と叫ぶしきたりがあることを説きあかすために考えられた神であるが、本来の意味は今となっては不明である。

図59 ローマのトラヤヌス帝の円柱の浮彫の一場面に、ドナウ河の河神ダヌウィウスが描かれている。左に川ぞいの港町、右に舟橋でドナウ河を渡る軍団兵士。

タラッシウス Thalassius

ローマの神タラッシウスTalassiusのこと。

タラニス Taranis （「怒鳴る者」つまり雷神）

おそらくタナルス、タラン、タラヌス、タラヌクス、タラヌクヌスと同一と思われるケルトの雷神。前1世紀の出来事をしるした、1世紀のローマの詩人ルカヌス［アンナエウス・ルカヌス（39-65）］によって言及されている。彼は叙事詩『ファルサリア』（*Pharsalia*、副題『内乱』）でタラニスの祭儀について、「それはスキタイのディアナの祭儀よりも残酷で、人身御供が欠かせない」と記述している（第1巻444-446行）。タラニスと同一と思われる神々に奉納された祭壇がイギリス、ドイツ、フランス、ローマの属州であったダルマティアから全部で7基発見された。この神はときおりローマの神ユピテルと融合され、ユピテルはまたケルトの日輪の神と融合されることがあったことから、タラニスもまたケルトの日輪の神と同一視されていたという。しかしタラニスが太陽神とみなされたとする明白な証拠はない。全能の天空神であるユピテルならば雷神と太陽神の両方の属性を同時にもつことは十分ありえる。タラニスがローマ文芸で語られるケルトの神々のうちの数少ない1柱であるにもかかわらず、タラニスが重要で強力な神であったとするルカヌスの主張を裏づける考古学的証拠はない。
参考文献：Green, M. J. 1984, 251-257; Green, M. J. 1992a, 205-207.

タラヌクス Taranucus

フランス、トゥーロンで発見された碑文からわかったケルトの雷神。ユピテル・タラヌクスとしてローマの神ユピテルと同一視された。タラニスと同一の神であろう。
参考文献：Green, M. J. 1986a, 65-67.

タラヌクヌス Taranucnus

ドイツ、ベッキンゲンとゴドラムシュタインで発見された碑文からわかったケルトの雷神。タラニスと同一の神と考えられる。

参考文献：Green, M. J. 1986a, 65-67.

タラヌス Taranus

ローマの属州ダルマティアのスカルドナ（現在のスクラディン）で発見された碑文からわかったケルトの雷神。ユピテル・タラヌスとしてローマの神ユピテルと同一視された。タラニスと同一の神と考えられる。
参考文献：Green, M. J. 1986a, 66-67.

タラン Taran

フランス、トゥールで発見された碑文からわかったケルトの雷神。タラニスと同一の神と考えられている。
参考文献：Green, M. J. 1986, 65-67.

タルウォストリガラヌス Tarvostrigaranus （3羽の鶴と雄牛）

おそらくケルトの神。フランス、パリで発見された柳の木、雄牛、3羽の湿原の鳥（鶴か白鷺）の彫刻がほどこされた石面にこの名称がしるされていた。石面はティベリウスの治世（14-31）に、船乗りの組合がローマの神ユピテルに奉納した記念碑の一部である。その記念碑のもうひとつ別の浮彫に「Esus」（ケルトの神エスス）の文字もあった。

タルウォストリガラヌスに献納された、同じような彫刻がドイツのトリーアでも発見されている。メディオマトリキ族［ガリア・ベルギカの南東、モーゼル川畔に居住。もともとはライン河まで広範囲にわたっていた］のひとりであるインドゥスという者が1世紀に献納したものである。この石碑の1面にはメルクリウスとロスメルタ、他の1面には柳の木をつつく啄木鳥、雄牛の頭、3羽の湿原の鳥が描かれている。

パリとトリーアで発見された彫刻にはほかの神々も描かれていて、石碑が宗教的奉納品の一部であったことがわかる。石碑には雄牛、鶴、数字の「3」などケルトの宗教、神話上のさまざまな象徴的要素が彫られていて、豊穣と、死と再生の輪廻を表現していると思われる。彫刻がほどこされたこの石碑は、その

起源をケルトとするか、あるいはケルトの影響を強く受けたものであるのか、タルウォストリガラヌスの彫刻がほんとうに意味するところは、やはり不明のままである。
参考文献：Green, M. J. 1992a, 207-208.

タレントゥム Tarentum
（またはテレントゥム Terentum）
　ローマ、ティベリス川に近いマルスの野の西端部をいう。かつて火山性の小さな割れ目から蒸気がふきでていて、そこが地下世界との交信地点であると信じられていた。ディスとプロセルピナの祭壇が発見されている。ルディ・サエクラレスのさいには供犠のため、祭壇のおおいははずされた。
参考文献：Richardson 1992, 377.

断食 inedia
　ローマ時代には宗教的目的のための断食はまれであったが、イエイウニウム・ケレリス（ローマで、ケレスに敬意を表しておこなわれる断食で、文字どおりにいえば「ケレスの断食」）によってその存在はあきらかである。のちの東方起源の秘儀では断食がよくおこなわれた。また日常の食物制限もあった。たとえばオルペウス教の信者は菜食主義者であり、ローマのフラメン・ディアリスは豆を食することが禁じられていた。
参考文献：Hammond & Scullard (eds.) 1970, 430.

誓いの言葉
　厳粛な宗教上の誓い、あるいは今日世俗的な意味でいうような誓いのいずれも、ローマ人たちはとくにみずからの言明、主張を強調するために使っていた。さまざまな神々の名が、のちにキリスト教で神の名が使用されたのと同じように、ひんぱんにもちいられた。日常的な談話のなかでもちいられた誓いの言葉に、medius fidiusまたはme dius fidius（私は、天に誓って）という表現がふくまれていたことが知られている［medius = 介在している、fidius = 真実をつかさどる神］。この

誓いの言葉は、屋外で使われなければならなかった（そうすればおそらく話者は天の神から身を隠すことがないということであろう）。また男性たちによって使われたもうひとつの誓いの言葉は「ヘルクレスの御名にかけて」（me hercule）であった。女性たちは「カストルの御名にかけて」（mecastor）、男性たちは「ポッルクスの御名にかけて」（edepol）それぞれ誓いをたてた。
参考文献：Scullard 1981, 147.

地下世界
　死者がやすらぐ場所であり、いく柱かの神々が住む場所。地下世界の確たる本来の姿についてはさまざまな考えがあった。死者の霊魂は、地下世界（天国でも地獄でもない）に行くと考えられたが、地下世界の神々に拒否された霊魂は永遠にさまよいつづける。ローマ人は地下世界には５、６柱の神が住み、死者の霊魂（マネス）は死者が埋葬されたあと、おそらく埋葬地のすぐそば、あるいは墓室そのものに住むと考えた。地下世界では罰や責め苦をうける恐れがあり、神罰を信じるローマ人もいた。詩人ウェルギリウスは死者の世界をリンボlimbo（地獄と天国の中間地帯）、地獄界、天国（エリュシウムElysium）に分けたが、ローマ人の多くはこれを詩的観念ととらえた。エリュシウム（エリュシアの野、幸福の島ともいう）という観念は漠然としていて、天空、地下世界の果て、月、大地をとりまく大海の島々のいずれかにあると考えられた。別の考えでは、死者は天空に住むか海のかなたに行くと思われた。コインがしばしばローマ人の墓地からみつかることから、彼らはギリシア神話が語るところ（たとえば地下世界の神ハデスのみもとに行くため、ステュクス川の渡し守カロンに舟賃を渡す）を信じたように思われる。地下世界をめぐるローマ人の考え方は神秘宗教（→秘教）およびキリスト教から多大な影響をうけた。（→死後の世界、死者の埋葬、副葬品）
参考文献：Lattimore 1962 (evidence from epitaphs).

槌の神（つち）

　ガリアで崇拝されたケルトの主要な神。配偶神とともに、あるいは単独で表された。数体の影像が**スケッルス**にささげられている。石碑に彫られたものや青銅製の小像など200以上の槌の神の像が知られている。そのほとんどが、髭をはやし、短い丈のテュニックにベルトをしめ、厚手のマントを着て、長い柄の槌と、小さな壺かゴブレットを持っている。このほかの表象（たとえば葡萄酒樽や犬）は、その神秘的な力がおよぶ多様な領域をこの神がもっていたことを示唆している。石製の献納槌や槌の表象で飾られた祭壇は槌の神の祭儀と関連があると考えられる。この神は異なったそれぞれの地方において、葡萄酒の製造、癒しの泉、太陽とつながりがあったと思われる。ほかにも多くのことが槌の神に関連すると考えられる。その役割は複雑で、十分には解明されていないが、自然界にむすびつけられているのと同じく、繁栄と豊かさにもむすびつけられていたと思われる。
参考文献：Deyts 1992, 84-94; Green, M. J. 1984, 142-144; Green, M. J. 1992a, 110-112.

デア dea

　女神を意味するラテン語名詞（主格）。複数形はデアエ deae。男神は**デウス** deus。

デア・アウグスタ・アンダルタ Dea Augusta Andarta

　ケルトの女神。アンダルテ、アンダルタ、アウグスタ・アンダルタとしても崇拝された。

デアエ・クアドリウィアエ Deae Quadriviae

　ケルトの、四つ辻の女神たち。デアエ・クアドルウィアエまたは**クアドルウィアエ**ともいわれた。

デアエ・マトレス Deae Matres

　ケルトの女神たち。**マトレス**ともいわれた。

デアエ・マルウィサエ Deae Malvisae

　ケルト・ゲルマンの母神たち。ドイツのラインラントで発見された祭壇の碑文に、この女神たちを勧請する文がみられる。
参考文献：Elbe 1975, 214.

デア・カエレスティス Dea Caelestis（天空の女神）

　ローマの天空の女神**ユノ・カエレスティス**と同一視される、カルタゴの女神**タニト**のローマ名。タニト崇拝はセプティミウス・セウェルス帝（在位193-211）の時代までアフリカの外に広まることはなかったようである。ライオンの背に坐るデア・カエレスティス像がセプティミウス・セウェルスのコインに描かれた。259年以前のあるとき、ローマの**カピトリウム丘**に、（**ウィルゴ・カエレスティス**として）聖所がこの女神に献納された。そのとき、女神像はエラガバルス帝によってローマに運ばれ、そののちはしばしば**ソル・インウィクトゥス**（不敗の太陽神）とともに崇拝された。
参考文献：Garcia Y Bellido 1967, 140-151; Halsberghe 1972, 91-94; Hammond & Scullard (eds.) 1970, 187（under Caelestis）; Stephens 1984.

デア・シリア Dea Syria（シリアの女神）

　女神**アタルガティス**の別名。

デア・ディア Dea Dia

　ローマの穀物の女神。5月におこなわれるこの女神の祝祭は、**アルウァレス祭司団**によってとりおこなわれた。ローマからカンパニア街道を約7キロメートル（5ローマ・マイル）南へ行ったところにある里程標石の近くに、この女神にささげられた聖なる森（lucus Deae Diae）があった。アルウァレス祭司団はこの聖なる森とデア・ディアに関連する祭儀の管理責任をおった。
参考文献：Broise & Scheid 1993; Scullard 1981, 30.

テイアナシ

デアナ Deana

ローマの女神ディアナの別名。

デア・ヌトリクス Dea Nutrix
（複数形 deae nutrices、養育する女神）

　独特の姿をとるケルトの母神。一般に、柳でつくられた背もたれの高い椅子に坐って、ひとりないしふたりの子どもに授乳する姿で表される。パイプクレー（上質の白粘土）で作られたこの型の像は、帝国内のケルト地域で発見されてきたが、これらは1世紀および2世紀に、中央ガリアのブレトン、ラインラントの工房で製造された。いくつかの墓所でこれらの像が発見されたということは、デア・ヌトリクスが復活と再生の女神であったことを示唆している。古典的なウェヌス像に似たパイプクレーのこれらの小像（ときに「擬似ウェヌス」とよばれる）は、ウェヌス崇拝よりもむしろ豊穣・多産を願うロマノ・ケルトの土着宗教とおそらく関係があるのだろう。

参考文献：Green, M. J. 1992a, 77.

ディアスポラ diaspora（国外離散）

　ローマ帝国のいたるところで起こったユダヤ人の離散。ユダヤ人の故郷からの最初の離散は前587年のネブカドネザル2世［新バビロニア王国の王（在位前605-前562）］のイエルサレム略奪から始まった。ネブカドネザルは南ユダエアの住民をユーフラテス河のかなたに連れ去った。1世紀、離散は拡大した。多くのユダヤ人がパレスティナからエジプトに移住、また小アジアやギリシアのような数多くの東方地域に定住する者もいた。ローマをもふくめた西方地域にも彼らは定住した。ユダヤ人は緊密なむすびつきを有する排他的な集団として暮らす傾向にあり、ユダヤ人地域共同体のいちじるしい特徴はシナゴーグであった。離散したユダヤ人は、66年-70年の第1次ユダヤの反乱には加担することはなかった。70年と135年には、何千人ものパレスティナのユダヤ人が奴隷として売られたが、それによって離散ユダヤ人の数はふえ、多数のユダヤ人地域共同体がローマ帝国内のあちこちに広がることとなった。（→シナゴーグ、ユダヤ教、ユダヤの反乱）

参考文献：Hammond & Scullard（eds.）1970, 564-565; Smallwood 1976.

ディアナ Diana

　ローマの、未開の自然と森の女神。イアナ Iana、デアナ Deana、デウイアナ Deuiana、ディウイアナ Diuiana としても知られる。ディアナ崇拝は、その生まれ故郷のイタリアから広い範囲にゆきわたった。もともとはギリシアの**アルテミス**と同一視されたが、やがて主として女性の守護神、とくに出産の神とみなされるようになった。狩猟の女神、月の女神ともされる。ローマでは、アウェンティヌス丘に初期の**ディアナ神殿**があり、ウィクス［vicus 古代ローマの街区のことで最小行政単位］・パトリキウス、ウィクス・ロングスにも神殿があった。さらにもうひとつ神殿があったがその場所は不明である。またローマにはこの女神にささげられた聖所もあった。ディアナはイギリスのネルトン・シュラブで**アポロ・クノマグルス**のようなケルトの神々と関連づけられ、また**アブノバ**や**アルドウインナ**のようなケルトの狩猟の女神とも合体した。ローマでは8月13日にディアナ祭がおこなわれた。

参考文献：Green M. J. 1992a, 80; Grimal 1986, 135-136; Hammond & Scullard（eds.）1970, 337-338; Simon 1990, 51-58.

ディアナ・カエレスティス Diana Caelestis
（天空の**女神**ディアナ）

　ローマの女神ディアナは、ときにカエレスティスを添え名にして崇拝された。

ディアナ神殿

　ローマにおける最初期のディアナ神殿はアウェンティヌス丘にあり、そこではこの女神はディアナ・アウェンティナまたはディアナ・アウェンティネンシスとよばれていた。神殿はポメリウムの外にあり、祭壇、神域が

157

先につくられていたようである。伝承によれば、前6世紀にラテン同盟に属する町々が資金を出し、セルウィウス・トゥッリウス（王政ローマ第6代の王）によって建立された。おそらくラテン同盟の本拠をディアナ・ネモレンシスの聖域からローマに移すためであった。献納日は8月13日（8月のイドゥス）で、その日はイタリアでは奴隷が祝う祭日であり、やがて神殿は逃亡奴隷の避難所となった。おそらく神殿は、現在のプブリキウス丘陵地のサンタ・プリスカ教会の真西にあったと思われる。その地域一帯はときにはディアナの丘（コッリス・ディアナエ Collis Dianae）とよばれた。そこには広い神域と神殿があり、全域はしばしばディアニウム Dianium とよばれた。神殿はアウグストゥスの治世のおり、ルキウス・コルニフィキウスによって再建され、それからはディアナ・コルニフィキアナ神殿として知られた。この神域および儀式をとりしきる規則は、レクス・アラエ・ディアナエ Rex Arae Dianae として知られる青銅板にその細目がしるされていた。4世紀まで神殿は存続していたが、いつの日までであったかをあきらかにする手だてはない。

参考文献：Richardson 1992, 108-109; Scullard 1981, 174.

ディアナ・ティファティナ Diana Tifatina

　イタリアのカプア［ナポリの北約30キロメートルにある町］に近いティファタ山にあった有名な聖所では、**ディアナ**はティファティナの添え名で崇拝された。

ディアナ・ネモレンシス Diana Nemorensis（森のディアナ）

　ローマの女神**ディアナ**は、イタリアのアリキアに近いネミ湖畔のディアナ神殿では、この名称で崇拝された。

ディアナ・ネモレンシスの聖域

　ディアナ・ネモレンシスとして崇拝された、イタリアの**ディアナ**崇拝の中心地はネミ湖のほとりにあった。その聖域はローマの南東

25.75キロメートル、ラヌウィウムの北3.22キロメートルにあった。森（**ネムス**）がネミ湖（ディアナの鏡〈スペクルム・ディアナエ Speculum Dianae〉として知られる火口湖）をとり囲んでいた。ネミ湖はラテン人の町であるアリキア近くのアルバヌス山系［現在のアルバノ山地］にあり、ディアナにささげられた。神殿と聖域は火口湖のほとりの森のなかにあった。神殿は古くからラテン同盟の宗教的中心であり、トゥスクルム［古代イタリア、ラティウムの都市。ローマの南24キロメートル。共和政末期にはキケロなどローマの富裕層の保養地として栄えた］のエゲリウス・バエビウスが献納した、と信じられている。その祭司（レクス・ネモレンシス rex Nemorensis）は、前任者を殺しそのあとを継いだ逃亡奴隷であった。伝承によれば逃亡奴隷だけが、森のある特定の木の枝を切ることが許されていて、それに成功するとその逃亡奴隷は祭司と一騎打ちをする資格をあたえられた。もし祭司を殺せば、彼が新しく祭司となり、つぎに別の奴隷がやってきて彼を殺すまでその地位にあった。

　前4世紀以前、聖域に建造物があったことを証明するものはないが、ディアナ崇拝がおこなわれていた形跡はある。前2世紀末か前1世紀初頭に、聖域では大規模な再建と景観整備がおこなわれた。聖域は近接する多数の屋敷からわかるように、よく知られた、崇拝の中心地であった。19世紀末の発掘で、テラコッタ製の多くの献納品がみつかった。子どもをともなった男女の小立像や人体模型（生殖器官もあるが、ほとんどは頭、手、足）やディアナと狩りにかかわりのある動物の小像である。願いがかなった女性たちは8月13日のディアナ祭には、花冠をかぶり松明をかかげて、ローマから列をなしてお参りをした。この祭りは非常に人気があったので、初期キリスト教徒はその日を聖母マリアの被昇天の祝日としたほどである。ここでは**エゲリア**と**ウィルビウス**もひとしく崇拝された。聖域は少なくとも4世紀まで使用されつづけた。この聖域の祭儀はJ・G・フレイザーに

霊感をあたえ、『金枝篇』（*The Golden Bough*、初版1890）着想の源となった。
参考文献：Beard 1993; Blagg 1986; Blagg 1993.

ディ・インフェリ Di Inferi
ディスやプロセルピナなどローマの地下世界の神々の総称。ローマでは5年ごとにディ・インフェリをたたえてルディ・タウレイがおこなわれた。

ディウァ・アンゲロナ Diva Angerona
アンゲロナとしても知られるローマの女神。

ディウァエ・コルニスカエ Divae Corniscae（聖なるカラス）
おそらく、ローマ、ティベリス川右岸のある場所（聖なる森のなかかもしれない）で崇拝されたローマ土着の神と思われる。この聖なるカラスはユノの庇護のもとにあったといわれるが、そのほかのことは不詳である。
参考文献：Richardson 1992, 101.

ディウァ・パラトゥア Diva Palatua
ローマ、パラティウム丘の守護女神。その祭りは12月11日にローマでおこなわれた。この日、役畜が引く荷車や乗り物の市中の通行は禁止された。そして供犠は専属のフラメン（フラメン・パラトゥアリス）によってとりおこなわれた。この女神について、そのほかのことはほとんど知られていない。
参考文献：Scullard 1981, 104, 204.

ディウァリア Divalia（またはディウァリア・アンゲロナエ Divalia Angeronae）
アンゲロナリアの別名。

ディウァ・ルミナ Diva Rumina
ルミナとしても知られるローマの女神。

ディウィ divi
神格化された複数の皇帝、または全員を集合的に示す言葉。個々にはふつうディウスと

いわれるが、ディウィは神格化された複数の皇帝たちのことをさす名詞として使われた。

ディウイアナ Diuiana
ローマの女神ディアナの別名。

ディウィナティオ divinatio（占い）
神託、しるし、夢、前触れの読みとりと解釈をつうじて、神の意志や未来の出来事を確認すること。神々は、しるしまたは予兆の形でその意図を人間に示すと信じられていた。しるしのいくつか、たとえば雷などはかなり理解しやすいが、ほとんどのしるしはその意味するところがよくわからず、適正な解釈が必要であった。占いには動物、植物、対象物つまり現象の外的観察、また犠牲に供した動物の内臓を観察することもふくまれていた。ローマでおこなわれていた占いの方法は、今日、おもに、前45年に書かれたキケロの対話集『予見について』（*De Divinatione*）から多くを知ることができる。占いの例として鳥占い（アウスピキウム）、犠牲動物の臓腑をみる占い（エクスティスピキウム）がある。臓腑占いのように慎重に調べられるしるしもあれば（インペトラティウァ impetrativa）、稲妻のように、神の力によって送りとどけられるしるしもあった（オブラティウァ oblativa）。

占いは私設の占い師が個々に請けおうものと、おもな3つの占い師の集団によって請けおわれるものがあった。3つの集団のひとつは卜鳥官（アウグル。公の活動の前に、綿密に前兆を調べる）、ひとつは不可解な事物と神託の解釈者（ハルスペクスと、「シビュラの書」を預かる15人の神官をふくむ）、さらなるひとつは公の供犠での犠牲獣の内臓を読み解き告げる人（ハルスペクス）である。

人為によらない事象にもとづく占いには、夢（インクバティオの根拠ともなる）の解釈と、神授の力によって代弁者となった者の口から発せられる神のお告げ、つまりデルポイのそれのような神託がふくまれていた。さいころやくじ引きもよく使われ、また有名な詩

人の作品が手あたりしだいに参照された。異常気象は、つねに意味あるものと考えられ、前4世紀からは**占星術**の人気が高まってきた。**ネクロマンティア**（死者の霊のよび出し）もおこなわれたが、それは崇敬に値するとは考えられていなかった。初期キリスト教徒は占いを悪魔の所業とみなし、占いと魔術の慣習に公然たる敵意をいだき、不寛容を増大させた。391年、テオドシウス1世の勅令が発布されて異教信仰は禁止、占いは公的な終焉をむかえた。

参考文献：Luck 1985, 229–305; North 1990.

ディウェス Dives

ローマの神ディスの別名。

ディウォルム神殿 Templum Divorum

マルスの野に建つ神殿。80年のローマ大火ののちドミティアヌス帝が、神格化された79年死去の父ウェスパシアヌス帝と81年死去の兄ティトゥス帝（個々に**ディウス**、集合的にディウィ）を記念するために建立した。テンプルム・ディウォルムとして知られたが、のちにはただディウォルム（ディウィ神殿）とされた。列柱廊に囲まれた大きな矩形の複合体で、縦192メートル横75メートルであった。入口が3つある記念門をくぐって北から入る。内部には1対の小さな神殿（ディウス・ティトゥス神殿とディウス・ウェスパシアヌス神殿）が向かいあって建っていた。

参考文献：Nash 1962a, 304; Richardson 1992, 111.

ディウス dius

「神聖な」または「超自然的能力を有する」を意味するラテン語主格形容詞。女性形はディア dia。（→デア・ディア）

ディウス divus（またはディウウス diuus）

ラテン語で「神」を意味する名詞の主格単数形。神格化された皇帝によく使われた（ディウス・アウグストゥスのように皇帝名があとにつづく）。複数形ディウィは神格化

されたいく人かの、あるいは全員の皇帝に対して集合的に使われた。（→デウス）

ディウス・アウグストゥス Divus Augustus

神格化されたアウグストゥス帝。アウグストゥス帝は、ガイウス・オクタウィウスとして前63年9月23日に生まれる。前31年にアントニウスを打倒し、前27年皇帝となる。後14年8月19日に没した。没後、アウグストゥス帝は神格化され、以後ディウス・アウグストゥスとして周知された。アウグストゥスは生前、ユリウス・カエサルの後継者として、デウィ・フィリウス divi filius（神の子）という称号をもちいた。アウグストゥスは、政治的に有利に働くようこの称号を利用したと思われる。また、アウグストゥスを**アポロ**の息子とする噂が流れると、アウグストゥスはアポロをみずからの守護神として信仰するようになる。アポロは、アウグストゥス帝時代には主要な象徴となった。生前アウグストゥスは8月の月名に Augustus（英語で August）を採用するなどさまざまな名誉を受け、少しずつ神格化をすすめる。前30年元老院は、公私にかかわらず晩餐会をおこなう場合には、かならずアウグストゥスの**ゲニウス**（守り神）に葡萄酒を供えるよう法令で定める。**ラレス・アウグスティ**には、アウグストゥス自身のゲニウス崇拝の祭儀もふくまれるようになり、パクス・アウグスタ（アウグストゥスの平和）といったアウグストゥス帝の抽象的な特性が崇拝の対象となっていった。前12年には、アウグストゥスはポンティフェクス・マクシムス（大神祇官）となる。後6年頃、ティベリウスがアラ・ヌミニス・アウグスティ Ara Numinis Augusti（アウグストゥスのヌメンの祭壇）を献納している。死後約1カ月がたった14年9月17日にアウグストゥスは神格化され、帝位を継いだティベリウスは、神格化されたアウグストゥス帝を女神ローマとは関係なく崇拝するよう推奨する。15年には、ディウス・アウグストゥスを祀る神殿をヒスパニアのタッラコに建立する許可が出され、ローマでも、ティベリウ

ス帝とアウグストゥス帝妃リウィアが、ディ
ウス・アウグストゥス神殿の建立に資金を提
供している。また、アウグストゥス崇拝のた
め新たに、**フラメン・アウグスタリス**とよば
れる神官職が創出された。ティベリウスとリ
ウィアによりディウス・アウグストゥス神殿
が建設されているあいだ、ディウス・アウグ
ストゥスの黄金の神像は、**マルス・ウルトル**
神殿に安置されていた。元老院によってアウ
グストゥスの生家も一部、聖所へと改築され
た。（→**アウグストゥス神殿、皇帝崇拝**）

参考文献：Fishwick 1987, 79-167.

ディウス・クラウディウス神殿

　ローマのカエリウス丘にあった神格化され
たクラウディウス帝（在位41-54）のための
神殿。この神殿は皇妃アグリッピナ（小）に
よって建立が開始されたが、64年の大火の
あとネロ帝によって基部を残してとりこわさ
れ、**ニンファエウム**に作りなおされている。
ディウス・クラウディウス神殿は、ウェスパ
シアヌス帝によって再建された。この神殿は
パラティウム丘に面しており、ローマでもっ
とも高い地点をなす台地のひとつに建つ六柱
式の神殿であった。

参考文献：Fishwick 1987, 267-297; Nash
1962a, 243; Richardson 1992, 87-88, 121.

ディウス・フィディウス Dius Fidius

　誓いに唱えられるローマの神。その名称は
ディウス（神聖な）とフィデス（誠実、信
頼）からなる。**ユピテル**、また英雄ヘルクレ
スと同一視されることもある。ディウス・
フィディウス祭は6月5日におこなわれた。
ローマの神**セモ・サンクス**と同一視された。
ローマのクイリナリス丘に、セモ・サンク
ス・ディウス・フィディウス神殿があった。

参考文献：Freyburger 1986, 288-294; Scullard
1981, 147; York 1986, 77-79.

ディウス・ユリウス Divus Julius
（神とあがめられたユリウス）

　神として祀られたユリウス・カエサル
（ディウス・ユリウス）は、元老院によって
神性にかかわるさまざまな名誉を授与された。
彼を神格化する過程は徐々に進み、最終的な
神格化にいたったようである。そしてこの過
程は彼の没後ではなく、生前から進められて
いたのではないかということが論議をよんで
いる。彼は東方においてはカエサル崇拝の祭
儀を奨励し、多くのカエサレア（→**カエサレ
ウム**）を建設した。前63年、彼は終身の**ポ
ンティフェクス・マクシムス**（大神祇官）と
なり、前47年以降いくつかの神官職をえた。
彼はまたアエネアスを経て**ウェヌス**女神の神
性を受け継ぐ子孫であると主張し［ユリウス
氏族の祖アエネアスは、トロイア王家につな
がるアンキセスとウェヌスとの息子］、**ウェ
ヌス・ゲネトリクス**（ローマ人の先祖アエネ
アスの生母、すなわち万人の母なるウェヌス）
にささげる神殿の建立を計画した。行進
のさい、神々の像とともにカエサルの彫像が
持ち運ばれる、さらに彼の誕生日には公的な
供犠がおこなわれるなどの神聖性をともなう
さまざまな特権が元老院により認められた。
神殿については元老院によりクレメンティ
ア・カエサリス女神 Clementia Caesaris ［カ
エサルの諸徳性のうち「寛容」を擬人化］に
献納するようにとの布告が出された（しかし
建立は実現しなかったようである）。前44年
2月、死の直前にカエサルの像（シムラクル
ム simulacrum）とディウス・ユリウスに仕
える神官職（**フラメン**）の設置が公布され、
マルクス・アントニウスがディウス・イウリ
ウス（ユリウス）の神官として仕えるよう選
出された。以上の事例から、カエサルは前
44年2月、存命中に神格化されたことがわ
かる。暗殺されたカエサルへの崇拝は、彼の
火葬がおこなわれた場所からまず生まれ、つ
いでローマ市内、イタリア全土、さらに属州
で奨励されるようになったと思われる。（→
皇帝崇拝）

参考文献：Fishwick 1987, 56-57; Weinstock

1971.

ディウス・ユリウス神殿

ユリウス・カエサルの火葬がおこなわれた場所に建てられた神殿。火葬後、1本の円柱と祭壇がその場所に建てられた。前44年4月の終わりに執政官ドラベッラがその円柱をとりのぞいた。前42年、ディウス・ユリウス神殿の建設が始められ、オクタウィアヌス（のちのアウグストゥス帝）によって完成（図77H）。前29年8月18日に献納された。神殿は六柱式で、ケッラには巨大な（少なくとも人体の2倍の大きさがある）ユリウス・カエサルの影像があったが、この像はあきらかに**カピテ・ウェラト**（儀式のさい、神官がトガをかぶって自身の頭部を隠している状態のこと）の姿であり、**リトゥウス**（古代ローマで、鳥の挙動などによって公事の吉凶の判断をした神官がもちいた先端がかぎ状にまがった職杖）を手にしているので、カエサルが**アウグル**（卜鳥官）であり、同時に**ポンティフェクス・マクシムス**（大神祇官）であったことと符合する。神殿の前にはロストラ・アエディス・ディウィ・イウリ Rostra Aedis Divi Iuli（ユリウス神殿の船嘴演壇）として知られる高い壇または演壇があった。この演壇は、火葬場所の上に造られたもとの祭壇であったと考えられる円形の構造物を組みこんでいた。もうひとつの可能性としては、この演壇はプテアル・リボニス（落雷があった場所に建てられた祭壇形の構造物）であったのかもしれない。演壇はアクティウムの海戦時（前31）に没収した多数の敵の戦艦に装備されていた衝角で飾られていて、代々の皇帝が公式の演説をするさいに使用されていた。この神殿は、障害者・老人・孤児の保護施設および犯罪者や債務者には法の力がおよばない安全な避難場所としての力をもっていたのである。アルウァレス祭司団（毎年農地の豊穣を願って犠牲をささげることを職務とした）はここで集会を開いた。神殿はハドリアヌス帝（在位117-138）により修復された。（→**皇帝崇拝**）

参考文献：Nash 1962a, 512; Richardson 1992, 213-214, 322.

ディウトゥルナ Diuturna

ローマの女神イウトゥルナ（ユトゥルナ）の別名。

ディエスピテル Diespiter（父なる昼の光）

イウッピテル（ユピテル）の古ラテン語の主格形。したがってローマの神イウッピテルの別名。

ディエス・レリギオスス dies religiosus（複数形 dies religiosi）

忌み日のこと（たとえばカンナエの敗戦記念日）、または仕事や他の活動で、宗教上の禁制があった日。（→**レリギオ**）

参考文献：York 1986.

ディオスクリ Dioscuri

ローマの神、**カストル**と**ポッルクス**の2神のこと。もともとはギリシアの神々であるカストルとポリュデウケス。この2神はギリシアの神**ゼウス**と、ギリシア、アイトリア（コリントス湾の北岸地方）のテスティオス王の娘レダとの息子である。

デイオタルス Deiotarus

ガラティア（現在のトルコ中西部）で崇拝されたケルトの神。この名称の意味はおそらく「聖牛」である。

参考文献：Green, M. J. 1992b, 220; Ross 1974, 385.

ディオニュソス Dionysus, Dionysos

ギリシアの自然の神。ときにこのギリシア名で、ときにバッコスの名で崇拝された。ディオニュソスはやがて葡萄の木と葡萄酒の神となった。また神秘的陶酔の神であり、その祭儀は秘儀（**秘教**）のひとつとなった。伝承によれば**ゼウス**とセメレとの息子である。セメレはゼウスに、完全な栄光の姿をみせてくれるようにと嘆願したが、その姿を目にす

るや一撃のもとに死んだ。ゼウスはセメレの胎内から、まだ6カ月のディオニュソスをとりだすと、自分の太腿に縫いこんだ。ときがみちて、ディオニュソスは五体満足でゼウスの太腿から生まれ、「2度生まれた神」となった。他の伝承では、**ヘラ**によって狂気におちいったディオニュソスは、キュベレによって正気にもどり、キュベレの秘伝を授けられた。**地下世界**に下り、セメレを生きかえらせたともいわれる。もしディオニュソスが、とても大切にしているものを**ハデス**に贈ったならば、セメレの霊魂を解放しようとハデスが約束したので、ディオニュソスは銀梅花（ミルテ）をハデスに譲ったのである。地下へ下る途中、プロシュムノス（またはポリュムノス）という男に道を教えてもらったのだが、彼はディオニュソスに、みかえりに何か性愛を表す贈り物を自分にするようにと要求した。しかし帰り道、ディオニュソスはその約束を果たすことはできなかった。プロシュムノスはすでに死んでいたのである。ディオニュソスにできた最善のことは、プロシュムノスの墓に男根をかたどった小枝を植えることであった。ディオニュソス崇拝（のちのバッコス崇拝）はこれらの神話、伝承の反映であった。

参考文献：Grimal 1986, 138-140; Hammond & Scullard（eds.）1970, 352-353; Johns 1982, 78-82.

ディオニュソス・ザグレウス
Dionyusus Zagreus

クレタ島の神ザグレウスとむすびつけられたギリシアの神**ディオニュソス**。**ゼウス**と**デメテル**との息子とされる。ギリシアの伝承によると、ほかの神々がディオニュソス・ザグレウスに嫉妬して、彼を八つ裂きにした。ギリシアの女神パッラス・アテナはこの神の心臓をとりだし、それをゼウスにわたした。ゼウスはその心臓からディオニュソスを生みだした。この死と再生の話は、ローマ帝国において崇拝復興が認められる**オルペウス教**の祭儀に、重要な役割を果たしたと思われる。

参考文献：Hammond & Scullard（eds.）1970, 759（under Orphism）.

ディ・コンセルウァトリス
Di Conservatoris（救済する神々）

碑文にみられる集合的用語。困難な状況にある嘆願者を保護する、と考えられる神々をさす。イギリスのサウス・シールズで発見されたディ・コンセルウァトリスにささげられた祭壇は、カラカラ帝とゲタ帝（在位211-212、共治）のブリタンニアからローマへ無事に帰還を果たしたことに感謝してもうけられたようである。

参考文献：Phillips 1977, 59（for inscription from South Shields）.

ディ・コンセレンテス Di Conserentes

出産・生殖をつかさどるローマの神々。

ディ・コンセンテス Di Consentes

ユピテル、ユノ、ネプトゥヌス、ミネルウァ、マルス、ウェヌス、アポロ、ディアナ、ウルカヌス、ウェスタ、メルクリウス、ケレスの12神からなるローマ神群。エトルリア人は6柱の男神と6柱の女神からなる12柱の重要な神を認めており、ローマ人はその影響を受けたのであろう。しかしローマ人はエトルリアの神を借用することなく、ギリシアの主要な12神をローマ化して採用した。そしてこれら各6柱の男神と女神の一団がディ・コンセンテスとして知られるようになった。ローマの**フォルム・ロマヌム**には金色に輝く12神像があった。

参考文献：Grimal 1986, 109; Hammond & Scullard（eds.）1970, 278-279.

ティシポネ Tisiphone

フリアエ（復讐の女神たち）のうちの1柱。

ディス Dis
（ディウェス dives「富んだ」の縮小形）

ローマの、死者の神にして**地下世界**の支配者。**ディス・パテル**（富者の父）、ディウェ

ス Dives としても知られる。**オルクス**、ギリシアの神**ハデス**（プルートーンとも）と同一視される。ラテン名プルトは、やはり「富んだ」を意味するギリシア語の「プルートーン」または「プルトン」に由来する。この地下世界の神のさまざまなよび名は、肥沃な土地と豊かな地下の鉱物資源の反映であろう。このことはディスがもともと野と土壌の神であったことを意味するのかもしれない。

ギリシア神話ではハデスは、**クロノス**と**レア**とのあいだの３人の息子のひとりであり（ほかのふたりは**ゼウス**と**ポセイドン**）、妻**ペルセポネ**（プロセルピナ）とともに、地下世界と死者を支配していた。地下世界にいるディスには**誓いの言葉**と**呪い**だけが近づくことができ、人びとは手で地面をたたいてディスに加護を祈った。黒い羊が犠牲として供えられ、そのさい供犠をとりおこなった者は顔をそむけたという。ディスの像がほとんどないのは、ハデスおよびそれに相当するローマのディスの崇拝者たちが、たがいにつながりをもつことはほとんどなかったからである。前249年と前207年に、元老院はディスとプロセルピナをしずめるための特別の祭りを開くよう布告した。文学の分野ではディスはたんに「死」の象徴でしかなかった。
参考文献：Green M. J. 1992a, 81-82; Grimal 1986, 141, 177（for Hades）.

ディスキプリナ Disciplina（規律）

Discipulinaとしても知られるローマの女神。帝国時代後期に軍団内の規律を維持するため、その宣伝・普及を目的に活用された、秩序ある行動の女神。ハドリアヌス長城のチェスターズ要塞で発見された祭壇の碑文は、この女神への最初期の献辞であると思われる。この献辞は「ハドリアヌス帝の規律」にささげられ、その年代は彼の治世（117-138）にさかのぼる。ふつう献辞は「ディスキプリナ・アウグスティ」または「ディスキプリナエ・アウグスティ」（皇帝のディスキプリナに）であった。ディスキプリナの肖像は、ハドリアヌス帝時代後期にコインに刻まれている。

こうした献辞は軍団が駐屯する帝国内の各地で知られている。ブリタンニアからは８つ、北アフリカからは７つの献辞が知られている。
参考文献：Austen & Breeze 1979.

ディスとプロセルピナの祭壇（ラテン語で Ara Ditis Patris et Proserpinae）

伝承によるとこの大理石の祭壇は、サビニ人ウァレリウス（ローマの初代執政官の祖先）の召使たちが奇跡的に発見したという。召使たちは、夢のなかでウァレリウスの子どもたちに告げられたという指示にしたがって、その裏づけを求めて地面を掘った。**マルスの野**の端にあるタレントゥムの地下6.09メートルでその祭壇は発見された。ウァレリウスは３日間の競技会を催したのち、それを埋めもどした。コインに刻まれたことによって、祭壇は円形であったことがわかる。**ルディ・サエクラレス**のあいだ、この祭壇で犠牲がささげられた。競技会が終わったあと再び埋めもどされたようだが、競技がおこなわれているあいだは掘りだされて、公開されていたと思われる。この祭壇は1886年から1887年にかけてローマのヴィットリオ・エマヌエレ通りの地下からふたたび発見された。
参考文献：Nash 1962a, 57; Richardson 1992, 110-111, 377.

ディス・パテル Dis Pater

ローマの**地下世界**の神ディスの別名。サビニ人の神ソラヌスと同一視されることもあった。現在の南ドイツやバルカン諸国にあたる地域では、ディス・パテルには配偶神としてケルトの女神アエリクラがいるとされた。ユリウス・カエサルは『ガリア戦記』（De Bello Gallico）で、ガリア人は自分たちがディス・パテルの子孫であると考えていると述べている。
参考文献：Green, M. J. 1992a, 81-82.

ティッレヌス Tillenus

スペイン北西部のオレンス地方、バルコ・デ・ヴァルデオッラスで発見された碑文から

わかったイベリアの山岳神。テレノ山近辺の神で、つづりは異なるが**マルス・ティレヌス** Mars Tilenusと同一視されたのであろう。
参考文献：Tranoy 1981, 299.

ティトゥリ・サクリ tituli sacri
神々にささげる品々（通常祭壇や物品。像や神殿の場合もある）にしるされた宗教的献辞。神または神々の名称（与格形または属格形）で始まり、献納者の名前と地位（主格形）、そして動詞か常套句がつづく。だいたい省略形が使われる（たとえばVSLM「心からそして正当に彼は誓いをまっとうせり」→図50）。献納の理由がしるされることもある。献納を意味する動詞は常にはぶかれるのが通例であるが、なくてもわかるからである。

ディ・ニクシ Di Nixi
ローマの出産の女神。**ニクシ**ともいう。

ディ・パレンテス Di Parentes
ローマの祖霊。家族の祖霊は、死亡した両親と、ごく近い親族の霊。**パレンタリア**とよばれる祭礼で礼拝された。（→**マネス**）

ティビケン tibicen（複数形 tibicines）
宗教儀式、**供犠**、**葬儀**などがおこなわれているあいだ、悪い予兆を示す雑音をかき消すために竪笛（ティビア tibia）を吹く奏者（笛吹き）。祭りや祝宴でも演奏した。
参考文献：Warde Fowler 1889, 159; York 1986, 133.

デイ・ペナテス Dei Penates
ペナテス（または**ディ・ペナテス Di Penates**）の別名。

ディ・ペナテス Di Penates
家庭を守る神々。一般に**ペナテス**として知られる。

ティベリス島 Insula Tiberina
ローマ、ティベリス川（テヴェレ川）にある唯一の島。たんに**インスラ**あるいは**インスラ・アエスクラピイ**（アエスクラピウスの島）としても知られる。**アエスクラピウス**神殿が最初ここに建てられ（前291年献納）、ついで**ファウヌス**、**セモ・サンクス**、**ティベリヌス**、**ウェディオウィス**の神殿、聖所が建てられた。
参考文献：Nash 1962a, 508; Richardson 1992, 109-110.

ティベリヌス Tiberinus
ローマのティベリス川の河神（図2）。伝説によるとティベリヌスはアルバ王で、アエネアスの10代目にあたる。彼がアルブラ川のほとりで殺されると、アルブラ川はティベリス川に名を変えた。異説では、**ヤヌス**とラティウムの水のニンフであるカマセネとの息子で、この川でおぼれたため川は彼の名でよばれるようになったという。ティベリス島に祭壇とおそらく聖所があったと思われる。12月8日にはティベリヌス祭がおこなわれた。
参考文献：Grimal 1986, 455; Le Gall 1953; Richardson 1992, 398.

ディ・マネス Di Manes
神として、集合的に祀られた祖先の霊。（→**マネス**）

ディラエ Dirae
フリアエとして知られるローマの復讐の女神たちの別名。

ティンククスス Thincsus
ゲルマニアか、ことによるとケルトの神。**マルス**とむすばれて**マルス・ティンクスス**となった。

デウイアナ Deuiana
ローマの女神**ディアナ**の別名。

デウェッラ Deverra

　ローマの神。その役目はローマの神**シルウァヌス**やほかの悪霊のたくらみから新生児を守ることにある。慣習では子どもが生まれると３人の人が、敷居をはき、扉をすりこぎや斧で打ったりたたいたりしてシルウァヌスを追いはらう。こうした慣習はデウェッラ、ピルムヌス、インテルキドナの３神によってつかさどられており、それぞれの行為は神々の名称に反映されている［デウェルト＝遠ざける、ピルム＝すりこぎ、インテルキド＝切断する、こわす］。斧、すりこぎ、箒は、野性動物のような性質をもつシルウァヌスの霊を追いはらうすぐれた力をもつ文明の象徴とみなされていた。

参考文献：Grimal 1986, 374; Hammond & Scullard (eds.) 1970, 833 (under Pilumnus).

デウォティオ devotio
（複数形devotiones、捨身御供）

　供犠の一形態。嘆願者が、みずからの生命をささげることによって神の恩恵をえようとする試み。戦闘で敗北に直面した軍司令官は、その御供を引き受けるのがふつうであった。司令官は自身と敵軍を生け贄として**テッルス**と**メネス**（**地下世界**の神々）にささげる（デウォウェレ devovere）ために複雑な祭儀をおこなった。司令官の死が、神々に受け入れられたとの暗黙の了解をえると、今度は神々が敵軍を破る恩恵をほどこす。司令官はまた軍団の兵士ならばだれでも自身の代理とすることができた。代理者が殺されることなく勝利をえることもあるが、その場合、代理者の像（およそ２メートル以上）がかわりに犠牲として埋められなければならなかった。

　デウォティオとは魔術的呪いや護符にあたえられた名称でもある。死、または恋人にと望む人をかたどった蝋人形は、望みがかなうと考えられる方法であつかわれた。たとえば恋におちいるようにと人形はとかされ、苦痛あるいは死を望む相手の人形は爪で突き刺される。デウォティオという語句はデフィクシオという名称でよく知られている呪詛を刻んだ銘板をさすこともある。（→**デフィクシオ**）

参考文献：Hammond and Scullard (eds.) 1970, 333.

デウス deus

　神をさすラテン語名詞（主格単数）。主格複数形はディ di、デ de、ディイ diiなどいろいろである。この語は文脈によっては皇族のうちの神格化された家族、さらには神像、あるいは神の似姿にも使用されることもある。女神は**デア**。

テウタテス Teutates

　１世紀のローマの詩人ルカヌスによって言及されたケルトの神。ブリタンニアとガリアで発見されたいくつかの碑文からあきらかとなった。碑文で勧請されている**トウタテス、トウタティス、トタティス**の表記は、いずれもテウタテスの異形とされている。「テウタテス」とは、おそらく「部族の守護神」の意味で、戦いの神でもあったのであろう。イギリス、ハートフォードシャーのバークウェイでみつかった銀板にある**マルス・テウタテス**への献辞もふくめ、ローマの戦いの神マルスと同一視された。イギリスのカーライルからはマルス・テウタテス・コキディウスへの献納品が発見された。ローマの神**メルクリウス**とむすびつけられることもある。**アポロ・トウティオリクス**への献納品がドイツ、ヴィースバーデンで発見されたが、トウティオリクス（ここではギリシアの神アポロンとむすびつけられた）はテウタテスと同一視されている。前１世紀の出来事を書いたルカヌスは『ファルサリア』（*Pharsalia*、副題『内乱』）で、テウタテスは人身御供を求めるケルトの３柱の神のうちの１柱と述べている（第１巻444-446行）。

参考文献：Green, M. J. 1992a, 208-209; Ross 1974, 225.

テオドシウス１世 Theodosius I （大帝）

　346年頃ヒスパニア、カウカで生まれた。379年ローマ帝国東方の皇帝となる［西方の

皇帝グラティアヌスに招かれ、その弟ウァレンティニアヌス２世と共治〕。392年から395年まで単独のローマ皇帝。敬虔なキリスト教徒で、ニカイア信条（反**アリウス主義**を標榜）の信奉者であったので異端者には厳しく接した。過激派には死罪さえ命じた。391年、帝国内のすべての**異教信仰**に終止符をうってキリスト教国家としての基盤を固めたとして、「大帝」の敬称をえた。はじめ、彼は異教の**供犠**こそ禁止しなかったが、やがて**ディウィナティオ**（占い）をやめさせることとなる。はじめ、彼は神殿を閉じさせることはなかったが、やがて狂信的なキリスト教徒に神殿の破壊を許し、請願者にはその接収を許すこととなる。390年、テオドシウスはテッサロニケの住民3000（7000?）人の大虐殺を命じた（彼らによるブテリク将軍殺害に対する報復として）が、そのため**聖アンブロシウス**はテオドシウスが悔悛するまで彼と信者の交わりを絶った。391年、テオドシウスはすべての神殿を閉鎖し、すべての多神教（異教）崇拝を禁止した。おそらくアンブロシウスの扇動によるものであろう。

参考文献：Grant 1985, 270-281; Hammond & Scullard（eds.）1970, 1055-1056; Jones 1964, 170-216.

デガンタ Deganta

　スペイン北西部のカカベロスで発見された碑文によって知られたイベリアの女神。碑文の形式から、この女神はアルガエリ族の守護神と思われる。

参考文献：Tranoy 1981, 298.

デキマ Decima

　懐妊９カ月目をつかさどるローマの女神。名称は「10番目」を意味するが、実際にはローマの算入法によって通常の９番目に適用される。デキマは**ファタエ**（**パルカエまたはファタ**）のうちの１柱と同一視されることもあった。

参考文献：Ferguson 1988a, 853.

テスティモニウス Testimonius

　証拠の提示をつかさどるローマの神。

哲学 philosophia

　古代（ギリシア・ローマ）世界においては、哲学は深遠なる思想、さまざまな抽象的な事柄についての知識およびその原因の、理論的また実践的研究としての広範囲にわたる洞察のなかで明確にとらえられてきた。哲学は、こんにち哲学、科学、宗教としてそれぞれ別個に扱われている限定的分野のほとんど全様相を包含していた。ローマ人たちは、はじめのうちギリシア人哲学者たちに疑惑を抱いていたため、前173年および前161年の２度にわたってローマから彼らを社会的に追放した。しかし前２世紀の終わりまでには哲学、とりわけ**エピクロス主義**および**ストア主義**の支持者がローマに姿をあらわし始め、やがて彼らはこの地で哲学の主要な学派を形成してゆくことになる。ローマ人たちの心をとらえたのは思弁・理論よりも哲学の倫理および宗教的側面であった。哲学はローマから離れた属州や地方ではまったく知られることもなく、上流社会によってのみ求められる傾向にあった。すなわち大部分の人びとは伝統的な宗教の儀式に参加し、神を奉じることに喜びを感じていたからである。ローマの宗教におけるさまざまな哲学の学派がもつ重要性は、倫理性とはどのような性質のものなのか、神は存在するのか否か、死後の生はあるのか（もしあるのならばその**死後の世界**とはいかなる様相のものなのか）、それならばこの生涯の目的とはいったいどういうものなのかといったような疑問について論じあうことから始まった。こういった疑問、あるいはその一部にしろ、単純に割り切りすぎた浅薄な答えとはいえ、これらの疑問に対応することがさまざまな宗教的信仰団体の以前からの公務であった。これらの疑問に対し、満足のゆく答えを示すことが、**キリスト教**をふくめさまざまな神秘宗教（→**秘教**）の人気を導き出すためにも、また哲学への人びとの関心を増大させるためにも強く望まれるところであった。（→**新プラ**

トン主義、プラトン）
参考文献：Ferguson 1970, 190–210; Meredith 1988.

テッラ・マテル Terra Mater（母なる大地）

　ローマの地母神。大地の生産力をつかさどる女神。テッルス・マテルとよく同一視される。（→テッルス）
参考文献：Ferguson 1970, 25.

テッルス Tellus

　「大地の生産力」を擬人化したローマの大地の女神でもっとも古い神格のひとつ。テッルモ、アルトル、ルソル、ケレスなど他の農耕神ともつながりがある。テッルス・マテル（母なるテッルス）としても知られる。前268年に献納された神殿があり、祭礼日は12月13日であった。1月のセメンティウァエ（播種祭）、4月のフォルディキディア祭などの農耕祭で、ほかの神々とともに崇拝された。セメンティウァエの初日にはスペルト小麦（穀粉となる小麦の一品種。現在の食用小麦の原種）で作った菓子や孕み豚が供犠された。
参考文献：Hammond & Scullard（eds.）1970, 1042; Scullard 1981, 204; Simon 1990, 206–209.

テッルス神殿

　ピケヌム［イタリア中央部東側、アドリア海に面する］に住むピケンテス人との戦いのさなかに地震が起きたとき、ププリウス・センプロニウス・ソフスが建立を誓願し、前268年に献納した。神殿はローマのカリナエ地区（サン・ピエトロ・イン・ヴィンコリ教会の周辺、オッピオ〈オッピウス〉丘の西端）にあった。以前からあった神殿を改修したものと思われる。ユリウス・カエサルの暗殺（前44年3月15日）直後、マルクス・アントニウスの召集により、元老院議員がこの神殿に参集した。
参考文献：Richardson 1992, 378–379.

テッルモ Tellumo

　「大地の生産力」を擬人化したローマの男神。おそらくテッルスと同一の神。「大地の生産力」を擬人化したローマの女神テッルスと関係がある。
参考文献：York 1986, 69.

テッルラ Tellura

　「大地の生産力」を擬人化したローマの女神。

テッルルス Tellurus

　おそらくテッルモと同一の神。

デディカティオ dedicatio

　祭壇、神殿の献納のこと。献堂式は建造物が完成したときにのみ、政務官が祭司にともなわれてとりおこなった。特定の神への祭壇または神殿ができあがった日に、その神への献納がおこなわれたのである。記念日には動物の供犠がおこなわれた。（→コンスティトゥティオ、コンセクラティオ）
参考文献：Fishwick 1972, 171–178; Hammond & Scullard（eds.）1970, 318.

テテュス Tethys

　ギリシアの海の女神。オケアノス神の姉妹であり妻。2神ともローマ人に崇拝された。
参考文献：Grimal 1986, 440; Hammond & Scullard（eds.）1970, 1047.

デフィクシオ defixio（複数形 defixionis、ギリシア語でカタデスモス katadesmos）

　1柱あるいは複数の神々へ願をかける呪詛板。願かけの内容は人びとの行為や幸せな生活がその思いどおりにならないようにと、また事のなりゆきに影響がおよぶよう意図するものであった。1500枚以上が発見されているが、その3分の2がギリシア語で書かれ、残りはラテン語で書かれている。ラテン語の銘板は半分以上がブリタンニアで発見された。ふつう筆記体（ときには前後逆さまに）で書かれ、俗ラテン語が使用された。それらは鉛

または青銅（まれに石）の小さな薄い板に刻まれている。鉛は20世紀まで呪詛板として伝統的に使われていた媒体であった。尖筆で刻みやすく、呪詛板を容易に円筒形に丸めることができたからである。デフィクシオニスはエクセクラティオニス ex (s)ecrationis、デウォティオニス devotionis あるいはドナティオニス donationis ともいい、ローマ人には実際のところデフィクシオニスとしては知られていなかったらしい。特定の人の名前や、望みどおりの行為の手順さえ刻むことができた。

地下世界の神々はなんらかの行動をとることを求められていたので、鉛の薄板は円筒状に巻かれたり、たたまれたりして墓や神殿に埋めて隠されるか、あるいは井戸に投げこまれた（呪いの井戸は19世紀までイギリスで存続していたことがわかっている）。木や柱に打ちこまれることもあった。多くの銘板に釘穴が残っている。銘板の多くは、盗人に対する恨み、失くしたり盗られたりした財産をとりかえそうとする試み、戦車競技の結果への思い、あるいは亡くなった愛する人をつれもどしたいという思いなどであった。そのような行為を神に求めるために銘板が使われるとき、呪術と神に対する祈願との境目はほとんどわからなくなってしまう。とくに呪いが成就したあかつきにその神への返礼が約束されている場合は、とりわけみわけがつきにくい。呪いを刻んだ銘板のあるものは、あきらかに職業的な書き手によって書かれている。彼らは神殿や聖所でたのまれるままに、呪い、祈願、献辞を代筆することができた。多くの呪詛板が神殿の遺跡で発見されてきた（イギリスのユーリではおおよそ200枚）。意味深長ながらもどこかたどたどしい言葉づかいの銘板は、他の文言の写しだからであろう。
参考文献：Hassall 1980; Tomlin 1988 (includes useful bibliography).

デフェルンダ Deferunda（荷馬車の御者）
デア・ディアの神殿の、邪魔になる無花果（イチジク）の木を動かそうとして、**アルウァレス祭司団**が祈願した神として知られる。

デメテル Demeter
エレウシスの秘儀にかかわる神々のうちの1柱。ギリシアの穀物の女神で、ローマの女神**ケレス**にあたる。

テメノス temenos（複数形 temenoi）
神聖な囲い地をしめすギリシア語。そこにはしばしば神殿の建物、聖所がある。**テンプルム**にあたる。
参考文献：Hammond & Scullard（eds.）1970, 1042.

テュケ Tyche
もともとはギリシアの機会と運の女神。ローマ時代に、さまざまな都市にむすびつけられるようになった。アテナイ、テラ島、セルガエ（ピシディア）、トラペゾポリス（プリュギア、現在のトラブゾン）、タソス島、スタトニキア、シッリウム（リュキア北方のパンピュリア）、ロディアポリス（リュキア）、スミルナ（リュディア）、エペソスなど、帝国東方の多くの都市がこの女神を市の守護神とした。レスボス島のミュティリネでは、ミュティリネの大テュケとして知られた。この女神と同等のローマの女神は**フォルトゥナ**で、東方諸都市がテュケをその守護神としたことは、ローマの**フォルトゥナ・ロマナ**崇拝に対応するものである。
参考文献：Ferguson 1970, 77-87.

テュルソス thyrsus（複数形 thyrsi）
先端を松笠に似た飾り、また、ときには蔦や葡萄の葉の輪飾り（もともとは槍の穂先をかくすためにつけた）で飾った棒または職杖。**バッコス**の儀式のさいにたずさえられた。

テルトゥッリアヌス Tertullianus
クイントゥス・セプティミウス・フロレンス・テルトゥッリアヌス。古代ローマの初期キリスト教神学者。キリスト教会擁護のため、著述に初めてラテン語を使用した大著作家。西方キリスト教会の方向性と思想に多大な影響をあたえた。160年または170年頃、カル

タゴあるいはその近辺で異教徒の両親のもと
に生まれ、230年頃までそこに住んだ。文芸
と修辞学を学び、おそらく司祭となったと思
われる197年以前に、**キリスト教**に改宗した。
教会史、教会の特質について多くの作品を書
いた。現存する著作（全部で31篇）に197年
頃の『護教書』（*Apologeticus*）があり、そ
のなかで彼は、キリスト教徒の所為とされた
黒魔術［悪魔の助けをかりて、邪悪な意図の
ためにおこなう魔術］と**無神論**の責めを論破
した。
参考文献：Hammond & Scullard（eds.）1970,
1046-1047.

デルブルム delubrum（複数形delubra）

一般に、**アエデス**（神殿などの建物）が建
てられたかなり広い神域（**テメノス**または**テ
ンプルム**）。または祭壇のある中庭をさす。
参考文献：Richardson 1992, 2.

テルミナリア Terminalia

テルミヌス（境界を示す標柱となる石または
はしるしの神）をうやまう宗教的例祭。2月
23日におこなわれた。儀式（供犠と祝宴を
ふくむ）は境界石のある場所に集まった農民
によってとりおこなわれた。境界石には花綱
がかけられた。ローマの**カピトリウム丘**に建
つ**ユピテル・オプティムス・マクシムス**神殿
内の境界石が祀られた場所でもテルミナリア
祭がおこなわれた。
参考文献：Scullard 1981, 79-80.

テルミヌス Terminus

ローマの、境界を示す石またはしるしの神。
テルミヌス神そのものである石はローマの**カ
ピトリウム丘**に建つ**ユピテル・オプティム
ス・マクシムス**神殿にあった。伝説によれば
カピトリウムに住むほとんどの神々が、ユピ
テル・オプティムス・マクシムス神殿を建て
るために**エクサウグラティオ**によってカピト
リウムから移動することに同意したという。
ところがテルミヌスだけがそれを拒否した。
これはテルミヌスとローマの永遠性を意味す

るよい前兆とうけとられた。その結果、この
神の聖所が新しい神殿に組みこまれることに
なったのである。
境界石が設置されるときには宗教儀礼がお
こなわれた。犠牲がささげられ、犠牲獣の血
と生け贄を焼いたあとの灰が、ほかの献納品
とともに穴に入れられ、その上に境界石がす
えられた。それぞれの境界石は独自のテルミ
ヌス神をもっていて、それぞれの**テルミナリ
ア**祭で崇拝された。
参考文献：Grimal 1986, 440; Hammond &
Scullard（eds.）1970, 1045.

テルミヌスの聖所

ローマの**ユピテル・オプティムス・マクシ
ムス**神殿の**ユピテル**のケッラに**テルミヌス**の
聖所があった。もともとは古代の境界石で
あったと思われる石がそのしるしであった。
石の上部の屋根には開口部（**フォラメン
foramen**）がもうけられている。なぜならば
テルミヌスにはおおいがかけられてはならず、
またテルミヌスが天空を望めるようにと定め
られていたからである。
参考文献：Richardson 1992, 379-380.

テロ Telo

フランス、トゥーロンの町を擬人化した神
であるケルトの女神。町は聖なる泉を中心に
して発展していったが、テロはその泉の女神
であった。テロへの献納はフランス、ペリ
グーでもみられるが、そこで、この女神はケ
ルトの**スタンナ**とよばれる女神とむすびあわ
されている事例が3例知られている。
参考文献：Green, M. J. 1992a, 208.

デンドロポロス dendrophorus（複数形
dendrophoroi、木枝を奉持する者）

デンドロポロスはさまざまな東方祭儀にま
つわるものであったが、ローマ帝国の西方で
は**キュベレ**（**マグナ・マテル**）の祭儀とのみ
関連があった。その役割は、3月22日にお
こなわれる祭礼で、キュベレの配偶者であっ
た死せる**アッティス**を象徴する松の木をマグ

ナ・マテルの神殿まで行列をつくって運ぶことであった。アッティスはしばしば松の木の下に描かれた。デンドロポロスは大工、木工職人の組合（ギルド）に加入していた。組合はときに葬儀組合としても活動したが、それはアッティスが埋葬されたのち再生したという神話に由来すると思われる。
参考文献：Vermaseren 1977.

テンプルム templum

英語のテンプル temple（神殿）という言葉は、ラテン語テンプルム（複数形テンプラ templa）から派生した。もともとは卜鳥官（アウグル）が前兆（アウスピキア）をえるために指定した、あるいは政務官が、やはり神のお告げをみいだそうと注視した空のある区域または地上のある区域を意味した。また神の聖所を建てるための、あるいは商取引をおこなうための場所でもあった。ローマの神殿建造物はアエデスといわれていた。鳥占い（アウスピキウム）は通常神殿でおこなわれたのだが、その神殿（アエデス）は祓い浄められた区域（テンプルム）のなかに建てられていたのである。

前1世紀になると、テンプルムという言葉は神殿建造物にも使われるようになったが、厳密にいうと、祓い浄められていない土地に建つ神殿には使われなかった。たとえば円形のウェスタ神殿はアエデスであってテンプルムではない。また、もし建物が卜鳥官によってではなく、神祇官によってのみ浄められた場合、その建物はテンプルムではなくアエデスに属するとされた。というのは、神祇官によるお浄めは人間の意思によるものであって神の意思によるものではなかったからである。（卜鳥官のみが神の意思を理解した。）

すべてのテンプルムにアエデスがあったとはかぎらない。元老院の議会は通常、元老院議事堂（クリア Curia）で開かれたが、クリア自体がテンプルムであった。なぜならば元老院の議会は法によって、鳥占いがおこなわれると規定された場所（つまりテンプルム）で開かれなければならなかったからである。

元老院で国家事業にかんする議論をおこなう場合には、前兆が好ましいものであるかどうかを判断するため、内臓観察による占い（エクスティスピキウム）が常におこなわれたのである。アウグルによって決められたとおり、テンプルムのプランは通常長方形か正方形であった。元老院議事堂がそうであるように、ほとんどの神殿のプランは長方形であった。
参考文献：Richardson 1992, 1-2.

テンペスタテス Tempestates

ローマの気象の女神。テンペスタテス神殿の建立は、前259年の執政官ルキウス・コルネリウス・スキピオが第1次ポエニ戦争中にコルシカ沖の激しい嵐から生還したあと、彼によって誓願された。ローマのカペナ門の外、おそらくスキピオ家の墓所の近くにあったと思われる。献納日には6月1日説と12月23日説がある。
参考文献：Richardson 1992, 379; Scullard 1981, 127.

ドゥエッロナ Duellona

女神ベッロナの初期のローマ名。

トゥエラエウス Tueraeus

ポルトガル、フェイラで発見された碑文からあきらかとなったイベリアの神。フェイラで発見された別の祭壇で勧請されているバンダ・ウェルグス・トイラエクスとおそらく同一神であろう。（→バンダ）
参考文献：Alarcão 1988, 93.

トウタティス Toutatis

イギリス、ハートフォードシャーのバークウェイでみつかった碑文からわかったケルトの神。テウタテスと同一神と考えられている。

トウタテス Toutates

ケルトの神コキディウスと、またマルス・トウタテス・コキディウスという名称でローマの神マルスと同一視されたケルトの神。（→テウタテス）

トゥタヌス Tutanus
困難におちいったときに守護してくれるローマの神。(→レディクルス)

トゥティオリクス Toutiorix
ギリシアの神アポロンとむすばれてアポロ・トゥティオリクスとなったケルトの神。

トゥティリナ Tutilina
トゥテリナ Tutelina ともいわれる。ローマの守護または保護女神。収穫物と貯蔵穀物の守り神。もともとはトゥティリア氏族 gens Tutilia の守護神だったかもしれない。

トゥテラ Tutela（Tutula ともつづる）
（図36、60）
「守護者」あるいは「擁護者」を意味するラテン語。ときに神々に適用される形容辞。「トゥテラ」はまた、人や事物にもちいられるときには、抽象的概念である「擁護」の神的具現として認識された。この形の「擁護」の擬人化は、もともとの属性が守護または擁護であったトゥティリナ女神の姿をとることによって、より広く知られることとなった。

トゥテラ・ティリエンシス Tutela Tiriensis
ポルトガル北部のサンタ・マリア・デ・リベイラで発見された祭壇の碑文からあきらかになったイベリアの神。トゥテラは「守護者」を意味し、ある特別な場所の守り神であることが示唆されている。
参考文献：Tranoy 1981, 305.

トゥテラ・ボウディガ Tutela Boudiga
フランス、ボルドーで発見された、237年のものと思われる祭壇の碑文からわかったケルトの女神。「トゥテラ・ボウディガ」とは「勝利を守る者」といった意味で、勝利と守護の女神であったと考えられる。碑文にはブリタンニアから無事帰国したマルクス・アウレリウス・ルナリスの誓願成就が記録されている。ボウディガという名称は60年、ローマに対して反乱をおこしたブリタンニア、イ

図60 フランス、リヨンで発見された祭壇。セウェルス・アレクサンデルの治世3年目にあたる224年6月22日、トゥテラに献納された。

ケニ族の女王ボウディッカ（ボアディケアとも）[イケニ族の王プラスタグス（？-59）の妃（タキトゥス『年代記』Annales 第14巻）]にもつながる。
参考文献：Burn 1969, 50-51.

トゥテラ・ボルゲンシス Tutela Bolgensis
スペイン北部、ポンフェラダ近くのカカベロスで発見された碑文からわかったイベリアの神。「トゥテラ」は「守護者」を意味し、一群の人びとまたはある場所の守り神であることをうかがわせる。
参考文献：Tranoy 1981, 306.

トゥビルストリウム Tubilustrium

神聖な儀式で使用されるラッパ（トゥバtuba、複数形tubae）を浄めるための式典。大クインクアトロス（マルス祭）の最終日である3月23日にトゥバエ（聖なるラッパのこと。このラッパはもともと軍用ラッパであったが、のちに儀式で使用されるようになった）は浄められた。このラッパの清浄祭は5月23日にもおこなわれた。雌の子羊が供犠された。ローマではアトリウム・ストリウム（職人の広場）とよばれる建物でこの式典はおこなわれた。[オウィディウスによると]この式典はあきらかにマルスの祭りであった。のちには「勇敢な女神」ミネルウァの祭りでもおこなわれたようである。軍隊がかかわったのか、あるいはたんに翌日の集合整列の合図に使うラッパを浄めたのかはっきりしない。5月23日はウルカヌスの祭日でもあるが、ウルカヌスがラッパを作る鍛冶屋であるというので、ローマ人はウルカヌスの祭日をトゥビルストリウム祭にむすびつけるようになったのである。

参考文献：Richardson 1992, 42; Scullard 1981, 94-95, 123; York 1986, 10.

トゥムルス tumulus（複数形tumuli）
（図61）

死者を埋葬するための墓の1形態。人工的な円形の土盛りからなる。墓をおおう簡単な土盛りもあれば墓室をおおうものもある。ヨーロッパ北西部ではトゥムルスはふつう「塚」、「墳丘」をあらわす。ローマ時代以前からの長い伝統をもち、ローマ世界全域に広くみられる。ローマ人はこれをエトルリア人からとりいれた。ヨーロッパ北西部でいちばんよく知られている実例はイギリス、ベルギーそしてモーゼル谷にある。単独のものもあれば集合しているものもあり、また囲い壁がめぐらされているものもある。トゥムルスはおおわれている墓が単独の場合もあるし、複合埋葬の場合もある。死者の魂がやすらぎをえられるように、多くのトゥムルスには副

図61　囲い壁と内部に墓室をそなえたトゥムルス。トルコ、ヒエラポリス（パムッカレ）にあるヘレニズム時代、ローマ時代、ビザンツ時代にわたる共同墓地にある数百の埋葬墓のひとつ。

葬品がそなえられていた。ほかの多くの墓の形態とおなじく、この墓型に特別な宗教的意義があったかどうかはわからない。
参考文献：Richardson 1992, 352.

トゥリアクス Turiacus
ポルトガル北西部のサント・ティルソで発見された碑文からあきらかとなったイベリアの神。碑文は、第6軍団ウィクトリクスに属するルキウス・ウァレリウス・シルウァヌスが納めた奉献板に刻まれたこの神への献辞であった。碑文は1世紀のものである。
参考文献：Tranoy 1981, 278.

ドゥルベディクス Durbedicus
ポルトガルのギマランエス近くで発見された献辞碑文から知られたイベリアの神。水神であったと思われる。
参考文献：Tranoy 1981, 274-275.

トシロナ Tsirona
ブルターニュのコルスルで発見された碑文からあきらかとなったケルトの女神。やはりケルトの女神である**シロナ**とおそらく同一の女神であろう。
参考文献：Green, M. J. 1992a, 192.

土葬（図62）
火葬に付することなく遺体を埋葬する方法。遺体は地中に埋められるか墓室におかれる。遺体は通常なんらかの方法で保護されるが、貧しい葬儀においては、ただ袋か屍衣に包まれるのみであったと思われる。木棺が一般的であり、鉛で裏打ちされた木棺もあった。サルコファゴスsarcophagus（図33）として知られる石棺そして鉛棺もあった。それらのなかには、彫刻がほどこされた非常に装飾的な棺がある。墓は石か木で内張りをされるか、さもなければ遺体は屋根瓦や壊れたアンフォラで守られた。幼児は火葬より、土葬によって家の近辺に埋葬されることが多かった。おそらく宗教的な冒涜をひきおこすとは考えられなかったのであろう。ある地域では、石膏で固めた遺体を棺のなかに納める方法で、遺体がそのまま保存された。キリスト教では遺体は東西の軸にそって埋葬されるならわしがあった。

1世紀および2世紀には、ローマとイタリアでは火葬より土葬が一般的となり、この方法は3世紀半ばまでには帝国内の他の地域にも広まった。おそらく**死後の世界**（火葬された人はそこに行くことはできない）をさらに信じるようになったためか、あるいは土葬にともなう、仰々しい儀式や記念建造物が好まれるようになった風潮のためかもしれない。くわえて、キリスト教徒やユダヤ教徒は火葬を拒否した。キリスト教徒は手のこんだ墓も拒否して、多くが簡素な**カタコンベ**（図29）に埋葬された。やがて富裕なキリスト教徒はサルコファゴスを使用するようになる。ほとんどの埋葬が伸展葬で、屈葬は、ローマ時代以前にさかのぼる。伸展葬の場合、手、腕、足の位置はさまざまに変わる。顔が下を向いている埋葬、あるいは頭部が切断されて足元または足のあいだにおかれている埋葬が

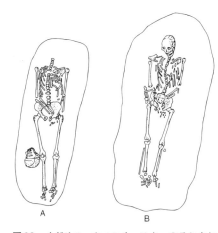

図62　イギリス、ウィンチェスターのランクヒルズ墓地で発見された事例にもとづいたふたつの土葬図。Aは頭部が切断されている。亡霊が生存者を訪れることを阻止するためだろう。Bは伸展葬。両手の近くには死後の世界のためのコインが副葬品として数枚おかれている。

あるが、それは死者がこの世の人びとのあいだに亡霊となって出没するのをふせぐためであろう。

参考文献：Hopkins 1983, 226-235; Prieur 1986; Toynbee 1971, 33-39.

トタティス Totatis

テウタテスと同一視されたと思われるケルトの神**トウタティス**の異形。イギリス、ヨークで発見された金の指輪には「TOT」と刻印されていたが、それはトタティスの略称と理解されている。

参考文献：Green, M. J. 1992a, 209.

ドナウの騎馬神

この用語は、ひとりまたはふたりの騎乗者をしたがえた女神をさしているが、この女神のことはほとんどわからない。パンノニア、モエシア、ダキアで、ひとりまたはふたりの騎乗者とともに、敗者を踏みつける女神を描いた小さな大理石板や鉛板がみつかっている。騎乗者たちは戦いの神々だが、女神は圧倒的優位をたもっている。

参考文献：Tudor 1976.

ドナトゥス派

4世紀および5世紀初頭に北アフリカで起きたキリスト教会分離運動の一派。分離は303-305年のディオクレティアヌス帝による迫害（「大迫害」として知られる）の結果としておこった。迫害時、東方の属州では、聖職者は供犠をおこなうことを求められたが、北アフリカでは聖書、祭具、祭服を差し出すことを強制された。より穏健なキリスト教徒は、融和は可能であると主張して、それらを差し出した（そのため彼らは「裏切り者〈トラディトレス traditores〉」とよばれた）。穏健派のカエキリアヌスが311年（同年カルタゴ司教メンスリウスが死去）、カルタゴ司教に選出されたが、意見を異にする人びととがカエキリアヌスやトラディトレスと対立した。結局、反穏健派はカエキリアヌスの対立司教としてマヨリヌスを選出、彼の死後はドナトゥスを選んだ。穏健派は、現世のキリスト教会は罪人も義人も包含すべきであると信じていたが、ドナトゥス派の人びとは厳格主義者であり、みずからを殉教者の教会のような存在になるべきであると考えていた。ドナトゥス派は穏健派の原則の受け入れを拒否、したがっていかなる妥協も受けいれなかった。コンスタンティヌス帝の時代になると、ドナトゥス派は教会会議によって分離派（異端）と断罪された。彼らは北アフリカに強固な地盤を築いたが、ローマにおいてわずかな広がりをみせただけで、アフリカの外に出ることはなかった。この分裂はアフリカ教会がアラブ人に破壊される7世紀および8世紀まで根強くつづいた。

参考文献：Hammond & Scullard (eds.) 1970, 361-362.

ドム（ス） DM（S）

ディス・マニブス・（サクルム）dis manibus（sacrum）の省略形。「死者の霊に（献じた）」、あるいは「死者の聖なる霊魂に」。墓石にひんぱんにみられる定式文句。死者（神として集合的に祀られた祖霊）にささげられたものである。（→マネス）

ドムス・プブリカ Domus Publica

ポンティフェクス・マクシムス（大神祇官）の住居。サクラ・ウィア（聖道）にのぞむ**ウェスタ神殿**の神域にあった。アウグストゥス帝が前13年にポンティフェクス・マクシムスになると、その住居はパラティウム丘に移され、それまでの住居は**ウェスタの聖女たち**にあたえられた。

参考文献：Richardson 1992, 133-134.

ドメスティカエ Domesticae

マトレス・ドメスティカエとしても知られるケルトの母神たち。

ドリケヌス Dolichenus

現在のトルコのドリケで崇拝されていた雷と豊穣の土着神（**バアル**）。天空と気象の神

とみなされるようになり、ローマの神**ユピテ
ル**と同一視されて**ユピテル・ドリケヌス**と
なった。

トリプス tripus（鼎^{かなえ}）

直立型の青銅製の**祭壇**。足つきのまっすぐ
な３本の脚で支えられた大釜に似ている。供
犠に使用された。その原型はデルポイの鼎で
ある。デルポイでは、ピュティア［デルポイ
のアポロン神の巫女］がその鼎に坐りアポロ
ンの**神託**をえた。

トリプディウム tripudium
（複数形 tripudia）

マルスを祝して**サリイ**が演じる三歩調の典
礼舞踏。また、鳥占い（**アウスピキウム**）で
は鶏の餌の食べ方で前兆をみきわめようとす
るが、その餌が鳴き声けたたましく地面にま
き散らされる様子もあらわした。

ドルイド教

ブリタンニアを中心としたケルトの宗教。
ドルイド僧として知られる祭司によって導か
れた。その教義は秘密にされていたので、ド
ルイド教についてはあまりよく知られていな
い。ユリウス・カエサルのような古代の著述
家の著作から知られるのみである。ドルイド
教はブリタンニアとガリアにかぎられ、そこ
でのケルト社会はドルイド、予言者、吟遊詩
人（バード）の３者からなる選良階級に支配
されていた。カエサルによれば、ドルイドの
勢力はブリタンニアに生じ、その中心地は長
期にわたってブリタンニアであった。ドル
イド教の祭儀については、大プリニウスが詳細
に述べているだけである（『博物誌』
Naturalis Historia 16・95）。彼は、白い装束
のドルイド僧が、やどり木が生えている樹に
登り、黄金の鎌でそのやどり木を切る様子を
述べている。やどり木は切り落とされ、ほか
の者が木の下で広げ持つ白いマントで受けと
められる。大プリニウスはまた２頭の白い雄
牛の供犠や、香草の収穫儀式について詳細に
述べている。

死後、魂は人間であれ動物であれ、別の生
き物の身体に宿るという信条がドルイド教の
中心であると思われる。これはケルト人が戦
いにおいて死を恐れなかったばかりか、ドル
イド教の祭儀の一部であったと思われる人身
御供の容認につながった。罪人、戦いにおけ
る捕虜、そして無辜の人びとが、厄災のあと
神をなだめるため、勝利を感謝するため、そ
して主に占いをするためなど、さまざまな目
的で、しばしば犠牲に供された。彼らは人間
の形に編んだ巨大な柳の籠につめこまれ、火
にかけられた。

ドルイド僧は祭司以上のものであった。戦
士を支配し、彼らをつうじて残りの者を支配
した。しかしドルイド僧が宗教的勢力を独占
していたわけではなかった。予言者、吟遊詩
人（バード）も宗教的要素をもっていた。ド
ルイド僧は支配者階級において優位をしめ、
複数の部族の宗教的集会を統括して、諸部族
をひとつにまとめる一団であったと思われる。
ドルイド僧は教育を受け、天文学、占星術
にも精通していた。占いは疑いもなく彼らの義
務のひとつであり、自然力に対しても力をも
ち、魔法をかけることさえできると考えられ
ていた。アウグストゥス帝とティベリウス帝
は、彼らに対して布告をし、クラウディウス
帝は54年、ガリアでのドルイド教を禁止した。
60年にはブリタンニアで祭司階級の勢力を
打破しようとする動きがみられた。ドルイド
僧に対する迫害の原因は、伝えられるところ
によればローマ人が人身御供に反対したため
であるという。しかしながらおのおのの独立し
たケルト人部族の抵抗運動を統括する力とし
て、ドルイド僧は政治的な脅威でもあった。
ドルイド僧や人身御供に対する弾圧が、ケル
トの宗教にどれほどの影響をあたえたかを評
価することはむずかしい。弾圧のあとも、ケ
ルトの神々への崇拝がつづいたという形跡が
多く残されているが、それはローマ人が根絶
を願ったのは宗教そのものではなく、祭司階
級であったことをうかがわせる。４世紀に、
アウソニウスが、アクィタニアのドルイドに
ついてそれとなく言及しているのをみると、

はたして弾圧が達成されたのかは、おおいに
疑問である。

参考文献：Green, M. J.1992a, 86-87; Piggott
1968; Ross & Robins 1989.

ナ行

ナウィア Navia

スペインの北西部グンティンで発見された碑文によって知られるイベリアの女神。この地ではナウィア、ナウィア・アルコヌニエカ Navia Arconunieca、およびナウィア・セスマカ Navia Sesmaca にささげられた碑文が知られている。アルコヌニエカとセスマカという名はいずれかの地方の場所か、あるいは部族と関連している可能性がある。ナウィアはおそらくイベリアの女神ナビアと同じ神であろう。
参考文献：Tranoy 1981, 293-294.

ナオス naos（複数形naoi）

神殿、聖所、あるいは大きな建造物のなかにある祭儀内室を表すのに東方属州で使用されたギリシア語。
参考文献：Price 1984, 134.

ナタリス・ウルビス Natalis Urbis（ナタリス・ウルビス・ロマエ・アエテルナエ natalis urbis Romae aeternae）

「永遠の都市ローマの創建記念日」をつねに記憶にとどめるためパリリアにかわり121年、新たにハドリアヌス帝によって設定された祭礼。この祭礼（4月21日が祭日）がローマ帝国全土にわたって祝われたことは、イギリスのハイ・ロチェスターで発見されたこの行事を祝賀するための祭壇や、同じくハイ・ロチェスターおよびシリアのドゥラ・エウロポスで発見された暦にこの祭礼の記録があることからわかる。（→フェリアレ・ドゥラヌム）
参考文献：Haynes 1993, 142.

ナナイ Nanai

シリアの女神。バビロニア起源の女神で、ときにはアルテミスと同一視された。シリアとメソポタミアではローマ時代になっても広範囲にわたって崇拝の対象となっていた。

ナビア Nabia

イベリアの女神。ポルトガルで発見された数多くの碑文によって知られた女神で、ルシタニアとカッラエキアでは広範囲にわたって崇拝されていた。谷、丘、森、湧きでる水をつかさどる女神と考えられた。おそらくナビア・コロナおよびナウィアと同一の神であろう。
参考文献：Alarcão 1988, 93; Tranoy 1981, 281-283.

ナビア・コロナ Nabia Corona

ポルトガルのペナフィエル近くで発見された碑文によって知られているイベリアの神で、ローマの神ユピテル、土着の神リダ Lida やその名を知るすべもないもう1柱の神格と重ねられて祈願の対象とされた。碑文によればニンフとして、またダニギ族 Danigi の守り神としてあがめられたとされる。添え名コロナは神コロヌスの配偶神とされることを意味するともいえる。ナビア・コロナはナビアと同じ神であろう。
参考文献：Alarcão 1988, 93; Tranoy 1981 282.

ナブ Nabu

シリアの神ネブの別名。

ナベルクス Nabelcus

ケルトの神。マルス・ナベルクスとしてのローマの神マルスとむすびつけられていた。

鉛製の水槽（図63）

ブリタンニアにおいてのみ発見された円形の鉛製容器または水槽。既知の例（約17例ある）からすると、大きさ直径45-96センチメートル、高さ16-48センチメートルで、容量27-360リットルである。これらは、浄めの儀式のために頭に水をそそぐあいだ、信者がこの水槽のなかに立っているといったたぐいのキリスト教の典礼のための機能を有して

ナントスエ

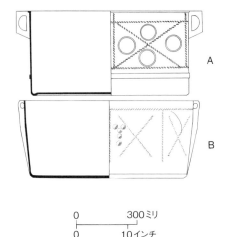

図63 イングランド出土の鉛製水槽2種。Aは来歴不明。Bはブルトン・オン・ザ・ウォーターのローマ風屋敷（ウィッラ）から出土、重さ135キログラム。

いたのかもしれない。もっともこの機能を果たすにはあまりに小さすぎる例もあるのだが。洗礼式の一部である足を洗う儀式ペディラウィウム pedilavium に使用されたとする指摘もあり、この指摘はこれらの水槽の大きさが小型であることの説明になりうるだろう。水槽は鉛板製で、ふつう2個の取っ手がついており、水槽の外側には装飾がほどこされている。6例には**キーロー**（キリストを表すギリシア語の最初の2文字からなる組み合わせ文字）が、1例にはアルファ「A」とオメガ「Ω」の2文字がほどこされており、またそのほかのキリスト教の象徴類もある。これらの水槽の製作年代はおそらく4世紀であろう。
参考文献：Guy 1981; Guy 1989; Watts 1988.

ナントスエルタ Nantosuelta

ケルトの女神でその名は「曲がりくねった川」または「曲がりくねって流れる小川」を意味する。この神は夫婦神としてケルトの神**スケッルス**とともに勧請された。

ニカイア公会議

325年ニカイア［現在のイズニック、トルコ北西部マルマラ海東方の町］で開催された全キリスト教会の代表者を集めた最初の公会議。**アリウス主義**（アリウスの説）が否認され正統派のいわゆるニカイア信条がキリスト教教義として是認され、その決議が勅令として発布された。この教義はニカイアにちなんでニカイア信条と命名され、コンスタンティノポリスのハギア・エイレネで381年に開催された第2回公会議で支持をえた（図32）。

ニクシ Nixi

ディ・ニクシ Di Nixi としても知られ、出産する女性を守る三神一組のローマの女神たち。

ニケ Nike

ギリシアの勝利の女神。ローマの女神**ウィクトリア**（勝利の女神）と同一視された。ニケは、しばしば有翼の姿で表現されている。ローマ芸術では死に対する勝利の象徴として人気のある主題であった。
参考文献：Hammond & Scullard (eds.) 1970, 735.

ニコマクス Nicomachus

ウィリウス・ニコマクス・フラウィアヌス（334-394）、著名な元老院議員、異教徒すなわち多神教信奉者で、友人シュンマクスの娘と結婚。**キリスト教**信仰に暴力的手段で対抗し、さらには**異教**信仰を広めるための運動に努めた。エウゲニウス帝の定めた異教の宗規を支持し、**テオドシウス1世**が勝利すればみずから命を絶つと明言した。
参考文献：Hammond & Scullard (eds.) 1970, 734.

ニュクス Nyx

「夜」の意で、それを擬人化したギリシアの女神。通常祭儀の神というよりはむしろ神話上の女神とみなされているが、トルコのペルガモンにあるギリシアの女神デメテルの神

殿から、ニュクスへのひとつの奉献があった
ことを知ることができる。
参考文献：Bourgeois 1991, 26-27; Hammond
& Scullard（eds.）1970, 744.

ニンフ nympha

　自然の造形を女性として擬人化したもの。
たとえば泉、川、樹木、あるいは山のような
もの。このようなものの精霊たちはギリシア
神話に由来するものであるが、そのなかでニ
ンフ（ニュムペー）は若くて美しく、音楽や
踊りを好み、不死というよりもむしろかなり
長寿である。しかし漠然とした存在とみなさ
れていた。ニンフ信仰はヘレニズム世界のあ
らゆる所に広がり、ローマ支配下のすべての
属州にまでおよんでいた。ニンフと女神の識
別はしばしば不明瞭であった。たとえばケル
トの神である**コンウェンティナ**などは、水と
関連がある他の女神たちのように、ときには
ニンフとして描かれることもあった。ニンフ
に奉納された神殿がローマの**マルスの野**に
あった。またローマのいろいろな地区にはニ
ンファエア（ニンフたちにささげられた聖所。
→**ニンファエウム**）が建てられていた。ニン
フたちは８月23日の**ウォルカナリア**の祝祭
のあいだ崇拝の対象となった。ニンフたちは
しばしば**シルウァヌス**と合祀されることも
あった。
参考文献：Bourgeois 1991, 26-27; Hammond
& Scullard（eds.）1970, 743-744.

ニンファエウム nymphaeum

　本来は小洞窟の形をした、装飾がほどこさ
れた泉。そのなかには**ニンフ**に関連するもの
もいくつかあった。２世紀までには装飾がほ
どこされた壁、あるいは柱や像をあしらい、
流れ落ちる水などで構成されたファサード
（正面）をもつものが作られるようになった。
そのなかのいくつかは多くの装飾がほどこさ
れ、非常に大きなものであった。ニンファエ
ウムは帝国のいたる所でみられる。しかし、
特定の実例のなかには祭祀と関連があるのか、
あるいはたんに装飾をほどこした建築物にす

ぎなかったのかさだかでないものもある。
参考文献：Burgeois 1992, 107-130.

ニンメドゥス・セッディアグス Nimmedus Seddiagus

　イベリアの女神。スペイン北部、ミエレス
の近くドゥホで発見されたふたつの碑文で知
られている。
参考文献：Tranoy 1981, 298.

ヌデンス Nudens

　ケルトの神ノデンスの別名。

ヌミテルヌス Numiternus

　ローマの南東、アティナ（現在のアテナ）
で崇拝されていたローマの１神格。ヌミテル
ヌスはヌミトリウスとよばれたローマの１氏
族の守り神であったと思われる［ヌミトリウ
スはローマ人の姓］。

ヌメン numen（複数形ヌミナ numina）

　神霊あるいは神力。そもそもローマ人は、
森、泉、洞窟のような場所を超自然的な、あ
るいは神聖な所と考えていた。そののち彼ら
はおそらくギリシアの影響のもと、これらの
場所は神霊たちが宿る場所であると考えるよ
うになった。ときがたつにつれこれらの神霊
にはいくつもの個性や名称が積み重ねられて
いった。これら初期の神霊は無性であったが、
個性や名称をえることによってそれぞれ異例
なものに上昇していった。そもそも女神**ウェ
ヌス**もこれら神霊たちのなかの１柱であった
と思われる。ラテン語では、「ウェヌス」と
いう名称は女性的というよりむしろ形状から
して中性のものであった。神霊たちは物質的
なもの、たとえば作物の生長、また旅行と
いった行為においてもみつけられると期待さ
れていたのである。ローマ時代後期には、神
霊たちはまた「美徳」や「尊貴」のような抽
象的なものとも考えられていた。とくにガリ
アやブリタンニアにおいては皇帝のヌメンす
なわち神霊がしばしば崇拝された。神霊から
発して多くの神格たちが現れると、「神霊」

と「神」との差違を識別するのがしばしば困難になった。
参考文献：Ferguson 1970, 71-73: Ferguson 1988a, 853-854; York 1986.

ヌルティア Nurtia
エトルリアの女神ノルティア の別称。

ネケッシタス Necessitas
運命の支配力の抑止を擬人化した、「必然」のローマの女神。この神は同じく「必然」を擬人化したギリシアの女神アナンケと同一視された。

ネニア Nenia
臨終、哀悼、葬儀において歌われる哀歌をつかさどるローマの女神。神殿はローマのウィミナリス門の外にあった。
参考文献：Grimal 1986, 231（under Indigetes）.

ネハレンニア Nehalennia
船乗り、豊穣、潤沢をつかさどるケルトの女神。「ネハレンニア」という名はおそらく「女操舵手」または「先導者」を意味しているのであろう。モリニ族の領地であった、オランダのドンブルグおよびコリインスプラートの海岸ぞいにあるふたつの聖所で知られることとなった。これらの遺跡で多数の祭壇が発見されている。祭壇の表面にはネハレンニアが航海を象徴する舵取りの櫓や、豊穣の象徴である大盛りにされた果物あるいは豊穣の角とともに描かれている絵が頻繁にみられる。またこれらとならんで頻繁に描かれているのは、この神に隨行するものの象徴であり、人を守る温和な姿の犬である。これら多様性に富んだ象徴的表現はこの女神が治癒、死、また再生や航海だけではなく広範囲にわたる役割をつかさどっていたことを示唆している。ネハレンニアはまたゲルマニア、ライン河岸の港におけるひとつの寄進からも知られている。
参考文献：Elbe 1975, 215; Green, M. J. 1992a, 159-160.

ネブ Nebu
バビロニア起源の神でシリアのナブ Nabu またはネボ Nebo としても知られている。マルドゥクの息子で（論争中であるが）アポロと同等とみなされることもときにはあったようである。とくにベルとのむすびつきが深い。ベルの祭儀はローマ時代には広くシリアそしてメソポタミアにまでゆきわたっていた。
参考文献：Teixidor 1969, 106-111.

ネファストゥス nefastus（またはディエス・ネファストゥス dies nefastus、複数形 dies nefasti）
政治的な集会はすべて許されず、市民生活にかかわる司法執務にとりかかることが許可されない日を意味する（供犠さえおこなえば、そのような業務を引き受けることはできたが）。ネファストゥスの日付は神官たちによってとり決められ、Nという文字で暦に示された。ユリウス暦以前の暦にはこのような日が58日あった。暦にNPという文字がしるされているのは、おそらくネファスティ・プブリキ nefasti publici で、これらの日はおもな公共の祝祭日であった可能性があり、そのため集会および司法執務は禁止されたと思われる。暦にはこのような日が52日みられる。しかし、このNPという用語をNのかわりにもちいている暦もいくつかあり、これらの用語は大まかに使用されていたようである。（→エンドテルキスス）
参考文献：Hammond Scullard（eds.）1970, 341: York 1986.

ネプトゥナリア Neptunalia
7月23日にとりおこなわれるネプトゥヌスの祭りであるがあまり知られてはいない。祭りとしては最古のもののひとつである。
参考文献：Hammond & Scullard（eds.）1970, 729.

ネプトゥヌス Neptunus（図64）
水をつかさどる古代ローマの神。のちにギリシアの神ポセイドンと重ねあわされ、海を

図64 210年のセプティミウス・セウェルス帝のコイン（デナリウス銀貨）に刻印された三叉の鉾を持つネプトゥヌス。　　サマセット州立博物館

つかさどる神ともみなされるようになった。ポセイドンが馬と関連していることからネプトゥヌスもまた馬と関連しているローマの神**コンスス**とも重ねあわされることとなった。ローマではネプトゥヌスに献上された神殿が**マルスの野**にある**フラミニウス競技場**のなかにあった。雄牛の犠牲がささげられた神は3柱のみと思われるが、ネプトゥヌスはそのなかの1柱である（すなわち**アポロ**、**マルス**をふくむ3柱）。伝説によればネプトゥヌスには、**サラキア**あるいは**ウェニリア**ともよばれる対神が存在したとのこと。ネプトゥヌスには7月23日にとりおこなわれる祝祭ネプトゥナリアと、12月1日にネプトゥヌスに敬意を表してとりおこなわれる祭りがあった。
参考文献：Grimal 1986, 307–308; Hammond & Scullard (eds.) 1970, 728–729; Richardson 1992, 267 (temple); Vermeule 1987, 62–63; York 1986, 85–86.

ネマウシカエ Nemausicae（マトレス・ネマウシカエ Matres Nemausicae としても知られる）

豊穣と治癒をつかさどるケルトの母神たちで、現在のフランス、ニーム（古名ネマウスス）にあった聖所および温泉とむすびついていた。またネマウスス（Nemausus）、すなわち治癒の温泉をつかさどるこの町の名祖神ともむすびつけられていたのである。
参考文献：Green M. J. 1992a, 160.

ネマウスス Nemausus

フランス、ニームにおける、古代ケルト・リグリア人の地神。リグリア人とはガリア最南端にケルト以前に住んでいた人びとである。ネマウススはおそらく、もともとはニームの治癒の泉の精であったと思われる。そこでは（ネマウシカエ、あるいはマトレス・ネマエシカエ Matres Nemaesicae とよばれる）治癒と豊穣の地方女神たちもまた崇拝されていた。
参考文献：Green, M. J. 1992a, 160.

ネムス nemus

神に奉献された聖なる森を意味するラテン語の単語。たとえばディアナ・ネモレンシスの聖域。（→聖なる森、ルクス）
参考文献：Scheid 1993.

ネメシス Nemesis

ローマ人たちに崇拝されるようになったギリシアの返報の女神で、**アドラステア**ともアドラスティア Adrastia としても知られている。**地下世界の女神ネメシス**はつねに不信心をいましめ、美徳には報いる用意をしていた。ときには**フリエス**のなかの1柱とみなされることもあった。
参考文献：Garcia Y Bellido 1967, 82–95.

ネメトナ Nemetona

聖なる森をつかさどるケルトの女神（ネメトン nemeton は「聖なる森」を意味する）。主にゲルマニアのネメテス族［ガリア・ベルギカ、ローマ帝国治下ガリアの4属州のひとつで部分的に現在のベルギーと重なる地域にいたゲルマン民族］の領土内で崇拝された。この女神は通例**マルス**にあたるケルトの神、**マルス・リゴネメティス**や**マルス・ロウケ**

ティウス、すなわちロウケティウス・マルス
などの神と対になっていた。ゲルマニアのア
ウグスタ・トレウェロルム（現在のトリー
ア）の一市民によるネメトナとロウケティウ
ス・マルスへの奉献物がイギリスのバースで
発見されている。
参考文献：Green, M. J. 1992a, 160.

ネリオ Nerio

「勇気」が擬人化された、ローマの戦いの
女神。ローマの古代祭儀においては神**マルス**
の配偶神とされた。ときにはローマの女神
ベッロナとむすびつけられ、またローマの女
神ミネルウァとも重ねあわされることもあっ
た。敵からの戦利品がネリオに奉納されるこ
ともあった。
参考文献：Grimal 1986, 308.

ネルガル Nergal

シリアの神で、ローマ時代にはギリシアの
神**ヘラクレス**と同一視された**地下世界**をつか
さどる神。つねに犬をともなっていた。
参考文献：Colledge 1986, 225-226; Teixidor
1969, 112-114.

ネルトゥス Nerthus

ゲルマニアの大地と豊穣をつかさどる女神。
ローマの歴史家タキトゥスは『ゲルマニア』
のなかで、この女神は四輪馬車に乗って行進
していると語っている。
参考文献：Green, M. J. 1992, 161.

ネロの巨像 Colossus Solis Neronis

コロッスス・ソリス・ネロニス（太陽神ネ
ロの巨像）。ローマにあった青銅製の皇帝ネ
ロの巨像。もともとは、ネロのドムス・アウ
レア（黄金宮殿）の入口に立っていた。高さ
は、約31メートルから36メートルほども
あった。ネロの没後、ウェスパシアヌス帝に
よって、約7メートルの7条の太陽光線がつ
き出た冠が付けくわえられ、太陽神の神像へ
と作りなおされた。128年頃には、ハドリア
ヌス帝が、ウェヌスとローマ女神の神殿を建

てるために、コロッセウム（円形闘技場）の
すぐ北西にこの巨像を移動させた。その後、
コンモドゥス帝は、この太陽神［ソル］像の
頭部を自身の頭部にすりかえ、細部も自分に
似せてあらためた。しかし、コンモドゥス帝
の死後、この像はもとの太陽神の姿に復元さ
れた。この巨像は、4世紀頃までは立ってい
たが、8世紀後半または9世紀前半になると
文字資料から姿を消す。巨像に冠をかぶせ花
で飾る6月6日の年1度の祝祭は、キリスト
教の時代になっても継続しておこなわれてい
た。

ベーダ Bede［672頃-735。イギリスの修
道士で歴史家、神学者］は、「巨像が立ちつ
づけるかぎり、ローマは滅ぶことはない。巨
像が倒れるとき、ローマも滅びる。ローマが
滅びるときは、世界が滅びるときだ」と述べ
ている。ベーダのこの発言は、通常コロッセ
ウムにかんするものだとする説もあるが、円
形闘技場がコロッセウムとよばれるように
なったのは、1000年頃になってからのこと
である。それゆえ、ベーダが言及したのはあ
きらかに、ネロのこの巨像のことだと思われ
る。
参考文献：Richardson 1992, 93-94.

ノウェンシレス Novensiles（あるいはノウェ ンシデス Novensides または di novensiles）

デウォティオの儀式用定式文句のなかで**イ
ンディゲテス**よりも先にその名があげられて
いる一群のローマの神々である。それゆえに
ノウェンシレスはインディゲテスよりも重要
であった。信頼できる文献のなかには、「ノ
ウェンシレス」とは「新たに仲間入りした
神々」であり、したがって他の文化圏からも
ちこまれ同化した神々を意味するとしるされ
ているものもある。たとえば、**カストル**や**ア
エスクラピウス**である。しかしこの解釈につ
いては異論があり、またこのノウェンシレス
の役目にかんしてはなにも知られていない。
参考文献：Hammond & Scullard（eds.）1970,
740.

ノデンス Nodens

ノドンス Nodons あるいはヌデンス Nudens としても知られている。イギリスにおいてのみ発見されているケルトの神。人の姿形で表現されているノデンスは知られていないが、犬を思い浮かべるような描写がいくつかみられ、これはおそらくこの神、あるいはこの神にむすびつくような属性を表現しているのではないかと思われる。**マルス・ノデンス**への献納はグロスター州［イギリス中南西部の州］のリドニー・パークおよびランカシャーのコッカーサンド・モスで発見されている。リドニー・パークにはノデンスに奉献された重要な神殿複合施設と治癒の聖域があった。

参考文献：Green M. J. 1992a, 162.

ノドゥトゥス Nodutus

穀物を産する植物の茎をつかさどるローマの神。それらの植物の節から節にいたるまでの部分の発育を管理した。

参考文献：Ferguson 1988a, 853.

ノナ Nona

妊娠の8カ月目（ローマ方式に数えると9カ月目）を管理するローマの女神。ときには**パルカエ**（パルカたち、運命の3女神）のなかの1女神と重ねあわされることもあった。

参考文献：Ferguson 1988a, 853.

ノナエ Nonae

イドゥスの9日前の日をさす［基準日を1日目とするので、イドゥスの前日から数えて8日前］。したがって3、5、7、10月は7日、その他の月は5日となる。どの月においてもこのノナエ以前には（7月の**ポプリフギア**をのぞく）いかなる祭事もとりおこなわれなかった。**レクス・サクロルム**（祭祀王）の妻は**レギア**でユノに豚または子羊の供犠をおこない、その月の祝祭日**フェリアエ**はノナエのあいだに公表された。［イドゥスはノナエの翌日から数えて8日目で、3、5、7、10月は15日、その他の月は13日となる。］

参考文献：York 1986, 2.

ノナエ・カプロティナエ Nonae Caprotinae
（カプロティナエまたはノナエ・カプラティナエ Nonae Capuratinae）

未婚の侍女たち、あるいは女奴隷たちの祝祭（アンキッラルム・フェリアエ ancillarum feriae）で7月7日におこなわれた。ノナエ・カプロティナエという名称は「野生イチジクのノナエ（古代ローマの3、5、7、10月の7日とその他の月の5日）」を意味する。カプリフィクス caprificus はラテン語では「野生のイチジク」を意味し、この祝祭では**ユノ・カプロティナ**が礼拝された。かつて共和政時代、ローマはガリア人に攻め落とされたことがあったが、ローマをおびやかしたこの強敵をそののち排除したラテン軍を女奴隷たちがおおいに援助したことが知られている。この祝祭は、この事件を記念するためにおこなわれたようである。しかし別の伝承によれば、その日はカプロティナエとよばれたという。なぜならばラティウムではこの日女性たちは野生のイチジクの木の下でユノ・カプロティナに供犠をおこなっていたからである。ゆえにこの祝祭はイチジクの木の豊穣を願っての農業祭であったとも考えられる。プルタルコスは、この日に姿を消したロムルス（実際は7月5日、**ポプリフギア**の日）に敬意を表す祝祭であったといっている。

参考文献：Bremmer & Horsfall 1987, 76-88; Scullard 1981, 161-162.

ノラのパウリヌス Paulinus Nolanus

メロピウス・ポンティウス・アニキウス・パウリヌス。初期キリスト教徒の詩人で代書人。353年、現在のフランス、ボルドーの富裕なキリスト教徒の家庭に生まれた。公職につき、その地の司祭となり、ついで409年にはノラの司教となり、431年に死を迎えるまでその地にとどまった。キリスト教を題材にした詩33篇が残存する。また393年以降に書かれた往復書簡51通も残存している。そのなかには**アウグスティヌス**および聖**ヒエロニ**

ムスと取り交わした往復書簡もふくまれている。

参考文献：Green M. J. 1992a, 95（on the Celtic associations of these deities）; Hammond & Scullard（eds.）1970, 791.

ノルティア Nortia

運命をつかさどるエトルリアの女神でヌルティア Nurtia ともよばれた。ローマの女神**フォルトゥナ**および**ネケッシタス**と重ねあわされることもあった。イタリアのウォルシニイ（ボルセナ［古代イタリアのエトルリアの都市、現在のオルビエトと考えられている］）で崇拝された。そこでは年ごとの祭りのあいだに1本の釘が儀式にのっとってこの女神の神殿の壁に打ちこまれた。この儀式の起源および目的はあきらかではない。

参考文献：Hammond & Scullard（eds.）1970, 738.

ノレイア Noreia

ノリクムの守護神的な女神でオーストリアのホーエンシュタインに聖所があった。エジプトの女神イシスと重ねあわされることがあった。

呪い imprecamen

誓いと呪いを明確に区別することはむずかしい。厳密には、呪いは魔術師によってよびだされる魔力を含意している。しかし、神に依願し、敵や悪事をはたらいた者を罰することにも、呪いという言葉は使われた。**デウォティオ**とは、魔術的な呪いや呪縛のたぐいにあたえられる名称である。呪いの言葉は、呪詛板（デフィクシオ）に書かれることが一般的であった。

ハ行

バアル Baal（バアルとは「主」あるいは「主人」を意味する。ベル Bel と表記されることもある）

　シリアやアラビアで崇拝された太陽神や天空神をさすそれぞれの土地での名称。フェニキアの神々を本来バアルとよび、フェニキア諸都市では、それぞれ個々のバアル神が崇拝されていた。バアルは固有の名称ではなく、さまざまな土着の神々をさす言葉として使用されていた。というのは、よそ者や敵がフェニキア諸都市の神々の実名を使って彼ら自身のためにそれらの神々を勧請することを避けるためであった。シリアの偉大な太陽神もバアルとよばれていた。この太陽神の神殿はバアルベック（ヘリオポリス）にあったことが知られている。この神殿において、シリアのバアル神はギリシアの太陽神ヘリオスと同じ神であると考えられ、のちにはローマの神ユピテルと同一視されるようになっていった。そのため、バアルはユピテル・オプティムス・マクシムス・ヘリオポリタヌス（ヘリオポリスの至高のユピテル大神）の名で信仰された。バアルベックでは、バアルはシリアの女神**アタルガティス**（播種の）とむすびついた。
参考文献：Drijvers 1976.

バアル・シャミン Baal Shamin

　カナンとフェニキアの海岸地域で前2千年紀から崇拝された古代からの神。バアル・シャミンとは「天の主」を意味し、天候をつかさどる神として、また農民と牧人の守り神として崇拝された。シリアのパルミラでは、131年頃に、バアル・シャミン神殿が建立されている。バアル・シャミンは、ベルやアグリボル、マレク・ベルといった土着の神々とも関係が深い神であった。バアル・シャミンは、麦の穂や稲妻とともに、ローマ式の甲冑を身につけた姿で表現された。これは、バアル・シャミンが天空神であるだけでなく、

ローマ時代、豊穣と守護をつかさどる神とされていたためである。
参考文献：Drijvers 1976; Teixidor 1969, 18-25.

背教者ユリアヌス Flavius Claudius Julianus（Iulianus）（ユリアヌス2世）

　ローマ皇帝、在位360-363。**キリスト教**がローマ帝国の国教として基礎を固めたのち、異教となったローマの伝統的な神々の祭祀と神殿を復活させたため、キリスト教徒の著述家たちにより「アポスタタ Apostata 背教者」と命名された。ユリアヌスはカッパドキアで養育され、キリスト教の教育を受けたが、古典文芸と往古からの神々へのひとかたならぬ情熱をいだいていた。トルコのエペソス（この地でユリアヌスは多神教徒の哲学者マクシムスの影響を受けた）とアテナイで教育を終えた。権力の座についたとき、すべての宗教についてはまったく寛容である旨を公布して、みずからの**異教信仰**（パガニスムス）を公にし、多神教の復活を試みた。ユリアヌス自身の宗教信条は、新プラトン主義的太陽唯神論として知られる体系に属していた（すなわち、新プラトン主義を信奉し、そしてまた太陽神こそが唯一真実の神であり、これ以外の神々の存在を認めないとした。彼にとってこの太陽神崇拝と新プラトン主義とのあいだにはいかなる矛盾も存在しなかった）。彼は最後の多神教徒のローマ皇帝であった。彼が没するとキリスト教はふたたびめだつ存在となった。
参考文献：Bowder (ed.) 1980, 117-118; Browning 1975; Grant 1985, 251-254; Hammond & Scullard (eds.) 1970, 567-568.

ハイデス Haides

　ギリシアの**地下世界**の王ハデスの別名。ローマの神**ディス**にあたる。

バウディヒッリア Baudihillia

アライシアガエ女神たちのうちの1柱。ハドリアヌス長城出土の碑文にその神名をみることができる。

パガナリア Paganalia

パギすなわち村落共同体の祝祭。フェリアエ・コンケプティウァエの可能性がある。オウィディウスはセメンティウァエ（播種の祝祭）と同一視した。

参考文献：Hammond & Scullard (eds.) 1970, 767; Warde Fowler 1899, 294-296.

迫害 persecutio

人びとの宗教的信仰に対する弾圧、罰（しばしば死刑執行による）。一般的にローマ人は他のさまざまな宗教に対しては、それらが破壊的なものと考えられないかぎり非常に寛容であった。前186年、元老院はバッカナリアを法律により禁止した。そして属州では皇帝たち、すなわちティベリウス帝およびクラディウス帝のもとドルイド教が弾圧された。1世紀、ローマはユダヤ人との対立を増幅させていった。最初のユダヤの反乱は70年、ウェスパシアヌス帝およびティトゥス（後に皇帝）によって鎮圧された。ローマ人たちはキリスト教もまたわずらわしいユダヤ教の一宗派とみなしていた。ネロ帝はすでに64年のローマの大火のすぐあとに第1回目の迫害を始めた。キリスト教徒に対する迫害はそののち2世紀にわたり断続的につづいた。セプティミウス・セウェルス帝の治下、アレクサンドリア、コリントス、ローマ、およびカルタゴで殉教者がでた。250年、デキウス帝［最初の組織的なキリスト教徒迫害者］によってさらに容易ならざる迫害が始まった。この迫害は313年ミラノ勅令［コンスタンティヌス1世とリキニウス帝によって布告された宗教寛容令］によって公式に終りを告げた。

参考文献：Hammond & Scullard (eds.) 1970, 231-234; Lane Fox 1988, 419-492; Sordi 1983.

パクス Pax（図65）

「政治的平和」を擬人化したローマの女神。ギリシアの女神イレネと同一視されたが、アウグストゥス帝の時代以前にはあまり知られていなかった。左手にコルヌコピア［ギリシア神話、豊穣の角］を持ち、右手にオリーブの小枝あるいはメルクリウスの杖を持つ若い女性としてコインに表現されている。ローマでは、内戦ののちふたたび戻った平和をたっとび他の多くの聖所と同じように祭壇（アラ・パキス、図7）が1基、アウグストゥス帝によって奉献された。のちにウェスパシアヌス帝によってパクス神殿がローマに建立された。

参考文献：Grimal 1986, 349; Hammond & Scullard (eds.) 1970, 793; Richardson 1992, 286-289.

図65　前28年のテトラドラクマ［古代の4ドラクマ銀貨］に描かれた女神パクス。このコインは小アジア（おそらくエペソス）で打刻されたもので、オクタウィアヌス（のちのアウグストゥス帝）の比類のない統治権を祝して作られたものである。コインの裏面はここに示したように、カドゥケウス（使者の杖）を右手に持ち刀の上に立っているパクスが、背後の不可思議な箱から登りでた蛇と一緒に描かれている。これらすべてが月桂樹の枝葉でつくられた飾り環でとり囲まれている。

パクス・アウグスタ Pax Augusta
（アウグストゥスの平和）

　国の内外における平和の維持を表明するために、アウグストゥス帝によって発案されたローマの平和をつかさどる女神。（→パクス）
参考文献：Hammond & Scullard（eds.）1970, 793.

パクス・デオルム pax deorum

　「神々とともにある平和」pax deorum という概念は、年間をつうじて特定の時期にとりおこなわれる公的あるいは私的な祭儀をしきたりどおり正しくおこなうことで維持されてきた。もし「神々とともにある平和」が破られれば、異常な事態がおき、贖罪（しょくざい）が求められる。（→不思議な前兆）

バコ Baco

　ケルトの神。フランスのシャロン・シュル・ソースで発見された碑文により知られる。おそらく猪の神と思われる。
参考文献：Green, M. J. 1992a, 38.

バシリカ basilica

　屋根は柱あるいはアーチで支えられ、中央の身廊とその両側に側廊を配置した建築物［ローマにおいては、都市のフォルムに建てられた法廷・集会・商取引などにもちいられる広間状の建築物をいう］。ローマ時代の終焉期が始まった4世紀、バシリカがキリスト教の教会建築構造様式の模範となった。また実際に、バシリカがキリスト教会へと改造された例もいくつか知られている。たとえば、ローマのバシリカ・イウニイ・バッシイは、シンプリキウス教皇時代（468-483）に、聖アンドレア・カタバルバラ・パトリキア教会へと造りかえられている。

ハスティフェルス hastiferus
（複数形hastiferi）

　ベッロナとマグナ・マテル（キュベレ）の祭儀に関連づけられる宗教団体。かつてはデンドロポロイ（→デンドロポロス）と同じと考えられた。いくつかの碑文にその名称はみられる。うち3つの碑文はイタリア、オスティア・アンティカ［ローマの外港として栄えた］のメトロオンで、ほかのふたつはドイツ（ケルンおよびカステル）で発見された。「ハスティフェルス」の意味するところは論争中ではあるが、おそらく「槍持ち」を意味し、祭儀用の槍を持った儀仗兵のような者かと思われる。
参考文献：Fishwick 1967.

ハダド Hadad（天の主）

　シリアの雷神。バアル・シャミンともいう。山々の頂きに住み、天空と関連があると考えられた。アタルガティスの配偶神となり（ただしこの女神に従属）、ゼウスと同一視されるにいたった。アタルガティスの玉座の両側にはライオンがはべっているが、ハダドの場合は雄牛がはべっている。レバノンのヘリオポリスでハダドは、ユピテル・ヘリオポリタヌスとしてユピテルと同一視された。
参考文献：Ferguson 1970, 18.

バッカナリア Bacchanalia

　バッコス（ギリシア名はディオニュソス）を祀る秘儀（オルギアorgia）をさすラテン語。内容にかんしてはほとんどわからないが、秘儀は基本的にギリシア的なものであったと考えられる。バッカナリアは特定の宗教的な場所でおこなわれるのではなく、信者が集まるところならどこででも繰り広げられた。死後の世界の約束はもちろん存在したが、陶酔によって理性から解放されることと幸福感にみたされることがバッカナリアの中核であった。リウィウスは、信者たちによって犯罪まがいの行為や野蛮な行為がおこなわれていたことを記述している。信者たちは、仕事を放棄し、松明と杖（→テュルソス）をふりまわし、歌い踊りながら山をねり歩いた。宗教的な陶酔状態が絶頂に達すると、木を引き抜いたり、野生の動物や子どもを捕まえ引き裂いたり、生肉を食べたりといった超常の行為がおこなわれた。これらの行為は、人が作り出

した秩序に、自由な人間の本質が勝利することを意味していた。この秘儀は、自然の力を表現しており、生肉は信者が神の力をえるために必要な聖なる肉と考えられていた。バッコスの力をえて、信者たちは奇跡を起こしたり動物をしたがわすことができたという。

もっとも野蛮な儀式はギリシアでおこなわれたが、前ローマ期にはそのようなことはまったくなかった。南イタリアで、バッカナリアが最初におこなわれたのは、前5世紀のことであった。ローマ人にバッカナリアが取り入れられる頃までには、この儀式はさほど野蛮なものではなくなっていた。ローマの神バッコスは、信者たちが大地と豊穣の精霊を表わす仮面をかぶり行進することによって崇拝された。しかし、バッコスの宗教儀式は非道徳的で頽廃した儀式であるという報告を受け、元老院は、秩序を乱すとの理由で前186年にバッカナリアをローマ、イタリアでおこなうことを禁止する法令を出している。しかし、厳しく統制されたにもかかわらず、バッコス信仰は人気をとりもどす。イタリアのポンペイから出土した1世紀頃の「秘儀荘」のフレスコ画には、バッカナリアの様子が描かれている。この「秘儀荘」において、儀式がおこなわれた可能性がある。

参考文献：Pailler 1988.

バッカンテス Bacchantes（またはバッカエ Bacchae、マエナデス Maenades）

バッコス崇拝の信者たち。信者には女性が多く、裸か薄衣をつけ、頭に蔦で作った冠をかぶり、手に杖（→テュルソス）を持った姿で描かれることが多い。また、鹿や豹の毛皮をまとい、蔦や樫、樅で作った冠をかぶっている場合もある。またカンタロス（ふたつの取っ手がついた酒盃）を持っていたり、タンバリンをたたき竪笛（アウロス aulos）を吹いている場合もある。

バッコス Bacchus

ギリシアの神ディオニュソスのローマ名。しかし、ローマでもディオニュソスという名称が使われることもあった。ディオニュソス（バッコス）は、ローマのリベル・パテル（→リベル）と同一の神と考えられていた。ディオニュソスは葡萄と葡萄酒の神そして酩酊をつかさどる神であった。ディオニュソス崇拝は神秘宗教のひとつであった。この信仰はおそらく小アジアか、あるいはトラキアに起源をもっている。ディオニュソス崇拝は、この地で、さまざまな類似した信仰を吸収したものと思われる。その後、ディオニュソス信仰は、トラキアからギリシア全土に急速に広がる。さらに、この信仰は、南イタリアにも普及していく。ローマ人がバッコス崇拝としてディオニュソス崇拝を受け入れるようになった頃までには、ディオニュソス崇拝は、葡萄酒の神としてのバッコスの役割や来世（死後の世界）信仰などさまざまな要素を吸収し、複雑なものになっていた。バッコスは非常に人気があったにもかかわらず、バッコス信仰の教義の内容の多くは信者以外には秘密とされたため、信仰や儀式（バッカナリア）にかんする詳細はわかっていない。

バッコスは、神話や伝説によく登場する。また、芸術の素材にも好んで使用された。棺にバッコスにまつわる神話の場面が描かれることもあるが、それは死者がバッコスを信仰しており、死後にさらなる幸せな生活を求めてのことであったと思われる。しかし、前3世紀から前2世紀初頭にかけて頂点にたっしたバッコス崇拝も、そのあまりの狂態ぶりに、前186年には、元老院によりバッカナリア祭は禁止され、バッコスを崇拝する場もとりこわされた。にもかかわらず、これ以降もバッコス崇拝はローマ帝政期の数世紀にわたり人気があった。バッコスにまつわる神話の場面も芸術の素材として使われつづけた。2世紀になっても、イタリアのフラスカティには、500人近いバッコス信者がいたことが知られている。同じような集団がほかにもあったと思われる。1世紀から3世紀の石棺の多くにバッコス神話の場面が描かれている。そこではバッコスは生命をつかさどる神として描かれており、死者が死後の復活を望んでいたこ

とがうかがえる。バッコスは、**アンバルウァ
リア祭**でも祀られていたことが知られている。
参考文献：Grimal 1986, 138–140（under
Dionysus）; Hammond & Scullard（eds.）1970,
352–353; Hutchinson 1986a & 1986b（the cult
of Bacchus in Britain）; Hutchinson 1991
（review article of several books）; Johns 1982,
78–82; Manfrini-Aragno 1987; Pailler 1988.

八柱式

正面に８本の柱がある神殿様式。

パッラディウム Palladium

ギリシア女神パッラス・アテナ（ミネル
ウァと重ねあわされた）の彫像。伝説によれ
ば、この彫像は**ゼウス**が天界からトロイアの
建国者ダルダノスに贈ったものであるとされ
る。ローマ人たちは、この女神像を炎上する
トロイアからアエネアスが救出しローマに運
んできた、霊験あらたかなローマの守護像で
あると信じていた。この像は**ウェスタ**の神殿
に安置され**ウェスタの聖女たち**によって注意
深くみまもられていた。
参考文献：Hammond & Scullard（eds.）1970,
771–772.

バッレクス Barrex

ケルトの神。ローマの神**マルス**とむすびつ
き**マルス・バッレクス**として崇拝された。

ハデス Hades（または**アイデス Aides**）

地下世界の王であるギリシアの神。その名
称は「見えないもの」つまり「霊界」を意味
する。またしばしばプルトン（富者）ともよ
ばれる。ローマの神**ディス**と同一視された。
参考文献：Hammond & Scullard（eds.）1970,
484.

パテラ patera（複数形 paterae）

灌奠用にしばしばもちいられる幅が広くて
浅い皿または鉢のような容器。ローマではは
なやかな宗教的な素材としてたびたび使用さ
れたが、パテラそのものはとくに神祇官たち

によってよく使われた。パテラは、高度な技
術で装飾がほどこされ、なかには中心に突起
があるもの（臍付きパテラ）もあり、簡単に
片手で持つことができたし、また取っ手がつ
けられているものもあった。それらは主に青
銅、銀、および白目（錫と鉛の合金）製で
あった。（→**儀式用容器**）
参考文献：Henig 1984, 131–132.

パテラナ Patelana

穀類の種子が、いつその殻を破り、穂を出
すかをきめるローマの女神。

ハドリアヌス神殿

小アジア（現在のトルコ）のキュジコスに
ある神殿で、「古代世界七不思議」のひとつ
にあげられることもある。ふつうハドリアヌ
ス神殿とよばれているが、実際には**ゼウス**が
主神であると思われる。ハドリアヌス帝が建
てたか、あるいは完成させ、みずからを祀っ
たのだろう。キュジコスで開催される競技会
は、たしかにハドリアヌスを賛美するハドリ
アネア・オリンピアとして知られるが、ゼウ
ス・オリュンピオスともまた同じように密接
な関係にあることが指摘される。1444年、
アンコナのキリアクスがこの神殿についてし
るした頃は荒れはてていた。神殿は地下１階、
地上２階の３階建てであった。
参考文献：Price 1984, 153–155, 251–252.

ハドリアヌスの霊廟 Mausoleum Hadoriani

神格化されたハドリアヌス帝および後継の
皇帝と皇族のための墓所。ローマにある。ア
ントニノルム・セプルクルムともハドリアニ
ウムともよばれた（ローマ時代には墓所をマ
ウソレウムとはいわなかった）。現在はカス
テル・サンタンジェロとして有名で、テヴェ
レ川［古代ローマ時代のティベリス川］の右
岸に位置する。ハドリアヌスの没年の翌年で
ある139年に、アントニヌス・ピウス帝に
よって完成したといわれる。ハドリアヌスと
その家族から、カラカラ帝までの皇帝の墓所
として使われた。プランは円形で、直径64

メートルの巨大な太鼓状をなしている。原形
は高さ21メートルの円筒形の2階建てで、
89メートル四方の正方形の基礎の上に建っ
ていたと思われる。当初、3層の小さな土盛
りが頂部におかれていた。［バイアエで没し
たハドリアヌスは、はじめプテオリにあった
キケロの屋敷であったところに埋葬され、の
ちにドミティアの庭園に移葬された。ハドリ
アヌスの大霊廟が完成したのはそのあとのこ
とである。］
参考文献：Nash 1962b, 44; Richardson 1992,
249-251.

ハドリアネウム Hadrianeum

アントニヌス・ピウス帝が建立し154年に
献納した、ローマにあるディウス・ハドリア
ヌス（神格化されたハドリアヌス）神殿。ほ
かの多くのハドリアヌス神殿と同じように、
ハドリアネウムの名で知られる。神殿はロー
マの証券取引所に転用され、現在、ピエトラ
広場で見ることができる。以前はネプトゥヌ
スのバシリカであるとされていた。
参考文献：Nash 1962a, 457; Richardson 1992,
184-185.

パラトゥア Palatua

ローマにあるパラティヌス丘を守護する
ローマ女神。下位の神であるがこの女神につ
かえる独自の祭司、フラメン（フラメン・パ
ラトゥアリス flamen Paratuaris）がいた。
参考文献：York 1986, 70.

パリキ Palici

双子の兄弟とみなされるシチリア土着の
神々。地下世界をつかさどる神のようである。
これらの神々の信仰はシチリアのパラゴニア
平野にある、地獄を思わせるような激しい蒸
気を放つ3つの小湖畔に集中していた。ある
伝説はパリキはギリシアの神ゼウスの息子た
ちであるとしているが、他の伝説はシチリア
土着の神アドラノスの息子たちとしている。
参考文献：Hammond & Scullard (eds.) 1970,
771; Wilson 1990, 278.

ハリメッラ Harimella

スコットランドのビレンスで発見された祭
壇の碑文からわかったゲルマニアの女神。こ
の女神はほかでは知られていないが、この祭
壇の献納は、ゲルマニアのラインラント地方
から選抜されたビレンス守備隊の兵士のひと
りによってなされたようである。ハリメッラ
は同地方の女神であろう。
参考文献：Keppie & Arnold 1984, 8.

パリリア Parilia（またはPalilia）

4月21日におこなわれるパレスの祝祭。
羊と羊飼いたちを浄めるためにとりおこなわ
れた古代農事の祝祭であったと思われる。そ
の日は、ローマ建国の日とみなされている日
にあたり暦のなかでもとくによく知られてい
る。羊の畜舎が洗浄され、新緑の枝葉で飾ら
れ、羊たちは、大きなかがり火で焚かれる硫
黄から立ちのぼる煙のなかで浄められた。乳
と菓子が守り神パレスに供えられ、聞くとこ
ろによれば羊飼いたちは自分自身を露で洗い
浄め、乳を飲み、それから大きなかがり火の
上を跳びはねるようにして通り抜けた。ロー
マでのこの祝祭儀式では、フォルディキディ
アで焼いた子牛の灰をかがり火の上からまい
た。ローマ市内でとりおこなわれたその他の
儀式については知られていない。十月の馬の
供犠で集められた血とフォルディキディアで
焼かれた子牛の血は羊飼いたちの羊や山羊の
群れを煙で燻蒸するために分配された。121
年ハドリアヌス帝は古来のパリリアにかわる
新しい祝祭ナタリス・ウルビスを設定した。
参考文献：Richardson 1992, 282-283;
Scullard 1981, 104-105.

パルカエ Parcae（単数形 Parca）

三神一組のローマの神々。もともとはギリ
シア神話からとり入れられた運命の神々であ
り、また神々の抽象的な力を象徴する神々で
あった。ラテン語では、「運命」はファトゥ
ム fatum といわれ、パルカエもまたときには、
ファタエ Fatae（あるいはパルカエのなかに
男神がいるときにはファタ Fata）として言

及された。これら三神一組の神々は、**ノナ、デキマ、モルタ**とよばれた。意味はそれぞれに「9ヵ月生まれ」（ローマの計算法によれば実際には8ヵ月）、「10ヵ月生まれ」（ローマの計算法によれば標準）、と「死産」（モルス mors［ローマ神話で死の神］すなわち死）である。パルカエはもともとクロト、ラケシス、アトロポスとよばれるギリシアの運命の神々ファテスと同じ特性をもった、誕生をつかさどる女神たちであったのかもしれない。

ローマの運命の神々の三神一組（triplism）は、ときには運命の神々に関連する象徴、すなわち紡錘、糸巻き棒、巻き軸として描かれる三神一組の女神からなるケルト母神たちの幾組かとの融合を進めてきたように思われる。カーライル［イギリス北西部カンブリア州の州都、ラテン語名ルグヴァルLuguvall］で発見されたある碑文では実際に三神一組の母神たちはパルカエとよばれている。
参考文献：Green, M. J. 1992a, 95 (on the Celtic associations of these deities) ; Hammond & Scullard (eds.) 1970, 432.

バルキアエクス Barciaecus

イベリアの神。スペイン北部のティネオ近郊のナラバルで発見された祭壇の碑文により知られる。この神の名は、本来エウェドゥトニウス・バルキアエクスであったと考える学者もいるが、「エウェドゥトニウス」とは、奉納者ルキウス・セルウィウス・セクンドゥスが属していた氏族の名称であると一般的に考えられている。バルキアエクスは土着の神で、この祭壇がもうけられた地域の守護神であったと思われる。
参考文献：Tranoy 1981, 296-297.

ハルスペクス haruspex（複数形haruspices、文字どおりには「内臓をみつめる人」）

ディウィナティオ（占い）の1形態である腸卜をおこなう人。もとはローマで占いや予言をしたエトルリア人のことであった。神々の意思の代弁者と信じられた。やがてローマで、卜鳥官（→アウグル）の好敵手となり、

役割が重なりあうようになった。といっても宗教的権威はなく、おそらく帝政時代になって初めて組織化されたと思われる。60人からなるこの組織（オルド・ハルスキピウム ordo haruspicium）の長には首位のハルスペクス（スンムス summus、プリマリウス primariusまたはマクシムス・ハルスペクス maximus haruspex）がついた。

ハルスペクスは3つの主な事象の解釈をした。①犠牲獣の内臓（エクスタ exta。解釈の方法はエクティスピキウムとして知られる。→図24）、②異常な出来事（モンストラ monstra。警告者〈モニトル monitor〉からの警告である前兆、驚異）、③稲妻（フルグラ fulgra）の解釈である。これらはすべて、神々の意思を示すものとみなされた。内臓は色、肝臓と胆嚢の斑紋、形によって解釈された。肝臓の模型がハルスペクスの養成に使われた形跡がある。稲妻の解釈者はフルグラトル fulgratorとよばれた。稲妻は、その頻度と稲妻が現れた空の区域によって解釈された。ハルスペクスは公の神官ではないため、個々の名前はほとんどわからないが、帝国の多くの場所でその存在は知られている。モンストラの解釈者はエクスタの解釈者よりも下位にあったと思われる。腸卜はテオドシウス2世の時代（408-450）までおこなわれ、すくなくとも6世紀まで議論はつづけられた。
参考文献：Hammond & Scullard (eds.) 1970, 489; MacBain 1982 (on haruspices and prodigies); North 1990.

パルトゥラ Partula

子どもの誕生に責任をもつローマの女神。
参考文献：Ferguson 1988a, 853.

ハルポクラテス Harpocrates

エジプトの神ホルスのギリシアおよびローマでのよび名。エジプト神話ではホルスはイシスの息子で、父オシリスの仇を討った英雄である。通常イシスや**セラピス**などとともに崇拝された。
参考文献：Hammond & Scullard (eds.) 1970,

531.

パレス Pales

　羊飼いと羊をつかさどるローマの神。この神にかんしてはあまりはっきりとしたことは知られていない。いくつかの信頼できる出典によれば、パレスは男神とされているが、ほかでは女神とみなされているものもある。またパレスという語が単数形か複数形かという疑問もあり、ゆえに1柱か2柱の神なのかもあきらかではない。パレスには4月21日（パリリア）と7月7日におこなわれる祭礼があった。後者の祭礼は「2柱のパレス」（Palibus duobus）のためのものであったように思われる。パレスにはローマに神殿がありパラティウム丘上に位置していたと考えられているが、ローマのほかの場所に位置していた可能性もある。
参考文献：Richardson 1992, 282; Scullard 1981, 104-105.

パレス神殿

　前267年、マルクス・アティリウス・レグルスがサレンティニ族〔イタリア東南端カラブリアの住民〕に勝利したのち、建立されたとされる神殿。その位置はあきらかではなくパラティウム丘であったとされているが、戦勝記念であるとすれば凱旋行進道にそっている場所（**マルスの野**、または**アウェンティヌス丘**）の方がもっともらしく思われる。
参考文献：Richardson 1992.

パレンタリア Parentalia（または ディエス・パレンタレス dies parentales）

　ローマにおける死者（→**ディ・マネス**）の祭りで2月13日から21日までとりおこなわれた。最終日は公共の儀式であったが、それに先行する日々は死者、とくに両親や他の先祖ディ・パレンテスたちに対する記念行事が私的におこなわれた。この祭事の期間中神殿は閉ざされ結婚は禁じられ、行政官たちは官職を示すしるし（トガ・プラエテクスタ toga praetexta〔古代ローマの幅広い紫（緋）のへりがついた白いトガで、高官の公式の服装〕をふくむ）は着用しなかった。死者には供物がささげられ、しばしば哀悼者たちは連れだって郊外に出て家族の墓地で宴を開いた。パレンタリアは2月21日の**フェラリア祭**の日に頂点にたっし、2月22日には**カリスティア祭**がとりおこなわれた。
参考文献：Hopkins 1981, 233-234; Scullard 1981, 74-75.

パン Pan

　自然界をつかさどるギリシアの神。ローマの神**ファウヌス**および**シルウァヌス**と同一視された。ファウヌスおよびシルウァヌスは山羊の特性はもたないが、パンはつねに山羊の脚と耳、**サテュロス**と同じような角をもつ、上半身は人、下半身は山羊の姿で表現された。またときにはファウヌスFaunusから派生したファウニFauniと同じように複数形で「パンたちPanos」ともよばれている。パンは雌とみなされたことさえあった。**シレノス**はよくパンと同一視された。酒神バッコスの宗教的儀式の情景をふくむローマ美術のなかで、しばしば描かれた。
参考文献：Borgeaud 1988; Hammond & Scullard (eds.) 1970, 773; Johns 1982, 42-48.

バンダ Banda

　イベリアの神。バンドゥアBanduaの名でも知られる。ポルトガルやスペインの北西部で発見された碑文にこの神名をみることができる。「バンダ」という名称は、「連帯を強める神」を意味すると考えられている。この神は一般に男神であると思われている。しかし、この神を浅皿（パテラ）と豊穣の角（コルヌコピア）を持ったバンダ・アラウゲレンシス女神として表現した、出土地不明の鍍銀のパテラも存在している。
　バンダにはさまざまな添え名があった。バンダ・アラウゲレンシスは、アラオケッルムの守護神の名であると考えられている。アラオケッルムは、イベリア半島によくある地名である。ロングロイヴァで発見された祭壇碑

文には、バンダ・ロンゴブリクスの名で登場する。ロングロイヴァの村はかつてロンゴブリカとよばれており、このことからバンダは、この村の守護神であったことがわかる。ほかにもバンダ・アルバリアイクス、バンドゥア・ボレックス、バンダ・ブリアレアクス、バンダ・イシブライエグス、バンダ・オイリエナイクス、バンダ・タティベアイクス、バンダ・ウェルグス・トイラエクス、バンダ・ウォルテアエケウスという名が知られているが、さまざまな土着の部族の守護神であったのであろう。バンダ・ピキウスとバンドゥア・エトブリクス（もしくはアエトブリグス）に奉納した祭壇も知られている。**トゥエラエウス**はバンダ・ウェルグス・トイラエクスと、**ピキウス**はバンダ・ピキウスと同じ神であった可能性がある。また、異なった土着の２神がむすびついて同じような名称になった可能性もある。バンダ・イシブライエグスは**メルクリウス・エシブラエウス**と同じ神で

あったと思われる。
参考文献：Alarcão 1988, 92–93 ,134; Tranoy 1981, 279–280, 288

パンダ Panda
（または**パンダ・ケラ** Panda Cela）
　古代のいく人かの著述家たちがふれているローマの女神。しかしそれ以外のことはほとんど知られていない。
参考文献：York 1986, 164.

パンテオン Pantheon（図66a、b）
　マルクス・ウィプサニウス・アグリッパがローマに創建した神殿。おそらく前27年着手、前25年までには完成したと思われる。それはナウマキア naumachia［ギリシア語で海戦を意味し、古代ローマにおいては市民に観覧させた模擬海戦］の人口池があった土地で、ユリウス・カエサルが**マルス**に奉献する巨大な神殿の用地として確保していたが、なにも

図66a　ハドリアヌス帝によってローマに再建されたパンテオン。左方に円形建造物（ロトンダ）の一部、正面にコリント式柱が立ちならぶプロナオスがみえる。

パンテオン

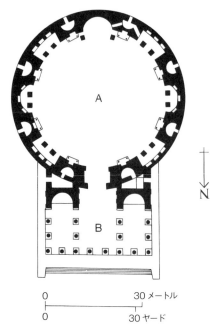

図66b　ハドリアヌス帝によって建造されたパンテオンのプラン。A＝ロトンダ　B＝プロナオス。

建てられることがなかったため、その土地の一部を使って建立された。おそらく屋根は木造であったと思われる。前22年、落雷に直撃され、80年ティトゥス帝治下の大火で焼失した。ドミティアヌス帝が再建したがこれも屋根は木造であったようだ。110年トラヤヌス帝の治下ふたたび落雷で焼失した。現在のパンテオンにはアグリッパ創建の建物を修復したという碑文があるが、実際にはハドリアヌス帝（在位117-138）がすべて再建したものであり（使用されている煉瓦に刻印されている年が、126年以降であることがなによりの証拠である）、まったく新しい設計図によって建造されたものである可能性が高い。この建造物はその後　アントニヌス・ピウス帝、および202年にはまたセプティミウス・セウェルス帝によって修復された可能性がある。609年、それまで帝国の所有物であったと思われるこの建造物はキリスト教の教会バジリカ・ディ・サンタ・マリア・アド・マルティレスとして聖マリアと全殉教者たちに奉献された。

　アグリッパが建てた建造物は方形であったと思われるが、そのことは大プリニウスおよびカッシウス・ディオ（155頃-230頃）［ローマの歴史家で『ローマ史』（Romaika）の著者］の記録からその建造物がパンテオンまたはパンテウムとよばれていたことが知られている。アグリッパによって造成された**マルスの野**とよばれる広大な土地に建てられていた。アグリッパの建造物とハドリアヌスの建造物とのあいだには建築上の類似点はない。ハドリアヌスのそれは丸屋根のある円形建造物で、神殿を思わせるコリント式の柱が立ちならぶ三角形の破風つきのプロナオス（入口の間）がある。それは後部のドーム（円蓋）を隠すために非常に高い破風をつけた古代ギリシア・ローマの神殿に似ている。この円形建造物は、直径43.2メートル（144ローマ・フィート）あり、古代のいかなるドーム建造物よりもはるかに大きく、ドームのいちばん高い所に開けられた直径9メートルの丸窓によって明かりが取りこまれている。ドームは、その天井部分の表面が、あたかも煉瓦ばりであるかのようにみえる厚さ6.2メートルのコンクリートで造られている。内部は大理石で豊かな装飾をほどこした、彫像を置く龕が7ヵ所造られている。この円形建造物は格間天井を有し、今もなお使用されている巨大な青銅製の扉がとりつけられている。建物は北向きである。

　アグリッパの建造物はもともとアウグストゥス帝にちなんでアウグステウムと名づけようとしたが、アウグストゥスはその名を拒否したようである。そこには諸々の神々の彫像がみごとに安置されていたのであろうが、これは神殿ではなかったし、またそれらの神々に奉献されたパンテオン［ギリシア語で万神殿の意］でもなかったであろう。神像がただ数多くおかれていたためパンテオンと名づけられたと思われる。万神を崇拝対象とし

たことはギリシア世界ではあったが、ローマ
やイタリアに存在していたとは思われない。
そのかわりそれは皇族を記念する意図があっ
たのではないかと思われる。パンテオンと
いってもハドリアヌスの建造物には神殿のよ
うなファサードはあるが、その内部は矩形、
あるいは方形のテンプルム templum［ラテ
ン語で聖域の意］に建造する傾向にある伝統
的なローマ神殿とはいっさい異なっている。
パンテオンではおそらく宗教的儀式はまった
くとりおこなわれなかったと思われる。それ
はむしろ裁判をおこなうにあたっての皇帝の
謁見室、あるいはハドリアヌス帝の家族を記
念するものであった可能性もある。
参考文献：Godfrey & Hemsoll 1986; Richardson
1992, 283-186.

ピアクルム piaculum

　神とのあいだに良い関係をとりもどすため
ささげられる典型的な供物のことで、豚が使
用された。罪滅ぼしすなわち贖罪に類似して
いる。

ピイイ・フラテッリ Pii Fratelli
（信心深い兄弟）

　シチリア、カターニアの平原で信仰されて
いた２柱の神。伝説によればこの兄弟は、エ
トナ山が噴火したさい両親を救うため生命を
危険にさらしたという。そのとき炎のなかに
ひとすじの通路が開けそこを無事に通り抜け
ることができた。これらの２神は共和政時代
のコインに描かれ、帝政時代の後期にいたる
まであがめられつづけた。
参考文献：Wilson 1990, 282.

ピエタス pietas

　神々に対するのと同じように家族、友人た
ち、祖先、［古い歴史をもつものや、その社
会できわめて大切と考えられている］習慣や
組織、および同時代の人びととの良好な関係
の維持などにかんする義務についての倫理的
感覚をいう。この語は現在の派生語で英語の
「敬虔さ piety」よりさらに広い意味をもっ

ている。ピエタスという語のもつ概念は他の
いくつかの抽象的概念のように擬人化され神
格化されている（→ピエタス）。ローマの宗
教のなかでは**クルトゥス**のもつ概念の方がピ
エタスのもつそれよりもはるかに重要であっ
た。
参考文献：Hammond & Scullard（eds.）1970,
833.

ピエタス Pietas

　ローマの女神。神々と国家、両親、および
家族に対しての礼儀をわきまえた本分を擬人
化した神。しばしば人の姿で描かれ、子ども
としての義務を象徴している 鸛 をともなって
表現されていることもある。ピエタスは帝
政時代には政権を握っている皇帝の道徳上の
美徳を象徴するために頻繁にコインに打刻さ
れた。ローマでは、**マルスの野**にあるフラミ
ニウス競技場にピエタスの神殿があった。そ
の後さらにもうひとつの神殿が**フォルム・ホ
リトリウム**に建立された（図310）。12月1
日にはピエタスの祝祭がとりおこなわれた。
参考文献：Grimal 1986, 373-374; Hammond
& Scullard（eds.）1970, 833; Richardson 1992,
290; Scullard 1981, 198-199.

ピエタス・アウグスタ Pietas Augusta
（アウグストゥスのピエタス）（図67）

　ローマの神**ピエタス**についてのひとつの異
説で、アウグストゥス帝によって唱えられ奨
励された。

ヒエロニムス、聖 Sanctus Hieronymus

　エウセビウス・ヒエロニムス、347頃-420。
初期のキリスト教教父で、聖書のラテン語翻
訳者。ローマ属州ダルマティアのストリドン
の裕福なキリスト教徒の家に生まれた。ロー
マで教育を受け、その地で366年頃に受洗、
そののち各地を広範囲に旅した。374年頃に
アンティオキアへ行き、その地で神学研究を
開始、ギリシア語を学んだが、ラテン語文芸
への傾倒はつづいた。375年-378年にはシリ
アの辺境カルキス（アンティオキアの東方）

ヒキウス

図67 箱をたずさえ、火の燃える祭壇に向かう姿で立つピエタス・アウグスタが描かれたコイン。

の砂漠に住み、ヘブライ語を学び、ふたたびアンティオキアに戻り、ついでコンスタンティノポリス（379頃）、さらにローマ（382-385）へおもむき、そこで教皇ダマススの秘書となった。しかしながら教皇に敵意をいだかれたのでローマを離れ、最終的には修道院長としてベツレヘムにおちついた。残りの人生を学問と弁論のうちにすごした。

ヒエロニムスはまさる者のいない最高の学者で、古ラテン語で著作をおこなった。彼のもっとも重要な著作は、いくつかの言語で書かれていた聖書の大部分のラテン語訳であり、完成までに20年を要した。その目的は、当時流布していた古い訳の古典ラテン語版聖書にみられた重大な誤りを正すことであった。ウルガタ訳聖書（エディティオ・ウルガタ editio vulgata またはレキト・ウルガタ lecito vulgata「教会公認のラテン語聖書」）は、今日西欧世界でもっとも広く使われているラテン語版聖書で、主として聖ヒエロニムスがおこなった、さまざまな原文からのラテン語訳で構成されている。ウルガタ訳聖書の現存最古の筆写本は、およそ690年頃から700年にかけて、イギリスのウェアマスまたはジャローで筆写された『コデクス・アミアティヌス』（*Codex Amiatinus*）である。

ヒエロニムスのほかの重要な著作には、324年から378年までを加筆してラテン語に翻訳した、エウセビウスの『年代記』（*Chronicon*）がふくまれる。彼はまた『著名者列伝』（*De Viris Illustribus*）によって135人の著名なキリスト教徒の著述家たちについてしるし、さらに少なくとも63篇にのぼる聖書の注解がある。また370年から419年に書かれた154通の書簡（そのうちのいくらかは贋作）を集めた書簡集がある。そこには聖アウグスティヌスから受けとった10通がふくまれているが、ほとんどはヒエロニムスによる書簡である。

参考文献：Hammond & Scullard（eds.）1970, 562-563.

ピキウス Picius

イベリアの神で、ポルトガル、ロウロザのサンペテロで発見された碑文によって知られる。ピキウスはバンダ・ピキウスと同一神であるかも知れない。（→バンダ）

参考文献：Alarcao 1988, 93.

秘教（あるいは秘儀）

入信にさいして秘儀参入が求められる密儀。その教理は不死を成就する秘法を解明するものであったと思われる。教理そのものは秘儀に入門した信奉者たちの秘密として守られていた。秘教はギリシアおよび東方からローマにもたらされた。そのなかには**エレウシスの秘儀、ミスラス教、オルペウス教**、および**バッコスとマグナ・マテル**の祭儀もふくまれていた。秘教は伝統的なローマの多神教の神々の崇拝とは異なり個々人の参加が求められた。それらの秘教は秘儀入門式、お祓い、聖なるものの象徴と儀式、幸せな来生の約束をともなっていた。**キリスト教**も秘教のひとつとみなされた。

参考文献：Ferguson 1970, 99-131; Hammond & Scullard（eds.）1970, 716-717.

ピクス Picus

　予言の能力をもつローマの農耕の神。ふだんは**マルス**（もともと農耕の神であった）の聖なる鳥である啄木鳥の姿をとっている。伝説によればこの神は**サトゥルヌス**の息子、あるいはキルケ（魔法の力をもつギリシアの女神）によって啄木鳥に変えられたラティウムの初期の王、そのいずれかであった。「キツツキ」を意味するラテン語がピクスである。（→**カネンス**）
参考文献：York 1986, 76, 80.

ピクムヌス Picumnus

　ローマの神。同じくローマの神**ピルムヌス**と兄弟。両神とも古代の農耕神を起源とするのではないかと思われる。またこの２神は結婚生活と出産に恩恵をもたらす神々ともみなされることがある。
参考文献：Grimal 1986, 374; Hammond & Scullard（eds.）1970, 833.

ピシントス Pisintos

　ケルトの神で、ゲルマニア（ドイツ）のトリーアで信仰された。この地ではローマの神**ウェルトゥムヌス**と同一視された。
参考文献：Wightman 1970, 218.

ヒッポリュトス Hippolytus

　ウィルビウス（イタリア、ネミ湖の聖なる森でディアナおよび**エゲリア**とともに崇拝されたローマの神）と同一視されるギリシアの神。伝承によれば、ギリシアの女神**アルテミス**（ローマの女神ディアナと同一視される）を熱愛するヒッポリュトスは父テセウスの求めに応じた**ポセイドン**によって殺された。アルテミスの願いで彼が**アスクレピオス**（アエスクラピウス）によってよみがえると、アルテミス（ディアナ）はネミ湖のほとりにあるみずからの聖域にヒッポリュトスをともなった。
参考文献：Grimal 1986, 216; Hammond & Scullard（eds.）1970, 519.

ビデンタル bidental（複数形 bidentales）

　雷が落ちた場所。「ビデンタル」という名称は、ビデンス（bidens　２本の歯がある）に由来する。２本の歯とは、おそらくフォーク状の雷光あるいは落雷した場所で伝統的に２歳の動物が犠牲に供されたことをさすのであろう。落雷した場所（ビデンタル）は聖なる場所でもあった。エトルリア起源の信仰であろう。エトルリアには、雷が落ちた土地は壁で囲われる伝統があった。ビデンタルは、ローマでもよく知られていた。雷は**ユピテル**の特権であることから、ビデンタルはユピテルに献納され、ユピテルだけのものであった。イギリスのハルトン・チェスターズで、フルグル・ディウォム Fulgur Divom（神々の雷光）と刻まれた石が発見されているが、この地に落雷があった可能性が高い。ロマノ・ケルト様式の神殿をふくむ多くのローマ遺跡からは新石器時代の燧石（火打ち石）や石斧が発見されている。燧石や石斧は天から降ってきた雷石であると考えられていたため、雷除けとして建物内に安置されていたと解釈されている。
　形容詞形のビデンタリス bidentalis は、「奉納された犠牲獣」を意味することもあった。またビデンタルという語は、２歳の動物（とくに羊＝bidens）をおそらく雷の落ちた場所で供犠する祭司のみをさす言葉としてももちいられた。デクリア・サケルドトゥム・ビデンタリウム decuria sacerdotum bidentalium とは、10人からなるこのような祭司の集団であった。
参考文献：Adkins & Adkins 1985（thunderstones）; Merrifield 1987, 9–16（thunderstones）; Ogilvie 1969, 58.

人身御供

　人身供犠を裏づけるものはほとんどないが、例外的な状況でおこなわれたものがないわけではない。犠牲者は２組の男女（男２名と女２名）であることが通例である。さまざまな災厄がつづいたとき、１組のギリシア人と１組のガリア人（男２名と女２名）がローマの

フォルム・ボアリウム（牛の広場）で生き埋めにされた。前228年頃のことであろう。それは「シビュラの書」にもとづくものであったという。同じ人身供犠がもう１度、前216年のカンナエの戦いのあと、やはり「シビュラの書」の進言によっておこなわれた。リウィウス（『ローマ建国以来の歴史』22：57.6）は、人身御供はもっとも非ローマ的儀礼（minime Romano sacro）であるとしるしている。前97年に元老院は人身御供を非合法とする旨の布告を出した。人身御供はまたローマ起源ではない宗教儀礼によっても受け入れられてきたようである。１世紀の詩人ルキアノスによる人身御供を求めるケルトの３神、**エススとタラニスとテウタテス**についての記述もその一例といえよう。**フェリアエ・ラティナエ**（ラティニ人たちの祭り）および**セメンティウァエ**（播種）祭のおり、樹木に仮面や人形といったオスキッラ oscilla をつるしたりするのも人身御供の代替であったのかもしれない。**アルゲイ**もまた同じ目的でなされたのであろう。
参考文献：Hammond & Scullard（eds.）1970, 944; Liebescheutz 1979, 449-450.

ピナリイ Pinarii

ポティティウス家［Potitius、ローマの古い祭司の氏族名］とともにつれだって祭儀をとりおこなう祭司たちで、前312年以前は**アラ・マクシマ**において**ヘルクレス**の祭儀に関与していた。彼らの起源はそもそも共和政期以前にさかのぼり、ピナリウス［イタリアの古い氏族名］氏族の出であった。
参考文献：Jones 1990, 246; Warde Fowler 1899, 193.

ヒュゲア Hygea

ギリシア名はヒュギエイア Hygieia。ギリシアの神**アスクレピオス**の娘である。ヒュゲア（「健康」の意）はアエスクラピウスの祭儀の一環として崇拝され、のちにローマの女神**サルス**と同一視されるようになった。
参考文献：Hammond & Scullard（eds.）

1970, 533.

ヒュポゲウム hypogeum（複数形 hypogea）

ローマおよびその属州（とくにシリア）で発見された、岩をうがって造った**墓所**（図90、91）。ひとつのヒュポゲウムは１体または複数の埋葬ができるようにロクリ（→**ロクルス**）または壁龕（へきがん）を有し、多神教徒もキリスト教徒もこれを使った。ヒュポゲウムは私用に供される家族墓であった。（→**カタコンベ**）
参考文献：Toynbee 1971, 188-244.

ヒラリア Hilaria

アッティスに敬意を表する祭り。３月25日におこなわれた。３月には、この祭りへとつながる式典がおこなわれる日が数多くあった。たとえば３月23日は嘆きの日、３月24日は血の日（ディエス・サングイニス dies sanguinis）で、祭司たちはみずからを鞭打ち、**タウロボリウム**などの儀式をおこなった。３月25日は、おそらく「ヒラリス」（hilaris 晴れ晴れとした）という言葉から、歓喜とよみがえりの日と思われる。ローマではアントニヌス・ピウス帝の時代（138-161）からあったことが確認されている。アッティスに敬意を表する祭りの催しは、公式の宗教年中行事表に記載されてはいたが、主として献身的な崇拝者を対象とすることを意図していた。アッティスの配偶神**マグナ・マテル**（キュベレ）の祭日は国の定めた休日であった。
参考文献：Vermaseren 1977, 113-124.

ヒラリウス、聖 Sanctus Hilarius

315-367頃。現在のフランス、ポワティエ生まれの初期キリスト教司教、神学者。キリスト教に改宗し、353年頃ポワティエの司教となった。**アリウス主義**に反対、そのため数年間小アジアに流罪となった。『三位一体論』（De Trinitate）12巻、「マタイによる福音書」と「詩篇」の注解書、教会史のための価値ある情報源ともなる『教会会議についてまたは東方の人びとの信仰について』（De Synodis seu de Fide Orientalium）など多数

の神学書を著した。当時の西方最高の神学者とみなされている。
参考文献：Hammond & Scullard（eds.）1970, 515.

ピルムヌス Pilumnus
　生まれたばかりの乳児を**シルウァヌス**の邪悪な計略や他の不吉な悪魔（→**デウェッラ**）たちから守るローマの3神のなかの1柱。ピルムヌスは、もともとはローマの農耕の神であったと思われる。この神には1柱の兄弟神**ピクムヌス**がいると思っていた人びとがいたため、ともに結婚と子どもたちをつかさどる恵み深い神とみなされたようである。
参考文献：Grimal 1986, 374; Hammond & Scullard（eds.）1970, 833.

ファウィッサ favissa（または**ファウィサ** favisa、複数形 favissae）
　神域、たとえばローマの**アレア・カピトリナ**のような改変することのできない場所にあるドーム型天井の地下通廊または地下室。神殿への奉納品で、損傷したものあるいは余分なものの保管場所としてしばしば使われた。また聖具などを保管する穴蔵をさすこともある。

ファウスタ・フェリキタス Fausuta Felicitas
　10月9日に祝祭がおこなわれたローマの幸運の女神。ローマの**カピトリウム丘**に聖所（おそらく祭壇のみ）があった。
参考文献：Richardson 1992, 148.

ファウナ Fauna
　ローマの豊穣の女神。ローマの神**ファウヌス**と対になる女神で、ときにファウヌスの姉妹、妻または娘とみなされ、**ボナ・デア**と同一視された。女性の守り神、運命を告げる神として崇拝された。ときにローマの女神**マイア**、**ファトゥア**（この女神もまたファウヌスと対になる女神と考えられる）と同一視されることもある。伝承によればファウナはヒュ

ペルボレオイ人の少女であった（ヒュペルボレオイ人は伝説的民族で、極北に住むアポロン崇拝者）。彼女はヘルクレスとの息子、すなわちのちにラテン人（イタリアのティベリス川の下流低地にあるラティウムに住んでいた人びと）の名祖となった英雄ラティヌスを産んだ。**ヘルクレス**が彼女のもとを去ったあと、ファウヌスと結婚した。別の話では、ファウナはラティウム王ファウヌスの妻であったが、ヘルクレスが彼女と恋に落ち、ふたりのあいだに息子ラティヌスが生まれ、ラティヌスはラテン人の王となることが運命づけられたとされている。
参考文献：Grimal 1986, 162.

ファウナリア Faunalia
　12月5日の**ファウヌス**の祭り。供犠、飲食、舞踏がおこなわれる田園の祭り。古代の暦に記載はいっさいないが、ホラティウスが言及している（『歌章』 Odae 3・18）。
参考文献：Johns 1986, 95.

ファウニ Fauni
　上半身は人、下半身は山羊と考えられるローマの神格たち。通常、角と山羊の蹄をもつ。牧神としてローマの神**ファウヌス**が崇拝されていたが、森や田園にはファウヌスに類する精霊たち（ファウニ）が数多くいるという考えが、しだいに広まった。ギリシアのサテュロスたちにあたる。

ファウヌス Faunus（図68、69）
　ローマの牧神。本来は森の神。狩人、農業の奨励者であるこの神は、ギリシアの神**パン**にあたるが、パンの山羊的な特徴はもたない。ファウヌスはもともとイタリア、ラティウムの地方神であったが、遠くはなれたイギリスのセットフォードでも儀式用の森が発見され、崇拝された形跡がある。この神は託宣神でもあったので、ローマの神**ファトゥウス**および**ファトゥクルス**（ともに「話者」を意味する）と同一視された。ファウヌスは森林の不思議なざわめきと関係があり、夢に現れる未

ファウヌス

来や、聖なる森で生まれる声音の意味をあきらかにすることができた。ローマの神**イヌウス**と同一視されることもある。**ルペルカリア**祭のおりに礼拝されるが、2月13日にローマでおこなわれる祝祭や、12月5日にローマ郊外の田園でおこなわれる、さらに人気の高い祝祭でもあがめられた。ローマのティベリス島にファウヌスの神殿があった。

ファウヌスとパン（ギリシアのアルカディアが発祥の地）の同一視はファウヌスとアルカディア王**エウアンドロス**とをむすびつけ、そこからアルカディア人のローマのパラティウム丘地域への移住伝説が生まれた。別の伝説ではファウヌスはラティウムの初期の王のひとりとされ、アエネアスと彼にしたがうトロイア人が到着する前、したがってロムルスによるローマ建国以前にラティウムを支配したという。ピクス王の後継者であり、息子ラ

図69　ファウヌスの青銅像。角製の酒杯と棍棒を持ち、冠をかぶり、豹の毛皮を身につけている。

ティヌスが跡を継いだと考えられている。一説に、ファウヌスは**ユピテル**とキルケとの息子ともいう。ウェルギリウスはマリカの夫としている。（→**ファウニ、マリカ**）
参考文献：Grimal 1986, 162; Hammond & Scullard（eds.）1970, 432; Johns 1982, 48-50.

ファウヌス神殿

　ファウヌスの神殿の多くは田園に建てられていたが、ローマのティベリス島にあったファウヌス神殿についてリウィウスがしるしている。平民造営官グナエウス・ドミティウス・アエノバルブスとガイウス・スクリボニウス・リボによってこの神殿の献納が誓願され、献納日は前194年2月13日（イドゥス）、**ルペルカリア**祭の2日前であった。

図68　イタリア、ポンペイにある牧神の館の青銅製のファウヌス像。

イタリア、ティブル（現在のティボリ）の
ファウヌス神殿では羊が殺され、神託を求め
る人がその皮に包まれて眠る**インクバティオ**
がおこなわれた。
参考文献：Johns 1986, 95; Richardson 1992,
148.

ファグス Fagus
椈の木（fagus）を擬人化したケルトの神。
ピレネー山脈のフランス側で崇拝された。
参考文献：Green, M. J. 1992a, 94-95.

ファスキヌム fascinum
ファロス（男根）をかたどった首飾り。と
くに子どもが悪霊から身を守るためにつけた。

ファスティ・サケルドタレス
fasti sacerdotales
祭司（神官）一覧。もともとはディエス・
ファスティ dies fasti（神の掟によって法的、
公的行為が許される日々）とディエス・ネ
ファスティ dies nefasti（神の掟によって法
的、公的行為が禁止される日々）が一覧表に
編纂されていた暦に、やがて執政官一覧
（ファスティ・コンスラレス fasti consulares）、
凱旋者一覧（ファスティ・トリウムファレス
fasti triumphales）、祭司（神官）一覧もふ
くまれるようになった。
参考文献：Hammond & Scullard (eds.) 1970,
429.

ファストゥス fastus（またはディエス・ファ
ストゥス dies fastus、複数形 dies fasti）
ポンティフィケス（神祇官たち）によって、
宗教儀式がとりおこなわれないと決められた
日。したがって民事の法的手続きが実施可能
な日、つまり開廷日（おそらくそれはディエ
ス・ネファストゥスにつづいていただろう）。
ディエス・ファストゥスはおおよそ年に40
日（あるいは42日または43日）で、公式の
暦では、その日はファス fas またはファス
トゥス fastus（文字どおり「弁論の日」で、
法的職務を遂行するうえで必要な公用語が話

されたのだろう）を示すFという文字がしる
された。ディエス・ファスティには、もとも
と民会が開かれるはずのディエス・コミティ
アレス dies comitiales（約188日から195日）
がふくまれていた。
参考文献：Hammond & Scullard (eds.) 1970,
341; York 1986.

ファタエ Fatae
ローマの運命の神々。ファタまた**パルカエ**
としても知られる。

ファトゥア Fatua
ローマの予言の女神。ローマの女神ファウ
ナと同一視されることもある。ファウナと同
じようにファトゥアもローマの神ファウヌス
と対になる女神。「ファトゥア」という名称
は「予言」を意味する。
参考文献：Hammond & Scullard (eds.) 1970,
432.

ファトゥウス Fatuus
ローマの予言の神。しばしばローマの神
ファウヌスと同一視される。「ファトゥウ
ス」という名称は「話者」を意味する。

ファトゥクルス Fatuclus
ローマの予言の神。しばしばローマの神
ファウヌスと同一視される。「ファトゥクル
ス」という名称は「話者」を意味する。

ファヌム fanum（複数形 fana）
聖なる森や神殿がある聖地。ただしイタリ
ア、ティブル（現在のティボリ）の**ヘルクレ
ス・ウィクトル**のファヌムを例外として、
ローマではほとんど使用されなかった用語で
ある。とくに東方の神々の祭儀の中心地や巡
礼地の聖所をさしている。
参考文献：Richardson 1992, 2.

ファブリヌス Fabulinus
話し方を習う子どもたちを助けるローマの
神。

ファラケル

参考文献：Ferguson 1988a, 853.

ファラケル Falacer
フラメン（この神の場合はフラメン・ファラケル）に奉仕されたローマの古神。神話上の英雄であったと思われるが、この神についてはほとんどなにもわからない。

ファリヌス Farinus
ローマの演説の神。

ファロス phallus（複数形phalli、男性器官・男根）[自然界の生成力の象徴]（図70）
繁殖力こそローマ人の生活にとっては重要な優先事であった。それゆえにファロスは幸運の象徴であり、悪意の影響を回避しそれに打ち勝つことができるものとみなされていた。このファロスは、さまざまな場面で描かれた。たとえば、陶製の容器、建造物、橋などには護符として描かれ、そしてまたモザイクのなかにも描かれている。現代、風紀を乱すものとしてみられがちなこのような状況も、ローマ人たちの目にはおそらくそのように映ることはほとんどなかったと思われる。みたところファロスはひとつの眼をもつものもあれば、両眼をもつものもあり、これはたぶん邪視との闘いを手助けするためであろう。ファロスは**マノ・フィコ**（図98）のしるしとむすびつけられることもある。**メルクリウス**および**プリアプス**のような神々の特性はなみはずれて大きなファロスにあると当時は考えられていた。多くのファロスは、両脚や両翼、尾などのある独立した性質をもつものとして示されることもあった。（→ファスキヌム）
参考文献：Johns 1982, 61-75.

フィデス Fides
「信頼」を擬人化したローマの女神。とくに口頭による契約をつかさどった。フィデス崇拝の始まりは非常に古く、ヌマ王[王政ローマ第2代の王。ロムルスの跡を継いだ]の時代（前700頃）からあったと考えられる。白髪の老婆の姿をとり、**ユピテル**より年上とみなされた。その象徴は、おおいがかけられた1対の両手であり、この女神へ犠牲をささげるさいには、誰であれ、白布でおおった右手を使わなければならなかった。ローマの**カピトリウム丘**にこの女神の神殿（図31H）があり、10月1日が祝祭日であった。リウィウスによればこの日、祭司たちは2頭立ての幌つき馬車で神殿におもむき、犠牲をささげたという。この女神に専属の**フラメン**はとくにいなかったので、フラメンとは別の祭司たちがこの儀式をおこなったのかもしれない。
参考文献：Freyburger 1986; Grimal 1986, 165; Hammond & Scullard (eds.) 1970, 436; Scullard 1981, 189-190.

フィデス神殿
フィデス・プブリカ神殿またはフィデス・プブリカ・ポプリ・ロマニ神殿ともよばれた。アウルス・アティリウス・カラティヌスが建

図70　ポンペイのヘルクラネウム門のすぐ内側に位置した家の壁に彫りこまれていたファロス。この家の家族を守り幸運をもたらすものと考えられていた。

立し、前254年10月1日に献納した。ローマのカピトリウム丘にあったが、それはおそらくアレア・カピトリナのなか、ユピテル・オプティムス・マクシムス神殿近くであったと思われる。ときに元老院会議に使用されていたが、やがて法律および条約が刻まれた青銅板の保管庫となり、青銅板は壁にかけられていた。前58年頃、マルクス・アエミリウス・スカウルスが修復した。

参考文献：Freyburger 1986, 259-273; Mellor 1975, 131-132; Richardson 1992, 151; Scullard 1981, 189-190.

フィルミクス・マテルヌス Firmicus Maternus

ユリウス・フィルミクス・マテルヌス。シュラクサイ出身、4世紀の人。占星術および神学の著書がある。334-337年に占星術にかんする8巻の論文集『マテシス』(*Mathesis*) を著した。のちにキリスト教に改宗し、343-350年頃、不完全ながら現存する『異教の誤謬について』(*De Errore Profanorum Religionum*) を著した。そのなかで彼は、異教信仰を根絶するようにと、コンスタンティウス2世（在位337-361）とコンスタンス帝（在位337-350）をしきりにうながしている。

参考文献：Hammond & Scullard (eds.) 1970, 439.

フィロン Philon Judaeus（ユダヤ人フィロン）

アレクサンドリアにあったユダヤ人コミュニティー（生活共同体）の著名な構成員。前30年頃、アレクサンドリア生まれ。45年没。39-40年にローマに旅し、ガイウス・カリグラ帝にユダヤ人のカリグラ崇拝をやめさせるよう説得した。彼は『ガイウスへの使節団』(*Legatio ad Gaium*) の著者であり、このほかにも（ギリシア語で書かれた）著作が現存する。

フィンミレナ Fimmilena

ゲルマニアの戦いの女神たちであるアライシアガエのうちの1柱。ハドリアヌス長城のハウスステッズ要塞で発見された碑文にその名がある。

フウィティリス Hvitiris

おそらくケルトの神ウィティリスの別名。

フウェテリス Hveteris

おそらくケルトの神ウィティリスの別名。

フェクンディタス・アウグスタ Fecunditas Augusta（またはフェクンディタス・アウグスタエ Fecunditas Augustae）（図71）

ローマの皇妃が有する「多産性（フェクンディタス）」を擬人化した女神。フェクンディタス・アウグスタ崇拝はおよそ100年間、とくにネロ帝（在位54-68）、アントニヌス・ピウス帝（在位138-161）、マルクス・アウレリウス帝（在位161-180）の時代に盛んであった。5、6種の皇妃のコインの裏面に、両腕に子どもをだき、足元にも子どもがいる

図71　両腕にひとりずつだき、脇にひとりずつ子どもが立っているファウスティナ2世（135頃-175）のコイン。銘は「フェクンディタス・アウグスタエ」。ファウスティナ2世はマルクス・アウレリウス帝の妃で12-13人の子どもがいた。

立ち姿、あるいは男の子をあやし、ふたりの少女がつきそう坐像の女神が描かれている。後者はデア・ヌトリクスの像に酷似している。
参考文献：Rostovtzeff 1917-18, 208-209.

フェティアリス fetialis（複数形 fetiales）

　他国との外交においてローマを代表する神官で条約制定にも関与した。20人のフェティアリスからなる男性神官団（コッレギウム collegium）を形成、貴族（パトリキ）、のちにはおそらく平民（プレブス）の神官も終身団員として任命された。神官団は王政期の王のひとりによって設立されたと考えられてきた。この神官団はとくに宣戦布告およびその戦いの正当性の保証にたずさわる宗教儀式に従事した。リウィウスの著作（『ローマ建国以来の歴史』）がその儀式についての主な情報源となっている。たとえば宣戦布告をするためには、フェティアレスのひとりが、3人またはそれ以上の成年者が見守るなか、ローマとの国境を越えて敵国に槍を投げいれた。遠国に宣戦布告するためには、ベッロナ神殿の特別な区域を敵国の領土とみなして、そこに槍を投げいれた。条約は、もしローマが先に条約を破棄するならばローマに呪いがかかるであろうと、この神官が宣することによって厳粛に締結された。そしてこの儀式は、神官が火打ち石（ラピス・シレクス lapis silex）で豚を殺すことによって追認された。フェティアリスが使用した儀式の道具類はローマのユピテル・フェレトリウス神殿に保管された。この神官団は共和政末期までには消滅したと思われるが、アウグストゥス帝の時代に復活した。
参考文献：Hammond & Scullard（eds.）1970, 435-436; Porte 1989, 93-102; Scullard 1981, 30-31.

フェブリス Febris

　「発熱」を擬人化したローマの女神。ローマで非常に恐れられ、熱病を避けるため、また治癒するためにはフェブリスの怒りをなだめなければならなかった。ある種の献納品からみて、フェブリスはイタリアで広く流行したと思われるマラリア熱の女神とみなされていたようだが、なにか特別な熱病の女神であったかもしれない。帝国内のさまざまな場所で、この女神への献納がおこなわれていたことがわかっている。ローマにはパラティウム丘、エスクイリヌス丘、クイリナリス谷の北端（ウィクス・ロングスの北部分）の3ヵ所にこの女神の神殿があった。効能があるとされたレメディア remedia（おそらく「護符」または「魔除け」）がこれらの神殿におかれていた。
参考文献：Grimal 1986, 163; Hammond & Scullard（eds.）1970, 433; Richardson 1992, 149-150.

フェブルウス Februus

　「浄化」の神とみなされてきたローマの神。2月（Februarius、英語のFebruary）はこの神にささげられたという。2月はもともとローマの暦では一年の最後の月で、死者への供犠によってローマ市が浄化される月であった。その儀式はフェブルアリア Februalia として知られ、フェブルウスはそれら儀式の擬人化であると考えられる。のちに、エトルリア起源ともされる地下世界の神とみなされ、またディスと同一視された。
参考文献：Grimal 1986, 163.

フェラリア Feralia

　死者の霊（ディ・マネス）のための公的な祭礼。パレンタリア祭最終日である2月21日におこなわれた。死者のためにそれぞれの家族が墓に食べ物を供えた。カトリックの万霊節（11月2日）にあたる。公的な祭儀があったかどうかはわからない。皇帝暦のその日にはNP（おそらく民事の法的活動が許されないネファスティ・ププリキ nefasti publici〈→ネファストゥス〉）としるされた。しかし前70年頃のアンティウム暦（アンツィオ〈古名アンティウム〉で発見された暦）のその日は、祭日ではなくfastiファスティ（→ファストゥス）のFがしるされている。

参考文献：Scullard 1981, 74, 75.

フェリアエ feriae

　人びとが神殿に参拝し、神々に犠牲をささげる聖日または祭日を表すラテン語（つねに複数形で使用）。この宗教上の祭日はローマ人がある特定の神々との関係を新たにするために、ふだんおこなっている儀式に付加的なものが必要とされる日々であった。祝祭をとりおこなうことに失敗したり、完全に正しくおこなわなかったりすることは、神々が慈悲深くあることをとりやめる原因になるとされた。したがって行政官による公的式典は、私的な祈祷や供犠と同じように重要であった。公的儀式は、祝祭によってあがめられる祭神の神殿でおこなわれた。祈祷、儀式、供犠は神官たちによって神殿の外で挙行された。市民は式典に参加できたようだが、ただ参観者としてであり、当事者としてではなかった。フェリアエは複数形ではあるが1日のうちにおこなわれるひとつの祝祭をさす。一般的な暦にしるされたふたつを除いて、すべての祝祭は奇数日にとりおこなわれた。偶数日は不吉と考えられていたからである。通常、奇数が吉と考えられ、そのため偶数は暗黙のうちに不吉とされた。そのふたつの例外とは**レギフギウム**と、数ある**エクイッリア**のうちのひとつであった。祝祭には公的祝祭（フェリアエ・プブリカエ）と私的祝祭（フェリアエ・プリウァタエ）があった。前者にはフェリアエ・スタティウァエ、フェリアエ・コンケプティウァエ、フェリアエ・インペラティウァエがふくまれる。公的祝祭はもともと文字どおり「ご馳走の日」で、地方貴族が経済力の劣る同胞市民に食事をふるまったことから始まった。年間、多くの祭りがあったがそのすべてが国家の認める、また高位神官によっておこなわれる祭りとは限らなかった。しかし国家の聖日には、その聖なる日をけがすことを避けるために労働、業務（法的、政治的）が休止された。**ポンティフェクス**が決めるある種の労働は許されたが、多くの仕事は祝祭にかかわりなく続けられたようである。聖日を休日とする人たちをよそに、信心深い人たちだけが神殿に参拝した。ローマ市民は労働の決まりを遵守することは求められたが、参拝を義務づけられることはなかった。祝祭には宗教的側面がつねにあったが、宗教的行為と非宗教的行為のあいだに厳密な区別はなく、祝祭はしばしば陽気で、祝宴をともなうにぎやかなものとなった。

　膨大な数の祭日は、あきらかに年間の労働日を減らすことになったが、ユダヤ人（祝祭をおこなわなかった）は、毎週末のサバトSabbatoという、ユダヤ人以外の人びとには関係のない安息日を祝うのみで、祝祭のために減る労働日はそれほど多くはなかった。

　どれほどの数の祝祭がイタリアまたはローマ以外でおこなわれていたかは不明である。たとえば**ウェディオウィス**のような神々の祭りがローマ以外でおこなわれた形跡はわずかで、イタリア以外ではまったくみられない。**サトゥルナリア**祭のような大きな祭りは帝国のさまざまな地域でおこなわれたようだが、多くの神々の祝祭はおそらく地域的に限定されていたのだろう。ローマには、少なくとも年間に数日の祭日を有する神、女神が複数いた。キリスト教の隆盛とともに多くの祭日がキリスト教の祝日に変えられた。たとえば**カリスティア**（2月22日）は聖ペトロの祝日に、**ルペルカリア**（2月15日）は聖母マリア御潔めの祝日になった。そのなかで最たるものは太陽神ソルの生誕日（12月25日）が、キリスト生誕の日とされたことであろう。

参考文献：Ferguson 1988b, 913-921; Scullard 1981; Warde Fowler 1899; York 1986.

フェリアエ・インペラティウァエ
feriae imperativae

　不定期な公的祝日。勝利を祝う目的などのために執政官、法務官または独裁官によって公布された。

参考文献：York 1986.

フエリアエ

フェリアエ・コンケプティウァエ feriae conceptivae

開催日がいつと固定されておらず、年によって変わる公の祝祭または大宴会の日。布告祭日［concipio、荘重に布告する］。そのため暦に記載されることはない。日どりは毎年、政務官または神官によって決められた。その一例として**フェリアエ・ラティナエ**があった。
参考文献：York 1986.

フェリアエ・スタティウァエ feriae stativae

決まった日におこなわれる公的例年祭。公式の**暦**に記載された。ほとんどが、満月の日（**イドゥス**）のあと、月が欠けていく期間におこなわれた。
参考文献：York 1986, 1–3.

フェリアエ・デニカレス feriae denicales

死者を埋葬したあと家を浄める儀式のための休日で、その日は田に水をひいたり、ラバにくびきをかけたりすることが禁じられた。

フェリアレ・ドゥラヌム feriale duranum

シリアのドゥラ・エウロポスで発見された、ほかに類のない重要なパピルス文書。ローマ軍の内部でおこなわれた宗教的行為についてのもっとも重要な情報源である。おそらく225–227年あたりの、1部隊の年間の宗教暦である。皇帝崇拝、軍事的に重要な意味のある祝祭、そして**フェリアエ・ププリカエ**にかんするさまざまな儀式がしるされている。これらの祝祭あるいは儀式は、ローマ世界の多くの、あるいはすべての部隊でとりおこなわれたと思われる。
参考文献：Haynes 1993.

フェリアエ・ププリカエ feriae publicae

公的な祝祭のことで、**フェリアエ・スタティウァエ**、**フェリアエ・コンケプティアエ**、**フェリアエ・インペラティウァエ**の3種がある。
参考文献：York 1986, 1.

フェリアエ・プリウァタエ feriae privatae

たとえば誕生祝いのような、個人的な祝い。

フェリアエ・ラティナエ Feriae Latinae

ラテン同盟の守護神としての**ユピテル・ラティアリス**をあがめる、開催日が不定の布告祝祭日（**フェリアエ・コンケプティウァエ**）。ローマの南東約20キロメートルのアルバヌス山にあるこの神の神殿で、ローマ人とラティウム人が共同でおこなった。祝祭は4月の終り頃におこなわれるが、その日どりは、通常年頭に、新任の執政官によって設定される。祭りは、ラティウムの中心都市がローマではなくアルバ・ロンガであった頃から始まり、4世紀終りまでつづいた。**ユピテル**は、はじめは祭りのさいにもうけられた祭壇で礼拝されたらしいが、前6世紀以降は神殿に祀られていた。乳が灌奠され、近隣の都市からは農産物が奉納された。おそらく以前の人身御供のかわりか、あるいはたんに悪霊に対する魔除けか、人間をかたどった小さな人形（オスキッラ oscilla）が木々につるされた（**セメンティウァエ**祭のときのように）。1度もくびきをかけられたことのない未経産の白い雌牛が犠牲に供せられ、ラテン同盟すべての都市からの代表者の会食に供された。

共和政末期に、この祝祭の重要性は増し、やはり上級政務官をともなった執政官が列席してアルバヌス山でとりおこなわれた。祝祭は1日中つづいたが、進行に不都合があった場合、それはやりなおさなければならなかった。祝祭のあとには2日間の競技会（**ルディ**）があった。この祝祭は1千年以上もつづいたことから、人びとの生活のなかで大きな役割をはたしていたと思われる。この祝祭はテオドシウス帝（4世紀）によって禁止されたと思われる。
参考文献：Scullard 1981, 111–115; Weinstock 1971, 320–325.

フェリキタス Felicitas （図72）

「幸運」を擬人化したローマの女神。前2世紀中頃、ローマのウェラブルム地区にこの

図72 アントニヌス・ピウス銅貨に描かれた、山羊座と伝令使の有翼の杖（カドゥケウス）を持つフェリキタスの立像。

女神の神殿が奉納されるまでは知られていなかった。ローマではもうひとつこの女神の神殿がマルクス・アエミリウス・レピドゥスによって建立された。フェリキタスは帝国時代の国家宗教において重要な役割を果たし、しばしばコインに描かれた。

参考文献：Champeaux 1987, 216-236; Hammond & Scullard（eds.）1970, 434.

フェリキタス神殿

ローマでのフェリキタスの最初の神殿は、**マルスの野**のウェラブルム地区にルキウス・リキニウス・ルックススによって建立されたが、彼はその建立の費用に、前151-前150年のヒスパニア遠征の戦利品をあてた。クラウディウス帝の時代に焼失、以後再建されることはなかった。もうひとつの神殿がユリウス・カエサルによって計画され、彼の死後、マルクス・アエミリウス・レピドゥス（？-前13/12）によってローマのクリア・ホスティリア（スッラが再建していたが、この新しい神殿建設のためにユリウス・カエサルが前44年に取りこわしていた）があった場所に建てられた。その場所はおそらくいま聖ルカ・聖マルティナ教会が建っているところで

あろう。ハドリアヌス帝の時代（117-138）には、その神殿はすでに存在してなかった。
参考文献：Richardson 1992, 150.

フェレンティナ Ferentina

ローマの、水のニンフ。ラティウムのフェレンティナ川の神格。聖なる森があり、ラテン同盟に参加する各国から、参拝のため人びとがこの女神の聖所を訪れた。
参考文献：Grimal 1986, 165.

フェロニア Feronia

春の花々と木々のローマの女神。この女神の祭儀は中央イタリアに広く分布していたが、祭儀の主な中心地はエトルリアのルクス・フェロニアエ（フェロニアの聖なる森）という町であった。ローマの**マルスの野**にはこの女神にささげられた森、のちには神殿（前3世紀建立）があった。イタリアのテッラキナ［ローマの南東93キロメートル、ガエタ湾北岸にのぞむ］にも神殿があり、そこの祭壇では奴隷たちが保護を求めることができ（ローマの、というよりギリシアの慣習）、この神殿の碑文によれば奴隷たちはここで解放されたという。ローマでのフェロニアの祭儀は奴隷および解放奴隷と関係があることもあきらかとなり、そのためフェロニアはときに**リベルタス**と同一視された。**フロラ**と関係があり、11月13日がフェロニアの祝祭日であった。
参考文献：Hammond & Scullard（eds.）1970, 434; Scullard 1981, 197-198.

フォルクルス Forculus

蝶つがいを別として、扉そのものをつかさどるローマの神。蝶つがいはローマの**カルデア女神**の領分にはいる。扉の開閉は神がつかさどる機能であり、扉のすべての特徴にしたがって注意深く規定されたのである。
参考文献：Ogilvie 1969, 11.

フォルス Fors（もたらすもの）

古代ローマの、おそらく「神意」を擬人化した女神。ローマの女神**フォルトゥナ**にあた

る。フォルスとフォルトゥナは、もとはおそらく1対の神であったが、むすびあわされてフォルス・フォルトゥナという1柱の女神の名前となった。
参考文献：Hammond & Scullard (eds.) 1970, 445.

フォルス・フォルトゥナ Fors Fortuna

ローマの女神フォルスとフォルトゥナがむすばれて生まれた女神。ローマには、ティベリス川を越えたところに3つの神殿があり、17年にこの女神の4番目の神殿がティベリス川の近くにあるユリウス・カエサルの庭園に献納された。6月24日が祝祭日であった。
参考文献：Richardson 1992, 154-155; Scullard 1981, 155-156.

フォルディキディア Fordicidia

ローマで4月15日におこなわれたテッルス女神の農業祭。ローマの30のクリアcuria（地区＝最古の共同体区分）およびカピトリウム丘の1地区のそれぞれで、家畜の多産と畑の豊作を願って1頭の孕み豚（フォルダfordaまたはホルダhorda）がテッルスに供犠された。胎児は胎児のまま焼かれ、その灰はウェスタの聖女たちがパリリア祭の浄めの儀式で使用した。ローマではフォルナカリア祭を別として、クリアを基盤に案出された唯一の祝祭であった。
参考文献：Scullard 1981, 102.

フォルトゥナ Fortuna

フォルス・フォルトゥナとしても知られる。このローマの女神は、もとはおそらく豊穣の女神であった。ギリシアの女神テュケと同一視され、さらに運命・好機・幸運の女神と広くみなされるようになった。ときにエトルリアの運命の女神ノルティアと同一視された。フォルトゥナの主たる象徴は車輪である。車輪の上に、不安定性を暗示する立ち姿で描かれる。またときには、豊穣の角（コルヌコピア）と船の舵とともに描かれる。後者はこの女神が、人間の運命の舵を取ることの象徴で

ある。立ち姿や坐っている姿で表されるが、しばしば目隠しをしている。5月25日が祭日であった。イタリアのプラエネステがフォルトゥナ・プリミゲニア崇拝の一大中心地であった。ローマのフォルム・ボアリウムにフォルトゥナ神殿があった。ほかにふたつ、この女神の神殿があったはずだが、その場所は不明である。ローマでは膨大な数の聖所がフォルトゥナにささげられてきたと思われる。コンスタンティヌス帝は、彼が創設したコンスタンティノポリス（現在のイスタンブール）にフォルトゥナ神殿を建立した。（→フォルス）
参考文献：Champeaux 1987; Hammond & Scullard (eds.) 1970, 445; Scullard 1981, 10; Simon 1990, 59-71.

フォルトゥナ・アウグスタ Fortuna Augusta（図73a、b）

フォルトゥナ女神の特性のひとつ。皇帝の運命あるいは運、めぐりあわせを知るために、この女神にうかがいをたてた。この女神にささげられた祭壇がいくつか知られている。

フォルトゥナ・ウィリリス Fortuna Virilis（勇敢なフォルトゥナ）

ウェネラリア祭のさいに礼拝されたローマの女神フォルトゥナの特性のひとつ。ローマのウェヌスの祭壇の近くに聖所があり、またローマのいずこかに神殿もあったと思われる。
参考文献：Champeaux 1982, 375-409; Scullard 1981, 96-97.

フォルトゥナ・ウィルゴ Fortuna Virgo（処女フォルトゥナ）

結婚のさいに、娘たちはこの特性をもつローマの女神フォルトゥナに結婚衣装をささげた。神殿はローマにあり、祝祭日は6月11日だった。

フォルトゥナ

図73a イタリア、ポンペイのフォルトゥナ・アウグスタ神殿の再建図。神殿の階段前にある祭壇で火が燃えている。W. Gell『ポンペイアナ』（*Pompeiana*）（1832）より。

フォルトゥナ・エクエストリス
Fortuna Equestris

ローマの女神フォルトゥナのこの名が意味するところは「エクイテス（騎士階級）のフォルトゥナ」である。この女神の神殿はクイントゥス・フルウィウス・フラックスによって、彼のヒスパニア遠征中の前180年に誓願された。神殿はローマのポンペイウス劇場に近い、**フラミニウス競技場**内に位置し、前173年8月13日に献納された。22年にはすでに存在しなかった。おそらく21年の火災で焼失したのであろう。祝祭日は8月13日であった。

参考文献：Champeaux 1987, 132-154; Richardson 1992, 155-156.

フォルトゥナエ・レドゥキス祭壇
Ara Fortunae Reducis

フォルトゥナ・レドゥクスへささげられたこの祭壇は、ローマで前19年10月12日に設置され、同年12月15日に献納された。おそらくアウグストゥス帝の東方からの帰還を祝ってのことであろう。カペナ門近くのホノスとウィルトゥス神殿の神域にあったと思われる。

参考文献：Fishwick 1972, 171-176; Fishwick 1987, 203-209; Richardson 1992, 157.

フォルトゥナ・オブセクエンス Fortuna Obsequens（寛容のフォルトゥナ）

女神フォルトゥナの特性のひとつ。その聖所は、ウィクス vicus［古代ローマの最小行政単位。村または町の一部］・フォルトゥナエ・オブセクエンスの近くに位置していた。おそらくカエリウス丘の西斜面にあったのだろう。

参考文献：Richardson 1992, 156.

フォルトゥナ・コンセルウァトリクス
Fortuna Conservatrix
（守護者フォルトゥナ）（図74）

「守護者」という特性をもつローマ女神フォルトゥナに奉納された祭壇がハドリアヌス長城のチェスターズ要塞にあった。

211

フォルトゥ

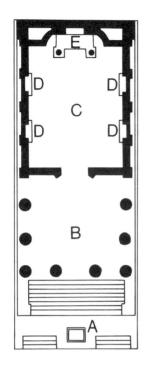

図73b　イタリア、ポンペイのフォルトゥナ・アウグスタ神殿のプラン。奥行の深い前室がある前柱式、四柱式神殿であった。マルクス・トゥッリウスが私有地に自費で建て、3年か4年に献納した。フォルトゥナ通りとフォロ通りが交叉するところにあったこの神殿での礼拝は、皇帝の守り神（ゲニウス）の礼拝と密接な関係にあった。A＝祭壇　B＝前室　C＝ケッラ　D＝像をおくための壁龕　E＝神像。

図74　フォルトゥナ・コンセルウァトリクスに奉納された祭壇。ハドリアヌス長城のチェスターズ要塞で発見された。碑文はD[E]AE FORT[VNAE] CONSERVATRICI VENENVS GERM[ANVS] L[IBNTER] M[ERITO]（ゲルマニア人ウェネヌスは心よりそして正当にこの祭壇をフォルトゥナ・コンセルウァトリクスに奉納する）とある。高さは78センチメートル。

フォルトウ

フォルトゥナ神殿

この神殿は、**フォルム・ボアリウム**と**フォルム・ロマヌム**のあいだの隆起部にあたるアレア・サクラ・ディ・サントボモノに位置する（図31K）。献納日（6月11日）が同じである**マテル・マトゥタ神殿**と対をなす。それぞれの神殿前には古式のU字形の祭壇がもうけられていた。神殿内に安置されていた、金箔をのせた古式の木像は、神殿を献納したセルウィウス・トゥッリウス王の像か、あるいは**フォルトゥナ女神像**かもしれない。前213年の火災で焼失したが、前212年再建された。
参考文献：Richardson 1992, 35-37, 155; Scullard 1981, 150-152.

フォルトゥナ・バルネアリス Fortuna Balnearis（浴場のフォルトゥナ）

「浴場の」という特性をもつローマの女神フォルトゥナへの献納品は、ローマ軍の前線地域にもうけられた浴場跡によくみられる。それらの浴場では、この女神の別の特性、たとえばフォルトゥナ・サルタリス Salutaris（健康と安寧のフォルトゥナ）や**フォルトゥナ・レドゥクス**（「帰国をもたらす幸運」の意）への献納品もみられた。それはおそらく外地で従事する兵士の健康、安寧、無事な帰国など、個人的な重要関心事の反映と思われる。フォルトゥナ・バルネアリスはまたこれらの生活面をもつかさどっていたようである。スペインのドゥラトンとヒホンからも、このローマ女神への献納品が2点みつかっている。おそらくこれらが発見された地域にある浴場から出土したものであろう。
参考文献：Knapp 1992, 269-270; Phillips 1977, 61（under Altar to Fortuna Redux）

フォルトゥナ・フイウスケ・ディエイ Fortuna Huiusce Diei

ローマの女神**フォルトゥナ**のこの名が意味するところは「その日（日中というより、今日一日）のフォルトゥナ」である。フォルトゥナ・フイウスクエ Huiusque としても知られるこの女神は、運命、運、めぐりあわせ

をつかさどる女神であった。神殿はローマの**マルスの野**にあり、パラティウム丘にもこの女神の聖所があったようである。祝祭日は7月30日であった。
参考文献：Champeaux 1987, 154-170; Scullard 1981, 169.

フォルトゥナ・フイウスケ・ディエイ神殿

クイントゥス・ルタティウス・カトゥルスが前101年のウェルケッラ（現在のヴェルチェッリ）の戦い［前102年の執政官であったカトゥルスと前101年の執政官マリウスが、ゲルマニアのキンブリ族を破った戦い］のさいにその建立を誓願した。ローマ、**マルスの野**のアレア・サクラ・ディ・ラルゴ・アルゲンティナにある神殿群のうち、円形の神殿Bがそれであると確認された。
参考文献：Champeaux 1987, 154-170; Patterson 1992, 196; Richardson 1992, 35, 156.

フォルトゥナ・ププリカ Fortuna Publica（公衆の運勢）

ローマの女神**フォルトゥナ**のもつ特性のひとつ。その祝祭日は4月5日であった。ローマのクイリナリス丘にはこの女神の神殿が3つあり、その地域は「3柱のフォルトゥナ」として知られるようになった。ひとつは**フォルトゥナ・プリミゲニア**にささげられたもので**フォルトゥナ・ププリカ・ポプリ・ロマニ**（ローマ人の運勢）ともいう。ふたつ目のフォルトゥナ・ププリカ・キテリオル（キテリオル Citerior はおそらく「市の中心地により近い」の意）にささげられた。3つ目の神殿についてはよくわかっていないが、3神殿ともすべてフォルトゥナ・ププリカにささげられたと思われる。フォルトゥナ・ポプリ・ロマニ（ローマ人の幸運）にささげられた祭壇がハドリアヌス長城のチェスターホウム要塞で発見されている。
参考文献：Coulston & Phillips 1988, 6; Richardson 1992, 158; Scullard 1981, 100.

フォルトゥ

フォルトゥナ・プリウァタ Fortuna Privata
女神フォルトゥナのもつこの特性は、フォルトゥナ・ププリカとは対照的な「私的な、個人のフォルトゥナ」であった。ローマのパラティウム丘に神殿があった。
参考文献：Richardson 1992, 156-157.

フォルトゥナ・プリミゲニア Fortuna Primigenia
ローマの女神フォルトゥナの特性のひとつで、この名が意味するところは「最初に生まれたフォルトゥナ」。おそらくプラエネステのフォルトゥナ崇拝に関連していて、「もともとの」あるいは「最初の」フォルトゥナをさすと思われる。ローマのクイリナリス丘に神殿が献納され、祝祭日は11月13日であった。
参考文献：Champeaux 1982, 3-147; Richardson 1992, 156.

フォルトゥナ・プリミゲニアの聖域
（図75）
イタリア、ラティウムのプラエネステ（現在のパレストリーナ）にあったフォルトゥナ崇拝の一大中心地。もとはラティウムの聖域であったが、共和政末期に大規模な改築がほどこされた。プラエネステは、マリウスの支持者とスラとの内戦中に略奪の憂き目にあったが、前82/81年に退役軍人の入植地として再建された。この複合建造物はその時期か、または前2世紀の後半に建てられたと思われる。以前の古い神殿の背後に位置する丘の斜面には、斜道と階段でつながった7段の精巧なテラスがあり、そこにならぶ各部屋のアーチ型天井にそって柱廊がしつらえてあった。この左右対称に配置された建造物の最上階に劇場、そしてその背後に円形の神殿があった。ここには神託所もあり、広く助言が求められていた。神託が書かれた樫の木片が無作為に選ばれ、神託を求めた人にその解釈が伝えられた。
参考文献：Barton 1989, 73-75; Champeaux 1982, 3-24; Scullard 1981, 100.

フォルトゥナ・マラ Fortuna Mala
（顎髭のあるフォルトゥナ）
このような容貌の女神フォルトゥナへ献納された祭壇が、ローマ、エスクイリヌス丘にあった。
参考文献：Richardson 1992, 156.

フォルトゥナ・ムリエブリス Fortuna Muliebris（女性らしいフォルトゥナ）
いかにも女性らしい女神フォルトゥナの神殿がラティナ街道ぞい、ローマの市外約6.4キロメートルのところにあった。
参考文献：Champeaux 1982, 335-373; Scullard 1981, 160-161.

フォルトゥナ・レスピキエンス Fortuna Respiciens（先見の明あるフォルトゥナ）
ローマの女神フォルトゥナの特性のひとつ。神殿はローマのクイリナリス丘に、そして聖所がパラティウム丘にあった。
参考文献：Richardson 1992, 157.

図76　フォルトゥナ・レドゥクスは、ウェスパシアヌスのコインとドミティアヌスのコインに、慣例にしたがって坐った姿で描かれている。ここでこの女神は、左手にコルヌコピア（豊穣の角）、右手に舵を持っている。

フオルトウ

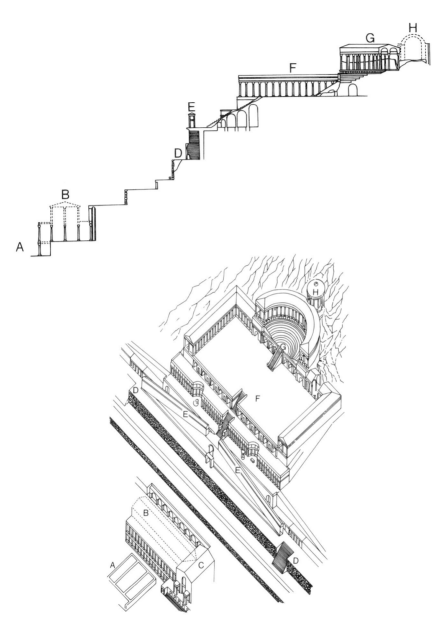

図75 プラエネステのフォルトゥナ・プリミゲニア聖域の断面図(上)と展望図(下)。A=町の広場(フォルム) B=バシリカ C=集会所・裁判所 D=聖域の壁 E=斜道 F=方庭 G=劇場 H=神殿。

フォルトゥナ・レドゥクス Fortuna Redux
（帰国をもたらす幸運）（図76）

　ローマの女神フォルトゥナがもつこの特性に対する崇拝のもっとも古い痕跡は、前19年、アウグストゥス帝の無事帰還を感謝して、元老院がローマで献納した祭壇である。神殿はドミティアヌス帝のゲルマニアでの戦勝［89年］を祝って、ローマのマルスの野に建てられた。またハドリアヌス長城近辺のいくつかの駐屯軍の浴場からも、この女神にささげられた祭壇が発見されている。

参考文献：Phillips 1977, 60-61.

フォルトゥナ・ロマナ Fortuna Romana
（「ローマの幸運」の意）

　ローマ市の守護神であった女神フォルトゥナの特性のひとつ。コンスタンティヌス帝はコンスタンティノポリスにフォルトゥナ神殿を建て、フォルトゥナ・ロマナ像をすえた。フォルトゥナはギリシアの女神テュケにあたるが、テュケを東方諸都市が守護神として採択したことは、ローマのフォルトゥナ・ロマナ崇拝に対応するものであった。

フォルナカリア Fornacalia

　祭日の移動が可能な祝祭（フェリアエ・コンケプティウアエ）。2月5日頃から開始され、遅くとも2月17日（クイリナリア）までには終わる。ローマでは地区の長が指定した日に始まり、2月17日に終わる。かまど（フォルナケス fornaces ＝穀物をかわかすかまど）のための祭りと思われる。

参考文献：Hammond & Scullard (eds.) 1970, 444.

フォルナクス Fornax（かまどの女神）

　穀物乾燥炉（ラテン語でフォルナケス fornaces）で、穀物が燃えてしまわないようにと勧請されるローマの女神。フォルナカリア祭の意義を説明するために創出されたと考えられる。

参考文献：Grimal 1986, 165; Hammond & Scullard (eds.) 1970, 444.

フォルム・ボアリウム Forum Boarium
（またはフォルム・ボウァリウム Forum Bovarium）

　ローマのティベリス川、カピトリウム丘、アウェンティヌス丘、パラティウム丘のあいだの低地（図31）。文字どおりにいえば「家畜市場」であるが、その用途に使われたことはローマでは一度もなかったようである。アラ・マクシマでおこなわれるヘルクレス・インウィクトゥスの、初期の祭儀がおこなわれた場所で、周辺には複数の神殿が建立されヘルクレス神に献納された。この地域にはフォルトゥナ、マテル・マトゥタ、ポルトゥヌスなどの神殿、カルメンティスの聖所もあった。人身供犠（→人身御供）がおこなわれることもあった。

参考文献：Nash 1962a, 411; Richardson 1992, 162-164.

フォルム・ホリトリウム Form Holitorium
（文字どおりにいえば青物市場）

　ローマのカルメンタリス門外の地域をいう。ヤヌス、スペス、ユノ・ソスピタ、ピエタスの4つの神殿があった。ヤヌス神殿以外の神殿は、サン・ニコラ・イン・カルケラ教会が建立されたとき、その建材になったと考えられている（図31O）。

参考文献：Richardson 1992, 164-165.

フォルム・ロマヌム Forum Romanum
（またはフォルム・マグヌム Forum Magnum）
（図77）

　もとは市場であったが、やがてローマ市の商業、政治、祭事の中心地となった。建造物もふえ、サトゥルヌス、カストル、ディウス・ユリウス、ウェスタ、コンコルディア、ディウス・ウェスパシアヌス、アントニヌス・ピウスとファウスティナの各神殿が建立された。ユトゥルナの泉（ラクス・イウトゥルナエ）もあった。サクラ・ウィア（聖道）がフォルム（広場）のなかを通り、祭儀や競技の列、ときには凱旋式の行進や葬列もみられた。この広場の、記録に残る最初の教会は、聖コスマと聖ダミアノ教会（526-530）であ

フオンテイ

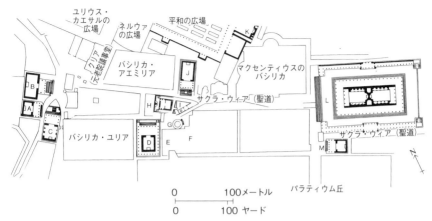

図77　おもな宗教施設の場所を確認するための、多期間にわたるフォルム・ロマヌムと周辺地域のプラン。A=ウェスパシアヌス神殿　B=コンコルディア神殿　C=サトゥルヌス神殿　D=カストル神殿　E=ユトゥルナの泉　F=ウェスタの聖女たちの館　G=ウェスタ神殿　H=ディウス・ユリウス神殿　I=王宮（レギア）　J=アントニヌス・ピウスとファウスティナ神殿　K=平和の神殿　L=ウェヌス・フェリクスとローマ・アエテルナ神殿　M=ユピテル・スタトル神殿。

るが、サンタ・マリア・アンティクアのほうが古いかもしれない。
参考文献：Grant 1970; Richardson 1992, 170-174.

フォンス Fons

　フォントゥス Fontus としても知られるローマの泉の神。ローマの神ヤヌスの息子と考えられている。**カピトリウム丘**の北、セルウィウスの城壁［王政ローマ第6代の王セルウィウス・トゥッリウスが築いたといわれる］のフォンティナリス門近くにこの神の神殿があったと思われるが、この門の名は、神殿よりもむしろ近くにある泉の名からとられたのであろう。ヤニクルム丘の麓にはフォンスの祭壇があった。この神の祝祭を**フォンティナリア**といった。
参考文献：Grimal 1986, 165; Richardson 1992, 152-153.

フォンティナリア Fontinalia

　フォンス神の祝祭。10月13日におこなわれた。この泉の神を敬して、花綱が泉に投げ入れられ、それぞれの源泉のまわりには花綱がおかれた。（→**聖なる泉**）
参考文献：Scullard 1981, 192.

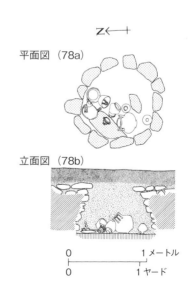

平面図（78a）

立面図（78b）

217

フォントウ

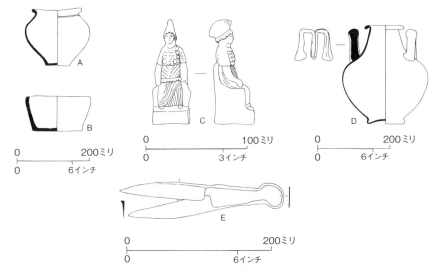

図78a、b　石で囲われた小さな穴状の墓のプラン（図a）と立面図（図b）。
陶器の壺、ランプ、ガラスの壺、はさみ、小立像など多くの副葬品があった。副葬品：A＝料理用甕　B＝皿　C＝玉座のミネルヴァ像（テラコッタ）D＝ガラス製壺　E＝鉄製はさみ。ドイツ、ヴェデラト・ベルギウムの墓地の火葬墓より。

フォントゥス Fontus

ローマの泉の神フォンスの別名。

副葬品（図62、78a、b）

死者の墓にならべおかれたさまざまな品物。土葬、火葬とも多くの墓で、死者が**死後の世界**で使うため、またより快適に過ごせるようにと副葬品が用意された。キリスト教徒の墓にはわずかにおかれるか、あるいはまったく用意されることはなかった。副葬品の品揃えは、死者の一族の信仰と富を反映していると思われる。富者の墓には、飲食物があふれるさまざまなうつわ、灌奠用の葡萄酒を入れるフラスコ flasco（細口酒瓶）やパテラ、おそらく高い身分であったことのしるしである金の指輪、そのほか死者が死後の世界で必要とおもわれる没薬や乳香など、あらゆるものがふくまれていたようである。それほど豊かでない人の墓には2、3の副葬品（食べ物、飲み物用のうつわ）がひとつかふたつ、それに個人の品が2、3あるだけであった。

土葬された死者のなかには、コインを口にふくむ者がいる。ステュクス川を渡って死者を**地下世界**に送る、神話上の渡し守カロンへわたす舟賃である。火葬墓にもコインがおかれている。多くの土葬墓、火葬墓に鋲釘を打った1足の長靴か靴がおかれていて（死者がはいているわけではない）、ときに副葬品にランプがあるが、これらはすべて死者のあの世への旅のためであろう。鋲釘を打った長靴はケルトの属州の墓にだけみられ、地中海地域の属州ではみられない。埋葬のあと、おそらく魂を生きつづけさせるためであろう、死者へ飲食物が供えられる。これを容易にするために管や穴が遺体をおさめた墓内や棺に直結している事例もあった。ローマ人のなかには意図的にお金を残し、それによって親族が定期的に飲食物を供えられるようにする人もいた。

参考文献：Merrifield 1987, 64-76; Toynbee 1971.

不思議な前兆 prodigium（複数形 prodigia）

　自然界の正常な推移と相いれない出来事で、**パクス・デオルム**が破壊されたことを表すしるし。前兆には怪獣の誕生、血を流す小川、雨のように流れでる乳、地震、稲妻と稲妻に打たれる建物および彫像がふくまれる。これらは占い（ディウィナティオ）によって読み解かれ、これらの現象は天災の予告として注意がうながされた。これらの天災は贖罪としての**供犠**をささげるというような適切な宗教的儀式をおこなうことによってのみ回避ができるとされた。前兆にかんしては多数の著述家たち、そのなかでもとくにリウィウスおよびユリウス・オブセクエンスによってさまざまな実例が述べられている。

参考文献：MacBain 1982（includes an index of prodigies）; North 1990.

ブストゥム bustum

　火葬用の薪の山、あるいは薪の山が積まれ最終的に遺灰が埋められる、質素な壁で囲まれた囲い地をさす。薪の山は非常にていねいに積まれ、棺台もまた装飾のこったものであった。**火葬**ののち、灰を集め骨壺のなかに納め、ときには骨壺は灌奠用の管とともに囲い地のなかに埋められた。この墓塚 bustum は、同じ家族によって何代にもわたってくりかえし使用された。この埋葬方法は、火葬が一般的であった共和政期にとくに使用されたが、帝政期に入ると徐々に姿を消していった。

参考文献：Richardson 1992, 351.

プタ puta

　樹木と叢林間伐をつかさどるローマの女神。

参考文献：Ferguson 1988a, 853.

フッリナ Furrina

　あまりよく知られていない古代ローマの女神。ある泉、またはいくつかの泉の女神である可能性が高く、フリナ Furina ともいわれる。ときにニンフともみなされ、また誤まってフリアエと混同されることもある。ローマのヤニクルム丘の麓、スブリキウス橋近くに、泉とむすびついたフッリナの聖なる森（ルクス・フッリナエ lucus Furrinae）があった。イタリア、アルピヌム［現在のアルピーノ。共和政末期の政治家ガイウス、弁論家キケロの出身地］の近くに聖所もあった。専属のフラメン（フラメン・フッリナリス flamen Furrinalis）がいて、祝祭は**フッリナリア**といわれた。共和政末期にはこの女神の祭儀はほとんど忘れ去られていたため、これ以上のことはよくわからない。

参考文献：Grimal 1986, 166; Hammond & Scullard（eds.）1970, 451; Richardson 1992, 235; York 1986, 54–55.

フッリナリア Furrinalia

　女神フッリナの祝祭。7月25日におこなわれたこと以外はなにもわからない。

参考文献：Richardson 1992, 235.

プテアル puteal（複数形 putealia）

　水源や井戸の頭部、井戸の上部をおおう円形の坑口装置と蓋。稲妻の直撃を受けた場所

図79　プテアル・リボニスは、フォルム・ロマヌムのなか、落雷地点に足をふみ入れないよう聖化された石づくりの囲い壁で、ここに示した図はルキウス・スクリボニウス・リボによって前55年頃鋳造されたコインに描かれたものである。

（ビデンタル）のまわりにつくられた。また保護用の丸縁仕切り壁としても使用された。なかでも、もっとも有名なのは**プテアル・リボニス**である（図79）。

参考文献：Hammond & Scullard（eds.）1970, 901.

プテアル・リボニス Puteal Libonis（あるいはプテアル・スクリボニアヌム Puteal Scribonianum）（図79）

祭壇様の大きなプテアルでローマの**フォルム・ロマヌム**のなか、落雷した地点に設置された。それはディウス・ユリウス［神としてあがめられたユリウス］神殿の正面にあった円形の構造物であったろうと思われる。

参考文献：Grant 1970, 220; Hammond & Scullard（eds.）1970, 901.

プディキティア Pudicitia（図80）

「女性の清純、すなわちつつましやかさ」を擬人化したローマの女神。リウィウスによればローマでは、この女神はもともとプディキティア・パトリキア（貴族のプディキティア）として**フォルム・ボアリウム**の聖所に祀られていたが、この女神とはりあうプディキティア・プレベイア（平民のプディキティア）という宗教集団も前296年にロングス村（ウィクス・ロングス）に創設されたという。しかしこの集団への参加は当初は1度は結婚したことのある女性にかぎられていたとも述べている。

参考文献：Hammond & Scullard（eds.）1970, 899–900; Richardson 1992, 322.

舞踏

古代、舞踏は**サリイ**、**アルウァレス祭司団**などの神事に使われ、またリウィウスが述べているように（『ローマ建国以来の歴史』27：37. 12–15）、**ユノ**をたたえて少女たちが綱踊りを演じた。ローマ人はギリシア人にくらべて、宗教儀式に舞踏を使うことを抑制していたが、東方の祭祀によって騒々しく陶酔的な舞踏がローマにもたらされた。

参考文献：Hammond & Scullard（eds.）1970, 312.

ブバスティス Bubastis

猫頭のエジプトの女神。もともとは、エジプト、ブバスティスの町で崇拝されていた土着の女神であったが、しだいに**イシス**と同一視されていった。ギリシア人は、ブバスティスを**アルテミス**と同一の神と考えていた。ブバスティスは、エジプト人にとって元来、土地を肥沃にする太陽の力を象徴する雌ライオンの女神であったが、やがて猫がこの女神の聖獣となり、猫頭の女神として描かれるようになった。ブバスティスは、喜びをつかさどり、悪霊と病気から人間を守る女神であった。イタリアのローマ、オスティアやネミで、ほかのエジプト系の神々とともに、ブバスティスも祀られていた。

参考文献：Hammond & Scullard（eds.）1970, 184.

図80 コイン上に表現されたプディキティア。ゆったりとした長い衣装をまとい腰掛けている姿で表されている。銘はこの女神の名前を PVDICITEA とつづっている。

フラウィウス・エウゲニウス
Flavius Eugenius

西ローマ帝国の帝位簒奪者。在位392-394。熱烈な多神信仰（→**異教信仰**）の支持者であるシュンマクスの友人。エウゲニウスはキリスト教徒であったが、異教崇拝復興に同調して、グラティアヌス帝によって元老院議事堂から撤去されていたウィクトリア（勝利の女神）の祭壇をもとの場所に戻した。

参考文献：Hammond & Scullard（eds.）1970, 414.

プラエスタナ Praestana

ローマの女神。おそらく**プラエスティティア**と同じ神格であろう。この女神についてはこのほかにはほとんどなにも知られていない。

プラエスティティア Praestitia

いくつかの点で、あきらかに「卓越」と関連があると思われるローマの女神。おそらく**プラエスタナ**と同神格であろう。このほかにはほとんどなにも知られていない。

プラトン Platon

ギリシア（アテナイ人）の哲学者、前427頃-前347頃。哲学者ソクラテスの弟子となる。プラトンの著作のなかにはソクラテスが頻繁に登場するが、プラトンは独自のふたつの主理念、すなわち人間は進歩しうるし、知的能力は至上なりという理念にもとづいた固有の哲学を展開させた。プラトンの哲学はギリシア世界に強烈な影響をおよぼしたが、ローマの追随者たちはプラトン哲学が内包する形而上学的、神秘主義的側面を軽視して、真理の必然を蓋然におき換える知的懐疑主義を採用した。プラトンの理念は数世紀にわたり部分的に修正され、展開され、プロティノスとその弟子たちの哲学において絶頂にたっした。（→**新プラトン主義**）

フラノナ Flanona

ローマのダルマティア属州の都市フラノナ（現在のプロミン）土着の守護女神。ダルマティアのイストリア地域で崇拝された。ミネルウァ・フラナティカとしてローマの女神ミネルウァと同一視された。

参考文献：Wilkes 1969, 195.

フラミニウス競技場 Circus Flaminius

ローマの**マルスの野**の南側に、監察官ガイウス・フラミニウスが前221年に建設した公共広場（いわゆる競技場ではない）。この広場のなかにはいくつか神殿があったことが知られている。北西側には**ヘルクレス・クストス神殿**、南西側には**カストルとポッルクス神殿**をふくむ神殿群が1列にならんでいた。ルディ・タウレイ（雄牛の競技会）はここで開催された。

フラミニカ・ディアリス flaminica Dialis

フラメン・ディアリスの妻で、夫が死去するまでその任務を保持した。その起源は共和政期以前にあり、フラメン・ディアリスと同じ禁忌にしたがった。独特の衣装をまとい、祭儀を補助し、定期的に**ユピテル**に子羊を供犠した。

参考文献：Beard & North（eds.）1990; Vanggaard 1988.

フラメン flamen（複数形flamines、文字どおりには「祭司」または「供犠をおこなう者」）（図4、81）

ローマで、ある特別な祭儀の職務を監督する祭司（神官）。共和政の時代にはつねに15人のフラメンが、少なくとも**カルメンティス、ケレス、ファラケル、フロラ、フッリナ、ユピテル、マルス、パラトゥア、ポモナ、ポルトゥヌス、クイリヌス、ウォルトゥルヌス、ウルカヌスの13神**に割りあてられていた。祭司（神官）の起源は共和政時代以前にあることが示唆されているが、彼らが奉仕した神々の多くの名は不明である。フラメンのある者は、場合によってほかの神々の祭儀にも参加した。フラミネスは**ポンティフェクス・マクシムス**の権威のもとで、神祇官団（コッレギウム・ポンティフィクムcollegium pontificum）

フラメンア

図81 紫の縁飾りがついたトガと特徴的なアペクスを着用したフラメン。

の1部署を形成した。

　3人の主要なフラミネス（フラミネス・マイオレス flamines majores ＝ 最古のそしてもっとも高貴な大フラメンたち）は貴族（パトリキ）で、**フラメン・ディアリス、フラメン・マルティアリス、フラメン・クイリナリス**でなりたっていた。その下位に12人のフラミネス（フラミネス・ミノレス flamines minores）がいた。彼らは平民（プレブス）で、個々の神にそれぞれ奉仕した。以下の10人のみが知られている。フラメン・カルメンタリス Carmentalis、ケリアリス Cerialis、ファラケル Falacer、フロラリス Floralis、フ（ッ）リナリス Fur(r)inalis、パラトゥアリス Palatualis、ポモナリス Pomonalis、ポルトゥナリス Portunalis、ウォルカナリス Volcanalis、ウォルトゥルナリス Volturnalis である。彼らの任期や選任方法は知られていない。

　すべてのフラメンが着用する独特の衣装は、**アペクス**として知られる特別な祭司（神官）用の帽子（図4）、厚いウールの上着（ラエナ laena）そして月桂樹の輪冠である。自治都市にもフラメンはいた。ユリウス・カエサルとその後の皇帝の神格化にともない、ローマおよび属州では皇帝たちの祭儀にフラメンたちの参列がさだめられた。

参考文献：Beard & North (eds.) 1990; Scullard 1981, 28-29; Vanggaard 1988.

フラメン・アウグスタリス flamen Augustalis

　ディウス・アウグストゥス（神君アウグストゥス）の祭儀にのみ奉仕する特別な**フラメン**。この祭司（神官）職は3世紀初頭までつづいた。この職（終身制）に最初についた人物はゲルマニクス［前15-後19、ティベリウス帝の養子。帝位継承者と目されていたがシリアで急死］であった。この祭司（神官）職とソダレス・アウグスタレス（アウグストゥス礼拝同志会）との関係はわからない。

参考文献：Fishwick 1987, 161-162, 164-167; Vangaard 1988.

フラメン・クイリナリス flamen Quirinalis

　クイリヌスの祭儀に、ただひとりで奉仕する大フラメン。コンスス神への供儀をとりおこない、また**ロビガリア**（農業祭）、**ラレンタリア**（アッカ・ラレンティアの祭り）でも供儀をおこなった。**コンファッレアティオ**によって結婚した両親のもとに生まれた貴族（パトリキ）で、**ポンティフェクス・マクシムス**によって選ばれ終身その職にあった。祭儀で重大な失敗をおかすと辞任させられた。

参考文献：Beard & North (eds.) 1990;
Vanggaard 1988.

フラメン・ディアリス flamen Dialis

ユピテルの祭儀に、ただひとりで奉仕する大フラメン。ウィナリア・プリオラ祭、ウィナリア・ルスティカ祭、**コンファッレアティオ**にも参加する。住居はローマのパラティウム丘にあった。聖なる人格を汚さないため、非常に多くの禁忌にしたがわなくてはならなかった（たとえば武器を携えた軍隊をみることなどが禁じられた）ので、通常の元老院議員職につくことはできなかった。コンファッレアティオによって結婚した両親のもとに生まれた貴族（パトリキ）で、**ポンティフェクス・マクシムス**によって選ばれ終身その職にあった。儀式で重大な失敗を犯すか妻が死亡したときにのみ、その地位を失った。前11年、アウグストゥス帝によってこの公職は復活した。

参考文献：Beard & North (eds.) 1990; Porte 1989, 83–85; Vanggaard 1988.

フラメン・ディウォルム flamen Divorum

ローマのパラティウム丘にあるディウィ神殿（ディウォルム神殿）で、ディウィ（神格化された皇帝およびその家族）の合同祭儀に奉仕する祭司（神官）。彼らは2世紀のローマにおいてその存在が知られるが、3世紀初頭以降の記録にはいっさい認められない。

参考文献：Fishwick 1987, 327.

フラメン・マルティアリス flamen Martialis

マルスの祭儀に、ただひとりで奉仕する大フラメン。10月15日におこなわれる「10月の馬」祭で馬を供犠する。**コンファッレアティオ**によって結婚した両親のもとに生まれた貴族（パトリキ）で、**ポンティフェクス・マクシムス**によって選ばれ終身その職にあった。祭儀で重大な失敗をおかすと辞任させられた。

参考文献：Beard & North (eds.) 1990; Vanggaard 1988.

フリアエ Furiae（またはディラエ Dirae「復讐の女神たち」、単数形 Furia）

ギリシアのエリニュエスまたはエウメニデスにあたるローマの女神たち。**地下世界**と同じようにこの世でも、罪を犯した人間を罰するため、神々の復讐［受けた被害に対する名誉回復・正義達成のための］をその人間に遂行するように指名された女性の精霊たち。ローマ最古の権威ある典拠によれば、フリアエは**ティシポネ**、**メガラ**、**アレクト**の3柱であった。だが**ネメシス**がときにフリアとされ、プルタルコスは**アドラスタ**をフリアとしてあげている。ここにいくらかの混同がみられる。なぜならアドラスタはアドラステアという別称をもつネメシスと同一の女神であると一般に受けとられていたからである。アドラスタがネメシスとは別の女神であるとみなされていたかはあきらかでない。フリアエはときに**フッリナ**と混同された。

フリアガビス Friagabis

ハドリアヌス長城のハウスステッズ要塞で発見された碑文にしるされた、**アライシアガエ**（戦いの女神たち）のうちの1柱とみられる女神。

プリアプス Priapus

穀物の豊作と穀物を害から守ることをつかさどるギリシアの神（ギリシア名プリアポス）で、［小アジアのランプサコス（現在のトルコ北西端、チャナッカレ海峡沿岸にあった古代ギリシアの植民市）で信仰されていた］この神の祭儀はイタリアに広がった。この神の影像は地方ではありふれた姿であったようだが、後世になると畏敬の念というよりはむしろ（いまもなお神格として扱われているが）楽しんでみられるようなものになり、まず第一に庭をつかさどる神となった。この神の象徴はファロスであり、この神の2番目の役割は、ファロスがお守りとして、とくに邪視から護る魔除けとされていたこともあって、この男根崇拝の象徴をさらに一般的にもちいられるものへとむすびつけていったので

あろう。一般的にプリアプスはけたはずれに大きい生殖器をもった小柄な、またあるときには不格好な男の姿で表現された。いくつかの神話によればプリアポスは**ディオニュソス**の息子であるとされ［母は土地のニンフかアプロディテであったという］、ディオニュソスの儀式の一環として崇拝されることもあった。
参考文献：Hammond & Scullard (eds.) 1970, 876; Johns 1982, 50-52.

ブリガンティア Brigantia

ケルトの女神。ブリテン島で発見された碑文により知られる。ブリガンテス族［古代ローマの属州ブリタンニアの北部に移住していた古代ケルト系の1部族］の守護神であったと思われる。ブリガンティアは、ローマの女神**ウィクトリア**と同一視されることもあった。ハドリアヌス長城の北にあるビレンスの要塞の浮彫にブリガンティアの姿が彫刻されている。この浮彫のなかでは、ブリガンティアは、城壁冠をかぶり有翼の女神として描かれている（翼は通常ウィクトリアに関連する）。また、ブリガンティアは、**ミネルウァ**と同じようにこの女神の象徴である槍と盾を持ち、ゴルゴンの頭が飾られた**アイギス**を装着している。ブリガンティアの配偶神である**ブレガンス**への奉納碑文がひとつ、イギリス、ウエストヨークシャーのスラックで発見されている。
参考文献：Henig 1986, 161; Jones & Mattingly 1990, 277. 280.

ブリクシアヌス Brixianus

ケルトの神。ローマの神**ユピテル**とむすびつき、**ユピテル・ブリクシアヌス**として崇拝された。

ブリクタ Bricta

ケルトの女神。ケルトの神**ルクソウィウス**の配偶神である。フランスのリュクスイユで発見された複数の碑文に登場する。ブリクタとルクソウィウスの夫婦神は、リュクスイユにあった温泉の神であり、リュクスイユでは

ほかの神々も祀られていたことが知られている。ブリクタにかんしては、ほとんどなにもわかっていないが、アイルランドの女神ブリギッドと関連があるとする説もある。ブリギッドはアイルランドがキリスト教化されたのち（5世紀頃）には、聖女ブリギットとして崇拝された。
参考文献：Green, M. J. 1992a, 50.

ブリトナ Pritona

ケルトの女神リトナの別称。

ブルウィナル pulvinar（複数形pulvinaria、神々の像をのせる褥（しとね）つき台座）

これはクッションまたは褥がおかれた横臥できる公式の宴会あるいは食事用長椅子であり、宗教的行列（ポンパ）を終えたのち、神々に献上する宴、すなわち**レクティステルニウム**、および神々のためにおこなわれる競技会やその他の儀式のあいだ、神々の像または神々の象徴がその上に安置され、神々がそれらの祝典に参列されたことを明白にするものである。このならわしは食事のさい腰掛けにもたれかかるというギリシア人の慣習を反映している。このならわしは第2次ポエニ戦争ののちローマ人によってとり入れられたものである。野外劇場、円形劇場・闘技場、および神殿にはこの台座のために空間あるいは特別席が常設されているところもあった。複数のプルウィナルが常設されているのはローマではまれであったが（アウグストゥス帝が**大競技場**に設置したもののみが知られている）、あるとすればおそらく神殿のなかであろう。
参考文献：Richardson 1992, 85, 322.

フルゴラ Fulgora

稲妻をつかさどるローマの女神。

プルデンティウス・クレメンス
Aurelius Prudentius Clemens

アウレリウス・プルデンティウス・クレメンス、348-405、キリスト教を主題にした詩

人。ヒスパニアのサラゴッサ出身。修辞学を学び、法律家となり、公職をえたが、392年キリスト教を主題にした作詩家に転じた。彼の詩歌には基本的な叙情詩歌『カテメリノン』（*Cathemerinon*、勝利のための賛歌）もふくまれており、そのなかから抜粋されたものが今日もなお歌われている。『ペリステパノン』（*Peristephanon*）はヒスパニア、アフリカ、そしてローマのキリスト教殉教者たちをほめたたえる詩歌を集めたものである。『アポテアシス』（*Apotheasis*）はキリストの神性と三位一体の本質にかんするもので、その長さは1000行以上になっている。彼の『魂の葛藤』（*Psychomachia*）は、美徳と悪徳とのあいだの葛藤についての寓意的叙事詩であり中世にはたいそう評判になった。このほかの作品としては『シュンマクスに反対して』（*Contra Symmachus*）2巻があり、多神教信仰と多神教徒の執政官クイントゥス・アウレリウス・シュンマクスに対して事の次第を立証しようとしている。
参考文献：Hammond & Scullard（eds.）1970, 893.

プルト Pluto

プルトン Pluton またはプロウトン Plouton のラテン語名。ローマの神ディスと同一視されているギリシア神ハデスの異名。

ブレガンス Bregans

ケルトの神。ケルトの女神ブリガンティアの配偶神である。イギリスのウエストヨークシャーのスラックで出土した、ただひとつの碑文によって知られる。
参考文献：Jones & Mattingly 1990, 277, 280.

プロウィデンティア Providentia

先見をつかさどるローマの女神。この女神は、将来おこる事象の改変や創出が可能な能力、すなわち「先見の明」を擬人化した神である。プロウィデンティア・アウグスタに献納された祭壇が1基ローマにあった。
参考文献：Richardson 1992, 322.

プロウトン Plouton（またはプルトン Pluton、ラテン語ではプルト Pluto）

ローマの神ディスと同一視されたギリシアの神ハデスの異名、「富める者」の意。

プロセルピナ Proserpina

種子の発芽と地下世界をつかさどるローマの女神。ギリシアの女神ペルセポネと同一視される。この女神の名前は「ペルセポネ」をまちがって発音したものであった。女神はディスの妻であり、ケレスの娘である。前249年および前207年に元老院が地下世界の神としてディスおよびプロセルピナをしずめるため特別な祭礼をおこなうよう命じた。（→ディスとプロセルピナの祭壇）
参考文献：Hammond & Scullard（eds.）1970, 812.

プロナオス pronaos

神殿のケッラの正面にある張り出し玄関。ローマの神殿ではプロナオスには通常壁はなく、柱だけであるから閉ざされてはいない。幅はケッラと同じぐらいである。

プロピュラエウム propyraeum（プロピュラエア propyraea と同じ、前門）

聖域の入口。通常は入念に仕上げられた柱と扉によって特徴づけられている。それは聖域の壁を越えて張り出していたり、ときには壁の内側に突き出していることもある。

プロミトル Promitor

貯蔵されている穀類がもち出されないように管理するローマの神格。ゆえにおそらく収穫物を配分する神格であろう。ファビウス・ピクトルによれば前3世紀末にケレスの祭司によって勧請されていたという。
参考文献：Ferguson 1988a, 853.

フロラ Flora

ローマの、花と春の女神。この女神への祭儀は早くからイタリアに広くゆきわたり、ラテン人、非ラテン人の別なく人びとに崇拝さ

れた。サビニ人の暦にはこの女神にささげられた月があるが、それはローマ暦の4月にあたる。フロラは、もとは樹に花を咲かせる神（花が咲かなければ実はみのらない）であったが、やがて花を咲かせるすべてのものをつかさどるようになる。ローマのアウェンティヌス丘に（「シビュラの書」の進言にしたがって建てられた）神殿があり、クイリナリス丘の北西の斜面にもうひとつ神殿があった。専属のフラメン（フラメン・フロラリス）がいて、フロラリア祭をおこなった。8月13日にもフロラの祭礼があった。詩人オウィディウスはフロラをギリシア神話とむすびつけ、クロリスとよばれるニンフとフロラを同一視した。

参考文献：Grimal 1986, 165; Hammond & Scullard (eds.) 1970, 442; Scullard 1981, 110-111.

フロラエ Florae

ウェヌシア［現ヴェノーザ。ホラティウスの故地］の暦で、5月3日をさす。この日は、大競技場の近くにあるフロラ神殿に関連するフロラリア祭競技会の最終日か、あるいはクイリナリス丘にあるもうひとつのフロラ神殿でおこなわれた式典に関連する日であったと思われる。

参考文献：Scullard 1981, 118.

フロラ神殿

前241年または前238年におきた干ばつのさいに、ローマ人は「シビュラの書」にうかがいをたて、ローマにフロラの神殿を建てるよう助言された。神殿は造営官のルキウスとマルクス・ププリキウス・マッレオルスによって建立された。大競技場の近く、アウェンティヌス丘の麓の斜面に建ち、4月28日に奉納された。アウグストゥス帝が修復に着手し、17年にティベリウス帝が完成させた。おそらく4世紀に、ときの執政官であった小シュンマクスによって修復されたのち、理髪師たちの集会の中心となったようである。この女神のもうひとつの神殿があったクイリナ

リス丘の北西の斜面は、タティウス［サビニ人の王で、ローマと戦い、のち和解してローマの初代王ロムルスと共同統治をおこなった］がフロラにささげたといわれる祭壇があった場所の可能性がある。

参考文献：Richardson 1992, 152; Scullard 1981, 110.

フロラ・マテル Flora Mater（母なるフロラ）

ローマの女神フロラの特性のひとつ。

フロラリア Floralia

農業祭であるフロラ祭（フロラリア）は、元来その日どりが移動可能な祝祭（フェリアエ・コンケプティウァエ）であったが、のちにアウェンティヌス丘のフロラ神殿の奉納日である4月27日（ユリウス暦4月28日）におこなわれるようになった。フロラリア祭によって穀物は良き開花を保証され、したがって収穫はすばらしいものになる、とされた。前173年までは穀物が不作であったりするとフロラリア祭の競技会（ルディ・フロラレス）は、おこなわない年もあった。競技会は平民造営官の責任の下で開催され、帝国時代には5月3日までの6日間つづいた。演劇で始まり、競技場での試合とフロラへの供犠で幕をとじた。競技場での催し物では野ウサギと山羊が解きはなたれ、エンドウ豆、インゲン豆、ルピナス（ハウチワ豆）などの豆類が観客席にばらまかれた。すべて豊穣を願ってのことである。祝祭の一部は夜間におこなわれた。多彩な衣装が慣例であった。売春婦たちがフロラリア祭を自分たちの祝祭とみなすようになると、競技会はいよいよ一般大衆、売春婦をひきつけ、サトゥルナリア祭よりもさらに放埒なものとなっていった。

参考文献：Scullard 1981, 110-111.

フロラ・ルスティカ Flora Rustica
（田園のフロラ）

ローマの女神フロラの特性のひとつ。

参考文献：Scullard 1981, 110.

プロルサ Prorsa

子どもたちの誕生をつかさどるローマの女神。おそらくポッリマと同じ神であろう。出産のさい最初に頭を現す子どもの加護を願って勧請される女神。(→カルメンティス)

参考文献：Richardson 1992, 72.

ベイッシリッサ Beissirissa

ケルトの神。**ユピテル・オプティムス・マクシムス・ベイッシリッサ**として、ローマのユピテル神と同一視された。

平和の神殿（パクス神殿）（図82）

ウェスパシアヌス帝が、内戦での勝利とユダエア征服を記念して建立した神殿。71年夏に着工され75年に奉納された。以前、肉市場（マケルム macellum）があった場所に建てられた。**テンプルム**すなわち聖域はおよそ110メートル×145メートルの矩形であった。既定の型にのっとった庭園として計画されたものでポルティコ（屋根つき柱廊）にとり囲まれていた。この聖域は、テンプルム・パキス、フォルム・パキス（平和のフォルム）、あるいはフォルム・ウェスパシアヌスとして知られていた。ポルティコのなか、南東側に位置する中心地にこの神殿すなわち**アエデス**があったが、そのアエデスは、6本の柱があるファサード（正面）、そしてその背後にはほぼ方形のケッラのある他の建造物（平和の図書館をふくむ）が配置されていた。このアエデスのなかにはイエルサレムからの戦利品の数々やネロ帝の黄金宮殿（ドムス・アウレア）からの数多くの宝物をふくむギリシアの有名な芸術家たちの手になる作品が陳列されていた。このフォルムは191年のコンモドゥス帝治下の大火ののち、セプティミウス・セウェルス帝によって修復された。それはローマでもっとも美しい建造物のひとつとみなされていた。

参考文献：Grimal 1986, 349; Hammond & Scullard (eds.) 1970, 793; Richardson 1992, 286-289.

図82　平和の神殿（パクス神殿）はフォルム・パキスの一角に位置していた。西側には他のフォルムが数カ所ある。この区域内にある主な宗教的建造物は、A＝ウェスパシアヌス神殿　B＝マルス・ウルトル神殿　C＝ミネルウァ神殿　D＝平和の神殿　E＝ウェヌス・ゲネトリクス神殿　F＝アントニヌス・ピウスとファウスティナ神殿である。

ヘカテ Hecate

　もとはギリシアの地下世界の女神で、魔法と呪文をつかさどった。よく四つ辻で崇拝され、3つ（ときに4つ）の顔または身体をもつ姿で表された。女神ラトナ（ギリシアの女神レト）の姉妹で、ローマの女神ディアナとも同一視されることが多い。
参考文献：Hammond & Scullard (eds.) 1970, 490.

ベス Bes（図83）

　エジプトの神。ときにはエジプトの主要な神であるイシス、セラピス、ハルポクラテスの3神と関連して崇拝された。ベス神は、結婚と出産をつかさどり、また悪霊や危険な野獣から人びとを守る神と考えられていた。ベスは、異常なほど大きな頭と顔貌をもつ小人というグロテスクな姿で表現されるのが一般的であった。
参考文献：Hammond & Scullard (eds.) 1970, 375.

ヘスティア Hestia

　ギリシアの炉（辺）の女神。ローマの女神ウェスタと同一視された。

ベダ Beda

　アライシアガエ女神のうちの1柱。ハドリアヌス長城出土の碑文にその神名をみることができる。

ベッロナ Bellona

　戦争をつかさどるローマの女神。ドゥエッロナ Duellona（ローマでの古いよび名）という名でも知られる。また、まれにベッロラ Bellola とよばれることもあった。ベッロナは本来、「力」を擬人化した女神であったが、やがてギリシアの戦争の女神であるエニュオと同一視されていく。また、マルスの妻あるいは妹とされることもあり、手に刀や槍あるいは松明を持ち、戦車をあやつる姿で表されることもあった。また、ときにマルスの配偶神であるネリオと同一視されることもあった。

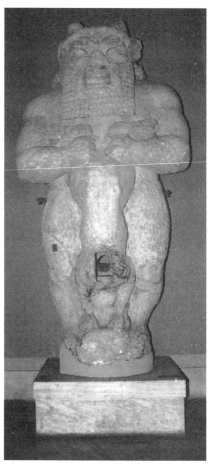

図83　キュプロスのアマトスにあったベス神巨像の複製（ローマ時代につくられた）。前6世紀。ベス神が、頭のない雌ライオンを後肢をつかんで持ちあげている。

カッパドキアの母神マーとベッロナはむすびつき、マー・ベッロナとして崇拝されていた。ローマでは、ベッロナ神殿はマルスの野にもうけられたマルスの祭壇の近くにあった（図31M）。またローマ市内には、ほかにも数ヵ所ベッロナを祀る神殿や聖所があったことが知られている。ベッロナの祝祭は、6月3日におこなわれた。

参考文献：Garcia Y Bellido 1967, 64-70
（Ma-Bellona）; Grimal 1986, 75-76; Hammond
& Scullard（eds.）1970, 164.

ベッロナ神殿

　ベッロナを祀る神殿は、対エトルリアと対
サムニウム戦のさなか、前296年にアッピウ
ス・クラウディウス・カエクスによって建立
が誓願され、それから数年後の6月3日に献
納されている。ベッロナ神殿は、ローマの**マ
ルスの野**にある**フラミニウス競技場**のなかに
ある、**マルスの祭壇**の近くにあったことが知
られている（図31M）。この神殿はローマの
城壁のすぐ外側（ポメリウム）にあったため、
元老院議員によって会合の場、とくに外国か
らの外交団や凱旋行進にのぞむ将軍を迎える
場として頻繁に利用された。神殿の前には、
小さなコルムナ・ベッリカ columna bellica
（戦争の柱）が立てられていた。外敵との戦
いを公式に宣言するさい、フェティアリス
（外交担当神官団）が、敵地に向けて、槍を
頭上高くこの柱のうえを超えるように投げる
という儀式がおこなわれた。この儀式は、す
くなくともマルクス・アウレリウス帝の時代
（161-180）まで存続したことが知られている。
アポロ・メディクス・ソシアヌス神殿（図
31N）のすぐ東でみつかった遺構こそが、
ベッロナ神殿であると考えられている。この
神殿はおそらく六柱式の神殿であり、コンク
リートとれんがをもちいた低い基壇のうえに
建てられていた。**ラレス・ペルマリニ神殿**が、
かつてベッロナ神殿であったと考えられたこ
とがあった。

参考文献：Nash 1962a, 202; Richardson 1992,
57-58, 94: Scullard 1981, 146.

ベッロナ・プルウィネンシス
Bellona Pulvinensis

　ローマの女神。ローマで発見された碑文に
登場する。碑文には、コッリナ門近くの木立
のなかにあった神殿にかんする記述がみられ
る。ローマの女神**ベッロナ**と同一視されてい
たプルウィネンシスは、おそらく東方起源の

女神で、カッパドキアの**マー**女神にあたる神
であったのであろう。

参考文献：Richardson 1992, 58.

ペナテス Penates（ディ・ペナテス Di Penates またデイ・ペナテス Dei Penates、貯蔵室の神々）

　ラレス（→ラル）とともに家庭の守り神と
みなされていたローマの神々。台所のとなり
の部屋すなわち食糧貯蔵室の精霊であり、ペ
ナテスの彫像は家々のアトリウム atrium［古
代ローマの住宅の中央広間］におかれていた。
これらの神々は、よくむすびつけられるロー
マの女神**ウェスタ**および**ラレス**とともに崇拝
されていた。各家庭では1人前の食べ物がそ
のつど食卓の脇におかれ、ペナテスの神々お
よびラレスのために炉の床に残る炎のなかに
投げこまれた。地下の塩貯蔵室にはペナテス
のため最初に収穫された果物の小さなお供え
がいつも卓上におかれた。毎月**カレンダエ、
ノナエ、イドゥス**にはこれらの神々にお供え
がささげられ、神々はことのほかあがめられ、
家の暖炉は花綱で飾られた。家庭生活のなか、
主だったいかなる行事にもペナテスおよびラ
レスへの祈りがかならず取り入れられ、10
月14日にはペナテスの祝祭がとりおこなわ
れた。家庭神ペナテスに対応する国家の神々
は**ペナテス・ププリキ**であった。［またこの
神は食糧貯蔵室の守り神ラルと同様、家その
ものの守り神としても信仰された。アエネア
スが陥落するトロイアから救い出しイタリア
にもたらしたことでも有名。］

参考文献：Dubourdieu 1989; Hammond &
Scullard（eds.）1970, 797-798.

ペナテス神殿

　ローマのウェリア丘上にあった神殿。その
位置はさだかではないが、おそらくハドリア
ヌス帝が建造した女神**ウェヌス・フェリクス**
と女神**ローマ・アエテルナ**の神殿があった高
台の下に位置していたと思われる。建造され
た年代は知られていないが、前167年落雷に
直撃されアウグストゥス帝がこれを修復した

ことが知られている。10月14日はこの神殿の修復完了日かあるいは奉納日のいずれかであった。64年のネロ帝治下の大火で焼失したようである。
参考文献：Richardson 1992, 39, 289; Scullard 1981, 193.

ペナテス・プブリキ Penates Publici
（国家のペナテス）

家庭のペナテス（Di Penates）に対応する国家の神々。その祭祀はローマのウェスタ神殿とむすびつけられていたが、ウェリア丘にもペナテス・プブリキの神殿があった。
参考文献：Hammond & Scullard (eds.) 1970, 797-798 (under Penates); Richardson 1992, 39, 289 (under Penates Dei).

ベネディクトゥス、聖 Sanctus Benedictus
（ヌルシアのベネディクトゥス）

初期キリスト教修道院の創設者。480頃-543。聖ベネディクトゥスはイタリア中部のヌルシアの裕福な家庭に生まれた。529年に聖ベネディクトゥスは、イタリアの町カシヌムの郊外の山モンテ・カッシーノに修道院を設立、運営した。彼の修道生活に対する考え方は、「聖ベネディクトゥスの戒律」として知られる『修道士の戒律』（*Regula Manadhorum*）に書かれている。この「聖ベネディクトゥスの戒律」は、のちのベネディクト会会則の根本となった。

図84　イタリアのポンペイ、ウェッティ家にあるラルの神棚（ララリウム）。この壁画には家長のゲニウスの姿が2柱のラル神［古代ローマの（家庭、道路、海路などの）守り神］のあいだにみてとれる。その下には、火炉を守護する蛇。

ヘパイストス Hephaestus

　ギリシアの火の神。とくに鍛冶屋の火の神。ローマの神**ウルカヌス**と同一視された。

蛇 serpens（あるいは有毒な大きい蛇）
（図84）

　古代ギリシア・ローマ思想（ほとんどすべての多神教のそれ）において蛇は恵み深く、治癒の力をもつ「善の守り神」つまりアガトス・ダイモン Agathos Daimon であると考えられた。蛇は厄除けや、予言者的な特殊な能力をもつ価値あるものとされ、また豊穣や治癒の神たちおよび**地下世界**の霊魂たちと長きにわたるむすびつきをもつものとされた（このことについては、地面や岩のさけ目から自由自在に姿を消したり現れたりする蛇の能力により疑う余地はなかった）。蛇の年ごとの脱皮は永遠の再生を表す象徴であり、また若返りと新たな健康をとりもどす力の象徴として広くゆきわたった説得力のあるものであった。蛇はさまざまな神たちとともに表現された。なかでもとくに**アエスクラピウス**とむすびつけられることが多かった。この神は**ヒュゲア**と同じようにしばしば蛇が巻きついた杖を持っていた。ギリシアのエピダウロスの聖域ではアスクレピオス（アエスクラピウス）にささげられた、人に害をあたえない蛇の一種、すなわち学名 *Elaphe longissima longissima* が発見された。アスクレピオスの祭儀ではときには蛇が仲介者となり神の治療がほどこされることがあった。新しい聖所が建設されるとエピダウロスから神を象徴するものとして蛇が送られた。前293年にローマで伝染病が流行したさいには、アスクレピオスの聖なる蛇が神の化身としてエピダウロスからローマへ送られた（図2）。その蛇はこの伝染病、ペストの勢いをしずめるのに役立ったようである。そののちこの蛇の居所としてティベリス島が選ばれそこに神殿が建てられた。

　蛇はこのほかにも他の治癒の神たちとむすびつけられた。たとえば危害をくわえない蛇はローマのボナ・デア・サブサクサナ（→ボナ・デア）神殿の境内を自由にはいまわるこ

とが許された。絵画のなかでは蛇はまたゲニウスを象徴するものとして描かれた。両端が蛇の頭を模して作られた腕輪は、同じように蛇が巻きつく細工がほどこされた指輪とともにローマの宝飾品のなかではよくもちいられ、人気のある品目のひとつである。キリスト教は蛇の概念を一変させ、蛇は人びとの敵であり邪悪で悪の権化であるとした。

参考文献：Brouwer 1989, 340-348（in relation to Bona Dea）; Green, M. J. 1992b, 182-183, 224-230; Jackson 1988, 142-143; Tudor 1976, 219-224.

ヘベ Hebe

　「思春期」と「若さにあふれた美」を擬人化したギリシアの女神。ローマの女神**ユウェンタス**と同一視される。

ヘラ Hera

　女性の結婚と生活（とくに性生活）をつかさどるギリシアの女神。**ゼウス**の妻で、ローマの女神**ユノ**と同一視された。

ヘラクレス Heracles

　ギリシアの英雄。神として崇拝されることもある。ローマ人には**ヘルクレス**神として崇拝された。

ベラトゥカドルス Belatucadrus

　ケルトの戦い神。「ベラトゥカドルス」とは、「晴天の輝き」を意味する。この神の名称は、ハドリアヌス長城の近辺で発見された28の碑文にみることができる。この神の名前は、じつにさまざまなつづりでしるされる。Balatocadrus, Balatucadrus, Balaticaurus, Balatucairus, Baliticaurus, Belatucairus, Belatugagus, Belleticaurus, Blatucadrus, Blatucairus は、いずれも通常ベラトゥカドルスという名称が変化したものと考えられている。しかし、この神は通常 Belatucadrus としるされることがもっとも多いのでこの神はベラトゥカドルスとして言及されている。5つの碑文のなかで、ベラトゥカドルスは、**マルス・ベラトゥカドルス**として、ローマの

ヘリオス

神マルスとかさね合わされている。この神にささげられた祭壇は、ふつう小さく地味で、簡素であり粗末なものであったり、名称のつづりにばらつきがあったりすることから、この神は読み書きの能力が低い、下層階級の人びとによって崇拝されていたと考えられる。
参考文献：Coulston & Phillips 1988, 55; Fairless 1984, 225-228: Green, M. J. 1992a, 42; Ross 1974, 235-236, 466-467.

ヘリオス Helios

ギリシアの太陽神。ローマの神ソルと同一視された。

ベル Bel 　（「主」を意味する）

シリアの天空神であり、ゼウスやローマの神ユピテルとむすびついた。おそくとも32年頃までには、シリアのパルミラで、ベルは、土着の神アグリボルとイアルヒボルとともに三神一組として考えられるようになっていた。またときには、ベルは、ネルガルやアスタルテ、バアル・シャミンと関連づけられることもあった。ベル、イアルヒボル、アグリボルの三神一組の神として、ローマでも崇拝された。
参考文献：Teixidor 1969, 1-18.

ペルガモンのアエスクラピエイウム
（図3、85）

ペルガモン（現在のトルコ）にあったアエスクラピウスの治療の総合施設。市外の谷間にあり、前4世紀に創建されローマ時代を通して存続した。2世紀にはもっとも人気のある施設となった。ここには聖なる劇場やさまざまな神殿が併設されており、主な神殿はゼウス・アエスクラピウスに奉納されたもので、ローマにあるパンテオンをモデルに設計されたという。アエスクラピウスはギリシア神ゼウスと同一視されることもあった。アエスクラピエイウムは253年から260年のあいだのいずれかの年に地震によって壊滅し、その後再建されることはなかった。ローマ時代にはペルガモンの治療の聖域はもっとも重要な地位をしめていたため多くの情報をアリスティ

図85　現在のトルコ、ペルガマに位置するペルガモンのアエスクラピエイウム。中庭越しに北東を眺望。左手に劇場、中心に聖なる泉の水源がある。

デスの著作から知ることができる。
参考文献：Jackson 1988, 153-157.

ベルグシア Bergusia

ケルトの女神。ケルトの神ウクエティスの配偶神。ガリアのアレシア（現在のフランス、コート・ドール県のアリーズ・サント・レーヌ）で発見されたふたつの碑文に登場する。同じ遺跡から出土した夫婦神の像は、ベルグシアとウクエティスであるかもしれない。女神像は富の女神として表現されており、いっぽうの男神像は槌（ハンマー）をにぎっている。碑文のひとつは大型の青銅製容器に刻まれたもので、この青銅製容器は、巨大な建築遺構の地下室から金属工業とのかかわりを示す鉄片や青銅片とともに発見された。このことからこの建物は手工業者組合の所有であったと解されている。地下室は、ベルグシアとウクエティスを祀るための聖所であったかもしれない。ベルグシアとウクエティスはおそらく手工業者の守り神として、また繁栄の神として崇拝されたと思われる。
参考文献：Green, M. J. 1992a, 43, 217.

ヘルクレス Hercules（図86）

ギリシアの英雄ヘラクレスのローマ名。商業の神、勝利の神（ヘルクレス・インウィクトゥスまたはウィクトル）として崇拝された。大食漢という評判どおり、ヘルクレスへの供犠にはなんの制限もなかった。なんでも食べ、なんでも飲んだ。ヘルクレスにささげられた神殿は、ヘルクレス・ポンペイアヌス、ヘルクレス・クストス、ヘルクレス・インウィクトゥス、ヘルクレス・ウィクトル、ムーサイのヘルクレスなどローマには無数にあり、その多くは円形であった（図87）。ヘルクレス・インウィクトゥスの祭壇（アラ・マクシマ）もあり、そこでは誓約がなされ商取引が成立した。ヘルクレスはフェニキアの神メルクァルトと同一視されることがある。またいくつかのケルト神の名とむすびつけられたが、もっともよく知られている名前がヘルクレス・マグサヌスである。ガリア・ナルボネンシスではヘルクレス・イルンヌスおよびヘルクレス・オグミオス（→オグミオス）とよばれ、イギリスのシルチェスターではヘルクレス・サエゴンとよばれた。イギリス、ドーセット州、サーン・アッバスの「サーン・

図86 イギリスのラミアット・ビーコンで発見されたヘルクレスの青銅像。肩に斜めがけしたライオンの毛皮以外なにも身につけていない。葡萄酒の杯を右手に、棍棒を左手に持っている。
サマセット州立博物館

ヘルクレス

アッバスの巨人」として知られる白亜の丘に刻まれた像（ヒル・フィギュア）は、おそらくローマ時代のブリタンニアで制作されたヘルクレスの肖像であろう。
参考文献：Grant 1971（includes myths of Hercules）; Green, M. J. 1992a, 118; Scullard 1981, 157; Simon 1990, 72-87.

ヘルクレス・イルンヌス Hercules Ilunnus

ケルトの神イルンヌスがローマの神ヘルクレスとむすびつけられてヘルクレス・イルンヌスとなった。ガリア・ナルボネンシス（フランス、プロヴァンス）で崇拝された。
参考文献：Green, M. J. 1992a, 118.

ヘルクレス・インウィクトゥス Hercules Invictus（不敗のヘルクレス）

しばしば**ヘルクレス・ウィクトル**（勝利のヘルクレス）ととりちがえられたか、またはこの神と融合した神。ローマにはこの2神のどちらかに献納された神殿がいくつかあったが、古代の著述家たちは同一の神殿がどちらかの神に、あるいはこれら2神に属する場合があるとした。祝祭日は8月12日と13日。
参考文献：Richardson 1992, 186-189; Scullard 1981, 171.

ヘルクレス・ウィクトル Hercules Victor（勝利のヘルクレス）

この特性をもつローマの神ヘルクレスは、**ヘルクレス・インウィクトゥス**（不敗のヘルクレス）とよく混同される。

ヘルクレス・ウィクトル神殿（図87）

ローマでは数多くの神殿がヘルクレス・ウィクトルにささげられたが、残存するラテン語テキストの解釈、建築学的証拠、また残された碑文の解釈の困難さから、それらの位置選定にはさまざまな見解がある。ひとつは**フォルム・ボアリウム**に、いまひとつはトリゲミナ門近く（やはりフォルム・ボアリウム内）にあったという。後者については献納日

図87　テヴェレ川の河畔、フォルム・ボアリウム（牛の広場）にある円形の、おそらくヘルクレス・ウィクトル神殿。かつてはウェスタ神殿と考えられていた。

が8月13日であったこと以外ほとんどなにもわからない。

フォルム・ボアリウムに建っていたヘルクレス・ウィクトル神殿には、画題はわからないが、詩人パクウィウス［前220頃-前130頃。ローマの悲劇作家で画家。エンニウスの甥］が描いた絵があったことが知られている。円形神殿であったらしく、教皇シクストゥス4世（在位1471-1484）のもとで発掘、破壊された神殿はおそらくこの神殿であった。そのとき、金箔をほどこした祭儀用の青銅像が発見された。発掘された神殿の復元図が、のちにバルダッサーレ・ペルッツィによって作成された（1503-1513）。神殿はちょうどサンタ・マリア・イン・コスメディン教会の北東にあり、おそらく前190年か前180年代にティトゥス・クィンクティウス・フラミニウスまたはアエミリウスという人物（この神殿の建設者として論議されているスキピオ・アエミリアヌスではなく）によって建立されたと思われる。神殿はヘレニズム様式の円形で、低い階段状の基壇（ポディウムpodium）の上に立つ柱が、大理石造りの円形のケッラを取り巻いている。ギリシア人建築家の設計であろう。周年祭は6月29日か12月21日であった。6月29日は、前31年の大火後の再建と関係があると思われる。

もうひとつのヘルクレス・ウィクトル神殿の建立が前145年、ルキウス・ムンミウスによって誓願された。それはおそらくローマのカエリウス丘にあったと思われる。前145年の対アカイア戦にムンミウスが勝利したのち、そして彼が監察官職につく前142/141年以前に献納された。ふたつの碑文だけがその証拠としてあるが、この神殿はいまだ発見されていない。

もうひとつ、テヴェレ川を見下ろして、大理石造りの円形神殿が現存する（図87）。フォルム・ボアリウムの近く、ローマ市壁のすぐ外側にある市の港町にあった。今はサンタ・マリア・イン・コスメディン教会の向かいになる。以前はウェスタ神殿として知られていたが、ときにヘルクレス・ウィクトル

（またはインウィクトゥス）神殿と同一視され、またヘルクレス・オリウァリウス神殿としても知られていた。ヘルクレス・オリウァリウス神殿は同じ地域にあったとされているが、この同一視説はそれほど受け入れられていない。
参考文献：Palmer 1990; Richardson 1992, 188-189; Scullard 1981, 171-172.

ヘルクレス・クストス Hercules Custos
（管理者ヘルクレス）

またの名をヘルクレス・マグヌス・クストス（大管理者ヘルクレス）として知られる神。6月4日が祝祭日。ローマでは**フラミニウス競技場**にその神殿があった。
参考文献：Richardson 1992, 186; Scullard 1981, 146.

ヘルクレス・クストス神殿

この神殿は**フラミニウス競技場**の西端にあった。おそらく前218年のハンニバルの対ローマ戦初勝利のあと、敗れたローマが「**シビュラの書**」の指示にしたがって建立した神殿であろう。献納式は6月4日におこなわれた。スッラによって建立、というより再建されたと思われる。この神の祭儀および神殿の建築様式についてはいっさい不明である。
参考文献：Palmer 1990; Richardson 1992, 186; Scullard 1981, 146.

ヘルクレス・サエゴン Hercules Saegon

ローマの神ヘルクレスとむすびつけられたケルトの神。イギリス、シルチェスターで発見された碑文から知られた。「サエゴン」は、「勝利の」を意味するセゴモ Segomoの別形かもしれない。
参考文献：Green, M. J. 1992a, 118.

ヘルクレス・サクサヌス Hercules Saxanus
（岩のヘルクレス）

石切り工の守り神としての**ヘルクレス**にあたえられた名称。

ヘルクレス

ヘルクレス神殿

　ローマ、コッリナ門の外側、すなわち、前211年ローマに向け進軍するハンニバル［前247-前183。生涯ローマと戦いつづけたカルタゴの勇将］がローマに最接近した地点にこの神殿があったという。その場所はまだつきとめられていない。ティベリス川の左岸、アエリウス橋の近くで、もうひとつの神殿がみつかった。それは小さな円形神殿で、ヘルクレスかリベルに献納されたと思われる。
参考文献：Richardson 1992,185.

ヘルクレス・トリウムファリス Hercules Triumphalis（凱旋するヘルクレス）

　ローマの神ヘルクレスのこの特性をあらわす像はローマのフォルム・ボアリウムに、おそらく凱旋の道筋にそって立っていた。勝利を祝うとき、この像には勝利の衣（凱旋式用の衣裳）が着せられた。伝承ではこの像はエウアンドロスであるとされている。
参考文献：Richardson 1992, 188; Scullard 1981, 215.

ヘルクレス・ポンペイアヌス神殿

　ローマにあるこの矩形の神殿は、ポンペイウス（グナエウス・ポンペイウス・マグヌスつまり大ポンペイウス。前106-前48）によって再建されたかまたは創建され、8月12日に献納された。大競技場の近くにあったようである。テラコッタか青銅製の彫刻で飾られた木製の屋根をもつアルカイック様式の建物であった。サンタ・マリア・イン・コスメディン教会の地下部分に残った遺跡はこの神殿跡かもしれない（神殿は教皇ハドリアヌス1世［在位772-795］がサンタ・マリア教会を再建、拡張したときに破壊された）。アラ・マクシマの近くにあり、ヘルクレス・インウィクトゥス神殿としても知られていたようだが、確証はまったくない。
参考文献：Richardson 1992, 187-188.

ヘルクレス・マグサヌス Hercules Magusanus

　ローマの神ヘルクレスとむすびつけられたケルトの神。ヘルクレスとむすびつけられたケルトの神々のなかで、もっともよく知られている神。北東ガリアで発見された11点の奉納品から知られた。
参考文献：Green, M. J. 1992a, 118.

ヘルクレス・マグヌス・クストス Hercules Magnus Custos

　ヘルクレス・クストスの別称。

ペルセポネ Persephone

　ゼウスとデメテルとの娘でギリシアの女神。コレとしても知られる。ローマの女神リベラおよびプロセルピナと同一視された。しかしラテン語の碑文のなかにもペルセポネ自身の名前で加護を祈るものもある。
参考文献：Hammond & Scullard（eds.）1970, 812（under Phersephone）.

ヘルメス Hermes

　神々の伝達者であるギリシアの神。ローマの神メルクリウスと同一視された。

ヘルメス・デウォリス Hermes Devoris

　ギリシアの神ヘルメスにむすびつけられたイベリアの神。ポルトガル北部のシャベス付近で発見された祭壇の碑文から知られた。ガイウス・ケクサエキウス・フスクスがこの祭壇を献納した。彼がスペインのタラゴナで発見された碑文にあるフラメンと同一人物であるならば、シャベス近くの祭壇は2世紀後半のものとなろう。
参考文献：Tranoy 1981, 302.

ヘレクラ Herecura

　ドイツ、シュツットガルトで発見された碑文からわかったケルト・ゲルマニアの女神。アエリクラと同一視された女神であろう。
参考文献：Espérandieu 1931, nos. 347, 564.

ベレヌス Belenus

ケルトの神。ときにはギリシアの神アポロンと同一視された。「ベレヌス」とは、ケルト語で「明るい」、「光輝く」を意味する。ベレヌスはケルトの重要な太陽神でありまた治癒をつかさどる神であった。また、この神は馬との関連が深く、馬形の土製品が奉納されることがあった。5月1日におこなわれていたベルティネ祭とよばれるケルトの太陽の光輝を祝う祭りと関係があったと思われる。ベレヌス崇拝は、古代の著述家たちによって記録が残されている数少ない祭儀のひとつである。アウソニウス[『ブルディガラの教師たちの回想録』]やテルトゥッリアヌス[『護教論』(Apologeticus)第24章]そしてヘロディアヌスが、ベレヌス崇拝にかんする記述を残している。[アドリア海北岸のアクイレイアのローマ遺跡の近くから、多くの碑文が発見されている。]また、ブリテン島からベリヌス Belinus と書かれた碑文が発見されているが、おそらくブリテン島では、ベレヌスをベリヌスとよんでいたのであろう。

参考文献：Bourgeois 1991, 33; Green, M. J. 1992a, 30-31; Ross 1974, 472.

ヘレルヌス Helernus

ローマの、おそらく**地下世界**の神。名称については確実性に欠ける。エレルヌスまたはアウェルヌスの可能性もある。2月1日、自身の聖なる森で礼拝された。その森はローマのパラティウム丘の下、ティベリス川のほとりにあったと思われるが、この神についての詳細はわからない。

参考文献：Scullard 1981, 72.

ポイニヌス Poininus

ローマの神**シルウァヌス**と同一視されたケルトのある地方の、あるいはおそらく、トラキアの神であろう。この神はブルガリアのトゥルノヴォで発見された碑文によって知られている。ポイニヌスはケルトの神**ポエニヌス**と同一神という可能性がある。

参考文献：Dorcey 1992, 75.

ポイボス Phoebus（輝ける者）

ギリシアの神アポロンにささげられた敬称。この神はローマではポエブス・アポロとよばれ、太陽神とみなされた。

ボウディナ Boudina

ケルトの母神。ドイツのマンデルシャイトで発見された碑文に登場する。

参考文献：Wightman 1970, 226.

図88 マルス・アラトル神に奉納された銀箔がほどこされた奉納板あるいは奉納葉。イギリス、ハートフォードシャーのバークウェイで発見された。

ホウノウハ

奉納板（図88）

多くの奉納物は銀（ときには銀箔がほどこされた）、金、あるいは青銅製の板の形をとった（図114）。これらには装飾がほどこされ、奉納の銘文が刻まれた。これらの奉納板のあるものは葉形（奉納葉）、あるいは羽根形（奉納羽根）をしており、いくつかの板には三角形の取っ手（アンサエansae）が各面に取り付けられていた。奉納葉や奉納羽根は、多くの場合、小さな穴が本体部分にあけられており、この穴を使って釘で打ち付けられたり、ここに紐を通してつりさげられたりした。いくつかの奉納板には、神々を表すもの（肖像など）および、または、銘文が付されていた。ローマ時代のブリタンニアからは、キリストのしるしキーローの両脇にギリシア文字のアルファAとオメガΩを配した奉納板が複数発見されている。

参考文献：Bourgeois 1991, 113-204; Henig 1993a; Toynbee 1978.

奉納物 ex-voto（誓願のための奉納物）
（図89）

誓願が成就したのちにおこなう供犠の1形態（ただし、奉納物は神からあたえられる恩恵を期待して前もってささげられることもあった）。これらは神々への長もちのする進物であり、「誓願のための奉納物」ともよばれた。これらは、神殿、記念門や祭壇といった大きなものから、小さなコインや小立像にいたるまで、大きさもまたその価値もさまざまであった。これらは通常、奉納板や祭儀用具とともに神殿に奉納されたり、聖なる泉、噴水、深い穴などに納められたりした。宗教遺跡の発掘調査では、遺物は偶然に失われたものなのか意図的に奉納されたものなのかを区別することは容易ではない。一般に奉納物は意図的に破壊されたり、毀損されたり、また金属器は折り曲げられたりするし、コインは曲げられたり、表面が削り取られたりしている。ということは、ちょうど神々にささげる動物が犠牲として殺されるように、物品を犠牲としてささげるための「殺す」行為の一環であろうと考えられる。奉納物はおそらく神殿の内部におかれたか、壁に掛けられたと思われる。神殿の内部が奉納物でいっぱいになると、定期的に清掃されて、奉納物は運び出されたはずである。とりわけ安価な「誓願のための奉納物」は小さな部屋か建物にまとめてつめこまれたり、あるいは聖なる穴に埋められたにちがいない。これらの奉納物は神々の所有物であったから、破棄されることはなかった。

奉納物はあらゆる素材で作られた。より腐りやすい物の多くは後代までは残存しなかったであろう。たとえば、木製の小彫像や小立像はほとんど知られていないが、これらはごく普通の奉納物であったと思われる。奉納物として特別に作られた品々は、人びとからとりわけ重要視されていた神殿や聖所にある店で販売されていて、他の場所から輸入されたものもいくつかあった。たとえば、土製の小立像はガリアやライン河流域からブリタンニアへ輸出されていた。通常販売されていた品々としては、石製の浮彫（レリーフ）、青銅製の小立像、奉納板、青銅製書簡、縮小模型（ミニチュア）などがある。神々や女神たちを描いた石製浮彫には、銘文が追加できる余地がもうけられているものもあった。釘穴のある青銅製書簡（いくつかは金箔が張られていた）は、おそらく木製の板にとりつけて銘文とするためにもちいられたと思われる。

図89　イギリス、ラミアット・ビーコンから発見された2個の土製小壺。これらはおそらく奉納物として納められたものだろう。高さ約6センチメートル。　　　　　　　サマセット州立博物館

多くの奉納物は窯業製品であった。これらの製品には、ミニチュアまたは模型の土器、ランプ・灯明皿、ランプのおおい、さらに小立像や香炉などがふくまれていた。青銅、銀、黄金製の指輪やブローチは、一般に奉納物としてよく使われた。またコインや貴金属製の進物もあった。たとえば、イギリスのバースの聖なる泉からは12000枚ものコインが発見されている。聖所や神殿に奉納された価値の高い古美術品の記録もある。これらすべては、神々に奉納物をささげるという象徴的な行為であるが、崇拝者たちが、実際に所有するみずからの富の一部を手放すことによって、その行為をさらに崇高なものとしたのである。食物の奉納物はごくありふれたものであっただろう。**人体部位模型奉納品**はとくに治癒にかかわる聖所で多く発見されている。（→**誓願、奉納板、模型**）
参考文献：Bourgeois 1991, 113-204; de Cazanove 1993; Hassall 1980; Henig 1993a; 1993b; Merrifield 1987, 22-57; Woodward 1992, 66-78.

ボエティウス Boethius

アニキウス・マンリウス・セウェリヌス・ボエティウス（480頃-524）。哲学者にしてキリスト教神学者。4-5世紀に国政にたずさわる多数の要職者を輩出した名家の出身で、テオドリック大王［489年オドアケルを破り、493年までにはイタリア全土を支配。東ゴート王となる。在位493-529］の寵愛を受け、510年に執政官に、その10年後にはマギステル・オフィキオルム magister officiorum（内務長官）に任命される。しかし、523年に謀反を疑われ、翌年処刑される。彼はパヴィアの地に埋葬されたが、キリスト教の殉教者とみなされ聖セウェリヌスとして列聖された。彼の存在の重要性は、古代世界においてラテン語を話しながらもギリシア語に精通した最後の学者であったことに由来する。彼の著作のいくつかが現存している。とくに5巻からなる『哲学の慰め』（*De Consolatione Philosophiae*）は有名。この著作はボエティウスが獄中で書いたもので、ボエティウスと擬人化された「哲学」との対話形式をとっている。
参考文献：Hammond & Scullard (eds.) 1970, 171.

ポエニヌス Poeninus

ケルトの神。**ユピテル・ポエニヌス**として**ユピテル**と結合している。ポエニヌスは**ポイニヌス**と同じ神という可能性がある。
参考文献：Dorcey 1992, 75; Green, M. J. 1992a, 127.

墓所（図90、91）

火葬または**土葬**に付された死者のための埋葬場所。そこで死者は生きつづけると考えられた。富者の場合には一定の手順にしたがった埋葬がおこなわれ、墓所は神聖な場所とされた。ローマ人は皇帝の墓所を表すのにモヌメントゥム monumentum という言葉を使ったが、やがて**マウソレウム**という言葉を多く

図90　シリア、パルミラのヤルハイ地下墓［ヤルハイ家の家族墓］からみつかったアテ・アクアブという名の人物の墓石。地下墓の埋葬小部屋（ロクルス loculus、複数形ロクリ loculi）は男女の縦長の胸像で封じられていた。

ホシヨ

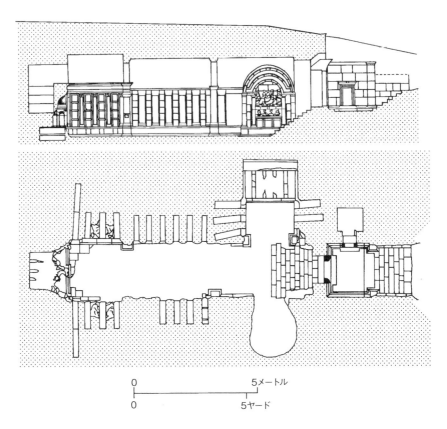

図91 シリア、パルミラのヤルハイ地下墓の立面図（上）と平面図（下）。死者のための墓室（ロクリ）をともなう岩をうがった長い通路からなる。ロクリを封じる死者の胸像が刻まれた石板が数枚みつかった。名前が書かれているものもある。地下墓は108年、ヤルハイによってつくられた。全部で219体おさめられるが、満室になる前に使用は中止された。

使うようになった。ローマ人にとってマウソレウムははじめ墓所をさすにすぎなかったが、しだいに建造物に内包されることもある記念碑的墓所をいうようになったのである。墓所はきわめて簡素なものから非常に豪華なものまで多岐にわたり、後者には内装に壁画が描かれたものさえある。そのさまざまな形や大きさは、納める棺や骨壺の数に適応するように作られた。多くの墓所は、すくなくとも四隅に標柱を立てるか、あるいは低い壁で囲むことによって境界を注意深く規定した区画であった。もっとも一般的な形は祭壇型、小神殿型、円形、塚（**トゥムルス**）である。しかしピラミッドや塔状の墓など、じつに多様な

形、大きさが考えられた。一般的な墓地においても、あるいはローマの市壁の外側の目立つ場所においても、上流階級の墓はガイウス・ケスティウスのピラミッド型の墓のように、しばしば見事な、ときには常軌をいっした記念碑で特徴づけられた。

2、3世紀には、家族が死者を神として遇することがきわめて一般的となり、墓は神殿風となった。とくに小アジア（現在のトルコ）南西部では、石棺を高い柱や基台の上にのせたり（図33）、神殿風墓所の内部に石製の寝椅子をおいたりする慣習があった。この地方には神殿を模したさまざまな形の墓が多数あるが、碑文によれば墓は神殿そのものというより「神殿風」であったという。墓をおおう大きな土盛り（墳丘、塚）もまた印象的な記念碑といえる。北方の属州でその例がよくみられる。岩をうがった墓所（ヒュポゲウム）もあった。のちになるとおもにキリスト教徒に使われたローマ時代のカタコンベがその例である。ローマでは葬儀組合や大所帯が、**コルンバリウム**とよばれる共同墓地に火葬後の遺骨を入れた骨壺を納めた。

墓の冒涜は刑罰の適用をうける犯罪で、おおくの墓には冒涜の結果を警告する文や呪いが刻まれていた。冒涜されたために、**死後の世界で死者の魂がなんらかの影響を受ける**のではないかということが、もっとも恐れられていたのだろう。（→**死者の埋葬**）

参考文献：Lattimore 1962（epitaphs on tombs, including curses）; Prieur 1986; Richardson 1992, 351-361（tombs in Rome）; Toynbee 1971.

母神（図92）

世話、養育、保護など母としての仕事、したがって「豊穣」、「繁殖」、「豊富」を擬人化した女神。ローマ人にとってはキュベレ女神が**マグナ・マテル**（大母神）として知られ、女神**ユノ**もしばしばさまざまな姿をとる母神として受けとめられた。とりわけケルト人は、母神をしばしば三神一組の神とするなど多様な形で崇拝した。ローマの碑文ではこれら女

図92　ハドリアヌス長城のキャラウバーグ要塞で発見された小祭壇。献辞はMATRIBVS（母なる女神）とのみ刻まれている。高さ24センチメートル。

神たちの名称の前に複数の前辞マトロナエ Matronae やマトレス Matres が添えられていることが多い。

参考文献：Bourgeois 1991, 21-25; Deyts 1992, 58-68; Green, M. J. 1984, 200-202.

ポストウェルタ Postverta

骨盤位（逆子）出産のさい、勧請されるローマの出産の女神。ポストウォルタとしても知られる。（→**カルメンティス**）

参考文献：Richardson 1992, 72.

ポセイドン Poseidon

もともとは地震と水をつかさどるギリシアの神。のちに海をつかさどる神とみなされるようになった。ローマの神**ネプトゥヌス**と、またときにはローマの神**コンスス**と同一視されていた。

参考文献：Hammond & Scullard (eds.) 1970,

ホセキ

866–867.

墓石

墓のしるし。多くの墓（土葬、火葬とも）は墓石と墓碑石板（ステラエ stelae、単数形ステラ stela）でそれとわかる。非常に変化に富むが、おおかたはなにかしら死者を思い出すよすがとなることや献辞が刻まれている。献辞には人びとの信仰がしばしば反映されている（→**墓碑銘**）。木製の墓標も墓石よりさらに多くあったと思われるが残存していない。
参考文献：Abdalla 1192; Lattimore 1962 (epitaphs on tombstones); Toynbee 1971, 245–253.

ポッリマ Porrima

出産をつかさどるローマの女神（**プロルサ**と同じ神の可能性がある）。出産にさいして胎児がもし最初に頭を現わすとこの女神に加護を祈った。（→**カルメンティス**）
参考文献：Richardson 1992, 72.

ポッルクス Pollux

カストルの兄弟。双子の**ディオスクロイ**のなかの１柱。

ポティティイ Potitii

前312年以前に**アラ・マクシマ**における**ヘルクレス**の祭儀の責任をになっていた祭司たち（**ピナリイ**とともに）。彼らは、もともとは共和政時代以前からの古い祭司氏族（ポティティウス Potitius 氏族）の一員であった。
参考文献：Jones 1990, 246; Warde Fowler 1899, 193.

ポティナ Potina

乳離れしたばかりの幼児の最初の飲み物を管理するローマの女神、ポティカとしても知られる。
参考文献：Grimal 1986, 231 (under Indigetes).

ボドゥス Bodus

イベリアの神。スペイン北部のレオン地方のヴィラデパロスで発見された奉納碑文にその名をみることができる。名称から戦いの神であるといわれているが、この神にかんしてはほとんど未詳である。
参考文献：Tranoy 1981, 297.

ボナ・デア Bona Dea（ボナ・ディア Bona Dia、ボナ・ディウア Bona Diua としても知られる）（図93）

ローマの大地の神、豊穣と多産の女神であり、もっぱら女性の崇拝を集めた。ボナ・デアは、**ファウヌス**の妻あるいは娘であるローマの女神**ファウナ**と同一の神と考えられていた。ローマ神話では、ファウヌスは、娘であるボナ・デアに恋をする。ファウヌスは葡萄酒で彼女を酔わせ、銀梅花（ミルテ）の杖で彼女を打ちすえるものの、それでもなお、ボナ・デアはファウヌスを拒絶する。そこでファウヌスは、姿を蛇に変え、ついに彼女と交わる。また別の伝承では、ボナ・デアはファウヌスの貞淑な妻で家事にひいでていた。しかし、葡萄酒で酔っぱらったボナ・デアをファウヌスは、銀梅花の杖で打ちすえて殺してしまう。やがて、ファウヌスは深く後悔し、ボナ・デアに神位をさずける。これらの伝説からは、なぜボナ・デアを祀る儀式で銀梅花が使われないのか、またなぜ銀梅花をボナ・デアの神殿に持ちこむことが禁止されているのか、その理由がわかる。また、**ヘルクレス**は、ボナ・デアを祀る儀式から追い出されたため、至高祭壇（**アラ・マクシマ**）でおこなう儀式を創設し、この儀式には女性がいっさい参加することができないようにしたといわれている（ヘルクレスのこの儀式に女性が参加できない別の理由については、**カルメンティス**の項目を参照のこと）。

ローマのアウェンティヌス丘には、**ボナ・デア・スブサクサナ神殿**があった。オスティアにもボナ・デアを祀る神殿が少なくともふたつあった。碑文が多く存在することから、ボナ・デアは、イタリア全土またローマの属

242

州でも人気があったことがわかる。ボナ・デアには、雌豚が犠牲としてささげられた。ボナ・デアの祝祭は、12月3日におこなわれた。この祝祭は、この女神の神殿においてではなく、ローマの政務長官の邸宅の一室で、**ウェスタの聖女たち**にともなわれた政務長官の妻によってとりおこなわれ、女性のみが参加を許された。この部屋は、銀梅花以外の葡萄の枝などさまざまな植物や花で飾られていた。葡萄酒も儀式で使用されたが、葡萄酒は「乳」とよばれた。また葡萄酒を入れ、蓋をした壺は、「儀式用蜂蜜壺」とよばれた。

参考文献：Brouwer 1989; Grimal 1986, 76; Hammond & Scullard (eds.) 1970, 172.

ボナ・デア・スブサクサナ神殿
Bona Dea Subsaxana

ローマのボナ・デアを祀る主神殿は、ローマ建国前にレムスが最初の**アウスピキア**（前兆）を受けとったと思われる岩山（サクスム）の麓、すなわちレモリア（Remoria＝Remuriaアウェンティヌス丘のこと）の第12地区にあった。この女神の「スブサクサナ」という添え名は、「岩の麓」を意味する。神殿は、アウェンティヌス丘の北東部に位置していた。神殿がいつ建立されたかはさだかではないが、前272年のイタリア、タレントゥム陥落のあとのことと思われる。しかし、この神殿がローマの**ヘルクレス**伝説と深いつながりがあることを考えると、建立時期はさらに早い可能性がある。この神殿は治癒と関連があり、男性が神殿内に入ることは許されていなかった。神殿はアウグストゥス帝妃リウィアにより、次いでハドリアヌス帝によって修復がおこなわれている。この神殿は4世紀まで存続していたことが知られているが、現在、神殿の痕跡は発見されていない。

参考文献：Richardson 1992, 59-60.

ボナ・ディア Bona Dia
ボナ・デアの別名。

ボナ・ディウア Bona Diua
ボナ・デアの別名。

ボヌス・エウェントゥス Bonus Eventus
（図94）

「成功」を擬人化したローマの神。もともとは豊作をつかさどる農業神であったと思われる。しかし、その後、ボヌス・エウェン

図93　南フランスのグラヌムで発見された祭壇。ボナ・デアの耳（AVRIBUS）に奉納されたものであった（ボナ・デアはおそらく「聴くこと」をつかさどる女神であった）。この祭壇の上には本来、小型の青銅製のドームがおかれていたようである。祭壇の前面には、リボンで分離されたふたつの耳を、樫あるいは月桂樹の葉で作られた飾り環がとり囲む彫刻がほどこされている。この祭壇は1世紀あるいは2世紀のものとされる。碑文にはボナ・デアの名前はみあたらないが、グラヌム、あるいはその周辺の遺跡から発見された証拠によって、この祭壇がボナ・デア崇拝に使われたものであったことがわかった。

ホノス

図94 浮彫に彫刻されたボヌス・エウェントゥス。右手にパテラ、左手に麦穂を持っている。

トゥスは仕事全般の成功をつかさどる神となる。非常に人気が高く、ローマの**マルスの野**に神殿、ローマのカピトリウム丘に神像があったことが知られている。右手に杯、左手に麦穂を持った姿で表現された。
参考文献：Hammond & Scullard（eds.）1970, 172; Richardson 1992, 60.

ホノス Honos

ホノル Honor ともよばれるローマの神。「名誉」を擬人化した神。ローマ、コッリナ門の外に神殿があった。カペナ門の近くにも、ホノスとウィルトゥス神殿があり、カピトリウム丘の斜面にもホノス神殿があったと思われる。祝祭日は 7 月 17 日。
参考文献：Scullard 1981, 165-166.

ホノスとウィルトゥス神殿

ホノスとウィルトゥスの 2 神を祀る神殿。最初はクイントゥス・マクシムスによって、リグリア［イタリア北西部、現在のジェノヴァを中心とした地域。前 2 世紀前半にローマに服従］との戦いのさなかにホノス神への単一の神殿として基礎がすえられ、前 234 年ローマに建立されたか、あるいは前 3 世紀はじめにクイントゥス・ファビウス・マクシムス・ルッリアヌスによって建立されたのであろう。前 208 年、マルクス・クラウディウス・マルケッルスが、この神殿を修復してホノスとウィルトゥスにあらためて献納したが、両神がケッラを共有することはできない、という理由で祭司はこれを認可しなかった。そこでマルケッルスはウィルトゥスのために新しいケッラを増設して 2 神のための神殿とし、前 205 年、彼の息子が献納した。カペナ門のすぐ内側にあり、マルケッルスのシュラクサイ攻略のさいの戦利品である美術工芸品が数多く収納された。ヌマ・ポンピリウス（王政ローマ第 2 代王）の時代から伝わる**カメナエ**、つまり**ムーサイ**の青銅製の聖所（アエディクラ）は、雷に打たれたあと、しばらくのあいだここにおかれた。ウェスパシアヌス帝によって修復されたが、64 年のネロの大火で損傷を受けたか、あるいは破壊された。4 世紀に言及されたのが最後である。
参考文献：Richardson 1992, 190.

墓碑銘　tituli sepulchrales

死者の証しとして墓石または墓に刻まれた銘文。墓碑銘は碑文のうちでもっともありふれたものであるが、その文言は非常に変化に富む。アウグストゥス帝時代以降、碑文はしばしば DM または略さずに DIS MANIBUS（死者の魂へ）という言葉で始まった。この決まり文句で始まる碑文が何千とある。つづいて死者の名前がくるが、その前に MEMORIAE（の思い出に）が入ることもある。兵士や重要人物の場合には経歴や年齢がしばしばしるされ、墓石を建てた後継者、親族、友人の名前もくわえられた。西ローマ帝国のものだけでも 10 万以上の公にされた墓碑銘［代表的な刊行物としてモムゼン（1817-1903）の『ラテン語碑文集成』（1863 年以降、全 15 巻）］が残っているが、それらは**死後の世界**を信じるローマ人のあり方を教えてくれる。墓碑銘のあるものは霊魂とその死後の運命について述べ、**地下世界**、マネス、崇拝の対象としての墓にかんするローマ人の考え方

に光をなげかけている。多くの墓碑銘にSTTL（sit tibi terra livis シト・ティビ・テッラ・リウィス 「あなたの上の土が重くありませんように」）という常套句があるが、これらの決まり文句にも墓石や記念碑を建てた人の思いが反映されている。
参考文献：Lattimore 1962.

ポプリフギア Poplifugia

ローマの**マルスの野**で7月5日（7月7日のノナエ・カプロティナエの可能性もある）にとりおこなわれた古代ローマの祝祭。この祝祭の意義は早い時期に失われたように思われる。この祝祭は**ノナエ**より前に催されたが、そのこと自体きわめてめずらしいことであり**レギフギウム**とむすびつけられていたのかもしれない。ポプリフギアは文字どおりに訳せば「逃走、脱出」すなわち「人びとの騒乱」を意味する。ローマ人たちはその意味を「嵐のあいだに視界からロムルスの姿が消えたときに起きた人びとの騒乱」あるいは、「ガリアがローマを略奪したのちフィデナイの民に攻撃されたさいのローマ人の騒乱」のことと解していたという［フィデナイはローマの北東約8キロメートルのところにあるティベリス川河畔にあった町、現在のカステロ・ジュビレオ］。一方「ポプリフギア」という言葉がもつ本来の意味は、実はローマ人たちにかかわるものではなく、ラテン軍のしきたりによる儀式的大夜会（ポプリ populi）に関連するものであったのではないかという見解もある。
参考文献：Palmer 1974, 7-15; Scullard 1981, 159.

ポプロナ Populona

ポプロニアという名でも知られている。この名はかなりの頻度で日常的に**ユノ・ポプロナ**としてユノとむすびつけられているが、女神自身の責務からして本来のポプロナは初期ローマの女神である可能性が高い。

ポメリウム pomerium

町の城壁のすぐ外側にある細長い土地。この土地はその町の正規の境界線であり、また宗教的境界線で、そこに居住すること、そこを耕したり、埋葬地として使用することは許可されなかった。拡大しつづけたローマのようないくつかの都市では、ポメリウムは卜鳥官（**アウグル**）たちによってそのつど新しく設定しなおされた。
参考文献：Richardson 1992, 291-296.

ポモナ Pomona

果物 poma、とくに木になる果物をつかさどるローマの女神。この女神はオスティアにいたる街道ぞい、ローマから約20キロメートル離れた地点にポモナルとよばれる聖なる森をもっていた。またこの女神にはローマに専属の**フラメン**（フラメン・ポモナリス flamen Pomonalis）がいた。しかしこの祭司は全祭司のなかでも最下位にあったので、この女神の祝祭がとりおこなわれることはなかったように思われる。複数の詩人たちがポモナにかんする物語を書いているが、そのなかのひとりはこの女神を**ピクス**の妻としている。ピクスはこの女神のためにキルケの愛を拒絶したといわれているが、一方**オウィディウス**は女神を**ウェルトゥムヌス**の妻としている。これらの物語はすべて後世の捏造であると思われる。
参考文献：Grimal 1986, 187; Hammond & Scullard (eds.) 1970, 856.

ホラ Hora

ローマの神**クイリヌス**の妻であるローマの女神。しかし、ときにローマの神**ウルカヌス**の配偶神とされた。そのため、この女神をたたえる祭りは、8月23日の**ウォルカナリア**祭でおこなわれた。

ボルウォ Borvo

薬泉をつかさどるケルトの神。**ボルモ**と同一の神と思われる。
参考文献：Bourgeois 1991, 29-32.

ホルス

ホルス Horus
エジプトの神。ローマ人には**ハルポクラテス**の名で知られた。

ポルトゥナリア Portunalia
8月17日にとりおこなわれる**ポルトゥヌス**の祭事。おそらく鍵とむすびつく儀式がいくつかとりおこなわれたのであろう
参考文献：Scullard 1981, 176.

ポルトゥヌス Portunus
ローマ起源の神で門の守護神。また港を守護する神にもなった。「門」を意味する語portusがのちに「港」を意味する語へと変わっていったからであろう。ポルトゥヌスはまたギリシアの伝説のなかで**ヘラクレス**の息子であるといわれるパラエモンと同一視されるようになる。ポルトゥヌスは通常鍵を手に持つ姿で表現されている。この神の祝祭が**ポルトゥナリア**である。この神には専属の祭司、フラメン・ポルトゥナリス flamen Portunalis がいた。ローマの**フォルム・ボアリウム**に残

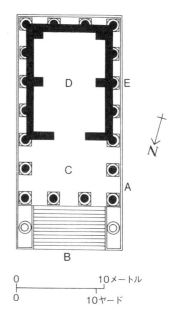

図95b ローマにあるポルトゥヌス神殿のプラン。A＝基壇 B＝階段 C＝四柱式前室 D＝ケッラ E＝イオニア式列柱。

存する神殿はこの神にささげられたものであろう。
参考文献：Hammond & Scullard (eds.) 1970, 866；Scullard 1981, 176.

ポルトゥヌス神殿（図95a、b）
ローマの**フォルム・ボアリウム**のなかに残存し見事に保存されている2神殿（いわゆる**フォルトゥナ・ウィリリス神殿とウェスタ神殿**）のなかのひとつ。かつてこの神殿はフォルトゥナ・ウィリリスの神殿と考えられていたが、現在では**ポルトゥヌス**のそれとするほうが適切であるとされている。もうひとつの神殿は現在**ヘルクレス・ウィクトル神殿**とされる。共和政時代後期のものであるこの神殿は高い基壇の上に建ち、入口へは正面の階段を昇ることになる。**四柱式**前室を有し、ケッラは基壇いっぱいの幅をもち、ケッラの両側面と背面に位置するイオニア式列柱は半分壁

図95a 四柱式前室側からポルトゥヌス神殿をのぞむ。

246

のなかに埋めこまれている。この神殿のまわりの地域はポルトゥニウムという地名でよく知られ、ローマの花生産業の中心となった。この神殿は872年にはサンタ・マリア・エジツィアカという名の教会に改造された。
参考文献：Barton 1989, 70-73; Richardson 1992, 320; Scullard 1981, 176.

ボルマナ Bormana

ケルトの薬泉の女神。この女神のみで崇拝されることもあるが、ふつうケルトの神**ボルモ**とむすびつけられているほうが多かった。
参考文献：Green, M. J. 1992a, 48.

ボルマニクス Bormanicus

イベリアの神。ポルトガル北部のブラガの南、カルダス・デ・ヴィゼラで発見された2基の祭壇の碑文によって知られる。この碑文のなかでは、薬泉につながりの深い神とされている。ボルマニクスは、ケルトの神**ボルモ**と同一の神と思われる。
参考文献：Tranoy 1981, 269.

ボルマヌス Bormanus

ケルトの神。薬泉と関係が深く、**ボルモ**神と同一の神と思われる。

ボルモ Bormo

薬泉と関係が深いケルトの神。ヒスパニアとガリア地域で崇拝された。**ボルマヌス**や**ボルマニクス**、**ボルウォ**という名称で崇拝された神と同一の神であると思われる。ボルモという名前は「泡立つ水」つまり温泉や炭酸泉に関連がある。ボルモは**アポロ**とも関係が深く、またフランスのエクセ・レ・バンでは**ヘルクレス**と等しいとされていたようである。対となる女神**ボルマナ**と関係が深く、フランスのブルボンヌ・レ・バンでは**ダモナ**としばしばむすびつけられていた。ボルモは、酒盃を持ち、財布、果物皿と一緒に表される。このようにボルモは治癒神であると同時に豊穣、多産と豊富の神であったと思われる。
参考文献：Bourgeois 1991, 29-32（under Borvo）；

Green, M. J. 1992a, 47-48.

ポンティフェクス pontifex（複数形pontifices）

国家宗教全般の管理・統率に責任をもつ祭司すなわち神祇官。コッレギウム・ポンティフィクムcollegium pontificumは、ローマにおける最高位にある神祇官すなわち大神祇官（ポンティフェクス・マクシムス）を頂点にいただくローマでもっとも重要な神祇官団であった。これらの神祇官たちは国家の宗教すべてを管理・統率した。王政時代においては国家の祭事にかんして王の勤めを助けるため、彼らは王の宗教諮問委員会を構成していた。ポンティフェクスという名称は文字どおり「橋の建設者」を意味している。このことは彼らの本来の職能は橋の建設にあたっての特殊なわざ、あるいは魔術的ともいうべき技能を駆使したことにあったのかもしれないという意味もほのめかしている。共和政時代には彼らは国家宗教の組織化に対して責任を有していた。もともと神祇官は3人であったが、その数は徐々に増やされ前300年には9人までになった。またスッラのもとでは15人、ユリウス・カエサルのもとでは16人になった。当初はすべての神祇官は貴族（パトリキ）の男性であったが、前300年以降はその半数は平民（プレブス）となった。平民の神祇官は、はじめは上位の神祇官たちによって任命されていたが、前104年からはそのうちの何人かは一般民衆による投票で選ばれることになった。通常彼らはその官職を終生保持した。

神祇官たちが、直接神々と民とのあいだを仲介することはなかったが、**カルメンタリア**、**フォルディキディア**、**アルゲイ**、および**コンスス**の祝典のさいにとりおこなわれる儀式にかかわる勤めは引き受けていた。彼らには広範囲にわたる行政上の義務があり、祝祭日、ディエス・ファスティ dies fastiやディエス・ネファスティ dies nefastiの日どり（→**ファストゥス**）を決定し、1年間におきた事件や行事など記録するにたることはすべて板に記録した。また、葬儀および墓にかんする法規などについての管理業務なども請け負ったり、

宗教的な事柄にかんして元老院に助言をあたえたり、また宗教的祝祭日における個々のとるべきふるまい、たとえばおこなってもよいことは何か、おこなってはいけないことは何かなどを統制管理した。神祇官の法規範がイタリアの外までおよぶことはなかったようだ。祭司としての職務は非常勤のものであったが、神祇官たちのさまざまな義務はわずらわしいものであった。

参考文献：Beard & North 1990; Hammond & Scullard (eds.) 1970, 860; Porte 1989, 122-127, 131-144.

ポンティフェクス・マクシムス
pontifex maximus 大神祇官（図96）

最高位の神祇官でその筆頭。国家のすべての宗教の監督にあたった。それゆえ格別に強い影響力をもっていた。前3世紀以来人民による選挙という形で選出された。この位官はユリウス・カエサル、その後はアウグストゥス帝、そして皇帝たちによって（グラティアヌス帝が379年から383年までのあいだのいずれかの年にその称号を放棄したときまで）保持されてきた。大神祇官は皇帝の公職の一部となり、皇帝は国家の宗教政策に影響をあたえうる者であり国家の宗教の筆頭であることを示すものとなった。この大神祇官のローマにおける役職本部はレギアにあった。

参考文献：Hammond & Scullard (eds.) 1970, 860.

ポンテ・ディ・ノナ Ponte di Nona

プラエネスティナ街道ぞい、ローマの東およそ15キロメートルのところにある小さな峰の上にあった聖域あるいは聖所。前4世紀末、あるいは前3世紀初頭に建造されたと思われる。ここにはいくつかの鉱泉があり、建造物には神殿、風呂つきマンシオmansioすなわち旅行者のための宿泊施設、洞窟に似たニンファエウム、そして円形プールがそなわっていたと思われる。誓願をこめて納められた8000以上にのぼるテラコッタ製の人体部位模型の奉納品、たとえば多くの手、足、目、そして頭（おそらくマラリアによる頭痛のため）が発見されている。これらの奉納品は治療を願って（いずれの神かはっきりしないが）神にささげられたものなのか、あるいは治癒したのち神に感謝してささげられたものかはさだかではない。（→**人体部位模型奉納品**）

参考文献：Jackson 1988, 160-166.

ポンパ pompa

葬儀のさい、あるいは祭事のさいにとりおこなわれる正式の聖なる行進。競技会に先だっておこなわれたポンパ・キルケンシス pompa circensis［円形競技場でのポンパ］は、競技者たち、踊り子たち、楽師たち、神殿から運び出された高価な数々の宝物、そして香水と香料を運ぶ人たちの示威行進であった。数々の神像や神々を象徴する品々はテンサtensaとよばれる特別な車で運ばれた。（→**葬儀**）

参考文献：Hanson 1959, 81-92.

図96　ティベリウス帝（在位14-37）のデナリウス銀貨。ルグドゥヌムで打刻されたコイン。表面にはアウグストゥス帝の后リウィアが片手に木の枝をもつ坐像で描かれている。銘にはPONTIF MAXIM（ポンティフェクス・マクシムス）とある。　　　　サマセット州立博物館

マ行

マー Ma

「多産」を擬人化したカッパドキアの母神。この神の祭儀が独裁官ルキウス・コルネリウス・スッラによって前85年ごろローマにもたらされた。母神はローマの女神ベッロナと同一視されマー・ベッロナとよばれた。
参考文献：Garcia Y Bellido 1967, 64-70 (Ma Bellona).

マイア Maia

鍛冶の神ウルカヌスとむすびつきのあるローマの女神。この女神は生物の成育とつながっているようにみえる。5月の月名［ユリウス暦マイウス Maius＝英語の May］はおそらくこの女神の名にちなんだものと考えられる。マイアという女神の名は、さらによく知られていたギリシアの女神、ヘルメスの母であったマイアと混同されてきた。その結果、ローマのマイア女神もメルクリウスと関係づけられることにもなった。豊穣神としてのマイアはまたファウナともむすびつけられた。マイア女神の祝祭日は5月15日であった。マイアはときにはウルカヌスの配偶神とみなされていたこともあり、この女神をたたえる式典がまた8月23日のウォルカナリア祭の期間中にとりおこなわれるのもこうした事情があるからである。
参考文献：Hammond & Scullard 1970, 640.

埋葬の筒

墓所（土葬、火葬）には筒が用意されていたことから、埋葬のさいには生ある者から死者への供物として葡萄酒や他の飲料水が墓穴にそそがれたということもあったと思われる。墓のなかには小さな穴が作られているものもあり、同じく食べ物も供えられたであろう。これは死後の世界における霊の安寧を確保するためのものであったにちがいない。
参考文献：Toynbee 1971, 51-52.

マウォルス Mavors

ローマの軍神マルスの初期の名称。

マウソレウム mausoleum（複数形 mausolea）

ローマ人にとっては、マウソレウムとは墓と同義であったが、次第に記念碑的な特定の墓所をさすようになった。最初はアウグストゥス帝廟にもちいられ、のちには巨大で装いをこらした墓所にもちいられるようになった。皇帝の廟の多くがその例である。この名称はもともとハリカルナッソス（現在のトルコのボドルム）のマウソロス（カリアの太守。前377/376-前353）のために建造された壮麗な廟に由来する。
参考文献：Richardson 1992, 351-352.

マエナス Maenas

バッカンテスとしても知られるディオニュソス（バッコス）につきしたがい乱舞する信女たち。

マガイア Magaia

ゲルマニアのアクアエ（現在のバーデン・バーデン）で発見された祭壇に刻まれた碑文にみえる土着の女神。この祭壇には着座する女神の像が彫刻されており、女神は右手に丸いもの（球か果実）を持っている。
参考文献：Espérandiu 1931, no. 447.

マグナ・マテル Magna Mater（大母神）

古代アナトリア（小アジアの別称）の女神で、アグディスティス、キュベレ、キュベベといった呼称でも知られている。ローマ時代には一般にマグナ・マテルとしるされている。小アジアに起源をもつこの神の祭儀はプリュギアのペッシヌスにあるディンデュモス山上をその中心地にするようになった。そこでの神のよび名はアグディスティスであった。この神の配偶神がアッティスである。この母神とアッティスをめぐる神話は数多い。母神が

マクナマテ

生きるものすべての母であると考えられてき
たからである。地母神であり、豊穣の神であ
り、荒野の神でもあった。荒野の神であった
ことの象徴として獅子を眷属としてともなっ
ている。女神の祭儀の特徴のひとつは陶酔の
状態にみちびき、予言力を誘発し、苦痛をな
くすことにある。女神は癒しもするが、また
病をもたらしました。

この大母神の祭儀がわざわざローマに招来
されることになったのは、前204年、カルタ
ゴとの戦いのさなかであった。それは「シ
ビュラの書」の予言とデルポイの神託にもと
づくものであった。予言によれば、もし大母
神がローマに勧請されれば侵入者はイタリア
から放逐されるであろうという。大母神は聖
なる黒石に化身したものであったが、プリュ
ギアのペッシヌスからもたらされ、ウィクト
リア神殿に一時的に安置され、のち前191年
にパラティウム丘に大母神の神殿が新たに奉
献され、そこに移された。さらにローマの
アッピア街道に近いアルモ川の川縁に大母神
の神殿がもうひとつ奉献された。聖道（サク
ラ・ウィア）の起点のところにも小神殿がも
うけられた。キュベレ礼拝の聖所はメトロオ
ンス metroons とよばれた。

ローマ人はキュベレの儀礼のいくつかをゆ
きすぎたものとみなし、その祭儀は限定され、
ローマ市民が神官となって仕えることは禁じ
られた。しかしこの制約はクラウディウス帝
によってとかれ、キュベレとその配偶者アッ
ティスの崇拝は国家宗教にくわえられ重要な
秘教のひとつとなった。この祭儀は帝国の拡
大とともに広がり、多くの属州にそれを裏づ
ける証拠がある。この信仰がきわめて根づよ
かったことは、キュベレの祝祭と儀式がエウ
ゲニウス帝の治下（392-394）、西方でよみ
がえっていることからもわかる。だがその後
まもなく、この祭儀は他の多神教信仰ととも
に抑圧されたと思われる。しかしこれには異
見もあって、グノーシス派のキリスト教の祭
儀はキュベレの祭儀のひとつの変形ととらえ、
母神としてのキュベレ崇拝とキリストの母マ
リアの崇拝とのあいだにはさまざまな類似点

があると指摘する者もいる。

キュベレとアッティスの祭儀には牛殺し
（タウロボリウム）、自己の鞭打ち、祭司の去
勢（ガッルス）、陶酔の踊りがふくまれていた。
コリュバンテスとは主としてキュベレ信仰と
むすびついた祭司のことである。キュベレの
中心的な祝祭はメガレンシアである。また
キュベレの儀礼の一部をなすものに哀悼の祭
儀があり、その後にアッティスのよみがえり
と新年の始まりを祝う歓喜の祭り（ヒラリ
ア）がつづく。キュベレはケルトの女神アン
ダルテと同一視されたこともあったようだ。
参考文献：Gasparro 1985; Grimal 1986, 26-
27（under Agdistis）; Hammond & Scullard
(eds.) 1970, 303-304; Ferguson 1970, 26-31;
Turcan 1989, 35-75; Vermaseren 1977.

マグナ・マテル神殿

前204年、神殿の献納が誓願され、第二次
ポエニ戦争の危機のおりに「シビュラの書」
の教示にこたえてローマのパラティウム丘上、
ゲルマルスとよばれるところにその神殿は建
立された。ローマへと運ばれたマグナ・マテ
ル女神の化身である黒い聖石を納めるための
ものである。この神殿は前191年4月11日、
法務官マルクス・イウニウス・ブルトゥスに
よって奉納された。そしてその日がメガレン
シア祭の日と定められたのである。前111年、
神殿は火災にあったが、翌前110年に再建さ
れた。その後もう1度火災にあったが、これ
も後3年、アウグストゥス帝によって再建さ
れた。エラガバルス帝は、みずからを神格化
した「不敗の太陽神エラガバルスの」神殿へ
ご神体を移そうとした。実際にご神体が搬出
されたとしてもほんのわずかな期間にすぎな
かったであろう。マグナ・マテルの神殿は4
世紀にはまだ存在していた。その遺構はパラ
ティウム丘の西方の隅で発見されている。神
殿は南西向きで、はっきりとした巨大な基壇
が残っており、コリント式の円柱を配した六
柱式であったことも確認される。奥行きは
33.18メートル、幅は17.10メートルである。
その正面はメガレンシア祭がとりおこなわれ

た境内となっている。
参考文献：Nash 1962b, 27; Richardson 1992, 242-243.

マティディア Matidia
（年長のマティディア［68頃-119］）
　トラヤヌス帝の妹マルキアナのただひとり
の子ども。すなわちトラヤヌス帝の姪。彼女
にはふたりの娘がいた。ひとりはのちハドリ
アヌス帝に嫁ぐ姉サビナであり、他のひとり
はその妹のマティディアである。彼女たちの
母であるマティディアは世を去ると、「アウ
グスタ」（国母）の称号が贈られた。117年、
この女性はトラヤヌス帝の妻プロティナと
アッティアヌス（ハドリアヌス帝の助言者）
らとともに、トラヤヌスの遺骸をキリキア
［小アジア南東部、地中海沿岸地帯の古代地
域名。現在のトルコの一部］からローマへと
運んだ。そののち119年に彼女が死去すると、
ハドリアヌス帝はこの義母のため弔辞を朗読
し、彼女を神格化した。さらにハドリアヌス
は、記念神殿を建立し、それにマティディア
とその母マルキアナの名をとった広間を付設
した。マティディアは皇帝一族のなかでは、
女性として神格化され、女神となり、ローマ
にみずからの神殿をもった最初の人であった
と思われる。
参考文献：Hammond & Scullard（eds.）1970, 656; Richardson 1992, 246-247.

マテル・マトゥタ Mater Matuta
　「成熟」をつかさどるローマの女神。やが
て出産の女神ともいわれるようになる。さら
には暁の女神にもなったといわれるが、この
点にかんしては異論もある。この神はマトゥ
タまたは、マトゥタ・マテルともよばれ、の
ちにギリシアの女神イノ（レウコテア）と同
一視されるようになった。ウァッロはこの神
を「成熟maturus」という語に、ルクレティ
ウスは「暁のmatutinus」という語にむすび
つけている。女神の神殿はローマのフォル
ム・ボアリウム［牛の像がおかれたことにち
なんで名がついた（オウィディウス）］に

あった。セルウィウス・トゥッリウス王が建
立したものである。ラティウムの南東にある
サトリクムにも有名な神殿があった。ローマ
人は前346年にこの都市を攻撃破壊したがこ
の神殿は残した。マテル・マトゥタは6月
11日に開催されるマトゥラリア祭で礼拝さ
れた。
参考文献：Hammond & Scullard（eds.）1970, 656; Scullard 1981, 150-151; Simon 1990, 152-157.

マテル・マトゥタ神殿
　神殿はローマのフォルム・ボアリウムと
フォルム・ロマヌムとのあいだにあるサント
モボノの聖なる地区 Area Sacra、カルメン
タリス門を入ってすぐのところにあった（図
31L）。神殿はフォルトゥナの神殿と隣接して、
対をなしている。両神殿とも前6世紀、王政
ローマ第6代王、セルウィウス・トゥッリウ
スによって建立され、6月11日に奉献され
たと伝えられる。前213年に火災にあい、翌
年の前212年に再建された。この神殿にはす
ばらしいテラコッタの装飾がほどされていた。
この両神殿で発見された多数の装飾品と奉納
品のなかに出産と子育てにかかわる品々がふ
くまれていた。神殿は1937年にサントモボ
ノ教会の真下で発見されたのである。神殿の
前にはU字形の古式な祭壇もあった。神殿の
ケッラはサントモボノ教会に組みこまれてい
る。
参考文献：Richardson 1992, 35-37, 246; Scullard 1981, 150-151.

マトゥタ Matuta
　ローマの女神でマテル・マトゥタ、マトゥ
タ・マテル（母なるマトゥタ）の名でも知ら
れている。

マトゥヌス Matunus
　ケルトの神でイギリス北部ハイ・ロチェス
ター、ライジンガムで発見された献辞から知
られた神名で、「マトゥヌス」とは「神聖な
る熊」の意である。

251

マトラリア

参考文献：Ross 1974, 471.

マトラリア Matralia

マテル・マトゥタ女神をあがめてローマで6月11日に催される母親たちの祝祭。それは出産と育児をつかさどる神の祝祭であるが、まだ十分に解明されていない儀礼がふくまれている。初婚の妻がマトゥタの像を飾ること、奴隷の少女が神殿内で鞭打たれること（おそらく他者への警告、あるいは豊穣儀礼として）、そして古風な土器鍋testuで焼かれた聖なる鍋菓子testuaciaを女神の神前にささげる儀礼などがそれにあたる。女性たちはマテル・マトゥタに自分の甥と姪のために祈った。

参考文献：Scullard 1981, 150-151.

マトレス Matres（図97）

またの名をデアエ・マトレスDeae MatresあるいはマトロナエMatronaeともいう。ケルトの母神たちの名称で、一般には三神一組の姿で崇拝された。ラテン語のマトレスとは「母たち」（単数形mater）の意である。この女神たちは美術、とりわけ彫刻で、一般には長い衣装を身にまとい、種々の象徴的なものを手にした3体の女性坐像という形で表現されている。象徴的なものとして穀物、麺麹、果物その他豊かさを象徴するもの、さらには赤子や子どもなど多様なものが表されている。マトレスは西北ヨーロッパでいろいろな名のもとによばれたり、たとえば**マトレス・ドメスティカエ**（家族のマトレス）といったような多様な属性を示す形容辞をもって崇拝されていた。またデアエ・ヌトリケスDeae Nutricesとよばれてきた女神たちもいるが、この女神たちがマトレスとむすびついていたようでもある。（→デア・ヌトリクス）

参考文献：Green, M. J. 1992a. 155-156（under Mother-goddes）.

マトレス・グリセリカエ Matres Griselicae

ケルトの母神たちでフランス南部のグレウーの薬泉で崇拝された。

参考文献：Green, M. J. 1992a, 146.

図97　フランスのリヨンで発見された高浮彫、マトレス・アウグスタエとよばれる3柱の女神を表している。女神たちは果物籠を持った姿で坐っている。中央の女神だけが左手に豊穣の角（コルヌコピア）を、右手にはパテラを持っている。

マトレス・コメドウァエ

Matres Comedovae

三神一組となったケルトの母神たちはまたコメドウァエの名でも知られている。フランスのエクセ・レ・バンで崇拝されていたこれらの女神は温泉の薬効とむすびついた治癒の神である。

参考文献：Green, M. J. 1992a, 146.

マトレス・スレウィアエ Matres Suleviae

ケルトの母神たちで**スレウィアエ**の別称でも知られている。（→スレウィアエ）

マトレス・ドメスティカエ

Matres Domesticae

イギリスで発見された碑文から知られる三神一組のケルトの母神たち。これらの神々への献辞があることがチチェスター、ヨーク、スタンウィックス、バーフ・サンズの碑文によってわかっている。「ドメスティカエ」という呼称は「家族」という意味であろう。

参考文献：Green, M. J. 1992a, 146.

マトロナエ

マトレス・ネマウシカエ Matres Nemausicae

ケルトの母神たちでネマウシカエという別称でも知られている。（→ネマウシカエ）

マトロナエ Matronae

マトレス、あるいはデアエ・マトレス（ケルトの母神たち）の別名。ラテン語のマトロナmatrona（複数形matronae）とは「妻」、「既婚婦人」の意である。〔碑文によると豊かな実り、多産、備蓄をつかさどる母神とみなされていた。〕

マトロナエ・アウドリナハエ
Matronae Audrinahae

ドイツのラインラントで発見された祭壇に刻まれた碑文のなかで勧請されているケルト・ゲルマンの母神たち。
参考文献：Elbe 1975, 214.

マトロナエ・アウファニアエ
Matronae Aufaniae

ケルト・ゲルマンの母神たちで、ドイツのラインラントで崇拝され、アウファニアエの名でも知られている。母神たちは、花飾りをつけた長くゆるやかに垂れる髪のひとりの若い女性が、大きな丸いボンネットをかぶるふたりの老女にかしずかれている姿で表されている。母神たちは長衣を身につけ、果物籠を手にしている。母神たちはまた動物象徴（鳥・蛇）と植物象徴（樹木・花）ともむすびつけられている。ドイツのボンに近いネッテルシャイムにはこれらの女神たちに献じられた神殿があった。
参考文献：Green, M. J. 1992a, 146.

マトロナエ・アクシンギネハエ
Matronae Axsinginehae

ケルト・ゲルマンの母神たちで、ドイツのラインラントで発見された祭壇の銘文のなかで勧請されている。
参考文献：Elbe 1975, 214.

マトロナエ・アルヒアヘナエ
Matronae Alhiahenae

ケルト・ゲルマンの母神たちで、ドイツのナイデンハイムで発見された祭壇の銘文によってのみこの名称が知られている。
参考文献：Elbe 1975, 172.

マトロナエ・アンドルステヒアエ
Matronae Andrustehiae

ケルト・ゲルマンの母神たちで、ドイツのラインラントで発見された祭壇の銘文のなかで勧請されている。
参考文献：Elbe 1975, 214.

マトロナエ・ウァカッリネハエ
Matronae Vacallinehae

ケルト・ゲルマンの母神たちで、ドイツのラインラントで崇拝されていた。ドイツのチュピヒ近くのペシュは、これらの母神たちの祭祀の重要な中心地であった。ここにはマトロナエ・ウァカッリネハエに献納された祭壇が160基以上もみつかっている。これらの多くは第30軍団ウルピアの兵士たちによって建立されたものである。女神たちは幅広い亜麻布のかぶりものを身につけた姿で、たいていはいくつもの麺麭のかたまりとともに表されている。〔第30軍団ウルピアは150年には下ゲルマニアに駐屯していた。〕
参考文献：Green M. J. 1992a, 146-147.

マトロナエ・ウァッラブネイハエ
Matronae Vallabneihae

ケルト・ゲルマンの母神たちで、ドイツのラインラントで発見された祭壇の銘文のなかで勧請されている。
参考文献：Elbe 1975, 214.

マトロナエ・ウドラウァリネハエ
Matronae Udravarinehae

ケルト・ゲルマンの母神たちで、ドイツのラインラントで発見された祭壇の銘文のなかで勧請されている。
参考文献：Elbe 1975, 214.

マトロナエ・フェルノウィネハエ
Matronae Fernovinehae

ケルト・ゲルマンの母神たちで、ドイツのラインラントで発見された祭壇の銘文のなかで勧請されている。

参考文献：Elbe 1975, 214.

マトロナリア Matronalia

3月1日、軍神マルスの月のカレンダエ（旧の新年1月1日）におこなわれるユノ・ルキナ女神の祝祭で、ローマのエスクイリヌス丘に奉献されたユノ・ルキナの神殿で女性たちによってユノ（出産の女神）とその子マルスに祈りがささげられる。マトロナリア祭では夫が妻に贈り物をし、女奴隷たちが女主人から食事のもてなしを受けた。〔また年末のサトゥルナリア祭では妻が夫に贈り物をした。〕

参考文献：Scullard 1981, 87.

マニア Mania（複数形 maniae）

このローマの神格はラレス（lares）の母とみなされると同時に、死の女神ともみなされた。マニアはまたラレスの母と考えられたララとも重ねあわされた。5月11日にはこの女神に犠牲が供せられたが、おそらくレムリア、すなわち死者の祭祀の一部とみなされたのであろう。魔除けあるいは供物として吊りさげられる醜い顔の小像はマニアとよばれた。女神マニアの名称はいたずらっ子をこわがらせる「子さらい妖怪」（ボギーマンbogeyman）として使われたのであろう。

参考文献：Hammond & Scullard (eds.) 1970, 643

マネス Manes

死者の霊あるいは魂。不死なるゆえ神ともみなされ崇拝された。この呼称には通例として「神」を意味するディ（di）またはディイ dii といった語が付随する。死霊と魂はフェラリア、パレンタリア、レムニアの祭礼時にディ・マネス（神なる死者）として礼拝された。マネスはのちにディ・パレンテス（祖

霊）とも重ねあわされた。そして次第に死者はそれぞれにマネスとよばれる個別の霊を有するという考え方が生まれてくる（この場合は複数形が単数としてもちいられる）。同じように、墓も元来は集合的な死者にささげられていたが（ディス・マニブス・サクルム dis manibus sacrum＝神なる死者の聖所）、後年帝政時代になるとそれに個別の名が付されることになり、「誰それの神なる死者にささげる」といった具合に献辞がしるされることが慣例となった。マネスは祭儀と贖いを求める強力な霊とみなされるにいたったのである。（→死後の世界）

参考文献：Hammond & Scullard (eds.) 1970, 643; Lattimore 1962, 90-96（evidence from epitaphs).

マノ・フィコ mano fico（にぎり指）（図98）

手と指を曲げてつくるしるしで、人差し指と中指のあいだに親指をつきだす形を示す。この指形は豊穣と幸運をよぶまじないでもあったが、また魔除けのしるしでもあった。この手ぶりは現在でも残っており、ある地域では幸運のしるし、あるところでは侮辱のしるしとみなされる。現代のイタリアではいまでもマノ・フィカmano ficaとよばれ、直訳すれば「イチジクの手」〔軽蔑のしぐさ〕のことである。ところがイチジクをさすイタリア語はフィコ（fico、ラテン語ficus）である。イタリア語のフィカ ficaは女陰をさす俗語である。したがってこの手ぶりはしばしば性交を意味する隠語とみなされた。いくつかのローマの護符では男根とこの手ぶりがむすびついている。

参考文献：Johns 1982, 73-74, figs. 56, 57.

マバンド Maband

イギリスのゴッドマンチェスターで発見された碑文の断片から想定される神名。（→アバンディヌス）

マリカ

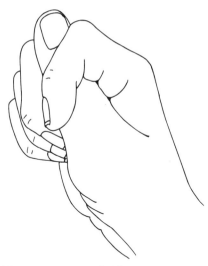

図98　マノ・フィコのしるし。

マポヌス Maponus

イギリス北方とフランスのブルボンヌ・レ・バンとシャマリエール地方で崇拝されたケルトの神。シャマリエールでは鉛製呪詛板で勧請されている。マポヌスとは「天与の若者」または「神の申し子」の意である。マポヌスはときとしてローマの神**アポロ**と同一視された。ラヴェンナの宇宙図（5世紀にさかのぼるとされる地誌記録の集成）には「ロクス・マポニ」（locus Maponi＝マポヌスの居所）の名がみえる。おそらくこれは崇拝の中心地域を示したもので、それらはスコットランドのクロクマベスタネ［現在のロックマベストン］、ダンフリーズ、ガロウェイにあったのであろう。マポヌスへの献辞から推して、この神は音楽と詩歌に関係があるようにみえるが、その姿はイギリスのリブチェスターで発見された石彫には狩りをする名称不明の女神とともに表現されている。

参考文献：Green, M. J. 1992a, 140; Ross 1974, 463-466.

マムラリア Mamuralia

この祝祭は3月14日と記録されているが、この祝祭が、聖なる盾（**アンキレ**）の伝説的な制作者、エトルリアの青銅工匠マムリウス・ウェトゥリウスのための祝祭なのか、それとも3月14日におこなわれる**エクイッリア祭**の別名であるのかどうかはさだかではない。

参考文献：Warde Fowler 1899, 45-50; York 1986, 97.

マメルス Mamers

ローマの軍神**マルス**の初期オスク語名。

マラクベル Malakbel

シリアの太陽神でマラクベルスという名でも知られている。この神はパルミラでは**バアル・シャミン**、そしてしばしば**アグリボル**にむすびつく。パルミラにはアグリボルとマラクベルにささげられた神殿がひとつあり、2世紀末まで存続していた。ローマには、在住のパルミラの人びとによって建設されたソル・マラクベルス（太陽神マラクベルス）を祀る聖所があった。アウレリアヌス帝（在位270-275）がソル（太陽）崇拝をローマへもちこむ以前のことである。

参考文献：Drijvers 1976; Richardson 1992, 365; Teixidor 1969, 34-52.

マリカ Marica

ローマの**ニンフ**でラティウムを流れるリリ川（現在のリリ川）の神格であった。マリカはウェルギリウスによって**ファウヌス**神の妻でラティヌス王の母として描かれている。マリカはまたギリシアの女神キルケとも同一視された。ラティウムのミントゥナエ（現在のミントゥルノ）の樹林がこのニンフにささげられた。［マリカの森についてはプルタルコスもマリウスの伝記のなかでふれている。］

参考文献：Grimal 1986, 272.

マリス

マリス Maris

ローマの軍神**マルス**の初期エトルリア時代の名称。

マルス Mars（図99）

ローマの軍神。もともとは地境と田畑を守護する農耕神であった。ときにはマメルス（マルスのオスク語呼称）、マリス、マルモル、マルマル、マウォルスといった名でも知られた。ギリシアの軍神**アレス**と同一視され、軍神としての主要な役割を果たした。マルスはまたローマの女神**ユノ**の息子ともみなされた。3月（ユリウス暦Martiusから英語のMarch）はこの神の名にちなんだものである。ローマにある**マルスの野**にはこの神に奉献された祭壇（アラ・マルティス Ara Martis）があり、フラメン・マルティアリス（マルス祭司団）が奉仕した。ローマ郊外のアッピア街道ぞいにマルスの神殿があった。もうひとつの神殿は**フラミニウス競技場**にあった。狼と啄木鳥がマルスの聖獣と聖鳥である。マルスは、雄牛が犠牲獣としてささげられる3柱の神（**ネプトゥヌス、アポロ、マルス**）のうちの1柱である。マルスには3種の犠牲獣、雄牛と雄豚と雄羊（**スオウェタウリリア**）がともにささげられることもしばしばあった（図52）。

マルスの一連の祝祭は2月、3月、10月におこなわれたが、さらに6月1日にもおこなわれた。10月19日におこなわれる**アルミルストリウム**（武器の収納祭）もまたマルスにささげられた祭典である。マルスは数多くの添え名で崇拝され、多くの神々とむすびついた。ケルト人のあいだでは、マルスは軍神とみなされただけではなく、平和の擁護も、治癒もおこなう神、さらには部族の神ともみなされた。ケルト人たちはマルスを**コキディウス、ベラトゥカドルス、ブラキアカ**といったケルトの神と同一視したのである。

参考文献：Green, M. J. 1992a, 140-144（discusses many of the Celtic gods equated with Mars）; Hammond & Scullard（eds.）1970, 651; Simon 1990, 135-145; York 1986, 73-76.

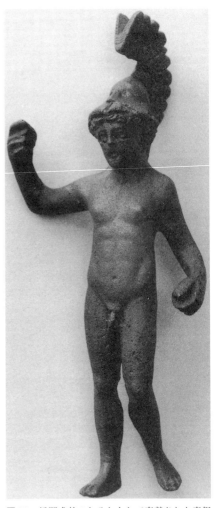

図99 祈願成就のしるしとして奉献された青銅製のマルスの小立像。イギリスのラミアット・ビーコンで発見されたもの。有翼の兜を除けばまったくの裸体である。もともとマルスは右手に槍を持っていた。像の高さは9.3センチメートル。サマセット州立博物館

マルス・アラトル Mars Alator

ケルトの神で、ローマの神**マルス**と同一視された。イギリスのサウスシールズで発見された祭壇に刻まれた碑文によって知られてい

る。またハートフォードシャーのバークウエイで発見された銀で表面被覆処理をほどこした奉献板や祈願用薄片の献辞からも知られる名である（図88）。ケルト名アラトルはマルスと重ねあわされ軍神とされていたにもかかわらず、その意味は「狩人」や、「慈しみをあたえる人」などと解されている。
参考文献：Phillips 1977, 66; Ross 1974, 227-228.

マルス・アルビオリクス Mars Albiorix

ローマの神マルスと同一視されたケルトの神。南フランスのアルビキ族［マッシリア（現在のマルセイユ）北方の山岳地帯に住む］の守護神として崇拝された。また山の神ともみなされている。
参考文献：Green M. J. 1992a, 141.

マルス・インウィクトゥス Mars Invictus
（不敗のマルス）

ローマには不敗のマルスにささげられた神殿があった。不敗のマルスの祝祭は5月14日におこなわれた。

マルス・ウィスキウス Mars Visucius

ケルトの神だが、ときおりローマの神マルスとむすびつけられた。（→ウィスキウス）

マルス・ウォロキウス Mars Vorocius

ケルトの治癒の神だが、フランスのヴィシーの北、ヴァレンス・シュール・アリエにある薬泉の湧き出るところではローマのマルス神とも同一視されている。マルス・ウォロキウスは眼病を治す神として崇拝されているが、ケルトの戦士とする記録もある。
参考文献：Green, M. J. 1992a, 144.

マルス・ウルトル Mars Ultor
（復讐の神マルス）

「ウルトル」とは、オクタウィアヌス（のちのアウグストゥス帝）が、前42年ピリッピ（マケドニアの古都）でのユリウス・カエサルの暗殺（前44）に対する復讐戦に勝利したのを記念してマルスにささげられた新しい称号である。アウグストゥスはマルス・ウルトルの神殿をローマに建立することを命じた。

マルス・ウルトル神殿（図100）

新しいアウグストゥス帝のフォルム（フォルム・マルティスともフォルム・マルスともよばれた）は、皇帝自身によって建立された神殿の広大な神域（縦110メートル×横52.5メートル）を形成していた。この神殿はピリッピの戦い（前42）のときオクタウィアヌス（のちのアウグストゥス帝）によって誓願され、ブルトゥスとカッシウスによって殺害されたユリウス・カエサルの復讐戦に勝利したことを記念して建立されたのである。完成し奉献されたのは前2年5月12日であった。神殿内には、アウグストゥスが前20年、パルティア人から奪回した軍旗も奉納された。この神殿が建設される前は、この由緒ある軍旗はおそらくカピトリウム丘上にあったと考えられるもうひとつのマルス・ウルトル神殿、

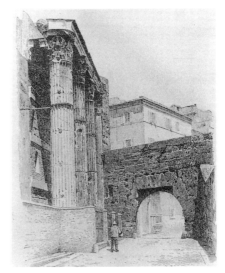

図100　ローマのアウグストゥス帝のフォルムの残址。左側の部分、マルス・ウルトル神殿は19世紀に描き加えられた図によるものである。

マルスオケ

またはユピテル・オプティムス・マクシムス神殿のいずれかに保管されていたものと思われる。

この**八柱式**の神殿はフォルムの西北端、高いポディウム（基壇）の上に建てられており、前面に幅の広い階段がしつらえてあった。フォルムにそびえ立つこの神殿は、高さ15メートルを超える8本のコリント式円柱でファサード（正面破風）を支え、列柱が左右側面に配されていた。内陣の背面は神域の境界となっていて列柱はない。ケッラにはマルスと**ウェヌス**と神格化されたユリウス（ディウス・ユリウス）の巨大な礼拝像とユリウス・カエサルの剣が安置されていた。アウグストゥス帝がのちに神格化されると、帝の黄金像がひとときこのケッラにすえられた。像は黄金の台座の上に安置されていたという。この神殿と神域は、軍事訓練の登録のおりにも、属州長官が所定の属州におもむくさいにも使われた。また神殿内には凱旋勲章も保管された。元老院が凱旋式の施行を決めるときや軍事的成功の報告を受けるときは、議員たちはこの神殿につどった。

参考文献：Barton 1989, 76-79; Richardson 1992, 160-162, 245-246.

マルス・オケルス Mars Ocelus（マルス・オケロス Mars Ocelosともいう）（図101）

イギリスのウェールズ南部のカイルウェントとカーライルで発見された祭壇に刻みこまれた献辞で触れられているケルトの神。おそらく**マルス・レヌス**と同じような神で、カイルウェント発見のもうひとつの献辞のなかではオケロスにむすびつけられているし、またマルス・レヌスとオケロス・ウェッラウヌスにも言及されている。

参考文献：Ross 1974, 471-472.

マルス・オッロウディウス Mars Olloudius

マルスとむすびつけられているケルトの神。マルス・オッロウディウスはマルスの好戦的な側面とは対照的に平和擁護と、そしておそらく豊穣・繁栄・治癒の神であったと思われ

図101 ウェールズのカイルウェントで発見されたマルス・オケルスに奉献された祭壇。碑文にはDEO MARTI OCELO AEL AGVS TINVS OP VSLM（神マルス・オケルスに軍団百人隊長代理［下級士官］アエリウス・アウグスティヌスは心より頭を垂れて正当にその誓いをはたしたてまつる）とある。

る。マルス・オッロウディウスの像は、イギリス、グロスターシャーのカスタム・スクラブスからの出土品などで知られていて、パテラ（神酒用の浅い皿）と、「豊かさ」を象徴する角（コルヌコピア）がふたつ、二重に重ね合わされて供えられていた。

参考文献：Green, M. J. 1992a, 166 (under

Olloudius).

マルス・カトゥリクス Mars Caturix

　ローマの神マルスと同一視され、マルス・カトゥリクス（戦闘の王マルス）とよばれたケルトの神。カトゥリゲス族［ガリア・ナルボネンシスのリグリア人］の部族神として崇拝されたのであろう。
参考文献：Green M. J. 1992a, 141.

マルス・カプリオキエグス Mars Capriociegus

　ローマの神マルスとつなげられたイベリアの神。スペインの西北部ポンテヴェドラ地方で発見されたふたつの碑文で勧請されている神である。
参考文献：Tranoy 1981, 304.

マルス・カムルス Mars Camulus

　ローマの軍神マルスとむすびつけられたケルトの軍神カムルス。

マルス・グラウィドゥス Mars Gravidus

　ローマ神マルスの別称だが、ふたつあるマルスの祭司団サリイのひとつであるパラティニが 特別献身的に仕えた神の名称。「グラウィドゥス」という名称の語源にかんしてはさまざまな議論があるが、語源学者たちは「グラウィドゥス」は「歩み」という意味の男性名詞「グラドゥスgradus」に由来するとしている。そうだとすれば「マルス・グラウィドゥス」とは「行進する神マルス」と解することができる。
参考文献：Scullard 1981, 85.

マルス・コキディウス Mars Cocidius

　ときおりローマの神マルスと同一視されたケルトの神。この神名はイギリスの北カンブリアと西カンブリア地方、さらにはハドリアヌス長城のまわりで知られている。コキディウスは森林地帯と狩りの神であるのが通例でローマの森の神シルウァヌスと同一視されたが、マルス神との同一視が求められたときから軍神とみなされるようになったのであろう。

マルス・コロティアクス Mars Corotiacus

　ケルトの神コロティアクスもまたローマの神マルスと同一視された。神名はイギリスのサフォーク州マートルシャム出土の青銅彫刻像の断片に刻まれていた銘文にみえるのみである。この像は敵を圧倒する騎馬戦士（おそらくこの神）の勇姿を表している。
参考文献：Green, M. J. 1992a, 142; Ross 1974, 227.

マルス・コンダティス Mars Condatis

　ケルトの神コンダティスはしばしばローマの神マルスとむすびつけられた。コンダティスは川の合流（condate）の神であると同時に水と治癒の神でもあった。マルス・コンダティスはおそらく同じような役割をいくつも託されたのであろう。この神はハドリアヌス長城に近いピアスブリッジ、ヨークシャーのボウズおよびチェスター・ル・ストリートで発見された碑文により知られている。
参考文献：Jones & Mattingly 1990, 275; Ross 1974, 236-237.

マルス・シルウァヌス Mars Silvanus

　ローマの神シルウァヌスとむすびついたローマの神マルス。イギリスのグロスターシャーのユーリにある聖所からみつかった鉛製の呪詛板（デフィクシオ）には「マルス・シルウァヌス神に」としるされている。この銘文の上にさらに deo Mercurio「メルクリウス神に」と、あとからの書きこみがあった。さらに同じ銘文に deo Silvano「シルウァヌスの神に」という書きこみもみえる。ユーリで信仰された神がメルクリウスであり、この遺跡で発見された鉛製の呪詛板による証拠から、この聖所ではメルクリウスはマルスとシルウァヌスと同一視されていたと考えられる。
参考文献：Tomlin 1993.

マルス神殿

　ローマにあるマルスの主神殿は、カペナ門外のアッピア街道の東北側、最初の里程標石

と第2標石とのあいだにあった。この場所が知られるようになったのは「ad Martis（マルティスへ）」という刻字があったからである。神殿にはマルスの像が納められていたが、おそらく狼の像もあったにちがいない。この神殿はガリア人が侵入してきたときに誓願され、前388年6月1日に献納されたと考えられる。それ以来、ローマ軍は軍事行動に出発する前にはかならずこの神殿につどったのである。

　もうひとつのマルスの神殿は、前133年頃、デキムス・ユニウス・ブルトゥス・カッライクスが自らの勝利を記念して**フラミニウス競技場**に建てさせたものである。神殿はギリシア人建築家によって設計されたもので、マルスの巨像と裸形の**ウェヌス**の像が安置されていた。どちらの像もソパスの手になるものであった。神殿へとつづく参道はアッキウス［前170-前85頃、ローマの悲劇詩人。ラテン語悲劇の完成者。作品は現存しないがギリシア悲劇の翻案作品や、ローマの伝説を素材にした作品名が伝えられている］の詩で飾られていた。ユリウス・カエサルもまた模擬海戦（ナウマキア）のためつくられた人工湖の跡に巨大なマルスの神殿を建立する計画をたてたが、実現をみることはなかった。その跡は部分的だが**パンテオン**建設に利用されることとなった。
参考文献：Richardson 1992, 244-245; Scullard 1981, 127; Steinby（ed.）1993, 222-223.

マルス・スメルトリウス Mars Smertrius

　ケルトの豊かさの神でローマの神**マルス**とも同一視されている。ゲルマニアのアウグスタ・トレウェロルム（現在のトリーア）に近いメーンで発見された献辞のなかにその名がみえる。聖所はこの神とケルトの女神**アンカムナ**に献じられたものである。
参考文献：Green, M. J. 1992a, 193（under Smertrius）.

マルス・セゴモ Mars Segomo

　「勝利するマルス」を意味し、ローマの神**マルス**と同一視されたケルトの神である可能性がある。この神はガリアのセクアニ族［セーヌ川源流地方に住んでいた古代ガリアのケルト人］によって崇拝されていた。「セゴモ」は名称というよりむしろ敬称であり、ケルトの神セゴモよりもマルスに添えられた形容辞であるかも知れない。
参考文献：Green, M. J. 1992a, 188（under Segomo）.

マルス・タルブケリス Mars Tarbucelis

　イベリアの神でローマの**マルス**神とむすびつけられている。ポルトガル北部のブラガ地方で発見された献呈碑文から知られるところとなった。
参考文献：Tranoy 1981, 304.

マルス・ティレヌス Mars Tilenus

　イベリアの山岳神でローマの神**マルス**と同一視されている。神名はスペイン北部のラ・バネザに近いクインタナ・デル・マルコで発見された銀板碑文にみえる。近くにあるテレノ山の山岳神なのだろう。それゆえおそらく**ティッレヌス**神と同一の神であろう。
参考文献：Tranoy 1981, 306.

マルス・ティンクスス Mars Thincsus
（図102）

　ハドリアヌス長城、ハウスステッズ要塞で発見された献辞碑文から知られる神で、ゲルマニアかケルトの神である。ここでは**アライシアガエ**とよばれる2柱の神とむすびつけられている。これらの女神はハウスステッズで発見されたもうひとつの献辞のなかではマルスともむすびつけられている（図6）。
参考文献：Green, M. J. 1992a, 144.

マルス・テウタテス Mars Teutates

　ケルトの神でローマの軍神**マルス**と同一視された。（→**テウタテス**）

マルスノノ

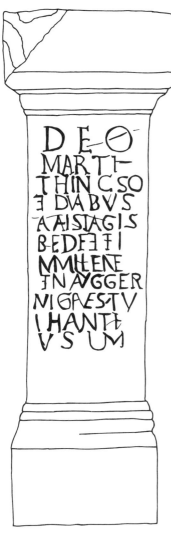

マルス・ナベルクス Mars Nabelcus

ケルトの地方神で山の神であるが、ローマの神**マルス**と同一視された。プロヴァンス地方のヴォクリュズの山々、ヴァントゥ山やモンシュウおよびフランス南部の他の山岳地帯で崇拝された。

参考文献：Green, M. J. 1992a, 144.

マルス・ノデンス Mars Nodens

ケルトの治癒の神ノデンスもまたローマの神**マルス**とむすびつけられた。

マルスの野 Campus Martius
(カンプス・マルティウス)

単にカンプスとよばれることもあった。ローマにあった**マルス**にささげられた聖域で、多くの神殿とマルスの祭壇、**ディスとプロセルピナの祭壇**があったことが知られている。マルスの野は、ティベリス川の氾濫原に立地する。ティベリス川より3メートルから8メートルぐらいしか高くないため、よく洪水の被害を受けた。マルスの野の名称は、マルスの祭壇（アラ・マルティス）に由来し、この野はマルスにささげられた聖域であると考えられていた。そのため、ローマ兵士の訓練や兵員会 comitia centuriata、また凱旋式の集合場所などにも利用された。もともとは**ポメリウム**の外側にある牧草地であった。そのころローマ人たちは、「都市とティベリス川のあいだの土地」と考えていた。タルクイニウス・スペルブス（王政ローマ第7代、最後

図102 マルス・ティンクススと2柱のアライシアガエに奉献された祭壇。この祭壇はハドリアヌス長城にあるハウスステッズ要塞で発見されたものである。銘文は次のようにしるされている。
DEO MARTI THINGSO ET DVABVS
ALAESIAGIS BEDE ET FIMMILENE ET
N[VMINI] AVG[VSTI] GERM[ANI] CIVES
TVIHANTI V[OTUM] S[OLVERUNT]
L[IBENTES] M[ERITO]（マルス・ティンクスス神とベダ、フィンミレナとよばれる2柱のアライシアガエ、そして皇帝の霊に、第20軍団のゲルマニア部族一同が、心から、かつ正当に誓願成就の奉納をいたします）

261

の王）は、この地を接収し、穀物を育生した。しかし、彼が追放されると、この土地は人民に返還され、その後、あらためてマルスの聖域となった。また、もともとタルクイニウス・スペルブスの土地だったが、彼が追放されたことを契機に、マルスの聖域になったとする見解もある。

マルスの祭壇以外にも、マルスの野には、有名な共和政時代のディスとプロセルピナを祀る祭壇（ルディ・サエクラリスの中心）とアラ・パキスがあった。また、マルスの野のすぐ外側には、威圧するかのようなアウグストゥス霊廟があった。

時代がたつにつれ、つぎつぎに建物が建設され、マルスの野の空き地は減少していった。多くの神殿が、戦利品によって支払われ、戦勝記念として建立された。神殿の多くは、凱旋行進の道路ぞい、またはその近くに建立された。それらの多くは貴族たちが競い合うように建てたものであった。言い伝えによれば、最初にマルスの野に神殿が建立されたのはロムルスの時代であったという。これらの神殿には、ロムルスが建立したとされる**ウルカヌス神殿**や、アレア・サクラ・ディ・ラルゴ・アルゲンティナの共和政時代の4つの神殿、および共和政時代の**アポロ・メディクス神殿**、**フェロニア神殿**、**ベッロナ神殿**、**ネプトゥヌス神殿**、**フェリキタス神殿**、**ニンフの神殿**、**ユトゥルナ神殿**、**ラレス・ペルマリニ神殿**、**ユノ・レギナ神殿**と**フォルトゥナ・エクエストリス神殿**がふくまれている。また、マルスの野の北地区には、マルスを祀る神殿があったことも知られている。

ユリウス・カエサルは、巨大なマルス神殿の建設を計画するが、最終的に、この土地の一部は、**パンテオン**のために使用された。また、イシスとセラピス神殿 Iseum et Serapeum（トリウムウィリ［三頭官］によって建設が誓願され、カリグラによって建立または再建された）も、このマルスの野にあった。この複合的な建物は、パンテオンとともに80年の大火によって壊滅している。ドミティアヌス帝は父ウェスパシアヌス帝と兄ティトゥス帝を神格化し祀る神殿を建立している。ハドリアヌス帝もマティディア（トラヤヌス帝の姪）とマルキアナ（トラヤヌス帝の妹）それぞれの神殿を建立し、アントニヌス・ピウス帝はハドリアヌス帝を祀る神殿ハドリアネウムを建立している。

参考文献：Patterson 1992, 194-200; Richardson 1992, 65-67; Steinby 1993, 220-224.

マルス・バッレクス Mars Barrex

ケルトの神でローマの神**マルス**と同一視されている。この神名が知られているのはイギリスのカーライルで発見された奉献碑文からのみである。碑文にみえる名称にはバッレキス Barrecis とある。「バッレクス」あるいは「バッレキス」はおそらく「至高の」という意味であろう。

参考文献：Ross 1974, 236.

マルス・パテル Mars Pater（父なるマルス）

マルスピテル Marspiter あるいは**マルピテル** Marpiter としても知られているローマの神**マルス**の別名。ローマ軍はマルス・パテルの誕生日3月1日に雄牛を犠牲にして祝祭をおこなう。マルス・パテルは軍神であると同時に農業ともむすびついている。

マルスピテル Marspiter

ローマの神**マルス・パテル**の別名。

マルス・ブラキアカ Mars Braciaca

ローマの神**マルス**と同一視されたケルトの神で、イギリス、ダービーシャーのベイクウェルで発見されたただひとつの碑文のみによって知られる。

参考文献：Ross 1974, 234-235.

マルス・ベラトゥカドルス Mars Belatucadrus

ケルトの神ベラトゥカドルスもまたローマの神**マルス**と同一視された。このことがわかるのはハドリアヌス長城で発見された5つの碑文からである。

マルス・ムッロ Mars Mullo

　ケルトの神でローマの神**マルス**と同一視された。マルス・ムッロの崇拝はガリア北部とガリア西北部では広がりをみせたが、とりわけノルマンディーとブルターニュ地方ではその崇拝は篤かった。ブルターニュのレンヌにその信仰の中心があったことはあきらかである。レンヌはレドネス族の首都であったからである。フランスのサルト地方のアロンヌでは、マルス・ムッロは眼病を治す神としてうやまわれた。この崇拝の重要性は、マルス・ムッロとアウグストゥス帝とをむすびつけている碑文の存在によっても裏づけられている。「ムッロ」とは「雌騾馬<ruby>騾馬<rt>ラバ</rt></ruby>」（英語のmule）を意味していることから、この神を馬や騾馬とむすびつけるむきもあるが、主たる役目は治癒、とくに眼病の治癒であろう。
参考文献：Green, M. J. 1992a, 143-144.

マルス・メドキウス Mars Medocius

　ローマの神**マルス**と同一視されたケルトの神。イギリスのコルチェスターで発見された青銅板の奉献碑文によって知られる。
参考文献：Ross 1974, 236.

マルス・ラトビウス Mars Latobius

　ケルトの神でローマの神**マルス**と同一視された。

マルス・リガス Mars Rigas

　ケルトの神でローマの神**マルス**とむすびつけられている。イギリスのノース・ヨークシャーのマルトンで発見された唯一の銘文で知られる。
参考文献：Jones & Mattingly 1990, 275.

マルス・リギサムス Mars Rigisamus

　ケルトの神でローマの神**マルス**と同一視されている。この神の名はガリアのブールジュ［フランス中部、シェール県の県都］とイギリスのサマセット州のウェスト・コウカーで発見された献辞によって知られている。このことはこの神に献納された聖所がそこにあっ

たことを暗示している。「リギサムス」とは「王のなかの王」、「もっとも王にふさわしい」を意味しており、この神の位階の高さを含意している。それはマルスの通常の役割をはるかに超えるものである。
参考文献：Green, M. J. 1992a, 144; Ross 1974, 229.

マルス・リゴネメティス Mars Rigonemetis
（聖なる森の王マルス、ネメトンnemetonとは「聖なる森」の意）

　ケルトの神でローマの神**マルス**とむすびつけられている。神名はイギリスのリンカンシャーのネットゥルハムで発見された碑文によって知られている。この献辞のなかでは皇帝の**ヌメン**とむすびつけられている。皇帝とのこのむすびつきはこの神の位階の高さを示すものであるが、これ以外にはこの神への献辞は知られていない。碑文が刻まれた石は、神殿のアーチの一部であったと思われる。
参考文献：Green, M. J. 1992a, 144; Ross 1974, 229.

マルス・ルディアヌス Mars Rudianus

　ケルトの軍神でローマの神**マルス**と同一視されている。この神はガリアの南部で崇拝された。「ルディアヌス」とは「赤い」（血の象徴）という意味で、この血の象徴をとおして神の好戦性を映し出しているのであろう。
参考文献：Green, M. J. 1992a, 181（under Rudianus）.

マルス・レヌス Mars Lenus

　治癒の神としてケルトでは重要な神であるが、ローマの神**マルス**とも同一視された。
（→**レヌス**）

マルス・レヌミウス Mars Lenumius

　ローマの神**マルス**と重ねあわされたケルトの神で、ハドリアヌス長城にあるベンウェル要塞で発見されたこの神への献辞から知られることになった。この神についてほかにはほとんどなにも知られていない。

参考文献：Ross 1974, 227.

マルス・ロウケティウス Mars Loucetius
（またはマルス・レウケティウス Mars Leucetius ともロウケティウス・マルス Loucetius Mars ともいう）

ローマの神マルスがケルトの神とむすびついたものと考えられる。「ロウケティウス」とは「雷光」や「光輝」を意味するケルト語である。ロウケティウスがケルトの神であったのか、マルスの添え名としてケルト風にロウケティウスという名称を使ったかどうかは不明である。ロウケティウス・マルスの名は、イギリスのサマセット州バースで発見された献辞で知られることになったが、そこではロウケティウス・マルスとケルトの女神ネメトナが対神として崇拝されていた。マルス・ロウケティウス＝ロウケティウス・マルスは治癒の神であったかもしれない。なぜならこの特殊な碑文はゲルマニアのアウグスタ・トレウェロルム（現在のトリーア）の市民によって献納されたものだが、同じものがバースの治療泉にあったスリス・ミネルウァ神殿の祭壇にも刻まれていたからである。マルス・ロウケティウスはまたヨーロッパの数カ所、たとえばドイツのマインツなどでも知られている。

参考文献：Green, M. J. 1992a, 143; Ross 1974, 228-229.

マルティリウム martyrium（複数形 martyria。またはメモリア memoria）
（図103）

初期キリスト教の殉教者の埋葬所。元来この語は殉教者が殺害され埋められた場所をさす用語であった。したがってこれらの場所はキリスト教徒によってあがめられ、礼拝堂や教会がその上に建てられた。それらはさらに殉教者以外の埋葬にとっても中心的な役割を果たすようになり、この場所の周辺に墓地がふえていった。殉教者の遺骨・遺物がキリスト教のなかで大きな役割を果たし始めると、マルティリウム（殉教者記念顕彰堂）という名称が、殉教者の遺骨・遺物を納める教会や礼拝堂にもちいられるようになっていった。これらがある場所は特別に聖なる地と考えられ、巡礼者たちをひきつけた。

参考文献：Lane Fox 1988, 419-492（for

図103 トルコのヒエラポリス（現在のパムッカレ）［小アジアの中西部プリュギアにあった古代都市、初期キリスト教活動の中心地］の市壁の外側にある聖ピリピのマルティリウム。聖ピリピはここで殉教したと伝えられ、巡礼の地ともなっている。4世紀末か5世紀の初めに建立されたという。正面と奥行は20メートル×20メートルあり、なかに8つの方形構造の礼拝堂を有する八角形の建物があった。

martyrs）.

マルドゥク Marduk

シリアの神であるが、元来はバビロンの神であった。この神は水によって豊穣をもたらす働きを擬人化したものであり、穀物の生長と実りをつかさどっている。この神への崇拝はローマ時代のシリアとメソポタミアに広くゆきわたった。

マルピテル Marpiter

ローマの軍神マルス・パテル（父なるマルス）の異名。

マルマル Marmar

ローマの軍神マルスの初期の名称。

マンディカ Mandica

イベリアの女神の名で、スペイン北西部ポンフェッラダで発見された祭壇の銘文から知られた。
参考文献：Tranoy 1981, 298.

マントゥルナ Manturna

結婚の持続をつかさどるローマの女神。結婚の永続を願って勧請される。

ミスラ Mithras（図104）

ミスラス教の密儀で礼拝された主神。ミスラは古代ペルシア（インド＝イラン語派の）の真理と光の神で、ゾロアスター教においては悪の力アフリマンに抗するアフラ・マズダーの名で知られる善の力の代行者・支持者であった。悪と闇に対する善と光の戦いこそゾロアスター教の教理の中心をなすものであった。そこではミスラはさまざまな称号をもって登場する。「戦士」、「勝利者」、「光の主」、「真理の神」、「死からの救済者」、「至福の授与者」などである。イラン神話のなかでは、ミスラはアフラ・マズダーによって地上に送り出され、狩りにゆき、アフラ・マズダーの最初の創造物であった聖なる雄牛を捕らえ、殺す。雄牛が流す血から生きとし生け

るもののすべてが生まれでる。ひとつの神話では、ミスラは岩［ペトラ・ゲネトリクス＝創生の岩］から生まれ、太陽神に助けられる。太陽神は使い鳥の大鴉（オオガラス）をミスラに送り、聖なる牛の発見へと導いたのである。雄牛が殺され、流れ出る血が大地をおおい、そこからあらゆる生命が誕生した。こうした行為をつうじて、太陽神はミスラに至上権を譲り、ミスラと盟約をむすんだのである。ミスラは、神事的な聖餐式のあとで協力者太陽神に別れを告げる。この聖餐式は崇拝者たちによって記念され、食事の儀式に受け継がれていく。

上記はミスラ神話の大筋だが、これらはローマ人によって崇拝された祭儀の図像表現と残存する数少ないローマのミスラにかんする碑文から読み取れるものと一致する。イラン神話に深く切り込んだ、より詳細な解釈が最近の研究ではなされているが、祭儀の大部分はなお未詳のままである。ミスラ神が太陽神と密接な関係があることは疑いない。神話ではミスラは太陽神より上位のものとみなされるにいたっているが、のちにミスラは太陽神と同一視されるようになり、ソル・インウィクトゥス・ミスラ不敗の太陽神ミスラとよばれたことが献辞によってわかる。ミスラ神はプリュギア帽をかぶり、ズボンをはく姿で表されることが多い。（→ソル・インウィクトゥス）
参考文献：Cumont 1896（numerous illustrations）；Hammond & Scullard （eds.）1970, 694-695; Vermaseren 1963.

ミスラエウム mithraeum（複数形mithraea）（図105）

ミスラ神崇拝のための神殿のこと。ミスラエウムはミスラが聖なる雄牛を捕らえ、殺したとされる洞窟を模して造営されたと考えられる。聖なる雄牛は死を超越した生命の象徴なのである。神殿は小さくトンネル状にくり抜かれ、部分的に地下に作られているものもあれば、すっぽり地下に造出されたものもある。荒削りに掘り抜かれた神殿は薄暗い。壁の両側面には礼拝者のための腰掛けがもうけ

265

ミスラエウ

図104　ミスラ神に献じられた祭壇。これはハドリアヌス長城に近いハウスステッズ要塞にあったミスラ神殿で発見されたものである。銘文は次のように読める。DEO SOLI INVICTO MYTRAE SAECVLARI LITORIVS PACATIANVS BF COS PRO SE ET SVIS VSLM（神にして永遠なるもの、不敗の太陽神ミスラに対し、リトリウス・パカティアヌス、特権をあたえられし執政官、自身と自分の関係者のために心から正当に誓願をはたしたてまつる）

られている。神殿はまたスペラエウム spelaeum（洞窟）という名でも知られている。ミスラエウムは、ミスラ崇拝者たちが崇拝儀礼を神殿の外部ではなく、神殿の内部でおこなうことで、他神殿とはいちじるしく異なっている。神殿内部の主要部は、どちらか一方の壁にミスラ神の雄牛殺しの場面を大理石に浮彫するか、絵画で描かれていた（図57）。さらにそこには、別の彫刻の場面あるいは彫像、祭壇がそえられていることもある（図104）。少なくともこれらの彫刻のいくつかは、あきらかに背後から光が差し込んで輝きわたるようになっている。神殿の主要部分にある中央部の身廊には1段高くなった長腰掛けがそなえられている。入門者はこの腰掛けに坐って聖餐式にのぞむ（この場面はローマのサンタ・プリスカ教会とサン・クレメンテ教会のミスラ神殿に残っている）。彫刻と祭壇がおかれている位置とは反対側にあたるミスラエムの端は拝廊（ナルテックス）か、張り出し玄関（ポルティコ）になっている。そこには入門儀式に使われる穴がある場合もある。ミスラ神殿には主神のほかにさまざまな神々が描かれていることが多い。通例では、松明捧持者の**カウテス**（図27）と**カウトパテス**、その他各階級の入信者を守護する神々（たとえば**ウェヌス**）や蛇に巻かれた獅子頭の神などが登場する。この神をアフリマン（悪の力）の表象ととらえている学者もいる。不敗の太陽神（ソル・インウィクトス）と他の神々へ奉献された祭壇がミスラ神殿内で発見されている例も多い。ローマでは13ものミスラ神殿が知られている。自然洞を利用したものから既存の建物の地下室を利用したものなどさまざまである。ミスラ神殿はローマ世界の外でも知られている。これらの神殿の規模はみな小さいので、ひとつ場所に集う信者の数もまた少なかったにちがいない。（→ミスラ）

参考文献：Bianchi (ed.) 1979; Hammond & Scullard (eds.) 1970, 694-695; Toynbee 1986.

ミスラエウム・テルマルム・アントニニアナルム Mithraeum Thermarum Antoninianarum（アントニヌス浴場のミスラ神殿）

　このミスラエウムは1912年、ローマのカラカラ浴場の下にあったヴォルト天井の地下廊を発掘しているときに発見された。ローマで発見されたミスラ神殿のうち最大のもので、大きさは23メートル×9.5メートルある。通廊

ミスラエウ

図105 ハドリアヌス長城にあるキャラウバーグ要塞のすぐ外側にあるミスラエウム（ミスラ神殿）の残址。間口5.79メートル×奥行12.8メートル。コンクリート造りの標柱はまっすぐに立てられていた木材を示している。低い木製の腰掛けもみえる。向かって右端に3基の祭壇があった。このミスラエウムは3世紀初頭に創建され、そののち数度の建設過程を経たものと考えられる。4世紀はじめに破壊された。

の床には黒と白で舟を描いたモザイクを貼り、脇に背の低い長腰掛けがもうけられている。
参考文献：Nash 1962b, 85; Richardson 1992, 258.

ミスラエウム・ドムス・クレメンティス
Mithraeum Domus Clementis
（クレメンティス家のミスラ神殿）

　1869年にローマのサン・クレメンテ教会の地下で発見された3世紀初期の**ミスラエウム**で、1世紀初期の家のなかに造られたものである。しかし発掘は出水のため1914年以降まで実施できなかった。神殿は方形、天井は低い円形ヴォールト天井で、内陣の両側面に長腰掛けが付設されている。龕もいくつかあり、またミスラの雄牛をほふる場面を彫刻した祭壇もおかれていた。この信仰・祭儀が禁止されたとき、ミスラ神殿は土で埋めこまれたのである。
参考文献：Nash 1962b, 75; Richardson 1992, 257.

ミスラエウム・ドムス・サンクタエ・プリスカエ Mithraeum Domus Sanctae Priscae

　アウェンティヌス丘にあるサンクタ・プリスカ教会の修道僧たちによって、その教会の地下にあった**ミスラエウム**が発見された。1958年に発掘は完了した。このミスラ神殿は2世紀後期頃の私宅の1部屋に造られたものであった。中央の身廊の両側面に長腰掛けがもうけられている。松明捧持者の**カウテス**と**カウトパテス**の像を納める龕と雄牛をほふるミスラ（ミスラス・タウロクトノス）のスタッコ像群を納める礼拝龕とがあった。龕の内側には壁画も描かれていた。220年頃にミスラ神殿は再建され、さらに入信儀礼のための部屋が付けくわえられて拡張された。
参考文献：Nash 1962b, 79; Richardson 1992, 257-258.

ミスラエウム・ドムス・バルベリノルム Mithraeum Domus Barberinorum （バルベリーニ家のミスラ神殿）

1936年、ローマのパラッツォ・バルベリーニ［イタリアの名門バルベリーニ家所有の館］の背後で建設作業中に、1世紀に建てられた家が発見された。その家には3つの部屋があったが、西端の部屋（11.85メートル×6.25メートル）がミスラエウムに変えられていた。中央部には身廊があり、その両脇に1段高い長腰掛けがもうけられていた。南壁には雄牛をほふる、いわゆるミスラス・タウロクトノスの大きな礼拝画像があった。この場面を描く作例はカプア［イタリア南部カンパーニア州北西部の町、古代アッピア街道が通り、戦略上重要な地区であった］のミスラ神殿にもあるが、その数はきわめて少ない。
参考文献：Nash 1962b, 72-73; Richardson 1992, 257.

ミスラエウム・プロペ・カルケレス・キルキ・マクシミ Mithraeum prope Carceres Circi Maximi （大競技場スタート門近くにあるミスラ神殿）

ローマの**大競技場**のスタート門カルケレスの北西にあるミスラエウム。スタート門とはせまい道路をはさんで切り離されている。1931年、ローマという名の博物館の地階を片付けているときに4つのヴォールト天井の部屋とどっしりとした階段がみつかった。もともとは公共の施設であったらしい。3世紀の後半期に、4つの部屋のうち3つがミスラ神殿に変えられたと思われる。その神殿には長腰掛けと像を納めた龕（がん）がそなえられていた。
参考文献：Nash 1962b, 69; Richardson 1992, 256-257.

ミスラス教

秘教であるミスラ信仰はペルシアに広まり、前1世紀の後半期頃ローマに伝わった。ミスラス教には密儀と入信の段階があった。後1世紀にはローマ帝国のいたるところに広がり始め、3世紀にその頂点に達した。しかし4世紀になると他の多神教とともに禁教となる。ミスラス教への入信は男性にかぎられており、とりわけ商人、軍人、財務官吏らを惹きつけた。ゆえにその崇拝が一般市民の心を動かすことはほとんどなかったのである。

ミスラス教はアフラ・マズダーを神とあがめ、宇宙の唯一の創造者とみなすゾロアスター教のひとつの分枝であった。ミスラス教は雄牛ほふり（**タウロクトニ**）という独自な面をそなえた新興の宗教へと着実にのし上がっていったのである。ミスラス教の神話はかなり複雑である。ミスラによる雄牛ほふりがローマ時代にはミスラス教の核心部分であったから、ミスラ神殿mithraeumのなかにはその場面が石彫され安置されていた。ミスラス教は秘儀宗教であったため、祭儀の詳細についても極秘とされ、この宗教の内実については知られることが少なかった。情報はもっぱら考古学と碑文にもとづく証拠と、ミスラの儀式のいくつかをキリスト教儀礼の冒涜的模倣だと非難するキリスト教徒の著述家たちの言にかぎられている。

ミスラス教は信徒たちが入信儀礼から段階を経てしだいに昇進する7つの位階をもうけている。信徒にはその位階ごとに密儀の内奥が明かされていく。宗門の位階は大鴉（コラクス）から始まり、花婿（ニンフス）、兵士（ミレス）、獅子（レオ）、ペルシア人（ペルセス）、太陽の使者（ヘリオドロムス）、父（パテル）へと進む。ひとつの位階から次の位階へと進むには、ある種の神判・試練をこうむる儀式を通過しなければならない。信徒の進む各段階には守護神とその神の象徴とがむすびつけられる。大鴉（コラクス）は**メルクリウス**神によって守護されることから神の持物である魔法の杖カドゥケウスcaduceusと酒杯がそえられる。花婿（ニンフス）は**ウェヌス**に加護され、象徴として灯明と花嫁用のヴェールで表される。兵士（ミレス）は軍神**マルス**の加護のもとにあり、その象徴は兵士用鞄と箙（えびら）である。獅子（レオ）は**ユピテル**の加護を受け、象徴は雷霆と火炉用シャベルと**イシス**女神が持つ楽器ガラガラ（**シス**

トゥルム）である。ペルシア人（ペルセス）は月神の加護をうけ、象徴として描かれるのは穀物を刈る鎌と鋏である。太陽の使者（ヘリオドロムス）は太陽神（ヘリオス・ソル）の加護のもとにあり、象徴は放光冠と松明と天球である。父（パテル）は**サトゥルヌス神**の加護を受け、象徴として錫杖（ラプドス）、プリュギア帽、鎌形剣、平皿（パテラ）で表される。壁画でもさまざまな位階が、入信の位階に応じた儀式用の衣装で表される。大鴉（コラクス）は儀式にのぞむさいに大鴉の面をつける。儀式には洗礼、額に押印、そして聖餐式があった。

　ミスラス教美術には黄道十二宮のしるしといった占星術的要素や遊星と重ねあわされた神々の表象が抜きんでて多い。おそらく儀式においてなんらかの意味づけがあったのであろう。ミスラ神殿にはほかにもいろいろな神々が描かれている。ミスラ神殿の規模が小さいのは信徒の数も少なかったことを意味している。しかし献辞碑文からはっきり読み取ることができることは、信徒のほとんどが富裕階級の人びとであり、軍の将官、豪商、官吏、諸属州の長官であったということである。皇帝が信徒であった例もある。

参考文献：Bianchi（ed.）1979; Ferguson 1970, 47-49; Hammond & Scullard（eds.）1970, 694-695; Toynbee 1986; Ulansey 1989（examines connection with astology and proposes new interpretation）.

ミトス mythos（神話）

　伝承された物語のことだが、歴史的な、あるいは歴史的と思わせる出来事や人びとにもとづくものも少なくない。ローマの神々についての多くの神話・伝説は、ギリシア神話に起源を有するが、その神話体系自体が複雑であった。ギリシア神話はギリシア人たちに彼ら自身のあらゆる初期の歴史（神もそのなかにふくまれる）を伝えた。その意味で多くのギリシア神話には事実と虚構がないまぜになっており、おおかたはギリシアの神々、神々の活躍、神々の関係、その宗教的儀式についての物語で彩られている。ローマの詩人たちによって使われた神話の多くはギリシア資料からの借用であった。最初期のローマの神は、ギリシアの神々に重ねあわされるまでまったく人間の姿をしていなかった。ローマ人がギリシア神話を多く取り入れる前に、ローマ・イタリア神話が生き残っていたという証しはほとんどない。ごくわずかなローマの神々は、その神々にまつわる神話を有しているが、それといずれも詩人や著作家たちによってのちに生み出された話にすぎない。

参考文献：Bremmer & Horsfall 1987; Grant 1971; Hammond & Scullard（eds.）1970, 718.

ミネルウァ Minerva（図106）

　技芸と商取引組合を守護するローマの女神。元来はエトルリアの女神メンルウァ Menrva であった。ミネルウァの古称がメネルウァ Menerva であったのもそれゆえである。ミネルウァはギリシアの女神アテナと同一視され、またときにはローマの女神ネリオ（軍神マルスの配偶神）とも重ねられた。ミネルウァはまたアテナ・プロマコス Athena Promachos（戦勝者アテナ）の戦士的な側面を引き継いでいるようにみえる。また同時に、手工芸と戦争の神ともみなされたのである。**ユピテルとユノ・レギナとならんでミネルウァはカピトリウムの三神一組の神** capitoline triad のなかの1柱であった。ノリクムとダルマティアでは、土地の女神**フラナ**と重ねあわされ**ミネルウァ・フラナティカ**の名で知られた。ローマにはミネルウァの神殿がアウェンティヌス丘上とネルウァ帝のフォルム（広場）（Forum Nervae）にあった。祝祭は6月19日と9月13日に開催されたが、主祭（**クインクアトルス**）は3月19日であった。

参考文献：Hammond & Scullard（eds.）1970, 689; Simon 1990, 168-181.

ミネルウァ

図106 イギリスのラミアット・ビーコンで発見されたミネルウァ女神の青銅製奉献像。女神はトゥニックを着、アイギスを身につけている。元来左手は盾の端を掴んでいたと思われる。あげられた右手には槍が握られていたのであろう。像高7.6センチメートル。　サマセット州立博物館

ミネルウァ・カプタ Minerva Capta（囚われのミネルウァ）

「囚われのミネルウァ」とよばれる女神の神殿がローマのカエリウス丘の麓にあった。この神殿の神像ミネルウァ・カプタは、ミネルウァ信仰の中心地であったエトルリアの町ファレリイ（現在のチヴィタ・カステッラナ）が前241年にローマ軍によって占領されたとき、虜囚としてローマに連れ去られ、ここに安置されたのであろう。

参考文献：Palmer 1974, 43; Richardson 1992, 255; Scullard 1981, 94.

ミネルウァ神殿

ミネルウァの神殿のひとつはアウェンティヌス丘の上、**ポメリウム**の外側にあった。建立年代は不明であるが3月19日に奉献されたものと考えられる。**ディアナ**神殿に隣接していたが、並置されていたわけではない。奥行きのある前室をともなった正面22メートル、奥行き45メートルの基壇の上に建てられていた。この神殿については第2次ポエニ戦争時（前218-前201）にはじめて言及されているため、それより以前に建立されたと考えられる。ミネルウァ神殿は作家と俳優、熟練した手工芸職人たちの中心的なよりどころとなった。

ネルウァ帝のフォルムの東端にもミネルウァの神殿が建てられた。建立者はドミティアヌス帝で、献納は97年にネルウァ帝［五賢帝のうちの最初のひとり］によってなされた。ミネルウァ女神はこの神に祭司団を創設したドミティアヌスの守護神となり、その神殿は高い基壇の上にコリント式円柱を前後6本配したいわゆる**六柱式**の建物であった。神殿をとりまく壁面には帯状の浮彫がほどこされており、アティク（軒蛇腹）には女神の祭儀と伝説が描かれていた。のちセウェルス・アレクサンデル帝はここに神格化された皇帝たちの巨大な像をおいた。この神殿の廃墟の大部分は残存していたが、1606年、教皇パウロ4世のとき、取りくずされ建築用材として使われてしまった。この廃墟は16世紀の

画家たちによってしばしば描かれ、今日に伝えられている。

参考文献：Fishwick 1987, 210 (note 76); Nash 1962a, 433; Richardson 1992, 167-169; Scullard 1981, 93-94.

ミネルウァ・フラナティカ
Minerva Flanatica

フラノナはローマの属州ダルマティア［クロアチア、アドリア海地方の歴史的呼称］のフラノナ市（現在のプロミン）の土着の守護女神であった。のちにローマの女神ミネルウァと重ねあわされるようになり、ダルマティアのイストリア地方であつい信仰をうけた。

参考文献：Wilkes 1969, 195.

ミネルウァ・メディカ Minerva Medica

ローマの女神ミネルウァは医師の守護神的な側面も有している。ローマのエスクイリヌス丘上に神殿があった。1887年に、近くで数百点におよぶ奉献物を収めていた地下藏（favissae ファウィッサエ）がいくつか発見されたが、おそらくこの神殿のものであろう。（→ファウィッサ）

参考文献：Richardson 1992, 256; Scullard 1981, 93.

ミュルテア Myrtea

ローマの女神ムルキアの別称。

ミラノ勅令

キリスト教会および他のあらゆる宗教に信仰の自由をあたえた寛容令。キリスト教徒に対する弾圧の終焉でもあった。コンスタンティヌス帝がマクセンティウス帝を破ったあとの313年2月、ミラノでコンスタンティヌス帝［西方正帝］とリキニウス帝［東方正帝］によって発布された。

ミルクリオス Mircurios

ローマの神メルクリウスの古名。つづりを異にするミルクリオス Mirqurios も同じ。

ムーサイ（ラテン語でムサエ Musae）

文芸のさまざまな側面をつかさどるギリシアの女神たち。元来ムーサイの数は地方によってさまざまであったが、ギリシアの古典時代にムーサイの数を9柱の神とするのが標準となった。そして時代とともにそれぞれの神がはたす固有の役割も定まっていった。カリオペは叙事詩、クリオは歴史、ポリュヒュムニアは賛歌、エウテルペは笛、テルプシコラは短詩、エラトは合唱隊叙情詩、メルポメネは悲劇、タレイアは喜劇、ウラニアは天文、といった役割をになった。ひとときムーサイがヘラクレスとむすびつけられることもあった。ローマのフラミニウス競技場にはムサエのヘルクレスにささげられた神殿があった。

参考文献：Grimal 1986, 298; Scullard 1981, 157.

ムサエのヘルクレス神殿

ローマのフラミニウス競技場のなか、オクタウィア［アウグストゥス帝の姉］の回廊の北西に位置していた。マルクス・フルウィウス・ノビリオルが前189年からのアンブラキア［現在のアルタ。ギリシア西部、古代エペイロス地方の都市］へ遠征したのち、前187年の勝利ののちにおそらく建立したと思われる。その神殿にはアンブラキアからもち帰った芸術・学問をつかさどる9女神（ムーサイ）像と、リラをひくヘラクレス像がおかれた。マルクス・フルウィウス・ノビリオルはこの神殿内にカメナエつまりムーサイのための小さな青銅製の聖所（アエディクラ）もおいた。その聖所はヌマ王［王政ローマ第2代の王］の時代のもので、雷に打たれたあと、ホノスとウィルトゥス神殿におかれていたものである。

この神殿はふつうラテン語でヘルクリス・ムサルム・アエデスとよばれるが、セルウィウス［4世紀のローマの文献学者、注釈家］はアエデス・ヘルクリス・エト・ムサルムとよび、この神殿は、ヌマ王の青銅製の聖所がここに移されたあと、ムーサイにのみ献納されたと指摘している。前29年、ルキウス・マルクス・ピリップスによって修復され、ピ

リップスの柱廊のなかに取りこまれた。献納
日は 6 月 30 日。ほかのヘルクレス神殿と同
じように円形であった。
参考文献：Palmer 1990; Richardson 1992, 187.

ムジカ musica（音楽）

　音楽はあらゆる宗教的儀式において（たと
えば供犠において、図52）、凶兆をしずめる
ためにしばしば肝要な役割を果たした。犠牲
式ではほとんど対の笛（tibiae）が使用され
たが、また同じく竪笛や竪琴も使用された。
タンバリンやシンバルは主としてオルギア的
［恍惚となった熱狂状態］信仰集団、たとえ
ば**マグナ・マテル**やバッコスの信仰集団で使
用されてきたようである。そこでは音楽が大
きな部分を占めていた。おそらく 打楽器
rattlesは広く使用されていたと思われる。し
かし特殊な楽器**シストルム**（通称ガラガラ）
はイシスの信仰集団で使用された（図46）。
賛歌もまた広く歌われていたのではないかと
思われる。そのなかで知られているものはわ
ずかで、たとえば**カルメン・アルウァレ**がそ
うである。
参考文献：Hammond & Scullard (eds.) 1970,
713.

無神論 atheismus

　無神論（アテイスムス）とは、「神々を否
定する」という意味である。ローマ時代、ア
テイスムスという用語は、「いかなる神をも
拒むこと」、「伝統的な多神教の神々をこばむ
こと」のふたつの意味でもちいられた。また、
アテイスムスには「神々に見すてられた」と
いう意味もある。アテイスムスという用語は、
ローマ皇帝に香をささげることをこばんだキ
リスト教徒をさす言葉としても使われた。公
けに無神論者であると知られないかぎり、無
神論者が罰せられることはなかった（キリス
ト教徒の場合は、多神教の神々を否定した）。
しかし、なにか危機的なことなどが起こった
さいには、人びとは、無神論者が神々をおこ
らせて悲惨な結末がおとずれると恐れた。そ
の結果、無神論者のレッテルを張られた人間

が頻繁に犠牲の対象となった。
参考文献：Hammond & Scullard (eds.) 1970,
138.

ムッロ Mullo

　ケルトの神でローマの軍神**マルス**とむすび
つき**マルス・ムッロ**とよばれた。ユリウス・
カエサルは、ガリア人たちが「戦利品の塚」
をつくるという風習をしるしている（『ガリ
ア戦記』 6・17）。このことから「ムッロ」
の語源的な意味は「丘・塚」であったとする
むきもある。

ムニス Munis

　イベリアの神で、ポルトガルのドウロ川と
タホ川のあいだにある地域とスペイン西部の
カセレス付近で発見された碑文中にしるされ
た神名。**ムニディア**という神と同一神と思わ
れる。
参考文献：Alarcão 1988, 93.

ムニディア Munidia

　イベリアの神で、ポルトガルのドウロ川と
タグス川のあいだにある地域とスペイン西部
のカセレス付近で発見された碑文中にしるさ
れた神名。**ムニス**という神と同一神と考えら
れる。
参考文献：Alarcão 1988, 93; Tranoy 1981, 276-
277.

ムルキア Murcia

　ムルテア Murtea、ムルティア Murtia、
ミュルテア Myrtea といった名でも知られる
ローマの女神だが意味不詳。アウェンティヌ
ス丘（アウェンティヌス丘の古名はムルク
ス）とパラティウム丘とのあいだにある谷に
聖所があった。怠惰の女神とみなされたらし
い。ムルキアはときにはローマの女神**ウェヌ
ス**の称号としても使われている。この神につ
いて上記以外はやはり未詳というほかはない。
参考文献：Richardson 1992, 260.

ムンドゥス mundus

地下の儀礼用の小さな穴で**地下世界**へ通じると信じられた。ローマにあるムンドゥスがムンドゥス・ケレリス mundus Cereris とよばれてきたのは、この穴が女神ケレスのいる穴に通じていると信じられたからであろう。豊穣の女神であったケレスと地下世界とのつながりは、ケレスが**プロセルピナ**の母であったことによるのであろう。その穴の場所は知られていない。パラティウム丘上にあった可能性はある。忌み日と考えられた8月24日、10月5日、11月8日を除いて、通常穴にはおおいがかけられ、ふさがれていた。これらの日は**ディエス・ネファストゥス**（休廷日）ではないが、いっさい公務がおこなわれない日なのである。穴のおおいは地獄門とみなされたのであろう。おおいがはずされるとき、地下世界の死霊（**マネス**）たちがローマの通りという通りすべてをうめき声で満たしたという。

参考文献：Richardson 1992, 259-260; Scullard 1981, 180-181, 197; York 1986, 163-164, 173-174.

迷信 superstitio
（未知なもの、神秘的なものに対する恐怖）

さまざまな出来事や事象について人を惑わせるような思い込みで、いまだわかっていない事柄にかんするいわれない恐怖。迷信はそもそも人びとの生命を支配する超自然的な力を信ずることから生まれるという点では宗教とその発生起因を同じくする。ローマの宗教はすべて迷信をもとに形成されているとはいえ、それらはローマ時代には、現在の感覚で認識されているような迷信とはみなされていなかった。迷信、それにむすびついているまじないの行為および儀式の数々はしばしば非常に古く長い歴史をもつ。今日にいたる迷信の流れはローマの文芸のなかにも実例がある。たとえば、誰かが鼻をすすったりしたとき「健康でありますように」というような表現である。現在では「あなたに祝福がありますように」というのが普通になっている。

ラテン語用語スペルスティティオ superstitio という語は元来予言の能力、または宗教的高揚の状態を意味した。しかし、それはとりわけ外来の宗教、すなわち**ドルイド教**や**ユダヤ教**、あるいはまた田舎で人気のある宗教のように伝統的に承認されていない儀式などの風習にその語があてはめられたとき、それは迷信的でいわれのない畏れ、あるいは軽信性を意味するようになっていった。この語はさげすんで使用された可能性がある。1世紀および2世紀になると、スペルスティティオというラテン語はしだいに低社会層に属する人びとの宗教というよりはむしろ外来の危険な宗教を連想させる語になっていった。キリスト教徒たちによってパガン（異教）とされてきた信仰は、のちに迷信の先例とみなされるようになった。

参考文献：Gordon 1990c, 237-238, 253; Hammond & Scullard (eds.) 1970, 1023-1024; Paoli 1963, 279-291.

メガラ Megara

ローマの復讐の女神**フリアエ**（Furiae）として知られるローマの神格のうちの1柱。

メガレンシア Megalensia（メガレシア Megalesia またはのちにはメガレシアカ Megalesiaca）

キュベレ、すなわち大母神**マグナ・マテル**（ギリシア語ではメテル・メガレ meter megale）を祝してローマで競技会をともなっておこなわれる大祭。祝祭は4月4日から10日までつづく。この祝祭が制定されたのは前191年のことであった。［リウィウスによれば、プリュギアのイダ山の女神キュベレが「シビュラの書」とデルポイの神託によりローマへ勧請されたのは、前204年4月4日、第2次ポエニ戦争のさなかのことであったという。］大母神を祝う大祭の日は国の祝日に定められた。女神が愛した**アッティス**の祝祭（→**ヒラリア**）とは対照的である。祝祭はもともと**大競技場**でおこなわれる競技会（ルディ・メガレンセス／ルディ・メガレシア

キ Ludi Megale[n]ses / Ludi Megalesiaci）で
あった。劇上演はのちに、供犠と饗宴ととも
にくわえられたものであった。大母神の神官
たち（ガッリ galli）は母神の像をともなって
太鼓とシンバルの音に合わせローマ市中をね
り歩くことが許されていた。神官たちは自分
で傷つけた傷口から流れ出る血にまみれて歩
いた。キュベレ女神の誕生の日4月10日に
は大競技場で競技会が開催された。（→クロ
ディウス）

参考文献：Scullard 1981, 97-100; Vermaseren
1977, 124-125.

メゾン・カレ Maison Carée（方形神殿）

フランス南部（古代のガリア・ナルボネン
シス）のニーム（古名ネマウスス）に今もそ
の姿をとどめているメゾン・カレ［方形の家
の意］は、ローマ神殿のなかでもっとも保存
状態のよいもののひとつである。この神殿は
マルクス・アグリッパ［古代ローマの将軍、
アウグストゥス帝の腹心の部下。平民の出身
だが前37年執政官となる］によって前16年
に建立されたと考えられているが、最近の調
査で当時のものと思われる碑文がみつかり、
アグリッパのふたりの息子ガイウスとルキウ
スに敬意を表して建立されたものであること
が判明した。そうだとすれば建立年代は後1
年か2年に引き下げられなければならない。
神殿の大きさは幅12.29メートル、奥行25.13
メートルで、ローマの同時代の神殿にくらべ
てかなり小さいといえる。神殿はフォルムに
面して建ち、幅の広い昇り階段が付されてい
る。正面ファサードは6本のコリント式円柱
によって支えられており、入口にはポルティ
コが付され、さらに円柱は神殿の両側をまわ
りこむようにケッラの背後へとつづくが、
ケッラの背後では円柱は半分壁に埋めこまれ
るかたちになっている。（つまり円柱が壁自
体の一部をなしているが、同時に各柱は壁の
外側の線から半分はみ出ている。）

参考文献：Amy and Gros 1979; Balty 1960;
Barton 1989, 81.

メッソル Messor

ローマの神で刈り入れと収穫をつかさどる。
ファビウス・ピクトルによれば、メッソルは
前3世紀の終わり頃 ケレスの祭司によって
勧請されていたという。

参考文献：Ferguson 1988a, 853; York 1986,
60.

メッロニア Mellonia

メッロナ Mellona の名でも知られている
ローマの女神で、蜂と蜜を支配する。

参考文献：Ferguson 1988a, 853.

メディトリナ Meditrina

メディトリナリア祭のために後期ローマに
おいて案出されたと思われる女神。

メディトリナリア Meditrinalia

10月11日におこなわれる祝祭で、この祭
りの起源を説明するために後期ローマにおい
て案出されたと考えられる女神メディトリナ
が祭りの主神。したがってこの女神の起源は
不明だが、なんらかのかたちで新しい葡萄の
収穫とかかわりがあり、ゆえにユピテルにむ
すびついていたと考えられる。農耕が重きを
なした初期ローマでは重要な祝祭であったに
ちがいない。

参考文献：Scullard 1981, 192.

メドゥナ Meduna

ケルトの神でドイツのバド・ベルトリッヒ
で湧き出る泉とむすびついている。これらの
泉がのちに治療設備をもつ温泉となったので、
メドゥナは治癒の女神とみなされるように
なったのであろう。

参考文献：Wightman 1970, 138, 226.

メドキウス Medocius

ケルトの神でマルス・メドキウスとしての
ローマの神マルスと同一視されている。［1891
年にコルチェスターで発見された碑文によっ
て判明した。］

メトロオン Metroon

大母神（マグナ・マテル＝キュベレ）礼拝のための聖所、あるいは神殿をふくむ聖域のこと。「メトロオン」という語はギリシア語の「母」を意味する「メテル meter」に由来する。

参考文献：Vermaseren 1977.

メネルウァ Menerva

ローマの女神ミネルウァの古名。

メフィティス Mefitis

ローマの女神で、地面から噴き上がる硫黄の蒸気それ自体が女神とみなされた。ときおりアルブネアと同一視される。硫黄の蒸気が伝染病やペストを引き起こすと考えられていたため、メフィティスはときとしてペストの女神として恐れられたこともあった。女神の祭儀はイタリアの中央部と南部の火山地域に集中している。主たる聖所はサムニウムのアンプサンクトゥス火山の山上にある。しかしこの女神はイタリア中で崇拝されてきたように思われる。女神が悪臭をともなう有害な蒸気と病の双方にむすびついていたせいか、クレモナ［イタリア北部ロンバルディア州のポー川にのぞむ］にある女神の神殿は市壁の外にあった。ローマでは神殿はエスクイリヌス丘上にあった。

参考文献：Grimal 1986, 276; Hammond & Scullard (eds.) 1970, 664.

メルカルト Melqart
（都市テュロス固有の神）

もともとはテュロス［フェニキアの古代都市。地中海東岸にあり、元来は島の上にあった。聖書ではツロ。現在レバノンの一小都市となり、スールとよばれる。歴史家ヘロドトスによれば、前28世紀頃から存在したという］の太陽神バアルであったフェニキアの神であるが、ときにはギリシアの神ヘラクレス（ローマのヘルクレス）と同一視されることもある。

メルクリウス Mercurius（図48、107）

英語ではマーキュリー（Mercury）の名で知られているが、ラテン語ではメルクリウス（Merqurius は古いつづり）、ミルクリオス Mirqurios、ミルクリオス Mircurios とよばれている。このローマの神はマイア（アトラスの娘でローマの女神となった）とユピテルとの息子とみなされている。ギリシアの神ヘルメスと同一視されたメルクリウスは、神々の使者であると同時に交易の神、とりわけ穀物取引の神であり、さらに、とくにガリアでは富裕の神であり、商売繁盛の神でもあった。神殿はローマのアウェンティヌス丘上にあっ

図107　イギリス、ラミアット・ビーコンで発見されたメルクリウスの青銅製奉献用小像。有翼の帽子をかぶり、靴を履き、マントを着ている。右手に金袋をにぎり、左手にカドゥケウス杖を支え持つ。高さ6.4センチメートル。
サマセット州立博物館

メルクリウ

た（図108）。メルクリウスは一般にカドゥケウス杖（2匹の蛇がまきつく儀杖）を持ち、有翼の兜と有翼の靴をはいた姿で表される。メルクリウスはまた（日々新たな日を告げる）雄鶏や、（豊穣の象徴である）雄羊や雄山羊、さらに［メルクリウスが亀の甲から、古代ローマの詩人ホラティウスがいう「反り返った竪琴」（リュラ）を発明したことから］亀をともなう姿でも表された。ローマではメルクリウスには**フラメン**（祭司）は任命されなかった。最初期にはメルクリウスはローマでは崇拝されなかったからである。しかし祝祭はあり、5月15日に商人組合によって催された。

ユリウス・カエサルは、メルクリウスはブリタンニアとガリアでもっともよく知られている神であり、すべての芸術の創造者だとみなされていると語っている。ケルト地域では、メルクリウスはしばしば3つの頭、あるいは3つの顔をもつ姿で表されている。ベルギーのトングレンにあるメルクリウスの小像には3つの男根（ファッリ phalli）が付けられている（巨大なファロスのひとつは頭上に、あとひとつは鼻の代わりに）。これはおそらく秘数3を使うことによって幸運と豊穣、呪力の増進を願うものであろう。ケルト地域では、メルクリウスは土着の神々と重ねあわされた（その主な事例はメルクリウス・アルウェルヌス以下の項目を参照のこと）。メルクリウスがケルトの女神**ロスメルタ**にともなわれる例も多くある。
参考文献：Combet-Farnoux 1980; Hammond & Scullard（eds.）1970, 673; Simon 1990, 158-167.

メルクリウス Merqurius
ローマの神メルクリウス Mercurius の古いつづり。

メルクリウス・アルウェルヌス
Mercurius Arvernus
ケルトの神**アルウェルヌス**はローマの神**メルクリウス**と同一視された。この神はドイツのラインラント地方で崇拝された形跡がある。おそらくこの地方の氏神であったのであろう。

また「アルウェルヌス」という名称は、かつてこの神がアルウェルニ族［ガリア南部に住んでいたケルト人の部族で、ガリア戦争のときカエサルによって征服された。フランス中南部のオーヴェルニュはこの部族名に由来する］固有の神であったことをうかがわせる。しかしメルクリウス・アルウェルヌスへの献辞はフランス中南部のオーヴェルニュ地域にあったこの部族の領地内ではみつかっていない。
参考文献：Green, M. J. 1992a, 148.

メルクリウス・アルタイオス
Mercurius Artaios
ケルトの神**アルタイオス**はローマの神**メルクリウス**と同一視された。この神はフランスのボークロワッサンで崇拝された。神は熊と狩猟にむすびつけられ、熊の守護神であると同時に熊の狩人の守護神でもあったのであろう。
参考文献：Green, M. J. 1992a, 148-149.

メルクリウス・ウィスキウス
Mercurius Visucius
ローマの神**メルクリウス**と同一視されたケルトの神**ウィスキウス**。［ローマの属州ガリア・ベルギカの高地ゲルマニアで発見された奉献碑文などによってその神名が判明した。］

メルクリウス・エシブラエウス
Mercurius Esibraeus
イベリアの神**エシブラエウス**もまたローマの神**メルクリウス**にむすびつけられた。この神名はポルトガルのメデリンで発見された碑文にみえる。この神は、ベンポスタ村近くで発見された碑文のなかで勧請されている**バンダ・イシブライエグス** Banda Isibraiegus と同一の神であると思われる。（→バンダ）
参考文献：Alarcao 1988, 93.

メルクリウス・キッソニウス
Mercurius Cissonius

ケルトの神キッソニウスはローマの神メルクリウスとむすびつけられた。この神が知られているのは、ドイツのケルンからフランスのサントにかけての地域である。

参考文献：Green, M. J. 1992a, 149.

メルクリウス・ゲブリニウス
Mercurius Gebrinius

ケルトの神ゲブリニウスもまたローマの神メルクリウスと等しい神とされた。この神はドイツのボンの大聖堂地下で発見された祭壇に刻まれた銘文によって知られるところとなった。

参考文献：Green, M. J. 1992a, 149.

メルクリウス神殿（図108）

ローマのポメリウム（建築・耕作・埋葬が許されない聖域）の外側、大競技場をみはるかすアウェンティヌス丘の斜面に建てられていた。伝承によれば、[神殿奉納にかんしては執政官たちのあいだで意見がまとまらず争いが起きていたが、そうこうするうちに]民衆が推した筆頭百人隊長マルクス・ラエトリウスによって前495年5月イドゥスの日（15日）に奉献されたといわれている。この神殿にはメルクリウスの母マイアも合祀されているようである。神殿は穀物取引人と商人の組合（collegium コッレギウム）の中心となった。神殿建立の歴史はほとんど知られておらず、神殿址もまたみつかっていない。マルクス・アウレリウス帝のコインによって、帝がみずから神殿を再建したこと、そして神殿がどうやら円形構造であったこと、屋根は穹窿（建築用語で筒型丸天井、すなわちヴォールト型天井）であったことなどがわかる。ローマで知られているメルクリウスの神殿はこの神殿だけである。

参考文献：Richardson 1992, 252; Vermeule 1987, 60-61.

図108　172-178年の日付があるマルクス・アウレリウス帝のセステルス貨にみえる復元されたメルクリウス神殿。銘文は次のように読める。IMP VI COS III RELIG AVG SC（最高軍司令官としては6度目に、執政官としては3度目に、元老院の命によりここに皇帝の宗教を記念する）。メルクリウス神殿が円形神殿、あるいは穹窿（筒型丸天井）の神殿として描かれている。正面にはカドゥケウス杖を持つメルクリウス神、その表徴である雄羊、雄鶏の姿がみえる。コインは、戦場にのぞむマルクス・アウレリウス帝を助勢すべく駆けつけたメルクリウス神を表したものであろう。

メルクリウス・モックス　Mercurius Moccus

ローマの神メルクリウスと同一視されたケルトの神。この神の存在はフランスのラングルで発見された奉献碑文によって裏づけられた。「モックス」（豚）という名称が、この神と猪狩りとの関係をあかしている。

参考文献：Green, M. J. 1992a, 149.

メン　Men

プリュギアまたはペルシアの神で、その祭儀は小アジアのいたるところに広がった。メンは治癒の神であると同時に墓の守り神であり、また神託授与の神でもあった。さらに月ともむすびつけられた。メンはアナトリアの神アッティスとむすびつき、イタリアではアッティス・メノテュランヌスとして崇拝された。この神に献じられた一連の碑文がローマとオスティアで発見されている。

メンス

参考文献：Hammond & Scullard（eds.）1970, 669; Lane 1971, 1975, 1976, 1978.

メンス Mens

　メンス・ボナ Mens Bona、あるいはボナ・メンス Bona Mens の呼称で知られているローマの女神で、「精神」あるいは「正しい思考」の擬人化である。この女神の祝祭は6月8日におこなわれた。前217年［イタリア中部ペルージア市西方に位置するトゥラシメヌス湖畔でのハンニバルとの戦いで執政官ガイウス・フラミニウスが戦死し、ローマ軍が敗北をきっしたとき］、「シビュラの書」の助言によりメンスの神殿の建立を誓願し、前215年カピトリウム丘上に神殿が建立された。6月8日はその献納の日であった。
参考文献：Richardson 1992, 251; Scullard 1981, 148.

メントウィアクス Mentoviacus

　イベリアの神で、スペイン北部のザモラ地方で発見されたふたつの祭壇の銘文により神名を知ることができる。この神の機能はよくわからないが、神名のなかに「ウィア via」という語がふくまれていることから、小道・道路守護の神ではなかったかと考えられる。
参考文献：Tranoy 1981, 298.

モウントゥス Mountus

　ケルトの神モゴンスの別称であろう。

モエリウス・モルドニエクス
Moelius Mordoniecus

　イベリアの神でスペイン西北部オレンセに近いコルノセスで発見された祭壇に刻まれた銘文にこの神名がみえる。この銘文のある祭壇は第7軍団ゲミナの兵士ルキウス・カエキリウス・フスクスによって79年に献納されたものである。これは奉納の日付がはっきりわかる数少ない祭壇のひとつである。日付が銘文中に刻まれているからである。
参考文献：Tranoy 1981, 276.

モグトゥス Mogtus

　ケルトの神モゴンスの別称であろう。

モグヌス Mogunus

　ケルトの神モゴンスの別称であろう。

模型

　実際の大きさよりも縮小され、さまざまな素材で制作された物品で誓願の奉納品としてもちいられる。焼成土器（図89）もあれば、道具や武具を模したものなどがある。武具には盾、槍、刀剣などがある。投石機といったものさえイギリス、サマセット州のバースにあるスリス・ミネルウァ神殿でみつかった。模型斧はよく神殿の境内でみつかっている。おそらくは供犠の用具を象徴するものであったのであろう。模型の車輪もまたよくみつかる。小さなエナメル加工をほどこした青銅製の台もみつかっている。ひとつの台の上にもうひとつの台を重ねられるよう設計されているが、その用途はあきらかではない。カドゥケウス杖の模型はメルクリウスに奉納されたものであった。模型はまた実に多様な素材で製作されている。テラコッタ、青銅、鉄、銀、金、鉛、骨、石などが使われているが、もっとも多くもちいられたのは青銅であった。
参考文献：Bourgeois 1991, 113-204; Green, M. J. 1981; Green, M. J. 1984; Henig 1993b.

モゴウヌス Mogounus

　ケルトの神モゴンスの別称であろう。

モゴンス Mogons（偉大なるもの）

　ケルトの神で主としてイギリスの北方、ハドリアヌス長城周辺域で崇拝されていた。この神名はドイツとフランス東部でも証拠品によって知られている。この神名のつづりはまちまちだが、銘文にみえるモグトゥスMogtus、モグヌスMogunus、モゴウヌスMogounus、モウントゥスMountusはみなこの神をさしていると考えられる。ケルトの女神モゴンティアはモゴンス神と対をなす神であろう。

参考文献：Green, M. J. 1992a, 152-153.

モゴンス・ウィティリス Mogons Vitiris

ケルトの神ウィティリスと同一の神と考えられるケルトの神モゴンス。この神名はイギリスのカンブリア地方のネザービーで発見されたひとつの碑文によってのみ知られる。
参考文献：Ross 1974, 468-469.

モゴンティア Mogontia

このケルトの女神の名はフランスのサブロンで発見された碑文にみえる。同じケルトの神モゴンスとつながりがあるのであろう。
参考文献：Cüppers et al. 1983, 142.

モックス Moccus

ケルトの神で、ローマ神のメルクリウスとむすびつけられメルクリウス・モックスとよばれる。[モックスという呼称は、「豚」を意味するアイルランド語に由来するという。]

モヌメントゥム monumentum

死者を埋葬した地上および地下の墓所のこと。

モラ・サルサ mola salsa

挽き割りの大麦と塩をもちいてつくられた菓子で、供犠用のお供えや聖餐式に使われた。ウェスタの聖女たちによってととのえられ、ウェスタリア（ウェスタ女神の祝祭）やエプルム・イオウィスやルペルカリア祭などで使われた。聖菓をととのえるときに、ウェスタの聖女たちは聖なる泉から水を汲み、それを途中で路上におくことなく運び帰らねばならなかった。「サルサ」とは「塩を混ぜた」の意であり、「モラ」は「菓子」そのものをさしていると同時に「挽き臼」や「臼石」の意でもある。

モリタスグス Moritasgus

ケルトの神でギリシアの神アポロンとむすびつけられ、ローマではアポロ・モリタスグスとよばれた。また治癒の神ともされたのでときにはケルトの女神ダモナとも関係づけられた。[前62年ユリウス・カエサルがこの地を包囲降伏させ、ガリア征服の大勢を決した地、アレシア出土の碑文にその名が見られる。アレシアはマンドゥビー人によって、モノークソアの山上に建設された古代の城塞都市で、現在のフランス、コート・ドール県、アリーズ・サント・レーヌである。]

モルス Mors

「死」を擬人化したローマの女神。
参考文献：Grimal 1986, 296.

モルタ Morta

ローマの女神で死産をつかさどる。運命の女神たちパルカエ（ギリシアのモイライ）の1柱ともみなされた。

ヤ行

ヤヌス Janus（ラテン語名イアヌス Ianus）

すべての始まりをつかさどるローマの神で、また門と戸口の神でもある。この神のもつどの特性が嘆願者の要望にもっともかなっているかによって複数の異なった名称で崇拝されていた（たとえば**ヤヌス・ビフロンス**［双面のヤヌス］のように）。ヤヌスはローマ最古の神々の1柱であった。伝承によると、カメススとよばれた神話上の王と共同でラティウムを統治していたという。ヤヌスは丘の上にヤニクルムとして知られるようになる都市を建設したと想定されている。彼にはカミセまたはカマセネアとよばれた妻がおり、彼の子どものひとりがティベリヌスであった。カメスス王が没すると、ヤヌスはラティウムを単独で統治した。ヤヌスは、**ユピテル**によってギリシアから追われた**サトゥルヌス**を引きとったと考えられている。ヤヌスがヤニクルム丘を治めたのに対し、サトゥルヌスは**カピトリウム丘**にある村サトゥルニアを治めていた。ヤヌスの統治時代は、平和と豊かさの黄金時代であったといわれ、没したとき神格化された。別の伝説もヤヌスにむすびつけられることになった。**ヤヌス・ゲミヌス神殿**（図109）にかんするものなどはそのひとつである。ローマの**フォルム・ホリトリウム**には、もうひとつのヤヌス神殿があった。

すべての始まりの神として、ヤヌスは、祈祷のさい、神々の名をつらねたどのような神名表にあっても筆頭にその名をあげられ、ささげられた犠牲の分配を最初に受けとることになっていた。ローマのユリウス暦の最初の月名（ヤヌアリウス Januarius、英語で January）は、ヤヌスに由来し、1月1日はこの神にささげられた。1月1日は新しい年の始まりであり、小さな贈り物を交換することがならわしであった。新しい年のあいだの、行く手を照らす灯明皿・ランプなどが贈り物として格別に人気があった。また8月17日はヤヌスの祝祭日であった。

参考文献：Grimal 1986, 241; Hammond & Scullard (eds.) 1970, 561; Simon 1990, 88-93; York 1986, 203-205.

ヤヌス・クルシウス Janus Clusivus

ローマの、扉を閉じる神**ヤヌス**。人びとは扉を閉じることが害悪よりも喜ばしい結果を確実にもたらすよう、この神を勧請し、加護を求め祈った。

参考文献：Ogilvie 1969, 11.

ヤヌス・ゲミヌス神殿（図109）

当時の著述家たちは、ここはローマでもっとも重要な**ヤヌス**の聖所（サケッルムまたはサクラリウム）であると述べている。この神殿はもとは**フォルム・ロマヌム**とユリウス・カエサルのフォルム（広場）とのあいだに建つ、つねに出発点となる橋（イアヌス ianus）であった。この橋には、サクラ・ウ

図109　ネロのアス・コイン（青銅製の貨幣）の裏面。平和時を意味する扉が閉じられているヤヌス・ゲミヌス神殿を示している。銘文はPACE P R VBIQ PARTA　IANVM CLVSIT SC（ローマの人びとのために平和があまねくゆきわたり、ヤヌス神殿［の扉］が閉じられますように）。
サマセット州立博物館

281

イア（聖道）として知られる道が、クロアカ（排水溝）をまたいでコミティウム（民会場）まで通っていた。この橋は、イアヌス・ゲミヌス（「1対をなすものの片方」の意）として知られていたので、おそらく対構造であったのだろう。宗教上の理由で、片側の橋の両端の扉が閉じられるときには、もう一方の側の扉はいつもどおり開いて機能していた。

この橋の建設時期についての記述はさまざまで、戦争と平和のしるしとして、ティトゥス・タティウス［ローマ軍対サビニ軍の戦いのときのサビニ軍の指揮官。両軍の和解後は、共同統治者としてロムルス（王政ローマ初代王）とともにローマを治めた］の時代であると述べるものもあるが、多くはヌマ・ポンピリウス王（王政ローマ第2代王）の時代としている。ローマが戦争をしているときはすべての扉が開き、平和時には閉じられた。ティトゥス・タティウスとの戦争中、ローマ人が苦境に立ったとき、ヤヌス・ゲミヌス神殿から熱湯が非常な勢いで噴出し、敵を押しもどした。このことはなぜ戦時に扉が開かれているかということ、すなわち必要があればヤヌスがローマの人びとの救出にのりだすことをあかしているようである。ヌマ王の統治時代には扉は閉じられていた。その後は、第1次ポエニ戦争（前264-前241）終結後と、前235年、前30年（アクティウムの海戦後）、アウグストゥス帝の時代（前27-後14）に2回、そして、帝政時代に数回、それぞれ閉じられた。

ヤヌスの聖所は、前179年、バシリカ建設のために移設されたらしく、クロアカの進路も同様に変えられている。このとき、対構造の橋としては再建されなかったようで、おそらく石組造りの長い壁に囲まれ、両端にふたつずつ扉をそなえた長方形の小さな構造物（イアヌス）になったのだろう（ネロ帝の鋳造した複数のコインにみられる）。屋根はなかったかもしれない。のちにドミティアヌス帝がこのイアヌスをフォルム・ネルウァ（フォルム・トランシトリウム）に移し、4つの顔をもつヤヌス神像をすえた扉付きのイ

アヌスとして再建した。この像はローマに2体ある四面のヤヌス像Janus Quadrifronsの1体であった。イアヌス再建の場所はフォルム・ネルウァの南西にあり、クロアカの径間（橋の支柱から支柱までの間隔）にあったにちがいない。もとの敷地は埋められてクリア（元老院議事堂）が建てられた。のちにクリアの前に、純青銅製の小さな方形の聖所がもうけられた新しい神殿が建てられた。この神殿はおそらく193年以前に建てられたのであろう。

参考文献：Richardson 1992, 207-209.

ヤヌス神殿

ローマのフォルム・ホリトリウムにあった最古の神殿。前260年にミュラエ［シチリア島北東部メッシナの西にある前8世紀にできた港町で、ギリシアの植民市。現在のミラッツォ］において、ガイウス・ドゥイリウスひきいる海軍がカルタゴ軍に勝利した（第1次ポエニ戦争）記念として、ドゥイリウス自身により建立された。献納記念日は8月17日（ポルトゥナリア祭）であった。神殿はマルケッルス劇場の近くかまたはカルメンタリス門の外側にあったようだが、その位置は確定されていない。アウグストゥス帝がこの神殿の修復を開始し、ティベリウス帝によって完成、献納日は17年10月18日であった。かつてヤヌス神殿とみなされていた神殿は、今日ではベッロナ神殿（アポロ・メディクス神殿のちょうど北東にある）であると考えられている。

参考文献：Nash 1962a, 500.

ヤヌス・パテル Janus Pater（父なるヤヌス）

ローマの神ヤヌスは創造の父とみなされていたので、この名をえたのであろう。

ヤヌス・パトゥルキウス Janus Patulcius

扉を「開く者」ヤヌスの意。［「パトゥルキウス」はローマの神ヤヌスとユピテルの尊称］人びとは扉を開くことが害悪ではなく喜ばしい結果を確実にもたらすよう、ヤヌス・

パトゥルキウスを勧請し、加護を求め祈った。
参考文献：Ogilvie 1969, 11.

ヤヌス・ビフロンス Janus Bifrons
（双面のヤヌス）（図110）
　ローマの神ヤヌスは、ひとつの頭にふたつの顔がある姿で描かれているが、ひとつの顔は前方を、もうひとつの顔は後方を向いている。しばしばみられるこの表現は、門または戸口を通り抜けてふたつの方向へ進むことができるという事実の象徴とみなされることもある。

ユウェンタス Juventas
　ラテン語では、イウウェンタス Iuventas またはイウウェンタ Iuventa として知られるローマの女神名の現代語形。この女神の役割は若者（徴兵年齢［16-17歳または18歳ともされる］に達した男子）の守護であった。男子がはじめて成人のトガ［古代ローマ市民が平時にゆるやかに身にまとった上衣］を着用するとき、**ユピテル・オプティムス・マクシムス神殿**内のミネルウァのケッラにある小さな聖所で、ユウェンタスに金銭を奉納する慣習があった。いわばユウェンタスは若者の守護神とみなされ、その結果、ギリシアの女神**へベ**（青春の美あふれる女神）に重ねあわされることもあった。ローマの**大競技場**の近くにユウェンタス神殿があった。12月19日には祝祭がおこなわれたようである。
参考文献：Hammond & Scullard (eds.) 1970, 561; Richardson 1992, 228.

ユガティヌス Jugatinus
　ローマの神で、山の尾根をつかさどると考えられていた。また「ユガティヌス」という語の語源（ユゴ jugo＝むすびつける）からして、おそらく結婚をつかさどるとも考えられたのであろう。

ユスティニアヌス1世 Justinianus I
　在位527-565年の皇帝で、キリスト教の異端派と**異教信仰**の弾圧者。ユスティニアヌス

図110　コンモドゥス帝（在位180-193）のコイン。皇帝は双面のヤヌスとして描かれ、右手にウィルガ（鞭）［原意は尾流雲。雲の下層部から筋状にたなびくようにのびる細かい雨や雪で、地上に達する前に蒸発してしまう］を持っている。向かって左側では鞭の描く弧の下を四季が行進しており、向って右側では裸の子ども（ノウス・アンヌス＝新年）が豊穣の角（コルヌコピア）をかつぎ、進み出ている。

は527年に東帝国の単独皇帝となった。秩序の回復と西方属州（異民族の手に落ちていた）をふたたび手中にとりもどす企ての一環として、多神教徒、ユダヤ教徒、キリスト教の異端者をとりしまる法律を徹底的に強化した。彼は、帝国の偉大さはキリスト教の神の恩寵によると信じる熱烈な信仰者であった。それゆえ彼のおこなった宗教改革は、行政改革と失われた属州の回復という軍事的試みとがあいまって、ひとつの目的を達成すべく進められた。これらの政策の実施は、すべて帝国の威信をとりもどすための効果的な手段だったのである。
参考文献：Adkins & Adkins 1994, 37; Hammond & Scullard (eds.) 1970, 571.

ユダヤ教
　古代の、唯一神を信仰する東方の宗教で、ユダヤとバビロニアで信仰された。この宗教は唯一神（ヤハウェ）のみを礼拝することを

ユダヤキヨ

主張し、イエルサレムにある神殿を本拠とした。前6世紀以前にヤハウェはすでに主神であったが、他の神々（バアル神やアスタルテ女神など）もまた礼拝されていた。「ユダヤ人」という語は、実際はイエルサレムをとりまく高地牧草地域に住んでいた人びとを意味しているが、のちにイスラエルの神を信仰する人びとすべてを意味するようになった。

ユダヤ教徒たちは、彼らの神はすべての事物の創造者で、またすべての自然律と道徳律とをあたえる者とみなしていた。彼らは、ユダヤ民族は神の啓示を受けるために、また人類の救済において中心的役割を果たすために、神によって特別に選ばれた民であると考えていた。**キリスト教**以前の古代世界におけるあらゆる宗教のなかで、ユダヤ教は、唯一認めることのできる方法によってのみ、唯一神を信仰し礼拝することは受け入れられる、とする点において排他的であった。唯一神以外の神々を礼拝することは禁じられていて、この一点ゆえにユダヤ教はたとえ最良の評価をしたとしても狭量、不遜で危険な宗教とローマ人たちにみなされたのである。ユダエア（ローマ属州）はローマ帝国内のごく小さな地域であったし、また帝国内のいずれにおいても、その地に住む**ディアスポラ**（離散したユダヤ人たち）は全般にわたり低姿勢をとっていたこともあって、唯一神の信仰はローマ人たちにとり深刻な問題とはならなかった。事実ユダヤ人は古い民族であり、前2世紀以来ローマと同盟関係にあったので、ユダヤ人は自民族の宗教をレリギオ・リキタ religio licita（合法の宗教）として信仰する権利をローマ帝国から法的にあたえられていたのである。多神教徒であるローマ人によるユダヤ教徒（キリスト教徒もふくめて）に対するこの寛容な態度は、ユダヤ教徒たちのあいだで高まりつつあった民族意識と、ユダヤ教徒とキリスト教徒とのあいだに生じた敵対感情にもかかわらず、後1世紀まで保持できたのである。

前200年頃から、ユダヤ教徒たちは、収税と平和維持の責任をおう大祭司に統轄された上級祭司たちからなる貴族階級によって統治されていたが、内部分裂や対立が多々みられた。後6年からは、ローマ属州のユダエアは属州長官によって統治され、ローマの直接統治に対する抵抗は、結果として民族運動の基盤となった。第1次ユダヤの反乱（66-70）後、上級祭司たち（神殿で職務をとりおこなっていたが、その神殿は破壊されてしまった）は、ユダヤ教最高位の宗教団としての立場をラビ（ユダヤ教賢者、律法学者）たちの集団にとって代わられた。ラビは祭司ではなかったため、ラビの首長（ナシ nasi）が代わって大祭司の任にあたった。ヤムニア（ヤブネ）［地中海沿岸からすこし離れた、ヤッファの南にあるパレスティナの平原の町］のラビたちは、宗教暦と祝祭日に関する規定の編成権を受けつぎ、ヤムニアはラビ教学の中心地となった。とくに第2次ユダヤの反乱（132-135）後、ラビ・ユダヤ教が有力となり、ユダヤ教を存続させることとなるのだが、結果的には離散したユダヤ人たちはその影響を受けることはなかった。

ユダヤ人でなくとも改宗できたので、ユダヤ教はユダヤ民族専有の宗教ではなかったが、改宗をうながす活発な布教の努力はなされなかった。しかしながら帝国全域にユダヤ人が離散したこと（ディアスポラ）が、とくに70年のイエルサレム神殿破壊後、キリスト教興隆の基盤となった。キリスト教が最初に広まったのは、帝国のいたるところに多数存在した離散したユダヤ人の小規模な集団からであり、そのさい、これらの集団間をつないでいたネットワークが利用されたのである。ユダヤ民族は固有の言語をもち、アラム文字を使用していたが、離散したユダヤ人の使用言語は、帝国の西方属州においてさえも、ギリシア語が優位であった。（→**イエルサレム神殿**）

参考文献：Gordon 1990c, 244-245; Grant 1973; Hammond & Scullard（eds.）1970, 563-565; Schwartz 1988; Smallwood 1976.

ユダヤの反乱

　ローマ人に対するユダヤ人の一連の反乱。最初の反乱は66年から70年にかけてであった。主としてユダヤ人側の諸党派間の意見の不一致と、拡大しつつあった対ローマ人との紛争が原因で、徐々に戦闘の方向に進んでいった。反乱はパレスティナ全土（シリア属州）に広がり、67年、ウェスパシアヌス（のちに皇帝）がこの反乱鎮圧のために任命された。69年までに反乱はイエルサレム内に封じこめられ、帝国内の**ディアスポラ**（離散したユダヤ人たち）に波及することはなかった。70年にティトゥス（のちに皇帝）はイエルサレムを占領し、神殿を破壊して反乱を鎮圧した。

　115年から117年に、離散したユダヤ人たちによる大規模な反乱が起きた。115年にはキュレナイカ（アフリカ北岸のローマ属州）でローマ人とギリシア人に対する反乱が始まり、アレクサンドリア、アエギュプトゥス（エジプト）のほぼ全土、さらにキュプロス島にまで拡大した。反乱は、これらの地域のユダヤ人たちがほぼ殲滅（せんめつ）されることによって、117年に終結した。ユダヤ人たちはキュプロス島から追放され、アエギュプトゥスとキュレナイカにおいても彼らがその人口と繁栄をふたたびとりもどすことはなかった。

　132年にもう1度パレスティナでシメオン・バル・コクバ（「星の子」）にひきいられたユダヤ人の反乱が起きた。この年ハドリアヌス帝はイエルサレムをローマ軍の要塞都市（アエリア・カピトリナ）となし、その結果、ユダヤ人たちは神殿を再建する望みを断たれてしまった。この反乱は、ユリウス・セウェルス（前ブリタンニア総督）によって鎮圧され、ユダヤ人側は惨害と多大な人命の損失をこうむった。この敗北によりユダヤ人たちは最後の離散を余儀なくされた。135年、ハドリアヌス帝はユダヤ人たちのイエルサレムへの立ち入りを禁じたが、彼の没後、アントニヌス・ピウス帝は158年にユダヤ人迫害を廃止した。
参考文献：Grant 1973; Schwartz 1988;
Smallwood 1976.

ユトゥルナ Juturna

　ローマの水のニンフで、ラテン語ではイウトゥルナ Iuturna またはディウトゥルナ Diuturna として知られている。ユトゥルナはまた治癒の女神ともみなされていた。伝承によると、ユトゥルナは**カストル**と**ポッルクス**の姉妹であった。この女神はもとヌミクス川の精であったが、のちに、ローマの**フォルム・ロマヌム**の南西のかどで、カストル神殿のすぐ近くにあった泉の精に重ねあわされるようになった。形どおり池と聖所とをそなえたこの場所は、**ラクス・イウトゥルナエ**（ユトゥルナの泉）として知られていた（図77E）。ユトゥルナにはまたローマの**マルスの野**のウィルゴ水道［アグリッパ浴場に水をひくためにアグリッパ自身が建設］の近くに神殿があった。この神殿は、前242年の執政官であったガイウス・ルタティウス・カトゥルスが誓願し献納したものである。献納日は1月11日で、**カルメンタリア祭**が開催された2日間のうちの1日と同じ日であった。ユトゥルナの祝祭**ユトゥルナリア**は神殿献納日の1月11日である。
参考文献：Grimal 1986, 245; Scullard 1981, 62.

ユトゥルナリア Juturnalia

　ユトゥルナの祝祭で1月11日におこなわれた。この祝祭は**オウィディウス**によって『祭暦』（*Fasti*）に記載されているが、ほかのどの暦にもしるされていない。
参考文献：Warde Fowler 1899, 293.

ユノ Juno（ラテン語名イウノ Iuno）

　古代の重要なローマの女神で、特性をあらわす多くの形容辞・添え名をもつ。**カピトリウムの三神一組の神**（ユピテル、ユノ、ミネルウァ）の1柱で、エトルリアの女神ウニと同一視され、ローマの神々の主神**ユピテル**の妻、**マルス**の母である。また、**クロノス**と**レア**との娘であり、**ゼウス**の姉（妹）でかつ妻

でもあったギリシアの女神ヘラに重ねあわさ
れていた。毎月の第1日、すなわち**カレンダ
エ**はユノにささげられた祝日で、祝祭日は7
月1日と9月13日であった。

　ユノはさまざまな尊称や形容辞を付されて
礼拝された。インテルドゥカ Interduca（花
嫁を結婚に導く女神）、ドミドゥカ Domiduca
（花嫁を新居へ導く女神）、キンクシア Cinxia
（花嫁の飾り帯をとく女神）、ルケティア
Lucetia（光をもたらす者）、ポマナ Pomana
（果物の女神）、プロヌバ Pronuba（名誉ある
既婚婦人）、オッシパギナ Ossipagina（骨を固
定する者、または骨を強くする［丈夫にす
る］者）などがその事例である。これらの尊
称・添え名のいくつかは詩作上の表現として
考案されたもので、この女神崇拝で実際に使
用されることはなかったのかもしれない。
参考文献：Hammond & Scullard (eds.) 1970,
568-569; Palmer 1974, 3-56.

ユノ・オピゲナ Juno Opigena

　「豊かさ」をつかさどるローマの女神**オプ
ス**の娘とみなされたローマの女神**ユノ**。ユ
ノ・オピゲナは出産の女神とされ、分娩中の
女性たちをつかさどった。

ユノ・カエレスティス Juno Caelestis
（天空のユノ）

　ローマの女神**ユノ**は、カルタゴの女神で
ローマ人たちには**デア・カエレスティス**また
は**ウィルゴ・カエレスティス Virgo Caelestis**
として知られていた**タニト**に重ねあわされた。
タニトは母神で豊穣・多産の女神であった。
ユノ・カエレスティスはローマ領の都市カル
タゴに**神託**所をもち、その地の主神であった。
参考文献：Hammond & Scullard (eds.) 1970,
187-188 (under Caelestis); Simon 1990, 94-
106.

ユノ・カプロティナ Juno Caprotina
（しばしば Juno Capratina とつづる）

　ユノは豊穣・多産をつかさどるローマの女
神であったと思われる。この特性ゆえに7月

7日の「女奴隷の祝宴（**ノナエ・カプロティ
ナエ**）」のおりに礼拝された。

ユノ・クイリティス Juno Quiritis

　ローマの女神**ユノ・クリティス**の別名。

ユノ・クリティス Juno Curitis

　「槍兵の守護者ユノ」としてのローマの女
神**ユノ**。この女神はまたユノ・クリッティス
Juno Crittis またユノ・クイリティス Juno
Quiritis としても知られている。ユノは、ロ
ムルス（王政ローマ初代王）によって創設さ
れたローマの30の軍事・行政単位クリア
curia（複数形クリアエ curiae）のそれぞれ
で崇拝されていたこともあって、このクリア
エに由来する神名「クリティス」をえたので
あろう。また、「槍」を意味するサビニ語の
「クリス curis」に由来するとも考えられたこと
から、ユノ・クリティスが軍事にかかわる一
面をもつようになったともいえよう。ローマ
においてユノ崇拝の祭儀が広範囲におこなわ
れていたのと同じく、ローマ北方のファレリ
イ［現在のチヴィタ・カステラーナ］とベネ
ウェントゥム［イタリア、カンパーニャ州北
部の都市ベネヴェントの古名］においてもユ
ノは崇拝されていた。この女神への祈祷のこ
とばのひとつ「ユノ・クリティスよ、このク
リアに属するわが同朋の住民たちをあなたの
戦車と盾もちて守らせたまえ」は、イタリア
のティブルティナ地方からのものであること
が知られている。ユノ・クリティスは、その
祭儀がローマの行政区（クリアエ）で広くお
こなわれていたことがわかっている唯一の神
である。それぞれのクリアでは、神饌として
の夕餉に、初物の果物およびスペルト小麦と
大麦で作られた菓子を葡萄酒とともに、簡素
な古式にしたがってお供えし、この女神を礼
拝した。ユノ・クリティスにはローマの**マル
ス**の野に神殿があり、祝祭日は10月7日で
あった。
参考文献：Palmer 1974, 5.

ユノ・クリティス神殿

ローマの**マルスの野**にあった**ユノ・クリティス**にささげられた神殿で、おそらく**アレア・サクラ・ディ・ラルゴ・アルゲンティナ**で発掘された神殿Aもしくは神殿Cがこれにあたる。この神殿の献納日は10月7日であった。

参考文献：Richardson 1992, 214.

ユノ・シスペス Juno Sispes（ユノ・シスペス・マテル・レギナ Juno Sispes Mater Regina「救済者、母、女王ユノ」）

もとはラヌウィウムの町（ローマの南にある）の主女神であったが、前338年以降、ローマ人たちにも崇拝されるようになった。この年、ラテン同盟（ラティウムの諸都市の連合。前340年から前338年までつづいた戦争でローマの支配に対し反乱を試みたが成功することはなかった）の解消後、ローマ人はラヌウィウム人とのあいだで市民権および宗教祭儀の交流をおこなった。祭儀はポンティフェクス（神祇官）の監督下におかれ、当初は、ローマの執政官がユノ・シスペスへの供犠のために、年に1度ラヌウィウムを訪れていた。のちになるとローマにもユノ・シスペスにささげた神殿が少なくとも2カ所に建立された。ローマ人がユノ・シスペスの祭儀をとり入れたことは、ラヌウィウムにおけるローマ統治権の本分として、宗教行為であるとともにきわめて政治的な行為でもあったのである［ラヌウィウム人はこのユノ崇拝と引きかえにローマ市民権をえたのであった］。

ユノ・シスペスは、兜の形に作りあげた、頭と角がついている山羊皮をかぶり、つま先のそりあがった靴を履き、槍、盾、戦車とともにコインに描かれている。ときにより蛇や、あるいは鴉、または大鴉とともに描かれることもある。この女神は軍事的なものとのつながりもあったようで、ある人びとからは国家の守護女神とみなされていた。ラヌウィウムでとりおこなわれた儀式のなかには、元来女神が豊穣の女神であったかもしれないということを示唆しているものも少なくない。のち

にユノ・シスペスはしだいに**ユノ・ソスピタ**へと変化していったようである。

参考文献：Palmer 1974, 30-32; Scullard 1981, 71（under Sospita）.

ユノ・セイスピタ Juno Seispita

ローマの女神**ユノ・ソスピタ**の別名。

ユノ・ソスピタ Juno Sospita（救済者ユノ）

このローマの女神ユノ・ソスピタは、ユノ・シスペスに対応する後代の女神と思われ、早い時期にはユノ・セイスピテル Juno Seispiter またはユノ・セイスピタ Juno Seispita としても知られていた。この女神は国家の守護神とみなされていた。ローマには**ユノ・ソスピタ神殿**が**フォルム・ホリトリウム**にあった（図310）。神殿は前197年に建立の誓願がなされ、前194年に献納された。**ユノ・ソスピタ・マテル・レギナ** Juno Sospita Mater Regina「救済者、母、女王ユノ」は主として豊穣と守護の女神で、祝祭日は2月1日。

参考文献：Palmer 1974, 30-32（under Sispes）; Richardson 1992, 217-218（for temple）; Scullard 1981, 70-71.

ユノ・ソロリア Juno Sororia

思春期の少女たちの守護神としてのローマの女神**ユノ**。祝祭日は10月1日。

ユノ・ペルシナ Juno Perusina

イタリア、ペルシア（現在のペルージャ）のローマの女神である**ユノ**のこと。この女神の崇拝はオクタウィアヌス（のちのアウグストゥス帝）によってローマにもたらされた。前40年、ペルシアを包囲、攻略したオクタウィアヌスは、ユノの神像をペルシアからローマへもたらすようにと夢告されていたという。ところが、ローマでそののちにこのユノ・ペルシナが崇拝されたという記録はなく、またこの女神についてはほとんどなにも知られていない。いく人かの近代の著述家たちのなかには、この女神を**ユノ・マルティアリス**

ユノホフロ

に重ねあわせてユノ・マルティアリス・ペルシナとよんでいる者もいる。
参考文献：Palmer 1974, 32-33.

ユノ・ポプロナ Juno Populona

ユノ・ポプロニア Juno Populonia としても知られている。古代ローマの女神で、早くもローマの王政期（前8-前6世紀）には人びとに知られていた。「ポプルス populus」という語は、のちに「人民」を意味するようになったが、当時は「歩兵」の意味であった。王政期には、職業としての兵士による軍隊は存在しなかったが、一般の市民たちが兵役の召集を受けて軍隊を組織したので、「歩兵」と「人民」との相違は、これらの言葉が意味するほどには大きくなかった。それゆえ、ユノ・ポプロナは、人民が兵役に服しているときの女神とみなされ、ついで兵士の女神となった。この女神はまた結婚の守護神ともされ、間接的にではあるが、人口増加の後押しをする援護者とみなされた。その結果、この女神は人民の女神とみなされることとなった。
参考文献：Palmer 1974, 6-7.

ユノ・マルティアリス Juno Martialis

トレボニアヌス・ガッルス帝（在位251-253）のコインにその像が描かれているローマの女神ユノをさす。この女神は、しばしばドーム型天井のある神殿のなかで、1羽の鳥と複数の甕を脇におき、玉座に坐った姿で描かれている。あるときは笏（王権の象徴）を、あるときは球体（完璧の象徴）を持っていることもある。この肖像の本意は、「マルティアリス」という名称が「戦争の」を意味するのではなく、むしろ「マルティウス」（Martius、英語でMarch 3月）という月名を表そうとしていることにある。というのは、ローマ時代後期の祭暦のひとつによると、ユノ・マルティアリスは3月7日が祝祭日だからである。トレボニアヌス・ガッルス帝の出身地は、イタリアのペルシア（現在のペルージャ）で、彼はペルシアに特別な各種権益をあたえていたから、ユノ・マルティアリスを

ユノ・ペルシナに重ねあわせることもある。このような経緯もあって、近代の著述家たちのある者は、この女神をユノ・マルティアリス・ペルシナとよんでいる。
参考文献：Palmer 1974, 32-33.

ユノ・モネタ Juno Moneta（図111）

「モネタ」という形容辞が付されたローマの女神ユノのことで、「モネタ」とはおそらく「思い出させる人」または「警告を発する者」を意味するのであろう。「モネタ」という尊称は、「モンス mons（丘）」という語に最初の語源があったようだが、伝承によると、ユノの聖なる鵞鳥たちが、前390年、差し迫ったガリア人の侵入をマンリウス［マルクス・マンリウス・カピトリヌス。前392年の執政官］に警告し（モネレ monere）、カピトリウムを救ったことにより、「モネタ」の尊称がユノにあたえられたのだという。そしてマンリウスもまたカピトリウムを救った功績によりカピトリヌスの敬称を得た。さらに別の伝承によれば、モネタの尊称は、地震のあとの贖罪として、雌の孕み豚の犠牲をささげるようにとユノ神殿から人びとに発せられた警告の声に由来するという。さらに下って（前273）、貨幣鋳造所がこの神殿内または神域に設立され、その結果「モネタ」は、おそらくまず最初に「貨幣鋳造所」、ついで「貨

図111　前46年の鋳造年がしるされたカリシア家のデナリウス銀貨。表面にはユノ・モネタの頭部、裏面には貨幣鋳造を表す複数のしるし（鉄床の上方にウルカヌス［ローマの火と鍛冶の神で、ギリシアのヘパイストスにあたる］の帽子、両側に鋳造職人の鉄槌と金鋏み）とT・カリシウス T. Carisius（ローマのトレスウィリ・モネタレス［貨幣担当三人委員］のひとり）の名がみえる。

幣」を意味するようになった。ユノの尊称として どちらかひとつを選ぶこととなり、「貨幣鋳造所」があたえられることになったという説が生まれた。いずれにせよこの貨幣鋳造所はアウグストゥス帝の時代（前27−後14）まで使用された。ユノ・モネタのためローマの**カピトリウム丘**に神殿が建立されたのである（図31A）。ユノ・モネタの祝祭日は6月1日と10月10日。
参考文献：Hammond & Scullard (eds.) 1970, 698; Scullard 1981, 127.

ユノ・モネタ神殿（またはユノ・モネタ宮殿 Jumo Moneta Regina）

　ローマの主要な神殿で、**カピトリウム丘の**アルクス（砦）にあった（図31A）。その正確な位置ははっきりとはわからない。この神殿は、前345年、ガリア人との戦いのとき、マルクス・フリウス・カミルルスによって建立の誓願がなされ、前344年6月1日に献納された。10月10日に神殿でおこなわれていた祝賀行事の数々は、おそらくのちになされた神殿の復興を記念するものなのであろう。この神殿には「リブレイ・リンテイ Librei Lintei」（亜麻布書類［亜麻布はローマの行政・司法にかかわる公記録をしるすのにもちいられた］）が収蔵保管されていた。
参考文献：Nash 1962a, 515; Richardson 1992, 215; Scullard 1981, 127.

ユノ・ルキナ Juno Lucina

　光と出産の女神としての**ユノ**。この女神はローマの女神ユノのもつ初期の特性のひとつであった。ユノ・ルキナはもとはといえばその神名「ルキナ」をおそらく「ルクス」（「森、木立」の意）によったのであろう。前375年、ローマのエスクイリヌス丘の森のなかに神殿がひとつユノにささげられた。大プリニウス（23/24−79）によれば、ユノはその名前の由来をウェスタの聖女たちが、毛髪の房をささげものとして掛けた古い1本の木があったその森に由来するという。のちに「ルキナ」という名称は、「光の女神」をさし示すと考え られ、また新生児は闇から光のなかへと生まれてくるということで、少なくとも前2世紀までには、ユノ・ルキナは出産の女神とみなされるようにもなった。この女神を崇拝する女性たちは、安産のために、どのような障害もとりのぞく象徴として、着衣にあるすべてのむすび目を解かねばならず、また髪をたばねてはならなかった。セルウィウス・トゥッリウス王（王政ローマ第6代王）は、人口の増加を記録するために、子どもがひとり生まれるごとにコイン1枚をユノ・ルキナ神殿に納めることを命じたといわれている。ローマ人たちはしばしばユノ・ルキナをギリシアの出産の女神エイレイテュイアに重ねあわせた。ユノ・ルキナは3月1日（ユノ・ルキナ神殿がエスクイリヌス丘に奉献された日）の**マトロナリア祭**で礼拝された。
参考文献：Palmer 1974, 19−21; Scullard 1981, 86−87.

ユノ・ルケティア Juno Lucetia

　「光をもたらす者」として崇拝されたローマの女神ユノ。ユノの配偶神**ユピテル**は、しばしば「ユピテル・ルケティウス」（光をもたらす者ユピテル）と祈祷のおりによびかけられた。

ユノ・レギナ Juno Regina（女王ユノ）

　ローマの女神ユノのもつ特性のひとつを引き受ける女神で、**カピトリウムの三神一組の神**（図30）の1柱。ローマのアウェンティヌス丘に**ユノ・レギナ神殿**があり、さらにもうひとつの神殿が**フラミニウス競技場**にあった。ユノ・レギナの祝祭日は9月1日。（→**ユピテル・オプティムス・マクシムス神殿**）
参考文献：Scullard 1981, 183.

ユノ・レギナ神殿

　神殿のひとつは、前396年にローマの北西にあるウェイイ（エトルリアの古市）をローマ軍が包囲しており、女神にウェイイを捨てローマにお出ましくださるよう懇願するため、マルクス・フリウス・カミルルスは**エウォカ**

ティオ（招神）の手順をふみ、来臨を求め神殿建立を誓願した。ウェイイに勝利したことにより、誓願を果たすため、カミッルスは神殿をアウェンティヌス丘に建て、前392年9月1日に献納した。この神殿にはカミッルスがウェイイから運んできた木造の女神像が安置された。神殿は現在のサンタ・サビナ教会のすぐ近くにあった。ユノ・レギナ神殿は、アウグストゥス帝によって再興されたが、その日付にかんしてはなんの言及もない。この神殿では、供物は女性たちによってささげられていた。前207年に落雷でこの神殿が崩壊して以降、すでに1度ほかの神々にささげられた奉納物はユノ・レギナが受けとることとなった。

　もうひとつのユノ・レギナ神殿は、マルクス・アエミリウス・レピドゥスがリグリア戦争のさなかに建立を誓願したものである。この神殿は**マルスの野**にある**フラミニウス競技場**にあった。**ユピテル・スタトル神殿**に隣接し、前179年12月23日にアエミリウス・レピドゥスによって献納された。前156年、この神殿と**フォルトゥナ神殿**とのあいだのポルティコ（柱廊）が落雷で破壊された。神殿は前146年以降に再建されたようだが、前134年にふたたび落雷により破壊された。オクタウィア［前69頃-前11。アウグストゥス帝の姉で、マルクス・アントニウスの妻］がこれを再建したが、80年のティトゥス帝のときの大火で焼失した。ドミティアヌス帝（在位81-96）がおそらく再建したと思われるが、203年またもや火災にあった。セプティミウス・セウェルス帝（在位193-211）とカラカラ帝（在位198-217）がその神殿を修復した。この最後の神殿の多くの部分が今も残っている。
参考文献：Richardson 1992, 215-217: Scullard 1981, 183.

ユピテル Jupiter（英語名ジュピター）

　ギリシアの神**ゼウス**に重ねあわされたローマの天空神。この神のラテン語名は主格イウッピテル Iuppiter、またはまれにではある

がイウピテル Iupiter。所有格はイオウィス Iovis で、与格はイオウィ Iovi であった。英語ではジョヴ Jove ともよばれる。古語の主格はディエスピテル Diespiter で、「ゼウス Zeus」と「パテル pater（父）」とから派生した。ゼウスと同じくユピテルは神々の首長とみなされていた。このような地位をしめることから、ユピテルはエジプトの神アモンに重ねあわされることもあった。ユピテルはまた**ユノ**の夫であり、**メルクリウス**の父とみなされた。ユピテルは多くの形容辞・添え名をもち、その多様な特性がことごとく崇拝の対象となったし（たとえばユピテル・クストス Jupiter Custos「守護者ユピテル」）、さらにはほかの神々ともむすびついていた（たとえば**ユピテル・ブリクシアヌス**）。ローマの神**ウェディオウィス**はユピテルと密接なつながりがあったが、ローマ人たちにはユピテルとは正反対の神（すなわち害をもたらす）とみなされた。

　本来、ユピテルは気象、とくに雨と稲妻をつかさどる天空神であったと思われる。稲妻にうたれた場所（**ビデンタル**）はユピテルに献じられたものと考えられていた。ユピテルは、**ユピテルの柱**上ではっきりとケルトの天空神としてその姿を現している。またユピテルは、ケルトの太陽神のしるしである輻（スポーク）のある車輪とともにその姿が表現されていることもある。ユピテルの祝祭日は、3月15日、5月15日、10月15日で、また4月23日の**ウィナリア・プリオラ**祭に礼拝された。**カピトリウム競技会**（ルディ・カピトリニ）は10月15日に、**ルディ・プレベイイ**（平民競技会）は11月4日-17日に開催され、どちらもユピテルをたたえるためにおこなわれた。
参考文献：Ferguson 1970, 33-36; Green, M. J. 1984, 217-264; Hammond & Scullard（eds.）1970, 569; Simon 1990, 107-118; York 1986, 76-79.

ユピテル・インウィクトゥス Jupiter Invictus（不敗のユピテル）

　ローマの神ユピテルのもつ特性のひとつを引き受ける神で、祝祭日は6月13日。おそらくユピテル・ウィクトルと同一の神であろう。
参考文献：Richardson 1992, 227.

ユピテル・インディゲス Jupiter Indiges（産土のユピテル）

　トロイア人とアボリギネス人とを統合してラテンの基礎をきずき、死してヌミクス川（現在のヌミコ川）のほとりに埋葬された王アエネアスに贈られた尊称。

ユピテル・ウィクトル Jupiter Victor（勝利者ユピテル）

　ローマの神ユピテルのもつ特性のひとつを引き受ける神で、祝祭日は4月13日。ローマのパラティウム丘に神殿があった。この神はユピテル・インウィクトスと同一の神なのかもしれない。
参考文献：Richardson 1992, 227.

ユピテル・ウクセッリヌス Jupiter Uxellinus

　ローマの神ユピテルに重ねあわされたケルトの神。一地方の高山の神で、現在のオーストリアで崇拝された。
参考文献：Green, M. J. 1992a, 127.

ユピテル・エリキウス Jupiter Elicius

　ローマの神ユピテルのもつ特性のひとつを引き受ける神で、古代の多くの著述家たちは降雨をつかさどる神と考えていた。「エリキウスelicius」には祈祷や呪文によって「呼びおこす」または「いざなう」の意味がある。ユピテル・エリキウスの祭壇は、ローマのアウェンティヌス丘にあった。祭壇は、いくつかある前兆のうちどれを予言と考えるべきかをアウスピキウムで決定するために、この神に助言を求めたヌマ王（王政ローマ第2代王）が建立したと信じられていた。

参考文献：Ogilvie 1969, 12; Richardson 1992, 218-219.

ユピテル・オプティムス・マクシムス Jupiter Optimus Maximus（至善至高のユピテル）

　ローマの最高位の神。ユピテルは、一般にラテン語でイウッピテル・オプティムス・マクシムスIuppiter Optimus Maximusとして崇拝されたので、通例「イオムIOM」と省略形で表記された。東方との接触が始まってからは、「至善至高のユピテル」（イウッピテル・スンムス・エクススペランティッシムスIuppiter Summus Exsuperantissimus）として知られるようになった。この神は、他の神々にまさって崇拝され、とりわけヒスパニア、ダキアそしてパンノニアであつく崇拝されていた。ユピテル・オプティムス・マクシムスをたたえておこなわれた競技会ルディ・ロマニは、9月に開催され、祝祭日は9月13日であった。ユピテル・オプティムス・マクシムスは、ともにカピトリウムの三神一組の神を形成するユノ・レギナおよびミネルウァと、「カピトリウム」の名で知られる神殿をイタリア各地および属州で多数共有していた（図30）。
参考文献：Ferguson 1970, 34.

ユピテル・オプティムス・マクシムス・ゲイウス Jupiter Optimus Maximus Geius

　ローマの神ユピテル・オプティムス・マクシムスにむすびつけられたイベリアの神ゲイウス。この神は、スペイン北西部、ベリン近郊のセルボイで発見された「イオム・ゲイウスI.O.M. Geius」にささげられた祭壇に刻まれた碑文によって知られている。
参考文献：Tranoy 1981, 302.

ユピテル・オプティムス・マクシムス神殿（図30、112）

　ローマのカピトリウム丘に建つこの神殿（図31F）は、タルクイニウス王（プリスクス。王政ローマ第5代王）がサビニ人との戦いの

ユピテルオ

ときにたてた誓願によるものといわれる。伝承によると、この神殿域の一部は、ほかの神々が占有していたという。それらの神々は、卜鳥官の占い（**エクサウグラティオ**）の結果に同意し、**ユピテル・オプティムス・マクシムス**をたたえる新しい神殿を建てる場所を作るために、ほかの場所へ移された。ただ**テルミヌス**のみが移転を拒否した。テルミヌスの抵抗は吉兆を示すものとみなされた［テルミヌスは境界石、境界のしるしをつかさどる神ゆえ、テルミヌスの移転拒否は、この神の祭儀とローマが恒久不変であることの予兆とみなされた］。**ユウェンタス**もこのエクサウグラティオに反対した女神としてのちに追加された。テルミヌスとユウェンタスのそれぞれの聖所は、新しいユピテル神殿の建物のなかに併合された。のちには**マルス**も移転をこばんだと信じられた。この神殿は第7代王タルクイニウス・スペルブスによって完成し、前509年9月13日に共和政期初代執政官マルクス・ホラティウス・プルウィッルスによって献納された。

この神殿は、ローマにおける共和政期最古の神殿で、ユピテル・オプティムス・マクシムス、配偶神**ユノ・レギナ**、そして娘の**ミネルウァ**の3柱（**カピトリウムの三神一組の神**）に献納された3室からなる神殿であった。神殿はカピトリウム丘の頂きの**アレア・カピトリナ**内にあり、カピトリウム、**ユピテル・カピトリヌス**神殿、またユピテル・オプティムス・マクシムス・カピトリヌス神殿としても知られていた。**ウィクトリア**女神の黄金の像が神殿内に安置されていた。この像は、シュラクサイ（シラクサ）のヒエロン［ヒエロン2世、シュラクサイの僭主。在位前270頃-前210/215］が前217年のトラシメヌス湖畔の戦い（第2次ポエニ戦争）でハンニバル軍に破れたローマ人たちを激励するために贈ったものであった。この神殿はローマにおける国家宗教の中心であったので、戦勝将軍たちは凱旋行進の終着地をこの神殿とし、戦利品の一部をユピテルに奉納し、また執政官たちはその職に就任するさいの犠牲式もここでとりおこなった。

最初の神殿はおそらく泥れんが造りで、表面を化粧漆喰で上塗りしたと思われる。神殿は数回焼失しては建てなおされたが、最初からのトスカナ様式とプランは保持されていたようである。横ならびに3つのケッラがあり、中央のケッラはユピテル・オプティムスに、右側のそれはミネルウァに、左側のそれはユノ・レギナにそれぞれささげられていた。ユピテルの礼拝用神像はテラコッタ製（茶褐色の素焼き陶製）で、雷霆をかざしている姿であった。ユノとミネルウァの神像も存在したであろう。またそれぞれの神は炉床のある祭壇を個別に所有していた。神殿の基壇は53.26×62.14メートル（180×210ローマ・フィート）であった。**六柱式**の前室（プロナオス）は奥行が深く、縦2列ではなく3列の円柱が広い間隔で配置されていた。屋根は木製でテラコッタによる装飾がほどこされていた。テルミヌス聖所が建つ敷地の上方の部分には屋根が葺かれていなかった。なぜならば境界の神テルミヌスは、頭上をさえぎるもののない広々とした天空の下にあるべきとされたからである。

前193年に神殿は修理と化粧漆喰の塗りな

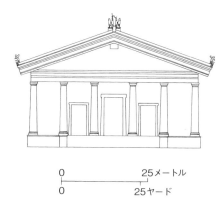

図112　ローマのユピテル・オプティムス・マクシムス・カピトリヌス神殿の復元図。正面には6本のトスカナ様式の円柱がならび、3つの出入口がそれぞれユノ、ユピテル、ミネルウァのケッラに通じている。

おしがなされ、第3次ポエニ戦争（前149-前146）ののち、各ケッラにモザイクの床が敷設された。前142年には、格間天井が金箔でおおわれた。神殿は凱旋将軍たちがおさめた宝物の保管所ともなっており、その量が膨大になりすぎたために、前179年、その多くがほかの場所へ移された。神殿は前83年7月6日に焼けおち、地下の石櫃におさめられていた「シビュラの書」までもが焼失した。スッラ（前138-前78）の資金提供により、もとのプランどおりに再建され、この事業の大部分はクイントゥス・ルタティウス・カトゥルスにより前69年になしとげられた。この神殿にはたびたび落雷があり、アウグストゥス帝によって前26年と前9年に改修・修復された。69年、神殿はウィテッリウスの支持者たちによるカピトリウム襲撃のさい焼けおちた。ウェスパシアヌス帝による再建には5年（70-75）を要した（プランは変わらないが、前より高さが高くなった）。ウェスパシアヌス帝によるこの神殿は、80年のティトゥス帝のときの大火で焼失し、82年にドミティアヌス帝が金箔をほどこすだけで金貨12000タラントを出費するという豪勢な再建をおこなった。この神殿の略奪は、455年にガイセリック［ヴァンダル族の王（在位428-477）。北アフリカを征服、地中海各地を荒らし、ローマを攻略。ゲンセリックともいう］により始められた。

　共和政初期には、9月のイドゥス（13日）にとりおこなわれた重要な儀式において、最高法務官（プラエトル・マクシムス）または法の執行権を有する上級政務官（マギストゥス）のひとりが、神殿内のユピテルのケッラ（ケッラ・イオウィス cella Iovis）の壁に釘を打ちこむ儀式をおこなった。害悪を防ぐことがその目的であったのかもしれない。前3世紀以後この儀式はおこなわれなくなった。
参考文献：Nash 1962a, 530; Richardson 1992, 221-224; Scullard 1981, 166, 186-187.

ユピテル・オプティムス・マクシムス・タナルス Jupiter Optimus Maximus Tanarus

　ローマの神ユピテル・オプティムス・マクシムスにむすびつけられたケルトの雷神。イギリスのチェスター出土の祭壇の碑文は、ユピテル・オプティムス・マクシムス・タナルス「至善至高のユピテル・タナルス」に祈願し、語りかけるものである。この碑文は2世紀中頃にローマ軍の一兵士が奉納したもので、「タナルス」は「タラニス」の誤写であろう。この神はユピテルにしばしば重ねあわされたケルトの神タラニスにあたるようである。
参考文献：Green, M. J. 1992a, 205-207（under Taranis）.

ユピテル・オプティムス・マクシムス・ベイッシリッサ
Jupiter Optimus Maximus Beissirissa

　ローマの神ユピテル・オプティムス・マクシムスに重ねあわされたケルトの神ベイッシリッサ。この神はフランスのオート・ピレネー県カデアックで発見されたひとつの碑文により知られている。

ユピテル・カピトリヌス Jupiter Capitolinus（カピトリウムのユピテル）

　この神名は、ローマのカピトリウム丘のローマの神ユピテル・オプティムス・マクシムスにあたえられたものであった。（→ユピテル・オプティムス・マクシムス神殿）

ユピテル・ケルネヌス Jupiter Cernenus

　ローマの神ユピテルにむすびつけられたケルトの神ケルヌンノスのラテン的呼称。この神名はガリア地方出土の奉献碑文により知られている。［パリのノートルダム大聖堂の下から発見された石碑にケルヌンノス神像が刻まれていた。］
参考文献：Ross 1974, 181-182.

ユピテル・コンセルウァトル Jupiter Conservator（救済者ユピテル）

このローマの神に献じられた聖所がローマのカピトリウム丘につくられた。この聖所はドミティアヌスが皇帝に即位する 81 年より前に建てられたもので、69 年にウィテッリウスの支持者たちがカピトリウム丘を急襲したとき、追いつめられたドミティアヌスをかくまってくれたアエディトゥウス（聖所管理人）の住居があった敷地に建てられた。ドミティアヌス帝はのちに、この同じ敷地に守護者ユピテル（ユピテル・クストス Jupiter Custos）の新しい神殿を建立したという。
参考文献：Richardson 1992, 218.

ユピテル・スタトル Jupiter Stator（図113）

ローマの神ユピテルのもつ特性のひとつを引き受ける神で、「脱走兵をふみとどまらせる者ユピテル」は、人民や軍隊の逃亡を止め、よびもどし、1 歩もしりぞかないようにさせた。「スタトル」とは「支える」の意。ユピテル・スタトルの祝祭は 6 月 27 日と 9 月 5 日にあった。

図113　ゴルディアヌス 3 世（在位238-244）のデナリウス銀貨。裏面には槍を持つユピテル・スタトル像が描かれている。銘文は IOVIS STATOR。　　　　　　サマセット州立博物館

参考文献：Richardson 1992, 225.

ユピテル・スタトル神殿

伝承によると、サビニ人とローマ人との戦いのとき［新興都市ローマに移り住んだ男たちの妻とするために、ローマの北東に住むサビニ人の娘たちをローマ人が略奪したことが発端となり勃発］、ロムルス（王政ローマ初代王）によってユピテル・スタトルに神殿をささげる誓願がなされた。神殿は建設されなかったが、前 294 年、サムニウム人［古代イタリアの民族でアペンニヌス山脈南部に居住。オスク語を話し、前 350 年−前 200 年にしばしばローマと対立］との戦争中のこと、ローマ人たちが、1 度散り散りになった軍勢をふたたび結集してふみとどまり、1 歩もしりぞかず戦ったとき、執政官マルクス・アティリウス・レグルスが同様の誓願をおこなった。神殿は、かつてロムルスが建設用地として聖別したテンプルム、すなわちローマのサクラ・ウィア（聖道）にそったパラティウム丘の麓（図77M）、現存するティトゥス帝の凱旋門のちょうど南西に建てられた。この神殿の基礎部分が、1829 年、中世に建てられた塔を取りこわしていたときに発見された。この神殿の献納日は 6 月 27 日であった。神殿は**前柱廊式**の**六柱式**建築で、方形のケッラと奥行のあるポルティコ（柱廊式玄関）がそなわっていた。前 63 年 11 月 8 日は、キケロがカティリナ［前108?−前62。ローマの政治家。キケロをはじめとする政府要人の暗殺を企てたが失敗、討伐軍と戦い戦死］弾劾の最初の演説をおこなった日であったが、記録に残されたこの日にだけ、元老院はこの神殿で会合を開いたのである。

もうひとつのユピテル・スタトル神殿が**フラミニウス競技場**にあった。こちらの神殿は、のちに建てられた**ユノ・レギナ神殿**に隣接していた。この神殿が建立された年代については議論があるが、おそらく前 2 世紀初期以前のことであろう。この神殿はオクタウィア［前69頃−前11。アウグストゥス帝の姉で、マルクス・アントニウスの妻］によって再建

され、80年のティトゥス帝のときの大火で焼失した。ついでドミティアヌス帝（在位81-96）によって再建され、さらにその後おそらくセプティミウス・セウェルス帝（在位193-211）によっても再建がなされたと思われる。
参考文献：Nash 1962a, 534; Richardson 1992, 225-226.

ユピテル・タラニス Jupiter Taranis
ローマの神ユピテルにケルトの雷神タラニスがむすびつけられ、ユピテル・タラニスとよばれた。

ユピテル・ディグス Jupiter Digus
ローマの神ユピテルにむすびつけられたディグスという名のイベリアの神。この神は、スペイン北西部のオウレンセ地方の山中で発見されたひとつの碑文中で勧請されている。
参考文献：Tranoy 1981, 302 (under I.O.M. Geius).

ユピテル・トナンス Jupiter Tonans
（雷神ユピテル）
ローマのカピトリウム丘にアウグストゥス帝によって、ローマの神ユピテルのもつ特性のひとつ「雷神ユピテル」にささげられた神殿があった。これは、前26年、アウグストゥス帝が雷に打たれそうになったのち、建立の誓願をたて、ユピテル・トナンスに献納したものであった［落雷があった場所・物などはビデンタルとしてユピテルに献じられたとみなされていた］。この神の祝祭は9月1日におこなわれた。
参考文献：Richardson 1992, 226-227.

ユピテル・ドリケヌス Jupiter Dolichenus
（図114）
ドリケヌスはローマの神ユピテルと同一視されるようになった天空と気象をつかさどる1地方神（バアル）。最初は現在のトルコ東部のドリケ［現在のドゥルク。ケベル・テパ（標高1210メートル）にあるガジアンテプの

図114　銀箔をかぶせた青銅製の奉納用飾り板。前面には、ユピテル・ドリケヌスが中央に、棍棒を持つヘルクレスと槍を持つミネルウァ女神が左右に配され、ユピテル・ドリケヌス自身は軍服姿で、雄牛の上に立ち、右手にもろ刃の斧を、左手に稲妻を発する雷霆をにぎっている。ユピテルの向かって左側では、ウィクトリア女神が王冠をさし出しており、向かって右側には炎を上げる祭壇がみえる。上方には太陽神（ソル）と月神（ルナ）の胸像が配されている。この奉納板はアルピノルム第1歩兵大隊所属の百人隊長（ケントゥリオ）によって奉納された。ハンガリー（古代ローマのパンノニア・インフェリオル＝下パンノニア属州）のケムレドで発見された。

北10キロメートルに位置する古代コンマゲネ地域（東はユーフラテス河、西はキリキア、北はカッパドキアに囲まれる）にあった市］で崇拝されていた。この神の崇拝は、兵士、奴隷、商人たちによって帝国内の西方へ広がり、ユピテル・ドリケヌスは（天空をふくめ）存在する一切を包みこむ宇宙の神であると同時に、安全と成功（軍事的成功をふくむ）の神とみなされるようになった。この神は、**ユピテル・オプティムス・マクシムス**に重ねあわされ、配偶神として**ユノ・レギナ**が配された。また**ユピテル・ヘリオポリタヌス**［ヘリオポリスは現在のレバノンのバールベ

ユピテルノ

ク]に重ねあわされることもあった。通常、ローマ軍の軍服姿で描かれ、雄牛の上に立ち、もろ刃の斧と雷霆をにぎっている。ミスラ神とともに、ユピテル・ドリケヌスは、オリエントの神々のなかでもっとも傑出した神で、軍隊で崇拝されていた。ローマのエスクイリヌス丘とアウェンティヌス丘のそれぞれにユピテル・ドリケヌスの聖所があった。崇拝の中心地であったドリケの聖域は、3世紀中頃ペルシア軍により破壊、略奪され、その結果、ユピテル・ドリケヌス崇拝は支柱を失うこととなった。[ドナウ河ぞいの軍事都市カルヌントゥムではユピテル・ドリケヌス神殿のとなりにミスラ神殿があった。]

参考文献：Hammond & Scullard (eds.) 1970, 359; Haynes 1993, 145-152; Hörig & Schwertheim 1987; Popa & Berciu 1978 (cult in Dacia); Speidel 1978; Tacheva-Hitova 1983, 235-249 (in Moesia Inferior and Dacia); Turcan 1989, 156-166.

ユピテルの柱（図115）

ユピテル神がケルトの天空神であると一見してわかるように石柱上に表現されている彫像は、通称ユピテルの柱（または巨人ユピテルの柱）として知られている。この種の石柱が約150例ほど知られており、主としてガリア地方北東部とラインラント（ドイツ西部、ライン河中・下流域）のリンゴネス族、メディオマトリキ族、トレウェリ族の旧領地内に存在する。これらの柱は15メートル以上の高さがあった。柱の基部は方形四面の台座で、この上に柱本体をささえる八角形の台座がのっていた。台座は通常、惑星・太陽・月にかかわる神々の像で装飾されており、ユピテルとユノにささげる碑文が付されていた。石柱を樹木の象徴とするためか、柱にはしばしば装飾がほどこされていた。石柱の最上部には柱頭があり、群像彫刻を支えていて、これらの彫刻は、通例、騎乗の人物が蛇の形をした手足のある怪物をふみつけている像であった。この騎乗の人物は、ある作例では甲冑をまとい、しばしば雷霆をふりまわしており、また別の作例では、ケルトの太陽の象徴

図115　ドイツのビトブルクにある小型のユピテルの柱の複製。柱の実物の断片が同地の博物館に陳列されている。

である車輪を防護用の盾として使用している。石柱にはユピテルにささげる碑文が付されているが、ユピテルが騎乗の姿で表現されることはまずない。柱頭の像には、ユピテルにむすびつく象徴というよりは、むしろケルトの天空神にまつわるもろもろの象徴が付されている。それゆえ、これらの彫像は、ユピテルをあくまでもケルトの天空神として表現したものといえよう。

参考文献：Bauchhenss & Noelke 1981; Green,

M. J. 1984, 173-179; Green, M. J. 1986, 67-68.

ユピテル・パルティヌス Jupiter Parthinus

ローマの神ユピテルに重ねあわされたケルトの神で、ユピテル・パルティヌス Jupiter Partinus としても知られている。この神はダルマティア北東部と上モエシアとの境界域で発見された複数の碑文によって知られている。「パルティヌス」という名称は、この地方のパルテニ族と関連しているのかもしれない。

参考文献：Green, M. J. 1992a, 127.

ユピテル・ピストル Jupiter Pistor
（麺麹作りのユピテル）

麺麹製造・販売業者たちが信奉したローマの神ユピテル。伝承によると、ローマのカピトリウムがガリア人たちに包囲され、食糧がつきかけていたとき、この都市を防衛していた人びとの夢にユピテルが現われ、彼らのもち物のうちもっとも貴重なものを敵の面前に放り投げるようにと告げた。この助言にしたがい、ローマ人たちは残っていたすべての小麦粉で麺麹を焼き、その麺麹をガリア人たちに投げつけたところ、ガリア人側は、ローマ側はどうもこのような大量の食糧を保有しているらしいと思いこみ、ローマを兵糧攻めにすることを断念したという。それゆえ包囲は解かれたので、ローマの人びとは感謝の意をこめてカピトリウム丘の頂きに祭壇をつくり、ユピテル・ピストルにささげた。「ピストル」という名称は雷に関連しているらしく、またこの伝承は、意味不明の神名を説きあかそうとする試みであったとも思われる。

参考文献：Grimal 1986, 376; Richardson 1992, 224.

ユピテル・フェレトリウス
Jupiter Feretrius

ローマの神ユピテルのもつ特性のひとつを引き受ける神であるが、その役割はわかっていない。「フェレトリウス」という名称の意味ははっきりしないが、おそらく「武器を祝福する者」、「同意する者、契約・協定をむす

ぶ者」を意味するといわれ、または「打ちのめす者、生け贄を殺す者」（フェリリ ferire「打つ、なぐる」または「打ち殺す」から）などを意味するとも思われる。「勝利をもたらす神ユピテル」と解されたゆえんである。ローマのカピトリウム丘にこの神にささげられた神殿があった。

参考文献：Richardson 1992, 219; York 1986, 217.

ユピテル・フェレトリウス神殿

伝承によれば、ロムルス（王政ローマ初代王）が、ラティウムのカエニナの王アクロンから奪った栄誉戦利品（スポリア・オピマ spolia opima）を受けとるためのテンプルム（卜鳥官によって聖別された、特定の目的のための区画またはその上の建造物）として、ローマのカピトリウム丘の高所に前 8 世紀またはそのすぐ直後にひとつの神殿を建立させたと考えられる。それがローマの最古の神殿となった。それは、長辺4.57メートル以下、トスカナ様式［5つの古典建築様式のひとつで、古代ローマで発達した］の柱による四柱式神殿で、以来変わることなく小さな神殿のままであったと思われる。この場所には 1 本の聖なる樫の木があったとされているが、古代の著述家のなかには、その木は神殿を建設するさいに伐採されたと述べている人もいる。戦勝記念の品々の収蔵のほか、神殿にはフェティアレス（ローマの宣戦と和平の交渉などにあたった20名からなる外交担当神官団）が使用した儀式用具の保管所としての役目もあった。礼拝用の像はなく、フェティアレスが宣誓をするときに使う笏と、豚を犠牲としてささげるときに使う火打ち石（ラピス・シレクス lapis silex）があるのみであった。アウグストゥス帝によって最初に修復すべき神殿のひとつにあげられたときには、この神殿はすでにくずれかけていたという。神殿址はいまだその痕跡すら発見されていない。

参考文献：Richardson 1992, 219; Scullard 1981, 194-195.

ユピテルフ

ユピテル・ブリクシアヌス
Jupiter Brixianus

ローマの神ユピテルに重ねあわされたケルトの神。この神は、イタリア北部のブレシア出土の遺物からその存在が知られている。「ブリクシアヌス」という名称は、ローマ領ブリクシア（現在のブレシア。ロンバルディア州東部にある市）の地名に由来するもので、神名からしてこの神はこの地方土着の神であったと思われる。
参考文献：Green, M. J. 1992a, 127.

ユピテル・フルグル Jupiter Fulgur

昼間に雷霆または稲妻を放つローマの神ユピテル（夜間に雷霆と稲妻を放つスンマヌスと区別される）。空に向かって開かれた神殿がひとつローマのマルスの野に建てられ、この神にささげられた。ユピテル・フルグルの祝祭日は10月7日であった。
参考文献：Richardson 1992, 219; Scullard 1981, 191.

ユピテル・プロプグナトル
Jupiter Propugnator
（防護者ユピテルまたは優勝者ユピテル）

ローマのパラティウム丘には「防護者」という特性をもつローマの神ユピテルにささげられた神殿があった。
参考文献：Richardson 1992, 224.

ユピテル・ベイッシリッサ
Jupiter Beissirissa

ローマの神ユピテルに重ねあわされたケルトの神。この神は、フランス南部オート・ピレネー県カデアックで発見されたユピテル・オプティムス・マクシムス・ベイッシリッサにささげられた碑文により知られている。
参考文献：Green, M. J. 1992a, 127.

ユピテル・ヘリオポリタヌス
Jupiter Heliopolitanus
（ヘリオポリスのユピテル）（図116）

ヘリオポリス（現在のレバノンのバールベク）のシリアの神ハダドと同一視されたローマの神ユピテル。ハダドは雷神で、アタルガティスの配偶神。ユピテル・ヘリオポリタヌスの祭儀がおこなわれていた証拠は、アテナイとローマからはもちろん、イタリア、パンノニア、ガリア、さらにブリタンニアからも見聞されている。この神は、ユピテル・ドリケヌスに重ねあわされることもあった。ユピテル・ヘリオポリタヌスにささげられた神殿

図116　ユピテル・ヘリオポリタヌス像。シリアのエス・スフナ出土。2世紀。第2歩兵隊の指揮官によって奉納された。

は、ローマのヤニクルム丘に建てられたが、火災により失われた。おそらく341年頃のことと思われる。
参考文献：Ferguson 1970, 34; Richardson 1992, 219-220 (for temple); Turcan 1989, 145-156.

ユピテル・ポエニヌス Jupiter Poeninus

ローマの神ユピテルに重ねあわされたケルトの神で、グラン・サン・ベルナール峠［アルプス越えの古くから重要な交通路のひとつで、現在のイタリアとスイスとの国境、モン・ブランの東方を通る。標高2472メートル］周辺で崇拝された。ユピテル・ポエニヌスにささげられた祈願用の奉納板が複数みられる聖域がひとつ鉄器時代にこの場所に設置され、ローマ時代にも引きつづき使用されていた。**ポエニヌス**は、現在のブルガリアのトゥルノヴォから知られている**ポイニヌス**と同一の神であると考えられ、トゥルノヴォでは、ポイニヌスはローマの神**シルウァヌス**と同一視されていた可能性がある。
参考文献：Dorcey 1992, 75; Green, M. J. 1992a, 127.

ユピテル・ミリキウス Jupiter Milichius
（またはゼウス・メイリキオス Zeus Meilichios 恵み深きゼウス）（図117）

前200年頃、イタリアのポンペイに、ゼウス・メイリキオスにささげられたローマ時代以前の神殿が建てられたが、おそらく前1世紀の早い時期に、その神殿は初期ローマの植民市によって再建され、あらためてユピテル・ミリキウスにささげられたものと思われる。神殿そのものがそれと判明したのは、この遺跡で発見されたオスク語［古代、イタリア南西部カンパニア地方に住んでいたオスク人の言語］によるひとつの碑文からである。その祭儀は、シチリア島のギリシア人にはとくに人気があったが、ローマ人のあいだでは好感がもたれることはほとんどなかった。この神は、農耕と豊富な収穫物とにとりわけ関係が深く、農民の守護神であった。神殿は簡

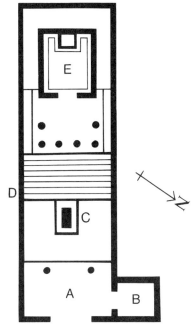

図117　イタリア、ポンペイにあるユピテル・ミリキウス神殿のプラン。A＝柱廊　B＝聖具保管室（サクリスティ）　C＝大祭壇　D＝階段　E＝ケッラ。

素であったが、近くにあった**カピトリウムの三神一組の神**（ユピテル、ミネルウァ、ユノ）にささげられた神殿が、62年の地震で崩壊したとき、臨時の祈祷所として使用されたようである。
参考文献：Richardson 1988, 80-82.

ユピテル・ラティアリス Jupiter Latiaris

この神名は、ローマの神**ユピテル**がラティウムのアルバヌス山上（現在のアルバノ丘陵）で礼拝されるときのものであった。アルバヌス山は火山で、ローマの南東20.92キロメートルにあるアルバヌス山系で群を抜いて

高い峰であった。ユピテル・ラティアリスは、ラテン同盟の要の神としての役割をにない、3月27日のフェリアエ・ラティナエ祭で礼拝された。この祭礼は、もともとアルバヌス山上にある祭壇でとりおこなわれていたが、前6世紀からは神殿でおこなわれるようになった。この神殿址を示す痕跡はないが、神殿にいたる勝利の道（ウィア・トリウンパリス）は現存し、確認されている。
参考文献：York 1986, 77.

ユピテル・ラディクス Jupiter Ladicus

ローマの神ユピテルに重ねあわされたイベリアの一地方の山岳神。ラディクス山の神としてスペイン北西部で崇拝された。
参考文献：Green, J. M. 1992a, 127.

ユピテル・ラピス Jupiter Lapis

宗教上の形式にのっとり、正式の宣誓をするさい、その宣誓の場をつかさどるローマの神ユピテル。この神は、宣誓をするさいにもちいられる石（「ラピス lapis」はラテン語で「石」の意）に関係している。石は燧石（火打ち石）で、雷霆の化身であると信じられていたからである。
参考文献：Hammond & Scullard (eds.) 1970, 569.

ユピテル・リベル Jupiter Liber

この神名により、ローマの神ユピテルは、創造性または創造力の神ともみなされたことがわかる。祝祭日は9月1日。
参考文献：York 1986, 77.

ユピテル・リベルタス Jupiter Libertas

女神リベルタスにむすびつけられたローマの神ユピテル。ローマでは4月13日にこの神の祝祭があり、神殿はローマのアウェンティヌス丘にあった。
参考文献：Richardson 1992, 221.

ユピテル・ルケティウス Jupiter Lucetius（またはユピテル・レウケティウス Jupiter Leucetius）

「光をもたらす者」として崇拝されたローマの神ユピテル。この神の配偶神ユノは、しばしばユノ・ルケティア「光をもたらす者ユノ」と呼びかけられた。
参考文献：York 1986, 76.

ユピテル・レウケティウス Jupiter Leucetius

ユピテル・ルケティウスの別つづり。

夢

夢の解釈は、人為によらない事象にもとづくディウィナティオ（占い）の一例である。夢はその夢をみた人、または解釈を仕事とする人によって解きあかされた。夢はまたインクバティオのよりどころでもある。
参考文献：Ogilvie 1969, 67-68.

ユリウス・アフリカヌス Julius Africanus

3世紀のキリスト教哲学者。アエリア・カピトリナ〔ハドリアヌス帝がシオンに建設した新市。アエリアは帝の氏族名アエリウス。ハドリアヌスはここに神殿を造り、自身の像とユピテル神像を納めた〕の出身で旅行家であり歴史家でもあった。おもな著作に、5巻からなる『年代記』（Khronographiai）がある。この『年代記』は、天地創造から221年までの、宗教的な歴史と世俗的な歴史の両方を対象にしている。エウセビオスの『天地創造』の基礎になった著作として知られている。また、ユリウス・アフリカヌスは、魔術にかんするさまざまな情報を収集し、24巻からなる『ケストイ』（Kestoi）にまとめている。
参考文献：Hammond & Scullard (eds.) 1970, 23.

ヨセフス Flavius Josephus

フラウィウス・ヨセフス（37/38-94/95以後）、イエルサレムに生まれ、ローマに没した。ユダヤ人の歴史家で、祭司の末裔、パリ

サイ派。彼の第1作『ユダヤ戦記』（*Bellum Iudaicum*）全7巻は最初アラム語で書かれた。ほかの著作はギリシア語で書かれ、そのなかに『ユダヤ古代誌』（*Antiquitates Iudaicae*）がある。これは天地創造から66年までのユダヤ人の歴史で、93/94年頃、全20巻が公表された。第3作は自叙伝的な『自伝』（*Vita*）で、彼がユダヤの反乱のひとつを扇動・組織したという公訴事実の陳述に対する回答の書である。最後の著作は2巻からなり、聖ヒエロニムスが付した書名『アピオンへの反論』（*Contra*〈または *In*〉*Apionem*）として知られていて、英語では一般的に『ユダヤ古誌について』（*Concerning the Antiquity of the Jews*）とよばれている。これは反ユダヤ主義をアレクサンドリアのギリシア人学者アピオンに擬人化して、彼に反駁することによってユダヤ人を弁護する著作であった。[パリサイ派またはファリサイ派は「分離する者」、「解釈者」の意。ユダヤ教の一派で、前2世紀後半におこり、モーセの律法の厳格な遵守を主張、これを守らない者をけがれた者として排斥。一般民衆に対して最大の影響力をおよぼしたようである。イエスはその偽善的傾向を激しく攻撃した。]

参考文献：Hammond & Scullard（eds.）1970, 565.

ラテイス

ラ行

ラウェルナ Laverna

ローマの女神で、泥棒と詐欺師の保護者兼擁護者。この女神にはローマのラウェルナ門の近くに祭壇があった。

ラエスス Laesus

イベリアの神格で、ポルトガルのヴィニャイシュの近くで発見された祭壇の碑文からその存在が知られた。祭壇はこの地方出身と思われるエラニクス・タウリヌスが献納したものだが、ラエスス神についてこれ以上のことはなにもわからない。
参考文献：Tranoy 1981, 275.

ラクス・イウトゥルナエ Lacus Iuturnae
（ユトゥルナの泉）

ローマのフォルム・ロマヌムにある女神ユトゥルナの聖所（アエディクラ）にむすびつけられた泉を水源とする池（図77E）。この池はカストル神殿とウェスタの聖女たちの館（アトリウム・ウェスタエ）とのあいだにあった。この池ではディオスクリ（カストルとポックルスの双子の兄弟）が、前496年のレギッルス湖畔の戦い［共和政下アウルス・ポストゥミウスひきいるローマ軍対前509年にローマを追放されて父祖の地エトルリアに逃れた最後のローマ王タルクイニウス・スペルブスとラテン同盟軍の戦い］のあと、馬に水を飲ませている姿がみられたし、また前168年のピュドナ［古代マケドニアの都市。ローマ軍がマケドニア軍に対して勝利をおさめた地］の戦いののちにも同じ光景がみられたという。池は1900年に発掘され、約2.12メートルの深さの貯水槽部分が発見された。約4メートル南には聖所があった。ここは2世紀までには治癒祈願の中心地となっていたようで、アエスクラピウス像とアポロ像がこの区域で発見されている。この池から汲んだ水はローマ市内でとりおこなわれる公的な供犠に使用された。

参考文献：Nash 1962b, 9; Richardson 1992, 230 -231.

ラクタンス Lactans

ローマの神で、若い穀粒の生長を促進する。

ラクタンティウス Lucius Caecilius （Caelius）Firmianus Lactantius

ルキウス・カエキリウス（またはカエリウス）・フィルミアヌス・ラクタンティウス（245頃-325頃）。キリスト教徒の著述家で護教論者。北アフリカ出身。修辞学を学び、キリスト教に改宗し、著述家、護教論者としておおいに名声を博した。キリスト教関係の著作のみが現存するが、すべてキリスト教徒に対する迫害が始まったのちに書かれたもので、そのなかでもっとも重要な著作は『神の御業について』（De Opificio Dei）（303-304）、『神の怒りについて』（De Ira Dei）（おそらく314）と『神学要綱』（Divinae Institutiones）全7巻（303-313）である。彼はその文体ゆえにルネサンス時代以降「キリスト教徒のキケロ」とよばれるようになった。
参考文献：Hammond & Scullard（eds.）1970, 575-576.

ラディクス Ladicus

ローマの神ユピテルにむすびつけられたイベリアの神で、ユピテル・ラディクスとよばれた。

ラティス Latis

イギリスのカンブリア地方で知られているケルトの女神。ラティスはこの地方の、湿地、沼沢地やため池の女神であった。この女神のことを述べている碑文は、ハドリアヌス長城のフォルステッズとバーズワルドの要塞のものが知られている。
参考文献：Green, M. J. 1992a, 130.

ラテイス

ラティス Ratis （ラタ Rata とも）

イギリスのハドリアヌス長城上に位置する
バーズワルドとチェスターズで発見された碑
文からその名が知られるケルトの女神。「ラ
ティス」は「城塞の女神」の意。
参考文献：Ross 1974, 276.

ラトナ Latona

ギリシアの神アポロン（アポロ）と女神ア
ルテミスの母であるレトのラテン語名。

ラトビウス Latobius

ローマの神マルスおよびユピテルと同一視
されたケルトの山脈と天空の神で、現在の
オーストリアで崇拝された。マルス・ラトビ
ウスへの奉献碑文がオーストリアのコーラル
ペ山の頂上海抜約 2000 メートルの地点で発
見されている。
参考文献：Green, M. J. 1992a, 130.

ラハ Laha

ケルトの女神で、スペインとフランスとの
国境をなすピレネー山脈のフランス側山麓の
丘陵地帯で崇拝されていた。この女神は泉と
むすびついた水の女神であったと思われる。
イベリアの神ラフス・パラリオメグスとつな
がりがあるかもしれない。
参考文献：Tranoy 1981, 289 （under Lahus
Paraliomegus）.

ラピス・マナリス lapis manalis

降雨を誘発する呪文用に使用された石。こ
の石はローマのカペナ門外にあったマルス神
殿に収められていた。旱魃のとき、雨を降ら
せるためにポンティフェクス（神祇官）たち
がこの石を持ち、道々をねり歩いた。2 世紀
の後期までは、この石は地下世界への入口を
ふさぐ石と考えられていた（しかしムンドゥ
ス［パラティウム丘にあり、地下世界に通じ
ると考えられた地下の儀式用の穴］との関連
はなかった）。
参考文献：Richardson 1992, 244; York 1986,
37.

ラフス・パラリオメグス Lahus Paraliomegus

イベリアの神で、スペイン北西部ルゴで発
見された碑文により知られている。この神は
ケルトの女神ラハとつながりがあるかもしれ
ない。
参考文献：Tranoy 1981, 289.

ラミアエ・トレス Lamiae Tres （3 人の魔女）

おそらくケルトの神格で、ハドリアヌス長
城のベンウェルの要塞で発見された祭壇にし
るされた献辞から知られるようになった。魔
女たちはふつう神格とはみなされないし、ま
たこの献辞は他に類例のないものに思われる。
魔女たちはマトレスとして知られているケル
トの母神に類似しているといえる。ラテン語
の「ラミア lamia」（複数形ラミアエ lamiae）
は「魔女」であるとともに「人喰い鬼」をも
意味している。腕白でいうことをきかない子
どもたちをこわがらせ、いうことをきかせる
ことから、この名前は子どもを喰らう怪物に
もあたえられていた。怪物のお腹のなかには
いつも食べられた子どもがひとりいるとされ
た。しかし、今日の文脈で訳せば「魔女」ま
たは「人喰い鬼」を意味し、このような敬意
が感じられないやりかたで 3 人のラミアエへ
の献辞が書かれたとは、とうてい考えられな
いことである。
参考文献：Blagg 1982, 126; Hammond &
Scullard （eds.） 1970, 577 （for Lamia the
child-stealer）.

ララ Lara

ローマのニンフで、ラティウムのアルモ川
の河神であるローマの神アルモの娘。神話に
よると、ララはおしゃべりなニンフで、ユピ
テルに舌を切りとられてしまった。［それは
ユピテルがユトゥルナに恋をしたとき、ララ
がユピテルの妻ユノにその事を知らせたため
ユピテルの怒りを招いたからである。］それ
ゆえララはローマでは「タキタ Tacita」また
は「ムタ Muta」（「沈黙の」または「口がき
けない」）の形容辞を添えて礼拝された。古

代の一部の著述家たちは、ララを**ラルンダ**および**マニア**と同一視していた。**オウィディウス**はララをラレス（→**ラル**）の母とみなしていたが、これはおそらく彼の創作であろう。
参考文献：York 1986, 53.

ララウクス Laraucus

イベリアの山岳神で、ポルトガル北部とスペイン北西部とで発見された複数の碑文によって知られている。この神はセラ・ド・ラルーコ山中（この地名はこの神名に由来するようである）で崇拝されていた。**ラロクス**はおそらくこの神と同一の神であろう。ララウクスは、スペイン北西部のシンソ・デ・リミアにおいて**レウァ**神にむすびつけられ、レウァ・ララウクスとよばれた。
参考文献：Alarcão 1988, 94; Tranoy 1981, 281.

ララリウム lararium（複数形 lararia）
（図84、118）

アエディクラ（聖所）という語の後期ラテン語および現代語による用語。ララリウムは、イタリアの、とりわけポンペイやヘラクレニウムでみられた、私的な、家のなかにある聖所または礼拝所のこと。これらはおおかたは、簡単な切妻屋根のある竈（がん）の形をしており、壁面にうがたれていたり、描かれていたり、または独立した構造で建つ小さな聖所型をしていた。竈内には１体または２体のラル像と家長（パテルファミリアス paterfamilias）の守り神（**ゲニウス**）または守護神像が、雄（髭のある）の蛇として、またある場合は、信心深くトガで頭部をきちんとおおった男性の肖像として描写されている。ララリアの内部にはその一家とむすびついている神々の小像や絵画などの品々も納められていた。テオドシウス１世によって392年に**異教**（多神教）**信仰**（パガニスムス）が最終的に禁止となったときに、各家庭内での礼拝とこのような聖所もまた禁じられた。
参考文献：Dowden 1992, 30; Ferguson 1988b, 921-922.

図118　ララリウム。1883年にローマのヴィア・デッラ・スタトゥトで発見された。竈のなかには当家の先祖たちの彫像が納められている。

ラリベルス・ブレウス Lariberus Breus

イベリアの神で、スペイン北西部のポンテベドラに近い、カニャスのヒオで発見された一連の祭壇の破片に刻まれた碑文により知られている。この遺跡では、この神名の異形が複数あり、ラリブレウス・ブルス Laribreus Brus、ラリベルス・ブレオロニス Lariberus Breoronis、ラリベルス・ブレオロ Lariberus Breoro などである。この遺跡で収集された祭壇の破片類とその他の彫刻の破片類によって、この地がラリベルス・ブレウスの祭儀の中心地であったことがわかる。
参考文献：Tranoy 1981, 293.

ラル lar（複数形 ラレス lares）

家庭の神（神格）だが、本来の役割は不明。ローマ人の家庭はいずれもその家独自の一家を守るラルまたは神をもっていた。真偽はともかく、伝えられたところによると、ラレスの母はマニアであったが、**オウィディウス**はララがラレスの母であると述べている。ラレスはもとをただせば農地の神々（死者の神々でもありうる）であったこと、そしてのちに

ラルウアエ

ラレス・ファミリアレス lares familiares つ
まり一家の守り神として各家庭に導入された
可能性がある。共和政晩期までに、ラレス・
ファミリアレスは建物としての家と家庭の守
り神となり（図84）、また毎月カレンダエ、
ノナエそしてイドゥスにその家の壁炉の前で
礼拝されていた。ラルによる守護が末永く続
くことを確保し、そして住宅の中庭（アトリ
ウム）の隅にある家庭の守り神をまつる聖所
ララリウムを保持することがその家の家長
（パテルファミリアス paterfamilias）の役割
であった。
　各家庭内でのこのようなラレスの存在と並
行して、ローマ人たちは、さまざまなタイプ
のラレス、たとえば市内の四つ辻をつかさど
るラレス・コンピタレスや、都市全体を守る
ラレス・ププブリキ lares publici （またはラレ
ス・プラエスティテス）の存在を認識し始め
た。ローマのサクラ・ウィア（聖道）の端に
ラレスにささげられた神殿があった。ラレス
の祝祭は 6 月 27 日と 12 月 22 日にあった。
参考文献：Hammond & Scullard (eds.) 1970,
578-579; Richardson 1992, 232 (temple);
Simon 1990, 119-125.

ラルウァエ larvae
　レムレスとして知られているローマの諸悪
霊の別名。

ラル・ファミリアリス lar familiaris
（複数形 lares familiares）
　家の守り神。（→ラル）

ラルンダ Larunda
　素性のわからないローマの女神で、おそら
く地下世界の神格であろう。古代の一部の著
述家たちはこの女神をララと同一視している。
年に 1 度、12 月 23 日にローマのウェラブル
ム［ローマの一地区。パラティウム丘の近く
にあった］にある祭壇でラルンダに犠牲がさ
さげられた。
参考文献：Hammond and Scullard (eds.)
1970, 579.

ラレス・アウグスティ lares Augusti
　「皇帝の守り神たち」をいう。（→ラレス・
コンピタレス）

ラレス・ウィアレス lares viales
　ローマの街道の守り神たち 。ローマ市外
にのびる諸街道にそって、これらの守り神た
ちにささげられた多数の祭壇があった。
参考文献：Scullard 1981, 156.

ラレス・コンピタレス lares compitales
　四つ辻をつかさどるローマの神々ラレス。
ローマはウィクス vicus ［古代ローマの最小
軍事・行政単位で、村、あるいは町の一部か
らなる地区、複数形 vici］に分割されていて、
各ウィクスには、路が交叉する中心地点（コ
ンピトゥム compitum）があった。これらの
場所では、となりあったふたつの地域から 1
柱ずつ合計 2 柱のラレスが共同でその四つ辻
を管理していた。これらのラレス・コンピタ
レスのために聖所が建てられていて、ラレ
ス・コンピタレスは農業祭であるコンピタリ
アのおりに礼拝された。
　前 7 年にアウグストゥス帝はローマを 265
のウィクスに再編成し、各四つ辻には聖所が
ひとつ確実に存在するようにした。彼は、各
聖所には 2 体のラル像と 1 体のアウグストゥ
ス帝自身の守り神（ゲニウス）像を安置する
こと、そしてコンピタリア祭の期間中に犠牲
をささげることを命じた。この命令は、以前
には私的な崇拝の対象であったラレスに公的
な一面をあたえることとなった。形容辞「ア
ウグスティ Augusti（皇帝の）」がラル像と
ゲニウス像につけくわえられるようになり、
ラレス・アウグスティ崇拝が浸透していった。
（→ラル）
参考文献：Alcock 1986, 115; Fishwick 1987, 85.

ラレス・プラエスティテス lares praestites
　ローマ人の国土の守り神たちで、オウィ
ディウスの記述によってのみ知られている。
これらの守り神たちにはローマに祭壇がひと
つあったが、それはおそらくクイリナリス丘

とウィミナリス丘とにまたがるコッリナ地区にあったと思われる。ラレス・プラエスティテスの祭礼は5月1日で、これらの守り神たちはまたラレス・ププリキ lares publici としても知られていた。
参考文献：Richardson 1992, 233.

ラレス・ペルマリニ lares permarini

船乗りを守護するローマの神々ラレス。前179年、ローマの**マルスの野**において神殿がひとつラレス・ペルマリニに献納された。
参考文献：Scullard 1981, 210.

ラレス・ペルマリニ神殿

船乗りを守護する神々にささげる神殿は、前190年、アンティオコス大王［エジプトから中近東まで領土を拡大したが、小アジアのほとんどをローマに奪われたセレウコス朝シリア王アンティオコス3世（在位前223-前187）］の艦隊との海戦のおり、ルキウス・アエミリウス・レギルスによって奉献の誓願がなされた。前179年12月22日にこの神殿はマルクス・アエミリウス・レピドゥスによって献納された。それはローマの**マルスの野**に位置し、ひととき誤って**ベッロナ神殿**とみなされていたらしい。この神殿は堂々とした**八柱式**の建築で、共和政晩期またはアウグストゥス帝の時代に再建されている。80年のティトゥス帝のときの大火後、ドミティアヌス帝（在位81-96）によって大がかりな修復がおこなわれた。
参考文献：Patterson 1992, 196; Richardson 1992, 233.

ラレンタリア Larentalia（のちにラレンティナリアLarentinaliaとよばれた）

アッカ・ラレンティアの祝祭で、12月23日におこなわれた。アッカ・ラレンティアの墓とされている場所でおこなわれる葬送の諸儀式からなり、ポンティフィケス（神祇官団）と**フラメン・クイリナリス**（ローマの神**クイリヌス**に仕える祭司）とによってとりおこなわれた。

参考文献：Scullard 1981, 211-212.

ラレンティナ Larentina

ローマの女神で、**ラレンタリア**祭で礼拝された。**アッカ・ラレンティア**の名でも知られていた。

ラロクス Larocus

イベリアの神格で、スペイン北西部シャベス付近で発見されたひとつの碑文により知られている。ラロクスはおそらく**ララウクス**と同一の神であろう。
参考文献：Tranoy 1981, 281.

リカガンベダ Ricagambeda

ゲルマニアの女神。スコットランドのビレンズで発見された祭壇にある碑文により知られている。この女神については他に知られていることはないが、トゥングリ部族の第2歩兵隊の兵士たちによる奉納碑文があることから、リカガンベダは、兵士たちの出身地であったゲルマニアのライン河流域に起源をもつ女神であると考えられている。
参考文献：Keppie & Arnold 1984, 9.

リギサムス Rigisamus

ケルトの神でローマの神**マルス**とむすびつけられ、**マルス・リギサムス**として言及される。

リゴメネティス Rigonemetis

ケルトの神でローマの神**マルス**とむすびつけられ、**マルス・リゴネメティス**として言及される。

リトゥウス lituus

アウグル（卜鳥官）が、**テンプルム**の場所をさだめるための吉兆を占うときに使用した特別な職標。先端が疑問符の形に似た曲線を描く柄のついた杖で、笏杖に似ていた。エトルリアが起源であった。軍隊で合図に使用された同じリトゥウスlituusの名で知られた軍隊ラッパは同形ではなかった。プルタルコス

リトナ

は「ロムルスがこの杖を使って占いをした」
と伝えている。

リトナ Ritona

浅瀬と渡河にかかわるケルトの女神。現在
のドイツのトリーアやパフテン地方で信仰さ
れた。この女神の異名はプリトナ。
　参考文献：Green, M. J. 1992a, 176.

リビティナ Libitina

ローマの葬儀の女神で、死者に敬意と賞賛
をささげるための葬儀と埋葬の諸般を監督す
る。誤った語義解釈により、リビティナ（葬
儀の女神）がルベンティナ Lubentina（「情
熱的」または「愉快な」を意味する敬称）に
むすびつき、リビティナは**ウェヌス・リビ
ティナ**またはウェヌス・ルベンティナとして
ウェヌスと同一視されるようになった。ロー
マにウェヌス・リビティナにささげられた神
殿がおそらくエスクイリヌス墓地の近くに
あった。葬儀屋全員（リビティナリイ
libitinarii）が一堂に会するのも、またローマ
でおこなわれる埋葬のすべてが登録される
のもこの神殿においてであった。慣習により、
死者ひとりにつきコイン 1 枚がこの神殿にお
さめられた。
参考文献：Richardson 1992, 235; Scullard
1981, 177.

リベラ Libera

ローマの女神で、ローマの神**リベル**に対応
し、また配偶神でもある。この女神はギリシ
アの女神**ペルセポネ**に重ねあわされ、3 月
17 日のリベルの祝祭日**リベラリア**にリベル
とともに祝われたと思われる。リベラはロー
マの神**ケレス**とリベルとともに、ローマのア
ウェンティヌス丘にあったこれら 3 柱の神々
が共有する神殿を中心とした重要な祭儀の一
部をになった。

リベラリア Liberalia

リベル・パテルと配偶神リベラの祝祭で、
3 月 17 日。この祭りでは犠牲がささげられ、

野卑な歌が歌われ、仮面が木につるされて祝
われた。競技会もおこなわれたようであるが、
オウィディウスの時代にはすでに競技会はお
こなわれなくなっていた。
参考文献：Scullard 1981, 91‑92.

リベラリタス Liberalitas

「寛大」を擬人化したローマの神格。この
神格は、皇帝支持を促進するための宣伝目的
で創出され利用された。2 世紀までには、こ
の神格は皇帝が兵士たちに気前よく金品を下
賜するさいの姿勢・心意気を表すものとなっ
ていた。
参考文献：Ferugson 1970, 72.

リベル Liber（またはリベル・パテル Liber Pater「父なるリベル」）

ローマのアウェンティヌス丘において重要
な祭儀がささげられたローマの豊穣の神。こ
の神は自身の神殿をローマにもっていなかっ
たようにみうけられるが、ローマの女神**ケレ
ス**およびリベルに対応する女神**リベラ**と、神
殿をひとつ共有していた。前 496 年の飢饉の
さい、「**シビュラの書**」が、**デメテル**、**イ
アッコス**、そして**コレ**（**エレウシスの秘儀**に
かかわるギリシアの神々）崇拝は、ローマの
神ケレス、リベル、およびリベラ崇拝と同一
であるとしこれらのローマの神々の崇拝を奨
励した。ローマのアウェンティヌス丘には、
これらローマの 3 柱の神々を 1 組にまとめて
礼拝する神殿がひとつあった。リベルは北ア
フリカの神シャドラパ（カルタゴ人に尊崇さ
れた治癒の神）に重ねあわされることもあっ
た。リベルは葡萄酒とむすびつきがあったよ
うには思えないが、リベル・パテルとしてギ
リシアの神ディオニュソスに重ねあわされる
こともあった。リベルの祝祭日（**リベラリ
ア**）は 3 月 17 日で、リベラとともに祝われ
たと思われる。
参考文献：Hammond & Scullard（eds.）1970,
607.

リベルタス Libertas

「自由」を擬人化したローマの女神で、その自由とはすなわち、自由民（奴隷の身分ではないが、かならずしも政治上の権利をふくむもろもろの権利を保有しているわけではない）の状態であることをさしていた。帝国のもとではリベルタスは「政治的自由」の擬人化をさすものと受けとられるようになった。この女神には、ローマのアウェンティヌス丘に、前238年頃に創建され、皇帝アウグストゥスによって修復された神殿があった。リベルタスは**フェロニア**に、また**ユピテル**にむすびつけられることもあり、アウェンティヌス丘には**ユピテル・リベルタス**神殿もあった。
参考文献：Hammond & Scullard (eds.) 1970, 607.

リメンティウス Limentius

このローマの神はリメンティヌス Limentinus としても知られ、出入口の敷居を管理した。
参考文献：Ogilvie 1969, 11.

旅程表 itinerarium

キリスト教徒の巡礼路をふくむ旅人のための旅日記。多くの旅日記が後期ローマ時代から中世のあいだのものとされている。これらの旅日記はキリスト教徒巡礼者に、聖地パレスティナや他の聖地（たとえばローマ）への道筋を示している。4世紀の『イエルサレム（またはボルドー）案内記』（*Itinerarium Burdigalense sive Hierosolymitanum*）はボルドーからアルル、トリノ、ミラノ、コンスタンティノポリス、アンティオキアを経てイエルサレムにいたるさまざまな道筋を、取りうる復路とともに示している。400年頃の作品とされる『エゲリアの旅』（*Peregrinatio Aetheriae*）［4世紀頃の南フランスまたは北西スペインの修道女であるエゲリアの聖地巡行記。典礼史上もっとも重要な史料でもある］は聖地巡礼の報告書である。
参考文献：Stevenson 1978, 45-47.

ルア・マテル Lua Mater

ローマの大地の女神で、祭儀において**サトゥルヌス**の対神役をつとめた。この女神名は「破滅・災難をもたらす」というような意味をもっているらしく、疫病の女神であったと考えることも可能である。それゆえ嘆願者たちはこの女神に彼らの敵が打ちたおされるようにと願った。ルア・マテルは、敵方から奪いとった武具類を献納品として受け入れ、それらを焼却できる神々のうちの1柱であった。
参考文献：Hammond & Scullard (eds.) 1970, 620; York 1968, 71-72.

ルカリア Lucaria

7月19日と21日に催された祝祭。この祭りはローマのサラリア街道［ローマから北東方向のアスクルム・ピケヌムにいたる］とティベリス川とのあいだにある広大な森（ルクス）でとりおこなわれた。祭りの目的はもはやわからなくなっており、また祭り自体も共和政後期にはすでにほとんどその意味を失っていた。ローマ人たちがガリア人の襲撃を逃れて（そのアッリアの戦いは前390年、または前387年、7月18日のこと）この森に隠れたというのが、この祭りが催されるきっかけとなったのかもしれない。しかし農地と居住地にするためにこの森林が伐採され、開拓されたローマ建国の初期に、森の精霊たちをなだめるべくこの祭りは創出されたとする方がはるかにもっともらしく思われる。
参考文献：Warde Fowler 1899, 182-185.

ルキナ Lucina

事物に光をもたらすローマの女神。それゆえに誕生の女神でもある。この女神はローマの女神**ディアナ**と**ユノ**に、さらにギリシアの女神**エイレイテュイア**に重ねあわされることもあった。

ルグ Lug

おそらくルグスとよばれるケルトの神で、アイルランドの神ルフ Lugh にあたる。ルグ

［光・太陽・才能の神、あらゆる芸術の創造者とみなされる］とよばれるケルト神の崇拝は、フランスのルグドゥヌム（現在のリヨン）などのさまざまな地名の由来をあかしていると思われる。ラテン語名のルグドゥヌムは「ルグの町」というような意味であると考えられ、それゆえその地域の人びとによってルグが崇拝されていたことを反映しているのだろう。しかし、古代の著述家たちの著作には、ローマ帝国の版図にこの神が存在したことをしめす証拠はなにひとつあげられていないし、またこの神に関係していると思われる碑文類もほとんど発見されていない。（→ルグブス・アルクィエノブス）

参考文献：Fishwick 1987, 99-100; Green, M. J. 1992a, 135-136.

ルクス lucus

聖なる森のことで、ある特定の神格にささげられた神殿やその神域の一部に隣接していることもあれば、特定の神格にささげられた神殿の建物のようなものはいっさいない森のこともある。通例、ルクスは**アルウァレス祭司団**の森のような、ローマ近郊の森、木立をさす場合がほとんどである。「ルクス」という語は「テンプルム」と同じ意味をもっていたのかもしれず、かならずしも木立を有するわけではなく、たんに神格が住まう場所であったとも考えられる。（→**聖なる森、ネムス**）

参考文献：Beard 1993; Richardson 1992, 2; Scheid 1993.

ルクソウィウス Luxovius

ケルトの神で、フランスのリュクスイユ［フランス東部オート・ソーヌ県の町で、ローマ時代から温泉地として栄えたが、しばしば異民族の侵攻にさらされた］という地名はこの神に由来した。ルクソウィウスの存在は、この神が女神**ブリクタ**の配偶神として崇拝されたこの土地からのみ知られる。この地ではこの夫婦神は温泉の神であるが、ほかの神々も崇拝されていた。

参考文献：Green, M. J. 1992a, 136.

ルグドゥヌム祭壇

フランス、リヨンを流れるローヌ（古名ロダヌス）川とソーヌ（古名アラル）川の合流点にあった「ガリア3国（トレス・ガッリアエ Tres Galliae）」の**祭壇**。この祭壇は前12年にドルスス［前38-前9。ローマの軍人でティベリウス帝の弟］によって**ローマ女神**とアウグストゥス帝にささげられた（またはおそらく前12年に建設され、前10年に献納された）。祭壇は大型で、浮彫で装飾されていた。祭壇の両側面には**ウィクトリア女神**像が彫刻されていた。ストラボン［前64頃-後21以後。地理学者・歴史家］によると、祭壇には60のガリア諸部族名が刻まれていて（正面にではないようである）、また祭壇の近くには、60体、すなわち1部族1体の割合で彫像があったという［『地理誌』第4巻］。

この祭壇は、**皇帝崇拝**のために、ローマ帝国の西方において最初につくられた、もっとも重要な記念建造物であったが、帝国の東方における皇帝崇拝にふつうみられる神殿建築ではなかった。しかしながらこの祭壇は、大きな段丘の上に建てられた巨大な構造物で、東西いずれの側からも堂々とした斜道（ランプ）によって進み入ることができた。ストラボンはもうひとつの「大きな祭壇」についても言及しているが、こちらについてはその存在を裏づける証拠はなにもない。先の祭壇は文献による言及だけでなく、ルグドゥヌム（現在のリヨン）で鋳造された一連のコインにも描写されている。祭壇は祝祭における供犠やその他の儀式の中心であったのであろう。ルグドゥヌムにおけるローマ女神とアウグストゥス帝崇拝の祭儀は、神官たち（サケルドテス）によってとりおこなわれた。「ガリア3国」の祭壇の神官職は任命による格式の高い官職であった。ひとりの神官の姓名（ガイウス・イウリウス・ルフス Gaius Iulius Rufus）をしるした碑文が1点1958年に発見された。それによると、彼は19年頃円形闘技場の建設を担当した人物で、この闘技場は

祝祭におこなわれる競技会、とくに8月1日の祝祭の舞台となっていたらしい。年に1回「ガリア3国」の集会が議長（神官であった）のもとに開催された。この集会の主な目的は、競技会をふくむもろもろの華麗な儀式によって皇帝を礼賛することにあった。集会はおそらく8月1日にはじまり、数週間つづいたようだ。

　のちに神格化された皇帝たち（ディウィ）がローマ女神とアウグストゥス帝崇拝の祭儀にくわえられ、さらに、おそらくハドリアヌス帝によってこの祭壇の近くに神殿がひとつ建立された。ルグドゥヌムにあったこの属州所在の神殿（「ガリア3国」の聖域としても知られている）については、神官たちが碑文中に、自分たちは祭壇において（アド・アラム ad aram）というよりむしろ神殿において（アド・テンプルム ad templum）神に仕えたとしるしている以外、ほとんどなにもわかっていない。［ストラボン『ローマ・ギリシア地誌』（飯尾都人訳、龍渓書舎、1994-97）、第2巻、341頁に「ガリア族すべての人びとのあいだでは一般的にいって、とりわけ特権をもつ氏族が三つあり、バルドイ、ウァティス、ドルイダイがそれである」という記述がみえる。］
参考文献：Fishwick 1987, 97-107, 118-137, 308-316.

ルグブス・アルクイエノブス
Lugubus Arquienobus
　イベリアの神で、スペイン北西部、オレンセの東方の地域で発見された1点の碑文からその名が知られるところとなった。この神はおそらくスペイン北西部、ルゴの北で発見された1点の碑文からわかったイベリアの神ルコウブス・アルクイエニス Lucoubus Arquienisと同じ神であろう。これらの神々は、ケルトの神ルグにつながっていて、その付称アルクイエニスとアルクイエノブスは、これらの神々をスペイン北西部のある特定の部族または場所に関連づけているのかもしれない。

参考文献：Tranoy 1981, 289-290.

ルコウブス・アルクイエニス
Lucoubus Arquienis
　イベリアの神で、おそらくイベリアの神ルグブス・アルクイエノブスと同一の神であろう。

ルシア Rusia
　耕地と農地をつかさどるローマの女神。ルリナ Rurina ともよばれた。

ルストラティオ lustratio（浄め・祓い）
　邪悪な感化（力）から身を守り、幸運をもたらすための浄めの儀（ルストルム）をおこなうこと。浄めの対象となるものは多様で、町、身体、または1区切りの土地などであった。5年ごとに監察官たちはローマで人民の浄めの儀（ルストルム・ポプリ lustrum populi）をおこなった。儀式では、幸運をもたらす品々、たとえば犠牲としてささげるのにふさわしい動物（フェリクス・ボスティア felix bostia）などとともに、監察官たちが厳粛かつゆっくりとした歩調で浄めを必要とする対象（たとえば居住地の境界線）の周囲をくまなくめぐり、その道筋のここかしこで祈りと犠牲をささげた。これはある区域を敵意ある精霊たちから解きはなつ（ルエレ luere）または自由にすることを目的とした。この浄めの儀式の具体例はアンバルウァリア祭とアンブルビウム祭にみることができる。
参考文献：Hammond & Scullard（eds.）1970, 626; Scullard 1981, 26.

ルストルム lustrum
　浄め・祓い（ルストラティオ）の儀で、とくに共和政期に5年ごとに監察官たちがローマでとりおこなった大祓いの祭儀のこと。戸口調査（ケンスス）の完了を示す目的でおこなわれた。さらに「ルストルム」という語は、「監察官の職権がおよぶ5年の期間」、またはどんな場合であれ「5年間という年月」を、つまり「長い期間」をも意味するようにも

311

なった。

参考文献：Hammond & Scullard（ed.）1970, 626.

ルソル Rusor

ローマの女神テッルスとむすびついたローマの神。「ルソル」は、おそらく「耕す人」といった意味なのであろう。

ルディ ludi

公の競技会（ラテン語でルディ）で、もとは宗教的祝祭のおりに開催されたが、次第に競技会のもつ娯楽性が宗教的意義より重要視されるようになった。およそ前220年以前の時代にユピテル・オプティムス・マクシムスをたたえておこなわれた競技会ルディ・ロマ二（ローマ競技会）が起源で、これは毎年開催される唯一の競技会であった。そのほかの年次競技会は後世に創設された。新規の競技会がくりかえし布告され、暦につけくわえられていった。たとえばルディ・アポッリナレス（アポロ競技会）やルディ・ウィクトリアエ・スッラナエ（スッラ戦勝競技会）などである。祝祭とみなされてはいたが、競技会は、厳密な意味において、人びとがある神殿に詣で、犠牲をささげるフェリアエとして知られる祝祭ではなく、ディエス・フェスティ dies festi（ある神をたたえるための祝宴の日または休日）とみなされていた。催し物の種類は多様で、競技場での戦車競技、剣闘競技、そして演劇の上演がふくまれていた。共和政後期には、東方においてヘレニズム期の王たちの祭儀の一部をなしていた競技会が、ローマの将軍や行政官たちを礼拝する祭儀の一部となっていた。東方の属州では、神々をたたえるためと皇帝崇拝のために多くの競技会、たとえばロマイアなどが開催された。

参考文献：Friesen 1993, 114-141; Scullard 1981; Warde Fowler 1899; York 1986, 4-5.

ルディアヌス Rudianus

マルス・ルディアヌスとしてローマの神マルスとむすびついたケルトの軍神。

ルディ・アポッリナレス Ludi Apollinares（アポロ競技会）

アポロをたたえておこなわれた公の競技会（ルディ）で、第2次ポエニ戦争中（前218-前201）の前212年にローマで創設された。この競技会は4年に1回開催され、前208年からは毎年1回7月13日に開催された。アポロは、戦時にはローマの人民を助ける神、そしてまた治癒の神として人びとの期待をになっていた。この競技会は非常に人気があったため、開催日がさかのぼって延長され、7月6日から13日までとなり、2日間は競技場での競技会、2日間は劇場での演劇にあてられた。アポロへの供犠もあり、出席者のすべてが花飾りを身につけた。競技会が終わると6日間の市または縁日の市（メルカトゥス mercatus）が立った。

参考文献：Scullard 1981, 159-160, 164, 188.

ルディ・ウィクトリアエ・カエサリス Ludi Victoriae Caesaris（カエサル戦勝競技会）

ユリウス・カエサルと彼に密接なかかわりのある女神ウィクトリアをたたえるための公の競技会（ルディ）で、7月20日-30日に開催された。前48年、パルサロスの戦い終結後［ローマの内乱のおり、ギリシア中東部テッサリア地方の古代の町パルサロスで、カエサル軍がポンペイウス軍に勝利した戦い］、ユリウス・カエサルは舞台での催しものと競技場での各種競技からなる競技会の開催を誓願した。カエサルが断言してはばからない彼の名祖であり、かつ守護女神であるウェヌス・ゲネトリクス（万人の母なるウェヌス）をたたえるために制定されたこの競技会は、ローマのウェヌス・ゲネトリクス神殿が献納された日、すなわち前46年9月26日にはじめて開催された。当時競技会はルディ・ウェネリス・ゲネトリキス（万人の母ウェヌスの競技会）とよばれた。前45年、競技会は9月26日から7月20日-30日に変更され、名称もルディ・ウィクトリアエ・カエサリス（カエサル戦勝競技会）に変えられた。

参考文献：Fishwick 1987, 115; Scullard 1981,

167.

ルディ・ウィクトリアエ・スッラナエ Ludi Victoriae Sullanae（スッラ戦勝競技会）

ウィクトリア女神をたたえる公の競技会（ルディ）で、10月26日-11月1日に開催された。この競技会は、前82年11月1日、ローマのコッリナ門前で、スッラがサムニウムの大軍に勝利したことを祝って、前81年に創設された。11月1日（戦闘のあった日）に、競技場では各種競技がおこなわれた。この競技会は最初ルディ・ウィクトリアエ（戦勝競技会）とよばれたが、おそらくルディ・ウィクトリアエ・カエサリスと区別するために改称されたのであろう。
参考文献：Scullard 1981, 196.

ルディオブス Rudiobus

フランス、ヌヴィー・アン・シュリアで発見された青銅製の馬の台座に刻まれていた碑文で言及されているケルトの神。この神にとって馬は聖なるものであったと考えられる。
参考文献：Green, M. J. 1992a, 181.

ルディ・カピトリニ Ludi Capitolini

カピトリウム競技会のラテン語名。

ルディ・サエクラレス Ludi Saeculares （世紀祭競技会またはタレントゥム競技会）

伝承によると、この公の競技会（ルディ）は初代執政官ププリウス・ウァレリウス・ポプリコラが前509年に創設したもので、その昔、彼の先祖のひとりがマルスの野にあるタレントゥム（またはテレントゥム）とよばれた場所の地下6.09メートルから、ディスとプロセルピナ（ともに地下世界の神）の祭壇を発見したことを記念して、この祭壇のあった場所ではじめて開催された。この競技会は疫病防止を確実にするため100年ごとに開催された。この世紀祭競技会の開催周期のなかで適切とされる開催月日については、古代ローマでは多くの議論があった。競技会には舞台での3日3晩通しの演劇がふくまれていた。

前17年の競技会はアポロ神殿における儀式で最高潮に達した。アウグストゥス帝とセプティミウス・セウェルス帝の治世におこなわれたそれぞれの競技会（前17年と204年）の詳細な記録が、1890年と1930年に、ディスとプロセルピナの祭壇の北西300メートルの地点で発見された複数の碑文中にみられる。
参考文献：Palmer 1974, 94-108.

ルディ・タウレイ・クインクエンナレス Ludi Taurei quinquennales（またはルディ・タウリイ Ludi Taurii 雄牛の競技会）

5年に1回6月25日-26日に地下世界の神々（ディ・インフェリ）をたたえるために開催された公の競技会（ルディ）。競馬をふくむ競技会はフラミニウス競技場でおこなわれた。挙行されたことが記録に残る最後の競技会は前186年のそれである。闘牛と供犠がおこなわれたことが示唆されているが、しかしこの競技会の名称は、タルクイニウス・スペルブス王（王政ローマ第7代、最後の王）の時代に、妊娠した女性たちに牛肉を売ったことが原因で疫病が発生したことにも由来する。ちなみに「雄牛」を意味する語は「タウルス taurus」である。この競技会は疫病の発生をひきおこす地下世界の神々をなだめるために創設されたのであろう。
参考文献：Scullard 1981, 156.

ルディ・プレベイイ Ludi Plebeii （平民競技会）

ユピテルをたたえるために11月4日から17日まで開催された公の競技会（ルディ）。戦車競技のような娯楽目的の催しものが大競技場でおこなわれた。この競技会は、ガイウス・フラミニウスが監察官であった前220年、彼によって創設されたのであろう。いくつかの平民競技会のなかではルディ・ロマニがとりわけ重要であった。平民造営官（アエディリス）［古代ローマで公共の建物・道路・衛生設備・競技場・市場・警察事務などを担当した官吏］が平民競技会開催にかんするすべての責任をおった。

313

参考文献：Scullard 1981, 196-197.

ルディ・フロラレス Ludi Florales

毎年フロラリア祭におこなわれた公の競技会（ルディ）。

ルディ・ロマニ Ludi Romani（ローマ競技会またはルディ・マグニ ludi magni 大競技会）

起源は戦勝を祝って開催された公の競技会（ルディ）。この競技会は、**ユピテル・オプティムス・マクシムス**をたたえて、9月4日から19日まで開催されるようになった。もとは9月13日にのみおこなわれていたが、しだいに延長され、共和政後期までには10日間に延長され、ユリウス・カエサルの時代には、彼をたたえるための1日が追加され、15日間に延長、その結果ひと月の半分をしめるにいたった。いずれにせよ前366年にはすでに年に1回開催の競技会になっていた。9月13日には、**エプルム・イオウィス**（ユピテルの祝宴）が催された。競技会は高等造営官（アエディリス・クルリス aedilis curulis）［高官用の、象牙をはめこんだ折りたたみ椅子に坐る資格がある］が開催の責任をおった。競技会はカピトリウムから**大競技場**までの厳粛な行進で始まり、大競技場で犠牲がささげられ、つづいて戦車競技［および拳闘・狩猟など］をふくむ大競技場での競技ルディ・キルケンセス ludi circenses［宇宙の円環する動きをなぞった競技が原義だが、内容はそれぞれ異なる。サリイの円舞もふくまれる］と、テント・舞台での芸能・演劇の上演ルディ・スカエニキ ludi scaenici がおこなわれた。

参考文献：Hammond & Scullard (eds.) 1970, 569; Scullard 1981, 182-185.

ルナ Luna

ギリシアの月の女神**セレネ**に重ねあわされたローマの月の女神。この女神の神殿はローマのアウェンティヌス丘の北方、ケレス神殿に隣接していた。またパラティウム丘にもルナ・ノクティルカ Luna Noctiluca（夜に輝くルナ）神殿があった。ルナの祝祭は3月31日と8月24日、28日にあった。

参考文献：Grimal 1986, 262; Hammond & Scullard (eds.) 1970, 625.

ルナ神殿

ローマのアウェンティヌス丘にあった神殿。創建はセルウィウス・トゥッリウス王（王政ローマ第6代王）によるとされている［タキトゥス『年代記』第16巻］。前182年の嵐で被害をこうむったことがわかっている。前84年、すなわちルキウス・コルネリウス・キンナ［スッラ派に対抗したローマ共和政末期の政治家。反乱軍により殺害される］が死亡した年に落雷にあっており、その年の執政官選挙は延期された。64年のネロ帝のときの大火で焼失した［とタキトゥスは伝えている］。献納日は3月31日であった。

参考文献：Richardson 1992, 238.

ルペルカ Luperca

ローマの神**ルペルクス**の配偶神であるローマの女神。この女神はロムルスとレムスに乳をあたえた、神格化された雌狼と重ねあわされた。

ルペルカリア Lupercalia

2月15日に祝われた祝祭で、浄めと豊穣の儀式をふくむ。元来、牧畜の神**ルペルクス**をたたえる羊飼いの祭りで、牧草地の繁茂と羊の群れの多産を請け合ってもらうことを目的とした。この祭りは非常に古くからあり、ローマ人たち自身もどの神に祈りをささげているのかはっきりとはわかっていなかった。ルペルクス神は、この儀式の由来を説明するためにアウグストゥス帝の時代（前27-後14）に創出されたと思われる。古代の著述家たちは、**イヌウス**または**ファウヌス**（どちらもギリシアの牧神**パン**に重ねあわされる）をルペルカリアの祭神であると言及している。

信奉者たちは、ロムルスとレムスとが狼に乳をあたえられた場所であると信じられてきたパラティウム丘の麓にあるルペルカルとよばれた聖なる洞窟に集合した。ここで**ルペル**

キとよばれる祭司たちが数匹の山羊と1匹の犬を犠牲としてささげ、また聖なる菓子類（モラ・サルサ）の供物もあった。高貴な家柄のふたりの若者が、身体に犠牲獣の血を塗りつけられ、祭司たちは犠牲としてささげた山羊の皮の部分を裸身にまとい、またその一部を腰ひもにした。彼らは数人の政務官たちとともにローマ市内の道々を走り抜け、道すがら出会ったすべての人びとを多産であるように、犠牲としてささげた山羊の細長い皮片（フェブルアfebrua）でたたいてまわった。この祭りは飲めや歌えやの数々の大騒ぎを必然的にともなうこととなり、大衆に人気があった。初期キリスト教会もこの祭りを廃止することができず、ようやく494年になって教皇ゲラシウス1世が2月15日を聖母マリア御潔めの祝日とした。

参考文献：Warde Fowler 1899, 310-321.

ルペルキ luperci（狼男たち）

ローマの**ルペルカリア**祭で儀式をとりおこなった男性祭司団。彼らは、ふたつの組または団（コッレギウム）、すなわち**ルペルキ・クインクティアレス** Luperci Quinctiales またはクインティリイ Quintilii と、**ルペルキ・ファビアニ** Luperci Fabiani またはファビイ Fabii に分けられていた。これらの2組はロムルスとレムスとによってそれぞれ創設されたと信じられていた。彼らの祭儀の中心となった場所はルペルカル洞窟であった。彼らの総人数はわからない。共和政後期には解放奴隷もふくまれていた。祭司たちは臨時の役職らしく、おそらくそのつど任命されたのであろう。彼らのおもな任務はルペルカリア祭の儀式をとりおこなうことであった。

参考文献：Porte 1989, 117-121.

ルペルクス Lupercus

ローマの神で、アウグストゥス帝の時代に**ルペルカリア**祭の由来を説きあかすために創出されたと思われる。この神の配偶神はローマの女神**ルペルカ**であった。

ルミナ Rumina

ディウァ・ルミナ Diva Rumina として知られるローマの女神。この女神は授乳する母親たちを保護した。ローマのパラティウム丘の麓にこの女神を祀る聖所と聖なるイチジクの木があった。ここでは、葡萄酒ではなく乳が供物としてささげられた。

参考文献：Hammond & Scullard (eds.) 1970, 940.

レア Rea

スペイン北西部のルーゴで発見された祭壇の碑文から知られるイベリアの女神。ルゴで崇拝された**レウス・パラマエクス**神とともに夫婦神を構成したと考えられる。

参考文献：Tranoy 1981, 290.

レア Rhea

ギリシアの女神でクロノスの姉妹かつ妻であり、ゼウスの母親であった。レアはローマの女神**オプス**と同一視され、またときにはアナトリアの女神キュベレ（**マグナ・マテル**）と同じ神とされた。

霊魂

超自然の、実体のない存在。ローマの神格たちの大部分とヌミナ numina すなわち精霊たちは土俗の霊魂となる。それぞれの場所、あらゆる物体、あらゆる推移（個別の樹木や川でさえ）それらはそれぞれ特有の霊魂をもっていたはずである。それゆえに数えきれないほど多くの霊魂が存在したが、それらのなか、ほとんどは名もない存在であった。実際ローマ人はこれらの神的なものをすべて崇拝したとはかぎらないが、自分の家や自分の仕事と密接にむすびついていたものを崇拝したと思われる。たとえば、十分な水の供給を確かなものにするために、そして洪水や溺死を防ぐためにはそれぞれの土地の川の精霊をなだめる必要があったと思われるからである。（→**ヌメン**）

レイハイソ

礼拝像 simulacrum

神や女神の姿を表現したもの（通常は彫像）。神殿など宗教施設において崇拝の核となった。神殿では礼拝像は通常、ケッラにおかれた。礼拝像は、像あるいは浮彫で表現されることが多く、石（とくに大理石）、青銅、ときに金や銀、象牙などで制作された。ミスラエウム（ミスラ神殿）では、他の神殿にくらべ、礼拝像はすぐそれとわかった。初期キリスト教時代には、偶像崇拝に強い抵抗があったため、多くの礼拝像が徹底的に破壊された（多くの歴史資料が偶像破壊に言及している）。残存する像や破片でも神殿内で発見されたものでないかぎり、それが礼拝用の神像であったかどうか判断することはむずかしい。多くの神像、とくに土製の小立像などが神に供する奉納物としておかれた。それらはかならずしも礼拝像とはかぎらなかった。ロマノ・ケルト様式神殿においてさえも、神像はそれまでよりさらにローマ化された形で制作されたと考えられる。

　ローマ帝国全土に、数千の皇帝像（立像と胸像）が立てられたが、礼拝像として崇拝されたものは、ごくわずかである。皇帝像はほぼ規格化され、胸鎧を装着したもの、裸像、平服を着たもの、この３つが主要な形式となった。しかし、いずれの皇帝像も、神殿といった宗教施設と非宗教的な場所の両方でみられた。ローマ帝国がキリスト教化したのちは、宗教的な彫像はなくなり、ほかの工芸品が広くゆきわたった。
参考文献：Gergel 1990（review of Vermeule 1987）; Hening 1980; Price 1984, 170-206（imperial images）; Vermeule 1987.

レウァ Reva

　スペイン北西部で発見された何点かの碑文にしるされているイベリアの神。つねに添え名をもつ。レウァ・レウミラグス Reva Reumiragus は、ヴェリン近郊で知られている。レウァ・エイストゥス Reva Eisutus とレウァ・ララウクス Reva Laraucus は、シンソ・デ・リミアで知られている。ララウクス

は、イベリアの山岳神であった。以上のことから、エイストゥスやレウミラグスもまた神格であったと考えられる。しかし、これらの神々については不明な点が多い。
参考文献：Tranoy 1981, 285-286.

レウコテア Leucothea
（おそらく「白い女神」の意）

　ギリシアの海の女神で、女神イノに、またローマの神格アルブネアに重ねあわされることもあった。
参考文献：Grimal 1986, 259.

レウス・パラマエクス Reus Paramaecus

　スペイン北西部のルゴで発見された祭壇の碑文に言及されているイベリアの神。この神は、ルゴで崇拝されていたイベリアの女神レアと夫婦神になったと考えられる。
参考文献：Tranoy 1981, 290.

レギア Regia（王宮）

　ローマにある聖別されたテンプルム（図77I）であり、サクラリア（単数形はサクラリウム）をふくんでいた。ヌマ（ヌマ・ポンピリウス、王政ローマ第２代王）によって建立されたとされ、しばらくのあいだヌマの邸宅もしくは、執務所であった。またここは、大神祇官（ポンティフェクス・マクシムス）の邸宅でもあった。共和政時代には、大神祇官の公邸でもあった。ここには、サクラリウム・マルティス（マルス神の聖所）があり、レギアのなかには軍神マルスの像があった。ここでは、マルス神の聖なる盾（アンキリア、単数形アンキレ）と剣（ハスタ）、さらに「十月の馬」［マルス神への動物犠牲の祭祀］の頭が、あたかもサクラウィエンセス（サクラ・ウィア地区の住民）たちによって勝ち取られたかのように、壁に釘で打ち付けられていた（→十月の馬の供犠）。そこにはまた、サクラリウム・オピス・コンシウァエ（オプス・コンシウァの聖所）もあり、ここには神官とウェスタの聖女たちだけが入ることを許可されていた。レギアは、前148年に焼失し、

再建されたが、前36年に再び焼失、そして再度建造された。ネロ帝治世下の64年に起こったローマの大火で焼失したかもしれないが、おそらく4世紀の碑文にはしるされていると思われる。中世においては個人の邸宅となっていた。

参考文献：Richardson 1992, 328-329.

レギフギウム Regifugium

　共和政後期には、独立記念日のような形で人びとに認識されていた。2月24日に最後のローマ王を追放し、共和政が始まった記念日として祝われた。そもそもこの祝祭の起源はまったく異なるものであったと思われるが、のちに王の追放と混同され、このような祝祭となった。この名称の正確な意味についてはまだ議論がある。暦においてQRCF（quando rex comitiavit fas）としるされる。レギフギウムは、不吉とされる偶数日におこなわれたので縁起のよい祭りではなかった。

参考文献：Hammond & Scullard（eds.）1970, 911: Scullard 1981, 81-82.

レクス・サクロルム rex sacrorum

　前510年に王たちを追放したのち、祭祀王（レクス・サクロルム）が王の宗教的機能を肩代わりするものとして創設された。祭祀王は、大神祇官ポンティフェクス・マクシムスによって任命されるただひとりの男性神官で終身制であった。神官は、その両親がコンファッレアティオ（宗教的な結婚儀式）をあげて結婚した貴族（パトリキ）の出身でなければならなかった。彼はまたこれ以外の職務につくことが禁じられていた。この祭祀王となんらかの宗教的職務を保有していた彼の妻（レギナ「女王」）は、さまざまな供犠の神事を、アゴナリア祭やレギフギウム（王追放記念祭）の日にとりおこなった。祭祀王は、社会的階級において高位のものであり、大神祇官より上位にあったが、宗教的権威においてはそれより下位だった。

参考文献：Beard & North（eds.）1990; Porte 1989, 89-91.

レクティステルニウム lectisternium
（複数形lectisternia）

　1柱またはそれ以上の数の神々のための饗宴。レクティステルニウムは特別な宗教的祝祭の行事の一部で、通常、贖罪または祈願のために催され、神々にご馳走がささげられた。身体を横たえることができるように、食事用の寝椅子（レクトゥスlectus）が神々のためにしつらえられ、その上には、神々を表す像や象徴となる品々がならべられ、公開された。宴は数日間つづいた。セッリステルニウムsellisterniumは女神たちのための同様の饗宴で、この宴では座布団つきの椅子（セッラエsellae）と神々の象徴とが用意された。これらの椅子は腰掛けるためのもので、身体を横たえるためのものではなかった。

参考文献：Hammond & Scullard（eds.）1970, 590.

レダラトル Redarator

　ローマの神レパラトルの異名。

レディクルス Rediculus

　紀元前211年にハンニバルが市門から撤退する原因となったとしてローマ市で崇拝されたローマ神話の神。カペナ門の外側に聖所が建てられた。この神は、レディクルス・トゥタヌスRediculus Tutanusとしても知られていた。トゥタヌスは、困難から身を守ってくれるローマの神であった。

参考文献：Hammond & Scullard（eds.）1970, 910.

レト Leto

　ギリシアの女神で、ギリシアの神アポロン（アポロ）と女神アルテミスの母。この女神はローマ人にはラトナとして知られ、ローマの女神ディアナと同一視されることもあった。

レヌス Lenus

　トレウェリ族にとって重要なケルトの治癒の神。ドイツのトリーア［トレウェリ族の首都で、ローマ時代のアウグスタ・トレウェロ

ルム〕とポンメルン〔バルト海沿岸オデル川からヴィストゥラ川にいたる地域の歴史的名称〕とにある薬効のある鉱泉に聖域があった。この神への奉納はイギリスでも知られている。レヌスは、ケルトの神**イオウァントゥカルス**と同一視されることもあり、若者の守り神と思われる。トリーアではレヌスはまた**マルス**と同一視されていて、碑文のなかではふつうマルス・レヌスよりももしろレヌス・マルスとよばれている。語順でケルトの神レヌスの名がいつも先にくるという事実は、ローマの影響力がこの地方におよぶ以前に、レヌスがすでに神として確立していたことを示唆している。ウェールズのカイルウェントから出土した一碑文は、**オケロス・ウェッラウヌス**と同一視された**マルス・レヌス**に言及している。トリーアの聖域は2世紀中頃に拡張され、ロマノ・ケルト様式の大神殿がひとつ、いくつかの大浴場、そして巨大な祭壇がひとつ建立された。神殿複合施設のひとつとして劇場もあったらしい。このトリーアの聖域では、マルス・レヌスの配偶神はケルトの女神**アンカムナ**であった。

参考文献：Green, M. J. 1992a, 142-143（under Mars Lenus）; Ross 1974, 226-227.

レヌミウス Lenumius

ローマの神**マルス**にむすびつけられたケルトの神で、**マルス・レヌミウス**とよばれた。

レノ Leno

ケルトの神で、フランスのプロヴァンス地方レランスの名祖で守護神。この神名に言及している奉納碑文以外に、レノについてはほとんどなにもわからない。

参考文献：Green, M. J. 1992a, 131.

レパラトル Reparator

（または**レダラトル** Redarator）

休閑地の準備と関連したローマの神。前3世紀後半にファビウス・ピクトルはこの神が**ケレス**の祭司によって勧請されたとする。

参考文献：Ferguson 1988a, 853; York 1986, 60.

レムリア Lemuria

5月9日、11日、13日（偶数日は不吉であると考えられていたので、連続する奇数日）に催された祭りで、死者の霊魂（**レムレス**）が家のなかに出没していると思われるとき、その霊魂をなだめるためにとりおこなわれた。家庭内での私的な儀式についてはオウィディウスからえられる情報があるが、公的な儀式についてはほとんどなにもわからない。各家の家長（パテルファミリアス paterfamilias）は、真夜中に起床し、にぎりしめた手と親指とでマノ・フィコ（図98）のしるしを作り、裸足で家中を歩いてまわった。家長は歩きながら9粒の黒い豆をばらまくか、またはまず手を洗い、ついでいく粒かの黒い豆を肩越しに放り投げた。これらの豆は、まかなければレムレスに連れ去られるかもしれない元気に暮らしている家族たちの身代りとして、レムレスに食べさせるためのものだったのであろう。この行為のあとにつづいて亡霊を追いはらうための別の儀式がとりおこなわれた。

参考文献：Toynbee 1971, 64; Warde Fowler 1899, 106-111.

レムレス lemures

ラルウァエとしても知られていて、ローマ人には不吉な諸精霊または幽霊とみなされた。レムレスは死者の霊魂で、**レムリア**の祭日である5月9日、11日、13日に、家々に出没すると信じられていた。もっともおそれられていたのは若くして死んだ人びとの霊魂であった。というのは、彼らは生者に恨みをいだいていると考えられていたからである。**パレンタリア祭**で礼拝されるごく近い血縁の物故者たちの霊魂とは対照的に、レムレスは亡霊または敵意に満ちた霊魂とみなされた。

参考文献：Hammond & Scullard（eds.）1970, 594; Toynbee 1971, 64; Warde Fowler 1899, 107-109.

レリギオ religio

通常は禁止やタブーすなわち宗教的畏怖、迷信、宗教的慣習や習慣にもとづく結束感や制約感をさす。ローマ人たちに使用された「宗教」に当てはまる用語はないが、ラテン語の名詞「レリギオ」は幅広い概念をふくんでいる。形容詞「レリギオスス religiosus」には、「迷信深い」という軽蔑的な意味合いもある。一方でまたこの語は、宗教的意義を保有する。「敬虔な」「信心深い」「神の法によって禁じられている」あるいは、「タブー」という意味などを有している。ディエス・レリギオススとは忌み日のことであり、この日には商売その他の行為が宗教的に禁止されていた。
参考文献：Hammond & Scullard (eds.) 1970, 917.

ロウケティウス Loucetius
（またはレウケティウス Leucetius）

マルス・ロウケティウスまたはロウケティウス・マルスとしてのローマの神マルスにむすびつけられた、「稲妻」または「異彩をはなつ」を意味する名称。ロウケティウスはケルトの神、または敬称のいずれかであった。

六柱式

正面に6本の柱を配する神殿様式。

ロクルス loculus （複数形 loculi）

神殿の土台部分にある、貴重品を収納するための小室をさす語。この小室は神殿の外側から（内側からではない）出入りし、扉によって封印されていた。「ロクルス」という語はまた、骨壺を収納するために墓所のなかにもうけられた細かい仕切りのある整理棚または龕のことをも意味した。

ロサリア Rosalia（またはロサリア Rosaria）

バラを使用しておこなわれる記念行事。ロサリアは、けっして公式な祝祭ではなかったが、ローマ人たちはバラが大好きであり、この花をさまざまな機会に使用した。とりわけ死者を送るさいに使用した。墓地や墓には、一年のある期間（5月から8月）、つまり地元でバラが数多く咲き誇る時期には、たいていバラが花輪として飾られていた。この祝祭は、ディエス・ロサティオニスとしても知られ、ローマ帝国の各地の碑文にしるされている。（→軍旗）
参考文献：Hammond & Scullard (eds.) 1970, 936-937; Lattimore 1962, 137-140; Toynbee 1971, 63.

ロスメルタ Rosmerta

名が「偉大な供給者」の意をもつケルトの女神。この女神は、一般にローマの神メルクリウスと関連づけられている。ゆえにこれら2神は夫婦神としてヨーロッパ、特にガリアの中央部と東部で広く崇拝された。女神はイギリス南西部でも崇拝されていた。このメルクリウスとの夫婦神において、ロスメルタは、繁栄と潤沢をつかさどる女神で、豊穣の角とパテラ（献酒用の杯）を手にした姿で描かれる。夫婦神は、他の肖像においてはお金の入った財布とカドゥケウス（メルクリウスの杖）を手にしている。ドイツ、マンハイムで発見された彫刻ではロスメルタは蛇が頭をのせる財布を持っている。イギリスでは、ときに手桶をともなう姿で表現されている。ある彫刻では片手に王笏、片手は柄杓をバケツの上に掲げた姿で描かれている。女神は、ときに単体で「豊かさ」の女神として崇拝されることもあった。フランスのジッセイ・ル・ヴィエイユでは、聖なる泉とむすびついている。
参考文献：Green, M. J. 1992a, 180.

ロビガリア Robigalia

4月25日にローマで開催されるこの古代の農耕祭には、錆色もしくは赤色に塗られた犬と羊がロビグスのために犠牲に供され、その臓物が火に投ぜられて祈祷がおこなわれた。この祭りは、クラウディア街道ぞいの第5里程標石の立つ場所（元来は、ローマ市の境界を示した）でおこなわれた。これは、ローマ市の領内に虫害やべと病が入らないようにし

ロヒクス

て、葡萄や穀物が被害を受けず確実に実るようにするためであった。この祭祀は**フラメン・クイリナリス**によってとりおこなわれた。
参考文献：Richardson 1992, 301-302.

ロビグス Robigus

べと病、または穀物錆にかんするローマの神。ローマの女神**ロビゴ**の配偶神である。ローマ人たちは、ロビグスの性別があいまいだったため、ロビゴとロビグスの両神を当時は崇拝した。ロビグスの祭りは、**ロビガリア**祭である。この神にささげられた森が、クラウディア街道ぞいの第5里程標石の立つ場所にあった（ローマ市から5ローマ・マイル北）。
参考文献：Grimal 1986, 405; Hammond & Scullard (eds.) 1970, 925; Scullard 1981, 108-109; York 1986, 113-115.

ロビゴ Robigo

べと病、または穀物の赤錆病にかかわるローマの女神。ローマの神**ロビグス**の配偶神である。

ローマ（ローマ女神）Roma（図119）

元来は、ヘレニズム時代の女神。ローマ女神は、ローマの都市と国家で神聖な霊魂として崇拝された。この女神は、おもに東方の諸属州で崇拝され、そこでは女神の祭儀が前2世紀初頭には成立した。この祭儀がローマ市によって公式に承認されるのはそれから2世紀後のことである。ローマ女神は、ハドリアヌス帝の治世まではローマ市において崇拝されることはなかった。ハドリアヌスは、ローマに女神の祭儀をもたらし、**ウェヌス・フェリクス**とローマ・アエテルナにささげる神殿を**サクラ・ウィア**（聖道）の北側に建立した。この頃ローマ女神のもつ特性は、少なくとも「ローマ」では変化した。ローマ女神は、東方においてのように守護の女神として崇拝されたのではなく、ローマ市を擬人化したものとして考えられるようになった（すなわち、より抽象的で、より神性のうすれたものとなった）。

図119 ネロ帝のセステルティウス貨に描かれたローマ女神。前方にさし出した右手に有翼の勝利の女神の像を持つ。ローマ女神は、武装し、武具に腰掛ける姿で描かれている。

東方においては、おもにギリシアの神と対になって崇拝された。このギリシアの神とは、一般にゼウスであった。さらに共和政期になると、女神の名は、ローマの執政官や地方総督と組み合わされて現れるようになった。彼らは、ヘレニズム時代の支配者たちがそうであったように、女神とともに神に等しき者として崇拝されたのである。たとえばエペソスでは、ローマ女神とププリウス・セルウィリウス・イサウリクス（前46-前44年、属州総督）がともに合祀されている。帝政期に**皇帝崇拝**の祭儀は、しばしばこの女神とむすびつけておこなわれた。それは、皇帝が存命中に神として崇拝されることを避けるためでもあった。しかし、後代の皇帝たちは存命中に神として崇拝されることを望んだため、ローマ女神の祭儀は、しだいに皇帝崇拝の祭儀へと吸収されていった。
参考文献：Ferguson 1970, 89-90; Fishwick 1987, 48-51; Mellor 1975 (the cult of Roma in the Greek world; he collates the evidence for inscriptions mentioning Roma).

ロマイア Romaia

　ローマ女神にささげられた祝祭。小アジアのペルガモンでは、毎年コイノン（一種の共同体）の会合においてローマ女神とアウグストゥス帝を記念してロマイア・セバスタが開催された。「セバスタ」とは、「アウグストゥス」の意である。この祝祭は、表面上は宗教的な競技会であったが、やがて重要な政治的役割を果たすようになった。アシア属州の他の都市でも、**皇帝崇拝**のための神殿の奉納が求められ、祝祭（ロマイア）はやがておもな都市を巡回するようになり、ペルガモンに限定された祝祭ではなくなった。ロマイアはもともとギリシアのデルポイで前189年に創設された。しかし、その後の文献資料は失われている。このデルポイでの競技会は、ピュティア大祭の一部であったか、またはもとは別の大会であったものがやがてこの大祭に取りこまれてしまったかのどちらかと思われる。前150年までにロマイアはアテナイでおこなわれるようになった。また前2世紀には、以前からあった地方祝祭（たとえば、メガラでおこなわれていたピュテイア・ロマイア）とむすびついて他のギリシア都市でもおこなわれるようになった。後2年には、ギリシア系の運動競技をともなう祝祭として知られるイタリカ・ロマイア・セバスタがイタリアで創設された。これはペルガモンのロマイア・セバスタのイタリア版ともいえる。これらは一般に「セバスタ」とよばれ、ローマ女神ではなくアウグストゥス帝を記念しておこなわれた。

参考文献：Mellor 1975.

ローマ・クアドラタ Roma Quadrata

　ローマのパラティウム丘にある聖所。都市を建造したさいに**アウグル**（卜鳥官）が使用した道具を埋納した場とされる。道具は、**リトゥウス**、供犠をおこなうための道具、および鋤であったとされる。

参考文献：Richardson 1992, 333.

ロマノ・ケルト様式神殿 （図120a、b）

　ロマノ・ケルト（またはガロ・ローマ）様式神殿は、ガリアのケルト地域、ゲルマニア、ブリタンニアで広範囲にみられた。さらにはるか東端のパンノニアのアクインクム（現在のブダペスト）にさえもいくつかみられた。広大な屋敷、おもな田園地帯の聖域（劇場、浴場がふくまれるところもあった）、地方の祭儀の中心地、丘の上、町なかなどに神殿はあった。ある町（たとえばイギリスのコルチェスター、ドイツのトリーア）にはロマノ・ケルト様式神殿がいくつかあった。多くは町のなか、あるいは丘の上の鉄器時代の砦のなかやその近く、そしてオッピドゥムoppidum（大きな定住地または町）にもあった。イギリスのメーデンキャッスルはその一例である。この型の神殿は保存状態が悪く、土台を残すのみであるため、原形の解明にかんしては論議の余地がおおいにある。鉄器時代に円形または矩形の木造神殿や聖所がロマノ・ケルト様式神殿に先だって建てられ、ローマ時代になっても利用されていた例もある。鉄器時代からローマ時代をつうじて、ケルト的な崇拝がおこなわれていたということであろう。

　そのプランは正方形、長方形、多角形、円形とさまざまであるが、ほとんど正方形に近い長方形が一般的であった。多角形では、八角形がとりわけ多い。円形のケッラが多角形の屋根つき回廊に囲まれていることもあった。中央内部の小部屋（ケッラ）には屋根がかかっていて、その多くは高い塔状であった。フランスのペリグーには、高さが約21メートルにおよぶ円形ケッラが残っている。ケッラの地下は献納品の収納に使われた形跡がある。ローマの神殿と同じようにケッラには崇拝の対象となる神像と祭器がおかれていた。聖なる池や泉に取り囲まれている場合には、屋根をかけないケッラがいくつかあったと思われる。

　ケッラの壁の内外は漆喰で塗装され、ほとんど例外なく通路で囲まれていた。その回廊にはケッラの屋根よりも低い位置に屋根がか

ロマノケル

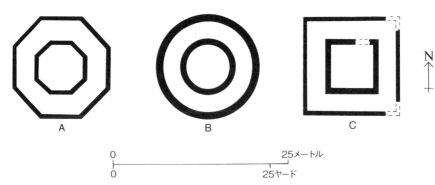

図120a　ガリアのロマノ・ケルト様式神殿の所在地とプラン。A=ゴ・イリス（八角形プラン）B=ファイユ・ラベス（円形プラン）C=サン・サアン（方形プラン）。

図120b　ドイツ、シュヴァルツェンネッカーに復元されたロマノ・ケルト様式神殿。プランは方形で、ケッラは屋根のある通路に囲まれている。

かっているものもある。屋根つき通路が3方
を囲んでいて、残る1方になにかが付随して
いる場合もあった。回廊の外側は壁か、また
は低い仕切り壁がもうけられ、その上に柱が
立てられていたと思われる。柱だけの柱廊の
形をとる場合もある。ロマノ・ケルト様式神
殿のなかには回廊の前方に古典的な前室（プ
ロナオス）をそなえているものもあった。
ケッラおよび回廊への出入りは神官（祭司）
にかぎられていたようである。神殿が都市の
配置計画にしたがって道路に面している場合
をのぞき、神殿の入口は東か南東を向いてい
た。おおかたは地盤面より立ち上がり（しば
しば土の基壇の上に）、数段の階段で昇るよ
うになっていた。
参考文献：Bourgeois 1992, 201-247; Horne
1986; Horne & King 1980; Rodwell 1980a &
1980b; Wilson 1980; Woodward 1992, 9-50.

ローマ女神とアウグストゥスの神殿

　属州会議が開かれ、毎年の競技会が開催さ
れていたガラティア（現在のトルコ）のアン
キュラでは、神殿の内壁にアウグストゥスの
『業績録』（*Res Gestae*）をしるした碑文がお
さめられたアウグストゥスとローマの神殿が
もっとも有名である。トルコのペルガモンで
は、アウグストゥスとローマの神殿は、アシ

ア属州における帝国の祭儀の中心となった。
アシア属州の都市連合（アシアのコイノン）
の会合は、毎年この神殿で開かれ、競技会
（ロマイア・セバスタ）もあわせて開催され
ていた。
参考文献：Mellor 1975, 89-90.

ローマ女神の神殿

　ローマ女神の祭儀にささげられた数多くの
神殿が存在した。この女神の祭儀は、他の祭
儀、たとえば皇帝崇拝ともむすびついていた。
同様に、数多くのローマ女神の彫像が製作さ
れたと思われる。最初の神殿は、ローマ市で
はなく、ヘレニズム化した東方でささげられ
たものであった。このいちばん古い神殿はス
ミュルナ（現在のトルコのイズミール）で前
195年、すなわちアンティオコス3世［セレ
ウコス朝シリアの王（在位前223-前187）］
に対抗するため、スミュルナの住民がローマ
に助けを懇願したときに建立された。ユリウ
ス・クラウディウス朝以後ローマ女神の名は、
神殿から抹消された。なぜなら後代の皇帝た
ちは、ローマ女神とかかわりなく皇帝崇拝の
一環として自分たちが崇拝されたいと考えた
からである。
参考文献：Mellor 1975.

用語解説

＊ここではさまざまな専門用語を説明するが、より詳細な内容に関しては
　Adkins & Adkins 1994の著作を参照して頂きたい。

アウグストゥス帝 Augustus

　ローマ帝国初代皇帝。本名ガイウス・オクタウィウス。父は元老院議員、母はユリウス・カエサルの妹ユリアの娘。カエサルは息子がいなかったため、オクタウィウスを見込み、遺言で相続人兼養子とした。彼はカエサルが暗殺されたときイリュリクムのアポロニアで勉学中であった。彼は、自分がカエサルの相続人であることを知り、ガイウス・ユリウス・カエサル・オクタウィアヌスと改名。カエサルの養子として兵を集めたが、元老院もこれを承認した。その後さまざまな戦いに勝ち抜き地中海世界を平定、前27年大権を元老院と国民に返還した。その後彼は元老院によりアウグストゥス（尊厳な者）という尊称を贈られ、ローマ帝国の支配者としての地位を確立しカエサル・アウグストゥスとなる。36歳のときのことである。

アウソニウス Ausonius

　詩人。310頃–393/395。キリスト教徒の世俗文学の始祖。ボルドーでローマ帝政末期の修辞学を教えていたが、役職をあたえられトリーアに移住する。その後、ボルドーに戻る。モーゼル川の美しさをうたった『モセルラ』は、彼の代表的な詩である。

アエネアス Aeneas

　ローマの伝説によれば、トロイア戦争の指導者のひとりであり、アンキセス（トロイアの王族）と女神ウェヌスの息子。イタリア、ラヌウィウムの町を創設した人物である。ウェルギリウスは彼を主人公とした叙事詩『アエネイス』を書き、後世に多大な影響をおよぼした。

アシア Asia

　アシア属州は、現在のトルコ西部に相当し、古来諸王国が興亡した地域で、前133年にローマに移譲された。

アッピア街道 Via Appia

　ローマのカペナ門からブリンディシまで続くローマ最古の街道。前312年にアッピウス・クラウディウス・カエクスにより建設された。石で舗装され、その一部は現在もハイウェイとして利用されている。総距離375km。

アッピウス・クラウディウス・カエクス Appius Claudius Caecus

　共和政ローマ期の執政官（前307年と前296年）であると同時にラテン散文の最古の文人。アッピア街道の建設に着手し、ローマ初の上水道であるアッピア水道の築造を始めた人でもある。

アナトリア Anatolia

　ギリシア語で「日の出」を意味する、小アジアをさす古代地方名。北をポントス山脈、南をザクロス山脈に囲まれたトルコ東部の山岳地域から、北は黒海、西はマルマラ海、エーゲ海、地中海に囲まれた半島部分までをさす。

アフリカ Africa

　ローマが征服した土地に前146年に創設した属州である。おおよそ現在のチュニジア北東部に相当する。ローマはその後北アフリカ沿岸全域にさらなる植民市を築いていった。

亜麻布文書 Librei Lintei

　ラテン語でリブレイ・リンテイとよばれるローマの高位官職者名簿をふくむ公記録である。前509年から執筆が開始され、前2世紀

中葉から亜麻布に書かれるようになる。

アレクサンドリア Alexandria

アレクサンドロス大王がエジプトのナイル河口に創設した都市。プトレマイオス朝とその後のローマ時代を通じて、学問、商業の中心地であった。

アンコーナのキリアクス Cyriacus（Ancona）

1391年生まれ。25年をかけてギリシアの史跡、図書館を訪れ、多くの注釈書を書き残した。

イベリア Iberia

イベリア半島のローマ名。現在のスペイン、ポルトガルをふくむ。

ヴァンダル人 Vandali

紀元前後にスカンジナヴィア南部からバルト海沿岸に移住したゲルマニアの1部族。ローマ人はこの部族とゴート、ブルグンドを合わせてヴァンダルとよんだ。3世紀にローマの領域を攻撃、5世紀にガリア、ヒスパニア、アフリカに侵攻、455年にローマを占領した。

ウェイイ Veii

ローマの北西およそ20キロメートルの所にあったエトルリアの町。前396年、ローマ人によって包囲、占領された。

ウェッレス Verres

属州シチリアの総督。前70年に、恐喝事件によってキケロに訴追される（『ウェッレス弾劾』）。

ウェルギリウス Vergilius

古代ローマの最高の詩人。前70-前19。叙事詩『アエネイス』で有名である。

ウビイ族 Ubii

ライン河の東方にいた、ゲルマニアを居住地とした1部族。ローマ軍に補充兵を供給した。

エトルリア Etruria

ローマの北方、ローマ建国以前からエトルリア人が暮らしていた地域。

エトルリア人

ローマの北、エトルリアに前8世紀から前5世紀にかけて暮らした民族。エトルリア人は、固有の言語と文字をもち、エトルリア人の諸都市国家はゆるやかに連合していた。この都市国家連合は、強大であった。

エペソス Ephesus

もともとはギリシア人の植民都市であったが、その後、ローマ人の町となる。小アジア（現トルコ）の西海岸に位置する。エペソスにあったアルテミスの神殿は「世界七不思議」のひとつ。

円形闘技場 amphitheatrum

楕円形をした建造物で、アリーナ（中央に白砂をしきつめた闘技場）をとり囲むように観客席が階段状に並べられていた。剣闘士や野生の猛獣の見世物がおこなわれていた。

オウィディウス Ovidius

ププリウス・オウィディウス・ナソは、ローマの東方140キロにあるパェリグニー州のスルモーに前43年3月20日に生まれた。騎士階級の出身である。兄とともにローマに出て修辞学を学んだが、詩魂のいざなうまま詩人となり不朽の名作を多く残し、ラテン文学史に燦然たる足跡をしるした。『恋の技法』や『変身物語』がヨーロッパ文学にあたえた影響はきわめて大きい。それらとともに、エレゲイア詩型で書かれた未完の『祭暦』はローマ宗教史上に重要な指標をうちたてた。

オクタウィアヌス Octavianus

ユリウス・カエサルの妹の娘の子。前31年のアクティウムの海戦で、マルクス・アン

用語解説

トニウスを打ち破ったローマの軍事指導者。
帝政ローマ最初の皇帝となり、アウグストゥ
スの名前で知られるようになる。

オベリスク

つぎ目のない一枚の石から切り出されたエ
ジプトの記念碑。多くのオベリスクが、ロー
マに建てるためエジプトから運び出された。

解放奴隷

所有者から解放され自由民となった奴隷。
また自由身分を購入することも可能であった。
解放奴隷には市民権があたえられたが、公職
につくことはできなかった。

家長

家族の法的な男性の長。子どもが結婚した
後も、子どもに対し絶対的な力をもっていた。

カッシウス Cassius

ガイウス・カッシウス・ロンギヌス。ユリ
ウス・カエサルの暗殺首謀者。前42年、ピ
リッピの戦いで、アントニウスとオクタウィ
アヌスに敗北する。

カッシウス・ディオ Cassius Dio

ギリシア人の歴史家。ローマに役人として
仕えた。150-235。ローマの歴史を80巻の著
作にまとめている。

カッパドキア Cappadocia

現在のトルコ東部にあったローマ属州。

カトー Cato

大カトー。「監察官のカトー」。前234-前
149。軍人、政治家として卓越した業績をあ
げた。また、農業に関するものなど多くの著
作を残している。

カラカラ浴場

ローマ市街の南側にカラカラ帝(在位211
-217)が建設した巨大な公共浴場。

ガラティア Galatia

前25年に、小アジア中央部に創設された
ローマ属州。

ガリア Gallia

アルプス山脈とピレネー山脈、ライン河、
大西洋、地中海によって囲まれた地域。ガリ
アは、複数のローマ属州に分割されていた。
この地域に暮らした住民はガリア人とよばれ
た。

ガリア・ナルボネンシス Gallia Narbonensis

南フランスにあったローマの属州。

カリグラ Caligura

37年から41年まで帝位についたガイウス帝
についたあだ名。ガイウス帝が子どもの頃い
つもはいていた「小さな軍靴」を意味する。

カルタゴ Carthago

前9世紀、フェニキア人が、チュニジアの
海岸に建設した植民都市。裕福な交易都市に
発展し、前3世紀、前2世紀にはローマと3
回にわたり戦争をする。前146年にローマに
よって破壊されたものの、ローマの植民市と
して前29年に再生し、ローマの重要な拠点
となった。

監察官 censor

ローマの政務官職のひとつ。共和政時代、
監察官は政務官職のなかで最高位の官職で
あった。戸口調査の責任者であり、公有地を
貸し出したり、国家の契約をむすんだり、市
民の秩序の維持などをおこなった。

キケロ Cicero

マルクス・トゥッリウス・キケロ。前106
-前43。政治家にして大雄弁家。修辞学や哲
学に関する多くの著作を残している。

貴族 patrici

ローマの特定の血族出身の特権階級。多く
の貴族が、元老院の議員で、土地の所有者で

327

あった。元老院、議会、国家の宗教、法律を支配していた。

共和政

前508年（王政期の終焉）から、前27年（帝政期のはじまり）までの時代の政体。

ギリシア世界

ローマの征服地でギリシア語が話されていた東方地域。ギリシア、小アジア、レヴァント、エジプトをふくむ。

クラウディウス帝

カリグラ帝の後を継いだローマ皇帝。在位41年から54年。ネロの母アグリピナを皇妃にむかえた。

軍団

ローマの軍隊の単位。帝政期初頭には、ひとつの軍団は騎兵をふくむおよそ5500人の兵士から構成されていた。

劇場

通常は半円形の構造で、舞台と階段状の観客席からなる。演劇の上演に使われたが、のちには無言劇などにも使われるようになった。

ケッラ cella

ラテン語で「小室」の意で、ギリシア語ではナオス。ギリシアやローマの神殿で、神殿の本体として神像が安置された場所。壁に囲まれて区画されていた。

ケルト人

鉄器時代以来、中部ヨーロッパから西部ヨーロッパ（北地中海地域）に暮らした民族。ケルト人の大半はローマに支配された。

ゲルマニア人

ゲルマニアのドナウ河の北、ライン河の東岸またその奥地に住んでいた集団。ローマはゲルマン人を支配するのに非常に苦労した。

ゲルマニクス Germanicus

古代ローマの軍人、政治家。前15-後19。アウグストゥス帝の血をひく。ゲルマニアとその東方地域における軍事作戦を指揮した。シリアのアンティオキアで謎の死を遂げる。カリグラ帝の父親である。

ゲンス gens

古代ローマの氏族。共通の姓や祖先でむすばれていた。

ケントゥリア民会 comitia centuriata

公職者の選出、法律の制定および裁判がおもな任務の民会のひとつで、もともとは軍人の民会であった。ローマにおいて法律を制定する主要組織であったが、前218年以降その機能はほとんどなくなる。

元老院 Senatus

ローマにおいて政務官・執政官の諮問をおこなった機関。前2世紀から前1世紀にかけては、ローマの政治を実質、元老院が取り仕切っていたが、その権力は、皇帝によって奪われていった。

元老院議員

元老院の構成員。最初は選挙によらず就任、貴族（パトリキ）階級の特権だったが、のちに平民（プレブス）も議員に就任できるようになる。

元老院議事堂 Curia

元老院の会合がおこなわれた場所。通常、クリアとよばれた。

高位の政務官職

執政官、法務官、監察官、高位の造営官などの政務職。セッラ・クルリスとよばれる象牙をはめこんだ床几の形をし椅子に坐ることが許されていた。

用語解説

皇帝 imperator
前27年の共和政終焉後の、ローマ世界の支配者。

コッリナ門 Porta Collina
ローマの北東部セルウィウス王の城壁にもうけられた門。この門を出ればサラリア街道とノンメタナ街道が走っていた。

ゴート人 Gothi
原始のゲルマン族の1部族でもとはスカンジナヴィア南部にいたが大陸に移住。3世紀からローマ帝国領への侵入を開始する。

近衛司令官 praefectus praeturio
近衛隊（ローマ駐屯の皇帝親衛隊）の長官。帝政期後半には、皇帝に次ぐ役職となり、金融や軍隊の補充、行政にも責任をもつようになった。

古ラテン語
最初期から前100年頃までのあいだ、ローマ人が使っていた言語。

コリント様式の柱
もっとも一般的であったローマ建築の列柱様式。柱頭は鐘を逆さまにした形状で、アカンサスの葉が彫刻されていた。

コンスタンティノポリス Constantinopolis
324年に、ビザンティウム市を拡張してコンスタンティヌス1世が建設した都市。ビザンツ帝国の新しい首都となる。現在は、イスタンブールの名前で知られている。

サビニ人 Sabini
ローマ以前からローマの北東部に住みついていた部族。サビニ戦争（前499年に終結）によって、ローマに降伏した。

サムニウム人 Samnium
イタリア、ナポリの北、南アペニン山脈に暮らしていたオスク語を話す部族。激しい戦

いのあとローマによって征服された。

自治都市 munipicium
ムニキピウムの地位をあたえられた都市。ローマ市民権を認められた場合もある。植民市より地位は低い。

執政官 consul
定員は2名。毎年、ケントゥリア民会で選挙によって選任された。もともとは軍務を掌握していた。元老院の議長を務め、元老院の決定事項を実行に移した。

植民市（コロニア）colonia
ローマが征服地に建設した都市。退役軍人のために建設されることが一般的であった。

シリア Syria
ローマの属州。現在のシリア、レバノン、トルコの一部に相当する。

スキピオ家の墓
ローマ郊外のアッピア街道ぞいに、前200年頃に、スキピオ家によって建設された一族の巨大な廟墓。

スッラ Sulla
政治家にして軍人。前138-前78年。内戦に関わり、前82年に独裁官となっている。

スティルス stilus
蝋びきした板に文字を書くときにもちいた鉄筆。一端はたいらで、もう一端はとがっていた。

ストラボン Strabon
小アジア、ポントスのアマセイアに生まれた地理学者にして歴史家。前64/63-後24。ギリシア語で書かれた17巻からなる『地理誌』などの著作がある。

329

スブリキウス橋

ローマのティベリス川にかかっていたローマ最古の木造橋。「スブリキウス」とは「杭に支えられて」の意。事実、橋は木杭の上に建てられていた。

政務官 magistratus

選挙で選ばれたローマの高位官職者。行政、司法、立法、外交、軍事、宗教の役職をになった。任期は通常 1 年であった。

石碑 stela

墓標。あるいは法令などが記録された板石。

セッラ・クルリス sella curulis

執政官や法務官など高位官職者のみが使用をゆるされる象牙をはめこんだ床几の形をした椅子。

セルウィウス・トゥッリウス Servius Tullius

王政ローマの第 6 代の王。在位前579-前534。いわゆるセルウィウス王の城壁が彼の事業であったかについては未詳である。

先導警吏（リクトル）lictor

王に先立つ警護の役人で斧の柄に棒をたばねた束桿（ファスケス）をささげ持った。共和政期にもひきつがれた。

属州 provincia

ローマが征服した領域。（司法権をもつ）上級政務官によって統治された。ローマ帝国は多数の属州に分割されていた。

属州総督

ローマ属州の行政統治者。法、秩序、裁判、治安、徴税の責任をおった。

俗ラテン語

ラティウムの一方言であったラテン語が、ローマの隆盛にともない近隣の方言を吸収し洗練されて、帝国の公用語、文学用語となった古典ラテン語に対し、日常口語として民間で使用されたラテン語をさす。

第 1 次ポエニ戦争

前264年から前241年にかけて起こったローマとカルタゴの戦争。

第 2 次ポエニ戦争

前218年から前201年にかけてローマとカルタゴのあいだで起きた戦争。ハンニバルが活躍したことで知られている。

第 3 次ポエニ戦争

前149年から前146年におこなわれたローマとカルタゴの戦争。ローマによるカルタゴの完全破壊という形で終結する。

大プリニウス Plinius Major

23/24-79。さまざまな役職につき、多くの著作を執筆した。彼の著作『博物誌』37巻が、現存している。小プリニウスは彼の甥に当たる。

タルクイニウス・スペルブス Tarquinius Superbus

「傲慢王」の名前でも知られる。王政ローマ最後の王。在位期間は、前534年から前509年。

ダルマティア Dalmatia

イリュリクム属州の名前でも知られる。ダルマティア海岸にあった地域（東部アドリア海）で、現在のボスニア、クロアチアに相当する。

帝国

前 2 世紀（共和政期後半）以降にローマが支配した領域をさす用語として使われることもある。しかし、より一般的には、前27年の共和政終焉から 5 世紀まで、ローマが皇帝によって支配されていた時代のローマ世界をさす言葉としてもちいられる。

用語解説

帝室
ローマ皇帝とその家族（通常は妻と子ども）。

ティトゥス帝 Titus
ローマ皇帝。在帝位期間は、79年から81年まで。70年に、イエルサレムを攻撃し、イエルサレムを破壊している。フォロ・ロマーノにティトゥス帝の凱旋門がある。

ティトゥス帝の凱旋門
ティトゥスによるイエルサレム攻囲戦、また70年のイエルサレム陥落を記念してフォルム・ロマヌムに建立された凱旋門。

ティベリウス帝 Tiberius
アウグストゥス帝のあとをつぎ、14年にローマ皇帝となる。37年に没する。占星術に通じていた。

テュニック
ローマ人が着た基本的な上着。短い袖で、腰のところを紐でむすんだ。

ドゥオウィル duovir
ドゥウムウィル duumvir ともいう。古くは国家から臨時の職務のために任じられた二人委員会のこと。のち連帯責任をもつ二頭政治者（二官）のうちの一人、二人連帯職務にある官吏の一人を意味するようになった。

ドゥラ・エウロポス Dura Europus
ユーフラテス河右岸ぞいにあったパルティアの重要な都市。165年以降ローマの支配下に入るが、256年にペルシア人によって破壊される。

トガ toga
ローマ市民の成人男性が公式の場や選挙運動などの場合に着用した正装外衣。着方は複雑であった。深紅の縁取りが施されたトガの着用は高位官職者に限られた。

独裁官 dictator
政務官職のひとつ。緊急のさいに元老院が任名した。軍事、司法に関し絶大な権限があたえられていた。

トスカナ様式
ローマ建築の列柱様式のひとつ。簡素な円柱とエンタブラチュアを特徴とする。

ドムス・アウレア Domus Aurea
ネロ帝が、64年におきたローマの大火のあと、ローマに建設した巨大な宮殿。「前庭にはネロの巨像が立ち、庭園はあたかも海のようであり、宮殿内部の大部分の部屋には黄金を張りめぐらせ、宝玉と真珠をちりばめさせた」と、スエトニウスは『ローマ皇帝伝』のなかで述べている。

トラキア
現在のギリシア東部、トルコのヨーロッパ側、ブルガリアのそれぞれの一部に相当する地域。46年にローマ属州となる。

トラヤヌス帝 Trajanus
マルクス・ウルピウス・トラヤヌス。五賢帝のひとり。ウルピウス家はイタリア、ウンブリアの出身、バエティカ（現在スペイン南西部）に定住した一族。89年アントニウス・サトゥルニヌスの反乱のさい、当時ヒスパニアで軍団指揮にあたっていた彼がドミティアヌス帝に迅速な支援をおこなったことで名をあげた。次帝ネルウァのとき、上ゲルマニアの総督となり、97年ローマで近衛兵の反乱がおきたとき、ネルウァの養子となり後継者となった。彼は外征に生涯をかけたが、そのなかでも特筆に価するのは、ドミティアヌス帝が決定的におさえることができなかったダキア人とその長、デケバルスとの戦いを終結させ、ダキア（現在のルーマニア）をローマ属州に編入したことであろう。彼はローマ帝国の領域を最大にし、「最善の元首」という称号をあたえられた。彼の外征の記録はローマにある「トラヤヌスの記念柱」に描かれて

いる。

トリウムウィリ triumviri

一般に三人委員会。古代ローマで三頭政治をおこなった三頭官。トリウムウィラトゥス triumviratusという語は、ポンペイウス、クラッスス、ユリウス・カエサルの三頭政治とオクタウィアヌス、アントニウス、レピドゥスの三頭政治にもちいる。

ドルスス Drusus

ネロ・クラウディウス・ドルスス。前38-前9。ティベリウス帝の弟。

奴隷

ローマ世界の人口の多くは奴隷であった。奴隷には政治上の権利はなかったが、自由身分があたえられたり、あるいは自由身分を買い取ることができた。

トレウェリ族 Treveri

ローマ以前に、ドイツのトリーア周辺に暮らしていた集団。

ナウマキア naumachia

人工的に作られた池でおこなわれた模擬海戦。

ニカイア Nicaea

前4世紀にアンティゴノス1世により建設された小アジア、ビチュニアの古都。ローマ帝国にとって重要な町であった。現在のトルコのイズニクに当たる。コンスタンティヌス1世によりキリスト教教会会議（公会議）が2度ここでおこなわれた。

西ヨーロッパ

ローマが占領した地域。現在の西ヨーロッパ（ブリテン島、フランス、イタリア、オーストリア、スペイン、ポルトガルをふくむ）と北アフリカの一部をふくむ。ローマ支配後、おおかたがラテン語圏となった。

ヌマ・ポンピリウス Numa Pompilius

ローマ王政期第2代サビニ人の王。ローマ人にこわれて王となり、ローマの宗教を整理確立し、経済、社会の安定、暦の改革などをおこなった。戦争のない統治であったといわれる。在位期間前715年から前673年。

ネルウァのフォルム

フォルム・ネルウァエ Forum Nervaeあるいはフォルム・トランシトリウム Forum Transitorium（通り抜け広場）ともいう。ドミティアヌス帝によってローマに建設された広場で、97年にネルウァ帝によって奉納された。この広場の東端に、ミネルウァ神殿があった。

納骨壺

遺灰を納めた容器（おもに土器）。

ノリクム Noricum

ローマの属州。現在のスロヴェニア、イタリア北部、オーストリアに相当する。

ハドリアヌスの長城（またはアエリウスの城壁 Vallum Aelium）

ハドリアヌス帝によって、イギリス北部を横断する国境に建設された、完成時118キロメートルの防御用の城壁。要塞や塔などが付随する。

ハドリアヌス帝 Hadrianus

プブリウス・アエリウス・ハドリアヌス。五賢帝のひとり。（おそらく）ローマで生まれるが、幼少時代はトラヤヌス帝と同じくヒスパニアのバエティカ（彼の祖先は、彼の誕生のおよそ300年前にここに移住）で過ごした。「ハドリアヌス」は彼の添え名で、イタリア北部アドリア海に面した町「アドリア出身の」を意味する。85年（9歳の時）父を亡くし、トラヤヌス帝の被後見人となる。トラヤヌス帝のもと、ダキア戦争に従軍、107年、下パンノニア総督、108年執政官、114年シリア総督を歴任、118年ふたたび執政官に指

用語解説

名される。彼はトラヤヌス帝とは異なり、み
ずから軍事行動をおこすことはなかったが、
けたはずれの「行動の人」であり、巨大な
ローマ帝国のほとんどすべての属州をつぶさ
に視察してまわり、さまざまな問題に対応し
て歩いた皇帝であった。彼はなによりもロー
マの平和を探求し、20年にもわたる政治改
革および法の改革をおこなっている。彼の手
になる建築物「パンテオン」、ローマ近郊
ティボリに残存する広大な「ヴィラ・アドリ
アーナ」およびブリタンニアに築かれた「ハ
ドリアヌスの長城」は有名である。

パピルス紙

ローマ世界で筆記用の素材に使用され、巻
物として利用された。エジプト産の植物パピ
ルス（カヤツリグサの一種）の繊維をもちい
て紙状につくられた。

パリシイ族 Parisi

ローマ時代以前から、フランスのパリ周辺
に住んでいた部族。

パルミラ Palmyra

シリアとバビロニアの中間にあった交易と
隊商の都市。ローマ領となるが、その後も国
際的な隊商都市として栄えた。

パンノニア Pannonia

ローマの属州。現在のスロヴェニア、ハン
ガリー、クロアチアのそれぞれの一部に相当
する。

東帝国

ローマ帝国の東部。おもにギリシア語圏に
あたり、ギリシア、小アジア、レヴァント、
エジプトをふくむ。

筆記体

ローマ人が日常生活でもちいた書体。私的、
公的な場でもちいられた。筆記体では、書き
やすさをもとめ、文字は丸みをおび流れるよ
うな筆致で書かれた。

碑文

耐久性のある石や金属などに刻まれた文章。
一定の形式によって書かれ、内容は公的なも
のである場合が多い。

ファビウス・ピクトル Fabius Pictor

クイントゥス・ファビウス・ピクトルは最
初のローマ史家といわれ、元老院議員でもあ
り、第2次ポエニ戦争にも加わった。前216
年、ローマ軍がカンナエでハンニバルに大敗
をきっしたとき、ピクトルは神託をうかがう
ためデルポイに使節として送られた。のちに
彼はローマ建国前後の歴史を数巻書いたが、
それらはギリシア語によるものであった。ポ
リュビオスは『歴史』のなかで、ピクトルの
歴史記述がポエニ戦争と同時代の人の作とし
て重くみられたことに言及している。

フェニキア人

フェニキアは現在のレバノン、シリアの沿
岸部にあった都市国家。フェニキア人は、海
上交易民で、スペインや北アフリカ地中海沿
岸にカルタゴ（前814年に建設）をふくむ多
くの植民都市を建設した。

フォルム forum

大きな公共広場。集会や市場が開かれ、政
治・行政の中心として機能した。

プラエトリウム praetorium

ローマ軍隊の野営地で、将軍が幕営した場
所（本営）。のちに、城塞内の指揮官の居住
地をさす語となる。

法務官 praetor

ローマの政務官職のひとつ。執政官につぐ
役職であった。30歳ぐらいで就任する。も
ともとは軍隊の指揮権を有していたが、のち
には、法的事項や競技会や祭礼を担当するよ
うになる。

フラミニア街道 Via Flaminia

ローマからリミニに至る街道。

プリミゲニア門 Porta Primigenia

ローマのセルウィウス王の城壁にはじめて
もうけられた門。ティベリス川とフォルム・
ボアリウムの近くにあった。

プリュギア Phrygia

小アジア中西部（中央高原もふくむ）に
あった領域で、ローマのアシア属州に統合さ
れる。前110年頃トラキアから移住したとさ
れるプリュギア人によってこの地名が生まれ
た。

ブルトゥス Brutus

ポンペイウスとともにユリウス・カエサル
と戦った人物。前85頃−前42。カエサルの暗
殺者。前42年にピリッピの戦いで敗れた。

プロクラトル（行政長官）procurator

帝国の属州総督や徴税官にあたえられた称
号。

平民 plebes

貴族以外のローマ市民。共和政期前半には、
平民が元老院の議員や役人、重要な祭司職に
つくことは許されていなかった。

ペディメント

屋根の三角形をした切妻の端部。とくに神
殿建築において特徴的。

ベルギカ Belgica

ガリア・ベルギカの名前でも知られるロー
マの属州。ガリア北東部にあった（現在のベ
ルギー、ルクセンブルク、オランダ、ドイツ
の一部に相当する）。

ペルシア人

ペルシアは、現在のイランに相当する。ペ
ルシアから拡大したペルシア帝国は、東地中
海地域の大半を支配した帝国であった。この
帝国は前4世紀にアレクサンドロス大王に
よって征服された。

ヘレニズム

アレクサンドロス大王の死（前323）から
ローマ支配が開始される（前30）までの、
東地中海と中東のギリシア世界をさす語。

卜鳥官 augur

飛ぶ鳥が単数か複数か、どのような羽音を
たてるか、飛ぶ方向はどちらか、鳥の種類、
餌のついばみ方、さらには四足獣の異形など
から神意を読みとり、解釈する祭司（神官）
をいう。ローマ建国の王ロムルスが鳥占いに
よって王権をえたという伝説もあり、古代
ローマではきわめて重要な役割を果たした。
リウィウスによれば「卜鳥官は頭を布でおお
い、右手にリトゥウス（lituus）とよばれる
節のない曲がった杖をにぎっていた」。

卜腸官 haruspex

生け贄にされた羊など動物の内臓（肝臓）
を観察し、その予兆を解釈する者をいう。お
そらくその起源はエトルリアに発するという
のがキケロの説である。リウィウスも「公的
な予兆には、エトルリアの予言者のみが呼ば
れていた」といっている。しかしエトルリア
の卜腸術が東方バビロンの卜腸術の影響を受
けていることも明らかである。帝政期には従
軍卜腸官も存在した。

ホラティウス Horatius

ローマの詩人にして風刺作家。前65−前8。
後世に大きな影響を与えた。前17年の「世
紀祭競技会（ルディ・サエクラレス）」では
奉納歌『カルメン・サエクラレ』の作者と
なった。

ポルティコ

建物や庭園などの空間の一部を構成する柱
列。神殿のプロナオスを指す場合もある。

ポルトゥエンシス門 Porta Portuensis

ローマのティベリス川の西、アウレリアヌ
スの城壁に設けられた門。ポルトゥス港に向
かうための門。

用語解説

マウソロス Mausolus

小アジアの西南部のカリアを治めた王。在位期間は、前377年から前353年。ハルカリナッソスにあったマウソレウムの名で知られる彼の壮麗な墓廟は、「世界七不思議」のひとつとされた。

マルクス・アントニウス Marcus Antonius

古代ローマの将軍、政治家。前83頃-前30。カエサルの暗殺後、ローマにおいてオクタウィアヌスとレピドゥスとともに第2次三頭政治を成立させ権力を掌握する。しかし、オクタウィアヌス（アウグストゥス）が反旗をひるがえし、内戦が勃発。前31年のアクティウムの海戦で敗北する。

マルティアリス Martialis

ヒスパニア生まれの詩人。40頃-103/104。風刺と機知に富んだ寸鉄詩（エピグランマ）で有名である。12巻の『エピグラム集』（エピグランマタ）がある。

メソポタミア Mesopotamia

ティグリス河とユーフラテス河にはさまれた地域。トラヤヌス帝によってパルティア王国より奪取（116-117）、ローマ属州となるが、のちに、ハドリアヌス帝によって放棄される。

モザイク

床に石製やタイル製の小さなブロックを敷き詰める装飾法。

ヤニクルム丘 Janiculum

ティベリス川の西岸、ローマにある丘。ローマ市の大半を見下ろすことができる。

ユダエア

イェルサレム周辺におけるユダヤ人の反乱後、70年に創設されたローマ属州。のちにシリア・パレスティナと改名される。

ユリウス・カエサル Julius Caesar

ガイウス・ユリウス・カエサル（英語名、ジュリアス・シーザー）。前100-前44。古代ローマでもっとも偉大な将軍、政治家であり、古代ローマ人のなかでもっとも有名な人物。前77年以後政界に入る。前68年財務官、前63年造営官、前63年大神祇官に当選。前61年ヒスパニア総督、前60年ローマに帰り大ポンペイウス、M・クラッススとともに「三頭政治」を結成。前59年執政官となり市民への土地分配などをおこなう。前58年ガリア遠征、ガリア・トランサルピナの諸部族を平定。前52年ウェルキンゲトリクスの大反乱を鎮圧、ローマのガリア支配を確立する。前49年初頭ローマ不在のまま前48年の執政官に立候補する許可が元老院によって拒絶され公敵と宣言されたことにより、ルビコン川を渡りローマに進撃した。その後は、ローマ内部のあいつぐ抗争に明けくれる日々を送る。前47-前45年には、ポントス、アフリカ、ヒスパニアに転戦、撃滅してローマに帰還、盛大な凱旋式をおこなう。すでに前46年には共和政の伝統を破り10年任期の独裁官、前44年には終身の独裁官となり、監察官職をも取得した。その結果彼の強大な実権は王政実現への危惧をひきおこしその結果、元老院議事堂において共和派のカッシウス・ロンギヌス・ガイウス（主謀者）およびマルクス・ユニウス・ブルトゥスたちによって暗殺された。前44年3月5日のことである。彼のもっとも顕著な業績は、ガリアの征服とローマ共和政を永久にほうむり去ったことである。『ガリア戦記』を残した。

ユリウス暦

当時使用されていた暦と実際の季節とのあいだにあった大幅な誤差を解消するために、前44年にユリウス・カエサルが導入した改良暦。

ラティウム Latium

ローマの南、アペニン山脈とティレニア海にはさまれたイタリア半島中南部の地域。

ローマが征服する以前には、ラティニ人が暮らしていた。

ラティナ街道 Via Latina

ローマからカプア近郊のカシリヌムに至る街道。

ラテン語

ラテン語は、ローマとラティウムの領域で使われていた言語で、そののち、ローマ帝国西部全域に広がっていった。ラティニ人は、ローマ以前にラティウムに住んでいた古代イタリア民族のひとつ。

ラティニ人の諸都市

ローマの南のラティウムにあった諸都市。ローマに征服されたのち、前300年頃から、多くの都市で人口が減少したことが知られている。

ラテン同盟

宗教的な目的のために結成されたラティウムの諸都市による同盟。前493年には、ローマとも防衛同盟をむすんでいる。

ラヌウィウム Lanuvium

ローマの南東、アルパヌス山系（アルバノ丘陵）にあったラティニ人の古代都市。

リウィア Livia

リウィア・ドルシッラ。前58-後29。二人目の夫が、アウグストゥス帝であった。

リウィウス Livius

ティトゥス・リウィウスは、前57年パタウィウム（現在のパドヴァ）で生まれ、後17年に死去したが、彼の生涯については不明なことが多い。しかし「ローマのヘロドトス」と讃えられたリウィウスの著作への評価は高まるばかりである。宗教史の観点からしても重要な道しるべとなっている。『ローマ建国以来の歴史』142巻のうち、35巻は現存している。

リグリア戦争

前229-前218、219年に、ローマと北イタリアのリグリア人とのあいだで起きた戦争。

ルカヌス Lucanus

詩人。現存する叙事詩『ファルサリア（内乱）』の筆者。39-65。

ルビコン川

パドゥス河（ポー河）南辺のガリアとイタリアの境界をなす川。前49年カエサルは軍団とともにこの川を渡り、内戦を開始した。

レス・ゲスタエ Res Gestae

アウグストゥス帝がみずから記した業績録。アウグストゥスはそれを青銅板に刻んで墓廊の入り口に掲げるように指示した。

レムス Remus

紀元前8世紀に双子の兄弟ロムルスとともに、ローマの建国につくしたという伝説上の人物。

ローマ化

周辺民族がローマの文化、言語を導入し、同化すること。

ロムルス Romulus

紀元前8世紀にレムスとともにローマ建国につくしたが、やがてレムスを殺し、王政ローマの初代の王となった伝説上の人物。

付録

付録

古代ローマの政治・宗教のしくみ

【国政】

建国（前753年）
王政（前753-前510年）共和政（前509-前27年）帝政（前27-後476年）

【特別職】

レクス（Rex・王）
　　　●インテルレクス（Interrex・中間王）
アウグストゥス（Augustus・皇帝）
アウグスタ（Augusta・皇后）
カエサル（Caesar・副帝）
ディクタトル（Dictator・独裁官）
インペラトル（Imperator・最高司令官）
マギステル・エクイトゥム（Magister Equitum・騎兵長官）

【政務職】

最重要官職

①コンスル（consul・執政官）　　　　　2名・最高の公職・国政全般を指導
　　　　　　　　　　　　　　　　　　ケントゥリア民会選出

②プラエトル（praetor・法務官）　　　　6-12名・執政官の補佐・法律管理・
　　　　　　　　　　　　　　　　　　裁判を監督・属州の統治
　　　　　　　　　　　　　　　　　　ケントゥリア民会選出

③アエディリス（aedilis・造営官）　　　4名・都市や市場管理
　　　　　　　　　　　　　　　　　　トリブス民会／平民会（コンキリウム・
　　　　　　　　　　　　　　　　　　プレビス）選出

④クアエストル（quaestor・財務官）　　20-40名・財政管理のほか神殿や市場や
　　　　　　　　　　　　　　　　　　道路の管理、公文書の保管も担当
　　　　　　　　　　　　　　　　　　トリブス民会選出

⑤トリブヌス・プレビス　　　　　　　　10名・平民権利の庇護
　　（tribnus plebis・護民官）　　　　身体不可侵権・議決拒否権保持者
　　　　　　　　　　　　　　　　　　平民会選出

古代ローマの政治・宗教のしくみ

⑥ケンソル（censor・監察官）　　　2名・徴兵と課税を目的とする
　　　　　　　　　　　　　　　　　市民権保持者の戸口調査および
　　　　　　　　　　　　　　　　　元老院議員や騎士の監視管理
　　　　　　　　　　　　　　　　　ケントゥリア民会選出

補助職
リクトル（lictor・先導警士）

【属州統治】

レクトル・プロウィンキアエ（rector provinciae・属州総督）
プロコンスル（proconsul・執政官格総督）
プロプラエトル（propraetor・法務官格総督）
プロマギストラテス（promagistrates・政務代行官）

【祭司／神官職】

ポンティフェクス（pontifex・国家宗教全体を管理・統制する祭司・神祇官）
ポンティフェクス・マクシムス（pontifex maximus・大神祇官）
レクス・サクロルム（rex sacrorum・祭祀王・祭祀監督官）
サケルドティウム（sacerdotium・終身祭司）
サケルドス（sacerdos・祭司／神官）
フラメン（flamen・特定の神につかえる祭司／神官）
　　　　●フラメン・ディアリス（flamen Dialis・ユピテル神の祭司）
　　　　●フラメン・マルティアリス（flamen Martialis・マルス神の祭司）
　　　　●フラメン・クイリナリス（flamen Quirinalis・クイリヌス神の祭司）
　　　　●サリイ（sarii・マルスあるいはクイリヌス神の祭司）
　　　　●アウグル（augur・卜鳥官）
　　　　●ハルスペクス（haruspex・卜腸官）

付録

ローマ帝国皇帝年表

ユリウス＝クラウディウス朝
前27-後14　アウグストゥス（C・ユリウス・カエサル・オクタウィアヌス）
14-37　ティベリウス（Ti・クラウディウス・ネロ）
37-41　カリグラ（C・ガイウス・カエサル）
41-54　クラウディウス（Ti・クラウディウス・ドルスス）
54-68　ネロ（ネロ・クラウディウス）
68-69　ガルバ（Ser・セルウィウス・ガルバ）
69　オト（M・サルウィウス・マルクス・オト）
69　ウィテリウス（A・アウルス・ウィテリウス）

フラウィウス朝
69-79　ウェスパシアヌス（T・フラウィウス・ウェスパシアヌス）
79-81　ティトゥス（T・フラウィウス・ウェスパシアヌス）
81-96　ドミティアヌス（T・フラウィウス・ドミティアヌス）

五賢帝朝
96-98　ネルウァ（M・コケイウス・ネルウァ）
98-117　トラヤヌス（M・ウルピウス・トラヤヌス）
117-138　ハドリアヌス（P・アエリウス・ハドリアヌス）
138-161　アントニヌス・ピウス（T・アウレリウス・フルブス・ボイオヌス・アッリ
ウス・アントニヌス）
161-169　ルキウス・ウェルス（L・アウレリウス・ウェルス）
161-180　マルクス・アウレリウス（M・アウレリウス・アントニヌス）
180-192　コンモドゥス（M・アウレリウス・コンモドゥス・アントニヌス）
193　ペルティナクス（P・ヘルウィウス・ペルティナクス）
193　ディディウス・ユリアヌス（M・ディディウス・セウェルス・ユリアヌス）

セウェルス朝
193-211　セプティミウス・セウェルス（L・セプティミウス・セウェルス）
211　ゲタ（P・セプティミウス・ゲタ）
211-217　カラカラ（M・アウレリウス・アントニヌス）
217-218　マクリヌス（M・オペリウス・マクリヌス）
218　ディアドゥメニアヌス（M・オペリウス・ディアドゥメニアヌス）
218-222　エラガバルス（M・アウレリウス・アントニヌス）
222-235　セウェルス・アレクサンデル（M・アウレリウス・アレクサンデル）

軍人皇帝朝

235–238 　マクシミヌス・トラクス（C・ユリウス・ウェルス・マクシミヌス）
238 　ゴルディアヌス1世（M・アントニヌス・ゴルディアヌス・センプロニアヌ
　　　　ス）
　　　　ゴルディアヌス2世（M・アントニヌス・ゴルディアヌス・センプロニアヌ
　　　　ス）
238 　バルビヌス（D・カエリウス・カルウィヌス・バルビヌス）
　　　　プピエヌス（M・クロディウス・プピエヌス・マクシムス）
238–244 　ゴルディアヌス3世（M・アントニヌス・ゴルディアヌス）
244–249 　フィリップス1世・アラブス（M・ユリウス・フィリップス）
247–249 　フィリップス2世（M・ユリウス・セウェルス・フィリップス）
249–251 　デキウス（C・メシウス・クイントゥス・デキウス）
251 　ヘレニウス・エトルスクス（Q・ヘレニウス・エトルスクス・メシウス・デ
　　　　キウス）
251 　ホスティリアヌス（C・ウァレンス・ホスティリアヌス・メシウス・クイン
　　　　トゥス）
251–253 　トレボニアヌス・ガルス（C・ウィビウス・トレボニアヌス・ガルス）
251–253 　ウォルシアヌス（C・ウィビウス・アフィニウス・ガルス・ウェルドムニア
　　　　ヌス・ウォルシアヌス）
253 　アエミリアヌス（M・アエミリウス・アエミリアヌス）
253–260 　ウァレリアヌス（P・リキニウス・ウァレリアヌス）
253–268 　ガリエヌス（P・リキニウス・エグナティウス・ガリエヌス）
260 　サロニヌス（P・リキニウス・コルネリウス・ウァレリアヌス）
268–270 　クラウディウス2世・ゴティクス（M・アウレリウス・クラウディウス）
270 　クインティルス（M・アウレリウス・クインティルス）
270–275 　アウレリアヌス（L・ドミティウス・アウレリアヌス）
275–276 　タキトゥス（M・クラウディウス・タキトゥス）
276 　フロリアヌス（M・アンニウス・フロリアヌス）
276–282 　プロブス（M・アウレリウス・プロブス）
282–283 　カルス（M・アウレリウス・カルス）
283–284 　ヌメリアヌス（M・アウレリウス・ヌメリアヌス）
283–285 　カリヌス（M・アウレリウス・カリヌス）

ガリア皇帝朝

260–269 　ポストゥムス（M・カシアニウス・ラティニウス・ポストゥムス）
269 　ラエリアヌス（ウルピウス・コルネリウス・ラエリアヌス）
269 　マリウス（M・アウレリウス・マリウス）
269–271 　ウィクトリヌス（M・ピアウォニウス・ウィクトリヌス）
271–274 　テトリクス（C・ピウス・エスウィウス・テトリクス）

ディオクレティアヌス朝と四分治制

284–305 　ディオクレティアヌス（C・アウレリウス・ウァレリウス・ディオクレティ
　　　　アヌス）

付録

286-305　マクシミアヌス（M・アウレリウス・ウァレリウス・マクシミアヌス）
305-306　コンスタンティウス1世（Fl・ウァレリウス・コンスタンティウス）
305-311　ガレリウス（C・ガレリウス・ウァレリウス・マクシミアヌス）
306-307　セウェルス2世（Fl・ウァレリウス・セウェルス）
306-312　マクセンティウス（M・アウレリウス・ウァレリウス・マクセンティウス）

コンスタンティヌス朝

307-337　コンスタンティヌス1世・大帝（Fl・ウァレリウス・コンスタンティヌス）
308-324　リキニウス（ウァレリウス・リキニアヌス・リキニウス）
310-313　マクシミヌス・ダイア（ガレリウス・ウァレリウス・マクシミヌス）
316-317　ウァレリウス・ウァレンス（C・アウレリウス・ウァレリウス・ウァレンス）
　　 324　マルティニアス（M・マルティニアヌス）
337-340　コンスタンティヌス2世（Fl・クラウディウス・コンスタンティヌス）
337-350　コンスタンス（Fl・ユリウス・コンスタンス）
337-361　コンスタンティウス2世（Fl・ユリウス・コンスタンティウス）
350-353　マグネンティウス（Fl・マグヌス・マグネンティウス）
360-363　ユリアヌス・背教者アポスタータ（Fl・クラウディウス・ユリアヌス）
363-364　ヨウィアヌス（Fl・ヨウィアヌス）

ウァレンティニアヌス朝

364-375　ウァレンティニアヌス1世（Fl・ウァレンティニアヌス）
364-378　ウァレンス（Fl・ウァレンス）
367-383　グラティアヌス（Fl・グラティアヌス）
375-392　ウァレンティニアヌス2世（Fl・ウァレンティニアヌス）

テオドシウス朝

379-395　テオドシウス1世・大帝（Fl・テオドシウス）
383-388　マクシムス（マグヌス・マクシムス）
387-388　ウィクトル（Fl・ヴィクトル）
392-394　エウゲニウス（Fl・エウゲニウス）

西ローマ皇帝

395-423　ホノリウス（Fl・ホノリウス）
　　 421　コンスタンティウス3世（Fl・コンスタンティウス）
423-425　ヨアンネス（簒奪者）
425-455　ウァレンティニアヌス3世（Fl・プラキドゥス・ヴァレンティニアヌス）
　　 455　ペトロニウス・マクシムス
455-456　アウィトゥス（エパルキウス・アウィトゥス）
457-461　マヨリアヌス（ユリウス・ウァレリウス・マヨリアヌス）
461-465　セウェルス3世（Fl・リウィウス・セウェルス・セルペンティウス）
467-472　アンテミウス（プロコピウス・アンテミウス）
　　 472　オリュブリウス（アニキウス・オリュブリウス）
473-474　グリケリウス

ローマ帝国皇帝年表

474-475　ユリウス・ネポス
475-476　ロムルス・アウグストゥルス

（ラテン語省略表示）
A・→Aulus, アウルス　　　　　M・→Marcus, マルクス
C・→Gaius, ガイウス　　　　　P・→Publius, ププリウス
Cn・→Gnaeus, グナエウス　　　Q・→Quintus, クイントゥス
D・→Decimus, デキムス　　　　Ser・→Servius, セルウィウス
Fl・→Flavius, フラウィウス　　T・→Titus, ティトゥス
L・→Lucius, ルキウス　　　　　Ti・→Tiberius, ティベリウス

付録

古代ローマの市街図 (I)

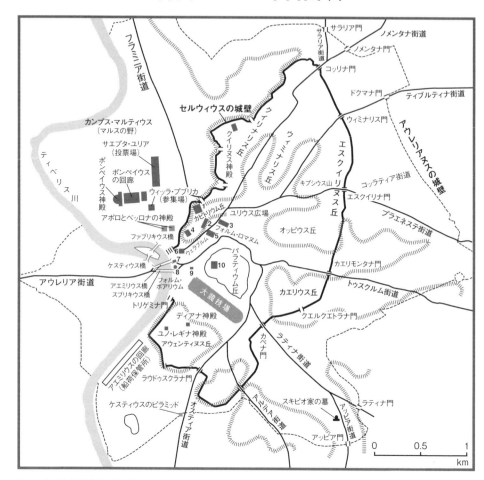

1　ユノ・モネタ神殿（アルクス）
2　公文書館
3　アエミリウスの会堂
4　ユピテル・カピトリヌス神殿
5　センポロニウスの会堂
6　フォルトゥナとマテル・マトゥタ神殿
7　ポルトゥヌス神殿
8　ヘルクレス・ウィクトル神殿
9　アラ・マクシマ（至高祭壇）
10　キュベレ（マグナ・マテル）神殿

古代ローマの市街図

古代ローマの市街図（Ⅱ）

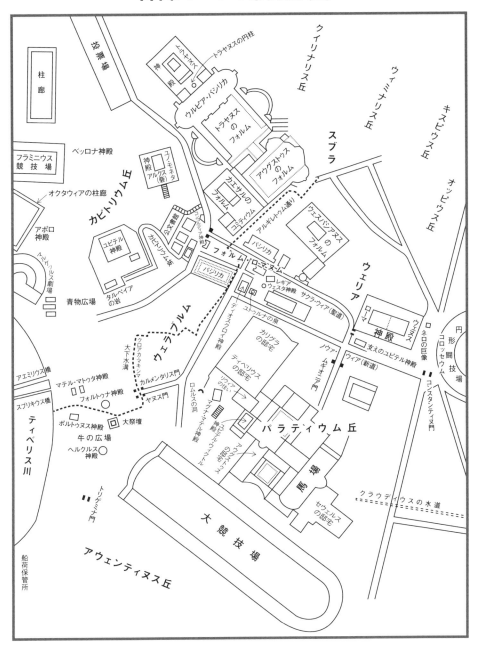

345

参考文献

Abdalla, A. 1992. *Graeco-Roman Funerary Stelae from Upper Egypt.* Liverpool: University Press.

Adkins, L., and Adkins, R. 1985. "Neolithic axes from Roman sites in Britain." *Oxford Journal of Archaeology* 4, 69–75.

Adkins, L., and Adkins, R. A. 1994. *Handbook to Life in Ancient Rome.* New York: Facts On File.

Alarcão, J. de. 1988. *Roman Portugal. Volume I: Introduction.* Warminster: Aris and Phillips.

Alcock, J. 1986. "The concept of Genius in Roman Britain." In M. Henig and A. King (eds.), *Pagan Gods and Shrines of the Roman Empire,* pp. 113–133. Oxford: Oxford University Committee for Archaeology Monograph 8.

Allason-Jones, L., and McKay, B. 1985. *Coventina's Well. A Shrine on Hadrian's Wall.* Hexham: Trustees of Clayton Collection, Chesters Museum.

Amy, R., and Gros, P. 1979. *La Maison Carrée de Nîmes.* Paris: Gallia supplement 38.

Austen, P. S., and Breeze, D. J. 1979. "A new inscription from Chesters on Hadrian's Wall." *Archaeologia Aeliana* 77, 5th series, 115–126.

Balty, J. Ch. 1960. *Etudes sur la Maison Carrée de Nîmes.* Brussels: Latomus.

Barton, I. M. 1989. "Religious buildings." In I. M. Barton (ed.), *Roman Public Buildings,* pp. 67–96. Exeter: University of Exeter.

Barton, I. M. (ed.), 1989. *Roman Public Buildings.* Exeter: University of Exeter.

Bauchhenss, G., and Noelke, P. 1981. *Die Iupitersäulen in den Germanischen Provinzen.* Köln: Rheinland-Verlag, and Bonn: Rudolf Habelt Verlag.

Beard, M. 1988. "Roman priesthoods." In M. Grant and R. Kitzinger (eds.), *Civilization of the Ancient Mediterranean. Greece and Rome. Volume II,* pp. 933–939. New York: Charles Scribner's Sons.

Beard, M. 1993. "Frazer et ses bois sacrés." In *Les Bois Sacrés. Actes du Colloque International de Naples 1989,* pp. 171–180. Naples: Collection du centre Jean Bérard, 10.

Beard, M., and North, J. (eds.), 1990. *Pagan Priests. Religion and Power in the Ancient World.* London: Duckworth.

Bianchi, U. (ed.), 1979. *Mysteria Mithrae. Proceedings of the International Seminar on the 'Religio-Historical Character of Roman Mithraism, with Particular Reference to Roman and Ostian Sources' Rome and Ostia 28–31 March 1978.* Leiden: E. J. Brill.

Billows, R. 1993. "The religious procession of the Ara Pacis Augustae: Augustus' *supplicatio* in 13 B.C." *Journal of Roman Archaeology* 6, 80–92.

Bird, J.; Chapman, H.; and Clark, J. (eds.), 1978. *Collectanea Londiniensia. Studies in London archaeology and history presented to Ralph Merrifield.* London: London and Middlesex Archaeological Society.

Birley, R. 1973. "Vindolanda-Chesterholm 1969–1972." *Archaeologia Aeliana* 1, 5th series, 111–122.

Black, E. W. 1986. "Christian and pagan hopes of salvation in Romano-British mosaics." In M. Henig and A. King (eds.), *Pagan Gods and Shrines of the Roman Empire,* pp. 147–158. Oxford: Oxford University Committee for Archaeology Monograph 8.

Blagg, T. F. C. 1982. "A Roman relief-carving of three female figures, found at Lincoln." *Antiquaries Journal* 62, 125–126.

Blagg, T. F. C. 1986. "The cult and sanctuary of Diana Nemorensis." In M. Henig and A. King (eds.), *Pagan Gods and Shrines of the Roman Empire,* pp. 211–219. Oxford: Oxford University Committee for Archaeology Monograph 8.

Blagg, T. F. C. 1990. "The temple at Bath (Aquae Sulis) in the context of classical temples in the western European provinces." *Journal of Roman Archaeology* 3, 419–430.

Blagg, T. F. C. 1993. "Le mobilier archéologique du sanctuaire de Diane *Nemorensis.*" In *Les Bois Sacrés. Actes du Colloque International de Naples 1989,* pp. 103–109. Naples: Collection du centre Jean Bérard.

Boardman, J.; Griffin, J.; and Murray, O. 1988. *The Roman World.* Oxford and New York: Oxford University Press; first published 1986 as two volumes.

Borgeaud, P. 1988. *The Cult of Pan in Ancient Greece.* Chicago, London: University of Chicago Press, translation of 1979 *Recherches sur le dieu Pan.*

Bourgeois, C. 1991. *Divona I Divinités et ex-voto du culte Gallo-Romain de l'eau.* Paris: De Boccard.

Bourgeois, C. 1992. *Divona II Monuments et sanctuaires du culte Gallo-Romain de l'eau.* Paris: De Boccard.

Bowder, D. (ed.), 1980. *Who was who in the Roman*

347

world 753 B.C.– A.D. 476. Oxford: Phaidon.

Braithwaite, G. 1984. "Romano-British face pots and head pots." *Britannia* 15, 99–131.

Bremmer, J. N., and Horsfall, N. M. 1987. *Roman Myth and Mythography.* London: University of London Institute of Classical Studies.

Broise, H., and Scheid, J. 1993. "Etude d'un cas: le *lucus deae Diae* à Rome." In *Les Bois Sacrés. Actes du Colloque International de Naples 1989,* pp. 127–170. Naples: Collection du centre Jean Bérard.

Brouwer, H. H. J. 1989. *Bona Dea. The sources and a description of the cult.* Leiden, New York: E. J. Brill.

Brown, P. 1972. *Religion and Society in the Age of Saint Augustine.* London: Faber and Faber.

Browning, R. 1975. *The Emperor Julian.* London: Weidenfeld and Nicolson.

Bruneaux, J. L. 1988. *The Celtic Gauls: Gods, Rites and Sanctuaries.* London: Seaby.

Burn, A. R. 1969. *The Romans in Britain. An Anthology of Inscriptions.* Oxford: Basil Blackwell.

Champeaux, J. 1982. *Fortuna. Recherches sur le culte de la Fortune à Rome et dans le monde romain des origines à la mort de César. I Fortuna dans la religion archaïque.* Rome: Ecole Française de Rome.

Champeaux, J. 1987. *Fortuna. Recherches sur le culte de la Fortune à Rome et dans le monde romain des origines à la mort de César. II Les Transformations de Fortuna sous le République.* Rome: Ecole Française de Rome.

Charles-Picard, G. 1954. *Les Religions de L'Afrique Antique.* Paris: Librairie Plon.

Clayton, P. A., and Price, M. J. 1988. *The Seven Wonders of the Ancient World.* London and New York: Routledge.

Colledge, M. A. R. 1986. "Interpretatio Romana: the Semitic populations of Syria and Mesopotamia." In M. Henig and A. King (eds.), *Pagan Gods and Shrines of the Roman Empire,* pp. 221–230. Oxford: Oxford University Committee for Archaeology Monograph 8.

Combet-Farnoux, B. 1980. *Mercure Romain. Le culte public de Mercure et la fonction mercantile à Rome de la République archaïque à l'époque augustéenne.* Rome: Ecole Française de Rome.

Conlin, D. A. 1992. "The reconstruction of Antonia Minor on the Ara Pacis." *Journal of Roman Archaeology* 5, 211–215.

Coulston, J. C., and Phillips, E. J. 1988. *Corpus Signorum Imperii Romani (Corpus of Sculpture of the Roman World), Great Britain, Volume I, Fascicule 6. Hadrian's Wall West of the North Tyne, and Carlisle.* New York and Oxford: Oxford University Press.

Crook, J. A. 1967. *Law and Life of Rome.* London: Thames and Hudson.

Cumont, F. 1896. *Textes et Monuments Figurés relatifs aux mystères de Mithra. Vol. 2.* Brussels: H. Lamertin.

Cunliffe, B. (ed.), 1988. *The Temple of Sulis Minerva at Bath. Volume 2 The Finds from the Sacred Spring.* Oxford: University Committee for Archaeology.

Cunliffe, B., and Davenport, P. 1985a. *The Temple of Sulis Minerva at Bath. Volume 1 (II): The Site.* Oxford: University Committee for Archaeology.

Cüppers, H., *et al.* 1983. *La Civilisation Romaine de la Moselle à la Sarre.* Mayence: Philipp von Zabern.

Cüppers, H. (ed.), 1990. *Die Römer in Rheinland-Pfalz.* Stuttgart: Konrad Theiss.

Curchin, L. A. 1991. *Roman Spain. Conquest and Assimilation.* London: Routledge.

de Cazanove, O. 1993. "Suspension d'ex-voto dans les bois sacrés." In *Les Bois Sacrés. Actes du Colloque International de Naples 1989,* pp. 111–126.

DeLaine, J. 1990. "The *balneum* of the Arval brethren." *Journal of Roman Archaeology* 3, 321–324.

Deyts, S. 1992. *Images des Dieux de la Gaule.* Paris: Editions Errance.

Dixon, S. 1992. *The Roman Family.* Baltimore: The Johns Hopkins University Press.

Dorcey, P. F. 1992. *The Cult of Silvanus. A Study in Roman Folk Religion.* Leiden, New York and Köln: E. J. Brill.

Dowden, K. 1992. *Religion and the Romans.* London: Bristol Classical Press.

Drijvers, H. J. W. 1976. *The Religion of Palmyra.* Leiden: E. J. Brill.

Drury, P. J. 1980. "Non-classical religious buildings in Iron Age and Roman Britain: a review." In W. Rodwell (ed.), *Temples, Churches and Religion: Recent Research in Roman Britain with a Gazetteer of Romano-Celtic Temples in Continental Europe,* pp. 45–78. Oxford: British Archaeological Report 77, part i.

Drury, P. J. 1984. "The temple of Claudius at Colchester reconsidered." *Britannia* 15, 7–50.

Dubordieu, A. 1989. *Les origines et Le Développement du Culte des Pénates à Rome.* Rome: Ecole Française de Rome.

Dumézil, G. 1970. *Archaic Roman Religion with an appendix on the Religion of the Etruscans. Vols 1 & 2.* Chicago and London: The University of Chicago Press.

Dunbabin, K. M. D. 1990. "*Ipsa deae vestigia . . .* Footprints divine and human on Graeco-Roman monuments." *Journal of Roman Archaeology* 3, 85–109.

参考文献

Duthoy, R. 1969. *The Taurobolium, Its Evolution and Terminology.* Leiden: E. J. Brill.

Elbe, J. von. 1975. *Roman Germany. A Guide to Sites and Museums.* Mainz: Verlag Philipp von Zabern.

Espérandieu, E. 1931. *Recueil Général des Bas-relief, Statues et Bustes de la Germanie Romaine.* Paris and Brussels; republished in 1965 by The Gregg Press Inc., New Jersey.

Etienne, R. 1958. *Le culte impérial dans la péninsule Ibérique d'Auguste à Dioclétien.* Paris: E. De Boccard.

Fairless, K. J. 1984. "Three religious cults from the northern frontier region." In R. Miket and C. Burgess (eds.), *Between and Beyond the Walls. Essays on the Prehistory and History of North Britain in Honour of George Jobey,* pp. 224–242. Edinburgh: John Donald Publishers.

Fears, J. R. 1988. "Ruler worship." In M. Grant and R. Kitzinger (eds.), *Civilization of the Ancient Mediterranean. Greece and Rome. Volume II,* pp. 1,009–1,025. New York: Charles Scribner's Sons.

Ferguson, J. 1970. *The Religions of the Roman Empire.* London: Thames and Hudson.

Ferguson, J. 1988a. "Divinities." In M. Grant and R. Kitzinger (eds.), *Civilization of the Ancient Mediterranean. Greece and Rome. Volume II,* pp. 847–860. New York: Charles Scribner's Sons.

Ferguson, J. 1988b. "Roman cults." In M. Grant and R. Kitzinger (eds.), *Civilization of the Ancient Mediterranean. Greece and Rome. Volume II,* pp. 909–923. New York: Charles Scribner's Sons.

Ferguson, J. 1988c. "Divination and oracles: Rome." In M. Grant and R. Kitzinger (eds.), *Civilization of the Ancient Mediterranean. Greece and Rome. Volume II,* pp. 951–958. New York: Charles Scribner's Sons.

Fishwick, D. 1967. "Hastiferi." *Journal of Roman Studies* 57, 142–160.

Fishwick, D. 1972. "Templum Divo Claudio Constitutum." *Britannia* 3, 164–181.

Fishwick, D. 1987. *The Imperial Cult in the Latin West. Studies in the Ruler Cult of the Western Provinces of the Roman Empire. Volume I 1 & 2.* Leiden, New York, Copenhagen and Cologne: E. J. Brill.

Fishwick, D. 1991. "Seneca and the temple of Divus Claudius." *Britannia* 22, 137–141.

Frazer, J. G. 1913. *The Golden Bough. A Study in Magic and Religion. Part V: Spirits of the Corn and of the Wild. Volume II.* Reprinted by Macmillan, London, 1990. J. G. フレイザー『初版金枝篇』(吉川信訳、ちくま学芸文庫、2003年)

Frazer, J. G. 1929. *Publii Ovidii Nasonis Fastorum Libri. The Fasti of Ovid.* London: Macmillan in 5

volumes; reprinted 1973 by Georg Olms Verlag, Hildesheim and New York.

Freyburger, G. 1986. *Fides. Étude sémantique et religieuse depuis les origines jusqu'à l'époque augustéenne.* Paris: Les Belles Lettres.

Friesen, S. J. 1993. *Twice Neokoros. Ephesus, Asia and the Cult of the Flavian Imperial Family.* Leiden, New York and Cologne: E. J. Brill.

García Y Bellido, A. 1967. *Les Religions Orientales dans l'Espagne Romaine.* Leiden: E. J. Brill.

Gascou, J., and Janon, M. 1985. *Inscriptions Latines De Narbonnaise (I.L.N.), Fréjus.* Paris: Éditions du Centre National de la Recherche Scientifique, Gallia, 44th supplement.

Gasparro, G. S. 1985. *Soteriology and mystic aspects in the cult of Cybele and Attis.* Leiden: E. J. Brill.

Gergel, R. A. 1990. "Roman cult images." *Journal of Roman Archaeology* 3, 286–289.

Godfrey, P., and Hemsoll, D. 1986. "The Pantheon: temple or rotunda?" In M. Henig and A. King (eds.), *Pagan Gods and Shrines of the Roman Empire,* pp. 195–209. Oxford: Oxford University Committee for Archaeology Monograph 8.

Gordon, R. 1990a. "From Republic to Principate: priesthood, religion and ideology." In M. Beard and J. North (eds.), *Pagan Priests. Religion and Power in the Ancient World,* pp. 179–198. London: Duckworth.

Gordon, R. 1990b. "The veil of power: emperors, sacrificers and benefactors." In M. Beard and J. North (eds.), *Pagan Priests. Religion and Power in the Ancient World,* pp. 199–231. London: Duckworth.

Gordon, R. 1990c. "Religion in the Roman Empire: the civic compromise and its limits." In M. Beard and J. North (eds.), *Pagan Priests. Religion and Power in the Ancient World,* pp. 233–255. London: Duckworth.

Grant, M. 1970. *The Roman Forum.* London: Weidenfeld and Nicolson.

Grant, M. 1971. *Roman Myths.* London: Weidenfeld and Nicolson.

Grant, M. 1973. *The Jews in the Roman World.* London: Weidenfeld and Nicolson.

Grant, M. 1985. *The Roman Emperors. A Biographical Guide to the Rulers of Imperial Rome 31 B.C.–A.D. 476.* London: Weidenfeld and Nicolson.

Grant, M., and Kitzinger, R. (eds.), 1988. *Civilization of the Ancient Mediterranean. Greece and Rome. Volume II.* New York: Charles Scribner's Sons.

Green, H. J. M. 1986. "Religious cults at Roman Godmanchester." In M. Henig and A. King (eds.), *Pagan Gods and Shrines of the Roman Empire,* pp. 29–55. Oxford: Oxford University Committee for Archaeology Monograph 8.

349

Green, M. J. 1981. "Model objects from military areas of Roman Britain." *Britannia* 12, 253–269.

Green, M. J. 1984. *The Wheel as a Cult-Symbol in the Romano-Celtic World, with Special Reference to Gaul and Britain.* Brussels: Latomus.

Green, M. J. 1986a. "Jupiter, Taranis and the solar wheel." In M. Henig and A. King (eds.), *Pagan Gods and Shrines of the Roman Empire*, pp. 65–75. Oxford: Oxford University Committee for Archaeology Monograph 8.

Green, M. J. 1986b. *The Gods of the Celts.* Totowa, New Jersey: Barnes and Noble; Gloucester: Alan Sutton.

Green, M. J. 1992a. *Dictionary of Celtic Myth and Legend.* London: Thames and Hudson.

Green, M. J. 1992b. *Animals in Celtic Life and Myth.* New York and London: Routledge.

Grenier, J.-C. 1977. *Anubis Alexandrin et Romain.* Leiden: E. J. Brill.

Grimal, P. 1986. *The Dictionary of Classical Mythology.* Oxford: Basil Blackwell. First published 1951, English translation by A. R. Maxwell-Hyslop.

Guy, C. J. 1981. "Roman circular lead tanks in Britain." *Britannia* 12, 271–276.

Guy, C. J. 1989. "The Oxborough lead tank." *Britannia* 20, 234–237.

Halsberghe, G. H. 1972. *The Cult of Sol Invictus.* Leiden: E. J. Brill.

Hammond, N. G. L., and Scullard, H. H. (eds.) 1970. *The Oxford Classical Dictionary.* Oxford: Oxford University Press.

Hampartumian, N. 1979. *Corpus Equitis Thracii (CCET), IV Moesian Inferior (Romanian Section) and Dacia.* Leiden: E. J. Brill.

Hanson, J. A. 1959. *Roman theater-temples.* Princeton: Princeton University Press.

Hassall, M. W. C. 1980. "Altars, curses and other epigraphic evidence." In W. Rodwell (ed.), *Temples, Churches and Religion: Recent Research in Roman Britain with a Gazetteer of Romano-Celtic Temples in Continental Europe*, pp. 79–89. Oxford: British Archaeological Report 77, part i.

Haynes, I. P. 1993. "The Romanization of religion in the *auxilia* of the Roman imperial army from Augustus to Septimius Severus." *Britannia* 24, 141–157.

Henig, M. 1980. "Art and cult in the temples of Roman Britain." In W. Rodwell (ed.), *Temples, Churches and Religion: Recent Research in Roman Britain with a Gazetteer of Romano-Celtic Temples in Continental Europe*, pp. 91–113. Oxford: British Archaeological Report 77, part i.

Henig, M. 1984. *Religion in Roman Britain.* London: Batsford.

Henig, M. 1986. " 'Ita intellexit numine inductus tuo': some personal interpretations of deity in Roman religion." In M. Henig and A. King (eds.), *Pagan Gods and Shrines of the Roman Empire*, pp. 159–169. Oxford: Oxford University Committee for Archaeology Monograph 8.

Henig, M. 1993a. "Votive objects: images and inscriptions." In A. Woodward and P. Leach, *The Uley Shrines. Excavation of a ritual complex on West Hill, Uley, Gloucestershire: 1977–9*, pp. 90–112. London: English Heritage.

Henig, M. 1993b. "Votive objects: weapons, miniatures, tokens, and fired clay accessories." In A. Woodward and P. Leach, *The Uley Shrines. Excavation of a ritual complex on West Hill, Uley, Gloucestershire: 1977–9*, pp. 131–147. London: English Heritage.

Henig, M., and King, A. (eds.), 1986. *Pagan Gods and Shrines of the Roman Empire.* Oxford: Oxford University Committee for Archaeology Monograph 8.

Heyob, S. K. 1975. *The cult of Isis among women in the Graeco-Roman world.* Leiden: E. J. Brill.

Hölscher, T. 1967. *Victoria Romana.* Mainz: Philipp von Zabern.

Hopkins, K. 1983. *Death and Renewal. Sociological Studies in Roman History. Volume 2.* Cambridge and New York: Cambridge University Press.

Hörig, M., and Schwertheim, E. 1987. *Corpus Cultus Iovis Dolicheni (CCID).* Leiden and New York: E. J. Brill.

Horne, P. D. 1986. "Roman or Celtic temples? A case study." In M. Henig and A. King (eds.), *Pagan Gods and Shrines of the Roman Empire*, pp. 15–24. Oxford: Oxford University Committee for Archaeology Monograph 8.

Horne, P. D., and King, A. C. 1980. "Romano-Celtic temples in continental Europe: a gazetteer of those with known plans." In W. Rodwell (ed.), *Temples, Churches and Religion: Recent Research in Roman Britain with a Gazetteer of Romano-Celtic Temples in Continental Europe*, pp. 369–555. Oxford: British Archaeological Report 77, part ii.

Howatson, M. C. (ed.), 1989 (2nd ed.). *The Oxford Companion to Classical Literature.* Oxford and New York: Oxford University Press.

Hutchinson, V. J. 1986a. "The cult of Bacchus in Britain." In M. Henig and A. King (eds.), *Pagan Gods and Shrines of the Roman Empire*, pp. 135–145. Oxford: Oxford University Committee for Archaeology Monograph 8.

Hutchinson, V. J. 1986b. *Bacchus in Roman Britain: The Evidence for His Cult.* Oxford: British Archaeological Report 151, 2 volumes.

Hutchinson, V. J. 1991. "The cult of Dionysos/

参考文献

Bacchus in the Graeco-Roman world: new light from archaeological studies." *Journal of Roman Archaeology* 4, 222–230.

Jackson, R. 1988. *Doctors and Diseases in the Roman Empire.* London: British Museum Publications.

Jackson, R. 1990. "Roman doctors and their instruments: recent research into ancient practice." *Journal of Roman Archaeology* 3, 5–27.

Jackson Knight, W. F. 1970. *Elysion. Ancient Greek and Roman beliefs concerning life after death.* London: Rider and Company.

Jenkins, F. 1978. "Some interesting types of clay statuettes of the Roman period found in London." In J. Bird et al. (eds.), Collectanea Londiniensia. *Studies in London archaeology and history presented to Ralph Merrifield*, pp. 148–162. London: London and Middlesex Archaeological Society.

Johns, C. 1982. *Sex or Symbol. Erotic Images of Greece and Rome.* London: British Museum Publications.

Johns, C. 1986. "Faunus at Thetford: an early Latin deity in Late Roman Britain." In M. Henig and A. King (eds.), *Pagan Gods and Shrines of the Roman Empire*, pp. 93–103. Oxford: Oxford University Committe for Archaeology Monograph 8.

Johnson, P. 1980. *A History of Christianity.* Harmondsworth: Pelican; originally published 1976 by Weidenfeld and Nicolson, London.

Jones, A. H. M. 1964. *The Later Roman Empire 284–602. A Social, Economic and Administrative Survey. Vol. 1.* Oxford: Basil Blackwell.

Jones, B., and Mattingly, D. 1990. *An Atlas of Roman Britain.* Oxford: Basil Blackwell.

Jones, J. M. 1990. *A Dictionary of Ancient Roman Coins.* London: Seaby.

Kater-Sibbes, G. J. F. 1973. *Preliminary catalogue of Sarapis Monuments.* Leiden: E. J. Brill.

Kater-Sibbes, G. J. F., and Vermaseren, M. J. 1975a. *Apis, I The Monuments of the Hellenistic-Roman Period from Egypt.* Leiden: E. J. Brill.

Kater-Sibbes, G. J. F., and Vermaseren, M. J. 1975b. *Apis, II Monuments from outside Egypt.* Leiden: E. J. Brill.

Kater-Sibbes, G. J. F., and Vermaseren, M. J. 1977. *Apis, III Inscriptions, Coins and Addenda.* Leiden: E. J. Brill.

Keay, S. J. 1988. *Roman Spain.* London: British Museum Publications.

Keppie, L. J. F., and Arnold, B. J. 1984. *Corpus Signorum Imperii Romani (Corpus of Sculpture of the Roman World), Great Britain, Volume I, Fascicule 4. Scotland.* New York and Oxford: Oxford University Press.

Kerényi, C. 1951. *The Gods of the Greeks.* London: Thames and Hudson.

Knapp, R. C. 1992. *Latin Inscriptions from Central Spain.* Berkeley, Los Angeles and Oxford: University of California Press.

Koeppel, G. M. 1992. "The third man: restoration problems on the north frieze of the Ara Pacis Augustae." *Journal of Roman Archaeology* 5, 216–218.

Koester, H., and Limberis, V. 1988. "Christianity." In M. Grant and R. Kitzinger (eds.), *Civilization of the Ancient Mediterranean. Greece and Rome. Volume II*, pp. 1,047–1,073. New York: Charles Scribner's Sons.

Lane, E. N. 1971. *Corpus Monumentorum Religionis Dei Menis, volume I, The Monuments and Inscriptions.* Leiden: E. J. Brill.

Lane, E. N. 1975. *Corpus Monumentorum Religionis Dei Menis (CMRDM), volume II, The Coins and Gems.* Leiden: E. J. Brill.

Lane, E. N. 1976. *Corpus Monumentorum Religionis Dei Menis (CMRDM), volume III, Interpretations and Testimonia.* Leiden: E. J. Brill.

Lane, E. N. 1978. *Corpus Monumentorum Religionis Dei Menis (CMRDM), volume IV, Supplementary Men-inscriptions from Pisidia.* Leiden: E. J. Brill.

Lane Fox, R. 1988. *Pagans and Christians.* Harmondsworth and New York: Viking Penguin; first published 1986 by Alfred A. Knopf, New York.

Lattimore, R. 1962. *Themes in Greek and Latin Epitaphs.* Urbana: University of Illinois Press.

Leclant, J., and Clerc, G. 1972. *Inventaire Bibliographique des Isiaca (IBIS), Répertoire Analytique des Travaux Relatifs à la Diffusion des Cultes Isiaques 1940–1969 (A–D).* Leiden: E. J. Brill.

Leclant, J., and Clerc, G. 1974. *Inventaire Bibliographique des Isiaca (IBIS), Répertoire Analytique des Travaux Relatifs à la Diffusion des Cultes Isiaques 1940–1969 (E–K).* Leiden: E. J. Brill.

Leclant, J., and Clerc, G. 1985. *Inventaire Bibliographique des Isiaca (IBIS), Répertoire Analytique des Travaux Relatifs à la Diffusion des Cultes Isiaques 1940–1969 (L–Q)* Leiden: E. J. Brill.

Leclant, J., and Clerc, G. 1991. *Inventaire Bibliographique des Isiaca (IBIS), Répertoire Analytique des Travaux Relatifs à la Diffusion des Cultes Isiaques 1940–1969 (R–Z).* Leiden: E. J. Brill.

Le Gall, J. 1953. *Recherches Sur Le Culte du Tibre.* Paris: Presses Universitaires de France.

Liebeschuetz, J. H. W. G. 1979. *Continuity and Change in Roman Religion.* Oxford: Clarendon Press.

Lloyd-Morgan, G. 1986. "Roman Venus: public worship and private rites." In M. Henig and A.

351

King (eds.), *Pagan Gods and Shrines of the Roman Empire*, pp. 179–188. Oxford: Oxford Committee for Archaeology Monograph 8.

Luck, G. 1985. *Arcana Mundi: Magic and the Occult in the Greek and Roman Worlds*. Baltimore and London: The Johns Hopkins University Press.

Lyttelton, M. 1987. "The design and planning of temples and sanctuaries in Asia Minor in the Roman imperial period." In S. Macready and F. H. Thompson (eds.), *Roman Architecture in the Greek World*, pp. 38–49. London: Society of Antiquaries.

MacBain, B. 1982. *Prodigy and expiation: a study in religion and politics in Republican Rome*. Brussels: Latomus.

Macready, S., and Thompson, F. H. (eds.), 1987. *Roman Architecture in the Greek World*. London: Society of Antiquaries.

Macdonald, W. 1968. *Early Christian Byzantine Architecture*. London: Studio Vista.

Mainstone, R. J. 1988. *Haghia Sophia. Architecture, Structure and Liturgy of Justinian's Great Church*. London: Thames and Hudson.

Manfrini-Aragno, I. 1987. *Bacchus dans les Bronzes Hellénistiques et Romains. Les Artisans et Leur Répertoire*. Lausanne: Bibliothèque Historique Vaudoise.

Mark, R., and Çakmak 1992. *Haghia Sophia from the Age of Justinian to the Present*. Cambridge and New York: Cambridge University Press.

Marwood, M. A. 1988. *The Roman Cult of Salus*. Oxford: British Archaeological Reports International Series 465.

McManners, J. (ed.), 1990. *The Oxford Illustrated History of Christianity*. Oxford and New York: Oxford University Press.

Mellor, R. 1975. *The Worship of the Goddess Roma in the Greek World*. Göttingen: Vandenhoeck & Ruprecht.

Meredith, A. 1988. "Later philosophy." In J. Boardman *et al.*, *The Roman World*, pp. 288–307. Oxford and New York: Oxford University Press.

Merrifield, R. 1987. *The Archaeology of Ritual and Magic*. London: Batsford.

Miket, R., and Burgess, C. (eds.), 1984. *Between and Beyond the Walls. Essays on the Prehistory and History of North Britain in Honour of George Jobey*. Edinburgh: John Donald Publishers.

Mócsy, A. 1974. *Pannonia and Upper Moesia. A History of the Middle Danube Provinces of the Roman Empire*. London and Boston: Routledge & Kegan Paul.

Nash, E. 1962a. *Pictorial Dictionary of Ancient Rome Volume 1*. London: A. Zwemmer Ltd.

Nash, E. 1962b. *Pictorial Dictionary of Ancient Rome*

Volume 2. London: A. Zwemmer Ltd.

Neverov, O. 1986. "Nero-Helios." In M. Henig and A. King (eds.), *Pagan Gods and Shrines of the Roman Empire*, pp. 189–194. Oxford: Oxford Committee for Archaeology, Monograph 8.

North, J. A. 1988a. "Sacrifice and ritual: Rome." In M. Grant and R. Kitzinger (eds.), *Civilization of the Ancient Mediterranean. Greece and Rome. Volume II*, pp. 981–986. New York: Charles Scribner's Sons.

North, J. A. 1988b. "The afterlife: Rome." In M. Grant and R. Kitzinger (eds.), *Civilization of the Ancient Mediterranean. Greece and Rome. Volume II*, pp. 997–1,007. New York: Charles Scribner's Sons.

North, J. 1990. "Diviners and divination at Rome." In M. Beard and J. North (eds.), *Pagan Priests. Religion and Power in the Ancient World*, pp. 51–71. London: Duckworth.

Ogilvie R. M. 1969. *The Romans and Their Gods in the Age of Augustus*. London: Chatto and Windus; reprinted 1986 as *The Romans and Their Gods* by The Hogarth Press, London.

Pailler, J.-M. 1988. *Bacchanalia. La répression de 186 av. J.-C. à Rome en Italie: vestiges, images, tradition*. Rome: Ecole Française de Rome.

Paladino, I. 1988. *Fratres Arvales. Storia di un collegio sacerdotale romano*. Rome: L'Erma di Bretschneider.

Palmer, R. E. A. 1974. *Roman Religion and Roman Empire. Five Essays*. Philadelphia: University of Pennsylvania Press.

Palmer, R. E. A. 1990. "Cults of Hercules, Apollo Caelispex and Fortuna in and around the Roman Cattle Market." *Journal of Roman Archaeology* 3, 234–244.

Paoli, U. 1963. *Rome. Its People, Life and Customs*. London: Longmans.

Parke, H. W. 1988. *Sibyls and Sibylline Prophecy in Classical Antiquity*. London and New York: Routledge.

Patterson, J. R. 1992. "The City of Rome: from Republic to Empire." *Journal of Roman Studies* 82, 186–215.

Phillips, E. J. 1977. *Corpus Signorum Imperii Romani (Corpus of Sculpture of the Roman World), Great Britain, Volume I, Fascicule 1. Hadrian's Wall East of the North Tyne*. Oxford: Oxford University Press.

Picard, G. C., and Picard, C. 1987. *Carthage. A survey of Punic history and culture from its birth to the final tragedy*. Translated by Dominique Collon, London: Sidgwick and Jackson; first published in 1968.

Piggott, S. 1968. *The Druids*. London: Thames and

参考文献

Hudson.

Popa, A., and Berciu, I. 1978. *Le culte de Jupiter Dolichenus dans la Dacie Romaine*. Leiden: E. J. Brill.

Porte, D. 1989. *Les Donneurs de Sacré. Le prêtre à Rome*. Paris, Les Belles Lettres.

Potter, D. 1988. "Pagans and Christians." *Journal of Roman Archaeology* 1, 207–214.

Potter, D. 1990. "Sibyls in the Greek and Roman world." *Journal of Roman Archaeology* 3, 471–483.

Price, S. R. F. 1984. *Rituals and Power. The Roman imperial cult in Asia Minor*. London and New York: Cambridge University Press.

Prieur, J. 1986. *La Mort dans L'Antiquité Romaine*. Ouest France.

Ramage, N. H., and Ramage, A. 1991. *The Cambridge Illustrated History of Roman Art*. Cambridge and Melbourne: Cambridge University Press.

Reece, R. (ed.), 1977. *Burial in the Roman World*. London: Council for British Archaeology.

Rehak, P. 1990. "The Ionic temple relief in the Capitoline: the temple of Victory on the Palatine?" *Journal of Roman Archaeology* 3, 172–186.

Richardson, L. 1988. *Pompeii. An Architectural History*. Baltimore and London: The Johns Hopkins University Press.

Richardson, L. 1992. *A New Topographical Dictionary of Ancient Rome*. Baltimore and London: The Johns Hopkins University Press.

Rivet, A. L. F., and Smith, C. 1979. *The Place-Names of Roman Britain*. London: Batsford.

Rodwell, W. 1980a. "Temple archaeology: problems of the present and portents for the future." In W. Rodwell (ed.), *Temples, Churches and Religion: Recent Research in Roman Britain with a Gazetteer of Romano-Celtic Temples in Continental Europe*, pp. 211–241. Oxford: British Archaeological Report 77, part ii.

Rodwell, W. 1980b. "Temples in Roman Britain: a revised gazetteer." In W. Rodwell (ed.), *Temples, Churches and Religion: Recent Research in Roman Britain with a Gazetteer of Romano-Celtic Temples in Continental Europe*, pp. 557–585. Oxford: British Archaeological Report 77, part ii.

Rodwell, W. (ed.), 1980c. *Temples, Churches and Religion: Recent Research in Roman Britain with a Gazetteer of Romano-Celtic Temples in Continental Europe*. Oxford: British Archaeological Report 77, part i.

Rodwell, W. (ed.), 1980d. *Temples, Churches and Religion: Recent Research in Roman Britain with a Gazetteer of Romano-Celtic Temples in Continental Europe*. Oxford: British Archaelogical Report 77, part ii.

Room, A. 1983. *Room's Classical Dictionary*. London

and Boston: Routledge & Kegan Paul.

Ross, A. 1974. *Pagan Celtic Britain*. London: Cardinal Edition, Sphere Books; originally published in 1967 by Routledge & Kegan Paul with different pagination.

Ross, A., and Robins, D. 1989. *The Life and Death of a Druid Prince. The Story of an Archaeological Sensation*. London and Sydney: Rider.

Rostovtzeff, M. 1917–18. "Roman Cirencester, Appendix III, Note on the Matres—or Nutrices—relief from Cirencester." *Archaeologia* 69, 204–209.

Scheid, J. 1975. *Les Frères Arvales. Recrutement et origine sociale sous les empereurs julio-claudiens*. Paris: Presses Universitaires de France.

Scheid, J. 1993. "*Lucus, nemus*. Qu'est-ce qu'un bois sacré?" In *Les Bois Sacrés. Actes du Colloque International de Naples 1989*, pp. 13–20. Naples: Collection du centre Jean Bérard, 10.

Schilling, R. 1982 (2nd ed.). *La Religion Romaine de Vénus depuis les origines jusqu'au temps d'Auguste*. Paris: Editions E. de Boccard.

Schwartz, S. 1988. "Judaism." In M. Grant and R. Kitzinger (eds.), *Civilization of the Ancient Mediterranean. Greece and Rome. Volume II*, pp. 1,027–1,045. New York: Charles Scribner's Sons.

Scullard, H. H. 1981. *Festivals and Ceremonies of the Roman Republic*. London: Thames and Hudson.

Simon, E. 1968. *Ara Pacis Augustae*. Tübingen: Verlag Ernst Wasmuth.

Simon, E. 1990. *Die Götter der Römer*. Munich: Hirmer Verlag.

Simpson, C. J. 1993. "Once again Claudius and the temple at Colchester." *Britannia* 8, 1–6.

Small, J. P. 1982. *Cacus and Marsyas in Etrusco-Roman Legend*. Princeton: Princeton University Press.

Smallwood, E. M. 1976. *The Jews under Roman Rule. From Pompey to Diocletian*. Leiden: E. J. Brill.

Soffe, G. 1986. "Christians, Jews and Pagans in the Acts of the Apostles." In M. Henig and A. King (eds.), *Pagan Gods and Shrines of the Roman Empire*, pp. 239–256. Oxford: Oxford Committee for Archaeology Monograph 8.

Sordi, M. 1983. *The Christians and the Roman Empire*. Translated by A. Bedini. London and Sydney: Croom Helm.

Speidel, M. P. 1978. *The Religion of Iuppiter Dolichenus in the Roman Army*. Leiden: E. J. Brill.

Steinby, E. M. (ed.), 1993. *Lexicon Topographicum Urbis Romae Volume I, A–C*. Rome: Quasar.

Stephens, G. R. 1984. "The metrical inscription from Carvoran, RIB 1791." *Archaeologia Aeliana* 12, 5th series, 149–156.

Stevenson, J. 1978. *The Catacombs. Rediscovered monuments of early Christianity.* London: Thames and Hudson.

Syme, R. 1980. *Some Arval Brethren.* Oxford: Clarendon Press.

Tacheva-Hitova, M. 1983. *Eastern Cults in Moesian Inferior and Thracia (5th century B.C.–4th century A.D.).* Leiden: E. J. Brill.

Teixidor, J. 1979. *The Pantheon of Palmyra.* Leiden: E. J. Brill.

Thomas, C. 1980. "Churches in late Roman Britain." In W. Rodwell (ed.), *Temples, Churches and Religion: Recent Research in Roman Britain with a Gazetteer of Romano-Celtic Temples in Continental Europe,* pp. 129–164. Oxford: British Archaeological Report 77, part i.

Thomas, C. 1981. *Christianity in Roman Britain to A.D. 500.* London: Batsford.

Tomlin, R. S. O. 1988. "The curse tablets." In B. Cunliffe (ed.), *The Temple of Sulis Minerva at Bath. Volume 2: The Finds from the Sacred Spring,* pp. 59–277. Oxford: University Committee for Archaeology.

Tomlin, R. S. O. 1993. "The inscribed lead tablets: an interim report." In A. Woodward and P. Leach, 1993. *The Uley Shrines. Excavation of a ritual complex on West Hill, Uley, Gloucestershire: 1977–9,* pp. 113–130. London: English Heritage.

Toynbee, J. M. C. 1961. "The 'Ara Pacis Augustae.' " *Journal of Roman Studies* 51, 153–156.

Toynbee, J. M. C. 1971. *Death and Burial in the Roman World.* London: Thames and Hudson.

Toynbee, J. M. C. 1973. *Animals in Roman Life and Art.* London: Thames and Hudson.

Toynbee, J. M. C. 1978. "A Londinium votive leaf or feather and its fellows." In J. Bird *et al* (eds.), 1978 Collectanea Londiniensia. *Studies in London archaeology and history presented to Ralph Merrifield.* pp. 128–147. London: London and Middlesex Archaeological Society.

Toynbee, J. M. C. 1986. *The Roman Art Treasures from the Temple of Mithras.* London: London and Middlesex Archaeological Society.

Tranoy A. 1981. *La Galice Romaine. Recherches sur le nord-ouest de la péninsule ibérique dans l'Antiquité.* Paris: Publications du Centre Pierre.

Treggiari, S. 1991. *Roman Marriage. Iusti Coniuges from the Time of Cicero to the Time of Ulpian.* Oxford: Clarendon Press.

Trell, B. L. 1988. "The temple of Artemis at Ephesos." In P. A. Clayton and M. J. Price. *The Seven Wonders of the Ancient World,* pp. 78–99. London and New York: Routledge.

Tudor, D. 1976. *Corpus Monumentorum Religionis*

Equitum Danuvinorum (CMRED). II. The Analysis and Interpretation of the Monuments. London: E. J. Brill.

Turcan, R. 1989. *Les cultes orientaux dans le monde romain.* Paris: Les Belles Lettres.

Ulansey D. 1989. *The Origins of the Mithraic Mysteries.* New York: Oxford University Press.

van Buren, A. W. 1916. "Vacuna." *Journal of Roman Studies* 6, 202–204.

Vanggaard, J. H. 1988. *The Flamen. A Study in the History and Sociology of Roman Religion.* Copenhagen: Museum Tusculanum Press.

Vermaseren, M. J. 1963. *Mithras, the Secret God.* London: Chatto & Windus. Ｍ・Ｊ・フェルマースレン 『ミトラス教』（小川英雄訳、山本書店、1973年）

Vermaseren M. J. 1977. *Cybele and Attis, the Myth and the Cult.* London: Thames and Hudson. Ｍ・Ｊ・フェルマースレン『キュベレとアッティス――その神話と祭儀』（小川英雄訳、新地書房、1986年）

Vermeule, C. 1987. *The Cult Images of Imperial Rome.* Rome: Giorgio Bretschneider.

Versnel, H. S. 1970. *Triumphus. An Inquiry into the origin, development and meaning of the Roman triumph.* Leiden: E. J. Brill.

Warde Fowler, W. 1899. *The Roman Festivals of the Period of the Republic. An Introduction to the Study of the Religion of the Romans.* London: Macmillan and Co.

Warde Fowler, W. 1911. "The original meaning of the word *sacer.*" *Journal of Roman Studies* 1, 57–63.

Watts, D. J. 1988. "Circular lead tanks and their significance for Romano-British Christianity." *Antiquaries Journal* 68, 210–222.

Webster, G. 1986. *The British Celts and Their Gods Under Rome.* London: Batsford.

Weinstock, S. 1971. *Divus Julius.* Oxford: Clarendon Press.

Wightman, E. M. 1970. *Roman Trier and the Treveri.* London: Rupert Hart-Davis Ltd.

Wild, R. A. 1981. *Water in the Cultic Worship of Isis and Sarapis.* Leiden: E. J. Brill.

Wilkes, J. J. 1969. *Dalmatia.* London: Routledge and Kegan Paul.

Wilson, A. N. 1992. *Jesus.* London: Sinclair-Stevenson.

Wilson, D. R. 1980. "Romano-Celtic Temple Architecture: how much do we actually know?" In W. Rodwell (ed.), *Temples, Churches and Religion: Recent Research in Roman Britain with a Gazetteer of Romano-Celtic Temples in Continental Europe,* pp. 5–30. Oxford: British Archaeological Report 77, part i.

Wilson, R. J. A. 1990. *Sicily under the Roman Empire.*

Warminster: Aris and Phillips.

Wiseman, T. P. 1981. "The temple of Victory on the Palatine." *Antiquaries Journal* 61, 35–52.

Witt, R. E. 1971. *Isis in the Graeco-Roman World*. London: Thames and Hudson.

Woodward, A. 1992. *English Heritage Book of Shrines and Sacrifices*. London: Batsford/English Heritage.

Woodward, A., and Leach, P. 1993. *The Uley Shrines. Excavation of a ritual complex on West Hill, Uley, Gloucestershire: 1977–9*. London: English Heritage.

York, M. 1986. *The Roman Festival Calendar of Numa Pompilius*. New York, Berne and Frankfurt: Peter Lang.

監修者あとがき

オリエントの神々やギリシアの神々といえば、エンリルやマルドゥク、ゼウスやアポロンやディオニュソスとだれもが口にし、その姿まで想いうかべることができるが、ローマの場合、皇帝たちの顔貌は想起できても、サトゥルヌスやクイリヌスといったローマの神々の形姿を思い描くことはなかなかできない。ローマは、それだけ人間の強烈な個性が突出した時代でもあったのであろう。しかしローマには、ローマ国家は神であり、神の子であったロムルスによって創建されたがゆえに、国家は不死なる神々へのさまざまな宗教的義務によって固く縛られている、という強烈な意識があった。

ローマが戦うのは、「家の守り神の祭壇と竈、神々の神殿と自分が生まれた土地のため」である、という言葉ほどローマの信条をよく表すものはない。この宗教的義務を果たすためにひたすら神に仕える祭司（神官）団はつねにその見解を求められたのである。信仰深く、呪術を手放すことのできなかったローマには、神々とのきずなを確かめる数知れない祝祭があり、オウィディウスはその祭り暦のため一書をささげたほどであった。

ローマの敬virginについて忘れがたいのは、人びとが荒廃した都を捨てエトルスクのウエイイに新都を求めたときに、それを押し留めようとしてマルクス・フリウス・カッミルスが放った痛切な言葉である。「ローマのどこを探しても神々の神秘に満たされていない場所はない。年ごとに行われる犠牲式は場所も日も決まっている。諸君は、国家の神々も家の神々もすべて捨て去るつもりなのか」。リウィウスが『ローマ建国以来の歴史』（第5巻・第52章）に書き留めた一節である。まことにローマは神々に満ちており、隅々に神宿る都であった。〈宗教史〉はその残り香を求め、あちこちいそぎかき集め、匂い袋に凝縮し封じ込めたものといってもよい。

ある日、ウイリアム・スミスの『古代事典』（1850年）をみなで読もうという話がもちあがり、その講読会が始まったが、いつしか多忙の日常の中に沈みこみ、中断したままになっていた。しかし、こんにち古代や中世のローマにかんする著作や翻訳書が人びとの新たなまなざしをふたたびローマに、しかもキリスト教以前の、コンスタンティヌス大帝以前のローマへと差し向けはじめている。

わたしたちはその気運をとらえ、それぞれに必要あって手元におかれていた『ローマ宗教事典（Dictionary of Roman Religion）』（1996年）を翻訳することに思いいたり、元号が改まった本年ようやく本書の出版にこぎつけた。用語の統一は困難な課題であったが、できうるかぎりそれぞれの訳者の視点と文体を尊重して画一的な介入をさけた。項目のそれぞれの記述の特徴も、読みものとしての面白さもそれによって生かされると考えたからである。

翻訳は安倍雅史（東京文化財研究所）、暮田愛（オクサス学会）、外池明江（トルコ細密画と文化史の会）、西山進一（中部大学）、日景啓子（オクサス学会）が分担しておこない、前田耕作（オクサス学会・東京藝術大学）が最終的な監修をおこなった。

本書がより多くの人びとの机上に置かれ、ひも解かれ、くりかえし読まれ、参照活用され、人間と神々の対話につねに光りがそそがれる手引きとなることを願っている。

最後に、編集・校正で力を尽くして下さった廣井洋子さんにお礼申し上げます。

2019年（令和元年）7月

前田耕作

◆著者◆

レスリー・アドキンズ／ロイ・A・アドキンズ（Lesley Adkins & Roy A. Adkins）

多くの共著を世に送り出している考古学者、作家。その関心の領域は、古代エジプトから古代ギリシア、古代ローマにおよび、その時代の生活文化の諸相の描写にすばらしい力量を発揮。著書に、『古代ギリシア生活便覧』、『古代ローマ生活便覧』、『エジプト要覧』、『平原の帝国——ヘンリー・ローリンソンとバビロンの失われた言語』、近作では『ジブラルタル——英国史上最大の作戦』などがある。

◆日本語版監修者◆

前田耕作（まえだ・こうさく）

1933年、三重県生まれ。名古屋大学卒業。東京藝術大学客員教授、和光大学名誉教授。著書に、『バクトリア王国の興亡』（ちくま学芸文庫）、『玄奘三蔵、シルクロードを行く』（岩波新書）、『アジアの原像』（NHKブックス）、『ディアナの森』（せりか書房）ほか、訳書に、エリアーデ著作集第4巻『イメージとシンボル』、同第8巻『宗教の歴史と意味』、バシュラール『火の精神分析』（以上、せりか書房）ほかがある。

◆日本語版編集委員／訳者◆

暮田愛（くれた・あい）

オクサス学会会員。訳書に、コットレル『エーゲ文明への道』、コットレル『図説ツタンカーメン発掘秘史』（以上、原書房）、ベローン『ローマ皇帝ハドリアヌス』（河出書房新社）ほかがある。

外池明江（とのいけ・あきえ）

トルコ細密画と文化史の会会員。

日景啓子（ひかげ・けいこ）

オクサス学会会員、日本アイルランド協会会員。

◆訳者◆

安倍雅史（あべ・まさし）

東京文化財研究所研究員、東京藝術大学連携准教授。編共著、監修に、『世界遺産パルミラ 破壊の現場から』（雄山閣）、『消滅遺産——もう見られない世界の偉大な建造物』（日経ナショナルジオグラフィック社）、『イスラームと文化財』（新泉社）がある。

西山伸一（にしやま・しんいち）

中部大学人文学部准教授。訳書に、ボードマン『ノスタルジアの考古学』（国書刊行会）がある。

DICTIONARY OF ROMAN RELIGION
by Lesley Adkins & Roy A. Adkins
Copyright © 1996 by Lesley Adkins & Roy A. Adkins
DICTIONARY OF ROMAN RELIGION was originally published in English in 1996.
This translation is published by arrangement with Oxford University Press. Harashobo
is solely responsible for this translation from the original work and Oxford University
Press shall have no liability for any errors, omissions or inaccuracies or ambiguities
in such translation or for any losses caused by reliance thereon.

ローマ宗教文化事典

●

2019 年 10 月 5 日　第 1 刷

著者………レスリー・アドキンズ
ロイ・A・アドキンズ
日本語版監修者………前田耕作
装幀………川島進デザイン室
本文組版・印刷………株式会社ディグ
カバー印刷………株式会社明光社
製本………小高製本工業株式会社

発行者………成瀬雅人
発行所………株式会社原書房
〒160-0022　東京都新宿区新宿 1-25-13
電話・代表 03(3354)0685
http://www.harashobo.co.jp
振替・00150-6-151594
ISBN978-4-562-05604-0

©Harashobo 2019, Printed in Japan